엔드타임 메시지

Messages on End Times

엔드타임 메시지

펴낸날 l 2024년 7월 20일

지은이 l 김 다니엘
펴낸이 l 허 복 만
펴낸곳 l 야스미디어
등록번호 제10-2569호

편 집 기 획 l 디자인드림
표지디자인 l 디자인일그램

주　소 l 서울시 영등포구 영중로 65, 영원빌딩 327호
전　화 l 02-3143-6651
팩　스 l 02-3143-6652
이메일 l yasmediaa@daum.net
I S B N l 979-11-92979-12-0　(03230)
정가 30,000원

• 본 서의 수익금 일부분은 선교사를 지원합니다.

엔드타임 메시지

Messages on End Times

김다니엘 지음

서문

　여인들이 임신하고 출산일이 가까워지면 산통(産痛)이 시작됩니다. 산통은 고통스럽지만 출산을 잘 준비하라는 일종의 하나님께서 사람의 몸에 설계하신 사랑의 신호입니다. 산부인과 병원에는 통증의 정도를 표시하는 그림이 벽에 붙어 있는 것을 볼 수 있습니다. 보통은 얼굴 표정과 함께 통증의 정도를 표시하는 수가 0에서 10까지 단계로 되어있습니다. 아픔이 전혀 없는 상태는 0으로 표시하고 2정도까지는 웃을 수 있는 정도, 그리고 점점 올라가 8이면 도저히 참기 어려운 심각한 정도입니다. 간호사들은 가끔 산모에게 통증이 어느 정도 되는지 물어봅니다. 언제 아이가 태어날 지 짐작하기 위함입니다. 최고의 아픔은 10인데 이 아픔과 비교되는 다른 아픔은 없다고 합니다. 그런데 통증이 10에 도달했을 때 드디어 아이가 태어납니다. 성경에 보면 예수님께서 엔드타임 메시지(Messages on End Times)를 전하실 때 바로 이 산고의 고통과 같은 징조를 말씀하십니다. 마태복음 24장 8절에서 "이 모든 것이 재난의 시작이니라"고 소개하고 있습니다. 여기서 사용된 '재난'(ὠδίν)이라는 단어는 영어로 'The Birth Pangs'이라는 산고(産苦)의 뜻도 있습니다. 산고는 아이가 태어나는 순간까지 점점 강도가 세지고, 빈도가 잦아지는 특징이 있습니다. 요즘 지진, 가뭄, 홍수, 눈사태 등 기상 보도에서 '관측 이래 최대'라는 말을 자주 듣게 됩니다. 성경의 예언처럼 자연의 재앙이 점점 그 강도가 세지고 빈도가 잦아지는 임계점(臨界點, critical point)에 가까운 시대를 살고 있다는 것입니다. 예수님은 말세의 때에 있을 산고에 대해 이렇게 말씀하십니다.

　"어느 누구에게도 현혹되지 않도록 조심하라. 많은 사람들이 내 이름으로 와서 '내가 그리스도다'하고 주장하면서 많은 사람들을 현혹할 것이다."(마24:4-5)

　우리나라에도 자칭 메시아, "나는 예수"라고 주장하는 이들이 40여명이 넘는다고 합니다. 그런데 왜 멀쩡한 석, 박사들까지 이단에 쉽게 빠질까요? 거짓의 아비 사탄이 미혹하는 영으로 사람들의 영혼을 도둑질하고 있기 때문입니다. 영(靈 spirit)은 혼(魂 soul)보다 강하기 때문에 세상 학문을 아무리 높게 쌓았어도 마귀를 이길 수 없습니다. 디모데전서 4장 1절에 엔드타임 때의 한 징조에 대해 이렇게 말씀합니다.

"성령께서 밝히 말씀하시기를 '마지막 때에 어떤 사람들이 믿음에서 떠나 속이는 영들과 귀신들의 가르침을 따를 것이다'라고 하신다."(딤전4:1)

그런데 오늘날 이단들이 기존 교인들을 대상으로 접근할 때 주로 사용하는 책이 계시록이나 다니엘서 같은 엔드타임 메시지입니다. 정통교단에 속한 교회가 엔드타임 메시지를 가지고 설교하거나 잘 가르치지 않기 때문입니다. 그러면 정통교회가 왜 요한 계시록 같은 엔드 타임 메시지를 잘 다루지 않을까요?

첫째는 엔드타임 메시지의 주 원천인 계시록 이해가 쉽지 않을 뿐 아니라 정통교단 안에도 작은 견해차이가 아니라 천년왕국이나 대환난, 휴거 등의 주제에 대한 해석차이가 워낙 크기 때문에 피하게 되는 것입니다. 사람들은 업무와 일상생활 속에서 늘 디테일(detail)의 존재를 등한시하기 때문에 마귀가 발붙일 틈을 주게 되어 "마귀는 디테일에 존재한다"는 말을 합니다. 이와 같이 교회에서 엔드타임 메시지를 디테일하게 듣고 배우지 못하기 때문에 이단들은 이 틈새를 집중적으로 노리고 공략합니다. 그들은 계시록이나 다니엘서 내용을 가지고 기성교회 교인들의 영혼을 미혹하여 성공적으로 낚아채고 있습니다.

둘째는 다미선교회 시한부종말론 사건(다미宣敎會 時限附終末論 事件)같은 일로 교회 인에 입힌 상처가 깊기 때문에 지나친 경계심도 작용하는 것입니다. 그런데 전체 성경에 엔드타임 메시지가 1/5을 차지하고 있습니다. 그런데 1/5을 신자들이 배우지 못해서 까막눈으로 교회 다닙니다. 이단들이 왜곡된 종말론을 가지고 성도들을 미혹하는데도 말씀을 맡은 주의 종들이 엔드타임 메시지를 소홀하면 사실상 신자들을 영적전쟁터에 총알받이로 보내는 것이나 다름없는 무책임한 행동이 되는 것입니다. 본서는 엔드타임 메시지를 디테일하게 다루어 이단들의 미혹을 방지하게 할 뿐만 아니라 그리스도의 복음을 곳곳에서 드러내어 주의 재림을 준비하게끔 섬깁니다. 심지어 이단에 빠진 사람들에게도 도움을 줄 내용이 적지 않습니다.

엔드타임 메시지의 메인(main)이라 할 수 있는 계시록은 성경의 결론이므로 반드시 알아야 전체 성경을 제대로 알 수 있습니다. 마치 마라톤 경주하는 선수가 골인 지점을 분명히 알아야 빗나가지 않고 끝까지 달려갈 수 있는 것과 같습니다. 그런데 계시록은 다른 성경과 달리 전체적인 구조는 연대기적으로 구성되어 있으나 특별히 7년 대환난에 관한 내용은 시간 순서로 기록되어 있지 않고 전개되면서 계속해서 7년의 앞부분, 중간 부분, 뒷부분이 '왔다 갔다'하는 구조로 되어 있습니다. 예를 들어 계시록 7장에는 유대인들로 구성된 144,000명이 나옵니다. 그런데 이 144,000명은 14장에 또 나옵니다. 즉 14장에는 또다시 환난기가 다른 관점에서 반복되어 묘사되고 있습니다. 그리고 요한계시록 10장부터 14장까지는 일곱 나팔의 재앙과 일곱 대접의 재앙 사이에 삽입된 삽경(插景, interlude)이 있습니다. 그래서 유대의 묵시문학 장르에 익숙하지 않은 타문화권에 속한 우리는 계시록을 읽을 때 혼란스럽습니다. 그런 연유로 본서는 중요한 주제별로 다시 구성하여 성경 이해가 쉽도록 편집하였습니다. 또한 계시록 안에 하나님의 진노의 심판인 대환난에 관한 내용이 가장 많지만 하나님의 경고 속에 구원하심에 본 뜻이 있습니다. 그래서 본서는 단순한 계시록의 해석이 아니라 사망의 길에서 헤매고 있는 인간들을 향한 하나님의 긍휼과 자비가 담긴 '하나님의 솔루션(solution)'을 제시한 메시지들이 곳곳에서 보석처럼 빛납니다.

필자는 30년 이상 성경을 연구하며 가르쳐 왔는데 성경을 더 알아갈수록 7년 대환난 전에 교회가 휴거되며 예수님이 재림하셔서 지상에 천년왕국이 시작되는 것이 믿어집니다. 그러나 한국의 신학계에서는 필자 같은 견해를 '세대주의자'라고 꼬리표를 답니다. 필자는 분명 세대주의자가 아닌데도 불구하고 무천년설을 주장하는 분들은 세대주의 신학의 건강치 못한 부분을 들추면서 '세대주의 전천년설 옹호자'라고 공격성 논조로 말합니다. 문제는 그들이 변증할 때 신사적으로 하지 않고 비논리의 속임수(trick)를 쓴다는 것입니다. 마치 "당신이 채식주의자라고요? 히틀러도 채식주의자였다는 것을 몰라요?"이런 식입니다. 그러나 히틀러가 고속도로를 건설했다는 이유만으로 고속도로 건설을 반대할 필요가 없지 않은가? 이런 문제의식은 감사하게도 필자가 엔드타임 메시지를 더욱 연구하게 되는 촉진제가 되었습니다. 그래서 본서는 각기 다른 견해들에 대해서 백화점식으로 여러 견해들을 나열하여 독자들이 취사 선택하도록 한 것이 아니고 어떤 견해가 가장 전체 성경에 부합한지를 논증(論證, proof)하였습니다. 예를 들어 저자는 18세기 때 영국의 존 넬슨 다비(John Nelson Darby)에 의해 시작된 세대주의 신학 사조가 생기기 전인 사도 요한부터 시작하여 그의 제자들의 교부시대와 18세기까지 이어져 온 엔드타임 메시지를 더욱 연구하게 되었습니다. 참조한 책 중에서도 Ken Johnson이 쓴 『The Rapture(휴거)』를 통해 소개한 많은 정보와 자료들은 전천년설과 대환난 전 교회의 휴거는 '세대주의 전천년설'(dispensational premillennialism)이 아니라 초대교회부터 1800년 이상 이어 온, 필자가 본서에서 편의상 명명(命名)한 '전통적 전천년설'(traditional premillennialism)이었습니다. 이 역사적 근거와 사실을 분명하게 드러내고 논증하는데 큰 도움이 되었습니다. 비록 이 책을 많이 인용하여 두꺼운 책이 되었으나 많은 분들에게 유익함을 드리게 될 것입니다.

본서는 새로운 엔드타임 메시지를 전하는 것이 아니라 초대교회와 교부시대 때의 믿음의 선배들이 믿고 주장했던 내용을 재발견(rediscovery) 혹은 팩트(Fact)를 부각시킨 것뿐입니다.

본서는 일반 성도님들의 독서를 감안하여 주로 현대어 성경을 사용하고 가능한 개념 정리들을 쉽게 하려고 노력했으나 논증 부분은 많은 인용과 딱딱함의 한계를 쉽게 극복할 수 없는 점이 아쉬움으로 남아 주님께 맡깁니다. 그러함에도 성도님들께서 이 책을 보조로 삼으시고 최소한 계시록을 한 달에 한번 정도는 읽으시면 주님의 재림이 임박한 이때에 복음의 이해가 밝아지셔서 이단으로부터 보호받게 되실 것입니다. 또한 그리스도를 더욱 알게 되며 그리스도를 증거하시는 복을 누리게 되실 것입니다. 이 책은 교회 밖의 세상 불신자가 아니라 '회심하지 않은 사람들(unconverted)' 곧 복음에 대해 단순히 지적 동의만 한 상태로 교회를 다니는 종교인들을 위해서도 필요합니다.

엔드타임 메시지의 내용들이 주의 도움으로 깨달아지는 것은 중요하지만 사실 이보다 하나님의 마음과 뜻을 아는 것이 더 중요합니다. 우리가 엔드타임 메시지를 알면 알수록 더욱 기도하고 더욱 성결하게 사시게 될 것입니다. 그리고 한 영혼이라도 빨리 건지려고 더욱 전도하고 땅 끝까지 선교하는 일에 동참하시는 것이 계시록 1장 3절에서 말씀하신 예언의 말씀을 지키는 복 있는 삶인 것입니다.

"이 예언의 말씀들을 읽는 사람과 듣는 사람들과 그 안에 기록된 것들을 지키는 사람들은 복이 있습니다. 이는 때가 가까이 왔기 때문입니다."(계1:3)

그리고 예수님께서 다시 오실 때 이 세상의 모습을 이렇게 예언하셨습니다.

"인자의 때는 노아의 때와 같을 것이다. 노아가 방주 안으로 들어가던 날까지 사람들은 먹고 마시고 장가가고 시집가고 했다. 그리고 홍수가 일어나 그들을 모두 쓸어 가 버렸다. 롯의 날에도 마찬가지였다. 사람들은 먹고 마시고 사고팔고 나무를 심고 집을 지었다."(눅17:26-28)

노아시대와 롯의 시대 사람들은 먹고 마시고 장가들고 시집가는 그 이상의 것에는 전혀 관심이 없었습니다. 하나님의 목적에 합당하게 사는 것, 하나님 나라를 위한 것과 하나님의 명령에 순종하는 것, 이것이 없으면 노아 시대 사람들이 당한 화를 우리 시대도 면할 수 없을 것입니다. "너희는 조심하라, 그렇지 않으면 방탕함과 술취함과 생활의 염려로 마음이 둔하여지고 뜻밖에 그 날이 덫과 같이 너희에게 임하리라"(눅21:34)

예비신부가 결혼 날이 다가오면 사랑하는 신랑을 위해 다른 일을 제쳐 놓고 기쁨으로 신혼 준비하는 것처럼 교회 신랑되신 주님이 가까이 온 때를 볼 때 일수록(딤후3:1-4) 주의 종들은 더욱 엔드타임 메시지를 전하여 먼저는 교회를 경성(警醒)시키고 준비시켜야 할 것입니다. 교인들도 세상 사람들과 똑같이 자기 밖에 모르고 돈 벌고 육체의 쾌락을 즐기는데 미쳐 사는 이때입니다. "일어나세요! 빨리 일어나세요!" 그들을 엔드타임 메시지로 사망의 잠에 곯아떨어진 사람들을 흔들어 깨워야 합니다.

부디 이 책을 드신 모든 분 위에 성령님께서 충만히 임하셔서 여러분들을 이끌어 주시고 도와주시길 기도합니다. 그리하여 여러분들이 그리스도의 신부로 단장을 잘하시고 언제 주님이 재림하셔도 휴거되시는 '복스러운 소망(blessed hope)' 가운데 사시길 기도합니다. 그리고 예수님과 동행하는 거룩한 삶으로 부활하신 그리스도를 날마다 힘 있게 증거하시는 왕같은 제사장으로 사시길 축원합니다.

오직 하나님께 영광을(Soli Deo Gloria)

목 차

CHAPTER 1   예수는 과연 부활하셨는가? / 1
    1. 성경은 과연 신뢰할만한가? / 1
    2. 계시중의 계시-부활하신 그리스도 / 5
    3. 네 종류의 하나님 나라 / 19

CHAPTER 2   사도 요한이 가르친 천년 왕국 / 23
    1. 세 종류의 천년왕국설 / 24
    2. 전통적 전천년설 / 44
    3. 전통적 전천년설의 역사적 근거 / 50

CHAPTER 3   왕의 신부의 황홀한 휴거 / 61
    1. 휴거와 재림의 12가지 다른 점 / 65
    2. 교회(성령) 시대의 교회와 대환난 때의 환난성도 / 73
    3. 당신은 휴거 받을 준비가 되었습니까? / 75

CHAPTER 4   언제 휴거되는가? / 91
    1. 중간 휴거설 또는 환난 중 휴거설 / 93
    2. 환난 후 휴거설 / 95
    3. 대환난 전 휴거설 / 105

CHAPTER 5   하나님의 사랑의 신호-산고(産苦) / 127
    1. 종말의 징조들 / 129
    2. 재림에 대비한 성도의 준비 / 144
    3. 빌라델비아 교회처럼 / 150

CHAPTER 6   장차 다가올 7년 대환난 / 157
    1. 7년 대환난 / 160
    2. 대환란의 성격과 기간 / 175

3. 환난을 통과하는 성도들의 자세 / 192

CHAPTER 7   7년 대환난 때의 이스라엘 / 195
1. 이스라엘과 교회 / 196
2. 제3성전(1, 2) / 204
3. 두 증인의 죽음과 부활과 승천(7절) / 213
4. 해 입은 여자 / 219

CHAPTER 8   하나님의 타임라인 / 233
1. 이스라엘 7대 절기로 섭리하신 하나님의 시간표 / 235
2. 초승달이 뜨는 나팔절(The Feast of Trumpet) / 237
3. 칠십(70)이레를 통한 하나님의 타임라인 계시 / 243

CHAPTER 9   14만 4천은 누구인가? / 259
1. 무천년설을 가지고 / 262
2. 144,000과 셀 수 없는 큰 무리의 정체 / 273
3. 흠 없는 사람들 / 277

CHAPTER 10   두 짐승의 비밀 / 295
1. 첫 번째 짐승인 적그리스도 / 299
2. 붉은 빛 짐승 / 307
3. 두 번째 짐승인 거짓 선지자 / 309
4. 적그리스도의 계시 / 317

CHAPTER 11   일곱 인(印) 비밀 / 327
1. 삼중적 재앙 / 330
2. 첫 번째 인 ~ 네 번째 인 / 333
3. 다섯 번째 인 ~ 여섯 번째 인 / 346

CHAPTER 12   일곱 나팔 재앙 / 357
1. 첫 번째 나팔 ~ 네 번째 나팔 / 360
2. 세 가지 화(Woe) / 365
3. 다섯 번째 나팔 ~ 여섯 번째 나팔 / 368

4. 펴 놓인 작은 두루마리 / 375

5. 일곱째 나팔 재앙 / 378

CHAPTER 13   일곱 대접 심판 / 387

1. 천상에서의 예배 / 387

2. 일곱 대접의 재앙 / 393

3. 영원한 복음 / 422

CHAPTER 14   큰 음녀와 바벨론의 멸망 / 427

1. 큰 음녀는 누구인가? / 430

2. 음행의 포도주 / 440

3. 바벨론의 멸망(Fall of Babylon) / 443

4. 사악한 666표 국제 경제 시스템 / 446

CHAPTER 15   예정된 전쟁들 / 459

1. 첫 번째 예정된 전쟁-유브라데 전쟁 / 460

2. 두 번째 예정된 전쟁-아마겟돈 전쟁 / 472

3. 세 번째 예정된 전쟁-곡과 마곡 전쟁 / 484

CHAPTER 16   왕의 재림과 천년왕국 / 495

1. 어린 양의 혼인잔치 / 498

2. 왕의 재림 / 505

3. 천년왕국 / 510

CHAPTER 17   영원한 새 하늘과 새 땅 / 529

1. 백보좌 심판 / 530

2. 영원한 지옥과 천국 / 532

3. 그의 일한 대로 갚아 주리라 / 547

참고문헌 / 557

예수는 과연 부활하셨는가?

Was Jesus Really Resurrected?

본문 계1:5-7

1. 성경은 과연 신뢰할만한가?

『성경 파노라마』의 저자 '테리 홀(Terry Hall)'은 성경에 대하여 말하기를 '성경은 여러 가지 특별한 사항을 지니고 있습니다. 이것은 20가지의 다양한 직업을 가진 사람들 40명이 약 1,600년 동안 서로 다른 10개 나라에 살면서 3개 국어를 사용했습니다. 총 2,930명의 인물이 소개되고, 1,551개의 지명이 언급되고 있습니다. 또한 성경은 구약 39권과 신약 27권으로 모두 합치면 66권이 됩니다." 그런데 놀라운 것은 그 66권의 책들이 한결같이 하나의 공통된 주제를 다루고 있다는 것입니다. 저자들이 속했던 시대와 장소들이 다 달랐기에 그들은 한 번도 서로 만날 기회가 없었습니다. 말하자면 편집회의를 소집해서 어떤 주제로 글을 쓸 것인지 의논한 적이 아예 없었고 가능하지도 않았습니다. 그런데도 한가지 주제로 글이 써졌다면 인간 밖의 절대자의 능력이 개입되었다는 뜻입니다. 다른 말로 성경은 인간들의 믿음 혹은 선입관이나 편견과 아무 상관없이 스스로 진리 됨을 선언하며 증거하고 있을 뿐이라는 뜻입니다. 그 통일된 주제는 무엇인가? 다름 아닌 「예수님의 십자가 구속의 은혜」에 관한 것입니다. 성경 저자 40여명 중에 3/4이 넘는 분들이 예수님 오시기 전의 사람들입니다. 멀리는 예수님 오시기 약 1500년 전부터 짧게는 약 400년 전에 살았습니다. 한 번도 예수님을 만난 적도 없었고 어떤 모습의 메시야가 오리라고 예측, 아니 상상도 못했던 자들이었습니다. 그럼에도 예수님에 대해 세밀하게 예언을 했고 또 그리스도의 성육신과 죽음과 부활의 의미에 관해 정확하게 기록했습니다. 도저히 인간이 지어낸, 아니 그럴 수 있는, 이야기가 아니었습니다.

바톤 페인(J. Barton Payne)의 성경예언대백과사전에 의하면, 성경에 기록된 예언은 총 1817개로, 구약성경엔 1239개, 신약성경엔 578개의 예언이 있습니다. 8,352 구절에 들어있으며 이는 전체 성경 내용의 27%나 된다고 합니다.[1] 그 예언들이 한 치의 오차도 없이 100% 성취된 것을 보면 성경은 인간의 책이 아니라 역사를 주관하시는 하나님의 말씀인 것을 입증하고 있습니다.

"내가 전에 예언한 일이 이미 이루어졌으니 내가 이제 새로운 일을 예언할 것이다. 그 일이 시작되기도 전에 내가 그것을 너희에게 말한다.""여호와를 찬양하라"(사42:9)[2]

하나님께서는 앞으로 일어날 일들을 예언하고, 또 그것을 역사 속에서 성취함으로써, 하나님이 창조주이시고 역사를 주관하시는 전능자이심을 분명히 성경을 통하여 증거하셨습니다.

"장차 당할 일을 우리에게 진술하라 또 이전 일의 어떠한 것도 고하라 우리가 연구하여 그 결국을 알리라 혹 장래사를 보이며 후래사를 진술하라 너희의 신 됨을 우리가 알리라 또 복을 내리든지 화를 내리라 우리가 함께 보고 놀라리라"(사41:22-23).

이사야 41장 22-23절 말씀같이 기원전 600년 전의 사람인 다니엘이 예언한 5대 제국들을 보십시오. B.C. 612년까지의 앗수르 제국부터 시작하여, 바벨론(B.C. 612년에서 B.C. 536년), 페르시아(B.C. 536년에서 B.C. 332년), 그리스(B.C. 332년에서 B.C. 176년), 기원후 500년이 넘는 로마 제국의 흥망성쇠에 대한 예언의 성취는 성경만이 절대적인 진리이며 완전무결한 예언서임을 증거합니다. 예언의 성취 자체가 하나님은 살아 계시다고 온 세상에 선포하는 것입

---

1) 『성경을 사랑합니다』 전광/생명의말씀사
2) 성경 인용은 거의 대한성서공회의 〈현대인의 성경〉입니다.

니다.

성경은 인류 역사상 가장 많은 사람이 읽은 책입니다. 성경은 과학자들이 시도한 '고서(古書) 검증법'으로도 신뢰할 책으로 입증된 책입니다. B..C.는 그리스도 오시기 전(Before Christ)의 뜻이고, A.D.는 그리스도가 오신 후(Anno Domini 라틴어로서 '주님 오신 후')라는 뜻입니다. 예수 그리스도가 태어나시기 전의 성경을 구약(舊約)이라고 하고 탄생이후의 기록을 신약(新約) 성경이라고 합니다. 피터 스토너(Peter Stoner)라는 수학과 천문학과의 회장이 『과학의 위력(Science Speaks)』이라는 책에서 숱한 메시야 즉 예수 그리스도 관련 구약 예언 중에 딱 8개만 선정해서 이 8가지 예언이 모두 성취될 확률을 계산하였습니다.

스토너가 선정한 8가지 예언은 다음과 같습니다.

---

1. 메시아는 베들레헴에서 태어날 것이다(미가5:2)
2. 메시아의 도래를 알리는 사자가 메시아보다 먼저 나타날 것이다(말라기3:1)
3. 메시아는 나귀새끼를 타고 예루살렘에 입성할 것이다(스가랴9:9)
4. 메시아는 친구에게 배신을 당할 것이다(스가랴13:6)
5. 메시이는 은 30개에 팔릴 것이다(스가랴11:12)
6. 은 30개를 가지고 토기장이의 밭을 살 것이다(스가랴11:13)
7. 동정녀에게서 태어날 것이다(이사야7:14)
8. 고난을 받고 죽을 것이다(이사야53:4-8)

문제 8개를 찍어서 모두 맞출 확률도 오지 선다형 문제일 경우 $(1/n)^8 = (1/5)8$승을 계산하면 0.00000256으로 제로에 가깝습니다. 그러나 예언은 오지 선다형보다 더 가짓수가 많습니다. 가장 어려운 것이 시기가 딱 맞아야 하기 때문입니다. 스토너와 그의 강의를 듣는 학생들 600여명이 10년 동안 연구하여 계산한 확률은 다음과 같습니다. 어느 한 사람이 8개의 예언을 모두 성취할 확률은 100,000,000,000,000,000(10경)분의 1이었습니다. 10의 17승분의 1입니다. 다음으로 스토너는 48개의 예언이 성취될 확률을 계산하였습니다. 48개의 예언을 무두 성취할 확률은 10의 157승분의 1입니다.

스토너는 이 어마어마한 숫자의 의미를 이해하기 쉽게 이렇게 설명합니다. 지구에서 60억 광년(1광년은 9조 4670억 7782만 km)까지의 거리를 반지름으로 하는 거대한 공간을 전자(電子)로만 빽빽이 채운 고체 공을 만든다고 가정해 봅시다. 그러면 10의 157승 개의 전자가 이 공 속에 다 들어갈까요? 천만예요. 보일까 말까한 작은 구멍 하나가 생겼을 뿐입니다.

10의 157승 개의 전자를 모두 소모하려면 60억 광년에다 10의 28승을 곱한 거리만큼을 반지름으로 하는 공간에 전자를 빽빽이 채워야 합니다.

"구약의 예언 8개만 예수님 당대에 성취될 확률은 10경(京-영이 17개 붙은 숫자) 분(分)의 일입니다. 실감나게 설명하면 10경개의 동전으로는 미국의 텍사스만한 주를 완전히 뒤덮고도 남습니다. 따라서 10경분의 1의 확률이란 그렇게 깔린 동전 중에 색깔이 다른 것이 딱 하나 있는데 무작위로 집어 올렸을 때에 그 동전이 집어졌다는 의미입니다. 예수님에 관해 명확히 인정할 수 있는 중요 예언으로 48개가 성취되었는데 이는 영이 157개가 붙은 숫자 분의 일의 확률입니다. 다시 실감나게 비유하자면 토네이도(tornado)가 폐차장을 지나가면서 순간적으로 부품을 모아 자동차 한 대를 완전하게 조립해낼 수 있는 확률입니다."(The Bible Embracing God's Truth by Max Anders 1995) 한 마디로 이 세상에선 아예 실현 불가능한 일이라는 뜻입니다. 실제 미국 항공우주국에서도 우주여행에 적용하는 확률로 영이 12개 붙은 숫자를 넘어가면 아예 발생가능성의 오류에서 제외한다고 합니다. 이 정도 숫자만 해도 현기증이 날 지경인데 실은 중요한 메시아 예언만 해도 최소한 61개가 된다는 사실을 기억할 필요가 있습니다.

메시아의 출현은 확률로 이해한다면 이 정도로 놀라운 일입니다. 인류 역사상 성경보다 예언이 그대로 성취된 책이 있었습니까? 단 한 권도 없었습니다.

여러분! 40여명의 인간 저자가 당신의 말씀을 기록하게 할 수 있었을까요?

"모든 성경은 하나님의 감동으로 된 것으로 교훈과 책망과 바르게 함과 의로 교육하기에 유익하니"(딤후3:16) 하나님의 감동(inspiration)으로 써졌다고 합니다. 인간 저자가 자기 임의로 저작한 것이 아니라 하나님으로부터 영감을 받아 기록했다는 것입니다. '감동'에 해당하는 헬라어는 '데오프뉴스토스(θεόπνευστος)'로 문자적으로 보면 "하나님의 입김이 쐬인"의 뜻입니다. 하나님이 인간을 창조할 때에 당신의 "생기를 그 코에 불어 넣으시니 사람이 생령(生靈)이 된"(창2:7) 것 같이 성경 말씀도 하나님의 영감을 받아 저작되었기에 살아 있는 하나님의 말씀입니다. 인간이 하나님의 영을 받아 그분과 교통할 수 있듯이, 성경도 저자들이 성령의 간섭을 통해 그분으로부터 말씀을 직접 받아서 기록한 것입니다.

2. 계시중의 계시 – 부활하신 그리스도

그러면 살아계신 하나님은 성경을 통해 우리에게 무엇을 알려 주시고 무엇을 주시려고 하셨나요?

사도행전 1장 3절을 보면 예수의 죽음과 부활에 대해 아래와 같이 기록하였습니다.

"예수께서 고난당하신 후에 자신이 살아 계심을 여러 가지 확실한 증거로 사도들에게 직접 보여 주셨고 40일 동안 그들에게 나타나 하나님 나라에 대한 일을 말씀하셨습니다."(행1:3)

'예수께서 고난당하신' 이 말의 의미는 예수 그리스도께서 인류의 죄를 짊어지시고 십자가에 달려 대신 저주를 받으신 사건을 가리킵니다. 그러니까 본문 3절은 복음의 핵심을 말해주고 있습니다. 복음의 핵심이란 무엇입니까? 바로 예수 그리스도께서 나를 대신해서 십자가 위에서 죽으신 사건입니다. 아담 이래로 한 사람노 쇠를 범치 않은 사람이 없어서 예수님은 구약의 예언대로 우리를 위해 죽으러 오셨습니다.

"인자 역시 섬김을 받으러 온 것이 아니라 섬기러 왔고 많은 사람을 위해 자기 목숨을 대속물로 주려고 온 것이다."(마20:28)

롬6:23절에 보면 하나님께서 '죄의 삯은 사망'이라고 정하셨습니다. 그 법은 절대로 변경되지 못합니다. 그래서 예수님께서 우리의 죄 값을 대신 지불하시고자 십자가에서 대신 죽으심으로 하나님의 사랑의 법을 이루신 것입니다.

그래서 예수님은 요11:25-26절 "나는 부활이요 생명이니 나를 믿는 자는 죽어도 살겠고 무릇 살아서 나를 믿는 자는 영원히 죽지 아니하리니 이것을 네가 믿느냐"고 묻고 계십니다.

'죽어도 산다'는 말은 육신이 죽는 것을 말하는데 우리의 육신은 죽어도 다시 부활합니다. 예수님께서 인류의 죄 값을 다 청산하셨으므로 '죄의 삯은 사망'의 법이 무너지고 너는 죽어도 살겠다는 법이 들어온 것입니다. 그래서 '예수께서 고난 당하신'란 말이 그토록 중요한 말씀이 되는 것입니다. 예수님은 하나님의 아들이신데 우리의 죄를 대신해서 죽으셨던 것입니다.

"그리스도의 사랑이 우리를 강권하십니다. 우리가 확신하건대 한 사람이 모든 사람을 대신해 죽었으니 모든 사람이 죽은 것입니다."(고후5:14)

예수님께서 모든 사람을 위해 죽으셨으므로 나도 그 모든 사람 속에 들어가는 것입니다. 예수님이 십자가에 달리셔서 몸이 찢겨 피흘리실 때 나도 그 십자가에 달려 피흘려 죽은 것입니다.(롬6:5)

또 15절을 보면, "그분이 모든 사람을 대신해 죽으신 것은 산 사람들로 더 이상 자신을 위해 살지 않고 자신을 대신해 죽었다가 살아나신 그분을 위해 살게 하시려는 것입니다."(고후5:15)

우리 인생은 하나님의 영광을 위해 지음받은 피조물입니다. 예수님은 우리의 구세주이실뿐 아니라 천지만물을 창조하신 우리 인생의 주인이십니다. 예수님을 그리스도로 믿은 하나님 자녀는 영생을 주신 주인의 뜻대로 살아야 합니다. 성경의 주제는 인류의 피난처이신 예수님이 그리스도이심을 증거하는 내용입니다.

여러분!

지구상에 수많은 종교의 모습을 가지고 자신들의 종교가 최고라고 자랑하지만 두 종류의 종교만이 존재합니다. 한 종교는 예수 그리스도 은혜로 구원받는다는 타자(他者)에 의한 구원을 말하는 기독교와 자신의 행위와 의(義)로 구원 혹은 신이 될 수 있다는 자력(自力) 구원을 말하는 종교들뿐입니다. 많은 사람들이 "모로 가도 서울만 가면 된다"는 말로 무슨 종교를 믿든 천당에만 가면 된다고 잘못 생각하고 말하는데 기독교가 말하는 하나님은 '유일신 하나님'이라는 사실을 몰라서 잘못 인용하는 것입니다.

교회에 처음 다닐 때 다음과 같은 성경말씀을 읽거나 설교를 들을 때,

"너희는 나 외에 다른 신을 섬기지 말아라. 너희는 하늘이나 땅이나 땅 아래 물 속에 있는 어떤 것의 모양을 본떠서 우상을 만들지 말며 그것에 절하거나 그것을 섬기지 말아라. 나 여호와 너희 하나님은 질투하는 하나님이다. 그래서 내가 나를 미워하는 자를 벌하고 그의 죄에 대하여 그 자손 삼사 대까지 저주를 내리겠다."(출20:3-5)

기독교 하나님은 독재자 혹은 속 좁은 편협스런 신으로 느껴지기까지 합니다. 이에 반해 불교 스님 중에는 교회 안에도 성불(成佛)한 사람이 있다고 하고

천주교와의 강단(講壇) 교류까지 하는 것을 보면 그들은 마음이 대단히 넓은 종교로 느껴집니다.

그러나 자세히 들여다보면 불교나 천주교, 모슬렘교, 유대교 등 각기 다른 정경(正經)과 예전(禮典)의 모습만 다르지 실제 내용에 있어서는 인간의 행위로 구원받을 수 있다는 점에서 같은 종교입니다. 그분들끼리는 자력구원의 공통분모가 있기에 교류가 얼마든지 가능한 것입니다.

왜 기독교 하나님이 다른 신을 네게 있게 못하게 하셨습니까?

하나님의 존재가 절대적이기 때문입니다. 많은 하나님이 존재한다면 기독교 하나님은 상대적이 됩니다.

"나 여호와 외에 다른 신에게 희생제물을 드리는 자는 반드시 죽여라."(출 22:20)

하나님 외에 다른 신을 섬기면 멸절시키겠다는 말씀입니다. 얼마나 무시무시합니까?

왜 그렇습니까?

하나님만이 절대 유일하신 분이시기 때문입니다. 만약 아내나 남편이 유일하게 한 사람인데 당신 남편이나 아내기 다른 남자나 여자를 사랑히면 가만히 있겠습니까?

유일하니까 절대로 다른 제삼자(第三者)를 두면 묵과할 수 없는 것입니다. 이것은 하나님이 우리를 목숨을 바쳐 사랑하시기까지 사랑하셨고 지금도 사랑하시니까 가능하신 말씀입니다. 인류 역사 가운데 예수 그리스도 외에 당신을 영원히 살리기 위해 대신 죽었다는 사람을 보았습니까?

당신의 남편이나 아내를 사랑하지 않으면 즉 무관심하면 딴 남자나 여자가 있어도 시기하기까지 괴로워하지 않을 것입니다. 그러므로 기독교 이름을 걸고 기독교식 예배를 드리고 기독교 정경인 성경을 가지고 설교하고 가르쳐도 계명을 지켜야 구원받는다고 즉 자신의 행위와 의로 구원받을 수 있다고 하는 곳은 그 타종교와 같은 이교(異敎)나 유사(類似) 기독교일 뿐입니다. 기독교 진리 안에서 "모로 가도 서울만 가면 된다"고 할 수 없는 것은 구원의 방법이 유일하신 구세주(救世主) 예수 그리스도를 통해서만이 구원을 받고 천국갈 수 있는 절대성 진리 때문입니다.

그래서 예수님이 말씀하셨습니다. "나는 길이요 진리요 생명이다. 나를 통하

지 않고는 아무도 아버지께로 가지 못한다."(요 14:6)

그래서 기독교가 옳든지 '자력(自力)구원'을 말하는 다른 모든 종교가 옳든지 둘 중 하나입니다.

가령 수영을 못하는 사람이 바다에 빠져 죽어갈 때 자기 머리채를 잡고 일으킨다고 살 수 있나요? 자력구원은 불가능한 것입니다. 구명보트나 헬리콥터가 와서 다른 사람을 통해 즉 타력구원밖에는 살 길이 없습니다. 이와 같이 인간이 스스로 죄를 씻을 수 없고 계명을 다 지켜서 즉 한번도 죄를 범하지 않은 사람이 없어서 하나님께서 예수님을 보내시고 우리 대신 죄의 삯을 지불하시고 누구든지 믿는 자마다 구원 얻도록 하신 것입니다. 즉 예수님의 죽음을 자신의 죽음으로 받아들인 사람은 죄사함을 받은 것입니다. 그러므로 기독교의 복음은 세계 모든 종교 중에 유일하게 '타력(他力)구원'을 증거합니다. 그러므로 생명의 원천이신 하나님과 분리된 죽음상태의 인간에게는 최대의 사랑이고 희소식이며 선물입니다.

기독교	기독교외 모든 종교 + 기독교 이단
예수만이 유일한 그리스도	예수만이 유일한 메시야가 아니다.
타력구원(他力救援) salvation by the power of others	자력구원(自力救援) Salvation by one's own power

여러분!

헬런 애덤스 켈러(Helen Adams Keller) 여사의 간증을 들어 보셨나요? 그는 삼중 장애자입니다. 눈도 보이지 않고 귀도 들리지 않고 말도 할 수 없습니다. 이런 불행을 딛고 한 평생을 살았습니다. 그러나 그는 훌륭하게 귀중한 일들을 많이 하며 심지어는 저술까지 하면서 살았습니다. 말년에 어떤 기자가 그에게 물었습니다. "이런 육체적 고통과 함께 한 평생을 살아왔는데 당신은 하나님을 원망해 본 적은 없습니까?" 헬렌 켈러 여사는 빙그레 웃으면서 대답했습니다.

"제가 하나님께로부터 받은 은혜를 헤아리는 것만도 시간이 없는데, 그리고 하나님께 감사하는 것으로도 부족한데 어찌 원망할 시간이 있겠습니까? 감사하고 그 은혜를 기뻐하는 것으로도 시간이 부족해요." 원망할 시간이 없었다고 고백했습니다. 이 사람이 바로 은혜를 아는 사람입니다. 남들은 그를 불행하게 보았습니다. 그러나 그는 은혜를 아는 사람입니다. 세상 떠날 때에 그는 이렇게 유언을 합니다.

"나의 일생은 참으로 아름다웠다" 하고 눈을 감았습니다. 이 어찌 행복한 사람이 아니겠습니까? 사실 우리는 주님의 큰 은혜를 받은 자들입니다. 왜요? 영원히 죽을 수밖에 없는 죄인인데 하나님의 큰 사랑으로 죄에서 구원함을 받았습니다. 어떻게 구원받았습니까? 하나님의 아들이 우리 대신하여 십자가에서 죽음을 당하셨습니다. 생명을 내놓으신 것입니다. 그래서 그 예수 그리스도의 십자가의 은혜를 믿음으로 받아들여 구원받은 것입니다.

여기서 "은혜"란 말은 원래 "카리스(χαρις)"에서 번역한 것인데 이 말의 의미는 어떤 존재로부터 받은 "선물" "호의"라는 뜻입니다. 그러므로 은혜란 하나님께서 사랑으로 값없이 주시는 선물이라는 뜻입니다. 우리가 부모님의 은혜. 스승의 은혜, 기타 여러 가지 은혜를 생각할 수 있습니다. 그러므로 따지고 보면 우리는 그 은혜 속에서 지금까지 살고 있는 것입니다.

우리가 받은 가장 큰 은혜는 구원입니다. "하나님이 우리를 구원하사 거룩하신 소명으로 부르심은 우리의 행위대로 하심이 아니요 오직 자기의 뜻과 영원 전부터 그리스도 예수 안에서 우리에게 주신 은혜대로 하심이라"(딤후1:9) 구원은 우리의 행위대로 하심이 아닙니다. 오직 하나님의 은혜로 자격이 없는데도 거저 베풀어주신 하나님의 선물입니다.

"여러분은 믿음으로 인해 은혜로 구원받았습니다. 이것은 여러분에게서 나온 것이 아니요, 하나님의 선물입니다. 행위에서 난 것이 아니니 아무도 자랑하지 못하게 하려는 것입니다."(엡2:8-9) 우리는 구원의 은혜를 받았음에도 그것을 은혜로 알지 못하는 경우가 많습니다. 우리가 구원의 의미를 안다면 우리는 그 은혜 하나만으로도 일평생 감격하고 감사하며 살아갈 것입니다. 하나님께서 이 은혜의 복음을 기록한 성경을 선물로 우리에게 주셨습니다. 우리에게 성경을 통하여 믿음을 주시려고 사도행전 1장 3절을 보면 '자신이 살아 계심을 여러 가지 확실한 증거로' 증언하고 있습니다. 예수 그리스도는 모든 사람의 죄를 짊어지시고 피 흘리셔서 대속하시고 사흘 만에 부활하셨습니다. 예수께서 부활하신 확실한 10가지 증거가 있습니다.

첫째. 빈 무덤입니다

어떤 기독교인이 이슬람교도로부터 자기들은 순례지에 선지자들의 무덤을 보존하고 있는데 기독교인들은 예수가 어디에 묻혔는지도 모른다고 조롱당했던 적이 있다고 말합니다. 그 때 그 기독교인은 재빨리 "우리에게는 시체가 없기 때문에 무덤이 필요 없다오"라고 대답했습니다. 그렇습니다. 우리는 살아 계신 그리스도를 모시고 있기 때문에 무덤도 시체도 없습니다.

사람들이 만든 종교 창시자들인 공자, 석가모니, 모하멭(Muhammad), 소크라테스[Socrates], 마르크스(Karl Marx)의 무덤은 오늘날까지 다 있으나 예수님은 빈 무덤입니다(마27:62-66). 역사 이래로 부활로 인한 빈 무덤은 예수님의 무덤밖에 없습니다. 왜냐하면 부활하셨기 때문입니다. 제자들과 막달라 마리아에 의해 빈 무덤이 확인되었습니다(4복음서 모두에 기록됨). 군병들이 삼엄하게 지키고 있는 가운데 빈 무덤이 되었다는 것은 있을 수 없습니다. 제자들이 엄청나게 큰 돌문을 밀어내고 시신을 도적질해 갈 수가 없는 것이지요. 그리고 만약 예수님이 부활하지 않으셨다면 주님이 부활하신지 약 7주 후 주님의 제자들이 예루살렘 곳곳에서 예수님의 부활의 소식을 담대히 전할 때(행2:32) 로마 군인이 무덤을 지키고 있었으니 로마당국과 제사장들은 그 시체를 왜 공개적으로 내어 놓지 못했겠습니까?

시신을 쌌던 세마포와 수건은 그대로 남아 있었습니다. 부활 아니면 설명할 수 없습니다.

둘째. 수많은 증인들과 목격자들입니다

예수님이 부활하시고 이 지상에 몇 년이나 있었습니까? '40일 동안 저희에게 보이시며' 40일간이었습니다. 하루 이틀이 아닙니다. 40일간 계속 제자들과 함께 계셨습니다. 예수님은 40일 동안 부활하신 자신을 증거하셨습니다.

(1) 마20:29절: 막달라 마리아에게와, 또 다른 마리아에게 보이셨습니다.

(2) 눅24:13: 엠마오상에서 두 제자에게 오셨습니다.

(3) 눅24:34절: 베드로에게 오셨습니다.

(4) 눅24:30절: 도마가 빠진 11제자들에게 오셨습니다.

(5) 요20:26절: 도마가 있는 12제자들에게 오셨습니다.

(6) 고전15:6절: 500여 형제에게 나타내 주셨습니다.

(7) 요21:1-26절: 갈릴리 해변에서 제자들에게 오셨습니다.

(8) 고전15:7절: 야고보에게 보이셨습니다.

따라서 예수님의 부활은 환상이나 착각, 집단 최면에서 본 것이 아니라는 것입니다. 법정에서 사실 인증(認證)은 두 명의 증인만 있어도 효력을 보입니다. 그러나 예수님의 부활을 본 사람은 수없이 많습니다. 그러므로 예수님의 부활은 분명한 사실이라는 것입니다.

셋째, 천사들의 증언. 증인들의 생생하고도 거침없는 증언들입니다.

천사들의 증거를 보면

"그가 여기 계시지 않고 그가 말씀하시던 대로 살아나셨느니라. 와서 그가 누우셨던 곳을 보라"(마28:6)

"이 예수를 하나님이 살리신지라 우리가 다 이 일에 증인이로다"(행2:32)

"우리가 보고 들은 것을 말하지 아니할 수 없나니"(행4:20)

"우리는 유대인의 땅과 예루살렘에서 그의 행하신 모든 일에 증인이라. 그를 저희가 나무에 달아 죽였으나 하나님이 사흘만에 다시 살리사 나타내시되"(행10:39-41)

바울도 예수님의 부활체를 목격하기 전에는 예수 믿는 사람들을 핍박하고 죽이는데 앞장섰으나 부활하신 예수님을 목격한 다음부터는 평생 예수님의 십자가와 부활을 전했고 마침내 순교까지 했습니다.(행9:19-21)

넷째. 구약성경에서 이미 예수님의 부활과 성도의 부활이 예언되었습니다.

예수님은 이미 구약 선지자들이 예언하고 예수님이 살아 계셨을 때 말씀하신 대로 죽었다가 3일 만에 다시 살아 나셨습니다.(고전15:3-4) 영국의 사학자 토마스 아놀드(Thomas Arnold)는 "그리스도의 죽음과 부활 사건 보다 완전하게 증명될 수 있는 사실들이 인류 역사 가운데는 없다는 것을 알았다"고 했습니다.

"이는 내 영혼을 음부에 버리지 아니하시며 주의 거룩한 자로 썩지 않게 하실 것임이니이다"(시16:10)

"여호와께서 이틀 후에 우리를 살리시며 제삼일에 우리를 일으키시리니 우리

가 그 앞에서 살리라"(호6:2)

"1그 때에 네 민족을 호위하는 큰 군주 미가엘이 일어날 것이요 또 환난이 있으리니 이는 개국 이래로 그 때까지 없던 환난일 것이며 그 때에 네 백성 중 책에 기록된 모든 자가 구원을 받을 것이라 2땅의 티끌 가운데에서 자는 자 중에서 많은 사람이 깨어나 영생을 받는 자도 있겠고 수치를 당하여서 영원히 부끄러움을 당할 자도 있을 것이며"(단12:1-2)

다섯째. 예수님 자신의 부활 예언입니다

인류 역사상 예수님처럼 죽기 전에 며칠 후에 반드시 부활할 것을 예언하신 그대로 부활하신 종교 창시자나 그 어떤 사람이 있었나요? 아무도 없었습니다.

"이때로부터 예수 그리스도께서 자기가 예루살렘에 올라가 장로들과 대제사장들과 서기관들에게 많은 고난을 받고 죽임을 당하고 제삼일에 살아나야 할 것을 제자들에게 비로소 나타내시니"(마16:21)

"17예수께서 예루살렘으로 올라가려 하실 때에 열두 제자를 따로 데리시고 길에서 이르시되 18보라 우리가 예루살렘으로 올라가노니 인자가 대제사장들과 서기관들에게 넘겨지매 그들이 죽이기로 결의하고 19이방인들에게 넘겨 주어 그를 조롱하며 채찍질하며 십자가에 못 박게 할 것이나 제삼일에 살아나리라"(마20:17-20)

예수님은 적어도 세 번 제자들에게 자신이 인류의 죄를 위해서 죽고 3일 만에 다시 살아날 것을 예언하셨습니다(마16:21; 17:23; 20:19). 예수님이 다시 살아난 것은 우연히 일어난 일이 아니라 성경과 예수 그리스도 자신께서 예언하신대로 다시 살아나신 것입니다.

여섯째. 부활하신 예수님을 만난 사람들의 엄청난 변화입니다.

겁이 많던 제자들은 180도 완전히 변화되어, 담대한 전도자가 되었습니다. 사도바울은 원래 예수 믿는 사람을 핍박했던 사람이었으나 다메섹도상에서 부활하신 예수님을 만난 후 이방인의 선교사가 되어 순교할 때까지 복음을 전파하였습니다.

샌프란시스코(San Francisco) 노상에서 전도하던 아이언 사이드(Harry A. Ironside) 박사에게 한 무신론자가 도전장을 냈습니다. 오는 주일 오후 과학 회관에서 예수 신앙과 무신론에 관해 공개 토론을 하는데 청중 동원과 소요되는 모든 비용은 자기편에서 부담을 하겠다는 것입니다. 아이언 사이드 박사는 수락하는 조건으로 남녀 두 사람의 증인을 대동할 것을 요구했습니다. 그가 주장하는 무신론의 내용을 믿고 속이고 훔치고 음란하거나 악독했던 사람이 변화되어 정직하고 사랑과 기쁨과 평화의 사람이 되므로 그 가족과 주위 친구들이 신기하게 여기는 두 사람을 실증(實證)으로 제기할 것을 요구하고 자신은 그런 남녀 증인 100명을 증인으로 데려 오겠다고 했습니다. 오만했던 무신론자는 "잘해 보시오."하고는 달아났습니다. 우리가 믿는 하나님은 구름같은 증인들이 있습니다. 수많은 사람들이 예수님의 부활을 목격한 후에 전혀 새로운 사람으로 변화되었습니다. 그 변화는 오늘날에도 일어나고 있습니다. 그 이유는 오직 예수님의 부활 때문인 것입니다.

일곱째. 예수 부활 소식을 포함한 복음의 급속한 세계적 확산입니다.

만일 예수가 역사상 실제 인물이 아니었거나 죽은 지 사흘 만에 다시 부활하여 제자들에게 나타나지 않았다면, 우리는 유대와 팔레스타인, 소아시아, 그리고 로마 지역까지 광범위하게 급속도로 퍼져 나간 기독교 운동의 확산을 설명할 길이 없습니다. 기독교의 근간인 신약성경은 기독교를 반대하고 핍박하던 자들이 살아 있을 때 기록되어 전파된 책이기에 거짓을 기록했다면 기독교 자체가 존립할 수 없습니다. 기독교는 부활의 종교라고 만일 기독교가 예수의 부활을 허위로 선전했다면 기독교가 2천년 후인 오늘까지 존재할 수 없고 점차 큰 발전을 가져올 수 없을 것입니다. 또한 그리스도의 복음이 빠른 속도로 확산된데에는 예수님의 약속(행1:8)을 붙잡고 간절히 기도하며 기다렸던 120명의 제자들 위에 위로부터 오는 능력(power from on high)이며 성령의 권능을 받아 전도하였기 때문입니다.

"하나님도 표적들과 기사들과 여러 가지 능력과 및 자기의 뜻을 따라 성령이 나누어 주신 것으로써 그들과 함께 증언하셨느니라"(히2:4)

여덟째. 예수님의 제자들과 수많은 사람들의 순교와 선교입니다.

예수님의 제자들은 부활을 증거하다가 핍박과 순교를 당했는데, 그들이 자기들이 지어낸 거짓말을 위해 핍박과 순교도 당할 수는 없는 것입니다. 사람이 거짓을 위해 죽을 수는 없습니다.

두 눈으로 보고 체험하고 목숨보다 더 확실한 사실이기 때문에 그들은 아낌없이 복음을 위해서 한 사람도 예외 없이 죽음으로써 증거했습니다.

유세비우스(Eusebius)가 쓴 교회사에 보면 제자들의 죽음이 이렇게 기록되어 있습니다. 베드로는 로마에 가서 전도하다가 십자가에 거꾸로 못 박혀 죽었고, 안드레는 헬라에서 전도하다가 아가야성에서 X형 십자가에 매달려 죽었고, 야고보는 예루살렘에서 헤롯에게 칼로 목 베어 죽었고, 빌립은 서아시아 부르기아에서 전도하다가 기둥에 매달려 죽었고, 요한은 예수님의 모친 마리아를 모시면서 유대 땅에서 전도하다가 주후 70년 예루살렘 멸망 후 에베소에 가서 전도하다가 그곳에서 핍박을 받아 끓는 기름 가마에 던져졌지만 기적적으로 살아나 다시 밧모 섬으로 귀향 보내졌고 그곳에서 요한계시록을 받아 기록하고 죽었습니다.

파스칼(B. Pascal)은 말하기를 "만일 예수의 제자들이 서로 의논해서 예수의 부활을 거짓으로 만들어 냈다고 가정해 보자. 그 중 한 사람이라도 본심에 돌아갔더라면 예수의 부활이란 전부 붕괴되었을 것이다. 그러나 저들은 순교를 하면서까지 입증한 제자들의 진실성을 믿지 않는다면 우리는 벌써 그런 사람과는 말할 필요조차 없다"고 하였습니다. 만일 예수님의 부활이 거짓말이라면 어떻게 한 두 사람도 아니고 예수님을 따르던 제자 전원이 생명을 걸고 복음을 증거 했겠습니까? 여러분은 거짓말을 위해 순교할 각오가 되어 있습니까? 절대로 거짓말을 위해서 목숨을 바칠 사람은 한 사람도 없습니다. 예수님의 부활은 부인할 수 없는 사실이요, 확실한 것을 그들은 증거한 것입니다.

아홉째. 예수님의 부활이 구전(口傳)으로 인정되어지고 전승(傳承)됩니다.

구전학자들에 의하면, 구전위주의 사회는 역사적 관심을 기를 능력이 있을 뿐만 아니라, 대개 예리한 역사적 관심을 나타낸다고 합니다. 실제로 "구전의 전달자나 공동체는 그 구전 전달의 정확성을 지키는데 공동적인 책임을 가지고 있습니다. 만일 그 내레이터(narrator)가 무엇인가 잘못된 것을 말할 때는 공동체가 거기에 끼어들어서 수정합니다." 이러한 사실 때문에 구전 중심의 공동체에서는 역사 보존이 매우 탁월하다고 말할 수 있는 것입니다.

구전 학자들의 연구에 의하면 구전 공동체들은 역사적 사건들을 신화와 구분하여 매우 조심스럽게 보존하였고, 그 내용이 후대에 전달되는 과정에서도 거의 변형되지 않으며, 변형되더라도 그 변화의 속도는 아주 천천히 일어난다는 사실을 밝혀내었습니다. 따라서 이러한 점들은 예수의 역사적 사건이 교회 공동체를 통해 잘 보존될 수 있었다는 사실을 강력하게 뒷받침 해 주고 있습니다.

✛ 구전은 주로 암송/노래/세례/성찬의식/신앙의 규범 형태로 구전된다고 합니다.

열 번째. 신자들의 심령 속에 오늘도 거하시는 예수님의 영의 증거입니다. 오늘 우리에게도 성령으로 나타나셨습니다.

"내가 아버지께 구하겠으니 그가 또 다른 보혜사를 너희에게 주사 영원토록 너희와 함께 있게 하시리니 그는 진리의 영이라 세상은 능히 그를 받지 못하나니 이는 그를 보지도 못하고 알지도 못함이라 그러나 너희는 그를 아나니 그는 너희와 함께 거하심이요 또 너희 속에 계시겠음이라"(요14:16)

"만일 우리가 그의 죽으심과 같은 모양으로 연합한 자가 되었으면 또한 그의 부활과 같은 모양으로 연합한 자도 되리라"(롬6:5)

"볼지어다 내가 세상 끝날까지 너희와 항상 함께 있으리라 하시니라"(마28:20)

예수님이 부활 승천하심으로 예수의 영이신 성령께서 오셔서 신자들의 심령 속에 거하시면서, 오늘도 위로하시고 힘주시고 계십니다. 성령께서 친히 우리가 하나님의 자녀인 것을 증거하고 계십니다.

"성령이 친히 우리의 영과 더불어 우리가 하나님의 자녀인 것을 증언하시나니"(롬8:16)

누구든지 죄를 회개하며 하나님께 돌아오고 예수님께서 당신의 죄를 짊어지시고 죽으신 것과 예수님께서 죽으신지 사흘 만에 부활하신 것을 믿고 예수님을 구세주로 그리고 그리스도로 영접하는 사람은 영생을 선물로 받습니다. 예수님만이 지옥으로 가는 길에서 피할 수 있는 유일한 인류의 피난처이십니다.

여러분! 예수님이 부활하신 사실은 무엇을 증명한 것일까요?

◆◆◆ 예수의 부활로 증명한 8가지 사실 ◆◆◆

1. 하나님은 영원히 살아 계신다는 사실입니다.(계1:18)
2. 사람이 죽는 것으로 끝나는 것이 아니라 내세, 즉 천국과 지옥이 있다는 사실입니다.
   (마25:46)
3. 인간은 동물과 달리 영혼(soul)이 있다는 사실입니다.(벧전1:9)
4. 예수님의 죽음은 우리의 죄 값을 완전히 그리고 영원히 치렀다는 사실입니다.(히10:4)
5. 예수님은 하나님의 아들이시라는 사실입니다.(요3:17)
6. 예수님을 영접한 사람들은 예수의 생명을 갖게 되었으므로 장차 예수님처럼 부활한다
   는 사실입니다.(요일5:11-12)
7. 예수님만이 만왕의 왕이시며 유일한 그리스도라는 사실입니다.(행17:3)
8. 성경은 거짓없는 진리라는 사실입니다.(사55:11)

예수님께서 부활하셨습니다. 그렇다면 이보다 더 큰 기적이 어디 있으며 이
보다 확실한 성경의 성취가 어디 있습니까?

예수님께서 부활하셨기 때문에 다른 모든 성경의 예언을 믿을 수 있습니다.
천국을 주신 분이 다른 것을 선물로 주시지 않겠습니까?

"자기 아들을 아끼지 않으시고 우리 모두를 위해 내어 주신 분께서 어떻게
아들과 함께 모든 것을 우리에게 은혜로 주지 않으시겠습니까"(롬8:32)

우리가 예수의 부활을 믿기 전에는 철저하게 땅에 속한 삶을 좋아할 수밖에
없었습니다.

사도요한은 땅에 속한 삶의 특징은 육체의 정욕, 이생의 자랑, 안목의 정욕이
라고 하였습니다.(요일2:16) 육체의 정욕의 대표적인 것은 섹스(성), 이생의 자
랑은 자기 뽐내는 것들 중 대표적인 것이 물질(돈), 안목의 정욕은 권력이라고
할 수 있습니다. 이런 것을 더 많이 소유하고 즐기려고 돈을 더 벌고 모으는데
미쳐 살다가 예수님을 만난 사람들은 가치관과 세계관이 바뀝니다. 전에는 사
람이 죽는 것을 끝으로 알고 살다가 이제 영원한 천국이 믿어지니 예수 자랑,
천국 자랑하는 사람으로 바뀝니다.

당시 예수님의 부활을 의심하는 자가 많았습니다. 예수님의 제자인 도마까지
도 의심했습니다. "도마에게 이르시되 네 손가락을 이리 내밀어 내 손을 보고

네 손을 내밀어 내 옆구리에 넣어보라 그리하고 믿음 없는 자가 되지 말고 믿는 자가 되라 도마가 대답하여 가로되 나의 주시며 나의 하나님이시니이다 예수께서 가라사대 너는 나를 본 고로 믿느냐 보지 못하고 믿는 자들은 복되도다 하시니라"(요20:27-30)

이때 도마가 대답하기를 "나의 주시며 나의 하나님이시니이다." 예수님은 다시 말씀하시길 "너는 나를 본 고로 믿느냐? 보지 못하고 믿는 자들이 복되도다."

기독교는 부활의 종교입니다. 예수님께서 다시 사셨기에 기독교가 희망의 종교입니다.

"예수는 우리 범죄함을 위하여 내어줌이 되고 또한 우리를 의롭다하심을 위하여 살아나셨느니라"(롬4:25)

"사십 일 동안 저희에게 보이시며"

예수님은 부활하시고 곧바로 승천하신 것이 아니라 사십 일 동안 제자들에게 보이셨습니다.

만약 부활하신 후, 그 이튿날 승천하셨다면 아마 의심 많은 제자들은 예수님의 부활을 믿지 않았을 것입니다. 예수님께서 그들에게 '십자가를 지실 것과, 죽으셨다기 3일 만에 다시 살아나리라'는 예언을 몇 번이나 하셨습니다.(눅24:46) 그런데도 제자들은 이 말씀을 믿지 못했기에 그들은 예수님이 십자가에 달려서 돌아가시자 무서워 숨어서 문을 닫고 있었습니다. 만약 그들이 예수님의 부활의 약속을 확실히 믿었다면 바리새인과, 서기관들과 당시 제사장들에게 큰소리를 쳤을 것입니다. "죽으신 지 사흘째에 주께서 분명히 살아나시리라! 나를 따라와 봐라" 큰소리치면서 예수님이 부활하실 것을 믿고 대단하게 대응했을 것입니다. 그러나 요20:19-20절에 보면 제자들이 유대인들을 두려워하여 모인 곳에 문들을 닫았더니 예수께서 오사 가운데 서서 가라사대 '너희에게 평강이 있을지어다.'하시면서 '성령을 받으라'고 하셨습니다. 이때 얼마나 제자들이 놀랐고 위로를 받았겠습니까? 얼마나 진리가 진리됨을 느꼈겠습니까?

예수님의 제자들은 40일간 부활하신 주님과 함께 하심으로 복음의 핵심은 '예수님의 십자가의 죽음과 부활'이라는 것을 알았습니다. 주님께서 부활하신 것을 안 그때부터 그들은 목숨을 내놓고 부활하신 주님을 증거하기 시작했습니다.

"사도들이 큰 권능으로 주 예수의 부활을 증언하니 무리가 큰 은혜를 받아"(행4:33) 사도들이 큰 권능으로 전한 복음이 무엇입니까? 주 예수의 부활입니다. 이렇게 부활의 복음을 증거할 때에 큰 은혜가 임했습니다. 부활의 복음을 증거할 때 듣는 사람들이 큰 은혜를 받았습니다. 사실 예수를 믿는다는 것은 은혜가 없으면 불가능한 일입니다.

초대교회 사도들은 함께 모여서 기도할 때 성령이 임하였습니다. 성령이 임하니까 담대하게 부활의 복음을 증거했습니다. 예수믿으면 핍박이 오고 고난이 오고 순교도 각오해야 하는데 듣는 사람들에게 큰 은혜가 임하였습니다. 다시 말하면 많은 사람들이 믿고 주님께로 돌아왔다는 것입니다. 예수님은 제자들과 40일간 같이 계시다가 승천하셨습니다. 이제 예수님은 지상에 계시지 않으십니다. 따라서 부활하신 예수를 사람들이 믿게 한 것은 사람들이 예수를 눈으로 보고 손으로 만지고 대화를 나누었기 때문이 아니라, 예수를 그리스도로 믿을 때 그들 마음에 임하시고 내주하시는 성령님 때문이었습니다. 이 성령님의 오심은 예수님께서 약속하신 성취입니다.

"내가 아버지께로부터 너희에게 보낼 보혜사 곧 아버지께로부터 나오시는 진리의 성령이 오실 때에 그가 나를 증언하실 것이요"(요15:26)

사랑하는 성도 여러분, 우리는 십자가의 복음을 믿습니다. 거기서 우리 주님이 우리를 대신해서 돌아가시고 사흘 만에 장사되었습니다. 그러나 거기서 멈추면 복음이 될 수 없습니다. 그런데 하나님께서 그를 죽음에서 살리셨습니다. 예수님께서 부활하신 것입니다. 예수님과 함께 죽은 우리는 그때 우리도 예수님과 함께 부활했습니다.

"우리가 그리스도의 죽으심과 같은 죽음으로 그분과 연합한 사람이 됐다면 분명히 우리는 그리스도의 부활하심과 같은 부활로도 그분과 연합한 사람이 될 것입니다."(롬6:5)

우리가 가진 복음은 부활의 복음입니다. 죽음의 권세를 깨트린 부활의 복음, 죄와 사망의 권세를 깨트린 승리의 복음입니다. 이 복음이 우리를 살리셨습니다. 이 복음이 환난과 핍박가운데 있는 초대교회를 살리셨습니다. 이 복음을 증거했습니다. 예수님이 살아나셨습니다. 예수님이 부활하셨습니다. 그러기에 우리도 부활의 복음을 가지고 일어서야 합니다. 어떠한 어려운 환경 속에서도 주저앉지 않고 일어설 수 있는 것은 이 부활의 복음 때문입니다. 여러분이 지금 어떠한 어려운 환경에 있다 할지라도 희망을 가질 수 있는 것은 부활의 복음이 있기 때문입니다.

초대교회가 전한 복음은 주 예수의 부활이었습니다. 사도 바울을 포함한 복음의 증인들이 순교를 각오하고 복음을 전할 수 있었던 것은 바로 부활에 대한 믿음이 있었기 때문이라는 것입니다. 부활하신 예수님이 함께 하시면 우리도 부활을 체험할 수 있습니다. 물론 십자가의 복음도 체험합니다. 그러나 거기서 멈추지 않습니다. 부활의 복음이 실제가 되어 오늘 내가 부활을 체험하고 증거하는 것입니다. 이처럼 우리 모두가 은혜가 충만한 교회의 지체가 되어 초대교회처럼 한 마음 한 뜻이 되어 내게 주신 은혜를 나누고 부활의 복음을 증거하는 성도들이 되시기를 예수님의 이름으로 축원합니다.

3. 네 종류의 하나님 나라

▶그럼 예수님께서 부활하시고 40일 동안 이 지상에서 무엇을 하셨습니까? "하나님 나라의 일을 말씀하시니라!" 여기 하나님의 나라의 일이란 예수님께서 가르치신 중심주제일 뿐 아니라 신구약 성경의 큰 주제이기도 합니다. 하나님의 나라는 하나님이 왕으로 다스리는 나라입니다. 나라는 영역을 가리키는 말도 되지만 일차적으론 통치, 주권, 왕권과 관련된 말로 하나님이 왕으로 다스리는 나라가 하나님의 나라입니다.(시103:19) 하나님의 나라는 예수님의 재림 때에 절정에 이르러 완성됩니다.(마25:34, 요18:36)

여러분! 성경에서 말하는 하나님의 나라(천국)는 다음의 네 가지가 있습니다. 네 가지이지만 예수 그리스도 안에 있는 하나님의 자녀에게는 네 가지를 동시에 선물로 받은 예수님의 은혜입니다. 그리스도 안에 살든 죽든 궁극적으로 천국에서 영생복락을 누릴 것입니다.

자, 그럼, 네 가지 천국에 대해 살펴보면

첫째, 내 안에 있는 천국(心靈 天國)
"바리새인들이 하나님의 나라가 어느 때에 임하나이까 묻거늘 예수께서 대답하여 가라사대 하나님의 나라는 볼 수 있게 임하는 것이 아니요 또 여기 있다 저기 있다고도 못하리니 하나님의 나라는 너희 안에 있느니라"(눅17:20-21)

예수를 구주로 영접하고 성령을 받아 거듭나면, 내 안에 성령이 임하십니다. 내 안에 성령 하나님이 계시면, 내 마음은 천국이 됩니다. 성령을 받은 하나님의 자녀들은 거룩한 하나님 나라가 되었다고 표현합니다.(벧전2:9) 그리고 그리스도 안에서 이 세상이 주지 못하는 참 평안과 기쁨을 누리게 됩니다.(롬14:17)

두 번째는 우리 가운데 있는 천국(너와 나의 천국)

하나님의 나라가 언제 임하느냐고 묻는 바리새인들을 향해 예수님은 이렇게 대답하십니다.

"하나님의 나라는 볼 수 있게 임하는 것이 아니요 또 여기 있다 저기 있다고도 못하리니 하나님의 나라는 너희 안에 있느니라"(눅17:20-21)

이 말씀에서 "너희 안에"라는 말씀의 뜻은, 우리 심령 속이라는 뜻이 아니라, "너희들 사이" 곧 "우리들 사이" "너와 나 사이"라는 뜻입니다. "내 안에 있는 천국"을 소유하는 자들이 모이고 예수 안에서 서로 예수의 사랑으로 사랑할 때, "우리 가운데 있는 천국"이 이루어집니다. 우리는 그리스도 안에서 나이, 성별, 국적, 민족, 인종, 지위... 등에 관계없이 주 안에서 한 가족이 됩니다. 이것이 "우리 가운데 있는 천국"인 것입니다.

세 번째는 천년왕국

예수님께서 천사들과 휴거한 성도들과 함께 재림하시면, 이 땅에 천년왕국이 세워집니다.

"이 첫째 부활에 참예하는 자들은 복이 있고 거룩하도다 둘째 사망이 그들을 다스리는 권세가 없고 도리어 그들이 하나님과 그리스도의 제사장이 되어 천년 동안 그리스도로 더불어 왕 노릇 하리라"(계20:6)

왕 중 왕이시며 만주의 주이신 예수님께서 친히 통치하십니다. 사탄은 무저갱 속에 묶여 땅에는 더 이상 죄악이나 불의가 없고 천년왕국은 하나님 나라의 법만이 통하는 곳입니다.

네 번째는 영원한 천국

"또 내가 새 하늘과 새 땅을 보니 처음 하늘과 처음 땅이 없어졌고 바다도 다시 있지 않더라 또 내가 보매 거룩한 성 새 예루살렘이 하나님께로부터 하늘에서 내려오니 그 예비한 것이 신부가 남편을 위하여 단장한 것 같더라"(계21:1-2)

천년 왕국이 끝나면 성도들은 영원한 천국으로 올라갑니다. 나머지 사람들은 백보좌 심판대 앞에서 심판을 받아 영원한 지옥으로 들어가고, 그 후, 천지는 없어집니다.

여러분! 행1:3절을 다시 보면 예수님께서 '하나님의 나라의 일을 말씀'하셨다는 것은 4절의 말씀과 8절의 말씀입니다. 즉 성령의 권능을 받고 땅 끝까지 복음을 전하는 세계선교의 비전을 말씀하신 것입니다. 예수님의 공생애 동안에는 자신의 십자가 사건을 많이 말씀하셨습니다. 이제 부활하신 주님께서 세계 선교를 명하고 계십니다. 그것이 "하나님 나라의 일"(3)이라는 말씀 속에 함의되어 있습니다. 예수 그리스도께서 행하시며 가르치시기를 시작하심부터 해 받으시고 부활 승천하신 일련의 사건들은 다름 아닌 하나님 나라를 회복하시기 위한 "하나님 나라의 일"을 하신 것입니다. 그런데 주께서 승천하심으로 "하나님의 나라 일"(마16:23)이 완성이 된 것도, 반대로 하나님 나라 일이 중단된 것도 아니라는 점입니다. 그렇다고 "하나님 나라의 일"이 사도행전에서 완성이 되는 것도 아닙니다. 사도행전은 담대히 "하나님 나라"를 전파하며 주 예수 그리스도에 관한 것을 가르치되 금하는 사람이 없었더라(행28:31)는 진행형으로 마치고 있습니다.

승천하신 주님께서는 성령으로 오셔서 세상 끝 날까지 제자들과 동거 동역하시어 "하나님 나라의 일"을 계속 추진하시며 완성시켜 나가실 것입니다. 엔드타임 메시지의 핵심도 하나님 나라입니다. 우리는 "하나님 나라의 일"이 성경의 마지막 책인 요한계시록에 가서 완성됨을 봅니다. "이루었도다 나는 알파와 오메가요 처음과 나중이라"(계21:6) 그때에 성도들은 "너희 가운데서 하늘로 올리우신 이 예수는 하늘로 가심을 본 그대로 오시리라"(행1:11)는 약속이 성취됨을 보게 될 것입니다.

여러분!
천국은 그리스도를 믿는 하나님의 자녀에게 가장 기쁜 소식입니다. 이 천국은 그리스도를 믿음으로 거져 선물로 받은 은혜입니다. 그래서 영원히 예수님을 찬양하고 감사할 수밖에 없습니다. 이 그리스도의 복음을 날마다 증거하는 저와 여러분이 되시길 축원합니다.

CHAPTER 2

사도 요한이 가르친 천년 왕국
The Millennium Taught by the Apostle John

본문   계20:1-6

    엔드타임 메시지 중 가장 견해차가 심해서 '뜨거운 감자' 혹은 '역린'(逆鱗, Outrage)이라고 말하는 내용은 '천년왕국'과 '휴거'에 관한 내용입니다. 일반적으로 견해차가 있을 것으로 여길 때는 서로 감정이 상하게 될 우려 때문에 언급 자체를 피하게 됩니다. 그러나 전체 성경의 1/5을 차지하는 엔드타임 메시지 중 이 두 주제는 다른 주제들과 마치 손목 시계안의 톱니바퀴들이 맞물려 있는 것과 같이 상관관계(相關關係)에 있습니다. 그래서 피할 수 없는 문제일 바에야 도망가지 말고 정면으로 맞서서 주님의 도움을 구하면서 공부하는 것이 지혜입니다. 그리고 요한계시록은 엔드타임 메시지(Messages on End Times)의 메인(Main)이라 할 수 있습니다. 66권의 전체 성경 중 계시록은 성경의 결론이고 완성입니다. 그래서 계시록을 바르게 해석하고 이해하려면 계시록 제 1장부터 보는 것이 아닙니다. 사실 마라톤으로 말하자면 골인지점인 19장 이후의 그리스도의 재림과 천년왕국 그리고 영원한 천국이 계시된 목표지점을 정확히 알아야 마라톤 경주에서 좋은 성적을 거둘 수 있는 것과 같습니다. 그리고 저자뿐 아니라 많은 그리스도인들은 초대교회와 기독교 초기인 교부시대 때에 즉 사도 요한에게 가르침을 받은 제자들은 이 두 주제에 대해 어떤 배움과 견해를 가졌는지 궁금해 합니다. 그래서 필자는 역사적인 자료들을 찾아 믿음을 계승하는데 노력을 기울였습니다. 한편 천국과 지옥은 정통교회가 모두가 동일하게 받아들이므로 제일 나중에 다루기로 하고 우선적으로 본문에 대한 세 가지의 다른 성경 해석이 있는 천년왕국에 대한 견해들을 살펴보겠습니다.

1. 세 종류의 천년왕국설

계시록 11장 15절과 19장 6절에서 언급한 '나라(The kingdom)'로, 본문에서와 같이 천년(a thousand years)이란 연한(年限)이 나오기 때문에 '천년왕국'이란 단어가 생겨난 것입니다. '왕국'이란 개념은 예수님이 직접 다스리시는 하나님 나라 곧 그의 나라이기 때문입니다.

천년왕국에 대한 이해와 믿음은 요한 계시록 20장 1-6절을 어떻게 해석하느냐에 따라 달라집니다. 이에 대한 중요한 해석 방법으로 문자적 해석과 비유적 또는 상징적 해석이 있습니다. 이 두 방법에 따라, 크게 세 가지 천년 왕국설이 생성되었습니다. 전천년설, 후천년설 및 무천년설이 그것입니다. 전천년설은 문자적 해석에 근거한 반면, 후천년설과 무천년설은 비유적 또는 상징적 해석에 근거한 것입니다. 문자적인 천년의 왕국이 존재하지 않는다는 견해가 『무천년설(amillennialism)』입니다. 그러나 문자적인 천년이 존재한다는 견해가 『전천년설(premillennialism)』과 『후천년설(postmillennialism)』입니다. 그러나 전천년설은 천년 왕국이 시작되기 전에 그리스도의 재림이 있게 될 것이라고 주장하는 반면, 후천년설은 천년 왕국 이후에 그리스도의 재림이 있게 될 것이라고 주장합니다.

전천년설 견해를 받아 들인 입장에서는 이미 천년왕국이 실현되었다는 무천년설은 예수님이 이미 재림하셨다는 의미와 같기 때문에 양쪽 견해는 하늘과 땅 차이입니다. 왜냐하면 전천년설을 믿는 분들은 예수님 지상재림하셔서 천년왕국이 시작된다고 믿기 때문입니다. 또한 세 종류의 다른 견해의 천년 왕국설은 사실상 '천년'이라는 시간의 큰 갭이 존재합니다.

지금 이 시대의 크리스천들은 여느 시대보다 주님의 오심이 가까운 때에 살고 있습니다. 그래서 엔드타임 메시지에 관심을 가진 성도들이 많습니다. 예를 들어 휴거 그리고 적그리스도나 짐승의 표, 아마겟돈 전쟁, 천년왕국 등에 대해서 들어 보지 않는 사람은 거의 없을 것입니다. 교회마다 나름대로 성경적 종말론에 대해서 강론하지만 제 각각인지라 혼란이 더욱 가중되고 있습니다. 이 시간에 성경을 펴서 성경의 증언들을 듣고 바른 진리를 알고 확신하는 시간이 되시기를 바랍니다.

전통적 전천년설(traditional premillennialism)은 사도시대와 초기 교부시대를 지배했으나 4세기 말 경 티코니우스(Tyconius)와 어거스틴의 계시록 재해석에 의해 결정적으로 쇠퇴하게 되었습니다. 그 후 교회는 어거스틴의 천년왕국설을 널리 받아들였습니다. 천년왕국 문제가 다시 제기된 것은 17세기 이후 전천년설이 다시 부흥되기 시작하면서부터였습니다. 20세기에 들어 세대주의적 전천년설이 널리 보급됨에 따라 후천년설, 무천년설 혹은 역사적 전천년설 지지자들 사이에서 많은 논쟁이 일어나게 되었습니다. 그리스도가 어떻게 올 것이며 그가 이 세상에 세울 하나님의 나라가 어떤 것인가 하는 것은 아직도 논쟁이 계속되는 문제입니다.[3] 그러나 그리스도의 재림방법과 천년왕국설의 문제는 성경 해석상의 문제이지, 성경관과 구원관의 문제는 아닙니다. 그러므로 천년왕국에 대한 자신의 견해와 다른 교파나 교회를 이단으로까지 보고 공격하는 것은 성경에 무지한 소치(김致)이며 전체 교회에 내분을 일으키는 적대행위입니다. 그러므로 우리는 정통과 이단을 성경은 어떻게 구분하고 있는지 성경을 통해 먼저 살펴 보아야합니다.

정통과 이단

우선 우리는 이단(異端)에 대해서 성경은 어떻게 말하는지 그 기준(基準)을 알아야합니다. '이단'이란 '정통'(正統, orthodoxy)의 존재를 전제로 합니다. 이단에 대한 반작용으로 정통신앙이 생긴 것이 아니라 "성도에게 단번에 주신 믿음의 도"(유1:3)가 존재하고 이에 대한 이탈(離脫) 현상이 이단이 된 것입니다. 이단은 하나님 나라를 유업으로 받을 수 없는 사탄이 역사하여 맺게 하는 육체의 열매입니다(갈5:19).

---

3) 목창균, "그리스도의 재림과 천년왕국," 『신학과. 선교』 18 (1994), '전통적 전천년설'(traditional premillennialism) 용어는 저자가 본서에 사용한 단어임

그러면 성경에서 이단으로 경계한 기준은 무엇입니까?

첫째로, '삼위 하나님'을 믿지 않는 것과 다른 예수, 다른 영을 받는 자를 이
단시했습니다.(신4:19; 딤전4:1; 요일4:1-6)

둘째로, 성경은 '다른 복음'을 전하는 것을 이단시했습니다.(갈1:6-11)

셋째로, '부활'을 믿지 않는 자들을 이단시했습니다.(마22:23)

넷째로, '성경의 무오성(無誤性)'을 믿지 않는 자를 이단시했습니다.(마5:18;
히1:1, 2; 계19:9-10)

다섯째, 성경을 억지로 푸는 자를 이단시했습니다.(벧후3:16)

여섯째, 성경을 더하거나 빼는 자를 이단시했습니다.(계22:18-19)

일곱째, 자기 마음으로 말미암은 묵시(默示)를(교리나 예언) 하나님의 말씀과
동일시(同一視)한 자를 이단시했습니다.(렘23:16, 21, 26)

종합적으로 보면 이단 시비(是非)의 구분선은 영혼을 살리는 '복음'과 복음의
중심인 '예수 그리스도'와 관계되어 있습니다. 왜냐하면 죄인이 '예수 그리스도'
를 바로 알고 '복음'을 믿어야 구원을 받고 성령을 받을 수 있습니다.(행19:2)
기독교를 처음 접하는 분을 위해 조금 더 설명을 드리면 삼위 하나님(triune
god)은 유일하시며 오직 한 분 되신 참 하나님이십니다.(출9:14; 사46:9; 고전
8:4-6, 유1:20-21)

하나님은 영원하시며(출3:14; 신33:26-27; 합3:6), 불변하시며(사46:9-10; 말
3:6; 약1:17;), 전지(시94:10-11; 사40:13-14; 요일3:20) 전능하시며(사59:1-2; 막
10:27; 롬4:21), 편재하시며(시139:7-12; 왕상8:27; 렘23:23-24), 삼위일체시며
(마28:19; 요1:1, 4; 딛2:13), 영이시며(요4:24; 골1:15), 신격으로서의 모든 필요
한 속성을 소유하시는 인격이십니다.(출3:14; 시94:9-10; 렘10:14-16) 성경적인
삼위일체는 '한 분 영원한 하나님의 본성(성품) 안에 세 분의 별개 위격, 즉 아
버지와 아들과 성령이 계십니다. 이 세 위격은 한 하나님이십니다.'

예수 그리스도가 기독교 신앙에서 가장 중요한 것은 예수님이 약속된 메시아
인 그리스도라는 것과(눅2:11; 요일2:22), 근본 하나님과 본체인 '하나님의 아
들'이시고 성령으로 성육신하셨다는 점입니다. 그리고 인간의 죄를 대속(代贖)
하시기 위해 십자가에서 죽으셨고 사흘 만에 죽음에서 부활하셨습니다.(요2:19;

눅24:39) 그는 40일 동안 제자들과 함께 계시다가 승천하셨으며 장차 모든 인간을 심판하시려고 가시적으로 재림하실 것입니다.(마24:30-31; 계19:11-15, 20:11-15) 그는 완전한 하나님이시며(요20:28, 1:1 등) 완전한 사람으로 오셨습니다.(빌2:5-11; 딤전2:5) 죄인 된 인간이 구원을 얻고 하나님께로 갈 수 있는 길은 유일하게 '그리스도 안'에서입니다.(행4:12; 롬5:9-11; 요일5:20)

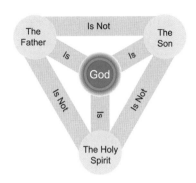

이상과 같은 근본적인 기준에서 한 가지라도 부인하면, 십계명에서 한 계명을 어기면 모든 계명을 어긴 것과 같이 그리스도를 부인하는 것입니다. 즉 '다른 예수'이며 '이단'입니다.

그러면 복음(Gospel)은 무엇일까요?

복음은 지상 최대의 기쁜 소식으로 예수 그리스도를 통한 구원의 소식을 말합니다.(미11:5; 눅4:18; 롬1:2, 16:25)

복음의 내용을 크게 다섯 가지로 말하면 다음과 같습니다.

① 유일하신 참 하나님을 믿습니다.(렘10:10; 요7:26, 17:3, 8)
② 모든 인간은 죄인이며(롬3:10, 23, 5:12; 요일1:8) 죄의 대가는 사망이요, 심판과 지옥이 기다리고 있습니다.(겔18:4; 롬6:23; 계20:14-15)
③ 인간의 행위와 힘으로는 스스로 구원을 받을 수 없습니다.(롬3:20; 갈2:16; 엡2:8-9)
④ 예수 그리스도만이 구세주이시며 그는 죄인을 위해 죽으시고 부활하신 영생의 유일하신 문(門)입니다.(요14:6; 딤전2:5; 행4:12)
⑤ 죄인은 회개하고 예수님을 구주로 믿음으로 구원받습니다.(요3:16; 갈3:26; 롬10:9-10)

이상의 복음의 내용 중 한 가지라도 다르거나 부인하면 '다른 복음'입니다. 즉 이단입니다.

결론적으로 삼위 하나님을 믿지 않거나 다른 하나님이나 다른 예수(고후

11:3-4), 다른 영을 받고 전하는 자나 다른 복음(갈1:6)을 따르거나 전하는 자들
은 '이단'입니다. 이단 교주나 이단을 따르는 이단자들의 결국은 지옥입니다.(벧
후2:1, 갈5:20-21)

성경은 이단에 대해 어떻게 대처(對處)하라고 명하고 있습니까?

첫째, 이단을 시험하여(try, test) 분별하라.(요일4:1-3)
"¹사랑하는 자들아 영을 다 믿지 말고 오직 영들이 하나님께 속하였나 분별
하라 많은 거짓 선지자가 세상에 나왔음이라 ²이로써 너희가 하나님의 영을 알
지니 곧 예수 그리스도께서 육체로 오신 것을 시인하는 영마다 하나님께 속한
것이요 ³예수를 시인하지 아니하는 영마다 하나님께 속한 것이 아니니 이것이
곧 적그리스도의 영이니라 오리라 한 말을 너희가 들었거니와 지금 벌써 세상
에 있느니라"(요일4:1-3)

둘째, 훈계하라.(딛3:10)
"이단에 속한 사람은 한두 번 훈계한 후에 멀리하라."(딛3:10)
이단에 속한 사람들도 하나님이 구원하기를 원하시는 인간임을 이해해야 합
니다. 그들이 신봉하는 교리와 내용은 영적인 독과 죄로 여기되 그들의 영혼은
사랑으로 대하고 복음을 나눌 수 있어야 합니다. 그래서 분명히 경계의 말과 확
고한 복음의 선포가 필요합니다.

셋째, 조심하라(마7:15). 그리고 멀리하라(딛3:10)
이것이 성경이 제시한 이단에 대한 기본적인 대처방안입니다. "이단을 분별
하고 한두 번 훈계하라."(딛3:10) 변론이나 인격적인 사귐의 대화가 아니라 훈
계하다 듣지 않으면 멀리하십시오. 왜냐하면 이단은 사람의 영혼을 죽이고 썩
히는(딤후2:17) 무서운 점염병과 같으므로(마16:6) 전염병을 멀리하듯 멀리해야
합니다. 그렇지 않으면 그 치명적인 독한 균으로 당신도 교회도 피해를 보게 됩
니다. 이단에 대처하기에는 믿음이 약하고 성경에 대한 지식이 부족한 사람들
은 아예 대화를 피하는 것이 좋습니다. 그래서 인사와 대화 자체를 금하셨습니
다. 영혼의 바이러스에 감염될 위험성이 높기 때문입니다.
"누구든지 이 교훈을 가지지 않고 너희에게 나아가거든 그를 집에 들이지도

말고 인사도 말라."(요이1:10)

하나님 나라의 경계선 곧 정통과 이단의 구분선은 성경을 근거로 한 '삼위하나님'과 '복음'에 대한 신앙입니다. 이상과 같이 성경에서 정해준 정통과 이단에 대한 기준으로 볼 때 그리스도 안에서, 정통 교회 안에서 전천년설, 후천년설, 무천년설을 가지고 이단 시비를 해서는 안된다는 것입니다. 그리스도의 재림의 시기와 그때에 일어날 사건의 순서에 관해서는 서로 의견을 달리 하지만, 그리스도께서 직접 가시적으로 그리고 큰 영광 중에 다시 오신다는 사실에 대해서는 견해를 같이 한다면 싸우지말고 자신들이 믿는 교리를 자기 교회에서 설교하고 가르치면 됩니다. 논쟁하면 시간낭비하고 지체들과 마음만 상하게 됩니다.(딤후2:23-24) 그러므로 이것을 전제로 즉 세 가지 다른 견해차이가 있을 수 있다고 보며 다른 견해차로 인해 상대를 이단시하지 않는다는 것입니다. 필자는 어느 한 이론에 근거하여 다른 이론을 비판적으로 다루기보다 객관적인 입장에서 이 문제에 접근하려고 합니다. 사지선다형(四枝選多型) 형태의 시험을 볼 때 확실히 답이 아닌 것부터 제외시키고 최종적으로 남은 것을 택할 때가 가장 정답일 확률이 높습니다. 우리가 유의해야 할 사항은 세 종류의 각기 다른 천년왕국설이 각기 장단점이 있다고 하며 온전한 답은 없다는 식으로 일종의 양비론(兩非論)을 말하는 사람이 있습니다. 이것은 마치 하나님의 진리는 하나가 아니다 그리고 답이 없는 진리가 있을 수 있다고 말하는 어리석음과 똑같습니다. 분명 천년왕국에 대한 세 종류 중의 한 해석은 진리이고 정답임을 확신해야 합니다.

천년왕국설의 문제는 성경 해석이나 신앙 전통에 비추어 문제점이 적은 이론을 택해야 하는 선택의 문제로 이해됩니다. 세 종류의 천년왕국설의 성서적 근거와 중심 교리가 무엇인지를 분석하고 천국왕국을 둘러싼 논쟁들을 밝히려고 합니다. 그리고 어떤 견해가 더 성경에 부합되는지를 제시하려고 합니다. 우리가 요한계시록을 공부할 때 천년 왕국과 휴거에 관한 큰 주제를 알게 되면 다른 것들은 큰 주제에 따라오는 소주제들이어서 이해하기 쉬워집니다. 요한계시록의 해석은 계시록 자체에만 국한될 것이 아니라 전 성경을 배경으로 해석되어야 합니다. 왜냐하면 계시록이 구약 39권의 말씀 중 26권을 인용, 총404절 가운데 278절이 구약을 직접 인용하고 있기 때문입니다. 더구나 계시록 1장에서 5장까지 85회나 구약을 인용하고 있을 만큼 성경의 마지막 요약임을 입증하고 있습니다. 그러므로 요한계시록의 해석은 전 성경을 배경으로, 성경으로 성경을 해석해야 합니다. 그래서 먼저 신학자들의 견해보다도 천년왕국과 휴거 주제에 대해 성경은 어떻게 말하는지 바른 이해를 해야 합니다. 그러면 세가지 각기 다른 견해를 알아보십시다.

첫 번째는 후천년설(POST-MILLENNIALISM)입니다.
"후천년주의"의 의미는 "주 예수님의 재림은 이 땅에 천년왕국이 있은 후에 이뤄질 것이다."라는 것입니다. 즉 예수께서 초림하여 교회를 세우셨으므로 하나님의 백성들이 이 땅에 그리스도의 왕국을 세우고 천년 동안 다스린 후에 왕이신 그리스도께서 재림하실 것이라는 주장입니다. 그러나 왕이 없는 왕국이 천년 동안 존재할 것이라는 생각은 그 말 자체에 모순이 있음을 알 수 있습니다. 이 이론은 어거스틴이 기록한 "하나님의 도성"이란 책에서부터 시작하였고, 존 칼빈이 제네바에서 이 이론을 실제로 실행하였습니다. 그 결과 정치적으로 하나님의 왕국을 세워보려 군대까지 동원하였지만 그 결과 수많은 사람들이 고문을 당하고 죽임을 당하였습니다.
후천년주의는 16, 17세기 계몽운동과 산업혁명이 일어나고 교육이 발달하면

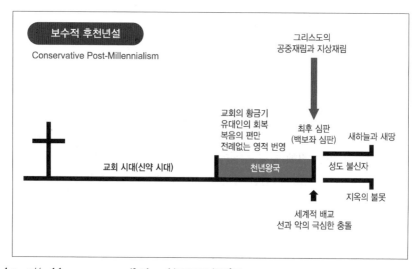

서 더욱 크게 일어나게 되었습니다. 사람들은 경제가 발전하고 더 살기 좋은 세상이 되어가는 모습을 보면서 크게 고무되어 이와 같이 이 땅에 낙원이 세워지고 있다고 생각하기에 이르렀습니다. 그래서 사람들은 사람의 노력과 힘으로 이 땅에 "파라다이스(Paradise)" 곧 "하나님의 천국"을 건설할 수 있을 것이라 생각하였습니다. 그리고 평화로운 세상이 천년 간 지속되면 그때 주 예수께서 이 땅에 오실 것이라 믿었습니다. 이렇게 "사람들"이 주체가 되어 "유토피아(utopia)"를 건설할 수 있다고 가르치는 이론을 "인본주의적 후천년주의"라고 부릅니다.

또한 마태복음24장 14절의 "이 왕국의 복음이 모든 민족에게 증거가 되기 위하여 온 세상에 선포되리니 그제야 끝이 오리라"고 기록된 말씀을 근거로 "복음주의적 후천년주의"가 생겨났습니다. 복음주의적 후천년주의자들은 물질문명이 발달하는 이 시대의 흐름에 발맞춰 아직까지 복음이 전해지지 않은 모든 곳에 복음을 전함으로써 좋은 세상이 오고 예수 그리스도의 재림을 앞당길 수 있다고 믿었습니다. 그러나 이러한 주장은 "천국의 복음"과 사도바울이 증거한 "그리스도의 은혜의 복음"을 구분하지 못한 데서 기인한 것입니다.

이러한 후천년주의적 사상은 다른 말로 하면 "진화론적" 사상과 유사합니다. 왜냐하면 사람이 문명과 교육의 발달을 통하여 더 선하고 완전해져서 결국엔 의와 화평의 낙원을 이뤄낼 수 있다는 결론에 도달하기 때문입니다. 그러나 16,17세기에 1.2차 세계대전이 거듭하여 터지면서 후천년주의는 커다란 타격을 받았습니다. 잘 건설되어가던 "낙원"이 두 번의 큰 전쟁으로 완전히 무너져 내렸기 때문입니다. 그후 많은 후천년주의자들은 "여기서의 천년은 문자적으로 천년의 기간이 아니라 비유적으로 얼마 정도의 긴 기간을 의미한다."고 수정하던가 아니면 무천년주의로 바뀌게 되었습니다. 또한 그들은 UN이 이 땅에 평화를 이룩할 것이라 생각하였으나 UN이 세워진 이래로 더 많은 전쟁이 일어났으며 세계는 지금도 여러 곳에서 전쟁 중이며 항상 긴장 가운데 있음을 부인할 수 없습니다. 아이러니하게도 UN 회의장에 걸려있는 "그가 열방 사이에 판단하시며 많은 백성을 판결하시리니 무리가 그 칼을 쳐서 보습을 만들고 그 창을 쳐서 낫을 만들 것이며 이 나라와 저 나라가 다시는 칼을 들고 서로 치지 아니하며 다시는 전쟁을 연습하지 아니하리라"(사2:4) 하신 말씀은 오직 왕이신 주 예수 그리스도께서 다시 오실 때에야 완벽하게 성취될 것입니다. 복음의 성공적인 전파로 세계가 점점 좋아져서 천년 왕국으로 전환될 것이라는 후천년설의 주장은 말세의 현상에 대한 예수의 교훈과 정면으로 배치됩니다. 성경은 그리스도의 재림이 임박할수록 불법과 악이 더 성행하고 많은 사람의 사랑이 식어질 것이라고 증거하고 있습니다.(마24:9-14, 딤후3:1-4)

특히 가시적이며 육체적인 임재없는 그리스도의 지상 통치와 천년 왕국설은 전혀 성경적 근거가 없는 주장입니다. 따라서 후천년설은 선택의 대상에서 제외됩니다.

두 번째는 무천년설(A-MILLENNIALISM)입니다.

무천년설은 "성경이 세상의 종말 전에 이 지상에 천년왕국 또는 세계적인 평화와 공의의 기간이 있으리라 예고하지 않았다"고 주장하는 종말론입니다. 더 정확하게 정의한다면, 무천년설은 천년 왕국이 없다는 주장이라기 보다는 문자적이고 가시적인 천년 왕국, 즉 1000년 동안의 그리스도의 지상 통치가 없다고 보는 주장입니다. 그것은 "실현된 천년 왕국설"(realized millennium)로 불리우기도 합니다. 왜냐하면 천년왕국을 미래적인 것이 아닌 지금 실현되고 있는 것으로 보거나 그리스도의 초림과 재림까지의 교회 시대로 간주하기 때문입니다. 그래서 무천년설과 후천년설을 구별하기란 쉽지 않습니다. 이러한 혼선은 이

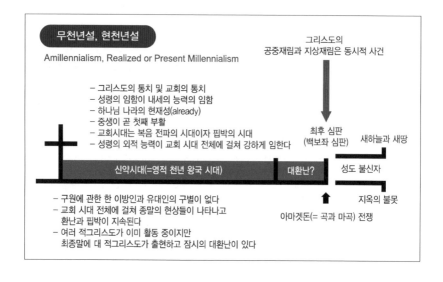

두 이론이 많은 공통점을 지니고 있는데서 비롯되었습니다. 예를 들어, 후 천년설과 무 천년설 모두 계시록20장의 "천년"이란 숫자를 문자적으로 해석하지 않고 상징적으로 해석하여 천년 왕국을 교회 시대라고 주장합니다. 또한 대개의 무천년설주의자들은 그들의 입장을 전천년설과 예리하게 구별하는 반면, 후천년설에 대해서는 호의적으로 대하는 경향이 있습니다. 이것이 무천년설과 후천년설의 차이를 모호하게 하는 요인 가운데 하나입니다.

무천년설이 언제 누구에 의해 시작되었는지는 아직도 논란이 되고 있습니다.[4] 바나바의 편지에서 그 기원을 찾는 이도 있고 오리겐이나 어거스틴에게서 찾는 이도 있습니다. 특히 어거스틴은 후천년설과 무천년설 어느 쪽으로 분류되든지 간에, 무천년설의 형성에 크게 기여했습니다. 왜냐하면 그의 계시록 해석이 무천년설의 근본 토대가 되었기 때문입니다. 그는 천년이란 숫자를 상징적인 것으로, 천년왕국을 교회시대로, 사단의 결박을 그리스도의 초림 때 이루어진 것으로 해석했습니다. 또한 그는 교회가 바로 새 이스라엘이라고 알레고리(allegory)적으로 성경을 해석하였습니다. 유대인은 하나님께 저주받아 고난당하는 것이 마땅하다고 하였습니다. 그는 대체신학(replacement theology) 사상을 형성하는데 크게 기여했습니다. 대체신학(혹은 교체신학)은 근본적으로 교회가 하나님의 계획에 따라 이스라엘을 대체했다고 가르칩니다. 대체신학을 옹호하는 사람들은 대체신학이라는 말을 타인이 자기들을 향해 사용하는 것을 싫어하지만 어쨌든 그분들은 유대인들은 더 이상 하나님의 택한 백성이 아니며, 하나님은 이스라엘 민족을 위한 구체적인 미래 계획을 갖고 있지 않다고 믿습니다.

무천년설은 19세기까지 후천년설과 뚜렷하게 구별되지 않은 채로 존재했습니다. 20세기에 들어 후천년설이 인기를 상실하고 쇠퇴하게 됨으로써 양자가 보다 분명히 구별되기 시작했습니다. 양자 모두 그리스도의 초림과 재림 사이의 교회시대를 천년왕국으로 보고 있습니다. 그러나 후천년설은 그리스도의 지상 통치를 인정하는데 비해, 무천년설은 그것을 부정하고 영적인 통치만을 인

---

4) 개혁교회와 루터교회, 정통 장로교회 계통의 보수주의자들이 주로 무천년설을 지지하며, 미국의 칼빈신학교와 웨스트민스터 신학교가 무천년설을 가르친다. 무천년설을 주장하는 대표적인 학자로는 벌콥(L. Berkhof), 카이퍼(Abraham Kuyper), 바빙크(Herman Bavinck) 렌스키(Lenski), 영(E. J. Young), 보스(Geerhardus Vos) 등이 있다.

정합니다. 따라서 대다수의 후천년설자들이 그들의 입장을 조정하여 무천년설을 수용하게 되었습니다. 무천년설은 흔히 다른 견해에 대해 부정적이거나 공격적인 형식으로 제시됩니다. 특히 전천년설에 대한 비판의 형식을 취합니다. 그것은 천년왕국에 대한 충분한 성서적 근거가 없다고 주장하며 현시대를 뒤이어 즉시 완전하고 영원한 형태의 하나님의 나라가 임할 것이라고 믿습니다. 이러한 무천년설의 특징은 몇 가지로 요약될 수 있습니다.

첫째, 무천년설은 계시록에 대한 상징적인 해석에 근거하고 있습니다.

계시록의 대접, 인, 나팔 등을 상징으로 해석해야 하듯이, 1000년이란 숫자도 문자적인 것이 아니라 상징적이며 비유적인 것으로 이해해야 한다고 주장합니다. 완전(perfection) 또는 완성(completeness) 즉 그것은 완전 또는 완성, 완전한 기간을 의미합니다. 천년 기간은 영원무궁한 기간으로 보거나 그리스도의 초림에서 재림에 이르는 교회의 전체 역사를 나타냅니다. 따라서 무천년설은 계시록을 그리스도의 재림을 전, 후로 한 역사의 마지막 기간에 일어날 사건에 대한 기록으로 취급하지 않습니다. 그리스도의 초림 이후 전 교회 역사에서 일어나는 사건에 대한 기록으로 믿습니다. 즉 그것을 미래적 의미가 아닌 과거나 현재적 의미로 해석합니다.

둘째, 무천년설은 계시록20장 4-5절에 언급된 두 부활을 첫째 부활(20:4)은 영적 부활로, 둘째 부활(20:5)은 육체적 부활로 해석하여 양자를 동일한 종류가 아닌 다른 종류의 부활로 이해합니다.

"4또 내가 보좌들을 보니 거기에 앉은 자들이 있어 심판하는 권세를 받았더라 또 내가 보니 예수를 증언함과 하나님의 말씀 때문에 목 베임을 당한 자들의 영혼들과 또 짐승과 그의 우상에게 경배하지 아니하고 그들의 이마와 손에 그의 표를 받지 아니한 자들이 살아서 그리스도와 더불어 천 년 동안 왕 노릇 하니 5(그 나머지 죽은 자들은 그 천 년이 차기까지 살지 못하더라) 이는 첫째 부활이라"(계20:4-5)

첫째 부활은 죽은 영혼이 영적 생명으로 일어나는 것이며, 성도들의 승리를 상징한다고 봅니다. 즉 죽은 성도들이 하늘나라에서 그리스도와 함께 생명을 누리는 것을 의미한다고 봅니다. 한편 둘째 부활은 죽음으로부터 살아나는 것, 즉 육체적 부활을 의미한다는 것입니다. 따라서 무천년설은 성도들의 부활은 천년왕국 전에 있고, 악인의 부활은 천년왕국 후에 있다는 해석을 거부합니다.

셋째, 무천년설은 계시록 20장 2절의 사단의 결박을 그리스도의 초림 때, 즉 그리스도가 십자가에서 사단에게 승리했을 때 이루어진 것으로 해석합니다.

십자가 승리로 사단은 결박 당하여 세상으로부터 추방되었다고 봅니다.

"용을 잡으니 곧 옛 뱀이요 마귀요 사탄이라 잡아서 천 년 동안 결박하여"(계 20:2)

이에 대한 성서적 근거로 제시되는 것이 마태복음 12장 29절입니다. "사람이 먼저 강한 자를 결박하지 않고야 어떻게 그 강한 자의 집에 들어가 그 세간을 늑탈하겠느냐. 결박한 후에야 그 집을 늑탈하리라." 따라서 무천년설은 천년 왕국이 그리스도의 초림과 함께 시작되어 재림 때까지 계속된다고 주장합니다. 천년왕국은 미래적인 것이 아니라 실현되었거나 혹은 실현 과정에 있는 것입니다. 그것은 문자적이고 가시적인 지상 왕국이 아니라 영적인 왕국입니다. 그것은 죽은 성도들이 하늘에서 그리스도와 더불어 다스리는 통치를 말합니다.

넷째, 무천년설은 성도의 휴거를 그리스도의 재림시 교회가 지상에서 하늘로 옮겨지는 깃으로 받아들이지 않습니다.

그것을 그리스도의 재림 시 일어날 미래적 사건이 아니라 단순히 기독교인의 죽음으로 해석하거나 재림의 그리스도를 영접하기 위하여 공중으로 올라갔다 다시 지상으로 돌아오는 것으로 해석합니다. 또한 문자적 7년 대환난을 부정하고 그것을 늘 환난을 당하며 사는 성도들의 지상 생활 자체로 이해합니다. 따라서 이러한 '종말론적 구조'(eschatological structure)에 따르면, 단 한 번의 그리스도의 재림과 더불어 단 한 번의 최후 심판이 있게 되고, 그 결과 의인과 악인이 영원한 최종 상태로 들어간다고 봅니다. 불신자는 지옥으로, 성도는 천국으로 들어간다는 것입니다.

다섯째, 무천년설은 성경의 예언을 미래적인 것보다 역사적인 것이나 상징적인 것으로 취급합니다.

따라서 무천년설은 구약 예언의 문자적 성취를 기대하지 않거나 무관심한 경향이 있습니다.

여섯째, 휴거는 현재 성도들이 죽어서 천국에 가는 것을 뜻하든지 아니면 예수 그리스도 재림 때 성도들이 부활하는 것을 가리킵니다.

무천년설 입장에서는 성도들이 휴거되어 공중에서 주님을 영접하는 것(살전 4:17)을 대체로 등한시하는 경향이 있습니다.

일곱째, 구약에서 언급된 이스라엘에 관한 예언은 모두 교회를 통해서 상징적으로 성취되고 있다고 봅니다.

새 언약은 표면적으로는 '이스라엘'과 맺은 것이지만 이스라엘과 이방인과 구분 없이 하나님의 백성 전체와 맺은 언약이기 때문이기 때문입니다.(히8: 10-11) 새 언약은 또한 옛 언약과 분리되어 존재하는 것이 아니고 옛 언약의 성취로 주어진 것으로 봅니다. 구원론 관련 내용은 타당성이 있지만 이방인과 구별된 이스라엘에게만 주신 예언(롬11:25-26)은 별개인 점을 간과한 것입니다.

세 번째는 전천년설(PRE-MILLENNIALISM)입니다.

전천년설은 요한계시록 20장에 대한 문자적 해석에 근거한 것으로 예수 그리스도가 재림한 후에 천년 왕국이 이루어진다는 주장입니다. 예수께서 천년 왕국을 실현하시기 위하여 인격적이며 육체적으로 재림할 것임을 믿는 것입니다. 사도시대로부터 시작하여 3세기까지 초대 교회가 일반적으로 받아들였던 견해입니다. 주님의 사랑을 받았던 요한 사도는 자신의 수제자였던 서머나 교회의 감독인 폴리갑(Polycarp. A.D. 156년 순교)에게 전승하였고, 폴리갑은 제자 이

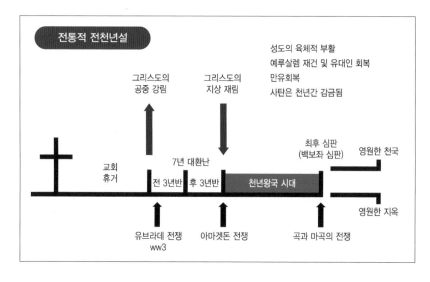

레니우스(Irenaeus. A.D. 202)에게 전승시켜 초대교회 정통신학의 계열에 전천
년설을 정설로 받아들였습니다.[5] 성경대로 믿으면 예수님의 재림은 천년왕국
이전에 이루어집니다. 그래서 이런 믿음은 보통 전천년주의(Pre-millennialism)
라 불립니다. 사실 이것은 이론이 아니라 성경의 믿음이므로 '주의(主義)'라고
말할 수 없지만 이미 기독교계에서 그렇게 불리고 있으므로 필자도 '전천년주
의'라는 용어를 본서에 사용함을 이해해 주시기 바랍니다.

초대교회는 보편적으로 그리스도의 인격적 재림과 천년 동안 또는 천년 왕국
동안 지상에서의 그리스도의 인격적 통치에 대한 신앙을 고수했습니다.

이 교리는『바나바의 편지』에 최초로 언급되었으며 헤르마스(Hermas), 파피아
스(Papias), 저스틴((Justin Martyr), 이레네우스(Irenaeus), 터툴리안(Tertulian)
등이 이를 지지했습니다. 그들은 그리스도의 지상 재림에 대한 강한 기대를 가
졌으며, 세상의 종말과 하나님의 나라가 점진적으로 실현되는 것이 아니라, 격
변적 사건에 의해 실현될 것이라고 믿었습니다. 이러한 견해를 '천년 왕국설
(chiliasm)'이라 불렀습니다.

이것은 헬라어 1000이라는 말 "킬리오이"($\chi\acute{\iota}\lambda\iota\alpha$)로부터 유래된 것이었습니
다. 그러다가 3세기 초 천년왕국설에 대한 반대 이론이 동방교회에서 일어났습
니다. 왜냐하면 몬타나스주의(Montanism)[6]의 극단적인 성령론과 시한부 종말
론의 기조에서 천년왕국의 지나친 강조가 오히려 천년왕국에 대한 신뢰성을 손
상시켰습니다. 그리고 성경에 대한 알렉산드리아 학파의 영적 해석이 문자적
해석에 근거한 전천년설의 성서적 토대에 큰 타격을 주었기 때문입니다. 종교
개혁자들 역시 대부분 어거스틴의 견해를 따랐습니다. 따라서 전천년설은 개신
교의 주요한 신앙 고백서에 반영되지 못했습니다. 단지 재세례파와 같은 종교

5) 목창균, "그리스도의 재림과 천년왕국,"『신학과. 선교』24 (1994)
6) 몬타누스파(Montanist, 몬타니스트)는 2세기 소아시아에 있었던 기독교의 일파이다.
   창시자인 몬타누스(Montanus)의 이름을 따서 몬타누스주의(Montanism)라고도 하며,
   주류파로부터 이단으로 취급되었다. 세례 시 그들은 방언을 하고 예언을 했다. 예수가
   약속한 보혜사인 성령이 그들을 통해 그러한 은사들을 준다고 주장했다. 몬타누스와
   그의 두 여제자들은 자신들이 성령의 대변인이라고 믿었다. 그들의 예언 중에는 예수
   의 재림이 임박했다는 경고도 있었다. 교회에서의 의식들이 엄격히 실행되지 않을 때
   그들 중에는 신자의 보다 더 거룩한 삶을 강조하는 이들이 생겼다. 터툴리안이 몬타누
   스파가 되었을 때 그들은 가장 이름있는 개종자를 확보하게 되었다.
   https://ko.wikipedia.org/wiki/

개혁의 급진적인 그룹이 전천년설적인 신앙을 주장했을 뿐입니다. 천년왕국설은 17세기 독일에서의 종교전쟁, 프랑스에서의 위그노(Huguenot) 교도들에 대한 박해 그리고 영국에서의 청교도 혁명에 힘입어 다시 명성을 얻게 되었습니다. 특히 칼빈주의 신학자 요한 알스테드(Johann H. Alsted)는 그의 저서 「사랑받는 도시」를 통해 전천년설을 부흥시키는데 크게 공헌했습니다. 18세기 중엽 벵겔(John Albert Bengel)의 「계시록 주석」(1740)과 「백성에 대한 설교」(1748)는 천년왕국설의 발전에 새로운 장을 열었습니다. 이를 통해 예언과 계시에 대한 연구에 관심이 집중되고 많은 학자들이 전천년설을 수용하게 되었습니다. 19세기 중엽에 이르러서는 전천년설이 보수주의 신학 영역에서 큰 인기를 얻었습니다. 이는 자유주의 신학자들이 후천년설을 주장한 것에 기인된 바도 없지 않았습니다. 20세기에 들어서면서 신학계에서 통용된 명칭대로 말한다면 세대주의적 성서 해석과 종말론이 전천년설의 확산을 촉진시켰습니다. 따라서 전천년설은 보수적인 침례교회와 오순절파와 성결파 계통의 교회를 비롯하여 근본주의7)와 복음주의 입장의 교회에서 많은 지지를 얻었으며 유명한 부흥사들과

---

7) 근본주의는 19세기 말과 20세기 초기에 현대주의가 도덕적 가치관을 약화시키는 것을 우려한 보수적 크리스천들—존 넬슨 다비(John Nelson Darby), 드와이트 무디(Dwight L. Moody), B. B. 워필드(B. B. Warfield), 빌리 선데이(Billy Sunday)와 그 외 사람들에 의해 공식화되었습니다. 현대주의란 인간이 (하나님이 아닌) 과학적 지식 및 기술, 실질적인 실험의 도움으로 환경을 조성하고, 발전 개조시킨다는 믿음입니다. 교회는 현대주의의 영향과 싸우는 것 이외에도, 성경 무류설을 부정하는 독일의 고등 비평 운동과도 투쟁했습니다. 근본주의는 비록 교리를 고수하기 보다는 운동에 더 많은 비중을 두고 있지만, 본래 크리스천 신앙의 다섯 개 교리에 기반하여 세워졌습니다.
① 성경은 문자 그대로 사실이다. 이 교리와 연관된 것은 성경이 잘못이 없다는 것, 즉 오류가 없으며 모순점이 없다는 믿음입니다.
② 동정녀 잉태와 그리스도의 신성. 근본주의자들은 그리스도가 동정녀 마리아에게서 태어나셨고, 성령으로 말미암아 잉태되셨으며, 완전한 인간이자 완전한 신인 하나님의 아들이셨으며 아들이심을 믿습니다.
③ 십자가를 통한 예수 그리스도의 대속. 근본주의는 하나님의 은혜로 말미암아, 그리고 인류의 죄를 속죄하시기 위해 그리스도께서 십자가에서 못 박히신 것을 믿음으로써만 구원을 얻을 수 있다고 가르칩니다.
④ 육체로 부활하신 예수님. 십자가 처형 후 사흘 만에 예수님께서는 무덤에서 다시 일어나셨고, 이제 하나님 아버지 우편에 앉아 계십니다.
⑤ 예수님께서 성경에 적혀진 대로 기적을 행하셨다는 것과 문자 그대로 천년 지복기 전에 예수님께서 재림하신다는 것을 진짜로 받아들임.
by https://www.gotquestions.org/Korean/Korean-dispensationalism.html

설교가들이 이를 널리 전파했습니다.

　전천년설의 특징은 몇 가지로 요약될 수 있습니다.

　첫째, 전천년설은 성경에 대한 문자적 해석과 미래주의적 해석에 근거하고 있습니다.

　이 해석방법에 따라, 요한 계시록 20장 1-6절에 기록된 천년이란 기간과 첫째 부활과 둘째 부활에 대한 증거를 마지막 때에 일어날 사건으로 간주합니다. 이러한 성경 해석방법이 전천년설과 다른 천년설을 갈라놓는 분깃점이라 해도 과언이 아닙니다.

　둘째, 전천년설의 핵심은 1000년간에 걸친 예수 그리스도의 지상 통치의 개념입니다.

　천년왕국은 이 땅 위에 하나님의 뜻이 이루어지며 완전한 평화와 정의가 실현되는 그리스도의 지상통치 기간을 의미합니다. 그러나 천년왕국의 기간에 대해서는 전천년설자 가운데서도 의견이 일치하지 않습니다. 어떤 이는 그것을 정확히 문자적으로 1000년이라고 주장하는가 하면, 다른 이들은 그것을 단순히 긴 기간으로 이해합니다.

　셋째, 전천년설은 천년왕국이 예수 그리스도의 인격적이며 가시적 재림에 의해 격변적(激變的)으로 시작될 것이라고 주장합니다.

　그것은 점진적인 성장이나 발전의 과정을 통해 완성되거나 인간의 노력이나 사회적 개선에 의해 이루어지는 것이 아닙니다. 오히려 세계는 그리스도의 재림이 가까울수록 도덕적으로 그리고 영적으로 더욱 악화됩니다. 따라서 천년왕국은 하나님의 초자연적 능력에 의해 극적으로 실현되는 것입니다.

　넷째, 전천년설은 계시록 20장의 두 부활은 동일한 유형의 부활, 즉 육체적 부활로 해석합니다.

　그것은 천년 기간에 일어날 두 다른 집단의 부활, 즉 성도와 악인의 부활을 의미합니다.

　성도들은 첫 부활에 참여하여 천년왕국 동안 그리스도와 함께 왕 노릇 하는 반면, 악인들은 천년왕국이 끝난 후 부활합니다. 래드는 첫째 부활과 둘째 부활을 모두 육체적 부활로 이해했습니다. 왜냐하면 육체적 부활을 의미하는 동사 '에제산'(εζησαν) 이 단어가 첫째 부활과 둘째 부활 모두에 똑 같이 사용되고 있기 때문입니다. 이는 죽었다가 다시 살아나서 살아있는 상태를 의미합니다.

다섯째, 전천년설은 그리스도의 재림과 관련된 사건들의 순서에 대한 견해 차이로 말미암아 여러 형태로 나뉘어집니다.

그 대표적인 것이 전통적인 전천년설, 세대주의적 전천년설과 역사적 전천년 설입니다. 그들은 '그리스도의 재림 후 그리고 세상의 종말 이전에 이 땅 위에 천년왕국이 있으리라는 주장'에는 전적으로 일치하지만, 교회의 대환난 통과와 휴거의 시기문제에 대해서는 전적으로 입장을 달리합니다. 전통적 전천년설은 휴거가 대 환난 전에 있으며, 교회는 대 환난을 통과하지 않을 것이라고 주장하 는데 반해, 역사적 전천년설은 휴거는 대 환난 끝에 있으며 교회는 환난을 통과 할 것이라고 주장한다. 또한 전자는 천년왕국의 성서적 근거를 주로 구약성서 에 두는데 비해, 후자는 그것을 오직 신약성서에만 둡니다.

자 이제 무천년설과 전천년설이 남게 됩니다. 무천년설의 가장 큰 문제점은

첫째 문제는 성경 해석의 원리입니다.

우리가 일반 문헌이나 성경을 해석할 때 첫 번째 취할 원리는 본문을 문자 그대로 이해하는 것입니다. 다시 말하면 우화적(寓話的) 해석은 철저히 배격되 어야 한다는 말입니다. 그럼에도 무천년설주의자들은 우화적 해석을 합니다. 일 반적으로 그들은 예언서는 우화적으로, 그밖의 문헌은 문자적으로 해석합니다. 그러나 그들은 예언서를 우화적으로 해석한다는 일반적 원칙조차 일관성있게 적용하지 않습니다. 래드(G.E, Ladd)가 참으로 적절하게 지적했듯이 예언서를 일관성있게 우화적으로 해석하면 예수 그리스도의 재림조차도 '문자적인 재림' 이 아니고 '영적인 재림'이라는 결론에 도달할 것입니다.[8] 무천년설주의자인 해 밀턴(Floyd Hamilton)도 인정했듯이, 성경, 특히 구약 성경을 문자적으로 해석 하면 전천년설이 맞다는 결론이 되기 때문에 무천년설주의자들의 해석은 문자 적 해석이 전천년설을 뒷받침하는 결론이 되면 그 부분은 우화적으로 해석하고

---

8) 앞의 소논문

그렇지 않은 경우에만 문자적 해석을 한다는 비판을 면하기 어렵습니다. 상징적 언어(figurative language)와 상징적 해석(interpreting figuratively)은 근본적으로 다릅니다. 상징적 언어(예; 용, 열뿔 가진 짐승, 다니엘서 2장의 우상 등)나 수사적 표현(예; 나는 문이다, 나는 떡이다 등)은 원래 문자적 의미가 아니기 때문에 수사법의 원칙에 맞게 해석해야 합니다. 수사법에 맞게 해석하는 것은 상징적(또는 우화적)으로 해석하는 것이 아닙니다. 그러나 단어 자체로 볼 때에나 앞뒤 문맥으로 볼 때 분명히 문자적 의미인데 문자적으로 해석하지 않는 것은 우화적 해석입니다.

둘째는 계시록 20장 4절의 부활을 영적인 부활로, 5절의 부활을 육체적인 부활로 해석하는 것입니다.

"또 내가 보좌들을 보니 거기에 앉은 자들이 있어 심판하는 권세를 받았더라 또 내가 보니 예수를 증언함과 하나님의 말씀 때문에 목 베임을 당한 자들의 영혼들과 또 짐승과 그의 우상에게 경배하지 아니하고 그들의 이마와 손에 그의 표를 받지 아니한 자들이 살아서 그리스도와 더불어 천 년 동안 왕 노릇 하니 5(그 나머지 죽은 자들은 그 천 년이 차기까지 살지 못하더라)"(계20:4-5)

이는 첫째 부활이라 동일한 문맥에서 동일한 용어 "에제산"으로 표현된 것을 전혀 다른 두 종류의 부활로 해석하는 것은 일관성의 원리에 어긋납니다. 계시록 20장 4절의 부활을 영적인 부활로 보는 것은 석의적(釋義的)으로 볼 때 온당치 못합니다. 4절의 '살다'나 5절의 '살다'가 모두 헬라어로 '에제산'(ἔζησαν they lived)인데, 5절의 부활이 육체적 부활이라면–이 관점은 무천년설 주의자도 동의합니다–4절의 부활도 육체적 부활을 뜻한다고 보는 것이 타당합니다.[9]

셋째, 무천년설은 천년 동안의 사단의 결박(계20:2-3절)을 그리스도의 초림 때 이루어진 것으로 해석합니다.

"2용을 잡으니 곧 옛 뱀이요 마귀요 사탄이라 잡아서 천 년 동안 결박하여 3무저갱에 던져 넣어 잠그고 그 위에 인봉하여 천 년이 차도록 다시는 만국을 미혹하지 못하게 하였는데 그 후에는 반드시 잠깐 놓이리라"(계20:2-3)

그렇다면 초림 이후 사단의 활동이 중단된 것으로 보아야 하는데, 이것은 현

9) 앞의 소논문

실적으로나 성경적으로나 타당하지 않습니다. 예수 그리스도의 초림 이후 사탄의 능력이 제한된 것은 사실입니다. 그러나 계시록 20장 3절의 표현은 능력의 제한이 아니라 완전히 활동이 중단되는 것을 의미합니다. 더군다나 이 결말은 계시록 19장의 지상재림 이후에 있는 것이므로 사탄의 결말이 초림때 성취되었다는 주장은 받아 들일 수 없습니다. 사단이 지금도 이곳저곳에서 활동하고 있음을 부정할 수 없기 때문입니다. 그러므로 사단의 결박은 그리스도의 재림 이후에 이루어지는 것으로 해석해야 마땅합니다.

무천년설은 교회시대와 영원한 천국 사이에 중간 단계가 없다고 주장합니다. 하지만 성경에서는 교회시대와 영원한 천국 사이에 천년왕국이라는 중간 단계가 존재한다고 가르칩니다.

네째, 무천년설은 휴거를 현재 일어나는 사건으로 이해하여 성도들이 죽어서 천국 가는 것이라고 주장하는 사람들이 있습니다.

그러나 데살로니가전서 4장 13-18절은 성도의 휴거가 현재적인 것이 아니라 미래적인 것이며 죽은 성도는 물론 살아 있는 성도도 포함되는 것임을 명시하고 있습니다.

"13형제들아 자는 자들에 관하여는 너희가 알지 못함을 우리가 원하지 아니하노니 이는 소망 없는 다른 이와 같이 슬퍼하지 않게 하려 함이라 14우리가 예수께서 죽으셨다가 다시 살아나심을 믿을진대 이와 같이 예수 안에서 자는 자들도 하나님이 그와 함께 데리고 오시리라 15우리가 주의 말씀으로 너희에게 이것을 말하노니 주께서 강림하실 때까지 우리 살아남아 있는 자도 자는 자보다 결코 앞서지 못하리라 16주께서 호령과 천사장의 소리와 하나님의 나팔 소리로 친히 하늘로부터 강림하시리니 그리스도 안에서 죽은 자들이 먼저 일어나고 17그 후에 우리 살아남은 자들도 그들과 함께 구름 속으로 끌어 올려 공중에서 주를 영접하게 하시리니 그리하여 우리가 항상 주와 함께 있으리라"(살전4:13-18)

무천년설은 그리스도의 재림과 악인의 부활 사이에 천년이란 간격이 있다는 전천년설이 성경적인 근거가 없다고 주장하며 전천년설은 단 하나의 성경 구절(계20:1-6)에 의존한다고 비판합니다. 그러나 전천년설은 단지 한 성경 구절에 근거하는 것이 아닙니다. 그것을 암시하는 다수의 성경 구절이 있습니다. 예를 들어 고린도전서 15장 22-24절이 그것입니다.

여기에서 바울은 동시적인 사건을 지시하는 부사 '토테(τότε)'를 사용하지 않고 시간적 연속을 의미하는 부사인 '그러고나서', '그후'의 영어로는 'then', 'next' 의미의 '에페이타(ἔπειτα)'(23)와 '에이타(εἶτα)'(24)를 사용했습니다. 따라서 양자 사이에 간격이 없다고 하는 무천년설의 주장은 문제가 있습니다.

"22아담 안에서 모든 사람이 죽은 것 같이 그리스도 안에서 모든 사람이 삶을 얻으리라 23그러나 각각 자기 차례대로 되리니 먼저는 첫 열매인 그리스도요 다음에는 그가 강림하실 때에 그리스도에게 속한 자요 24그 후에는 마지막이니 그가 모든 통치와 모든 권세와 능력을 멸하시고 나라를 아버지 하나님께 바칠 때라"(고전15:22-24)

다섯째, 구약에서 언급된 이스라엘에 관한 예언이 모두 교회에 의해 성취된다면 이스라엘에게 미래에 성취될 예언은 전혀 없다는 결론이 되는 문제입니다.

그러면 로마서 9장-11장, 특히 11장에서 언급된 이스라엘 민족에 관한 말씀은 어떻게 이해해야 하는가에 대한 어려움 때문에 무천년설도 성경적으로 타당한 견해라고 볼 수 없습니다.

무천년설은 전천년설이 계시록 20장을 상징적으로나 우화적으로 해석하지 않고 문자적으로 해석한다고 비판합니다. 그러나 전천년설은 성경을 문자적으로 해석할 뿐 아니라 문자적으로 믿는 것입니다. 계시록 20장을 문자적으로 해석하면, 전천년설입니다. 또한 이것은 사도들의 신앙이었을 뿐만 아니라 초기 교부들의 입장이었습니다. 따라서 문자적인 해석은 사도적인 신앙에 의해서도 그 정당성이 입증됩니다. 무천년설은 여러 번의 부활이 성경적 근거가 없다고 비판합니다. 그러나 계시록 20장은 두 부활에 대해 분명히 언급하고 있으며 선택된 집단의 부활(눅14:14, 20:35, 고전15:23, 빌3:11, 살전4:16) 또는 두 단계의 부활(단12:2, 요5:29)을 암시하는 성경 구절들이 많이 있습니다.

"땅의 티끌 가운데에서 자는 자 중에서 많은 사람이 깨어나 영생을 받는 자도 있겠고 수치를 당하여서 영원히 부끄러움을 당할 자도 있을 것이며"(단12:2)

"선한 일을 행한 자는 생명의 부활로, 악한 일을 행한 자는 심판의 부활로 나오리라"(요5:29)

특히 빌립보 3장 11절에서 사도 바울은 죽은 자 가운데서의 부활에 이르려는 그의 소망을 간절히 표현하고 있습니다.

"어떻게 해서든지 죽은 자 가운데서 부활에 이르려 하노니"(빌3:11)

이 구절을 직역하면 "죽은 자들 가운데서 부활"입니다. τὴν 접두에 붙은 전치사와 복수형을 주목해야 합니다. 죽은 자(νεκρῶν from the dead) 안에는 신자와 불신자 모두가 포함됩니다. 따라서 이 본문은 두 부활의 개념과 잘 일치합니다.

여섯째, 성도들의 삶에 늘 환난이 있는 것은 사실이지만, 일상적인 환난과 대환난은 분명히 구별되는 문제입니다.

종말론적 상황을 다루고 있는 마태복음 24장 21절이나 29절은 분명히 일상적인 환난과 성격과 양상이 전혀 다른 미래의 환난이 있음을 말합니다.

"이는 그 때에 큰 환난이 있겠음이라 창세로부터 지금까지 이런 환난이 없었고 후에도 없으리라"(마24:21)

"그 날 환난 후에 즉시 해가 어두워지며 달이 빛을 내지 아니하며 별들이 하늘에서 떨어지며 하늘의 권능들이 흔들리리라"(마24:29)

결론적으로 전천년설이 후천년설이나 무천년설보다 성경의 증거에 더 부합된다고 판단됩니다. 뿐만 아니라 그것이 사도들과 초기 교부들의 신앙에 근거한 것이라는 사실은 전천년설의 타당성과 적절성을 보증해 줍니다.

2. 전통적 전천년설(traditional premillennialism)

근본주의나 세대주의[10]에 대한 정의는 학자들마다 천태만상(千態萬象)으로 다릅니다. 신학사상의 개론만 다루어도 두꺼운 책 한권의 분량이 됩니다. 그래

---

10) 세대주의의 '세대'(dispensation)라는 영어 단어의 의미는 일들을 정리 정돈하는 방법으로서 운영, 체계, 관리 등을 의미합니다. 하지만 신학에서 세대는 정해진 어떤 기간에 대한 하나님의 운영을 뜻합니다. 각 세대는 하나님께서 지정하신 시대입니다. 세대주의는 세상의 사건들을 정돈하기 위하여 하나님께서 정하신 이러한 시대들을 인식하는 신학적 체계입니다. 세대주의는 두 가지 독특한 특성을 지닙니다. 1) 성서에 대한 일관된 문자적인 해석을 하며 특히 성경의 예언에 대해 그리한다. 2) 하나님의 계획에 있어서 교회와 분리하여 이스라엘의 독특한 특성을 인정한다. 요약하면, 세대주의는 성경에 있는 예언의 문자적인 해석을 강조하고, 이스라엘과 교회 사이의 차이점을 인식하며, 그리고 성경을 다른 세대들 또는 경영들로 편성하는 신학적 체계입니다.
by https://www.gotquestions.org/Korean/Korean-dispensationalism.html

서 관련 내용은 각주를 참조하시면 되겠습니다.

객관적으로 사실에 접근하려면 근본주의나 세대주의가 시작된 근원지인 영국이나 꽃을 피운 미국에서 평가하는 것을 참고하여야 합니다. 기독교 초기에 할례를 받아야 구원받는다며 복음을 변절시키는 유대인 그리스도인들이 있었습니다. 바울은 아브라함이 할례를 받은 후 구원받았냐? 아니면 할례받기 전 구원받았느냐고 아브라함을 예를 들어 믿음으로 구원받는 것을 설명했습니다. 아브라함 사후(B.C1991) 약 545년 후 모세를 통해 율법을 받았는데(B.C1446) 어떻게 아직 있지도 않은 율법을 아브라함이 지켜서 구원받을 수 있겠는가? 하는 것이었습니다. 이와 같이 오늘날 무천년설을 주장하는 사람들이 전천년설이나 대환난전 휴거를 믿는 사람들을 '세대주의'라고 정의하는 비논리적인 사람들이 많습니다. 세대주의(Dispensationalism) 신학은 영국의 형제교회(Separatist Plymouth Brethren) 지도자 존 넬슨 다비(John Nelson Darby: 1800-1882)에 의해서 시작되었습니다. 초대교회부터 전천년설과 대환난전 휴거를 믿은 초대교회 성도들과 교부시대들의 교부들과 B.C. 1800년 이전 즉 전천년설과 대환난전 휴거를 믿었던 주후 1800년 동안의 교회들과 성도들이 다 세대주의란 말인가? 아브라함의 예외 마찬가지로 율법도 없는 때에 믿음으로 구원받은 아브라함처럼 1800년간 동안 있지도 않은 세대주의 신학을 어떻게 믿었겠는가?

변증과 논증(dialectics and arguments)이 가능한 해석

하나님은 성육신같은 초자연적인 기적도 필요하신 때는 행하시는 전능하신 분이시면서 아주 합리적이시고 논리적이신 분이십니다. 하나님은 약속하시고 성취하심으로 하나님의 신실하심을 드러내셨고 탄탄한 합리적인 근거로 선교할 수 있는 성경을 우리에게 주셨습니다. 그래서 사도 바울은 예수님이 그리스도이심을 증거할 때 '변론'(辯論; he was reasoning 행17:17)하였다고 즉 합리적으로 변증했다는 것입니다.

"회당에서는 유대인과 경건한 사람들과 또 장터에서는 날마다 만나는 사람들과 변론하니"(행17:17)

누가 하는 말이 앞뒤가 맞지 않으면 "말이 안된다"고 표현합니다. 즉 논리적이지 않다는 말을 통상적으로 '말이 안된다'고 말합니다. 성경은 앞뒤가 맞습니다. 즉 성경은 논리적입니다. 우리가 성경을 이해하는데 당연히 성령님의 도우심이 필요합니다. 예를 들어 요한일서 2장 27절 말씀을 보면 "여러분으로 말하자면 그리스도께서 기름 부어 주신 것이 여러분 안에 머무르므로 아무도 여러분을 가르칠 필요가 없습니다. 그리스도께서 기름 부어 주신 것이 여러분에게 모든 것을 가르쳐 주십니다. 그 가르침은 참되고 거짓이 없으니 여러분을 가르치신 그대로 그리스도 안에 머무르십시오"(요일2:27)

성령께서 성경을 깨닫게 해주시는 것과 논리와 비논리의 구별과는 별개의 문제임에도 불구하고 이 말씀을 가지고 묻지도 따지지도 않고 믿는 것이 마치 바른 믿음인 것인냥 말합니다. 그분들은 변증자체를 하지 말라고 주장하는데 이것은 성경구절을 잘못 적용하는 우(愚)를 범한 것입니다. 이 사실을 알면서 하면 거짓말하는 것이고 모르고 하면 속임수에 미혹당한 것입니다. 사도 바울은 늘 하던 대로 유대인의 회당에 들어가서 사람들과 성경에 대해 토론했습니다. (행17:2) 그리고 자신이 선포하는 예수가 왜 그리스도인가를 변증(辨證)하였다고 하였습니다. 바울은 무조건 예수를 믿으라고 한 것이 아니고 성경을 가지고 설명하고 증명하였습니다. 복음을 잘 전한 바울의 모범과 복음에 대한 모범적인 태도를 보인 초기 기독교 시절 베뢰아 지역의 성도들을 보겠습니다.

1) 복음 전하는 자의 모범

그리스도가 고난을 받은 후 죽은 사람들 가운데서 살아나셔야 했던 것을 설명하고 증명하며 말했습니다. 그리고 "내가 여러분에게 선포하는 이 예수가 바로 그리스도이십니다"라고 전했습니다.(행17:3)

explaining and proving that the Messiah had to suffer and rise from the dead. "This Jesus I am proclaiming to you is the Messiah," he said.(NIV)

2) 복음을 받아들이는 자의 모범

그리고 베뢰아 사람들은 데살로니가 사람들보다 교양 있는 사람들이어서 말씀을 간절한 마음으로 받아들이고 묻지도 따지지도 않고 무조건 예수를 믿은 것이 아니라 바울이 말한 것이 사실인지 알아보려고 날마다 성경을 찾아보았습니다.(행17:11)

특별히 바울처럼 선교사나 목사로 그리고 성경교사로 부름 받아 복음을 전하는 분들은 왜 예수가 그리스도인지 변증할 수 있어야합니다. 우리가 전하는 성경과 복음은 탄탄한 논거(論據)와 일관된 논리성을 갖추고 있습니다. 그렇지 않으면 우리가 바울처럼 성경을 가지고 변증이나 논증할 수 없습니다. 성경 해석에 대해서도 이단과 정통을 가르는 입증기준과 원칙이 있습니다.

마이클 위디(Michael Withey)는 그의 저서 「일상의 무기가 되는 논리수업」에서 이 원칙을 '골대'로 흥미롭게 표현했습니다. 일리있는 사례를 다음과 같이 제시했습니다.

이론 물리학자 로렌스 크라우스(Lawrence Krauss)가 최근 저서에서 신의 존재를 옹호하는 기존의 '제1원인론'이 틀렸음이 과학적으로 증명되었다고 밝혔다. 이 저명한 학자는 '무(無)에서는 아무것도 나오지 않는다.'는 신학자들의 믿음과 반대로, 우주가 정말 '무'로부터 생겨났을 가능성이 있음을 과학이 보여줬다고 썼다. 하지만 과학평론가들은, 우주가 생겨난 '무'가 아무것도 존재해지 않는 '무'는 아니라고 지적했다. 그것은 양자(陽子) 진공으로서 입자가 없긴 해도 '무'는 아니라는 것이다. 이에 대해 크라우스는 이렇게 응답했다. "나는 철학자들이 '무'를 무엇이라고 생각하는지 전혀 관심 없습니다. 내가 관심있는 것은 현실의 '무'입니다. 현실의 '무'가 물질로 가득하다면 나는 동의할 것입니다."

크라우스는 자신의 논증에 허점이 생기자 골대를 옮겨버렸다. 이것은 오류라기보다 속임수에 가깝다. 어떤 게임이든 누가 이기고 지는지 판단할 명확한 기준이 필요하다. 당사자들은 모두 이 기준에 따라 합의해야 한다. 상대방이 골대를 옮긴다면 바로 이런 속임수를 쓰고 있는 것이다. 즉, 미리 확립된 입증 기준을 충족하기로 동의했으면서, 당신이 이 기준을 충족하니까 그 기준을 바꿔버리는 것이다.[11]

같은 맥락에서 논리적인 사고로 천년왕국 주제에 대해 계속해서 논증을 하고저 합니다. 우리가 '합리(合理)'라는 말은 '이론이나 이치에 합당한 것'을 뜻합니다. 예를 들면 첫 번째, a)한국인은 한국어를 잘한다. b)마리아는 한국어를 잘한다. c)그러므로 마리아는 한국인이다. 이 논증은 말이 됩니까? 안됩니까? 말이 안됩니다. 비논리(illogical)여서 받아들일 수 없습니다. 왜냐하면 외국인도 한국어를 잘할 수 있기 때문입니다. 두 번째, a)마리아는 한국어를 잘한다. b)외국인도 한국어를 잘할 수 있다. c)마리아는 한국인일 수도 있고 외국인일 수

---

11) 마이클 위디, 「일상의 무기가 되는 논리수업」, 한지영 역, 반니, 112.

도 있다. 두 번째 논증은 맞는 말입니다.

이 논리에서 알 수 있듯이 한국어를 잘하면 누구든지 한국인이라고 하는 것은 어리석은 판단입니다. '환난전 휴거'를 믿고 주장하는 사람을 모두 다 '세대주의'라고 본다는 것도 동일하게 어리석은 판단이며 거짓입니다.

예수님께서 말씀하신 예를 보십시오. 예수님께서 모세를 통해 기록한 창세기, 출애굽기, 레위기, 신명기, 민수기, 즉 모세오경이라고 통칭된 성경을 '에스라의 율법'이나 '이사야의 율법'이라고 하시지 않고 '모세의 율법'이라고 말씀했습니다. 모세가 율법을 받고 모세를 통해 가르치고 설교하기 시작했기 때문입니다. 예수께서 그들에게 말씀하셨습니다. "내가 전에 너희와 함께 있을 때 모세의 율법과 예언서와 시편에서 나에 대해 기록된 모든 일이 마땅히 이루어져야 한다고 너희에게 말한 것이 바로 이것이다"(눅24:44)

이사야 선지자나 에스라 등 모세이후의 하나님의 종들이 모두 다 모세오경을 근거로 가르치고 설교했습니다. 예수님께서 이사야나 에스라가 모세오경을 하나님의 말씀으로 받아들이고 가르쳤다고 '이사야의 율법'이라고 하시지 않았던 것처럼 전천년설과 대환난전 휴거론이 세대주의자들로부터 시작되지 않았기 때문에 앞으로는 "세대주의적 전천년주의"라고 하는 것은 틀린 주장 곧 속임수입니다. 대환난전 휴거를 주장하며 전천년설을 믿는 신앙은 초대교회부터 오늘날까지 이어져왔기 때문에 앞으로 "전통적 전천년설"이라고 말해야 옳습니다.

그리고 성경의 기준으로 볼 때 세대주의를 이단으로 보는 것은 옳지 않습니다. 분명한 것은 저자가 전천년설과 대환난전 휴거를 믿고 가르치고 설교하지만 세대주의자는 결코 아닙니다. 혹자는 세대주의 신학의 건강치 못한 부분을 부각하면서 전천년설과 대환난전 휴거를 믿는다고 세대주의자라고 도매급으로 폄하하거나 이단으로 공격하는 짓은 하나님께서 기뻐하시지 않은 불의한 범죄입니다. 마치 사도 바울이 쓰지 않은 시한부 종말론 내용의 서신을 바울이 쓴 편지라고 데살로니가 교인들을 현혹시켰던 거짓 교사들과 다를 바 없는 거짓이며 비지성인의 태도입니다.

전천년설의 견해를 옹호하는 분들 중에 대환난 후 혹은 대환난 중간에 휴거된다는 견해가 존재합니다. 중간 혹은 대환난 후 휴거는 '역사적 전천년설(historical premillennialism)'로 자타칭 인정하고 주장하는데 문제를 제기하지 않으므로 그대로 사용합니다. 그런데 세대주의자는 아니고 전천년설과 대환난전 휴거설

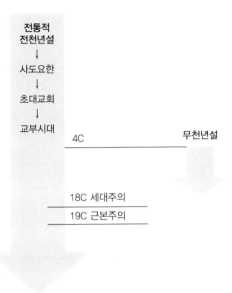

의 견해를 가진 저자와 같은 사람의 견해를 "전통적 전천년설(traditional pre-millennialism)"로 명명(命名)하는 것이 필요하다고 봅니다. '전통적'의 뜻이 '예로부터 이어져 내려오는'이므로 즉 대환난전 전천년설도 '세대주의 전천년설'과 초대교회부터 지속되어 온 '전통적 전천년설'이 있다는 것입니다. 그리고 '역사

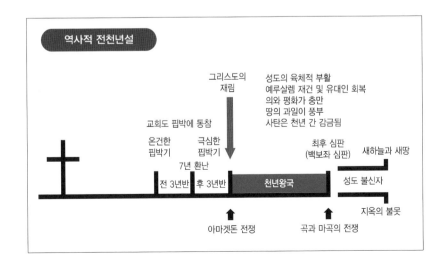

적 전천년설'과 '전통적 전천년설'의 큰 차이는 대환난전 휴거인가 아니면 대환
난 중간이나 대환난 통과한 후인가의 휴거 시기의 차이입니다. 참고로 필자는
세대주의 신학을 다 받아들이지 않지만 이단으로 보지 않고 극단적 세대주의는
극단적 칼빈주의와 동일하게 경계합니다.[12] 결론적으로 세대주의 신학의 건강
치 못한 부분을 부각하면서 전천년설과 대환난전 휴거를 믿는다고 '세대주의자'
라고 도매급으로 폄하합니다. 마치 "당신이 채식주의자라고요? 히틀러도 채식주
의자였다는 거 몰라요?" 이런 식입니다. 히틀러가 고속도로를 건설했다는 이유
만으로 고속도로 건설을 반대할 필요가 없지 않은가?

전천년설과 대환난전 휴거의 성경해석을 세대주의 프레임으로 걸어 이단시
비하며 홍색글씨를 써서 공격하는 짓은 하나님께서 기뻐하시지 않은 속임수이
고 불의한 범죄입니다.

정리하면 전천년설은 크게 세 진영으로 나눌 수 있는데 1)전통적 전천년설
2)세대주의 전천년설 3)역사적 전천년설입니다. 그러면 『전통적 전천년설』에
대한 역사적인 근거를 살펴 보겠습니다.

3. 전통적 전천년설의 역사적 근거

1세기 교부들은 사도들의 제자였습니다. 그들은 참된 믿음과 교리를 가지고
있었습니다. 4세기 초에 교회는 영지주의 이단을 교리로 채택하기 시작했습니
다. 다음은 마지막 때에 대한 초대 교부들의 참고 문헌입니다.[13]

"After the resurrection of the dead, Jesus will personally reign for 1000
years. I was taught this by the apostle John himself." – Papias Fragment 6 –

"죽은 자의 부활 후에 예수께서 친히 1000년 동안 통치하실 것입니다. 나는
이것을 사도 요한에게 직접 배웠습니다." – 파피아스 단편 6 –

교부 파피아스(Papias)는 소아시아의 에베소의 동쪽에 위치한 '거룩한 도시'
라는 의미를 가진 히에라폴리스(Hierapolis)의 감독이었습니다. 사도 요한은 천

---

12) 저자는 극단적 칼빈주의, 극단적 세대주의, 알미니안주의, 은사주의, 대체신학을 기초
   한 무천년주의, 후천년주의, 은사중지론(Cessationism) 그리고 침례만이 참된 구원의
   표지라는 교리 등을 받아들이지 않으며 경계합니다(be wary).
13) Ken Johnson, 『The Rapture』, Printed in the USA Columbia(SC, 2019), 22

년왕국에 대해 성령의 감동을 받아 기록한 저자입니다. 그는 어떤 천년왕국인
지 가장 정확히 원저자이신 하나님의 뜻을 아는 사도였습니다. 파피아스는 스
승인 사도 요한에게 배운대로 죽은 자의 부활 이후에 예수께서 친히 문자적으
로 천년동안 다스릴 것을 교인들에게 가르치고 설교하였습니다. 즉 사도 요한
이 가르친 천년왕국은 '전통적 전천년설'임을 알 수 있습니다.

"There will be a future 1000-year-reign of Christ." - Lactantius Epitome
of Divine Institutes 72 -
"미래에 그리스도의 1000년 통치가 있을 것입니다." - 락탄티우스 신학교의
비문 72 -

락탄티우스(Lucius Caecilius Firmianus Lactantius, 서기240년경~320년경)
는 북아프리카 출신의 교부입니다.

"The man of sin, spoken of by Daniel, will rule two (three) times and
a half, before the Second Advent··· There will be a literal 1000 year reign
of Christ... The man of apostasy, who speaks strange things against the
Most High, shall venture to do unlawful deeds on the earth against us,
the believers."- Justin Martyr Dialogue 32, 81, 110 -
"다니엘이 말한 죄악의 사람은 재림 전에 한 때 두 때 반 때를 다스릴 것입
니다. 장차 문자 그대로 1000년 그리스도의 통치가 있을 것입니다. 가장 높으신
분께 이상한 말을 하는 배교자는 우리 신도들을 상대로 땅 위에서 불법적인 일
을 저지를 것입니다." - 순교자 저스틴 대화 32, 81, 110 -

초대교회 교부 '순교자 저스틴'(Justin Martyr)으로 더욱 잘 알려진 플라비우
스 저스틴(Flavius, Justin, 100?-165)이 있었습니다. 예수에 대한 고백적인 신앙
을 지니기 힘든 그 시절, 평생 기독교를 변증하던 그는 순교의 피를 흘렸습니
다. 귀중한 목숨을 하나님께 드린다며 기쁘게 그 쓴 잔을 마셨습니다. 결국 그
는 말과 글, 그리고 죽음으로 기독교가 참된 종교임을 변증한 것입니다.

"데살로니가후서에서 말한 '떠나는 것'은 신앙의 배교이며 문자 그대로 재건
된 성전이 있을 것입니다. 마태복음 24장에서 '다니엘이 말한 혐오'는 마치 그
리스도인 것처럼 성전에 앉아 있는 적그리스도입니다. 혐오는 다니엘의 70번째

주 중반에 시작되어 문자 그대로 3년 6개월 동안 지속될 것입니다. 작은 11번
째 뿔은 적그리스도입니다 … 로마 제국은 먼저 분열된 후 해체될 것입니다. 10
명의 왕이 로마 제국에서 탄생할 것입니다. 적그리스도는 세 명의 왕을 죽이고
그들 중 여덟 번째 왕이 됩니다. 왕들은 바빌론을 멸망시키고, 바빌론 왕국을
야수에게 넘겨주고, 신자들을 도망치게 할 것입니다. 그 후에 열 나라와 짐승들
은 주님의 오심으로 멸망할 것입니다. 다니엘의 뿔은 열 개의 발가락과 같습니
다. 발가락이 철과 점토의 일부라는 것은 몇몇은 활동적이고 강하다는 것을 의
미합니다, 반면에 다른 사람들은 약하고 활동적이지 않고 왕들은 서로 동의하
지 않을 것입니다.… 그리스어로 철자하면, 적그리스도의 이름은 666과 같습니
다. 열왕이 일어날 때까지 이름을 알아내려고 하지도 마십시오. 다니엘이 본 네
번째 왕국은 로마입니다. 재건된 성전은 예루살렘에 있을 것입니다. 이것들은
모두 문자 그대로의 것들이고, 그리고 그들을 우화(偶話,allegorize)하는 기독교
인들은 미성숙한 기독교인들입니다."

   – 이레나우스의 이단 반대 5.25,26,30,35 –[14]

   최초의 교부였던 이레나우스(Irenaeus, Born AD 130 Smyrna, Died 202
Lugdunum)는 소아시아 동북 지중해안의 서머나 지방에서 출생했습니다. 그는
순교를 각오하고 이단과 싸웠습니다. 그는 신학적으로 소아시아 학파의 대표자

---

14) "In 2 Thessalonians, the 'falling away' is an apostasy of faith and there will be
    a literal rebuilt Temple. In Matthew [24] the 'abomination spoken by Daniel' is
    the Antichrist sitting in the temple as if he were Christ. The abomination will
    start in the middle of Daniel's 70th week and last for a literal three years and six
    months. The little (11th) horn is the Antichrist … The Roman Empire will first be
    divided and then be dissolved. Ten kings will arise from what used to be the
    Roman Empire. The Antichrist slays three of the kings and is then the eighth
    king among them The kings will destroy Babylon, then give the Babylonian
    Kingdom to the Beast and put believers to flight. After that the ten nations and
    the Beast will be destroyed by the coming of the Lord. Daniel's horns are the
    same as the ten toes. The toes being part of iron and clay mean some will be
    active and strong, while others weak and inactive and the kings will not agree
    with each other... The name of the Antichrist equals 666 if spelled out in Greek.
    Do not even try to find out the name until the ten kings arise. The fourth king-
    dom seen by Daniel is Rome. The rebuilt temple will be in Jerusalem … These
    are allliteral things, and Christians who allegorize them are immature Christians."
    – Irenaeus Against Heresies 5.25, 26, 30, 35 –

였습니다. 이 학파는 요한의 활동을 계승하여 생겨난 것이며 성서에 대한 명확한 이해와 신앙과 대내적인 회유책, 그리고 이단에 대한 논쟁 등이 특징이었습니다. 그는 누구보다도 바울의 영향을 많이 받았습니다. 그는 처음부터 종교문제에 있어서 철학적 사변을 반대했습니다. 하나님은 사색을 통해서가 아니라 계시를 통하여 우리에게 알려진다고 주장했습니다.

"1000년간 예수 그리스도의 통치가 있을 것입니다. 천년 통치, 부활, 그리고 새로운 예루살렘은 문자 그대로입니다. 부활에서 우리는 잠시 후 천사들과 같은 형질로 변할 것입니다. 적그리스도는 진짜 성전에 앉아 있는 사람이 될 것입니다."

– 터툴리안 마르키온 3.5,25; 5:16 –15)

터툴리안(Tertulian; 150-225)은 160년경 타르타고에서 비기독교 로마인 양친에게서 태어났습니다. 터툴리안은 기독교의 교부이자, 평신도 신학자입니다. '삼위일체'라는 신학 용어를 가장 먼저 사용한 이로 알려져 있습니다. 이레니우스에 교리적 기원을 둔 저명한 변증가입니다.

"바울은 적그리스도를 거짓된 기적을 행하는 문자 그대로의 사람이라고 언급합니다. 문자 그대로의 미래의 적그리스도가 나타날 것입니다. 데살로니가전서와 다니엘의 예언은 세상의 종말에 대한 진짜 예언입니다. 문자 그대로 재건된 성전이 있을 것입니다."

– 켈수스에 맞서 오리겐 2:49; 6:45,46 –16)

오리게네스('Ὀριγενες, 185년 경-254년 경) 또는 오리겐(Origen)은 알렉산드리아학파를 대표하는 기독교의 교부입니다.

저스틴(Justin Martyr)과 이레나우스(Irenaeus)는 폴리갑(Polycarp) 밑에서 공부했습니다. 폴리갑은 스승인 사도 요한과 함께 20년 넘게 사역했습니다. 이

---

15) "There will be a 1000-year-reign of Jesus Christ ⋯ the millennial reign, Resurrection, and the New Jerusalem are literal. In the Resurrection we shall then be changed in a moment into a substance like the angels ⋯ The Antichrist will be a man who sits in a real temple." – Tertullian Marcion 3.5,25; 5:16 –
16) "Paul mentions the Antichrist, as a literal person who works false miracles. ⋯ There is a literal futureAntichrist coming ⋯ The prophecies in 1 Thessalonians and Daniel are real prophesies about the end of the world. There will be a literal rebuilt temple."– Origen Against Celsus 2:49; 6:45, 46 –

레나우스는 또한 그가 때때로 사도 요한 자신을 보았다고 증언합니다. 우리는 전천년설이 주후 70년 파피아스에서 주후 285년경 락탄티우스에 이르기까지 교부들의 표준 가르침임을 알 수 있습니다. 4세기가 되어서야 적지 않은 교회가 교리를 전천년설에서 무천년설로 바꾸었습니다.[17]

결론적으로 전천년설은 사도 요한 → 교부 (폴리갑) → 4세기 → 18세기 → 현재까지 계승되어 온 '전통적인 전천설'입니다. 18세기 세대주의자들로부터 시작된 것이 아닙니다.

▶그러면 '세대주의 전천년설'과 '전통적 전천년설' 차이는 어디에 있을까요?

첫째, 전통적 전천년설은 휴거 날짜나 예수님 재림 날짜를 계산하지 않았습니다. 그러나 극단적 세대주의자들 중에는 사도행전1:6-7 말씀과 위배되는 예수님 재림 날짜 계산하는 시도들로 인해 일종의 건강치 못한 시한부 종말론을 낳기도했습니다.

"그들이 모였을 때에 예수께 여쭈어 이르되 주께서 이스라엘 나라를 회복하심이 이때니이까 하니 이르시되 때와 시기는 아버지께서 자기의 권한에 두셨으니 너희가 알 바 아니요"(행1:6-7)

두 번째, 전통적 전천년설은 성경 해석을 지나치게 문자적으로만 해석하지 않습니다. 상징으로 해석할 부분은 상징으로 해석합니다. 그러나 세대주의는 지나치게 모든 것을 문자적으로 해석하는 극단적인 면이 있습니다. 예컨데 지옥도 지구 속에 있다고 보는 분들이 있습니다.

세 번째, 세대주의자들은 계시록 6장부터 18장까지의 대환난에 관한 내용을 육적 이스라엘인에게만 집중하는 경향이 있습니다. 결과적으로 오늘의 이방교회와 장차 비기독교인의 이방인들에게 증거할 메시지는 희박해지고 유대인 구원에만 편향되는 측면이 있습니다.

네 번째, 대부분의 극단적 세대주의자들은 성령의 은사가 사도시대 이후에는 중지되었다(cessationism)는 견해를 말하는데 반해 전통적 전천년설은 성령님께서 주시는 은사가 사도시대 이후 오늘날에도 지속된다(continuationism)는 입장입니다.

다섯 번째, 전통적 전천년설은 천년왕국 때 동물의 희생제사가 회복한다고

---

17) Ken Johnson, 『The Rapture』, Printed in the USA Columbia(SC, 2019),23-24.

주장하지 않습니다. 다만 초막절은 하나님의 사랑과 그리스도의 구속의 은혜를 기념하여 지킨다고 봅니다.(슥14:16, 고전11:24-25) 이에 반해 세대주의자들은 동물의 희생제사가 천년왕국 때 회복된다고 봅니다.

엔드타임 메시지를 전통적 전천년설(traditional premillennialism)로 해석하지 않으면 사실상 관련 성경을 일관성 있게 해석할 수 없습니다. 전체 성경의 1/5 분량이나 차지하는 엔드타임 메시지 관련 성경 말씀간에 서로 충돌이 생기기 때문입니다. 이단(異端)들은 다 성경으로 시작하지만 끝이 다릅니다. 교주의 교리를 먼저 만든 후 성경을 보조 수단으로 써먹기 때문입니다. 즉 성경의 원저자의 의도와 달리 자기들 멋대로 해석하기 때문에 이단입니다.

여러분!

성경의 요한계시록에 나오는 7교회가 모두 터키 서부 소아시아(Asia Minor)

◆◆◆ 전통적 전천년설(traditional premillennialism) ◆◆◆

1. 예수님이 지상에 재림하셔서 직접 통치하시는 천년왕국이 시작된다.(계19-20장)
2. 대환난이 시작되기 전 예수의 신부인 교회는 하나님의 진노에서 구원받아 휴거된다. (사26:19-21, 습2:2-3, 살전1:10)
3. 대환난은 신앙의 연단을 위한 환난과 다른 하나님의 심판이 전 지구인을 대상으로 집행되는 전무후무(前無後無)한 재앙이다.(계6-19장)
4. 대환난의 기간은 7년이다.(단9:25-26, 암5장, 단11장, 계6장)
5. 대환난 전 산고(産苦)가 있다.(마24:3-8)
6. 대환난 기간 때 이스라엘인은 야곱의 환난을 겪으며 대대적으로 하나님께 돌아온다. (렘 30:4-7, 단12:1, 롬11:25-26)
7. 종말 때의 적그리스도가 나타남으로 7년 대환난은 시작된다.(단8:25, 9:27, 계13: 16-18)
8. 그리스도의 지상 재림으로 원수들을 심판하시고 만유를 회복시키신다.(사11:6-9, 계 19장) 백보좌 심판전까지 세차례 전쟁이 예정되어 있다.(① 유브라데 전쟁: 계9장 ② 아마겟돈 전쟁: 계16장, 19장 ③ 곡과 마곡 전쟁: 계20장)
9. 영생에 이르는 첫째 종류의 부활이다. 둘째 부활은 첫째 부활과 달리 둘째 사망이라고 한다. 이것은 구원받지 못한 자들이 부활하고, 심판을 받고, 불 못으로 정죄될 백보좌 대심판에서 일어날 것이다.(계20:4-6, 단12:1-4)
10. 백보좌 심판후 불신자는 영벌에 처해지고 그리스도의 자녀는 영원한 새 하늘과 새 땅에서 영생 복락을 누린다.(마25:48, 계21-22장)

지역에 위치해 있었습니다. 계시록에 나오는 7교회 중 예수님으로부터 칭찬만 들었던 교회가 서머나교회와 빌라델비아교회인데 두 교회 다 연약하나 핍박 가운데서도 인내하였고, 변치 않는 영적 풍요함을 간직한 교회였습니다. 그런데 오늘날 칭찬만 받은 두 교회는 물론이고 7교회는 다 사라졌고 튀르키예 사람들 95% 이상이 모하메드를 구세주로 믿는 모슬렘 국가가 된 원인은 어디에 있을까요?

성경대로 믿지 않고 순종하지 않았기 때문입니다. 예수 그리스도를 만나기 원하십니까? 성경으로 돌아가십시오. 성경을 읽으십시오. 성경을 배우십시오. 성경대로 즉 주의 음성을 듣고 사십시오. 그렇지 않으면 주의 양이 아닙니다.

"내 양은 내 음성을 알아듣고 나는 그들을 알며 그들은 나를 따른다."(요10:27)

우리가 주의 음성 중에서도 큰 음성으로 받아들여 대사명(the Great Commission)이라고 말하는 마태복음 28장 19절에서 20절을 보십시오.

"그러므로 너희는 가서 모든 민족을 제자로 삼아 아버지와 아들과 성령의 이름으로 세례를 베풀고 내가 너희에게 분부한 모든 것을 가르쳐 지키게 하라 볼지어다 내가 세상 끝날까지 너희와 항상 함께 있으리라 하시니라"(마28:19-20)

모든 족속을 대상으로 제자 삼아 분부한 모든 것을 가르쳐 지키게 하라고 하셨으므로 교회 안에서는 반드시 가르치는 자와 배우는 자가 공존합니다. 어떤 직업을 가졌든지 누구든지 배우든지, 아니면 가르치든지 합니다. 단 한 사람도 예외가 있을 수 없습니다. 기독교 역사 2천년이 넘는 오늘날 불순종으로 인해 신약성경에 기록된 초대교회들은 이슬람의 확장으로 지역교회나 개교회로서 이미 사라진지 오래입니다. 또한 성경을 그대로 믿지 않고 결국 성경대로 살지 않은 결과를 오늘날 다 죽어가는 유럽 교회를 통해서 확인할 수 있습니다.

"지난 2000년 동안 유럽 교회는 기독교 신앙의 중심이었습니다. 유럽 교회의 신앙유산은 세계 교회의 뿌리이기도 합니다. 유럽 교회로부터 복음은 아메리카, 아프리카 그리고 아시아 대륙으로 증거되었습니다. 하지만 오늘날 유럽 교회는 더 이상 기독교 사회라고 할 수 없을 정도로 교회의 쇠퇴를 경험하고 있습니다. 20세기 초 유럽 기독교 인구는 전체 인구의 70%가 되었습니다. 하지만 20세기 후반에 20%대로 줄었습니다. 현재 유럽 전체 인구의 5% 정도만 교회에 출석을 하고 있습니다. 그리고 대부분이 노인들입니다. 한 실례로, 영국은 지난 30년 동안 5천여 개의 교회가 문을 닫았습니다. 현재 영국 교회의 53%가 유·초등학생 주일학교가 없으며, 86%는 중고등부 모임이 없습니다. 영국에서 60%의 인구가 영국 교회(성공회)에 의해 세례를 받았으나 겨우 6%만이 정기적으로 교회에 출석하고 있습니다. 일 년에 세 차례(부활절, 성탄절, 성례식 주일) 교회에 오는 사람들은 그래도 신앙을 유지하고 있는 교인으로 분류됩니다.(박상봉,「교회의 쇠퇴를 생각하며」 칼럼 중에서)

복음으로 세상을 변화시켜야 할 유럽의 교회가 도리어 세상화(secularization) 된 것은 성경을 성경 그대로 믿지 않았기 때문입니다. 많은 성경 내용을 상징적으로나 우화적으로 해석하여 말씀을 더하고 없애버려서 하나님으로부터 그리고 사람들로 부터 버림을 받은 것입니다.

"18나는 이 책의 예언의 말씀들을 듣는 모든 사람에게 증언합니다. 누구든지 이 말씀들에 어떤 것을 더하면 하나님께서 이 책에 기록된 재앙들을 그에게 더하실 것입니다. 19그리고 누구든지 이 예언의 책의 말씀들로부터 어떤 것이라도 없애 버리면 하나님께서는 이 책에 기록된 생명나무와 거룩한 도성에서 그의 몫을 없애 버리실 것입니다."(계22:18-19)

문자 그대로 이해하고 말씀대로 믿고 살아야 할 말씀을 영적으로나 상징적 의미로 무력화(無力化; neutralize)시키면 마치 소금이 맛을 잃어 더이상 쓸모가 없어 버려진 것과 같습니다. "너희는 세상의 소금이니, 소금이 만일 그 맛을 잃으면 무엇으로 짜게 하리요 후에는 아무 쓸데없어 다만 밖에 버리워 사람에게 밟힐 뿐이니라"(마5:13)

이런 사례는 기독교 선교역사 속에서 많이 발견할 수 있습니다. 예를 들어 기독교 중국 선교는 당태조 정관 9년(A.D. 635)에 에베소 회의(431년)에서 이단으로 정죄된 기독교의 분파중 하나인 네스토리우스파(예수 그리스도의 인성을 강조)가 아라본(阿羅本; Alopenzz)을 포함한 경교의 선교사 21명이 당나라 수도인 장안에 도착하므로 시작되었습니다.18) 당태종은 기쁨으로 선교사를 장안으로 영접하여19), 장안에서 선교활동을 하게 하고, 그 이름을 경교(景敎)라

---

18) 방지일, "중국교회의 회고"『중국을 주께로』 통권 26권(1994년 1,2월), 77.
19) 당을 창건한 이연(李淵)의 모친은 터키 투르크(Turk) 가문(家門)출신이었다. 그녀가 네스토리우스 기독교인이었다는 사실을 믿는 다면 당 태종 이세민이 경교 선교사들을 그토록 친절하게 환영하고 도와준 이유를 알 수 있을 것이다. 이장식저, 『아세아고대 기독교사』, p,215.

칭하였습니다. 그러나 경교가 멸절한 이유는 중국문화와 너무 타협함으로서 기독교의 건전한 교리를 버리고 혼합주의에 빠져 기독교의 생명력을 잃어 버렸기 때문이며, 자립하기도 전에 교단의 후원이 끊어진 것과 지나치게 왕실을 의존하다가 대중종교로서 토착화하는데 실패하였기 때문입니다. 그리고 선교사들의 타락한 신앙생활도 그 원인이라 하겠습니다.[20] 중국은 예로부터 역사와 철학에 있어서 세계중심에 있어 왔습니다. 중국은 공, 맹자시절부터 인의예지신(仁義禮智信)을 오덕(五德)으로 중요시하는 성인군자의 삶을 도덕적으로 최고의 가치관으로 여겨왔습니다.[21] 중국철학의 근저에는 '성'(聖) 즉 '거룩함'이 그 뿌리를 잡고 있다고 하겠습니다. 중국인들이 목회자에게 요구하는 첫 번째는 거룩한 생활입니다. 아무리 설교를 잘하고 성경을 잘 가르쳐도 성품과 생활이 깨끗하지 않으면 존경하지 않습니다. 경교가 중국에서 뿌리를 내리지 못한 것은 상류사회 중심으로 또는 당(唐) 정부의 시녀로서 그 종교적 사명을 다하지 못하고, 불교와 같이 민중속으로 파고 들어가지 못했기 때문으로도 보고 있습니다.[22]

13세기 중국이 몽고의 통치하에 있었던 원 왕조(大元 A.D.1279-1368) 프란치스코회(Ordo Fratrum Minorum)와 경교의 선교 활동이 있었으나 그다지 성공하지 못했습니다. 후(後) 경교라는 이름으로 다시 입국하여 정권을 배경으로 한 선교활동은 한계를 극복하지 못하고 실패하기도 하였습니다.[23] 천주교는 라틴어로만, 경교는 수리아어로만 예배토록 하였기에 당시의 중국 신도들이 참된 진리를 깨달을 수가 없었습니다.[24] 믿음은 들음에서 나고 들음은 그리스도의 말씀으로 말미암는데 전혀 자신학화(Self-Theologizing)나 복음의 토착화가 되지 않은 엉터리 전도와 선교를 한 것입니다.

1500년대 중세 가톨릭교회도 성경을 떠나 이단과 사이비 풍조에 무너져 갔습니다. 하나님의 사랑을 마리아에서 찾았고, 성자들의 뼈에서 찾았고, 교황의 권세에서 찾았고, 면죄부라는 해괴망측한 종교 사기권에서 찾았습니다. 그러나 청년 신부 루터(Martin Luther)는 분연히 일어났습니다. 1517년 10월 31일 윗

---

20) 방지일, op. cit., p. 77.
21) 풍우란, 『중국 철학사(상)』, 박성규 역(서울:까치글방, 1999), 9-10.
22) 김광수, 『아시아기독교확장사』, 기독교문사(1973), pp.173-174.
23) 방지일, op. cit., p. 78.
24) 최문인, 『중국선교의 역사적 고찰과 한국교회의 중국선교 방법에 관한 연구』, (영남신학대학교 신학대학원), 19.

텐베르히(Wittenberg) 성 교회의 대문에 95개조의 질문을 붙였습니다. 이것이 종교개혁의 도화선이 되었습니다. 하나님의 진정한 사랑을 찾으려면 "성경으로 돌아가자" 이것이 종교개혁 운동의 중심 사상이었습니다. 나의 개혁, 가정의 개혁, 사회의 개혁, 나라의 개혁은 나부터 성경으로 돌아가는데 있습니다. 그리고 성경으로 돌아가는 것은 성경 저자의 마음과 뜻대로 성경을 이해하고 순종하는데 있습니다.

여러분!

초림으로 오신 예수님의 예언도 문자적으로 성취되었습니다. 예수님 관련 예언 중에서 상징적으로 성취된 것은 하나도 없었습니다.

1. 메시아는 베들레헴에서 태어날 것이다.(미가서5:2)
2. 메시아의 도래를 알리는 사자(세례요한)가 메시아보다 먼저 나타날 것이다.(말라기서3:1)
3. 메시아는 나귀새끼를 타고 예루살렘에 입성할 것이다.(스가랴서9:9)
4. 메시아는 친구에게 배신을 당할 것이다.(스가랴서13:6)
5. 메시아는 은 30개에 팔릴 것이다.(스가랴서11:12)
6. 은 30개를 가지고 토기장이의 밭을 살 것이다.(스가랴서11:13)
7. 동정녀에게서 태어날 것이다.(이사야서7:14)
8. 고난을 받고 죽을 것이다.(이사야서53:4-8)

예수님 공중강림과 휴거와 재림도 문자적으로 성취될 것입니다

1. 인자가 구름을 타시고(공중강림) 큰 영광으로 오실 것이다.(마24:31)
2. 보라 백마를 탄 자가 있으니(지상강림) 하늘 군대들이 백마를 타고 그를 따를 것이다.(계19:11-14)
3. 주께서 호령과 천사장의 소리와 하나님의 나팔 소리로 친히 하늘로부터 강림하실 것이다.(살전4:16)
4. 그리스도 안에서 죽은 자들이 먼저 부활할 것이다.(살전4:16)
5. 천사들이 지구 전역에서 택한 자들을 모을 것이다.(마24:31)
6. 그리스도 안에 있는 우리 살아 있는 자들도 구름 속으로 끌어 올릴(공중휴거) 것이다.(살전4:17)

7. 두 사람이 일하다가 한 사람은 올라가고 한 사람은 버려둠을 당할 것이다. (마24:40-41)

8. 예수님이 재림하셔서 사탄과 귀신들과 거짓 선지자와 불신자들을 심판하시고 지상에 천년왕국이 시작될 것이다.(계20장)

여러분!

(1) 예수님은 성경대로 나셨습니다.(창3:15, 미5:2, 요1;1)

(2) 예수님은 성경대로 죽으셨습니다.(사53장, 벧전2:24)

(3) 예수님은 성경대로 부활하셨습니다.(시16:10, 고전15:3-8)

(4) 예수님은 성경대로 재림하실 것입니다.(마24:14, 계1:7)

하나님은 말씀하시는 하나님입니다. 그는 스스로 하신 말씀을 친히 이루시는 하나님이십니다.

모든 인류의 죄를 용서하기 위하여 죄 없으신 그가 죽으실 것이라는 예언이 성경대로 성취되었습니다. 사망 권세를 깨뜨리고 부활하사 사단의 권세를 깨뜨리시는 왕이 되실 것이라는 예언이 성경대로 성취되었습니다. 모든 약속이 다 성경대로 성취되었습니다. 남아 있는 단 한 가지 예언, 다른 것은 다 성취되었는데 예수님 재림에 관한 약속만 성취되지 않을리는 만무합니다. 예수님 다시 오신다는 약속도 성경대로 성취될 것입니다. 그러므로 성경대로 믿으시면 구원받습니다.

"예수께서 가라사대 나는 부활이요 생명이니 나를 믿는 자는 죽어도 살겠고 무릇 살아서 나를 믿는 자는 영원히 죽지 아니하리니 이것을 네가 믿느냐"(요 11:25-26)

모든 사람은 죄인입니다. 죄인은 심판 받습니다. 죄인의 심판은 지옥입니다. 죄인을 불쌍히 여겨 구원하시기 위하여 십자가에서 죗값을 치르신 예수님의 사랑을 믿으십시오. 누구든지 예수님을 나의 구주로 영접하면 모든 죄는 용서받고 지옥 불로부터 구원을 받습니다.

세계 역사는 성경대로 이루어집니다. 성경대로 믿고 성경대로 살아 성경에 기록된 모든 축복들을 누리며 사는 여러분들이 되시기를 주 예수 그리스도 이름으로 축원합니다.

CHAPTER 3

왕의 신부의 황홀한 휴거

The ecstatic rapture of the royal bride

본문 살전4:13-17

어느 날 아이작 뉴턴(Isaac Newton)의 밑에서 공부를 하여 과학자가 된 수많은 제자들이 뉴턴을 찾아와 이야기 했습니다.

제자: 선생님! 이 시대의 가장 훌륭한 과학자이신 선생님께서 기독교인들이 말하는 그 말도 안 되는 휴거를 믿으십니까?

그건 선생님이 발견하신 만유인력의 법칙에 어긋나는 정말 비이성적이고 비과학적인 이야기지 않습니까?

뉴턴: (살며시 웃으면서) 이보게들 나를 따라 오게나…

뉴턴은 자석 철가루를 들고 밖으로 나가서 철가루를 모래위에 뿌리면서 말했습니다.

뉴턴: 자, 어떤 일이 일어나는지 보시게나.

뉴턴은 자석을 철가루 위에 대었고, 모래 위에 뿌려져 있던 철가루만 올라와서 붙었습니다.

뉴턴: 그날에 반드시 이런 일이 있을 것이네.
　　　중력보다 더욱 강한 어떤 힘이 구원받은 그리스도인들을 끌어당길 것이네. 중력을 지으신 분이 하나님이시라면, 그보다 더욱 큰 힘을 가지신 분 또한 하나님 아니시겠는가. 자네들은 아직도 이 일이 말도 안 되는 일이라 생각하는가?

그의 제자들은 아무 말도 하지 못한 채 돌아갔습니다. 그날 모든 사람들이 반드시 이 일을 겪게 될 것입니다.

여러분! 예수께서 공중 강림하실 때 무슨 일이 일어나게 될까요?
무덤에 있는 성도와 살아 있는 성도에게 동시에 일어나는 놀라운 일이 생길 것입니다.
죽지 않고 살아 있는 성도는 순식간에 변화됩니다. 죽은 성도는 다시 살기 때문에 '부활'이라고 하고 살아 있는 성도에게 일어나는 일은 '변화'라고 합니다. 예수님께서 부활하신 것이 사실이라면 이런 일은 당연히 가능한 일입니다.
"나팔 소리가 나매 죽은 자들이 썩지 아니할 것으로 다시 살아나고 우리도 변화되리라"(고전15:52)
죽은 성도들은 부활로, 살아 있는 성도는 변화로 다시는 죽지 않고 썩지 않는 신령한 몸을 입습니다. 예수님 재림 때 성도들은 영원히 죽지 않고 다시는 썩지 않는 신령한 몸, 영광의 몸을 입게 됩니다. 그런데 우리가 다룰 문제는 부활과 변화 후에 무슨 일이 일어나는가 하는 것입니다.
"그 후에 우리 살아남은 자들도 그들과 함께 구름 속으로 끌어 올려 공중에서 주를 영접하게 하시리니 그리하여 우리가 항상 주와 함께 있으리라"(살전 4:17)

주님이 공중에 재림하시고, 부활과 변화로 신령한 몸을 입은 성도들이 주를 영접하기 위해 함께 공중으로 끌려 올라가는 놀라운 일이 일어납니다. 죽은 자의 부활이 살아 있는 성도들의 변화보다 앞서 일어나지만 공중으로 올라가는 것은 누가 앞서고 뒤서지 않고 함께 끌려 올라갑니다.

　성도들의 휴거는 황당무계한 이야기가 아니라 성경의 기록이며, "주 예수 그리스도를 믿으면 구원을 받는다"는 이야기와 똑같은 비중으로 효력이 있는 하나님의 말씀이며 홍해가 갈라진 것이나 똑같이 주님에게는 너무나 간단한 일입니다.

　"나는 여호와요 모든 육체의 하나님이라 내게 할 수 없는 일이 있겠느냐"(렘 32:27)

　또한 바울이 말한 신비는 예수님 승천 이후 교회를 이룬 성도들의 오랜 소망이었습니다.

　모든 역사 속의 성도들은 우리와 다른 존재들이 아니고 그들 모두도 예수재림의 날을 기다리며 우리처럼 살다가 먼저 간 지체들이었습니다. 다만 우리 시대는 이런 일이 실제로 일어날 가능성이 어느 때보다 높은 때입니다. 그 일을 하나님께서 어느 때로 계획하셨든지 우리는 그 날을 사모하며 기다리는 성도들입니다. 우리가 부활과 변화로 우리 몸이 죽지 않고 썩지 않는 신령한 몸을 갖게 되는 것만 해도 놀랍고 흥분되는 하나님 말씀입니다. 그런데 구원받은 우리 성도들이 함께 하늘로 끌려 올라가 공중에 나타나신 주님을 영접하게 된다는 것은 참으로 큰 약속이고 진리입니다.

　그러면 '구름 속으로 끌어올려' 간다는 말은 무슨 뜻인가요?

　"끌어올려": ἁρπαγησόμεθα(하르파게소메다) 뜻은 "움켜쥐다", "잡아채다", "강제로 빼앗다"는 원어의 의미가 있습니다. 휴거로 통용되는 영어 단어 '랩처(Rapture)'는 라틴어 'rapere'가 어원인데, 이 말은 데살로니가전서 4장 17절에서 그리스어(헬라어) 하르파즈(ἁρπάζω)를 번역할 때 사용되었습니다. 영어로 'caught up'(채여 올라가다)입니다. 그래서 기독교에서는 "Rapture"를 "휴거(携擧)"라고 합니다. 어떤 사람은 "성경에 '휴거'라는 말이 어디 있는가? 없는 것을 말하는 것 자체가 잘못된다"고 반박합니다. 이는 무지하고 어리석은 생각입니다. '삼위일체'라는 단어가 성경에 없다고 삼위일체 하나님의 존재를 없다고 부인할 수 없는 것과 같습니다. 그리고 성경 안에는 처음부터 끝까지 삼위일체 하나님에 대한 말씀으로 가득한 사실을 하나님 자녀라면 누구나 아는 사실입니다. '재림'이라는 단어도 성경에 없는데 '재림'이라는 말이 성경에 없다고 예수님 재림도 믿지 않겠다는 것과 똑같습니다. '휴거'라는 말은 한자어로 '이끌 휴携'에 '들 거擧'입니다. 하나님께서 살전 4장 17절 말씀과 같이 그리스도에 속한 성도들을 '이끌어 들어 공중으로 올려' 예수님을 영접케 하는 것을 의미합니다. 그러므로 데살로니가전서 4장 17절 말씀과 같은 성경의 내용을 '휴거'라는 한 단어로 표현한 것입니다. 구약성경에는 에녹과 엘리야가 산채로 휴거되는데 이들이 살아서 신령체로 변화되어 하늘로 들림을 받았습니다. 에녹과 엘리야가 산채로 하늘로 들림받은 것은 살아서 몸이 신령체로 변화되어 휴거되는 표증이 되는 것입니다.

예수님 공중 재림 때 장차 우리가 경험할 휴거는 어떤 것일까요?

독수리가 먹이를 낚아채 가는 모습이 "휴거(Rapture)"입니다. 또 엘리야가 죽지 않고 하늘로 올라간 것이 이끌려간 '휴거'입니다. 또 빌립이 예루살렘에 와서 예배하고 돌아가는 에디오피아 여왕 간다게의 재무책임자인 내시의 수레에 올라 앉아 복음을 전하고 물가로 내려가 세례를 준 다음에 갑자기 사라졌습니다.

"둘이 물에서 올라올새 주의 영이 빌립을 이끌어간지라 내시는 기쁘게 길을 가므로 그를 다시 보지 못하니라"(행8:39)

성경은 '둘이 물에서 올라올 때 주의 영이 빌립을 이끌어 간지라'(행8:39절)고 기록하고 있다. 빌립이 주의 영에 갑자기 이끌려 간 것이 '휴거(Rapture)'입니다. 주의 영이 빌립을 낚아채 간 것입니다.

바울도 셋째 하늘에 채여 올라갔었습니다.(고후12:2, 4)

"내가 그리스도 안에 있는 한 사람을 아노니 그는 십사 년 전에 셋째 하늘에 이끌려 간 자라 (그가 몸 안에 있었는지 몸 밖에 있었는지 나는 모르거니와 하나님은 아시느니라)"(고후12:2)

여러분!

주께서 공중 재림하실 때 구원받은 성도들이 거부할 수 없는 어떤 강력하고 거룩한 힘에 이끌려 공중으로 끌려올라가는 것이 바로 '휴거(Rapture)'입니다. 만일 휴거가 주일에 일어난다면 교회에서 같이 예배드리다가 의자에 남는 자가 있을 것이고, 옆 자리에 있던 성도들이 인사도 없이 갑자기 사라지는 일이 일어날 것입니다. 가족이 같이 밥 먹다가 식탁에서 갑자기 간다는 말도 없이 휴거로 사라지고, 어떤 가족은 그대로 남아 있는 깜짝 놀랄 일이 벌어질 것입니다.

기차나 버스를 타고 가는데 구원받은 운전자와 일부 승객들이 창문도 닫혀 있는 상태에서 갑자기 사라지고, 차만 저 혼자 달리다가 사고가 일어나고, 고속도로나, 도심 차도에 큰 혼잡이 일어날 것입니다. 비행기 안에서 옆자리 승객이 창문이 닫힌 채 갑자기 사라지는 사건이 벌어질 것입니다. 사람들이 사라지니까 혹시나 하고 같은 교회 성도들 집이나 목사 집을 찾아가 보고 깜짝 놀랄 것입니다. 성도들 집이 비어 있습니다. 휴거한 것입니다. 그날 땅에 남아 있는 사람들은 땅을 치며 통곡할 것입니다. 우리 성도들 중에는 이런 비극적인 일이 없어야 할 것입니다. 예수님의 공중 강림하실 때 교회가 휴거되는 것과 예수님이 성도들과 지상재림하시는 것은 다릅니다.

1. 휴거와 재림의 12가지 다른 점

어떤 사람들은 예수님은 단 한번만 재림하시는 것이기 때문에 공중에 강림하실 때 교회가 휴거된다는 것은 잘못된 것이라고 주장합니다. 그것은 두 번 재림이 아닌가 라고 논박합니다. 그러나 그렇게 말하는 사람들에게 묻고 싶습니다. 예수님이 우리 죄를 짊어지시고 십자가상에서 죽으신지 사흘째 부활하셨습니다. 그 후에 40일 동안 제자들과 함께 계시다 승천하신 후 한 번도 이 땅에 즉 사람에게 다시 나타난 적이 없었을까요? 즉 다시 오신 적이 없을까요? 사도행전 9장에 보면 다메섹 도상에 예수님은 다시 오셔서 사울(바울)에게 나타 나셨습니다.

"³사울이 길을 떠나 다메섹 가까이 도착했을 때 갑자기 하늘에서 빛이 비춰 그를 둘러쌌습니다. ⁴사울이 땅에 쓰러졌습니다. 그때 그는 '사울아, 사울아, 네가 왜 나를 핍박하느냐?' 하는 음성을 들었습니다. ⁵사울이 '주여, 누구십니까?' 라고 묻자 '나는 네가 핍박하는 예수다.'"(행9:3-5)

단 한 번의 재림 횟수만 고집하며 휴거와 천상의 혼인잔치를 부정하는 사람들에게 당혹스럽게도 예수님은 다메섹 도상에 바울에게 이미 한 번 오셨습니다. 그래서 그분들의 논리에 따르면 예수님이 더 이상 다시 지상에 오실 수 없는 것입니다. 단 한 번의 재림은 반드시 전제가 있는 약속입니다. 예수님이 부활과 휴거한 성도들이 예수님과 동일한 부활한 영화로운 몸으로 예수님과 함께 지상에 가시적으로 모든 사람들이 볼 수 있도록 백마타고 오시는 것은 장차 성취되실 단 한 번의 재림입니다.(살전3:13, 계1:7, 계19:11) 즉 장차 왕의 신부들을 영접하시기 위해 공중에 강림하실 것이나 예수님 단독으로 사도 바울에게 재림하신 것과는 구별되는 것입니다.

우리가 기다리는 예수님의 공중강림 때 교회 휴거 사건과 성도들과 함께 오시는 지상 재림은 한 번씩이지만 시차가 분명이 있고 다른 것입니다. 예수님이 바울을 회개케 하기 위해 즉 한 사람을 구원시키기 위해서도 다메섹 도상에 재림하신 분이신데 진노에서 구원하시기 위해 교회를 휴거시키시는 대 구원 사역이 왜 불가능하다는 말입니까? 그의 신부들을 영접하기 위해 공중에 강림하신다는데 피조물인 인간들이 어떤 불만을 가지고 감히 하나님을 판단을 할 수 있습니까?

"토기장이가 진흙 한 덩이로 하나는 귀히 쓸 그릇을, 하나는 천히 쓸 그릇을 만들 권한이 없느냐"(롬9:21)

그러면 휴거와 재림의 12가지 다른 점을 성경을 통해 살펴보겠습니다.

첫째, 예수 그리스도께서 자신의 신부 교회를 영접하시기 위해 공중으로 오십니다.

"가서 너희를 위해 처소를 예비하면 내가 다시 와서 너희를 내게로 받아들여 내가 있는 곳에, 거기에 너희도 있게 하리라."(요14:3)

그러나 예수님 재림 때에는 자신의 신부들과 함께 지상으로 오실 것입니다.

"우리 주 예수 그리스도께서 자신의 모든 성도들과 함께 오실 때에 하나님 곧 우리 아버지 앞에서 너희 마음을 거룩함에 흠잡을 것이 없게 굳건히 세우시기를 원하노라."(살전3:13)

둘째, 휴거는 그의 신부를 하나님의 진노에서 건지시기 위해 공중에서 만남입니다.(아2:13, 살전4:17)

"그 후에 우리 살아 남은 자들도 그들과 함께 구름 속으로 끌어 올려 공중에서 주를 영접하게 하시리니 그리하여 우리가 항상 주와 함께 있으리라"(살전4:17)

지상에 재림하실 예수님은 장차 공의로 세상을 심판하시며 지상 천년왕국을 실현합니다.(골3:4, 계19:11, 계20:4)

"또 내가 하늘이 열린 것을 보니 보라 백마와 그것을 탄 자가 있으니 그 이름은 충신과 진실이라 그가 공의로 심판하며 싸우더라"(계19:11)

셋째, 휴거는 예수재림과 비교할 때 휴거의 시기는 완전 비밀입니다.(고전15:51, 벧후3:10)

"보라 내가 너희에게 비밀을 말하노니 우리가 다 잠 잘 것이 아니요 마지막 나팔에 순식간에 홀연히 다 변화되리니"(고전15:51)

재림의 년 월 일은 알 수 없지만 주님께서 알려주신 징조들을 통해 대략적인 시기를 어느 정도 알게 됩니다(단9:27, 마24:32-33, 살후2:1-4). 또한 공개적으로 진행하시고(계1:7, 마24:27) 백마타고 오십니다.(계19:11) 천사들을 먼저 보내어 그들이 그의 택하신 자들을 하늘 이 끝에서 저 끝까지 사방에서 모으십니다(마24:31).

"볼지어다 그가 구름을 타고 오시리라 각 사람의 눈이 그를 보겠고 그를 찌른 자들도 볼 것이요 땅에 있는 모든 족속이 그로 말미암아 애곡하리니 그러하리라 아멘"(계1:7)

넷째, 휴거 때는 성도 없이 주님이 혼자 공중으로 오십니다.(살전 4:16)

"주께서 호령과 천사장의 소리와 하나님의 나팔 소리로 친히 하늘로부터 강림하시리니 그리스도 안에서 죽은 자들이 먼저 일어나고"(살전4:16)

지상에 재림하실 때의 예수님은 천사와 부활하신 성도들과 휴거성도들과 함께 재림(골3:4, 계19:14) 하십니다.

"우리의 생명이신 그리스도께서 나타나실 때에 너희도 그분과 함께 영광 가운데 나타나리라."(골3:4)

다섯 번째, 휴거 때 믿는 사람은 예고 없이 갑자기 그리스도가 그의 신부들에게 내려진 하나님의 나팔을 부는 소리를 듣게 될 것입니다. 이것은 예수님의 공중 재림을 사모하는 사람에게 개방된 비밀입니다.(고전15:51-52)

"51보라 내가 너희에게 비밀을 말하노니 우리가 다 잠 잘 것이 아니요 마지막 나팔에 순식간에 홀연히 다 변화되리니 52나팔 소리가 나매 죽은 자들이 썩지 아니할 것으로 다시 살아나고 우리도 변화되리라"(고전15:51-52)

재림 때는 사전에 많은 징후와 표적이 있습니다(눅 21:11, 21:25-27 등)

"곳곳에 큰 지진과 기근과 전염병이 있겠고 또 무서운 일과 하늘로부터 큰 징조들이 있으리라"(눅21:11)

여섯 번째, 휴거 때는 성도들이 홀연히 변화되어 영광스러운 몸을 입게 됩니다.(빌3:20-21, 살전4:13-17 등)

"16주께서 호령과 천사장의 소리와 하나님의 나팔 소리로 친히 하늘로부터 강림하시리니 그리스도 안에서 죽은 자들이 먼저 일어나고 17그 후에 우리 살아남은 자들도 그들과 함께 구름 속으로 끌어 올려 공중에서 주를 영접하게 하시리니 그리하여 우리가 항상 주와 함께 있으리라"(살전4:16-17)

그러나 재림 때는 성도의 몸이 변한다는 말씀은 없습니다.

일곱 번째, 휴거된 신부는 하늘에서 주님을 만나 대관식에 참석하여 왕위와 제사장 임명 그리고 상급 받고 영광스런 혼인식에 참석합니다.(계5:10,19:7-9)

"그들로 우리 하나님 앞에서 나라와 제사장들을 삼으셨으니 그들이 땅에서 왕 노릇 하리로다 하더라"(계5:10)

재림 때는 모든 민족들이 통곡하고(마24:30), 사탄과 적그리스도 그리고 거짓 선지자, 불신자들은 심판 받습니다(계19:18-21, 20:1-3)

"그 때에 인자의 징조가 하늘에서 보이겠고 그 때에 땅의 모든 족속들이 통곡하며 그들이 인자가 구름을 타고 능력과 큰 영광으로 오는 것을 보리라"(마24:30)

여덟 번째, 휴거때는 예수님의 신부들인 교회가 하나님의 진노에서 구원받습니다.(살전1:10)

"또 죽은 자들 가운데서 다시 살리신 그의 아들이 하늘로부터 강림하실 것을 너희가 어떻게 기다리는지를 말하니 이는 장래의 노하심에서 우리를 건지시는 예수시니라"(살전1:10)

재림 때는 하나님의 진노를 대적자와 불신자들에게 쏟아 부으십니다(계16:11, 19:15)

"또 내가 들으니 성전에서 큰 음성이 나서 일곱 천사에게 말하되 너희는 가서 하나님의 진노의 일곱 대접을 땅에 쏟으라 하더라"(계16:1)

"그의 입에서 예리한 검이 나오니 그것으로 만국을 치겠고 친히 그들을 철장으로 다스리며 또 친히 하나님 곧 전능하신 이의 맹렬한 진노의 포도주 틀을 밟겠고"(계19:15)

아홉 번째, 휴거 때는 거룩한 신부들이 한 자리에 모입니다.(살전4:16-17)

재림 때는 심판을 위해 불신자를 모으십니다(마13:41-42)

"41인자가 그 천사들을 보내리니 그들이 그 나라에서 모든 넘어지게 하는 것과 또 불법을 행하는 자들을 거두어 내어 42풀무 불에 던져 넣으리니 거기서 울며 이를 갈게 되리라"(마13:41-42)

열 번째, 휴거의 약속의 말씀과 복된 소망으로 서로 위로 받습니다(딛2:13, 살전4:17-18)

"복스러운 소망과 우리의 크신 하나님 구주 예수 그리스도의 영광이 나타나심을 기다리게 하셨으니"(딛2:13)

"그러므로 이러한 말로 서로 위로하라"(살전4:18)

재림에 관한 약속의 말씀은 성도에게는 근신(벧전4:7), 불신자에게는 경고의 메시지입니다(계2:22-23).

"만물의 마지막이 가까이 왔으니 그러므로 너희는 정신을 차리고 근신하여 기도하라"(벧전4:7)

열한 번째, 휴거 때는 하나님의 진노를 잠깐 피하기 위해 모으라 하시지만(습2:2-3)

"2명령이 시행되어 날이 겨 같이 지나가기 전, 여호와의 진노가 너희에게 내리기 전, 여호와의 분노의 날이 너희에게 이르기 전에 그리할지어다 3여호와의 규례를 지키는 세상의 모든 겸손한 자들아 너희는 여호와를 찾으며 공의와 겸손을 구하라 너희가 혹시 여호와의 분노의 날에 숨김을 얻으리라"(습2:2-3)

재림 때는 이기는 자들은 예수님과 함께 원수 마귀와 불신자를 심판합니다. (계2:26-27)

"26이기는 자와 끝까지 내 일을 지키는 그에게 만국을 다스리는 권세를 주리니 27그가 철장을 가지고 그들을 다스려 질그릇 깨뜨리는 것과 같이 하리라 나도 내 아버지께 받은 것이 그러하니라"(계2:26-27)

열두번째, 휴거는 7년 대환난의 시작입니다(단9:20-27, 계11:2-3, 12:5)

"2성전 바깥 마당은 측량하지 말고 그냥 두라 이것은 이방인에게 주었은즉 그들이 거룩한 성을 마흔두 달 동안 짓밟으리라 3내가 나의 두 증인에게 권세를 주리니 그들이 굵은 베옷을 입고 천이백육십 일을 예언하리라"(계11:2-3)

"여자가 아들을 낳으니 이는 장차 철장으로 만국을 다스릴 남자라 그 아이를 하나님 앞과 그 보좌 앞으로 올려가더라"(계12:5)

재림은 7년 대환난의 끝입니다(계19:2)

"그의 심판은 참되고 의로운지라 음행으로 땅을 더럽게 한 큰 음녀를 심판하사 자기 종들의 피를 그 음녀의 손에 갚으셨도다 하고"(계19:2)

재림 때에는 예수 그리스도께서 모든 영광을 가지고 이 세상으로 돌아오실 것입니다. 그러면 모든 무릎이 예수 그리스도 앞에 엎드려 주라고 고백할 것입니다. 그리고 그 날에 주님의 피로 구원받은 우리들은 주님의 영광에 동참할 것입니다. 마치 왕비가 왕의 영광에 동참하고 신부가 신랑의 영광에 동참하듯이 교회는 세상의 왕과 주이신 예수 그리스도의 영광에 동참할 것입니다. 그 날은 그리스도와 그분의 신부인 교회에게 기쁨과 승리의 날이 될 것입니다.

혹자는 예수님 공중강림하셔서 휴거된 성도들과 7년 대환난 기간 동안 같이 있다는 것은 너무 긴 시간이기 때문에 옹호할 수 없다고 말합니다. 그러나 그분들은 하나님께서 느끼는 천년이나 7년은 사람이 느끼는 것과 다름을 알지 못하기 때문입니다. 주님의 시간은 천년이 하루와 같다고 했습니다. 그분들은 주님의 시간이나 우리가 변화된 영화의 몸, 곧 예수님의 부활체와 같은 몸을 가지고 있을 때 느끼는 시간의 다름을 모르고 있는 사람들입니다.

우리의 형체가 달라지면 현재의 몸과 정신세계가 느끼는 시간의 속도가 다를 수 있는 것입니다(고전14:40). 지상에서는 7년 대환난 기간이지만 천국에서는 7일처럼 짧게 느낄 수도 있는 것입니다. 베드로후서 3장 8절을 보십시오.

"사랑하는 자들아 주께는 하루가 천년 같고 천년이 하루 같다는 이 한 가지를 잊지 말라"(벧후3:8)

그래서 마지막 때에 마치 소돔과 고모라 심판의 소식을 듣고 그 경고를 우습게 여긴 롯의 사위들처럼(창19:14) 예수님의 재림하신다는 약속을 조롱하는 자들이 있다는 것입니다.

"3무엇보다도 여러분은 이것을 알아야 합니다. 마지막 때 조롱하는 사람들이 나타나 자기 정욕을 따라 행하고 조롱하며 4말하기를 '그가 재림하신다는 약속이 어디 있느냐? 조상들이 잠든 이래로 만물이 처음 창조될 때와 똑같이 이렇게 그대로 있다'라고 할 것입니다."(벧후3:3-4)

예수님이 오시겠다고 하신지 2000년이 지나도 오시지 않았기 때문에 아직도 오실 날이 먼 것이 아니라. 2000년이라는 시간이 흘렀기 때문에 주님의 재림은 더욱 가까워졌습니다. 그리고 하나님의 시간은 잠시 잠깐인데 사람의 시간은 2

천년이 흘렀습니다.

"잠시 잠깐 후면 오실 이가 오시리니 지체하지 아니하시리라"(히10:37)

그러므로 7년 대환난이 긴 시간이 아니라 눈깜짝할 사이인 것입니다.

여러분!

성경은 단 한 번도 재림을 교회를 위해 오시는 날이라고 말씀하지 않고 교회와 함께 오시는 날이라고 말씀하고 있습니다. 예수님께서는 지상 재림 직전에 교회를 위해 오실 것입니다. 이것이 바로 휴거입니다. 이 휴거가 교회의 복된 소망과 관련이 있습니다. 성경은 분명하게 그리스도께서 자신의 "교회를 위해서 오시는 것(휴거)"과 자신의 "교회와 함께 오시는 것(재림)"을 구분하고 있습니다. 대환난을 전후로 한 이 두 번의 오심(휴거와 재림)은 서로 다른 사건입니다.

주님께서는 교회를 먼저 데려가기 전에는 이 세상에 하나님의 진노를 쏟아 붓지 않으실 것입니다. 성경적 근거는 첫째, 교회는 대환난 때 이 세상에 남아 있지 않을 것입니다. 왜냐하면 성경에 의하면 대환난은 이스라엘과 이 세상에만 해당되는 것이기 때문입니다. 성경에서는 단 한 번도 대환난을 교회와 관련 지은 적이 없습니다. 대환난의 성격을 알기 위해 신명기 4장을 이해할 필요가 있습니다. 신명기 4장을 읽어보면 이것이 이스라엘 민족에게 하시는 말씀이라는 사실을 쉽게 알 수 있습니다. 신명기 4장은 이스라엘이 이집트에서 노예로 있다가 하나님의 인도로 탈출하여 광야에서 방황하다 이제 약속의 땅에 들어가기 전의 상황을 다루고 있습니다. 신명기 4장을 신약 교회에 대체해서 적용시킬 수는 없습니다.

"그러므로, 오 이스라엘아, 이제 내가 너희에게 가르치는 법규와 법도를 듣고 행하라. 그리하면 너희가 살 것이요, 주 너희 조상들의 하나님께서 너희에게 주시는 땅에 들어가 그것을 소유하리라."(신4:1)

이것은 명백하게 이스라엘 민족에게 주시는 말씀입니다. 신명기 4장 전체는 이스라엘에게 하시는 말씀입니다. 이러한 점을 기억하면서 30-31절을 보겠습니다.

"³⁰이 모든 일이 네게 임하여 환난을 당하다가 끝날에 네가 네 하나님 여호와께로 돌아와서 그의 말씀을 청종하리니 ³¹네 하나님 여호와는 자비하신 하나님이심이라 그가 너를 버리지 아니하시며 너를 멸하지 아니하시며 네 조상들에게 맹세하신 언약을 잊지 아니하시리라"(신4:30-31)

휴거(예수 공중재림)와 예수 지상재림의 차이

		휴거와 예수 공중강림	예수 재림
1	오시는 곳	공중으로 오심(요14:3, 살전4:17)	지상으로 오심(슥14:4, 욥19:25)
2	목적	그리스도의 신부를 하나님의 진노에서 건지시기 위해 공중에서 만남(아2:13, 살전4:17)	예수님이 다시 오셔서 세상을 심판하며 지상 천년왕국 실현(골3:4, 계 19:11)
3	오시는 형태와 특징	예수재림과 비교할 때 시기는 완전 비밀이다.(고전15:51) 그날에 세 종류의 소리가 있다.(살전4:16) 그 때에 예수님 구름을 타고 큰 권능과 영광으로 오는 것을 사람들이 보게 된다.(막13:26-27)	재림 날짜는 알 수 없지만 시기를 알고 공개적으로 진행되고(계1:7, 마 24:27) 예수님은 백마타고 오신다.(계19:11) 천사들을 먼저 보내어 그들이 그의 택하신 자들을 하늘 이 끝에서 저 끝까지 사방에서 모으신다.(마24:31)
4	단독과 비단독	성도들 없이 주님이 혼자 공중에 강림하심(살전4:16)	예수님은 천사와 부활하신 성도들과 휴거성도들과 함께 지상 재림(골3:4, 계19:14)
5	비밀과 징조	그리스도 안에 있는 하나님의 자녀는 년, 월 시에 대한 예고 받음 없이 휴거된다. 이것은 예수님의 공중 재림을 사모하는 사람에게는 개방된 비밀이다.(고전15:51-52)	예수님의 지상 재림 전에 있을 많은 징후와 표적이 있다.(눅21:11, 21:25-27 등)
6	신체 변화	그리스도의 신부는 홀연히 영광스러운 몸이 된다.(빌3:20-21, 살전4:13-17 등)	성도의 몸이 변한다는 말은 없음
7	사건 후에 일어난 일	그리스도의 신부는 하늘에서 주님을 만나 대관식에 참석하고 왕위와 제사장 임명 그리고 상급 받고 혼인식에 참석(계5:10,19:7-9)	모든 민족이 통곡(마24:30),사탄과 적 그리스도 그리고 거짓 선지자, 불신자들은 심판 받음(계19:18-21, 20:1-3)
8	사건의 배경	하나님의 진노에서 구원받다.(살전1:10)	하나님의 진노를 쏟아 부으심(계19:15)
9	영접과 심판 대상	거룩한 그리스도의 신부 자격으로 한 자리에 모임(살전4:16-17)	불신자들은 심판의 대상으로 모여진다(마13:41-42)
10	위로와 경고	복된 소망으로 서로 위로 받음(딛2:13, 살전4:17-18)	성도에게는 근신(벧전4:7), 불신자에게는 경고(계2:22-23).
11	심판 집행	하나님의 진노를 잠간 피하기 위해 모으라 하신다.(습2:2-3)	이기는 자들은 예수님과 함께 원수 마귀와 불신자를 심판한다.(계2:26-27)
12	대환난의 시종(始終)	7년 대환난의 시작(단9:20-27, 계11:2-3)	7년 대환난의 끝(계19:2)

신명기 4장은 분명하게 마지막 날들에 있을 환난은 유대인들에 대한 것이라고 밝히고 있습니다. 이것은 신약성경에 나온 믿는 사람들인 교회와는 아무런 상관이 없는 내용입니다. 성경에서 환난이 처음으로 등장하는 곳에서는 환난이 교회가 아닌 이스라엘 민족과 관련이 있음을 명백하게 밝히고 있습니다. 로마서 11장에서는 신명기 4장의 말씀대로 이스라엘이 결국 구원받게 될 것이라고 말씀하고 있습니다. 이스라엘은 환난을 통과할 것이지만 결국 구원을 받게 될 것입니다.

"26그리하여 온 이스라엘이 구원을 받으리라 기록된 바 구원자가 시온에서 오사 야곱에게서 경건하지 않은 것을 돌이키시겠고 27내가 그들의 죄를 없이 할 때에 그들에게 이루어질 내 언약이 이것이라 함과 같으니라"(롬11:26-27)

이 세상에 대환난이 닥칠 날이 반드시 올 것입니다. 대환난은 하나님께서 자신의 택하신 백성인 이스라엘을 정결케 하시고 그들의 조상들에게 하셨던 언약을 성취하기 위해 준비하신 것입니다. 신약 교회인 믿는 사람들은 이미 구원을 받았습니다. 이스라엘은 나중에 구원을 받을 것이지만 교회는 이미 구원을 받았습니다. 그래서 교회는 대환난이 닥치기 전에 이 세상을 떠나 공중에서 예수 그리스도와 만나게 될 것입니다.

2. 교회(성령) 시대의 교회와 대환난 때의 환난성도

신약 성경에서 '교회'를 가리키는 헬라어 명칭은 '에클레시아'(ἐκκλησία)인데, 이는 '.....으로부터'라는 '에크'(εκ)와 '부름 받은 사람들'이라는 '클레시아'(κλησια)가 합쳐진 말입니다. 그러므로 교회란 '하나님께로부터 부름 받아 모인 무리'라고 정의할 수 있습니다. 다른 말로 바꾸면 교회란 "예수 그리스도를 믿어 구원받은 성도들의 단체"를 의미합니다. "교회와 성령 시대의 교회"(요16:7)와 '대환난 때의 성도들'는 다릅니다. 어느 시대를 막론하고 "그리스도의 몸된 교회"는 행위가 아니라 오직 믿음으로 구원받고(엡2:8, 9), 그 구원을 영원히 보장받은(엡 1:13, 롬 8:33-39, 요 10:28) "그리스도인들로 구성된 유기체"이며, 그들은 '그리스도 안에' 있습니다.(롬12:5, 엡1:1)

교회 시대 혹은 성령시대라고 말할 수 있는 교회는 예수 그리스도께서 십자가의 구속을 다 이루시고, 오순절에 성령께서 임하심으로써 시작된 그리스도의 몸입니다. 성령께서 믿는 자들 안에 영원히 내주하시는 특별한 역사로 형성된 독특한 공동체입니다. 그런데 대환난 때는 적그리스도의 대대적인 핍박으로 교회 공동체의 활동이 공개적으로 불가능한 시기입니다. 그래서 요한계시록 3장까지 교회가 나오지만, 4-19장까지 대환난 때에는 교회라는 말이 나오지 않습니다. 계시록 14장 12절에 나오는 '성도'라는 말이 있을 뿐입니다.

"성도들의 인내가 여기 있나니 그들은 하나님의 계명과 예수에 대한 믿음을 지키는 자라"(계14:12)

즉 고린도 교회나 에베소교회처럼 지역 교회 공동체 활동은 불가능하고 개인적으로 예수 그리스도를 믿는 극한의 환난시기임을 암시한다고 봅니다. 이들을 교회와 혼동해서는 안 되며, 대환난기 성도들의 휴거를 교회의 휴거와 혼동해서도 안 됩니다. 대환난기 성도들은 휴거되지 못하고 대환난 기간 동안에 지상에 남은 사람들 중에서 적그리스도를 거부할 뿐만 아니라 천사들이 전하는 영원한 복음을 듣고 예수 그리스도를 믿으며 끝까지 고난을 견딤으로써 구원받는 하나님의 자녀들입니다.(마24:13, 계7:14, 계14:6-7)

"그러나 끝까지 견디는 자는 구원을 얻으리라"(마24:13)

"내가 말하기를 내 주여 당신이 아시나이다 하니 그가 나에게 이르되 이는 큰 환난에서 나오는 자들인데 어린 양의 피에 그 옷을 씻어 희게 하였느니라"(계7:14)

"6또 나는 다른 천사 하나가 공중에 날아가는 것을 보았습니다. 그는 땅에 사는 사람들, 곧 모든 나라와 족속과 언어와 백성에게 전할 영원한 복음을 가지고 있습니다. 7그는 큰 소리로 말했습니다. '너희는 하나님을 두려워하고 그분께 영광을 돌리라. 그분의 심판 때가 이르렀다. 너희는 하늘과 땅과 바다와 물들의 근원을 만드신 분께 경배하라.'"(계14:6-7)

환난성도들은 인내하며 하나님의 계명들을 지키는 믿음이 있어야 구원을 받습니다(계14:9-13; 12:17; 22:14). 이들 환난성도들은 대환난 끝에 휴거(부활)되는데(계14:14-16; 계11:12), 이것을 교회의 휴거로 오해해서는 안 됩니다.

"하늘로부터 큰 음성이 있어 이리로 올라오라 함을 그들이 듣고 구름을 타고 하늘로 올라가니 그들의 원수들도 구경하더라"(계11:12)

"14또 내가 보니 흰 구름이 있고 구름 위에 인자와 같은 이가 앉으셨는데 그 머리에는 금 면류관이 있고 그 손에는 예리한 낫을 가졌더라 15또 다른 천사가 성전으로부터 나와 구름 위에 앉은 이를 향하여 큰 음성으로 외쳐 이르되 당신의 낫을 휘둘러 거두소서 땅의 곡식이 다 익어 거둘 때가 이르렀음이니이다 하니 16구름 위에 앉으신 이가 낫을 땅에 휘두르매 땅의 곡식이 거두어지니라"(계 14:14-16)

여러분!
교회는 7년 대환난전에 휴거됩니다. 그렇다면 휴거에 대한 준비를 하는 것이 가장 급선무입니다.

3. 당신은 휴거 받을 준비가 되었습니까?

어떤 사람 중에는 계시록에도 없는 휴거를 말하는 것은 잘못되었다고 말하는 이들 중에 심지어 목회자나 신학교 교수들도 있습니다.
정말 그럴까요?
계시록 12:5를 보면, "여자가 아들을 낳으니 이는 장차 철장으로 만국을 다스릴 남자라 그 아이를 하나님 앞과 그 보좌 앞으로 올려가더라"
And she brought forth a man child, who was to rule all nations with a rod of iron: and her child was caught upunto God, and [to] his throne.
본문에 여자가 산고 후에 낳은 아이는 중간에 어떤 사건도 언급하지 않은 채 곧바로 3층층 하늘, 즉 천국으로 옮겨 갔습니다. 이 구절에서 '올려 가더라'가 헬라어에서 '휴거'와 같은 단어로 사용된 것입니다. 계시록 12장 5절의 '올려 가다'의 하르파시(ἡρπάσθη)는 하르파조(ἀρπάζω)의 과거형으로 끌어올려 갔다 (was caught up)는 단어입니다. 데살로니가전서 4장 17절에 기록된 '끌어올려 (휴거)' 하르파게소메다(ἁρπαγησόμεθα)와 같은 단어입니다. 그리고 복음을 전하다 순교당한 두 증인이 다시 살아나 원수들이 지켜보는 가운데 구름을 타고 하늘로 올라가는 것도 문자적으로 그대로 받아들여야 할 휴거와 같은 의미입니다.
"11그러나 3일 반 후에 생명의 영이 하나님께로부터 그들 속으로 들어가니 그들은 제 발로 일어섰습니다. 이에 그들을 지켜보던 사람들에게 큰 두려움이 엄습했습니다. 12그때 그들은 하늘에서 그들에게 말하는 큰 음성을 들었습니다.

'이리로 올라오라.' 이에 그들은 원수들이 지켜보는 가운데 구름을 타고 하늘로 올라갔습니다."(계11:11-12)

7일이 완전수인데 3일 반이니까 환난을 당한 기간이라고 하고 하늘로 올라간 것을 영혼만 천국가는 것으로 상징적 해석을 하는 것은 거룩하신 하나님 말씀을 난도질하는 것과 다름없습니다.

무천년주의와 비대환난(The non-pretribulationists) 그리고 비휴거설(non-rapture theory)의 악영향은 무엇일까요?

이상에서 살펴본 바에 의하면, 계시록의 큰 주제인 천년왕국과 휴거 주제는 종말론 교의(敎義)의 프레임(Frame)처럼 형성됩니다. 예를 들어 무천년설을 받아들이신 분들은 무천년설의 교리 프레임에 갇히게 되고 원하든 원치 않든 계시록을 상징이나 알레고리칼하게 해석하다 보니 사실상 엔드타임 메시지와는 관계가 먼 현실주의자나 상징주의자가 되고 맙니다. 성경 역사가 주는 교훈 중에 2백만 명이 넘는 이스라엘 백성들이 출애굽했습니다. 그런데 1세대 중에 가나안에 들어 간 사람은 여호수아와 갈렙 고작 두 명 밖에 없습니다. 성경은 그들이 가나안에 못들어 간 원인을 무엇이라고 말합니까?

그렇습니다. '믿지 아니하므로' 능히 들어가지 못한 것이라고 합니다.

"15성경에 일렀으되 오늘 너희가 그의 음성을 듣거든 격노하시게 하던 것 같이 너희 마음을 완고하게 하지 말라 하였으니 16듣고 격노하시게 하던 자가 누구냐 모세를 따라 애굽에서 나온 모든 사람이 아니냐 17또 하나님이 사십 년 동안 누구에게 노하셨느냐 그들의 시체가 광야에 엎드러진 범죄한 자들에게가 아니냐 18또 하나님이 누구에게 맹세하사 그의 안식에 들어오지 못하리라 하셨느냐 곧 순종하지 아니하던 자들에게가 아니냐 19이로 보건대 그들이 믿지 아니하므로 능히 들어가지 못한 것이라"(히3:15-19)

성경은 명백히 대환난 전에 교회가 휴거된다고 약속하는데 주의 말씀을 믿지 않으면 휴거되지 않게 될지도 모르는 위험천만한 모험을 왜 하려고합니까?

무천년주의나 비휴거설 그리고 비대환난설에 미혹되어 주의 약속을 믿지 않으면 휴거받지 못할 가능성이 높습니다. 물론 구원받지 못한다는 뜻이 아닙니다. 그리고 준비되지 않은 즉 믿음이 연약한 성도들은 7년 대환난을 인내하기 힘듭니다. 요한 계시록의 대환난의 내용을 영적으로 해석하다보니 억지로 해석할 수밖에 없고 실제적으로는 의미없는 시간낭비에 불과합니다. 전 성경의 1/5 분량이 엔드타임 메시지인데 무천년설을 주장하는 분들은 1/5을 다 상징적으로 풀이하므로 필연코 알레고리 성경해석(Allegorical interpretation of the Bible) 자들을 양산하게 됩니다. 이단들도 거의 다 같은 방법인 상징적으로 다니엘서와 계시록을 풀이하므로 신도들이 이단에 빠지기 쉽습니다. 그리고 성도들을 불안하게 하고 복스로운 소망인 휴거와 천년왕국을 사모하지 않게 합니다.

"독사 굴에 어린이가 손 넣고 장난쳐도 물지 않는 참 사랑과 기쁨의 그 나라가 이제 속히 오리라." 한국교회, 특히 주일학교에서 한 때 많이 불렀던 복음송 가사의 한 부분입니다. 이 가사는 구약성경 이사야 11장 6-9절을 배경으로 한 것입니다. 예수님께서 재림하셔서 만유를 회복하시는 그 약속을 붙잡고 찬양했던 내용을 영적으로나 우화적으로 해석해서 무력화 시켜가고 있습니다. 이제 교회에서 그런 찬양은 점점 부르지 않는 시대에 우리가 살고 있습니다.

계시록 22장 7절은 이렇게 말씀합니다.

"보라. 내가 속히 갈 것이다. 이 책의 예언의 말씀들을 지키는 사람은 복이 있다."

이 책의 예언의 말씀들을 지키는 사람은 복이 있다고 하였는데 '말씀을 지킨다'는 것은 곧 말씀을 순종하는 것과 같은 의미입니다. 믿음과 순종은 동전의 양면으로, 성경에서 언제나 함께 발견됩니다. 믿음으로부터 순종을 분리하는 것은 동전의 앞면과 뒷면을 분리하는 것과 다를 바 없습니다. 예를 들어 아브라함의 경우,

"믿음으로 아브라함은 부르심을 받았을 때 순종해 장차 유업으로 받을 곳으로 나아갔습니다. 그런데 그는 어디로 가는지 알지 못하고 나아갔습니다."(히 11:8)

순종과 믿음은 불가분의 관계로 아브라함의 순종은 그의 믿음을 외적으로 표현한 것이었습니다. 그렇습니다. 행동으로 순종하기 전에 먼저 믿음이 있어야 가능합니다. 성경에 기록된 예언의 말씀들인 휴거도 7년 대환난도 혼인잔치도 천년왕국도 믿지 않은데 어떻게 준비하거나 순종할 수 있겠습니까?

우리는 말씀으로 돌아가고 성경에 기록된 에녹같은 믿음의 선배들처럼 말씀 그대로 믿어야 합니다.

"믿음으로 에녹은 죽음을 보지 않고 들림을 받았습니다. 하나님께서 그를 데

려가셨기 때문에 그는 더 이상 보이지 않았습니다. 들려 가기 전에 그는 하나님을 기쁘시게 하는 사람이라는 인정을 받았습니다."(히11:5)

누가 휴거되는가?

문제는 저와 여러분이 휴거될 자격을 갖추었느냐는 것입니다. 어떤 사람이 휴거될 수 있을까요?

데살로니가전서 4장 13절부터 18절을 보십시오. 여기 본문에서 가장 분명한 단서를 찾을 수 있습니다.

"13형제들아 자는 자들에 관하여는 너희가 알지 못함을 우리가 원하지 아니하노니 이는 소망 없는 다른 이와 같이 슬퍼하지 않게 하려 함이라 14우리가 예수께서 죽으셨다가 다시 살아나심을 믿을진대 이와 같이 예수 안에서 자는 자들도 하나님이 그와 함께 데리고 오시리라"

15우리가 주의 말씀으로 너희에게 이것을 말하노니 주께서 강림하실 때까지 우리 살아남아 있는 자도 자는 자보다 결코 앞서지 못하리라 16주께서 호령과 천사장의 소리와 하나님의 나팔 소리로 친히 하늘로부터 강림하시리니 그리스도 안에서 죽은 자들이 먼저 일어나고 17그 후에 우리 살아 남은 자들도 그들과 함께 구름 속으로 끌어 올려 공중에서 주를 영접하게 하시리니 그리하여 우리가 항상 주와 함께 있으리라 18그러므로 이러한 말로 서로 위로하라"

휴거의 대상은 첫째 14절 '예수 안에서 자는 자들'(예수를 그리스도로 믿다가 죽었던 성도들)이고 둘째는 15절의 '우리(예수를 그리스도로 믿어 성령으로 거듭난 성도) 살아남아 있는 자'입니다. 그럼에도 불구하고 예수 그리스도의 공중재림 때에 모든 성도들이 휴거되는 것이 아니고 영적으로 깨어 있고, 준비된 성도들이 7년 대환난 기간 중 여러 차례에 걸쳐서 혹은 연단받은 후, 즉 대환난 통과후 휴거된다는 사람들도 있습니다. 그렇지 않습니다.

첫째, 모든 거듭난 하나님 자녀는 그리스도의 몸에 연합되었기 때문에 운명을 같이 하기 때문입니다(요14:16).

둘째, 휴거와 관련된 성경 구절(살전4:13-18; 고전15:51)에 보면 그리스도인 사이에 아무런 구별을 두고 있지 않습니다. 만일 살아있는 성도들 사이에 그런 구별이 있다면 죽은 성도들에게도 그런 구별이 있어야 할 것인데, 데살로니가전서 4장 16절에 따르면 모든 예수 안에서 죽은 성도가 함께 일어나는 것을 말하고 있습니다. 휴거에 대한 성경의 약속을 믿는 분들 중에 안타까운 사실은 적지 않은 목회자 분들이 회개의 개념이 잘못되어 있습니다.

"성결하지 않으면 휴거되지 못한다". "회개치 않으면 휴거되지 못한다". "성령충만하지 않으면 휴거되지 못한다". 말 자체는 맞고 대단히 신령한 말들인데 성경적인 개념 이해가 잘못된 것이 문제입니다. 그래서 결과적으로 성도들에게 괜히 겁을 주고 불안하게 살도록 하는 것입니다. 죄를 범하고 회개치 않으면 휴거탈락이라고 하고 순교하지 않으면 구원받지 못하는 무서운 대환난에 남겨진다고 하니 성도님들이 걱정과 두려움 가운데 삽니다. 특히 믿음이 어린 신자들은 하루에도 수없이 지옥 천국을 왔다 갔다 하도록 하는 것입니다. 우리가 천국 가는 것은 예수를 그리스도로 믿어 죄 용서받아 가는 것입니다. 이것이 하나님의 영원한 언약입니다(눅22:20, 히13:20).

"염소와 송아지의 피로 하지 아니하고 오직 자기의 피로 영원한 속죄를 이루사 단번에 성소에 들어가셨느니라"(히9:12)

우리의 죄를 용서하시려고 영원한 속죄를 이루셨습니다. 여기서 '영원한 속죄(eternal redemption)'의 개념 이해가 중요합니다. 속죄는 '죄의 값을 갚으셨다'는 뜻입니다. 가령 죄의 값이 천억이라면 천억을 지불하셨다는 것입니다. 죄의 값이 영원한 사망이었는데(롬6:23) 예수님이 우리 대신 죽으심으로 영원히 죄값을 지불하셨다(요19:30)는 의미입니다. 여기까지는 사람들이 잘 이해합니다. 문제는 '영원한 속죄' 단어 중에 '영원한(eternal)'의 개념 이해를 잘 못합니다. '영원한' 이란 개념은 만약 오늘 오후 두 시에 예수님을 나의 그리스도(구세주)로 영접하여 죄 사함 받았다면 그 시작으로부터 영원히 죄 사함 받은 것입니다. 즉 응당 죄를 범하지 않아야 하는데 내일 혹시 범한 죄의 삶 혹은 몇 달 후, 일 년 후 어느 날의 죄, 10년 후 죄의 삶(이해를 돕기 위해 설명드리다 보니 몇 번처럼 죄를 범한 것처럼 보이시겠으나 일반적으로 실상은 수도 없이 많은 죄를 범하고 삽니다)

언제까지 우리 죄를 용서하셨냐 하면 선불(先拂)로 예수님 다시 오실 때까지입니다. 왜냐하면 천국에서는 죄를 범하지 않기 때문입니다. 실제적으로는 재림까지가 아니라 예수님의 보혈의 공로 그 효력은 영원합니다. 그래서 예수 그리스도 안에 들어 온 즉 예수님을 그리스도로 믿는 성도는 하늘 재판장에서 심판관이신 하나님께서 우리를 죄 값을 지불할 필요가 없는 의인으로 판정해 주십니다. 죄 값을 청산했기에 영원히 온전한 것입니다.

"그가 거룩하게 된 자들을 한 번의 제사로 영원히 온전하게 하셨느니라"(히 10:14)

For by one offering he hath perfected for ever them that are sanctified.

지옥은 죗값을 치르는 곳입니다. 예수님의 사랑을 거절한 죄인들이 영원한 형벌을 받습니다.

그러므로 자기 죗값을 믿음으로 청산한 하나님 자녀들은 당당히 휴거 받을 자격을 갖춘 것입니다.

골로새서 1장 22절을 보십시오.

예수를 그리스도로 믿는 골로새 교회의 그리스도인들에게는 그들이 "그분의 눈앞에서 거룩하고 흠 없고 책망할 것이 없는 자"(골 1:22)로 드려질 것이라는 약속이 주어졌습니다.

그런데 이 거룩한 구별의 약속은 "성도로 부르심을 받은 자들과 또 각 처에서 우리의 주 곧 그들과 우리의 주 되신 예수 그리스도의 이름을 부르는 모든 자들"에게 주어져 있습니다.(고전1:2)

"고린도에 있는 하나님의 교회 곧 그리스도 예수 안에서 거룩하여지고 성도라 부르심을 받은 자들과 또 각처에서 우리의 주 곧 그들과 우리의 주 되신 예수 그리스도의 이름을 부르는 모든 자들에게"(고전1:2)

"선한"(좋은, 성숙한) 그리스도인들은 휴거되고 "나쁜"(악한, 비성숙한) 그리스도인들은 대환난 전체, 혹은 일부를 일종의 연옥(煉獄) 같은 것으로 통과해야만 한다는 생각은 비성경적입니다. 휴거 받을 자격의 기준은 그리스도 안이냐 밖이냐 입니다. 휴거 받을 필수 조건은 '그리스도 안에 거하는 것'입니다. 그리고 그리스도 안에 얼마나 오래 거했느냐 거한 시간의 문제가 아닙니다. 또한 성숙(成熟)의 문제도 아닙니다. 예수님의 신부가 되면 휴거됩니다. 신부는 언제부터 어떤 남자의 신부가 되나요? 어떤 남자(신랑)와 결혼하면 곧바로 그 남자의 신부가 되는 것이지 결혼 후 10년 혹은 20년 같이 살아야 신부가 되는 것이 아닙니다. 예수님을 그리스도로 영접하면 곧바로 예수님의 신부가 되는 것입니다. 내 안에 그리스도의 생명 곧 하나님의 씨가 있으면 휴거되는 것입니다.

"하나님께로부터 난 자마다 죄를 짓지 아니하나니 이는 하나님의 씨가 그의

속에 거함이요 그도 범죄하지 못하는 것은 하나님께로부터 났음이라"(요일3:9)

'필요조건(necessary condition)'과 '충분조건(sufficient condition)'을 구분하지 못하면 혼돈 속에 살게 됩니다. 휴거될 혹은 구원받을 유일한 충분조건은 주의 약속을 믿음으로 죄를 용서 받는 것입니다. 죄를 용서받는 길은 오직 예수의 보혈의 공로를 믿는 길입니다. 예를 들어 어느 대학 어느 학과 입학은 커트라인이 100점 만점에 75점이라면 75점 이상 받은 수험생들은 모두 입학의 충분조건을 갖춘 것입니다. 그래서 76점 받은 수험생이나 95점 받은 수험생의 차이는 입학의 충분조건은 동일하나 95점 받은 수험생은 필요조건을 갖춘 차이일 뿐입니다. 두 분의 사례를 들어 설명 드리면 A는 어제 예수를 그리스도로 믿게 된 갓 새 피조물 되었습니다. B는 10년 전부터 구원받아 하나님 자녀가 된 후 성령충만받아 날마다 성결하게 살면서 그리스도를 증거하고 사는 성숙한 인품과 충만한 믿음을 갖고 삽니다. 그런데 휴거될 충분조건은 A나 B 둘 다 동일하게 갖춘 것입니다. 다만 B는 A에 비해 필요조건(벧후1:1-11)을 갖춘 것 차이뿐입니다.

믿음이 좋고 성숙한 성도들만 휴거된다면 영적으로 갓난아이나 수많은 아이 단계의 성도들이 어떻게 7년 대환난기 때 순교하며 믿음을 지킬 수 있겠습니까? 이 또한 하나님의 깊은 사랑과 지혜를 느끼게 합니다.

회개의 바른 이해

회개를 강조하며 회개가 휴거의 자격이다고 말하는 분들 중에 회개에 대한 이해가 잘못된 분들이 적지 않습니다. 그분들의 메시지를 주의 깊게 읽어 보면 대개가 죄를 고백하는 시점까지 죄를 용서받는 다는 것입니다. 예수님의 보혈의 공로가 영원한 것을 믿지 않은 것입니다.

이것은 심각한 불신(不信)이며 성경 이해의 오류입니다. 죄를 고백하고 죄에서 떠난 나의 의로운 행위로 죄 용서받는 것이 아닙니다. 물론 회개는 죄의 고백과 죄에서 떠나는 행위가 있어야 하나 여기에서 끝나면 결과적으로 '행위 구원론'이 되고 마는 것입니다.

우리의 죄는 우리가 죄를 고백하고 더 이상 그 죄를 다시 죄 짓지 않아서 죄 사함 받은 것이 아니라 오직 그리스도의 피로 씻음 받는 것입니다. 이것이 유일한 구원의 길이고 진리입니다.

"이것은 죄 사함을 얻게 하려고 많은 사람을 위하여 흘리는 바 나의 피 곧 언약의 피니라"(마26:28).

예수 그리스도의 피는 죄의 용서를 줍니다(엡1:7; 골1:14). 죄의 영원한 용서는 우리의 행위로 말미암지 않고, 오직 예수 그리스도의 피로 말미암습니다.

"우리가 그리스도 안에서 그의 은혜의 풍성함을 따라 그의 피로 말미암아 구속 곧 죄 사함을 받았으니"(엡1:7).

'내가 무엇을 했느냐? 어떤 일을 했느냐?'에 따른 것이 아니라 그분의 피를 통하여 대속(代贖) 곧 죄 사함을 받습니다. 사면(赦免)의 기준은 나의 어떠함에 있지 않고, 십자가에서 흘린 예수 그리스도의 피에 있습니다. "피 흘림이 없은즉 죄사함이 없느니라"(히9:22)는 영원불변의 법칙입니다.

혹시 있을 미래의 죗값까지 지불된 상태 사실상 선불로 용서함 받았으니 이제 마음껏 죄짓고 살아도 되나요?

그렇지 않습니다. 현장에 간음한 여인에게 그녀를 정죄하지 않으신 주님께서 "가서 다시는 죄를 범하지 말라(go, and sin no more.)" 하셨습니다.

"대답하되 주여 없나이다 예수께서 이르시되 나도 너를 정죄하지 아니하노니 가서 다시는 죄를 범하지 말라 하시니라"(요8:11)

예수님을 그리스도로 영접한 하나님 자녀는 날마다 죄와 사탄과 세상과 자기 자아와 영적 싸움을 하고 삽니다. 그리스도 안에 들어 온 하나님 자녀의 영적 싸움의 승패는 천국에 들어가는 혹은 휴거되는 자격의 향방이 갈라지는 것이 아니라 상급과 관련이 있습니다.

"너희는 스스로 삼가 우리가 일한 것을 잃지 말고 오직 온전한 상을 받으라"(요이1:8)

Look to yourselves, that we lose not those things which we have wrought, but that we receive a full reward.

조금 더 신학적인 설명을 드리면 두 가지 성질의 회개가 있습니다. 거듭날(중생) 때 회개는 예수님께서 목욕과 발을 씻음으로 이 교리를 설명하여 주셨습니다.

	목욕	발
성막	번제단	물두멍
교리	중생(重生)	성화(聖化)
죄	영원히 죄책(罪責)을 사함	구원받은 후 자범죄를 용서함
회 수	1번	수시

"베드로가 이르되 내 발을 절대로 씻지 못하시리이다 예수께서 대답하시되 내가 너를 씻어 주지 아니하면 네가 나와 상관이 없느니라"(요13:8)

고 말씀하셨습니다. "상관이 없다"는 말은 너무나 강력한 단어입니다. '구원에서 낙오된다'는 말입니다. 주님과 상관이 없는 자는 구원과 상관이 없는 사람이기 때문입니다. 그 때 주님은 말씀하시기를 이미 목욕한 자는 발만 씻으면 된다(요13:10)고 하셨습니다. 예수님을 나의 그리스도로 믿고 영접할 때 내가 죄인이었습니다. 내가 살아 온 세월이 죄 짓는 세월이었습니다. 하나님을 믿지 않고 내 마음대로 살아 온 죄를 회개하는 것입니다. 목욕을 한 것입니다. 그리고 믿은 후 수시로 회개하고 용서함 받은 것이 발을 씻는 것입니다. 그런데 적지 않은 목회자들이 발을 씻는 것을 구원과 연관시켜 가르치고 설교하여 교인들을 혼돈케하는 것입니다.

참 회개는 말에서 끝나지 않고 삶의 변화를 가져와야 합니다. 마음에서부터 죄에서 돌이켜 죄에서 떠나야 합니다.

"그런즉 너는 이스라엘 족속에게 이르기를 주 여호와의 말씀에 너희는 마음을 돌이켜 우상을 떠나고 얼굴을 돌려 모든 가증한 것을 떠나라"(겔14:6)

"그러므로 생명을 사랑하고 좋은 날 보기를 원하는 자는 혀를 금하여 악한 말을 그치며 그 입술로 거짓을 말하지 말고"(벧전3:10)

입으로만 죄를 시인하고 죄를 떠나지 않은 즉 삶의 변화가 없는 것은 가짜 회개입니다.

"그러므로 회개에 합당한 열매를 맺고"(마3:8) 삭개오처럼 회개의 합당한 열매를 맺는 삶이어야 합니다. 참 회개를 원하시는 분은 하나님께 기도해야 합니다. 하나님의 긍휼을 구하면 주님께서 회개할 마음을 주십니다.

"거역하는 자를 온유함으로 훈계할지니 혹 하나님이 그들에게 회개함을 주사

진리를 알게 하실까 하며"(딤후2:25)

죄를 그치고 예수님을 믿음으로 바라보며 주의 보혈로 죄를 씻어야 합니다. "믿음은 바라는 것들의 실상이요 보이지 않는 것들의 증거니"(히11:1)

성경에는 믿음이란 바라는 것 즉 상상하고 소망하는 목표의 실상이요 보지 못한 것의 증거라고 말하고 있습니다. 우리가 하나님 말씀을 깨닫고 난 다음 하나님 말씀을 믿는 것을 말하는 것입니다. 믿음은 바라는 것 즉 우리 속에 상상하고 소망하는 것이 반드시 이루어진다는 실상과 증거를 꼭 쥔 것이 믿음이란 것입니다. '실상'이란 헬라어로 '휘포스타시스'(ὑπόστασις)라고 말하는데 '증빙서류', '등기서류' 또는 '발판' 등의 뜻이 있습니다.

'아래에'라는 뜻인 '휘포'(ὑπο)와 '서게 하다', 또는 '확립하다'라는 의미를 지닌 동사 '히스테미'(ἵστημι)의 합성어입니다. 즉 '휘포스타시스'는 사람의 생각에 좌우되는 주관적인 실체가 아니라 그것으로부터 독립되어 있는 객관적인 실체를 가리킵니다. 여기의 '실상'이란 그 자체가 실체로서 존재하는 것 이라기보다는 믿음으로 실체화된 것을 의미합니다. 즉 마음으로 믿고 그대로 행하는 확신입니다. 고고학적 발굴 문서들을 통해서 이 '휘포스타시스'가 무슨 함의(含意)를 지녔는지를 알게 되었습니다. 이집트의 모래 아래에서 발굴된 문서들은 소유권 권리증서, 사업 거래 계약서, 계약서들(covenants) 등 법적 문서들이었습니다. 이것들은 제 1세기에 사용된 비지니스 세계에서 사용된 문서들이었습니다. 이들 문서들 표제에 사용된 단어가 '휘포스타시스'(ὑπόστασις)입니다. 이 고문서 표제가 히11;1의 '실상(휘포스타시스)'라는 어휘의 의미를 밝혀주는 계기가 된 것입니다. 즉, 히11:1에 나오는 휘포스타시스는 약정, 계약(언약)인 것입니다. 계약은 양당사자의 관계를 기속(羈屬)시키는 역할을 합니다. 믿음도 하나님과의 언약(계약)입니다. 이런 의미에서 믿음은 바라는 것들의 권리증서가 됩니다. 그리하여 믿음은 거룩한 약속들이 보증된 신뢰할 수 있는 객관적 실체인 영적 등기문서라는 것입니다. 우리가 바라고 소망하는 것이 아직 보이지 않아도 믿음이 있으면 바라고 소망하는 것이 반드시 이뤄진다는 믿음이 있으면 그것이 우리가 증빙서류나 집이나 땅의 등기서류를 증거로 가지고 있는 것과 같다는 것입니다. 집을 아직 이사 가지 않아도 그 집에 등기서류나 증빙서류를 손에 쥐고 있으면 그 집이 내 것인 것처럼 아직 보지 못하고 취하지 못했으나 믿음이 있으면 믿음은 이미 그것이 내 것이 되었다는 증거가 된다는 것입니다.

우리가 믿음이란 하나님 말씀을 붙잡고 없는 것을 있는 것같이 부르는 것이 믿음이기 때문에(롬4:17) 아직 없는데 이루어진 모습을 마음속에 상상하고 그것에 집중하는 것입니다. 예수의 보혈의 은혜와 능력을 정확히 깨닫고 확실히 믿을 수 있기를 바랍니다. 확실한 믿음으로 확신될 때까지 하나님 말씀을 읽고 또 읽고 묵상해야 합니다. 기도하며 반복적으로 읽다보면 자신의 마음에 믿음이 생성되기 시작하는 것입니다.(롬10:17)

성경대로 주의 보혈의 능력을 믿고 적용하며 사십시오.
"이것은 죄 사함을 얻게 하려고 많은 사람을 위하여 흘리는 바 나의 피 곧 언약의 피니라"(마26:28)
'언약'(言約, Covenant)이란 마치 약속어음이나 돈의 거래와 같습니다. 약속한 대가를 지불하는 것입니다. 예수님의 피는 우리의 죄 삯에 대한 합당한 지불입니다.
언약의 피를 평소에 당신은 얼마나 믿고 적용하며 살고 있으신가요?
몇 년 전에 필자가 A국의 가정교회 한 신학교에서 강의를 할 때였습니다. 강의를 마치고 저녁 시간에 가정교회 집회 때 예수님의 보혈의 능력에 대해 설교하였습니다. 그리고 예수의 피를 생활 속에서 적용하며 사는 메시지 내용이었습니다. 설교를 들은 한 자매는 방청생으로 강의를 들었는데 그 당시에 왼쪽 발이 심한 동상이 걸렸었습니다. 필자가 가르친대로 말씀을 믿는 믿음을 기초로 상상력을 동원하여 예수님의 보혈로 그의 동상 걸린 발에 바르고 뿌리고 부을 때 순식간에 동상 걸린 부위가 가렵고 콕콕 찌르는 듯한 심한 통증을 느끼고 피부가 빨갛게 부은 발이 순간적으로 치유함을 받았습니다. 거룩한 상상력을 동원하여 십자가에 예수님께서 매달린 장면들을 생각하면서, 그 십자가에서 흐르는 보혈이 우리들 머리 위에서부터 온 몸으로 흘러내리는 상상을 하면서 기도합니다. 때로는 '주님, 예수님의 보혈에 제가 완전히 잠기게 해 주세요' 하면서, 예수님의 보혈 속에 잠긴 모습도 믿음으로 상상하면서 기도합니다.
속죄제를 드릴 때(레5장) 세 가지 동작으로 피를 뿌리고 바르고 쏟습니다.

1) '뿌리다'(sprinkle): 손가락으로 제단 주변에
2) '바르다'(daub, put): 손가락으로 제단의 네 뿔에
3) '쏟다'(pour): 제단 밑에

손가락을 양푼에 담아 피를 찍은 뒤 소량의 피를 제단 주변에 뿌리거나 제단 뿔에 바르는 동작으로 피를 처분합니다. 피가 대량으로 남는데, 이 남은 피는 제단 밑에 쏟습니다. 여기서 손가락으로 피를 뿌리고 바르는 동작도 말씀을 동일시 하는데 도움이 됩니다.

이것이 가져오는 효과는 제단의 정화이기 때문입니다.(레 8:16; 16:19) 즉, 속죄제의 피를 특이한 동작으로 뿌리고 바를 때 제단과 성전이 청소됩니다. 구약 시대의 레위인들처럼 손을 들어 보혈을 뿌리거나 바르거나 쏟는 동작을 하면 실감나게 기도하게 됩니다. 더러운 영들이 득실거리는 장소(예컨대 음란한 영이 횡횡하는 호텔) 혹은 사람들을 생각하며 보혈을 뿌리며 기도합니다. 왜냐하면 하나님나라가 임하지 않은 사람과 공간과 지역은 마귀들이 다스리고 있기 때문입니다(엡2:2). 머리에 가시관을 쓰시고 흘려주신 보혈과 채찍에 맞음으로 흘려주신 보혈과 양 손과 양 발에 대못을 박혀서 흘려주신 보혈과 옆구리를 창에 찔려서 흘려주신 귀한 보혈을 뿌립니다. 보혈이 저희 머리부터 발까지 흘러내릴 때에 저희 속에 있던 더러운 죄들과 악한 것들이 녹아지고 태워지고, "강력한 진들이 파쇄(破碎)될지어다."라고 기도할 수 있습니다.

주님은 항상 '네 믿음대로 된다'고 하셨으니(마9:29), 보혈에 대한 말씀을 믿으십시오.

"그분이 친히 나무에 달려 자기 몸으로 우리의 죄를 짊어지셨으니 이는 우리가 죄에 대해 죽고 의에 대해 살게 하려는 것입니다. 그분이 채찍에 맞음으로 여러분이 나음을 얻었습니다."(벧전2:24)

"He himself bore our sins in his body on the cross, so that we might die to sins and live for righteousness; by his wounds you have been healed."(NIV)

"저가 채찍에 맞음으로 너희는 나음을 얻었다"(By his wounds you have been healed) 라는 말씀은 '현재완료형의 문장'으로 십자가 밑에 있는 자의 질병은 현재 치유함을 받은 상태에 있어야 하는 것입니다. 영어의 현재완료 용법 중에 과거의 일이 원인이 되어, 그 결과가 현재에 영향을 미칠 때 쓰는 것입니다. 예수님의 십자가상의 상처로, 찢기심으로 우리가 치유를 받았습니다. 미래에 치유가 일어날 것이라는 뜻이 아니라 현재완료형 곧 현재형의 기록입니다. 예수님께서 우리의 죄를 지시고 십자가의 상처를 받으심을 믿으면 치유가 반드시 이루어지는 것입니다. 예수님의 "저가 채찍에 맞음"(By his wounds)의 사건이 분명히 있었기 때문에 "너희는 나음을 얻었나니"(You have been healed. We were healed)의 결과가 반드시 계속 따르는 것입니다.

여러분! 언약의 피가 없는 곳에는 말씀의 능력도, 성령의 인도하심도 없다는 사실을 깊이 깨우쳐야 합니다. 십자가의 그리스도의 피를 통하지 않고는 죄의 용서도(히9:22), 치유도(사53:4-6, 마8:17, 벧전2:24) 성결도(히9:14), 승리도(계12:11) 주시지 않습니다. 주님은 언약의 피를 통해서 모든 선한 일에서 우리를 완전하게 하시며, 우리 안에 주님이 매우 기뻐하시는 일들을 이루시는 것입니다.

"양들의 큰 목자이신 우리 주 예수를 영원한 언약의 피로 죽은 자 가운데서 이끌어 내신 평강의 하나님이"(히13:20)

계시록 22장 14절을 보면, "자기 두루마기를 빠는(πλύνοντες; who wash 현재형) 자들은 복이 있으니 이는 그들이 생명나무에 나아가며 문들을 통하여 성에 들어갈 권세를 받으려 함이로다"(Blessed are those who wash their robes, that they may have the right to the tree of life and may go through the gates into the city)

두루마리를 계속 현재형으로 빠는 자는 복이 있다는 것입니다. 그리스도 안에 들어 온 우리는 구원받기 위해, 휴거받기 위해, 천국가기 위해 죄를 회개하고 성결하게 사는 것이 아니라 예수님을 사랑해서입니다. 재림하실 예수님으로부터 큰 상을 받기 위해서입니다.

"그 주인이 이르되 잘하였도다 착하고 충성된 종아 네가 적은 일에 충성하였으매 내가 많은 것을 네게 맡기리니 네 주인의 즐거움에 참여할지어다 하고"(마25:21)

데살로니가전서 4장 18절 말씀을 다시 보십시오. 사도 바울은 휴거 관련 주의 약속을 증거한 후 "그러므로 이러한 말로 서로 위로하라"고 하였습니다. 그리스도 안에 들어 온 교회(성도)는 고난 중에서도 휴거 관련 주의 약속으로 서로 위로함을 받아야지 그리스도 안에 있으면서도 불구하고 휴거에 탈락되면 어떡하나 무서운 대환난에 남겨지면 어떡하나 하는 걱정과 두려움 속에서 살면 안 됩니다. 그리스도 안에서 참 자유와 평안을 누리셔야 합니다.

오늘날의 혼탁한 신학의 문제는 신학자들이 사족(蛇足)을 너무 많이 달아서 즉 쓸데없는 것을 너무 많이 붙여서 문제입니다.

중국의 춘추전국시대(春秋戰國時代) 슈퍼 강대국 초나라(楚)에 제사를 맡아 보는 사람이 있었습니다. 어느 날 제사를 마친 뒤, 임금을 가까이에서 모시는 시종(侍從)들에게 남은 술을 나눠주려고 했습니다. 한데 술을 마시려는 시종들은 많은데 술이 모자랐습니다. 이에 한 사람이 나서서 말했습니다. "어차피 부족한 술이니 나눠 마시지 말고 한 사람에게 몰아줍시다. 땅에 뱀을 가장 먼저 그린 사람에게 술을 전부 주는 것은 어떻겠소?"

시종들이 모두 고개를 끄덕이고는 뱀을 그리기 시작했습니다. 얼마 후 한 사람이 그림을 내놓으며 말했습니다. "자, 내가 가장 먼저 그렸으니 술은 내 것이오." 말을 마친 그가 술병을 잡으려는 순간 옆에 있던 시종이 술병을 가로채며 말했습니다. "그 술은 내 것이오. 당신은 뱀에 없는 다리까지 그렸으니 어찌 뱀 그림이라 할 수 있겠소."《사기史記》에 나오는 얘기입니다. 이 이야기에서 쓸데 없이 덧붙인 일, 또는 군더더기를 사족(蛇足)이라 부르게 되었습니다. 사족은 화사첨족(畫蛇添足)의 준말입니다. 사도바울은 사족을 달지 않고 성경 말씀 있는 그대로 믿고 전하였어도 하나님께서 그를 크게 사용하셨습니다.

"그리스도와 그의 십자가에 못 박히신 것 외에는 아무 것도 알지 아니하기로 작정하였음이라(고전2:2)",

바울이 복음을 전할 때 당연히 어거스틴(Aurelius Augustine)이나 요한 칼빈(John Calvin), 요한 웨슬레(John Wesley), 칼 바르트(Karl Barth) 등과 같은 쟁쟁한 신학자들이 없었던 시절입니다. 그러나 예수 그리스도 복음으로 죄인들이 회개하고 변화 받는데 전혀 부족함이 없었습니다. 신학을 배척하는 의미의 말이 아니지만 개인과 가정과 교회와 사회와 국가가 변화되는데 복음이면 한 권 성경이면 충분합니다. 바울이 성경 한 권으로 성공적으로 사역했고 오늘날도 동일합니다. 예수 그리스도 한 분이면 충분합니다. 사도 바울은 오직 주의 말씀을 있는 그대로 믿고 전했습니다.

"이와 같이 주의 말씀이 힘이 있어 흥왕하여 세력을 얻으니라"(행19:20)

결과는 하나님께서 대부흥이 오게 하셨습니다. 두란노 서원을 통한 전도와 교육사역으로 오늘날의 튀르키예(Turkiye)의 절반 이상의 면적 위에 살던 유대인들과 이방인들이 복음을 듣고 사회가 변화되는 역사가 나타났습니다. 두란노 사역은 2년 동안 계속되었고 그러한 노력은 에베소에 복음을 심고 그 도시를 변화시키는 위대한 사역을 감당할 수 있었습니다. 바울의 두란노 교육 사역은 에베소 교회를 중심으로 그 주변에 많은 교회를 탄생시켰습니다. 에베소 교회의 개척을 중심으로 하여 소아시아 일곱 교회가 세워져 나가는 놀라운 역사가 일어났습니다. 에베소에서 사도 바울에게 복음을 듣고 훈련을 받은 에바브라가 리커스 계곡(Lycus Valley)의 세 도시에 세웠던 교회 중 하나인 라오디게아 교회가 세워졌고, 소아시아 지역에 서머나, 버가모. 두아디라, 사데, 빌라델비아 등 여러 교회들이 세워지는데 큰 역할을 하게 되었습니다.

우리도 성경에서 약속하신 휴거를 휴거 그대로 믿고 사모하십시다.

"이 모든 것이 이렇게 풀어지리니 너희가 어떠한 사람이 되어야 마땅하냐 거룩한 행실과 경건함으로 하나님의 날이 임하기를 바라보고 간절히 사모하라 그 날에 하늘이 불에 타서 풀어지고 물질이 뜨거운 불에 녹아지려니와 우리는 그의 약속대로 의가 있는 곳인 새 하늘과 새 땅을 바라보도다"(벧후3:11-13)

할렐루야, 존귀하신 주 예수의 이름을 찬송합니다!

CHAPTER 4

언제 휴거되는가?

When will it be raptured?

본문 살전4:16-17

　성도들이 엔드타임 메시지 중에 가장 궁금해 하는 주제 중의 하나는 '성도의 휴거가 어느 시점에 일어나느냐?'하는 문제입니다. 그런데 전천년설 중에도 휴거 시기에 대한 크게 세 가지 다른 견해가 존재합니다. 대환난 전에 휴거된다는 것과 대환난 중간 그리고 대환난 후에 휴거된다는 해석입니다. 우리는 어떤 견해가 전체 성경의 내용을 비교해 볼 때 가장 적합한 것인지 함께 살펴보겠습니다.

부분 휴거설(Partial rapture theory)

　이 설은 랭(G.H. Lang)이나 워치만니(Watchman Nee, 倪柝声) 같은 사람들이 주장하는 설인데, 예수 그리스도의 공중 재림 때에 모든 성도들이 휴거되는 것이 아니고 영적으로 깨어 있고, 준비된 성도들이 7년 대환난 기간 중 여러 차례에 걸쳐서 휴거된다는 것입니다. 이 설에 관해서는 많은 지면을 할애 할 필요가 없을 것입니다.

　분명하게 드러나는 몇 가지 문제들은 다음과 같습니다.

첫째, 성령으로 거듭난 모든 하나님의 자녀는 그리스도의 몸에 연합되었기 때문에 운명을 같이합니다(롬6:5, 골2:19).

둘째, 휴거와 관련된 성경 구절(살전4:13-18; 고전15:51)에 보면 그리스도인 사이에 아무런 구별을 두고 있지 않습니다. 만일 살아있는 성도들 사이에 그런 구별이 있다면 죽은 성도들에게도 그런 구별이 있어야 할 것인데, 데살로니가전서 4장 16절에 따르면 모든 죽은 성도가 함께 일어나는 것을 말하고 있습니다.

"주께서 호령과 천사장의 소리와 하나님의 나팔 소리로 친히 하늘로부터 강림하시리니 그리스도 안에서 죽은 자들이 먼저 일어나고"(살전4:16)

휴거는 믿음이나 인격상의 성숙의 정도로 결정되는 것이 아니라 그리스도 안과 밖의 구분만 있습니다.

"아담 안에서 모든 사람이 죽은 것 같이 그리스도 안에서 모든 사람이 삶을 얻으리라"(고전15:22)

이제 그렇다면, 과연 "무엇이 '그리스도안'에 있다는 의미일까요?"(What does it mean to be 'in Christ'?) 그것은 첫째, '존재가 바뀌었다'는 뜻입니다(It means to be changed our status): 사도 바울은 "내가 그리스도와 함께 십자가에 못 박혔나니, 그런 즉 이제는 내가 산 것이 아니요 오직 내 안에 그리스도께서 사신 것이라"(갈2:20)고 신앙고백합니다. 이것이 가장 먼저 '그리스도 안에서'가 뜻하는 의미입니다. 바로 그리스도의 생명으로 그분 안에서 새 생명을 얻는 것입니다.

둘째, '하나님과 동행'한다는 뜻입니다(It means to be different our attitudes from that point): '그리스도 안에' 있다는 것은 단순히 내가 구원받았다는 신분의 변화만을 의미하지 않습니다. 그것은 새로운 피조물이 되고(고후5:17) 성령의 내주(內住)와 인도함을 받아 그리스도와 동행하는 삶인 것입니다(롬6장, 롬8:14).

셋째, '부활의 능력을 누린다'는 뜻입니다(It means to enjoy the power of resurrection): 주님은 잡히시기 전날 밤 그의 제자들에게 말씀하셨습니다. "나는 포도나무요 너희는 가지라 그가 내 안에, 내가 그 안에 거하면 사람이 열매를 많이 맺나니~"(요15:5). 바로 '그리스도의 말씀과 사랑안에 거함으로써'(요15:7-9) 그분의 부활의 능력을 누리게 되는 것입니다.

1. 중간 휴거설 또는 환난 중 휴거설(midtribulational rapture theory)

이 설은 노만 해리슨(Norman B. Harrison), 올리버 버즈웰(Oliver Buswell), 글리슨 아처(Gleason Archer) 등이 주장하고 있습니다. 이 설에 따르면 교회는 7년 대환난 기간 때에 전반부 3년 6개월은 통과하고 그 후에(7년 대환난의 중간 지점에) 휴거된다는 것입니다. 이 설에 대한 중요한 논거는 다음과 같습니다.

첫째, 성경에서 3년 6개월(42개월=1,260일)에 관해 특별히 강조하고 있는 것으로 볼 때 정말 무서운 환난의 순간은 후 3년 반이기 때문에 여기서 구출되는 것이야말로 정말 중요한 것입니다.

둘째, 계시록 11장 15절의 일곱 번째 나팔은 고린도전서 15장 51절 및 데살로니가전서 4장 16절의 마지막 나팔과 동일한 것이기 때문에 휴거는 7년 대환난의 중간 기점에 일어난다는 것입니다. 그러나 최근에 글리슨 아처(Gleason-Archer)는 휴거를 계시록 14장 14절이라고 주장하고 있습니다.[25]

이 설은 몇 가지 문제를 가지고 있습니다.

첫째, 성경에서 3년 반을 강조하고 있는 것은 사실이지만 그것이 휴기의 연결 된다는 뚜렷한 성경의 근거가 없습니다.

둘째, 7년 대환난은 에스겔 38장과 39장의 사건 즉 러시아와 아랍연합군의 이스라엘 침공으로 시작됩니다. 이스라엘의 승리 후에 적그리스도는 이스라엘과 평화약조를 하고 성전건축과 제사를 약속할 것이다 라고 합니다. 7년 계약은 세계 모든 이들이 알 수 있는 세계적인 계약인데 그리스도께서 너희가 생각하지 않은 때 즉 도둑같이 오신다고 하신 말씀과 상충하게 됩니다.

"그가 장차 많은 사람들과 더불어 한 이레 동안의 언약을 굳게 맺고 그가 그 이레의 절반에 제사와 예물을 금지할 것이며 또 포악하여 가증한 것이 날개를 의지하여 설 것이며 또 이미 정한 종말까지 진노가 황폐하게 하는 자에게 쏟아지리라 하였느니라 하니라"(단9:27)

이 문제는 비단 환난 중간휴거설뿐만 아니라 환난 통과 후 휴거설도 대환난 중 적그리스도가 나타나 사탄으로부터 권세를 받아 세계를 다스리고 사람이 죽

25) 장두만, 「최근 대두되는 종말론의 비교」

고싶어도 자기마음대로 죽을 수 없는 극한 고통과 악의 포로가 되기 때문에 누구든지 그 대환난 때를 알기 때문입니다.

7년 대환난 후 중간기에 휴거된다면 적그리스도기 니타난 후부터 중간기 이후므로 연월일 계산하여 '시한부 종말론'에 빠질 위험이 큽니다. 하나님은 우리가 항상 준비하고 있기를 원하십니다.(마24:41-43)

셋째, 마태복음 25장의 열 명의 처녀들을 교회라고 잘못 해석하고 있습니다. 성경에서 처녀"들"(virgins)이라는 복수형으로 불려지는 사람들은 "정결한 처녀(a chaste virgin)"(고후11:2)인 교회가 아니라 다른 부류의 사람들입니다.

이 처녀들은 신랑과 결혼하러 가는 신부가 아니라 신부와 결혼한 신랑을 맞으러 가는 처녀들일 뿐입니다.(눅12:36)

더구나 이 처녀들을 교회라고 본다면 교회 시대에 성령을 행위로 얻을 수 있다는 심각한 오류를 범하게 됩니다. "처녀들"은 교회 시대가 아니라 환난 시대에 등장하며(계14:1-6), 복수형으로 기록된 "처녀들"은 대환난 때에 믿음으로 구원받는 환난성도들로 볼 수 있습니다.

넷째, 계시록 11장 15절의 나팔과 고린도전서 15장 51-52절 및 데살로니가전서 4장 16절의 나팔을 동일시하는 것은 성경적 근거가 없고 성경해석상 앞뒤 맥락이 맞지 않습니다.

"주께서 호령과 천사장의 소리와 하나님의 나팔 소리로 친히 하늘로부터 강림하시리니 그리스도 안에서 죽은 자들이 먼저 일어나고"(살전4:16) 계시록 11장의 7번째 나팔은 땅위에 심판을 가져오기 위한 천사가 부는 나팔이고

"내가 또 보고 들으니 공중에 날아가는 독수리가 큰소리로 이르되 땅에 거하는 자들에게 화, 화, 화가 있으리로다 이외에도 세 천사의 불 나팔소리를 인함이로다 하더라"(계8:13)

고린도전서 15장 및 데살로니가전서 4장의 나팔은 성도의 부활 및 휴거와 연관된 하나님의 나팔이기 때문에 이들은 똑같지 않습니다. 이분들의 주장은 요한계시록 20장 4절 이하의 "또 내가 보좌들을 보니 거기 앉은 자들이 있어 심판하는 권세를 받았더라 또 내가 보니 예수의 증거와 하나님의 말씀을 인하여 목 베임을 받은 자의 영혼들과 또 짐승과 그의 우상에게 경배하지도 아니하고 이마와 손에 그의 표를 받지도 아니한 자들이 살아서 그리스도로 더불어 천 년 동안 왕노릇하니 그 나머지 죽은 자들은 그 천 년이 차기까지 살지 못하더라

이는 첫째 부활이라"(계20:4-5)고 기록된 말씀 중 첫째 부활에 속한 "예수의 증거와 하나님의 말씀을 인하여 목 베임을 받은 자의 영혼들과 또 짐승과 그의 우상에게 경배하지도 아니하고 이마와 손에 그의 표를 받지도 아니한 자들이 살아서 그리스도로 더불어 천 년 동안 왕노릇하니"란 말씀은 바로 교회를 뜻하므로 교회가 대환난에 들어가 순교를 통하여 천국에 들어갈 것이라 한다고 주장합니다.

그러나 이 말씀을 잘 읽어보면 4절에 보좌들을 볼 수 있는데 보좌에는 심판하는 권세를 받은 자들이 앉아 있습니다. 이 보좌에는 이긴 자들이 앉아 있는데 사데교회에게 주신 메시지를 읽어보면 "이기는 그에게는 내가 내 보좌에 함께 앉게 하여 주기를 내가 이기고 아버지 보좌에 함께 앉은 것과 같이 하리라"(계 3:21) 기록되어 있습니다. 살아있는 상태에서 순간적으로 변형되어 휴거되는 교회 휴거는 한 번 있습니다. 이에 반해 죽어서 변형되어 부활되어 옮겨지는 휴거(두 증인-14만 4천, 순교환난성도)는 계시록에 세 부류가 있습니다.

2. 환난 후 휴거설

환난 통과설(Posttribulational rapture theory)은 교회는 7년 대환난의 무서운 고통을 하나님의 보호를 받으면서 통과하고 7년 대환난의 마지막, 즉 예수 그리스도 재림 직전에 휴거되어 그리스도와 함께 지상에 돌아온다고 합니다.

이들의 주장은

첫째, 대환난 중에도 지상에 성도들이 있는 것을 볼 때 환난 후 휴거설이 맞다.
둘째, 성경에는 교회가 항상 환난 당할 것을 가르치고 있다.
셋째, 진노는 불신자들을 대상으로 하는 심판이기 때문에 성도들은 하나님의 보호를 받으면서 대환난을 통과한다.

이것을 주장하는 분들은 예수님이 천년왕국 전에 재림하는 것은 맞는데 계시록 4-19장의 일들은 마지막 7년 환난기에 이루어질 일이 아니라 교회가 설립된 이후로 지난 2,000년 동안 이 땅에서 이루어진 일들이라고 주장합니다. 이들의 주장의 핵심은 계시록의 1,260일이 1,260년이라는 것입니다. 그래서 교황권이 지배한 중세 1,260년이 곧 계시록의 주요 기간이 됩니다. 그래서 그들은 교황이

적그리스도라고 주장합니다. 주로 종교 개혁자들이 이런 우스꽝스러운 견해를
지지하였습니다. 오늘날에는 '역사적 전천년설'도 여러 가지 음식 재료를 내 맘
대로 섞어서 끓이는 섞어찌개나 짬뽕같이 되었지만 처음에 주장한 그들의 해석
을 더 자세히 들여다보면 황당무계(荒唐無稽)합니다. 그분들의 주장에 따르면
계시록의 일곱 교회는 교회 시대의 일곱 개 변천기를 보여 줍니다. 일곱 봉인은
사도 요한 시대부터 4세기경까지를 말하고, 일곱 나팔은 5세기에 이교도들이
서방을 침공한 것입니다. 그래서 고트 족의 로마 침략, 반달 족의 지중해 침략,
훈족의 북로마 침략, 오스만 터키의 동로마 제국 점령 등이 일곱 나팔 심판입니
다. 그 다음에 일곱 금병 심판은 프랑스 혁명, 이슬람의 확장, 로마 가톨릭 교회
의 확장입니다. 그래서 첫째 짐승은 정치적인 교황이고, 둘째 짐승은 종교적인
교황입니다. 이쯤 되면 이 이론이 허구 그 자체임을 누구나 알 수 있습니다. 가
장 치명적인 문제는 계시록 4장 이후에 나오는 일들은 아직 한 번도 이 땅에서
일어나지 않았습니다. 왜냐하면 그것들은 모두 앞으로 이루어질 것이기 때문입
니다.

아무튼 환난 후 휴거설은 아래와 같이 몇 가지 중요한 문제를 안고 있습니다.

1) 교회 시대에 '교회가 겪는 환난'과 '대환난'은 본질적으로 다릅니다.

성경은 교회가 '교회 시대에 겪게 되는 환난'(롬5:3, 딤후3:12)

"3다만 이뿐 아니라 우리가 환난 중에도 즐거워하나니 이는 환난은 인내를, 4인
내는 연단을, 연단은 소망을 이루는 줄 앎이로다"(롬5:3-4)

"무릇 그리스도 예수 안에서 경건하게 살고자 하는 자는 박해를 받으리라"
(딤후3:12)과 '주님의 지상 재림 직전에 있을 대환난'을 명확하게 구분해서 말
씀합니다.(마24:21,29, 막13:19,24, 계7:14)

마태복음 24:21은 대환난에 대해 이렇게 말씀합니다. "이는 그 때에 큰 환난
이 있겠음이라 창세로부터 지금까지 이런 환난이 없었고 후에도 없으리라." 기
록된 말씀대로 '대환난'은 세상이 시작된 이후로 없었으며, 또 앞으로도 결코
없을 특별한 환난입니다.

"35이 날은 온 지구상에 거하는 모든 사람에게 임하리라 36이러므로 너희는
장차 올 이 모든 일을 능히 피하고 인자 앞에 서도록 항상 기도하며 깨어 있으
라 하시니라"(눅21:35-36)

36절에서 '피하고'는 헬라어로 '에크프휴고($\epsilon\kappa\phi\epsilon\acute{u}\gamma\omega$)'로 '도망하다', '피하다', '달아나다' 영어로는 'to flee away'의 의미입니다. 대환난 기간에 '참으라'가 아니라 대환난으로부터 '탈출하라'는 개념입니다. 성경을 그 어디에도 하나님께서 의인을 악인과 함께 심판하신 경우는 단 한군데도 없습니다. 베드로후서 2장에서 베드로는 하나님께서 소돔과 고모라를 멸망시키심으로써 '후세에 경건치 아니할 자들에게 본을 삼으셨다'고 증거하면서 '무법한 자의 음란한 행실을 인하여 고통하는 의로운 롯'은 하나님께서 구하셨다고 기록하였습니다. 계속하여 베드로는 "주께서 경건한 자는 시험에서 건지시고 불의한 자는 형벌 아래 두어 심판 날까지 지키실줄을 아시느니라"(벧후 2:9-10)고 증거하였습니다.

2) 계시록 3장 10절의 잘못된 성경 해석

"네가 나의 인내의 말을 지켰은즉 나도 너를 지켜 시험의 시간을 면하게 하리니(I also will keep thee from the hour of temptation) 그것은 곧 앞으로 온 세상에 임하여 땅에 거하는 자들을 시험하는 시간이라."(계 3:10)

이 부분의 '시험의 기간을 면한다는 것'을 그대로 받아들이지 않고, 시험에 들어가긴 들어가는데 거기서 견딜 수 있게, 혹은 보호를 해준다는 의미로 해석하는 것입니다. keep from~는 "~로부터 지켜준다"는 의미의 영어 숙어가 아니라 "~하지 못하게 하다, ~에 들어가지 않게 하다"라는 의미로, 아주 기초적인 숙어입니다. 그러므로 시험에 들어가되 지켜준다는 것은 자기들의 교리에 맞춘, 완전히 잘못된 해석입니다. 성도는 진노로부터의 '면제(免除)'입니다. 대환난 후 휴거는 신랑되신 예수님의 신부를 향한 크신 사랑을 왜곡하고 부정하는 행위입니다. 하나님은 자신의 백성을 지옥 같은 곳에 넣어 함께 멸하시는 분이 아닙니다. 소돔과 고모라에 의인 열 명이 없어서 멸망이 임할 때도 하나님은 의인들이 적으니 연대책임으로 함께 죽으라고 하시지 않았습니다. 그들을 피신시킨 후에 멸망시키십니다. 롯의 아내는 뒤를 돌아보다가 소금 기둥이 됐지만 그녀도 구원을 받은 후에 징계를 받은 것입니다. 하나님은 의인들이 멸망의 땅을 떠나기 전까지 아무것도 못하시겠다고 하십니다.

"21그가 그에게 이르되 내가 이 일에도 네 소원을 들었은즉 네가 말하는 그 성읍을 멸하지 아니하리니 22그리로 속히 도망하라 네가 거기 이르기까지는 내가 아무 일도 행할 수 없노라 하였더라 그러므로 그 성읍 이름을 소알이라 불

렀더라"(창 19:21-22)

너무나 명백한 말씀이고 하나님의 방식이 상식적임을 알 수 있는 대목입니다. 어제나 오늘이나 동일하신 하나님께서 마지막 때라고 해서 다른 계산법을 적용하시지는 않으실 것이 분명합니다.

3) 대환난 후 휴거설의 가장 치명적인 약점 중의 하나는 대환난 후 휴거된다면 천년왕국에 거주할 육체를 가진 주민은 어디서 오는가 하는 점입니다.

천년왕국 기간 동안에 분명히 일상적인 활동이 있고(사65:17-25) 또 악이 존재하고 있는데(계20:7-11) 이에 대한 설명이 불가능합니다. 모든 성도들은 휴거와 동시에 예수의 부활체와 같이 영체로 변화되어 곧 바로 천년왕국에 들어갈 것인데 이들이 어떻게 죄를 지으며, 일상적인 활동(농사짓고, 집짓고)을 한다는 말인가? 하는 점입니다.(사65:17-25, 계20:7-11)

4) 나팔소리에 대해 오해

앞에서도 언급했지만 환난 후 휴거를 주장하는 사람들은 마태복음 24:31의 "큰 나팔 소리"와 고린도전서 15:51의 "마지막 나팔"과 데살로니가전서 4:16의 "하나님의 나팔 소리"와 요한계시록 11:15의 "일곱째 천사가 나팔을 불매"라는 말씀을 바르게 구분하지 못하고 똑같은 것으로 오해하고 있습니다. 이것은 '교회가 휴거될 때 울리는 나팔'(고전15:52, 살전4:16)과 '대환난 때 하나님의 진노의 심판들 가운데 일곱 나팔의 심판 중 일곱 번째 나팔'(계11:15)과 '예수 재림 때의 나팔'(마 24:31)을 같은 것으로 혼동한 결과입니다.

"일곱째 천사가 나팔을 불매 하늘에 큰 음성들이 나서 이르되 세상 나라가 우리 주와 그의 그리스도의 나라가 되어 그가 세세토록 왕 노릇 하시리로다 하니"(계11:15)

5) 7년 대환난 기간 때에 지상에 성도가 있다는 것만으로는 환난 후 휴거설을 증명하지 못합니다. 성도는 항상 있겠지만, 7년 대환난 때에 지상에 있는 성도는 교회의 휴거 후에 구원받은 성도라고 보는 것이 더 바람직합니다.

계7:9-14의 말씀은 큰 환난에서 나와 하나님의 보좌앞에 있는 성도들에 관한 말씀인데,

"9이 일 후에 내가 보니 각 나라와 족속과 백성과 방언에서 아무도 능히 셀

수 없는 큰 무리가 나와 흰 옷을 입고 손에 종려 가지를 들고 보좌 앞과 어린 양 앞에 서서 10큰 소리로 외쳐 이르되 구원하심이 보좌에 앉으신 우리 하나님과 어린 양에게 있도다 하니 11모든 천사가 보좌와 장로들과 네 생물의 주위에 서 있다가 보좌 앞에 엎드려 얼굴을 대고 하나님께 경배하여 12이르되 아멘 찬송과 영광과 지혜와 감사와 존귀와 권능과 힘이 우리 하나님께 세세토록 있을지어다 아멘 하더라 13장로 중 하나가 응답하여 나에게 이르되 이 흰 옷 입은 자들이 누구며 또 어디서 왔느냐 14 내가 말하기를 내 주여 당신이 아시나이다 하니 그가 나에게 이르되 이는 큰 환난에서 나오는 자들인데 어린 양의 피에 그 옷을 씻어 희게 하였느니라"

여기 "나오는"의 용어의 '엘코메노이(ἔρχομαι)'로서 현재분사 복수동사로서 6째 인봉을 뗀 현재입니다. 이들은 환난에서 나오는 자들로 어린 양의 피에 씻어 희게 하였는데, "씻어"의 용어는 '에풀뤼난'이며, "희게하였느니라"는 '엘류카난(ἐλεύκαναν)'으로 동일하게 직설법, 부정과거 능동태 3인칭 복수동사이므로 천상의 보좌 앞에 있는 이미 구원함을 과거에 받은 성도들입니다. 즉 예수님 공중강림 때에 낙원에서 부활한 성도들과 큰 환난 전에 휴거된 성도들인 것입니다. 그러므로, 어떤 사람들의 주장들처럼 모든 성도들(교회)이 7년 대환난을 통과한다는 주장들은 잘못된 것입니다.

6) 성도들이 모두 하나님의 보호를 받으며 대환난을 통과한다는 주장은 계시록 13장 7절, 15절 등에서 성도들이 모두 순교당하는 것을 볼 때 설득력이 전혀 없습니다.

"7또 권세를 받아 성도들과 싸워 이기게 되고 각 족속과 백성과 방언과 나라를 다스리는 권세를 받으니 8죽임을 당한 어린 양의 생명책에 창세 이후로 이름이 기록되지 못하고 이 땅에 사는 자들은 다 그 짐승에게 경배하리라"(계13:7-8)

적그리스도는 권세를 받아 성도들과 싸워서 이깁니다. 순교 외에는 구원받을 수 없는 극한 핍박의 때입니다.

"그가 권세를 받아 그 짐승의 우상에게 생기를 주어 그 짐승의 우상으로 말하게 하고 또 짐승의 우상에게 경배하지 아니하는 자는 몇이든지 다 죽이게 하더라"(계13:15)

그리고 계시록 4장 10절 말씀을 보면 자기의 관을 보좌 앞에 드리는 장면이 나오는데 대환난전 이미 그리스도 심판석에서 상급을 받았다는 얘기입니다.

"이십사 장로들이 보좌에 앉으신 이 앞에 엎드려 세세토록 살아 계시는 이에게 경배하고 자기의 관을 보좌 앞에 드리며 이르되"(계4:10)

7) 교회가 지상에서 대환난을 겪고 있다면 공중에서 있을 그리스도의 심판석[26])과 어린 양의 혼인식에는 누가 참석하는가?

"7우리가 즐거워하고 크게 기뻐하며 그에게 영광을 돌리세 어린 양의 혼인 기약이 이르렀고 그의 아내가 자신을 준비하였으므로 8그에게 빛나고 깨끗한 세마포 옷을 입도록 허락하셨으니 이 세마포 옷은 성도들의 옳은 행실이로다 하더라 9천사가 내게 말하기를 기록하라 어린 양의 혼인 잔치에 청함을 받은 자들은 복이 있도다 하고 또 내게 말하되 이것은 하나님의 참되신 말씀이라 하기로"(계19:7-9)

---

26) 로마서 14장 10-12절은 "우리가 다 하나님의 심판대 앞에 서리라 … 이러므로 우리 각 사람이 자기 일을 하나님께 직고하리라"고 말합니다. 고린도후서 5장 10절은 "이는 우리가 다 반드시 그리스도의 심판대 앞에 나타나게 되어 각각 선악간에 그 몸으로 행한 것을 따라 받으려 함이라"고 말합니다. 문맥을 보면, 이 두 성경 구절들은 불신자가 아니라 신자들에게 말하는 것이 분명합니다. 그러므로 그리스도의 심판대는 자신들의 삶에 대해 그리스도께 직고하는 구원받은 성도들과 관련됩니다. 그리스도의 심판대는 구원을 결정하지 않습니다. 구원은 우리를 대신한 그리스도의 희생(요일2:2)과 그분을 믿는 우리의 믿음(요3:16)에 의해 결정되었습니다. 우리의 모든 죄는 사함 받았고, 우리는 결코 죄 때문에 정죄 받지 않을 것입니다.(롬 8:1) 그리스도의 심판대는 하나님께서 우리의 죄를 심판하시기 위한 곳이 아니라 오히려 우리의 삶에 대해 상주시기 위한 곳입니다. 성경이 말하는 것처럼, 우리는 우리 자신에 대해 직고(直告)해야 할 것입니다. 이것의 일부는 분명히 우리가 범한 죄악에 대해 고백하는 것이 될 것입니다. 하지만 그것이 그리스도의 심판대의 주된 관심은 아닐 것입니다. 그리스도의 심판대에서, 신자들은 얼마나 그리스도를 충실하게 섬겼느냐에 따라 상을 받게 됩니다.(고전9:4-27; 딤후2:5) 우리가 심판을 받는 기준의 일부는 우리가 대사명을 명령을 얼마나 잘 수행하였는지(마28:18-20), 우리가 얼마나 죄를 극복하였는지(롬6:1-4), 그리고 우리가 얼마나 우리의 혀를 잘 다스렸는가(약3:1-9) 하는 것입니다. 성경은 신자들이 얼마나 충성스럽게 그리스도를 섬겼는지에 따라 면류관을 받는 것을 말합니다.(고전9:4-27; 딤후2:5) 다양한 면류관들이 디모데후서 2장 5절, 4장 8절, 야고보서 1장 12절; 베드로전서 5장 4절; 계시록 2장 10절에 묘사되어 있습니다. 야고보서 1장 12절은 신자들이 그리스도의 심판대에 대해 어떻게 생각해야 하는지를 잘 요약하고 있습니다. "시험을 참는 자는 복이 있나니 이는 시련을 견디어 낸 자가 주께서 자기를 사랑하는 자들에게 약속하신 생명의 면류관을 얻을 것이기 때문이라".

교회가 환난 전에 휴거되어 하늘에서 '그리스도의 심판석'을 통해 상급의 심판을 받게 되고,

"이는 우리가 다 반드시 그리스도의 심판대 앞에 나타나게 되어 각각 선악간에 그 몸으로 행한 것을 따라 받으려 함이라"(고후5:10)

지상 재림 전에 대환난이 끝나는 시점에 '어린 양의 혼인식'을 한 후(계19:7-10), 예수 그리스도께서 영광스럽게 재림하십니다.(계19:11-16) 그러나 환난 후 휴거를 주장하는 사람들은 교회가 휴거되고 나서 바로 주님께서 재림하신다고 가르치기 때문에 왜 휴거되어야 하는지 그 이유와 그리스도의 심판석과 어린 양의 혼인식을 제대로 설명할 수 없습니다.

8) "야곱의 고난"(렘30:7)이 말하는 하나님의 심판과 교회가 무슨 상관이 있는가?

"슬프다 그 날이여 그와 같이 엄청난 날이 없으리라 그 날은 야곱의 환난의 때가 됨이로다 그러나 그가 환난에서 구하여 냄을 얻으리로다"(렘30:7)

이 말씀은 적그리스도의 치하에서 메시야를 거부한 이스라엘이 그들의 죄에 대하여 받는 심판인데 그 심판과 교회가 무슨 상관이 있는가? 하는 문제입니다. 대환난 후 휴거설은 대체신학의 영향을 받은 결과로 추정이 됩니다. 이 분들은 대환난 때의 이스라엘 관련 예언들을 교회로 대체해서 해석하기 때문입니다. 그러나 대환난은 다니엘을 통해 예언된 "칠십 주"(seventy weeks) 중에서 "칠십째 주"입니다. 다니엘 9:24은 칠십 주가 누구에게 정해진 것인가에 대해 이렇게 말씀합니다.

"네 백성과 네 거룩한 성을 위하여 일흔 이레를 기한으로 정하였나니 허물이 그치며 죄가 끝나며 죄악이 용서되며 영원한 의가 드러나며 환상과 예언이 응하며 또 지극히 거룩한 이가 기름 부음을 받으리라"(단9:24)

성경에 기록된 대로 칠십 주는 "네 백성", 즉 다니엘의 백성(동포)인 "이스라엘 백성"에게 정해진 것이고, 또 "네 거룩한 성", 즉 "예루살렘"에 정해진 것이지 "교회"를 대상으로 정해진 것이 아닙니다. 따라서 다니엘 9:27에 나오는 "칠십째 주" 역시 그 대상이 "이스라엘"임을 간과해서는 안 됩니다. 다니엘의 "칠십째" 주는 교회가 휴거된 이후에 "이스라엘이 당하는 고난", 즉 "야곱의 고난의 때"라고 불리는데, 이스라엘 백성에 대한 하나님의 진노가 나타나는 때이며,

이 고난의 때를 거쳐 이스라엘은 구원받습니다(렘30:7). 다니엘 12:1에서도 이 때를 "환난"(time of trouble)이라고 말씀합니다.

"그 때에 네 민족을 호위하는 큰 군주 미가엘이 일어날 것이요 또 환난이 있으리니 이는 개국 이래로 그 때까지 없던 환난일 것이며 그 때에 네 백성 중 책에 기록된 모든 자가 구원을 받을 것이라"(단12:1)

다니엘의 칠십 주가 시작될 때 교회는 없었고, 처음 7주와 62주가 이스라엘과 예루살렘에 정해진 예언이었습니다.(단9:24, 25)

62주 후에는 마지막 한 주, 즉 "칠십째 주"가 바로 오지 않았고 "칠십째 주"는 공백 기간을 뛰어넘어 장차 미래에 성취될 예언으로 남았는데, 그것이 "대환난"입니다. 따라서 69주와 70주 사이에 메시야이신 예수님의 구속사역으로 교회가 시작된 것이며 교회의 휴거로 교회 시대가 끝난 후에 "칠십째 주"인 "대환난"이 시작되는 것입니다.(단9:26, 27)

마태복음 24:29,30은 대환난과 재림의 관계에 대해 이렇게 말씀합니다.

"29그 날 환난 후에 즉시 해가 어두워지며 달이 빛을 내지 아니하며 별들이 하늘에서 떨어지며 하늘의 권능들이 흔들리리라 30그 때에 인자의 징조가 하늘에서 보이겠고 그 때에 땅의 모든 족속들이 통곡하며 그들이 인자가 구름을 타고 능력과 큰 영광으로 오는 것을 보리라"(마24:29-30)

"대환난 후에 즉시" 하늘에 표적이 나타나고 주님께서 재림하십니다. 따라서 재림 직전 대환난은 교회 시대에 교회가 경험하는 고난이 아닙니다. 대환난은 유대인이 그 첫 번째 대상이며, 교회 시대 동안 그리스도를 거부한 이방의 죄인들이 주의 진노와 맹렬한 분노 가운데 멸망하게 되는 기간입니다.(사13:6-11) 그리고 7년 대환난 후 교회가 휴거된다면 적그리스도가 나타난 후부터 7년 이후므로 연월일 계산하여 '시한부 종말론'에 빠질 위험이 큽니다.

9) 교회가 환난을 통과한다고 믿게 된 것은 계시록 4:1도 잘못 해석했기 때문입니다.

"1이 일 후에 내가 보니 하늘에 열린 문이 있는데 내가 들은 바 처음에 내게 말하던 나팔 소리 같은 그 음성이 이르되 이리로 올라오라 이 후에 마땅히 일어날 일들을 내가 네게 보이리라 하시더라 2내가 곧 성령에 감동되었더니 보라 하늘에 보좌를 베풀었고 그 보좌 위에 앉으신 이가 있는데"(계4:1-2)

물론 이것은 사도 요한이 셋째 하늘에 올라간 것입니다. 그러나 역사적 전천년주의자들은 여기에 언급된 일을 단순히 요한이 휴거된 것으로 한가지 면 만을 보는 한계가 있습니다. 요한은 들림 받아서 장차 있을 대환난 기간에 일어난 일들을 목격했습니다. 대환난은 그때부터 이후에 있을 일입니다. 계시록은 요한이 들림 받아 앞으로 있을 환난기간으로 옮겨져서 과거를 돌아보며 교회시대를 기록하고 미래를 바라보며 천년왕국을 기록한 책입니다.

요한복음 21:22에서 예수님은 요한의 거취에 관하여

"예수께서 이르시되 내가 올 때까지 그를 머물게 하고자 할지라도 네게 무슨 상관이냐 너는 나를 따르라 하시더라"(요21:22)

『내가 올 때까지 그를 머물게 하고자 한들』이란 표현을 쓰셨습니다. 이 말은 주님이 요한을 성령 안에 붙들어 교회 시대 기간을 통과하여 대환난 기간으로 옮겨 그리스도의 재림을 보여주심을 의미합니다. 또한 계시록 4:2에서 '요한이 즉시 영 안에 있게 되었다'는 말을 이해하는 것이 중요합니다. 우리는 이 말이 계시록 1:10에도 나와 있는 것을 봅니다.

"주의 날에 내가 성령에 감동되어 내 뒤에서 나는 나팔 소리 같은 큰 음성을 들으니"(계1:10)

이 말은 거듭난 성도가 성령 안에 있다는 말이 아니라 인간의 몸의 변형을 말합니다. 타고난 몸이 영적인 몸으로 변형된 것을 말합니다.(고전15:44)

"하늘에 속한 형체도 있고 땅에 속한 형체도 있으나 하늘에 속한 것의 영광이 따로 있고 땅에 속한 것의 영광이 따로 있으니"(고전15:40)

"육의 몸으로 심고 신령한 몸으로 다시 살아나나니 육의 몸이 있은즉 또 영의 몸도 있느니라"(고전15:44)

고린도전서 15:40에서 말한 현재의 우리의 몸은 "땅에 속한 몸"(terrestrial body)인데, 이 몸이 하늘에 속한 몸(celestial body)으로 바뀌는 것입니다.

'성령 안에 있게 되었는데'라는 말은 고린도전서 15:51-52와 비교해 보면 그리스도인의 몸이 휴거되는 것임을 알 수 있게 됩니다.

"51보라 내가 너희에게 비밀을 말하노니 우리가 다 잠 잘 것이 아니요 마지막 나팔에 순식간에 홀연히 다 변화되리니 52나팔 소리가 나매 죽은 자들이 썩지 아니할 것으로 다시 살아나고 우리도 변화되리라"(고전15:51-52)

"이리로 올라오라." 했을 때 요한이 올라간 것이 분명합니다. 그러나 요한은

A.D. 90년에 "성령 안에" 붙들려 "주의 날"에 즉 주님의 재림의 날을 보고 그 사실을 계시록에 기록한 것입니다. 요한은 그리스도의 지체요, 신부인 교회의 유형(類型)입니다. '이리로 올라오라'는 것은 요한이 교회의 유형으로서 휴거된 것입니다. 이 부름의 소리는 데살로니가전서 4:13-18에 나오는 주님의 부르심과 교회의 떠남에 대한 자세한 약속(살전4:13-17)과 잘 맞아 떨어집니다.

이 부르심에 이어 요한은 자신이 즉시로 하늘에 있는 보좌 앞에 있음을 발견하게 됩니다. 이로부터 계시록에서는 지상에 있는 교회에 대한 언급이 전혀 없습니다. 교회가 지상에 없기 때문에 일곱 가지 재앙이 4번이나 반복되었지만 교회는 한 번도 나오지 않습니다.

10) 구원론이 흔들릴 수 있는 위험

환난 후 휴거에 관한 논리는, 이 중대한 마지막의 역사에서 참 성도와 가짜를 어떻게 구분하겠느냐는 것입니다. 고난을 견디고 믿음을 보여야 비로소 구원을 얻는다는 것인데, 이는 복음을 무효화할 수 있는 위험성이 도사리고 있는 것입니다. 예수가 그리스도이심을 마음으로 믿고 입으로 시인하는 것이 구원에 이르는 길(롬10:9)인데

"네가 만일 네 입으로 예수를 주로 시인하며 또 하나님께서 그를 죽은 자 가운데서 살리신 것을 네 마음에 믿으면 구원을 받으리라"(롬10:9)

어떻게 이미 구원받은 성도가 육체적 고난을 견뎌서 또다시 구원을 얻을 수 있다는 것입니까? 환난을 이기는 행함으로 구원을 받는 것처럼 오해를 일으킬 수 있는 위험성이 높은 설입니다. 한편 주님을 배반했던 이스라엘은 그런 과정을 거쳐 믿음을 보여야 할 것입니다. 또한 주님을 거부하다가 뒤늦게 깨달아 환난에 들어간 자들도 목숨을 내놓기까지 고난을 당할 것입니다. 그때도 믿음으로 구원을 받지만 그 믿음을 지니고는 짐승의 표를 받을 수 없기 때문에 죽음을 불사(不辭)해야 하는 것입니다. 그러나 성도는 하나님의 진노에서 건져냄을 받아 안전히 거하는 존재입니다.

"또 죽은 자들 가운데서 다시 살리신 그의 아들이 하늘로부터 강림하실 것을 너희가 어떻게 기다리는지를 말하니 이는 장래의 노하심에서 우리를 건지시는 (delivered) 예수시니라"(살전 1:10)

분명히 장차 다가올 일을 말씀하면서도 현재형으로 '건지시는(ρυόμενονwho rescues)'이라고 기록했습니다.

"그러면 이제 우리가 그분의 피로 말미암아 의롭게 되었은즉 더욱더 그분을 통해 진노로부터 구원을 받으리니"(롬5:9)

"하나님께서는 우리를 진노에 이르도록 정하지 아니하시고 우리 주 예수 그리스도로 말미암아 구원을 받도록 정하셨느니라."(살전5:9)

이 말씀들 역시 우리가 대환난의 진노에서 구원받을 것을 알려주고 있습니다. 여기 나오는 진노(wrath)라는 단어는 유대인들이 마지막에 받을 고난의 날인 '주의 날'에 해당합니다.

3. 대환난 전 휴거설

대환난 전 휴거설은 초대교회부터 지지받아 온 '전통적 전천년설'입니다.

"볼지어다 그가 구름을 타고 오시리라 각 사람의 눈이 그를 보겠고 그를 찌른 자들도 볼 것이요 땅에 있는 모든 족속이 그로 말미암아 애곡하리니 그러하리라 아멘 볼지어다 그가 구름을 타고 오시리라"(계1:7)

예수님이 공중에 강림하십니다. 예수님의 재림은 한번이고 먼저 공중강림도 재림에 포함됩니다. 마치 서울에서 부산을 가는 도중 천안 휴게소에서 잠시 식사하는 것도 부산행에 포함되는 것과 같습니다.

"16주께서 호령과 천사장의 소리와 하나님의 나팔 소리로 친히 하늘로부터 강림하시리니 그리스도 안에서 죽은 자들이 먼저 일어나고 17그 후에 우리 살아 남은 자들도 그들과 함께 구름 속으로 끌어 올려 공중에서 주를 영접하게 하시리니 그리하여 우리가 항상 주와 함께 있으리라"(살전4:16-17)

대환난 전 휴거설은 교회가 7년 대환난이 시작되기 전에 휴거되어 7년 대환난을 통과하지 않으며, 7년 대환난이 끝난 후 지상에 내려와 그리스도와 함께 천년왕국에 들어가 그리스도의 통치에 동참한다는 것입니다.

첫째, 성경은 그리스도안의 성도들이 하나님의 진노를 받지 않는다고 가르칩니다.

계시록 6장 17절에는 7년 대환난이 '하나님의 진노의 때'인 것을 나타내고 있습니다.

"그들의 진노의 큰 날이 이르렀으니 누가 능히 서리요 하더라"(계6:17)

그리고 데살로니가전서 1장 10절, 5장 9절에는 그리스도 안에 있는 하나님의 자녀는 하나님의 진노에 이르지 않음을 나타내고 있습니다.

"또 죽은 자들 가운데서 다시 살리신 그의 아들이 하늘로부터 강림하실 것을 너희가 어떻게 기다리는지를 말하니 이는 장래의 노하심에서 우리를 건지시는 예수시니라"(살전1:10)

"하나님이 우리를 세우심은 노하심에 이르게 하심이 아니요 오직 우리 주 예수 그리스도로 말미암아 구원을 받게 하심이라"(살전5:9)

둘째, 계시록 3장 10절에는 교회(빌라델비아교회 뿐만 아니라 모든 교회)는 장차 온 세계에 임할 환난의 때에서 면제될 것을 약속하고 있습니다.

"네가 나의 인내의 말씀을 지켰은즉 내가 또한 너를 지켜 시험의 때를 면하게 하리니 이는 장차 온 세상에 임하여 땅에 거하는 자들을 시험할 때라"(계3:10)

여기서 그리스도께서는 이 땅 위에 임하게 될 "시험의 때"로부터 신자들을 구하실 것을 약속하십니다. 이것은 두 가지 사실을 의미할 수 있습니다. 그리스도께서 시험의 기간 중에 믿는 자들을 보호하시든지, 아니면 시험에서 신자를 빼내어 데려 가시는 것입니다. 이 두 가지 다 "부터"(ἐκ. from, 면하게 하리니)로 번역된 헬라어의 유효한 의미들입니다. 하지만 신자들이 무엇으로부터 보호 받기로 약속 받았는지를 이해하는 것은 중요합니다. 그것은 단지 시험으로부터가 아닌, 시험의 '시간'으로부터입니다. 하나님께서 주신 믿음의 테스트(test)가 아니라 피해야 할 사탄과 적그리스도와 거짓선지자들의 유혹(temptation) 으로부터 구원입니다. 그리스도께서는 유혹을 포함하는 바로 그 시간으로부터, 다시 말해, 환난으로부터 신자들을 지키신다고 약속하십니다. 교회가 누구도 감히 감당할 수 없는 진노의 큰 날(계6:17), 즉 대환난 때에 하나님의 진노의 심판(계15:1,7; 16:1)에 참여해야 하는 성경적 이유는 전혀 없으며, 그렇게 기록하고 있는 말씀도 전혀 없습니다.

"또 하늘에 크고 이상한 다른 이적을 보매 일곱 천사가 일곱 재앙을 가졌으니 곧 마지막 재앙이라 하나님의 진노가 이것으로 마치리로다"(계15:1)

"네 생물 중의 하나가 영원토록 살아 계신 하나님의 진노를 가득히 담은 금

대접 일곱을 그 일곱 천사들에게 주니"(계15:7)

"또 내가 들으니 성전에서 큰 음성이 나서 일곱 천사에게 말하되 너희는 가서 하나님의 진노의 일곱 대접을 땅에 쏟으라 하더라"(계16:1)

또 하나님의 진노는 악인이 당하는 것이지, 교회가 통과해야 할 것이 아닙니다. 교회는 대환난의 심판 속에 들어가서 소위 보호를 받는 것이 아니라, 대환난 전에 휴거되어 대환난으로부터 완전한 보호를 받는 것입니다.

셋째, 데살로니가후서 2장 1-12절에 따르면 막는 자, 즉 성령이 옮겨지면서 적그리스도가 출현하여 7년 대환난이 시작할 것을 보여줍니다.

"⁶너희는 지금 그로 하여금 그의 때에 나타나게 하려 하여 막는 것이 있는 것을 아나니 ⁷불법의 비밀이 이미 활동하였으나 지금은 그것을 막는 자가 있어 그 중에서 옮겨질 때까지 하리라"(살후2:6-7)

교회는 대환난과 상관없으며, 대환난 전에 휴거됩니다. 교회는 대환난 때 이 땅에서 하나님의 진노를 받지 않습니다(계14:10,19; 15:1,7; 16:1). 하나님의 진노는 불순종의 자녀들 위에 임합니다(엡5:6, 골 3:6). 그리스도인은 다가올 진노로부터 자신을 구해내신 주님께서 하늘로부터 오시는 것을 기다리는 사람입니다(살전1:10). 대환난 후 휴거설을 옹호하는 사람들은 계시록 12장 14절 말씀을 근거로 대환난기 때 교회를 하나님께서 피난처로 데리고 가서서 특별히 보호하신다는 것입니다.

"¹³용은 자기가 땅으로 쫓겨난 것을 알고 사내아이를 낳은 여자를 쫓아갔습니다. ¹⁴그때 그녀에게 큰 독수리의 두 날개가 주어졌습니다. 그래서 그녀는 광야, 곧 그녀의 거처로 날아가 거기서 뱀의 낯을 피해 한 때와 두 때와 반 때 동안 부양을 받았습니다."(계12:13-14)

그러나 이는 그들이 성경을 잘못 적용한데서 온 오류입니다. 14절에서 말한 '그녀'는 문맥상 사내아이 곧 예수를 낳은 '민족적 이스라엘 후손'을 뜻합니다. 백번 양보해서 그들의 주장이 맞다면

"또 내가 보좌들을 보니 그 위에 사람들이 앉았는데 심판할 권세가 그들에게 주어졌습니다. 그들은 예수의 증언과 하나님의 말씀으로 인해 목 베임을 당한 사람들의 영혼들과 짐승과 그의 우상에게 경배하지 않고 자신들의 이마와 손에 표를 받지 않은 사람들입니다. 그들은 다시 살아나 그리스도와 함께 1,000년 동

안 통치했습니다."(계20:4)

계시록 20장 4절에 나오는 대환난기 때 목 베임을 당한 사람들은 누구냐 하는 문제입니다. 해석상 충돌이 생기는 것은 그 해석과 적용 자체가 모순이 있다는 방증입니다.

넷째, 대환난 후 휴거나 대환난 중간에 휴거설의 견해는 "이스라엘의 회복"을 오해하여 이스라엘이 대환난 전에 회복된다고 주장합니다.

단지 이스라엘이 그들의 본토로 돌아오는 것은 회복을 위한 준비일 뿐 회복이 아닙니다. 이스라엘이 야곱의 고난의 때인 대환난을 거침으로써 그들은 죄를 회개하고 예수를 그리스도로 믿음으로 죄 사함을 받습니다. 교회가 받고 있는 고난이나 박해와는 본질적으로 다릅니다. 또한 그 날은 "야곱"의 고난의 때이지 "교회"의 고난의 때가 아니며, 야곱은 그 날 곧 대환난에서 구원을 받습니다.(렘 30:10, 11 참조)

"10여호와의 말씀이니라 그러므로 나의 종 야곱아 너는 두려워하지 말라 이스라엘아 놀라지 말라 내가 너를 먼 곳으로부터 구원하고 네 자손을 잡혀가 있는 땅에서 구원하리니 야곱이 돌아와서 태평과 안락을 누릴 것이며 두렵게 할 자가 없으리라 11이는 여호와의 말씀이라 내가 너와 함께 있어 너를 구원할 것이라 너를 흩었던 그 모든 이방을 내가 멸망시키리라 그럴지라도 너만은 멸망시키지 아니하리라 그러나 내가 법에 따라 너를 징계할 것이요 결코 무죄한 자로만 여기지는 아니하리라"(렘30:10-11)

그러나 교회는 대환난이 아니라 대환난 이전까지의 교회 시대에 구원을 받습니다. 이와 같이 대환난은 주 예수 그리스도를 거부한 이스라엘이 하나님께 징계를 받는 기간이며, 이 기간을 통과하면서 그들이 회개하고 그들의 죄악이 정결케 되며, 그들이 구원받도록 하나님께서 이스라엘에게 주신 기회인 것입니다. 로마서 11:25-27은 이렇게 말씀합니다.

"25형제들아 너희가 스스로 지혜 있다 하면서 이 신비를 너희가 모르기를 내가 원하지 아니하노니 이 신비는 이방인의 충만한 수가 들어오기까지 이스라엘의 더러는 우둔하게 된 것이라 26그리하여 온 이스라엘이 구원을 받으리라 기록된 바 구원자가 시온에서 오사 야곱에게서 경건하지 않은 것을 돌이키시겠고 27내가 그들의 죄를 없이 할 때에 그들에게 이루어질 내 언약이 이것이라 함과

같으니라"(롬11:25-27)

이 말씀대로 교회가 아니라 온 이스라엘이 대환난을 통해서 구원받게 되는 것입니다. 주님께서는 천년왕국에서 이스라엘의 예루살렘에 있는 다윗의 보좌에서 통치하시게 되며, 이것이 이스라엘의 회복입니다. 그 시점은 대환난 이후 지상 재림 때입니다.

다섯째, 교회가 하늘에 있게 되는 또 다른 증거는 24장로들입니다.

계시록4장에서 24명의 장로들이 관을 쓰기 전에 이미 휴거가 일어났습니다. 즉 예수님께서 자신의 신부를 데려가시기 위해 이미 공중에 나타나셨습니다. 하나님의 왕좌 주위에서의 이들의 활동은 대환난 전 때인 계시록4:4-5:14에 묘사되어 있습니다.

"또 보좌에 둘려 이십사 보좌들이 있고 그 보좌들 위에 이십사 장로들이 흰 옷을 입고 머리에 금관을 쓰고 앉았더라"(계4:4)

장로라는 칭호는 천사들에게는 결코 주어진 적이 없습니다. 우리는 성경 그 어디에서도 천사들이 왕좌에 앉아 있다든가 왕관을 쓰고 있는 장면을 접할 수 없습니다. 따라서 이들은 천사들이 될 수가 없습니다. 그리스도의 몸 안에 있는 그리스도인에게는 왕관들이 약속으로 주어져 있습니다.(벧전5:2-4, 딤후4:8 등) 사도와 동료 신자들은 하나님께서 그들을 왕과 제사장으로 삼으셨다(계1:6)는 약속을 받았고, 그분과 함께 고난을 받는 자는 그분과 함께 통치할 것이라는 약속도(딤후2:12)받았습니다. 이들 24장로들이 분명 거듭난 그리스도인들이라는 사실은 이들이 예수 그리스도의 피로 구속 받았다는 사실(계5:9-10, 1:5) 하나만으로도 너무도 분명하다고 하겠습니다.

"we shall" 미래형입니다. 당시에 예수를 믿으면 이 땅에서 영적으로 왕 노릇 한다면 현재형 동사를 썼을 것입니다. 그러나 미래형으로 쓴 것(βασιλεύσουσιν; and they will reign)은 천년왕국 때 이루어질 미래의 사건이기 때문입니다. 이들의 왕관들은 지상에서의 왕관들이 아닙니다. 왜냐하면 이 왕관들은 하늘에 있는 사람들에게 속한 것이며 따라서 그리스도의 심판석에서(고후5:10, 고전3:11-15) 받은 것임이 틀림없습니다.

우리는 이 무리가 또한 흰 옷을 입고 있음(계4:4)을 보게 됩니다. 이것은 제사장의 의복입니다. 이들은 왕같은 제사장 직분(벧전2:9)을 지닌 자로 성령에

의해 중생한 자들입니다.(딛3:5)

성경의 관련 기록 중 대부분에서 장로란 한 민족, 지파, 가문 혹은 도시의 대표로 나타납니다. 구약의 경륜 하에서는 24명의 제사장이 직분을 담당했었습니다.(대상24:1-19) 다윗은 24명의 제사장 가문의 우두머리들을 찾아내어 모든 제사장 직분의 대표로 삼았습니다. 새 예루살렘에는 12개의 기초석이 사도들에게 속한 반면, 12대문은 이스라엘의 열두 지파의 이름을 따라 불리고 있습니다.(계21:10-14) 구약에는 이스라엘의 장로들이 있었고, 신약에는 교회의 장로들이 있습니다. 하늘에 주님의 보좌 둘레에 있는 사람들은 장로들이었습니다. 그러므로 24장로는 구원받은 신구약 성도들이라고 볼 수 있습니다. 베드로는 자신을 "장로"라고 말합니다.

"너희 중 장로들에게 권하노니 나는 함께 장로 된 자요 그리스도의 고난의 증인이요 나타날 영광에 참여할 자니라"(벧전5:1)

사도였던 베드로는 자신을 장로라고 말하는데 사도 요한 역시 그러합니다. 요한 이서 삼서에는 요한이 자신을 이렇게 기술합니다.

"장로인 나는 택하심을 받은 부녀와 그의 자녀들에게 편지하노니 내가 참으로 사랑하는 자요 나뿐 아니라 진리를 아는 모든 자도 그리하는 것은"(요이1:1)

"장로인 나는 사랑하는 가이오 곧 내가 참으로 사랑하는 자에게 편지하노라"(요삼1:1)

사도들은 자신들이 장로라고 말합니다. 히브리서 11장에 나오는 믿음의 사람들은 모두 장로들(πρεσβύτερος)이라 불립니다. "선진들이(πρεσβύτερος) 이로써 증거를 얻었느니라"(히11:2)

아벨에서부터 시작되는 무수한 사람들이 장로들입니다. 신약에서는 사도들을 비롯한 교회를 먹이고 돌보는 이들을 장로라고 말합니다. 신약 성도들은 대환난 전에 들림을 받아 하늘에 있습니다.

여섯째, 환난 전 휴거설은 천년왕국에 거주할 자들에 관해서 자연스런 이해를 제공합니다.

교회가 휴거되고 난 후에도 무수히 많은 성도들이 구원받게 되고(계7:9-14), 그들 가운데 7년 대환난 기간 중에 순교당하지 않은 성도들이 천년 왕국에서 일상적인 활동을 하는 거주민이 될 것입니다.

"그 여자가 큰 독수리의 두 날개를 받아 광야 자기 곳으로 날아가 거기서 그 뱀의 낯을 피하여 한 때와 두 때와 반 때를 양육 받으매"(계12:14)

성도는 7년 환난과 상관없이 휴거되며, 유대인과 불신자는 환난에 들어가는데, 짐승의 표를 받지 않아야 하는 것은 물론 누구도 예외 없이 예수 그리스도를 구주로 영접해야 합니다. 마태복음 25장 32절 이하에, 특히 41절과 46절에 따르면 재림 후 민족들의 심판 때 불신자는 모두 영원한 불에 들어감을 보이고 있기 때문에 불신자가 천년왕국에 들어갈 가능성은 전혀 없습니다.

마25:41-46

"⁴¹또 왼편에 있는 자들에게 이르시되 저주를 받은 자들아 나를 떠나 마귀와 그 사자들을 위하여 예비된 영원한 불에 들어가라 ⁴²내가 주릴 때에 너희가 먹을 것을 주지 아니하였고 목마를 때에 마시게 하지 아니하였고 ⁴³나그네 되었을 때에 영접하지 아니하였고 헐벗었을 때에 옷 입히지 아니하였고 병들었을 때와 옥에 갇혔을 때에 돌보지 아니하였느니라 하시니 ⁴⁴그들도 대답하여 이르되 주여 우리가 어느 때에 주께서 주리신 것이나 목마르신 것이나 나그네 되신 것이나 헐벗으신 것이나 병드신 것이나 옥에 갇히신 것을 보고 공양하지 아니하더이까 ⁴⁵이에 임금이 대답하여 이르시되 내가 진실로 너희에게 이르노니 이 지극히 작은 자 하나에게 하지 아니한 것이 곧 내게 하지 아니한 것이니라 하시리니 ⁴⁶그들은 영벌에, 의인들은 영생에 들어가리라 하시니라"(마25:41-46)

휴거가 없이 7년 환난을 모두 통과한 후에 있을 것이라고 주장하는 사람들이 간과하는 것이 있습니다. 7년이 끝난 후에 휴거가 있게 되면 교회와 하나님의 인을 받은 유대인과 순교한 이방인 환난 성도가 모두 지상에서 사라집니다. 불신자들은 물론 심판으로 지구상에서 사라집니다. 그러면 천년왕국에 살아서 들어갈 사람이 없습니다. 일단 변화되고 휴거되면 더 이상 아기를 낳지 않는 영화로운 몸이 되기 때문에 천년왕국에 관한 다음 말씀들이 실현될 수 없다는 것입니다.

"거기는 날 수가 많지 못하여 죽는 어린이와 수한이 차지 못한 노인이 다시는 없을 것이라 곧 백 세에 죽는 자를 젊은이라 하겠고 백 세가 못되어 죽는 자는 저주 받은 자이리라"(사65:20)

"⁸젖 먹는 아이가 독사의 구멍에서 장난하며 젖 뗀 어린 아이가 독사의 굴에

손을 넣을 것이라 9내 거룩한 산 모든 곳에서 해 됨도 없고 상함도 없을 것이니
이는 물이 바다를 덮음 같이 여호와를 아는 지식이 세상에 충만할 것임이니라"
(사11:8-9)

이처럼 천년왕국에는 육체를 지닌 그리스도인들도 들어갑니다. 그러므로 휴
거가 미리 있지 않고 7년 후에 다같이 올라간다면 이런 성경의 예언들을 충족
시킬 조건이 되지 못합니다. 회개한 육체를 가진 유대인들이 천년왕국에 들어가
게 됩니다. 다음은 초대교회와 과거 믿음의 선배들이 믿은 대환전 휴거에 관한
Ken Johnson, 『The Rapture』의 책에서 소개한 정보와 자료를 살펴보겠습니다.

휴거 관련 전통적 전천년설(traditional premillennialism)의 역사적 근거
셰퍼드, 서기 150년

「Hermas의 목자: The shepherd of Hermas」는 AD 150년경에 기록되었습니
다. 그것은 꿈을 묘사하고 그것에 대한 해석을 제공합니다. 교회(흰 옷을 입은
신부)는 주님의 약속으로 인해 대환난을 피합니다. 헤르마스의 목자는 성경으로
간주되지 않지만 많은 2세기 기독교인들이 환난 전 휴거를 믿었음을 보여줍니
다. "그러므로 너희는 가서 주의 택하신 자들에게 그의 권능을 선포하고 그들에
게 이르기를 이 짐승은 장차 올 큰 환난의 모형이라 하라. 그러므로 너희가 마
음을 예비하고 온 마음을 다하여 회개하여 주께로 돌이키면 너희 마음이 정결
하고 흠이 없으면…. 황금색은 이 세상에서 탈출한 너희를 의미한다... 이제 너
희는 다가올 큰 환난의 상징을 안다. 그러나 너희가 원하면 아무 것도 되지 아
니하리라." – 셰퍼드, 서기 150년 –27)

---

27) The Shepherd of Hermas was written about AD 150. It describes a dream and
gives the interpretation of it. The church(bride clothed in white) escapes the
Great Tribulation because of the promise of the Lord. The Shepherd of Hermas
is not to be considered Scripture, but it does show that many second century
Christians believed in a pre-tribulational Rapture. "Go therefore and declare to
the Elect of the Lord His mighty deeds and say to them that this beast is a type
of the great tribulation which is to come. If ye therefore prepare yourselves and
with your whole heart turn to the Lord in repentance, then shall ye be able to
escape it, if your heart is pure and blameless ... the golden color stands for you
who have escaped from this world... Now ye know the symbol of the great trib-
ulation to come. But if ye are willing, it shall be nothing." – Shepard AD 150 –

이레네우스(Irenaeus)

교부 이레네우스는 2세기 중반에 썼습니다. 그는 사도 요한의 제자인 폴리캅 밑에서 가르침을 받았습니다. 때때로 사도 요한을 보았습니다. 이레네우스는 당대의 컬트에 반대하는 이단에 반대하는 제목의 5권짜리 작품을 썼습니다. 이 작품에서 그는 교회의 휴거를 환난 전 휴거라고 묘사하면서 휴거가 없을 것이라고 말하는 사람들을 반박했습니다. 육체적 부활. 교회는 들림을 당하거나 휴거될 것이며 그 다음에 7년 대환난이 일어날 것입니다. 결국 그 교회가 이것에서 홀연히 들림을 당할 때에는 말씀하시기를 "이는 그 때에 큰 환난이 있겠음이라 창세로부터 지금까지 이런 환난이 없었고 후에도 없으리라". – 이레네우스의 이단에 대하여 5.29 –28)

히폴리투스(Hippolytus)

히폴리투스는 이레네우스의 제자였는데, 그는 그의 영적 아버지가 그보다 앞서 그랬던 것처럼 그 시대의 컬트에 반대하는 자신의 작품을 저술했습니다. 히폴리투스는 또한 적그리스도와 세계의 종말이라는 예언에 관한 두 작품을 저술했습니다. 적그리스도에서 그는 휴거를 우리의 "복된 소망"이라고 불렀습니다. "데오빌로야 내가 이것을 성경에서 이끌어 내어 네 앞에 두었노니 이는 기록된 것을 믿음으로 간직하고 장차 될 일을 내다 봄으로 하나님과 사람에게 '복스러운 소망과 구주 하나님의 나타나심을 기다리게 하셨으니 그가 성도를 우리 가운데서 일으키사 그들과 함께 기뻐하시고 아버지께 영광을 돌리시리라 그에게 영광이 세세토록 있을지어다 아멘" – 히폴리투스의 적그리스도에 관하여 67 –29)

---

28) Irenaeus
Church father Irenaeus wrote in the mid-second century. He was taught under Polycarp, the disciple of the apostle John, and occasionally saw the apostle John. Irenaeus wrote a five- volume work entitled Against Heresies against the cults of his day. In this work he described the rapture of the church as pre-tribulational, refuting those who said there will be no physical resurrection. The church will be caught up, or raptured, then the seven-year tribulation will occur. "When in the end that church will suddenly be caught up from this, then it is said, 'There will be tribulation such as not been since the beginning, nor will be.'"
– Irenaeus' Against Heresies 5.29 –
29) Hippolytus
Hippolytus was a disciple of Irenaeus, who wrote his own work against the cults

키프리안(Cyprian) AD 250

키프리안은 주후 250년경 카르타고의 주교였습니다. 그는 우리가 적그리스도의 시대를 견뎌야 한다고 가르치지 않았지만 우리는 그것으로부터 "구출" 될 것이라고 말했습니다. 그는 독자들에게 다가올 부활이 그리스도인의 소망이라고 말하면서 마지막 날이 다가오는 것을 볼 때 '우리를 강탈하는' 휴거가 우리에게 동기를 부여해야 한다고 지적했습니다.

"끔찍한 일이 시작된 것을 보고 더 무서운 일이 임박했음을 아는 우리는 그것에서 떠나는 것을 가장 큰 유익으로 여길 수 있습니다. 가능한 한 빨리. 너희가 일찍이 떠나감으로 말미암아 너희가 건지심을 받고 하나님께 감사하지 아니하느냐 임박한 난파선과 재난? 우리 각자를 자신의 집에 배정하고 우리를 그곳에서 끌어내어 자유롭게 하는 날을 맞이합시다. 세상의 올무에서 벗어나 낙원과 왕국으로 우리를 회복시키십니다." 키프리안의 논문 - 21에서 26

"적그리스도가 오고 그 위에 그리스도도 오시나니 원수는 두루 다니며 분노하나 주께서 즉시 따라오사 우리의 고난과 상처를 갚으시느니라." - 서신 55 - 키프리안 주후 250년 -30)

---

of his day much like his spiritual father did before him. Hippolytus also wrote two works on prophecy, On the Antichrist and On the End ofthe fVorld. In on the Antichrist, he called the Rapture our "blessed hope." "These things, then, I have set shortly before you, Theophilus, drawing them from Scripture itself, in order that, maintaining in faith what is written, and anticipating the things that are to be, you may keep yourself void of offence both toward God and toward men, 'looking for that blessed hope and appearing of our God and Savior,' when, having raised the saints among us, He will rejoice with them, glorifying the Father. To Him be the glory unto the endless ages of the ages. Amen."
- Hippolytus' On the Antichrist 67 -
30) Cyprian, ..,, AD 250
Cyprian was the bishop of Carthage about AD 250. Notice he did not teach we must endure the time of the Antichrist, but we will be 'delivered' from it. He told his readers that the coming resurrection was the hope of the Christian and pointed out that the Rapture 'snatching us' should motivate us as we see the last days approaching. "we who see that terrible things have begun, and know that still more terrible things are imminent, may regard it as the greatest advantage to depart from it as quickly as possible. Do you not give God thanks, do you not congratulate yourself, that by an early departure you are taken away, and delivered from the shipwrecks and disasters that are imminent? Let us greet the day

중세

이들은 가장 고대부터 교부들 중 일부입니다. 4세기에 전천년설이 무천년설로 대체되었을 때 휴거 자체의 가르침(시기는 말할 것도 없고)도 무시되었습니다. 부흥이 루터, 칼빈주의자, 그리고 결국 개신교와 함께 유럽을 강타했을 때 그 가르침은 고대 교회의 가르침이었기 때문에 부활했습니다.[31]

17세기의 휴거론

우리가 인용할 수 있는 많은 참고 문헌이 있지만 간결함을 위해 휴거에 대해 가르친 기독교 저자들을 그룹별로 나열하겠습니다.[32]

---

which assigns each of us to his own home, which snatches us hence, and sets us free from the snares of the world, and restores us to paradise and the kingdom." Treatises of Cyprian – 21 to 26

"The Antichrist is coming, but above him comes Christ also. The enemy goes about and rages, but immediately the Lord follows to avenge our suffering and our wounds. The adversary is enraged and threatens, but there is One who can deliver us from his hands." – Epistle 55 – Cyprian AD 250 –

31) Middle Ages
These are some of the church fathers from the most ancient times. When pre-millennialism was replaced by amillennialism in the fourth century, the teaching of the Rapture itself(not to mention its timing) was ignored. When revival hit Europe with Luther, the Calvinists, and eventually Protestants, the teaching was revived because it was the teaching of the ancient church. Ken Johnson, 『The Rapture』, Printed in the USA Columbia(SC, 2019), 79

32) Words used for the Rapture Some authors used the Word "Rapt" to mean the Rapture: Vernon Manuscript, 1320s; John Lygate, 1420; William Bond, 1531; Thomas Draxe, 1613; Barton Holyday, 1626; Joseph Hall, 1635; George Walker, 1638; William Sherwin, 1665
Some authors used the word "Rapture" to mean the Rapture:Barton Holyday, 1626; Joseph Mede, 1627; Nathaniel Homes, 1653; Capt. John Browne, 1654; William Sherwin, 1665-1700; Increase Mather, 1726; John Norris, 1738; Philip Doddridge, 1739; John Gill, 1748 Some authors did not use any word for the rapture but often taught the concept and used the phrase "left behind": Robert Maton, 1642; Thomas Vincent, 1667; the author of Theopolis, 1672; Oliver Heywood, 1700; Thomas Pyle, 1715; Grantham Killingworth, 1761
Some authors taught that the Rapture/Resurrection will occur well before the Second Coming: William Bridge, 1641; Robert Maton, 1642; John Archer, 1642; Ephraim Huit(Huwitt), 1643; Samuel Hutchinson, 1646; Nathaniel Homes, 1653; Capt. John Brown, 1658; James Duram, 1658; John Birchensha, 1660; William

위와 같이 전통적 전천년설을 주장한 하나님의 사역자들과 성도들은 대환난 전 교회의 휴거를 믿고 주장하였습니다. 대환난 전 휴거설은 결코 세대주의자들부터 시작된 것이 아닙니다. 그러므로 대환난 전 휴거설 하면 '전통적 전천년설'이라고 하여야 옳습니다.

예컨대 20개의 사과와 한 개의 오렌지가 든 상자가 있다면 사과가 대표입니까? 아니면 오렌지가 대표입니까?

세대주의자들이 대환난전 휴거를 믿지만 대환난전 휴거를 믿는 분들이 모두 세대주의자들이 아닙니다.

Ken Johnson, 『The Rapture』의 책에서 관련내용을 그대로 인용하면, 비대환난론자들(The non-pretribulationists)은 수세기에 걸친 일반적인 환난과 대환난이라고 불리는 특정 7년 기간의 차이를 이해하지 못하는 경향이 있습니다. 두 성경 구절을 예를 들어 설명하겠습니다. 데살로니가전서 5장에서 바울은 그가 4장에서 언급한 휴거를 언급할 때 여전히 "주의 날"이라는 주제에 있습니다. 죽은 자와 산 자가 변하여 그와 함께 삽니다.

"주의 날이 밤에 도둑 같이 이를 줄을 너희 자신이 자세히 알기 때문이라"(살전5:2)

"9하나님이 우리를 세우심은 노하심에 이르게 하심이 아니요 오직 우리 주 예수 그리스도로 말미암아 구원을 받게 하심이라 10예수께서 우리를 위하여 죽으사 우리로 하여금 깨어 있든지 자든지 자기와 함께 살게 하려 하셨느니라"(살전5:9-10)

The prophet Isaiah states he knows he will resurrect with the other believers and they will all go into the "chedar"(wedding chambers) until the

---

Sherwin, 1665; William Hook, 1653; T.M.? 1680; John Mason, 1691; Jane Leade, 1702; John Floyer, 1721

The Rapture happens for the safety of those on the earth, to "escape the wrath": Robert Matan, 1642; Jeremiah Burroughs, 1643; Ephraim Hewitt, 1643; Samuel Hutchinson, 1646; Elizabeth Avery 1647; Peter Sterry, 1648; Nathaniel Homes, 1653; John Apsinwall, 1653; Capt. John Browne, 1654; Archbishop Ussher, 1655; John

Birchensha, 1660; Praisegod Barbones, 1675; T.M., 1680; M. Marsin, 1701; Jolm Hildrop, 1711; 『The Rapture』, Printed in the USA Columbia(SC, 2019),79-80.

"indignation" is over. The "wrath" and "indignation" are terms for the "Day of the Lord."

예언자 이사야는 자신이 다른 신자들과 함께 부활할 것을 알고 있으며 그들은 모두 "체다르"로 들어갈 것이라고 말했습니다.

(결혼식 방) "분노"가 끝날 때까지. "진노"와 "분노"는 "주님의 날"에 대한 용어입니다.

"주의 죽은 자들은 살아나고 그들의 시체들은 일어나리이다 티끌에 누운 자들아 너희는 깨어 노래하라 주의 이슬은 빛난 이슬이니 땅이 죽은 자들을 내놓으리로다 내 백성아 갈지어다 네 밀실에 들어가서 네 문을 닫고 분노가 지나기까지 잠깐 숨을지어다"(사26:19-20)

The phrase "hide yourself for a little moment" can't mean hide in death until the Resurrection because thousands of years does not equal a "little moment." Nowhere in Scripture does the term "indignation" refer to those asleep in Jesus.

"잠깐 숨을지어다"는 말은 부활 때까지 죽음 속에 숨는 것을 의미할 수 없습니다. 왜냐하면 수천 년은 "잠깐"과 같지 않기 때문입니다. 성경 어디에도 "진노"라는 용어는 예수님 안에서 잠든 사람들을 언급하지 않습니다.

Note: the Greek word for wrath in New Testament Greek is indignation. The word translated indignation in Isaiah 26:20, (given above) is also used in the phrase "day of indignation" found in Ezekiel 22:24. So the words for wrath and indignation are used interchangeably. The "Day of Wrath" and "Day of Indignation" may not always refer to the Tribulation period, but they always refer to the time when God pours out His wrath on His enemies, but not on His children.

참고: 신약 그리스어에서 진노에 해당하는 헬라어 단어는 분개입니다. 분노로 번역된 단어는 "내 백성아 갈지어다 네 밀실에 들어가서 네 문을 닫고 분노가 지나기까지 잠깐 숨을지어다"(사26:20) "인자야 너는 그에게 이르기를 너는 정결함을 얻지 못한 땅이요 진노의 날에 비를 얻지 못한 땅이로다 하라"(겔

22:24) (위에 주어진)는 에스겔 22:24에 나오는 "진노의 날"이라는 문구에도 사용됩니다. 그래서 진노와 분개라는 단어는 같은 의미로 사용됩니다. "진노의 날"과 "분노의 날"은 항상 환난 기간을 가리키는 것은 아니시만, 하나님이 그분의 자녀가 아니라 원수에게 진노를 쏟는 때를 항상 가리킨다.

The Rapture in the Old Testament

There are many Old Testament verses that indicate a pretribulational Rapture. Here are just a few:

Isaiah On the Rapture:The prophet Isaiah spoke of the time right before the time of the Lord's Indignation (also called the Day of Indignation), when His people would be hidden in their bridal chamber. The church is always referred to as the bride of Christ. The Rapture/Resurrection occurs before the wrath is poured out. Notice the sequence of events : first the Resurrection, then the Rapture, then God's punishment.

구약의 휴거

환난 전 휴거를 나타내는 많은 구약 구절이 있습니다. 다음은 몇 가지 예입니다.

휴거에 관한 이사야:

선지자 이사야는 여호와의 진노의 때(또는 진노의 날이라고도 함) 직전에 대하여 말하되 그분의 백성이 신방에 숨어 있을 때. 교회는 항상 그리스도의 신부로 언급됩니다. 휴거/부활은 진노가 쏟아지기 전에 일어난다. 사건의 순서를 주목하십시오: 먼저 부활, 그 다음 휴거, 그 다음 하나님의 형벌.

"19주의 죽은 자들은 살아나고 그들의 시체들은 일어나리이다 티끌에 누운 자들아 너희는 깨어 노래하라 주의 이슬은 빛난 이슬이니 땅이 죽은 자들을 내놓으리로다 20내 백성아 갈지어다 네 밀실에 들어가서 네 문을 닫고 분노가 지나기까지 잠깐 숨을지어다 21보라 여호와께서 그의 처소에서 나오사 땅의 거민의 죄악을 벌하실 것이라 땅이 그 위에 잦았던 피를 드러내고 그 살해 당한 자를 다시는 덮지 아니하리라"(사26:19-21)

Removal Of the Gift of Tongues a Sign of the Rapture Paul quotes Isaiah 28: 11 in 1 Corinthians 14:21. Paul interprets this as a prophecy that the gift of speaking in tongues by the Christians is a sign that the nation of Israel, which had corporately rejected Jesus Christ as Messiah, was about to be destroyed.

휴거의 표징인 방언의 은사 제거

바울은 고린도전서 14장 21절에서 이사야서 28장 11절을 인용합니다. 바울은 이것을 기독교인들의 방언의 은사가 예수 그리스도를 메시아로 집단적으로 거부한 이스라엘 민족이 곧 멸망될 것이라는 예언으로 해석합니다.

"그러므로 더듬는 입술과 다른 방언으로 그가 이 백성에게 말씀하시리라"(사 28:11)

"율법에 기록된 바 주께서 이르시되 내가 다른 방언을 말하는 자와 다른 입술로 이 백성에게 말할지라도 그들이 여전히 듣지 아니하리라 하였으니"(고전 14:21)

Within forty years Jerusalem was destroyed by the Romans.

These same Hebrew phrases "stammering lips" and "another tongue" are used in Isaiah 33. This prophecy states those in the tribulation will no longer see the church, those who speak in tongues. It asks, "where did they go?" They went to a far distant land with the King of beauty; while they are gone the people who remain, will be in terror. But when the appointed feast is fulfilled, those who survive will see the King and the church return.

40년 안에 예루살렘은 로마인들에 의해 파괴되었습니다. "더듬는 입술"과 "다른 방언"이라는 동일한 히브리어 문구가 이사야 33장에서 사용됩니다. 이 예언은 환난 중에 있는 사람들이 더 이상 교회, 방언을 말하는 사람들을 보지 못할 것이라고 말합니다. "그들은 어디로 갔습니까?" 그들은 아름다움의 왕과 함께 먼 나라로 갔습니다. 그들이 떠나는 동안 남아 있는 사람들은 공포에 질릴 것입니다. 그러나 정한 절기가 되면 살아남은 사람들은 왕과 교회가 돌아오는 것을 보게 될 것입니다.

"17네 눈은 왕을 그의 아름다운 가운데에서 보며 광활한 땅을 눈으로 보겠고 18네 마음은 두려워하던 것을 생각해 내리라 계산하던 자가 어디 있느냐 공세를 계량하던 자가 어디 있느냐 망대를 계수하던 자가 어디 있느냐 19네가 강포한 백성을 보지 아니하리라 그 백성은 방언이 어려워 네가 알아듣지 못하며 말이 이상하여 네가 깨닫지 못하는 자니라 20우리 절기의 시온 성을 보라 네 눈이 안정된 처소인 예루살렘을 보니 그것은 옮겨지지 아니할 장막이라 그 말뚝이 영영히 뽑히지 아니할 것이요 그 줄이 하나도 끊어지지 아니할 것이며"(사 33:17-20)

The apostle Paul said the same thing in 1 Corinthians. Love would continue forever, but prophecy would come to an end when all prophecies are fulfilled. Tongues would not be seen any longer when "that which is perfect comes."

사도 바울도 고린도전서에서 같은 말을 했습니다. 사랑은 영원히 지속되지만 예언은 모든 예언이 성취될 때 끝이 납니다. "온전한 것이 올" 때에는 더 이상 방언이 보이지 않을 것입니다.

"8사랑은 언제까지나 떨어지지 아니하되 예언도 폐하고 방언도 그치고 지식도 폐하리라 9우리는 부분적으로 알고 부분적으로 예언하니 10온전한 것이 올 때에는 부분적으로 하던 것이 폐하리라 12우리가 지금은 거울로 보는 것 같이 희미하나 그 때에는 얼굴과 얼굴을 대하여 볼 것이요 지금은 내가 부분적으로 아나 그 때에는 주께서 나를 아신 것 같이 내가 온전히 알리라"(고전13:8-10,12)

Ancient church father Irenaeus, in Against Heresies 4. 9, stated that the spiritual gifts will continue to manifest in the church until "that which is perfect" has come and we see Him "face to face." In quoting these phrases fron1 1 Corinthians 13 , Irenaeus taught the gifts would continue until the Rapture.

초대 교회 교부 이레니우스(Irenaeus)는 Against Heresies 4.9에서 "온전한 것"이 와서 우리가 그분을 "대면하여" 볼 때까지 영적 은사가 교회에서 계속 나타날 것이라고 말했습니다. 고린도전서 13장에서 이 문구를 인용하면서 이레네우스는 은사가 휴거 때까지 계속될 것이라고 가르쳤습니다. 그는 사도 요한의 제자 폴리캅의 설교를 들으며 성장하였으며, 스승의 사역을 계승하고 크게 발전시켰습니다.

Zephaniah On the Rapture
스바냐서의 휴거

Zechariah 9 :1-8 prophesies that Ekron will be obliterated never to be restored, and Ashdod and Ashkelon will be taken over by a mixed race. This prediction was fulfilled by Alexander the Great. Zephaniah 2 gives the rest of the prophetical history. Zephaniah 2:4-6 explains that Alexander went on to destroy the nation of the Philistines. Ashdod and Ashkelon became desolate so that for centuries the countryside by the ocean was only used by shepherds and their flocks.

스가랴 9장 1-8절에 에그론은 다시는 회복되지 못할 것이며 아스돗과 아스글론은 혼혈이 차지할 것이라고 예언합니다. 이 예언은 알렉산더 대왕에 의해 성취되었습니다. 스바냐 2장은 나머지 예언적 역사를 제공합니다.

스바냐 2:4-6은 알렉산더가 계속해서 블레셋 나라를 멸망시켰다고 설명합니다. 아스돗과 아스글론은 황폐해져 수세기 동안 바다 옆 시골은 양치기와 양 떼만 사용했습니다.

"⁴가사는 버림을 당하며 아스글론은 폐허가 되며 아스돗은 대낮에 쫓겨나며 에그론은 뽑히리라 ⁵해변 주민 그렛 족속에게 화 있을진저 블레셋 사람의 땅 가나안아 여호와의 말씀이 너희를 치나니 내가 너를 멸하여 주민이 없게 하리라 ⁶해변은 풀밭이 되어 목자의 움막과 양 떼의 우리가 거기에 있을 것이며"(습 2:4-6)

Notice Gaza would be forsaken in verse 4. Gaza has been taken over many times but never just given away until Israel, under Ariel Sharon, handed it over to the Palestinians in A.D. 2005.

4절에서 가사가 버려질 것임을 주목하십시오.

이스라엘이 A.D. 200년 아리엘 샤론(Ariel Sharon) 치하에서 팔레스타인에게 넘겨줄 때까지 여러 번 점령당했지만 포기한 적은 없었습니다.

Zephaniah 2:7-8 describes the return ofthe modem nation of Israel. While Moab and Ammon (modem-day Jordan) will attack and occupy what will become known as the West Bank, the nation of Israel will control the sea coast including Ashdod, Ashkelon, and Gaza.

스바냐 2:7-8은 현대 국가의 귀환을 묘사합니다. 이스라엘. 모압과 암몬(현대의 요르단)이 서안 지구로 알려진 곳을 공격하고 점령하는 동안 이스라엘 국가는 아스돗, 아스글론, 가자를 포함한 해안을 장악할 것입니다.

"7그 지경은 유다 족속의 남은 자에게로 돌아갈지라 그들이 거기에서 양 떼를 먹이고 저녁에는 아스글론 집들에 누우리니 이는 그들의 하나님 여호와가 그들을 보살피사 그들이 사로잡힘을 돌이킬 것임이라 8내가 모압의 비방과 암몬 자손이 조롱하는 말을 들었나니 그들이 내 백성을 비방하고 자기들의 경계에 대하여 교만하였느니라"(습2:7-8)

Zephaniah 2:1-3 predicts that "the gathering" occurs sometime after Alexander the Great, and after the nation of Israel is established, and after the giving away of Gaza. Sometime after AD 2005 the "meek" will be hidden just before the Day of the Lord's anger comes. In other words, the Rapture of believers will occur before the seven-year period.

스바냐 2:1-3은 "집합"이 알렉산더 대왕 이후, 이스라엘 국가가 수립된 후, 가자가 해방된 이후 어느 시점에 일어날 것이라고 예언합니다. 서기 2005년 이후 언젠가 주의 진노의 날이 오기 직전에 "겸손한" 자들이 숨겨질 것입니다. 즉, 믿는 자들의 휴거는 7년이 되기 전에 일어난다는 것입니다.

"1수치를 모르는 백성아 모일지어다 모일지어다 2명령이 시행되어 날이 겨 같이 지나가기 전, 여호와의 진노가 너희에게 내리기 전, 여호와의 분노의 날이 너희에게 이르기 전에 그리할지어다 3여호와의 규례를 지키는 세상의 모든 겸손한 자들아 너희는 여호와를 찾으며 공의와 겸손을 구하라 너희가 혹시 여호와의 분노의 날에 숨김을 얻으리라"(습2:1-3)

The Rapture occurs when Michael stands up.

휴거는 천사장 미가엘이 일어설 때 발생합니다.

신약에서 눅21장 대환난 전 휴거

누가복음은 첫 번째 독자가 이방인을 대상으로 저술한 반면 마태복음은 유대인을 대상으로 기록되었습니다. 누가복음은 연대기적으로 기록되었지만 마태복음은 연대순을 따르기보다 주제별로 분류하였습니다. 마태복음24장과 누가복음 21장은 공통적으로 주님의 다시 오심을 기록하였습니다. 마태복음에는 제자들이 예수님께 묻는 질문이 3개가 있고 누가복음에는 2개의 질문이 있습니다.

마태복음24장의 세 개의 질문을 보시면

① 어느 때에 이런 일이 있겠사오며(성전이 무너지는 일)
② 또 주의 임하심과(휴거)
③ 세상 끝(7년 대환난)에는 무슨 징조가 있습니까?(마24:3)

누가복음 21장의 두 개의 질문은 이렇습니다.

① 어느 때에 이런 일이 있겠사오며
② 이런 일이 일어나려 할 때에 무슨 징조가 있을까요?(눅21:7)

누가복음에는 세상 끝(7년 대환난)에 대한 질문이 빠져 있습니다. 누가복음은 이방인을 위해 기록되었는데 교회는 7년 대환난과 관련이 없음을 암시하고 있습니다. 실제로 마태복음과는 달리 누가복음에는 7년 대환난에 대한 내용이 없습니다. 누가복음은 대환난 전과 대환난 후가 섞이지 않아서 대환난 전 징조만 볼 수 있다는 장점이 있습니다. 누가복음21장은 대환난 전 징조들과 휴거까지 기록되었습니다. 마태복음24장은 대환난 전 징조들, 휴거, 7년 대환난까지 기록되었습니다.

누가복음 21장	마태복음 24장
교회의 대환난 전 휴거와 징조	교회의 환난 전 휴거와 징조＋7년 대환난
이방인을 대상으로 기록	유대인을 대상으로 기록

누가복음 21장이 환난 전 휴거 징조들만 기록되었다는 것은 의미가 있습니다. 그러므로 누가복음 21장을 연구하면 휴거 전에 일어날 징조들이 무엇인지

알아낼 수 있습니다. 이것이 왜 중요한가하면 환난 전 휴거를 믿지 않으면 제대로 준비가 안되기 때문입니다. 이방교회를 위해 기록한 누가복음 21장의 비밀은 다음과 같은 내용으로 구성 되었습니다

성전 파괴	이방인의 때	전염병	박해, 순교	흑암	공중재림과 휴거	휴거의 시기	행동지침
눅 21:20-23	눅 21:24	눅 21:9-11	눅 21:12-13	눅 21:25-26	눅 21:27	눅 21:29-32	눅 21:34-36

"그때 사람들은 인자가 구름을 타고 능력과 큰 영광 가운데 오는 것을 보게 될 것이다."(눅21:27)

그리고 요한계시록의 파노라마를 보십시오.

1장	2-3장	4-5장	6:1-19:6	19:7-21	20장	21-22장
요한이 본 예수 그리스도	일곱교회에 보내는 편지	보좌, 인봉한 책, 어린 양	대환난과 심판에 대한 예언	재림에 대한 예언	천년왕국	새 하늘과 새 땅
과거	현재	미래				

요한계시록의 전체 개관을 보면 최소한 세 가지를 알 수 있습니다.

1) 과거에 본 것(1장)과 – 현재의 일(2-3장)과 – 장차 이루어질 미래의 내용으로(4-22장) 구성되어 있습니다.
2) 4-5장에 7년 대환난 곧 하나님의 진노의 심판이 있기 전 휴거와 부활되어 천상의 하나님의 보좌에 있는 성도들을 사도 요한은 이상 중에 보았습니다.
3) 요한계시록은 전체적으로 연대기적인 순서로 기록되었음을 알 수 있습니다. 예를 들면 7인, 7나팔, 일곱대접 예언을 볼 때 심판의 정도가 갈수록 심해지고 예수님 재림 후 지상에 천년왕국이 실현됩니다. 천년왕국 후 백보좌 심판 후 영원한 새 하늘과 새 땅이 펼쳐집니다.

결론적으로 전통적 전천년설이 성경에서 계시하신 내용을 제대로 이해한 해석임을 알 수 있습니다.

'전천년설과 대환난전 교회 휴거'는 세대주의적 견해라고 하면 사도요한부터 교부들 그리고 초대교회 지도자들이 천국에서 "우리가 원조(元祖)"라고 말할 것입니다. 우리나라에서 많은 음식 중에 레시피(recipe)로 원조 싸움이 법정에까지 가서 판결을 받습니다. 재판에서 패소한 측은 손해배상을 해야 합니다. 전천년설과 대환난전 교회 휴거는 사도요한의 제자부터 교부들이 시작한 것이므로 세대주의자들이 원조라고 하면 억지주장입니다. 과거에는 몰라서 그랬다면 이제는 알고도 계속 세대주의로 말하면 그리스도인이 마땅히 지켜야 할 십계명 중 제 9계명을 어기는 범죄입니다.

"네 이웃에 대하여 거짓 증거하지 말찌니라"(출20:16)

그러므로 성경 해석은 하나님의 저울과 추로 공평하게 그리고 정직하게 하여야 합니다.

"10왕의 판결은 하나님의 판결이니 왕은 공의롭게 판결해야 한다. 11공정한 저울과 추는 여호와의 것이고 주머니 속의 모든 추들도 다 그분이 만드신 것이다."(잠16:10-11)

주의 종들이 공평하지 않거나 정직하지 않은 성경해석으로 만약 성도들이 주의 재림을 잘 준비하지 못했다면 그들은 수고해 이룬 것들을 잃게 되고 온전한 상을 받지 못할 것입니다.

"여러분은 자신을 돌아보아 우리가 수고해 이룬 것들을 잃지 말고 온전한 상을 받도록 하십시오."(요이1:8)

마태복음 24장은 엔드타임 메시지입니다. 그리고 이어서 마태복음 25장은 세 가지 비유가 나옵니다. 첫 번째는 열 처녀, 두 번째는 달란트, 세 번째는 양과 염소의 비유입니다. 세 가지 비유의 공통점이 있습니다. 신랑, 주인, 주님이 오시기 전에 이 땅에서 준비해야 함을 보여주고 있습니다. 준비는 결국 구원받을 믿음을 가지라는 말씀입니다. 예수님이 언제 공중 강림하셔도 휴거될 믿음, 언제 죽어도 천국 갈 믿음을 가지는 것이 재림 준비입니다. 준비하는데 돈이 들지 않습니다. 땀 흘리는 노동이 필요한 것도 아닙니다. 시간이 많이 드는 일도 아닙니다. 예수님의 십자가의 사랑을 곧 사랑의 선물을 받기만 하면 됩니다. 지금 이 시간 예수님의 죽음을 여러분의 죽음으로 받아들이시면 모든 죄를 사함 받습니다.

미국 코넬 대학(Cornell University)의 실험실에서 행해진 실험이야기입니다.

개구리 한 마리를 차가운 물이 담긴 켑에 넣었습니다. 켑 밑에는 1초에 화씨 0.017도씩 물이 데워지도록 된 불꽃이 연결되어 있었습니다. 아주 작은 온도의 변화였습니다. 온도가 서서히 높아졌기 때문에 개구리는 온도의 변화를 눈치 채지 못했습니다. 마음만 먹으면 당장이라도 켑에서 뛰어 올라 안전한 곳으로 갈 수 있음에도 불구하고 개구리는 태평스럽게 앉아 있었습니다. 온도는 점점 1초에 0.017도씩 올라가는데 개구리는 여전히 켑 속에서 빠져 나올 생각을 하지 않았습니다. 두 시간 반쯤 지난 뒤 개구리가 어떻게 되었을까요? 개구리는 뜨거운 물에 삶아져서 죽어 있었습니다. 자기도 모르게 죽은 것입니다. 자기가 죽어 가는 것도 느끼지 못하고 있다가 그대로 삶아진 것입니다. 말세를 사는 사람들의 모습도 이와 비슷합니다. 세상에 젖어들어 시대를 분별 못하고 살다가 그대로 죽음을 당하게 된다면 이것은 영적으로 굉장히 비참한 일입니다. 사망의 잠에서 깨어서 예수님과 동행하는 생활을 합시다.(시13:3)

바울은 그의 독자들에게 "형제들아 너희는 어둠에 있지 아니하매 그 날이 도둑같이 너희에게 임하지 못하리니"(살전5:4)라고 말했습니다. 그는 예수님의 비유를 정확하게 해석했습니다. 그는 징조와 표적들에 대해 깨어 있고 예수님을 순종적으로 따르는 사람들은 어둠에 있지 않으며 휴거나 그리스도의 재림이 그들에게는 전혀 놀라운 일이 아니라는 것을 알았습니다. 예수를 그리스도로 믿는 그들에게 예수님은 밤의 도둑처럼 오시지 않을 것입니다. 예수님의 가르침처럼 오직 어둠 속에 있는 사람들만이 놀라게 될 것입니다.(계3:3, 16:15)

주님의 공중재림이 임박하기 때문에 언제 어느 순간에라도 오실 수 있다고 가르치고 있습니다. 이는 오직 교회의 휴거가 환난 전에 임하게 될 때만이 옳게 됩니다. 왜냐하면 환난 중간에 교회의 휴거가 일어난다면 휴거는 적어도 3년 반 뒤에 있게 될 것이며 환난이 끝난 뒤에 휴거가 일어난다면 적어도 7년 뒤에 일어나게 될 것입니다. 그러면 결국 주님의 공중재림은 절대로 년월시의 비밀성과 임박성이 있을 수 없습니다. 휴거는 지금 이 순간에라도 일어날 수 있기 때문에 구태어 7년 언약을 맺을 때 까지(단9:27) 기다릴 필요가 없습니다. 그러므로 언제든지 빛 가운데 주님과 동행하는 삶이 계속 되시다 주께서 공중재림 하실 때 다 휴거되시는 저와 여러분 되시길 주의 이름으로 축원합니다.

하나님의 사랑의 신호 - 산고(産苦)
Signs of God's love - labor pains

본문 마24:1-8

철학자 쇠렌 키에르케고르(Sören Kierkegaard)는 종말을 이렇게 비유한 적이 있습니다. 초만원 극장 밖에서 불이 났습니다. '불이야!' 소리를 지르면 많은 사람이 넘어져 발에 밟혀 죽게 될 아비규환이 될 것으로 생각하고 한 배우가 공연을 멈추고 사람들 앞에 나서서 차분하고 진지하게 이야기를 합니다. "여러분, 지금 밖에서 불이 났습니다. 여러분이 한꺼번에 뛰어나가면 모두 죽습니다. 출입구는 뒤와 좌우에 하나씩 있습니다. 출입구 가까이에 있는 분부터 차례로 나가시면 좋겠습니다"하고 말했습니다. 그러나 관객은 그의 말이 연극의 일부인 줄 알고 박수를 치며 웃고 떠드는 것이었습니다. 실제 상황이라고 아무리 소리를 쳐도 믿어주는 사람이 없었습니다. 연기가 스며들어 오고 불길이 순식간에 극장 안을 뒤덮었습니다. 이미 때는 늦고 말았습니다.

창세기 19장을 보면 롯이 살고 있는 소돔성에 두 명의 천사들이 방문을 하게 되었습니다. 그 두 명의 천사들은 소돔 성을 보호하거나 지키기 위하여 온 자들이 아니었습니다. 그들은 소돔 성을 멸망시키기 위하여 온 하나님의 사자들이었습니다. 성경을 보면 너무도 악하고 음란하며 무서운 죄들이 많아서 도무지

더 이상 두고 볼 수 없는 곳이 소돔과 고모라였습니다.

롯은 그 소돔 성을 방문한 두 천사들이 누구인지 알지 못했으나, 그들을 나그네로 생각하고 자신의 집으로 초대를 했습니다. 그리고 롯은 그들을 극진하게 잘 대접해 주었습니다. 그 두 천사들을 정성껏 대접해서 복을 받은 사람은 아브라함의 조카인 롯입니다.

결국 롯과 두 딸은 천사의 말대로 소돔 성을 빠져나가 소알 성에 이르러 구원을 받을 수 있었습니다. 그러나 롯의 아내는 소돔성에 남겨둔 재산과 물질을 생각하면서 천사의 경고를 무시하고 뒤를 돌아다봄으로 소금기둥이 되고 말았습니다. 롯의 사위들은 천사의 경고를 농담으로 여기고 무시하다 유황불 심판에 멸망하고 말았습니다(창19:24,신29:23). 이 말씀은 오늘을 살아가는 우리들에게 귀한 교훈을 주고 있습니다. 소돔과 고모라의 죄악이 극에 달하여 하나님의 심판으로 멸망하리라는 예언이 있었듯, 우리들이 살고 있는 이 세상도 그와 똑같은 심판이 있을 것임을 성경은 예언하고 있습니다. 누가복음 17:28-30 말씀에 "롯의 때와 같으리니 사람들이 먹고 마시고 사고 팔고 심고 집을 짓더니 롯이 소돔에서 나가던 날에 하늘로서 불과 유황이 비 오듯 하여 저희를 멸하였느니라 인자의 나타나는 날에도 이러하리라"하셨습니다.

예수님이 성전에서 나오셔서 감람산(올리브산) 위에 앉아 계셨을 때에 제자들이 조용히 다가와 와서 물었습니다. "언제 그런 일이 일어나겠습니까? 선생님께서 다시 오시는 때와 세상 끝 날에 어떤 징조가 있겠습니까? 우리에게 말씀해 주십시오."(마24:3)

성전을 비롯한 예루살렘 도성의 멸망의 때가 언제인가 하는 질문입니다. 제자들의 질문은, 예루살렘 성전 파괴를 세상의 끝인 종국적 완성 직전의 사건으로 오해한 데서 비롯된 것입니다.

여러분! 여인들이 임신하고 출산일이 가까워지면 산통(産痛)이 시작됩니다. 산통은 고통스럽지만 출산을 잘 준비하라는 하나님의 사랑이 담긴 경고 신호입니다.

예수님은 마태복음 24장 8절에서 "이 모든 것이 재난의 시작이니라"고 소개하고 있습니다. 여기서 사용된 '재난(ὠδίν)'이라는 단어는 영어로 'The Birth Pangs'이라는 뜻도 있습니다. 산통(The Birth Pangs)은 아이가 태어나는 순간까지 점점 강도가 세지고, 빈도가 잦아지는 특징이 있습니다. 그닐카(J. Gnilka,

하권, p. 251)는 병행구인 마가복음13:8에 대해 "종말 이전의 재난의 때를 나타내며, 재난의 때로부터 일종의 고통스런 해산을 거친 후에 메시아적 구원의 때가 출현할 것이라는 뜻이다."라고 주석했습니다. 그렇습니다. 종말의 때에 찾아오는 자연의 재앙과 전쟁과 전염병도 점점 그 강도가 세지고, 빈도가 잦아지다가 결국 교회는 휴거됩니다. 그리고 지상에는 7년 대환난과 예수님의 재림으로 7대 재앙이 끝나게 되고 천년왕국이 시작된다는 것입니다.

현재	연, 월, 일은 미지(未知)	1,260일 (전3년반)	1,260일 (후3년반)
산고	휴거	주의 날	
마24:1-8, 살후2:3	살전4:16-17	사13:6, 9, 습1:14, 15 욜1:15 등	

여러분! 오늘 우리가 살고 있는 시대가 바로 '말세 중의 말세'라는 것입니다. 마태, 마가, 누가 복음에 나와 있는 예수님께서 말씀하신 세상 마지막 때의 징조들이 요즈음에는 한꺼번에 성취되고 있다는 사실입니다. 참으로 예수님의 재림이 임박했다는 것을 알 수 있습니다. 하나님께서 주신 종말과 예수님 재림 전에 관한 징조들을 살펴보겠습니다.

1. 종말의 징조들

1) 미혹하는 자의 출현

예수님은 "사람의 미혹을 받지 않도록 주의하라"(마24:4)라고 당부하셨습니다. 예수님의 우선적인 경계는 종말론적인 호기심이 아니라 종말론적인 각성을 촉구하는 것입니다. 예수님은 미혹자들에 대해서, "많은 사람이 내 이름으로 와서 이르되 나는 그리스도라 하여 많은 사람을 미혹케 하리라"(마24:5) 라고 말씀하셨습니다. 이 말씀은 종말의 첫째 징조 중 하나입니다. "많은 사람이 내 이름으로 와서"는 교인들에게 주 예수님을 내세웁니다. 이단들의 단체명들은 다들 얼마나 좋은지 모릅니다. 미혹받은 자들을 대상으로 일정 기간동안 세뇌교육이 끝나면 스스로 주 곧 그리스도라고 선전하며, 사람들을 미혹합니다. 요즘 이단과 거짓 선지자와 거짓 그리스도가 많습니다. 자신이 예수라는 사람도 있으며 또 이단 연구소에서는 우리나라에만 이런 자들이 3백여명이 있다고 합니다. 그리스도인들을 미혹하는 신천지, 안식교, 여호와증인, 통일교, 몰몬교 같은 이단들은 사실상 예수님 재림도 지옥도 믿지 않습니다,

여러분! 사람들이 이단에 빠지게 되는 주요한 원인은 여러 가지가 있습니다. 첫째, 사탄의 역사 때문입니다. 디모데전서 4장 1절 말씀처럼 "성령께서 밝히 말씀하시기를 '마지막 때에 어떤 사람들이 믿음에서 떠나 속이는 영들과 귀신들의 가르침을 따를 것이다'라고 하신다."(딤전4:1) 속이는 영이 역사하기 때문입니다. 그래서 멀쩡한 석박사들도 이단을 따라가고 옹호합니다.

둘째는 많은 목회자들이 놀랍게도 가장 중요한 복음에 대해 자주 설교하거나 자주 가르치지 않는 이유입니다. 은행에 위조지폐를 찾아내는 직원들은 진짜 돈에 대한 감각을 키우면, 자연스럽게 가짜 위조지폐를 분별하게 된다고 합니다. 무엇보다도 교인들이 복음에 대해 즉 진짜에 대해 잘 모르기 때문에 무방비 상태로 교회를 다닙니다. 그리고 사람들은 업무와 일상생활 속에서 늘 디테일(detail)의 존재를 등한시하기 때문에 마귀가 발붙일 틈을 주게 되어 "마귀는 디테일에 존재한다"는 말이 있는 것처럼 교회에서 엔드타임 메시지를 디테일하게 배우지 못하기 때문에 이단들은 계시록이나 다니엘서 가지고 교인들을 미혹하여 낚아채고 있습니다.

셋째는 교회가 세속적이고 타락했기 때문입니다. 그럼에도 불구하고 무엇보다도 근본적으로는 하나님을 진실로 사랑하지 못하고 진리를 사랑하지 않기 때문입니다. 교회를 통해 자기 문제를 해결하고 자기 욕망을 채우려는 심리와 기복신앙을 가지기 때문입니다. 거짓 그리스도와 거짓 선지자들이 출현하게 된 것은 본질적으로 하나님이 시험하기 위해 허락했기 때문이라고 했습니다(신 13:3).

데살로니가후서2:11-12에 "이러므로 하나님이 미혹의 역사를 그들에게 보내사 거짓 것을 믿게 하심은, 진리를 믿지 않고 불의를 좋아하는 모든 자들로 하여금 심판을 받게 하려 하심이라"고 했습니다. 하나님이 이단을 허락하신 것은 진리를 사랑하지 않는 자를 갈라내고 그들로 하여금 심판받을 근거를 쌓게 하기 위함입니다. '이단'(異端, αιρησι)에 미혹되면 영혼이 황폐해지고 가정도 파괴되고 사회생활도 정상적으로 할 수 없습니다. 그래서 구약시대에는 그런 자

들을 분별하여 그들을 청종하지 말고 죽이라고 했습니다.(신13:1-5) 신약시대에
도 그런 자는 집에 들이지도 말고 인사도 하지 말라고 했습니다.(요이1:10) 그
러므로 말씀으로 철저히 무장해야 합니다.

2) 난리와 난리 소문

"난리와 난리 소문을 듣겠으나 너희는 삼가 두려워하지 말라 이런 일이 있어
야 하되 아직 끝은 아니니라."(마24:6)

2024년 현재 우크라이나와 러시아가 전쟁 중입니다. 오늘날 미얀마와 수단은
내전으로 수많은 사상자를 발생하고 있습니다. 지난 역사 속에서 현대에 사는
우리처럼 세상의 모든 소문과 각종 재해와 재난을 실시간으로 자신이 앉은 자
리에서 컴퓨터나 TV를 통해 접했던 역사는 없었습니다. 앞으로도 우리는 매일
더 놀랍고 끔직한 난리와 난리 소문을 듣게 될 것입니다. 그리고 이러한 사실을
예수님은 마지막 시대에 이루어진다고 예언하고 있었습니다. 또한 각종 정보기
기(스마트폰)의 발전으로 인해 실시간으로 뉴스를 접하고 동영상을 전 세계 누
구나 볼 수 있는 시대가 되었습니다. 작년부터 시작된 전쟁 초기에 압도적인 공
군과 미사일 전력을 보유한 러시아군에게 우크라이나군은 방공망(防空網, Radar
Network)이 허약하여 피해를 많이 보았습니다. 이스라엘은 방공망이 튼튼해서
팔레스타인 무장단체 하마스가 제아무리 로켓포 공격을 해도 건재합니다. 이런
난리 소문을 통해 교훈을 얻는 한 가지 사실은 교인들에게 하나님 말씀과 기도
로 방공망을 튼튼히 해주지 않으면 이단과 사탄의 공격에 무력하게 당한다는
것입니다. 특히 주님 오시기 임박한 이때에 말씀을 맡은 주의 종들이 엔드타임
메시지로 방공망을 튼튼하게 무장하지 않으면 신도들을 적들의 총알받이로 만
든 책임을 피할 수 없을 것입니다.

3) 전쟁과 기근, 지진

"민족이 민족을, 나라가 나라를 대적하여 일어나겠고. 처처에 기근과 지진이
있으리니"(마24:7)

현대에 들어서면서 제1차 세계대전과 제2차 세계대전이 있었으며 또한 세계
여러 곳에서 아직까지도 전쟁이 끊이지 않고 있습니다. IBM 컴퓨터사의 조사

통계에 따르면 세계 역사 5,560년 동안 전쟁의 발생 건수는 14,531회라고 합니다. 19세기와 20세기에 대표적으로 발생한 전쟁의 건수를 10년 주기로 소개한 도표를 보면 1,898-1,907년에 9건이었는데 계속해서 증가추세를 보이다가 1,958-1,967년에는 45건으로 무려 6배나 증가했습니다. 1년 이상 계속된 우크라이나-러시아 전쟁이 확전될 위험성이 높아져가고 있습니다. 미국 핵과학자회는 2023년 5월 25일(한국시간) 지구 멸망까지 남은 시간을 상징적으로 보여주는 '지구 종말 시계'의 초침을 파멸의 상징인 자정 쪽으로 10초 더 이동했습니다. 미국 핵과학자회는 2020년 이후 지구 종말 시계를 100초 전으로 유지해 왔지만 러시아의 우크라이나 침공 이후 전술핵 사용 우려가 고조되며 경고 수위를 높였습니다. 알베르트 아인슈타인(Hans Albert Einstein) 등이 주축이 돼 1945년 창설한 미국 핵과학자회는 지구 멸망 시간을 자정으로 설정하고, 핵위협과 기후변화 위기 등을 고려해 1947년부터 지구의 시각을 발표해 왔습니다. 비기독교인 단체들도 지구 종말이 가까이 왔다고 경고하고 있습니다.

현재 지속적으로 벌어지는 기상이변을 보면 온갖 재난들이 벌어진다는 것인데 실제로 몇 년 전부터 각국에 심한 기근(飢饉/Famine)들이 있었습니다. 국제구조위원회에 따르면 소말리아, 에티오피아, 케냐 전역에서 1천4백만 명이 넘는 사람들(이 중 절반이 어린이)이 기아에 직면해 있습니다. 동아프리카 전역에서 극심한 기아가 증가하고 있습니다. 5년 연속 강수량이 절대적으로 부족하고, 이는 25만 명 이상이 사망한 2011년 기근 때 극도로 부족했던 강수량을 넘어선 수치입니다. 세계 인구의 70% 가량은 마음껏 먹지 못해 배고픔을 느끼며 잠자리에 드는 것이 현실입니다.

"처처에 기근과 지진이 있으리니"(마24:7 막13:8 눅21:11). 최근에도 세계 곳곳에서 많은 지진이 있었고 지진은 폭발적으로 많아지고 진도도 강해지고 있습니다. 앞으로 이전보다 더욱 강력한 지진이 올 것입니다. 20세기의 지진의 횟수는 지난 세기보다 무려 10배나 증가했습니다. 오늘날 휴거나 대환난을 말하면 무슨 소설을 쓰냐고 비아냥거리는 롯의 사위 같은 자들이 교회 안에도 갈수록 많아지고 있습니다. 주님의 경고를 무시하는 자들은 하나님의 준엄한 심판을 피할 수 없을 것입니다. 성경은 하나님의 말씀이라고 주장하며, 하나님은 거짓말을 하지 않으시고, 자신의 말씀을 이루시는 분입니다. 성경에서 지진은 하나님의 역사와 계획의 일부로 나타납니다. 예를 들어, 예수님의 죽음과 부활 때에는 지진이 있었고, 이것은 예수님의 신분과 구원의 역사를 증명합니다.

4) 전염병

"처처에 큰 지진과 기근과 전염병이 있겠고"(눅21:11)

성경에서 관찰하는 것은 '전염병'이 하나님 심판의 도구 중에 하나라는 것입니다. 세계 인류 전체를 포함한 어느 국가나 민족 공동체가 심각한 죄를 범하여 하나님의 거룩하심을 침범할 때, 특히 하나님의 백성이 반역적인 범죄에 깊이 빠질 때 하나님은 여러 수단으로 징벌하십니다. 신명기 28장 15-68절에서 소상히 설명되어 있습니다. 특히 네 가지 엄중한 심판 도구를 사용하시는데, 칼(전쟁), 기근, 전염병, 흉악한 들짐승(포악한 정치 제도와 정치 지도자)입니다(겔 5:17, 14:21). 그중 전염병이 가장 강력한 도구임을 사무엘하 24장 13절에서 볼 수 있습니다. 그리하여 갓이 다윗에게 가서 말했습니다. "왕의 땅에 7년 동안 기근이 드는 것이 좋겠습니까? 왕이 원수들에게 쫓겨 3개월 동안 도망치는 것이 좋겠습니까? 아니면 왕의 땅에 3일 동안 재앙이 닥치는 것이 좋겠습니까? 이제 잘 생각해 보고 나를 보내신 그분께 내가 어떻게 대답해야 할지 결정해 주십시오."

또한, 히브리어 원문에서 '기근'과 '전염병'이 (마소라 액센트의 용법에 따라) 밀접하게 연결된 것을 관찰할 수 있습니다. 지금 전 세계적으로 경험하는 것처럼 역병은 경제적 기근과 함께 온다는 것입니다. 하나님 앞에서 우리를 돌아보고 주의 긍휼을 구할 때입니다. 다윗 시대에 다윗의 범죄로 찾아온 전염병으로 죽은 자가 7만 명이었습니다. 오늘 날에는 다윗 시대에 찾아왔던 전염병보다 훨씬 강도가 센 전염병들이 돌고 있습니다. 세계적으로 공포의 전염병으로 확산된 "신종인플루"가 등장했습니다. 2020년 코로나바이러스 감염증(COVID-19)는 최초로 전 세계적인 펜데믹을 초래했습니다. 과거에도 전염병은 있었지만 유럽 혹은 아프리카, 아시아 지역 등 지역적인 전염병이었는데 코로나바이러스 감염증(COVID-19)은 전 세계적인 전염병이었습니다. 많은 사람들이 감염되어 죽었습니다. 이런 세계적인 전염병은 주님의 재림이 멀지 않았음을 보여주고 있습니다. 술 취하고 음난하고 방탕한 죄에서 속히 회개하고 하나님께 돌아가야 합니다.

5) 핍박

"그때에 사람들이 너희를 환난에 넘겨주겠으며 너희를 죽이리니 너희가 내 이름을 위하여 모든 민족에게 미움을 받으리라 그때에 많은 사람이 시험에 빠져 서로 잡아 주고 서로 미워하겠으며"(마24:9-10)

지난해(2022년) 5,600명 이상의 기독교인들이 그들의 믿음 때문에 죽임을 당했습니다. 2,100개 이상의 교회들이 공격받거나 폐쇄되었습니다. 기독교인 124,000명 이상이 신앙을 이유로 강제로 가족으로부터 추방당했고, 15,000여 명이 난민이 됐습니다. 이슬람 극단주의가 나이지리아를 훨씬 넘어 확산되면서 세계 기독교의 진원지인 사하라(Sahara) 이남 아프리카는 이제 기독교에 대한 폭력의 진원지이기도 합니다. 그리고 오픈도어선교회(Open Doors)의 연간 보고서 2023 세계 기독교 박해지수(World Watch List)에 따르면 가장 위험하고 기독교 박해가 심각한 상위 50개국 중 북한이 다시 1위에 올랐습니다. 최근 이슬람 무장 세력이 사하라 사막 이남 아프리카 지역(SSA)에서 활개를 치면서 소말리아(2위), 나이지리아(6위), 수단(10위)에서 기독교 박해가 연이어 보고되고 있습니다. 특히, 아프리카 내에서 높은 기독교 인구 비율을 보이는 나이지리아에서는 종교적 동기에 의한 살해가 5천 14건에 달하면서 전세계 기독교인 살해의 89%를 차지하기도 했습니다. 신앙을 이유로 납치된 건수는 4천 726건에 이르렀습니다. 오픈도어선교회(Open Doors International)는 IT를 활용해 종교의 자유를 억압하는 디지털 박해가 확대되고 있다고도 전했습니다. 실제로 지난해 12월 중국의 한 감시카메라 업체가 공안에 종교 활동을 추적할 수 있는 경보 소프트웨어를 지원하는 것으로 파악됐다고 영국 한 일간지가 보도한 바 있습니다. 선교회 측은 "기독교 박해 17위 국가인 중국이 코로나19 방역을 이유로 수집된 데이터를 종교의 자유를 억압하는 데 사용했다"며 "CCTV, AI등 첨단 기술을 활용해 기독교인과 교회에 대한 감시를 더 강화하고 있다"고 주장했습니다. 현재 디지털 박해는 국민을 통제하기 쉽다는 이유로 인근 국가인 인도, 러시아를 비롯해 일부 중앙아시아 등에서도 나타나고 있습니다.[33)]

그러므로 핍박받는 나라와 교회와 성도들을 위해 기도해야 합니다. 그리고 국가 위정자들을 위해 기도해야 합니다.

---

33) 출처 데일리굿뉴스(https://www.goodnews1.com).

"¹그러므로 무엇보다 내가 권하는 것은 모든 사람을 위해 간구와 기도와 중보의 기도와 감사를 하라는 것이다. ²왕들과 높은 지위에 있는 모든 사람을 위해서도 그렇게 하여라. 이는 우리가 모든 경건함과 거룩함 가운데 조용하고 평화로운 생활을 하려는 것이다."(딤전2:1-2)

6) 하늘에서 무서운 재앙과 큰 징조

"곳곳에서 큰 지진과 기근과 전염병이 생길 것이며 하늘에서 무서운 재앙과 큰 징조가 나타날 것이다."(눅21:11)

"그 환난의 날들이 끝나자마자 해가 어두워지고 달이 빛을 내지 않을 것이며 별들이 하늘에서 떨어지고 하늘의 세력들이 흔들릴 것이다."(마24:29)

예수님은 주님의 날에 일월성신이 직접적인 타격을 받는다는 취지에서 '하늘의 세력들이 흔들리리라!'라고 말씀을 해주셨습니다. 더불어 재난의 시작은 아직 끝이 아니라는 말씀을 더해 주심은 계시록 6장에 나오는 여섯째 인의 재앙의 '주님의 날'과 혼동하지 말라는 뜻인 것입니다.

"¹⁹또 내가 위로 하늘에서는 기사들과 아래로 땅에서는 표적들을 나타낼 것이다. 곧 피와 불과 자욱한 연기이다. ²⁰주의 크고 영화로운 날이 이르기 전에 해가 변해 어둠이 되고 달이 변해 피가 될 것이다."(행2:19-20)

"¹²여섯 번째 인을 떼실 때 나는 보았습니다. 큰 지진이 일어나고 해가 머리털로 짠 천같이 검게 되고 달은 온통 핏빛으로 변하고 ¹³하늘의 별들은 무화과나무가 거센 바람에 흔들려 설익은 열매들을 떨어뜨리는 것처럼 떨어지고 ¹⁴하늘은 두루마리가 말리듯 사라지고 모든 산과 섬들은 있던 자리에서 사라졌습니다."(계6:12-14)

'주의 날'에는 소행성같은 지구에 타격을 주는 별이 떨어지는 반면, '주의 날' 전에는 유성우(流星雨, meteor shower)와 같은 별들이 떨어져 불과 연기기둥으로 대기를 뒤덮을 것이라는 점입니다. 신문지상에는 천체의 이상 징후들에 관한 기사가 자주 등장합니다. 호주 천문학자 리처드 블리세(Richard Blisse) 박사는 태양의 온도가 6,000도였는데 최근 수년간 5,200도로 식어졌다고 합니다. 지구와 충돌할 가능성이 있는 소행성들이 약 300개 정도가 오고 있는데 그중 하나가 2028년 10월 27일 오후 3시에 지구와 충돌 가능성이 큰데 위력이 히

로시마에 떨어진 원폭의 200만 배나 된다고 합니다. 그랜드 크로스(GRAND
CROSS)라는 이론이 있습니다. 지구를 중심으로 태양, 금성, 천왕성, 해왕성이
거의 일직선상으로 놓이며 달, 목성, 토성, 명왕성이 역시 한 줄로 서게 되어 마
치 십자가와 흡사한 모양입니다. 그랜드 크로스의 결과는 태양과 각 행성 사이
에 매우 강한 중력이 작용하여 지표내의 마그마 분출이 용이하여 결국은 화산
폭발과 지진이 발생하는데 그 중력의 힘으로 표면의 활동 역시 20% 증가하며,
흑점이 발생하는 최고의 주기를 맞는다면 그로 인해 지구에 임할 재앙은 엄청
난 것일 것이라는 예측입니다. 이런 천체의 이상은 주님의 재림이 멀지 않았음
을 보여주고 있습니다. 더욱 기도로 깨어서 힘써 복음을 전해야 합니다.

7) 복음의 세계 전파

"천국복음이 모든 민족에게 증거 되기 위하여 온 세상에 전파되리니 그제야
끝이 오리라."(마24;14)

이스라엘에서 시작된 복음이 이방으로 전해진 이후 선교사역은 전 세계로 확산
됐습니다. 미전도 종족이 아직도 적지 않습니다. 미전도종족(UPG, the Unreached
People Group)이란 타문화권의 도움 없이 스스로 복음화할 수 있는 공동체가
없는 종족으로, 기독교인의 비율이 2% 미만인 종족을 가리킵니다. '미전도종족
선교의 아버지'라 불리는 랄프 윈터(Ralph D. Winter) 박사가 1974년 스위스
로잔에서 열린 복음주의 세계선교대회에서 처음 주창했습니다. 미전도종족 전
문단체인 조슈아프로젝트(Joshua Project)에 따르면, 전체 복음화율이 2% 미만
인 미전도종족은 7400여 개로, 세계 인구의 42%인 약 32억 명으로 추산됩니다.
종교별로는 무슬림이 4천 개로 가장 많고, 토착종교 부족과 힌두교, 불교 순으
로 조사됐습니다.[34]

특별히 중국교회의 '백 투 예루살렘 (Back to Jerusalem)운동' 은 오순절 사
건 이후 복음이 서쪽으로 진행하여, 예루살렘에서 안디옥으로, 안디옥에서 유럽
으로 그후 미국을 거쳐 중국으로 건너왔으니 중국 교회가 복음을 서쪽으로 전
파하여 중동을 거쳐 예루살렘에 이르면 지상명령이 실현되는 것이라는 믿음 위
에 기초한 것입니다. 특별히 10/40창 선교 운동은 북위 10도와 40도 사이의 지

---

34) 데일리굿뉴스(https://www.goodnews1.com)

역으로 복음화되지 않은 50개의 나라, 전 세계 미전도 종족 90% 이상이 이곳에 있는데 그분들을 향한 선교운동입니다. 중국과 예루살렘 사이에 있는 이슬람권 나라와 불교 그리고 회교권 나라들을 선교하고 계속 서쪽으로 나아가 예루살렘까지 복음을 전파하고자 하는 중국교회의 세계선교를 향한 비전을 가리키는 말입니다. 중국 기독교 지도자들의 사역과 삶을 움직이는 원동력이 되었고 기도하며 추진 중에 있습니다. 선교전문가들은 현재 복음화 속도가 빨라져서 앞으로 10-15년 내로 혹자는 2030년까지 세계복음화가 완성될 것으로 보고 있습니다. 그러나 복음화 기준이 서로 달라서 불확실합니다. 그러므로 이런 판단과 예측으로 시한부 종말론에 빠지는 것은 경계해야 합니다. 오늘 우리가 대사명을 준행하기 위해 세계 모든 영혼을 품고 기도하고 모든 족속을 향해 선교하는 일에 힘쓰는 것입니다.

8) 이스라엘의 징조

"너희가 예루살렘이 군대들에게 에워싸이는 것을 보거든 그 멸망이 가까운 줄을 알라 24절에 저희가 칼날에 죽임을 당하며 모든 이방에 사로 잡혀 가겠고 예루살렘은 이방인의 때가 차기까지 이방인들에게 밟히리라."(눅21:20)

예수님의 예언처럼 이스라엘은 2천년 동안 국가를 잃고 세계 각국으로 흩어져 살게 되었습니다. 그렇게 유럽 각지에 흩어져 살던 유대인들은 2차 세계 대전 때 히틀러의 유대인 학살 계획으로 6백만이 죽었습니다. 그렇게 예루살렘은 이방인들에게 철저하게 짓밟힘을 당한 후 이 이방인의 때가 끝이 나고 이스라엘은 1948년 독립했습니다. 열방에 흩어져있는 유대인 디아스포라들이 이스라엘로 돌아오는 것을 '알리야(עֲלִיָּה, Aliyah)'라고 합니다(사43:5-7, 겔37:21-22, 렘3:18, 렘31:8 등). 히브리어 원어로 '알리야'는 '올라가다'로 '하나님께 올라가다', '예루살렘으로 올라가다'라는 뜻을 가지고 있으며, 현재에는 유대인 디아스포라들이 이스라엘로 이주하는 것을 뜻합니다.

"이것은 여호와의 말씀이니라 나는 너희들을 만날 것이며 너희를 포로된 중에서 다시 돌아오게 하되 내가 쫓아 보내었던 나라들과 모든 곳에서 모아 사로 잡혀 떠났던 그 곳으로 돌아오게 하리라"(렘29:14) 이 예언의 말씀이 성취된 것입니다. 구약 성경에서 자주 이스라엘을 무화과나무로 비유한 말씀을 볼 수 있습니다. 하나님께서 선지자 예레미야에게 불순종하는 이스라엘을 악하여 먹을 수 없는 무화과로 보여 주셨습니다(렘24:1,2). 그러나 마태복음 24:32에서 무화과나무를 이스라엘로 상징해서 말씀한 것이 아닙니다. 34절에 "이 세대가 지나가기 전에 이 일이 다 이루리라"하셨는데 여기서 "이 세대"라는 구절을 예수 당시의 세대 곧 기원후 31년에 그분의 말씀을 전달받은 자들을 지칭하는 말로 본다면, 그리고 성경적 사고에서 한 세대의 길이를 약 40년으로 가정한다면, 예루살렘의 멸망(기원후 70년)은 정확히 예수님 당시의 세대가 지나가기 전에 일어났다(31년 + 40년 = 70년)고 보는 해석이 있습니다.[35]

혹자는 마 21:19절은 이스라엘이 2천년 동안 나라를 잃고 방황하는 것을 의미하고 다시 무화과나무 가지가 연하여지고(마24:32)라고 하신 말씀을 통해 이스라엘이 2천년 만에 옛 땅인 예루살렘으로 돌아와 독립한 사건을 의미한다고 해석합니다. 그러나 예수님은 분명히 마21:19에 등장하는 무화과나무를 향해 '영원토록 열매를 맺지 못한다'고 선언하셨기 때문에 무화과나무를 이스라엘을 상징하는 것으로 해석하면 이스라엘은 '영원토록' 광복이나 재건할 수 없다는 왜곡된 해석이 나오게 됩니다. 그리고 평행절인 "이에 비유로 이르시되 무화과나무와 모든 나무를 보라 싹이 나면 너희가 보고 여름이 가까운 줄을 자연히 아나니 이와 같이 너희가 이런 일이 일어나는 것을 보거든 하나님의 나라가 가까이 온 줄을 알라"(눅21:29-31) 말씀을 보면 여기서 무화과나무와 모든 나무에 싹이 나면 여름이 가까운 것을 아는 것처럼 '이런 일(거짓 선지자 출현, 처처에 전쟁, 기근, 지진 등의 산고 징조)이 일어나는 것을 보거든'으로 해석해야 문맥상 맞는 해석인 것입니다.

혹자는 '이 세대'란 바로 이스라엘의 회복을 지켜본 세대(generation)라는 것입니다. 그리고 "이 세대가 지나가기 전에 이 일이 다 이루리라"(32절)는 말씀은 이스라엘이 역사 속에 다시금 등장하는 것을 바라 본 세대가 다 사라지기 전에 마태복음 24장에서 예언하고 있는 종말의 사건들이 다 이루어진다는 뜻으로 보는 것입니다. 그래서 이스라엘의 회복이 시작된 1948년 5월 14일이 바로 '이 세대(this generation)'의 출발점으로 계산해서 적어도 주님의 말씀이 2048년 이전에 성취될 것으로 보는 시한부종말론으로 빠지는 해석을 경계해야 합니

---

35) 호크마 주석

다. 혹시 천사가 나타나 재림 일시를 말해줘도 말씀에 위배되기 때문에 거절해야 합니다(마24:36). 예수님께서 말씀하신 징조들을 볼 때 종말이 가까이 왔다고 생각하는 선에서 멈추고 깨어 기도하고 성결하게 살면서 힘을 다해 복음을 전하는 삶을 살아야 합니다.

9) 믿음이 식고 도덕적 타락(눅17장; 딤후3:1-7)

"¹너는 이것을 알아라. 말세에 어려운 때가 올 것이다. ²사람들은 자기를 사랑하고 돈을 사랑하고 잘난 척하고 교만하고 하나님을 모독하고 부모에게 순종하지 않고 감사할 줄 모르고 거룩하지 않고 ³무정하고 화해하지 않고 남을 헐뜯고 무절제하고 난폭하고 선한 것을 좋아하지 않고 ⁴배신하며 조급하며 자만하며 쾌락을 사랑하기를 하나님 사랑하는 것보다 더하며 ⁵경건의 모양은 있으나 경건의 능력은 인정하지 않게 될 것이다. 너는 이런 사람들을 멀리하여라. ⁶그들 가운데는 남의 집에 살며시 들어가 어리석은 여자들을 유인하는 사람들이 있을 것이다. 그런 여자들은 죄를 무겁게 지고 온갖 종류의 욕심에 이끌려 ⁷항상 배우기는 하지만 결코 진리의 지식에 도달할 수 없다."(딤후3:1-7)

성적인 타락을 영적인 현상으로 보는 이유는 역사적으로 하나님을 떠난 시대에는 반드시 성적 타락이 따라왔기 때문입니다. 성경에서도 성적타락은 우상숭배와 깊은 연관이 있습니다. 디모데후서 3장에 보면 말세의 징조 중에 하나가 쾌락을 사랑하는 것입니다. 대홍수 전 노아 때와 소돔성이 멸망할 때 살았던 사람들보다 현대인들이 도덕적으로 더 타락했다는 말에 동의하는 사람들이 많습니다.

특히 성도덕의 타락이 소돔 성을 불로 망하게 했는데, 지금은 그때보다 더한 것 같습니다. 그 중 결정적인 것은 바로 동성애였음을 유다서 1:7절은 지적하고 있습니다. "소돔과 고모라와 그 이웃 도시들도 그들과 같은 행동으로 음란하며 다른 육체를 따라가다가 영원한 불의 형벌을 받음으로 거울이 되었느니라." 지금은 남자가 남자와, 여자가 여자와 합법적으로 결혼하는 시대이므로 함부로 말하면 법의 제재를 받습니다. 그러나 하나님 말씀은 변하지 않습니다. 레18:22에서는 동성연애를 다루면서 "이는 가증한 일이니라"고 말씀합니다. 우리는 동성애자들이 늘어나고 자신이 동생애자인 것을 공개적으로 드러낼 수 있는 사회적 분위기를 보면서 이 시대가 말세지말인 것을 알 수 있습니다. 하나님께서 가증하다고 죄악시 하신 동성애가 이미 외국에서는 보편화 되어 있는 실정입니다. 호주의 어떤 교단에서는 동성애자에게도 목사 안수를 주고 있습니다. 역사를 보면 동성연애가 많은 때에는 하나님의 심판이 나타났습니다. 소돔과 고모라가 그렇고 로마가 그렇습니다. 그런데 그 당시는 지역적인 특징이었는데 지금은 전 세계적으로 동성애가 활발하게 일어나고 있으니 지구의 종말이 멀지 않았습니다. 주님은 곧 오십니다.

10) 배도(背道)(마24장, 25장; 살후2:3)

"아무도 여러분을 어떤 방식으로든 속이지 못하게 하십시오. 이는 먼저 배교하는 일이 발생하고 불법의 사람, 곧 멸망의 아들이 나타나지 않는 한 그날은 오지 않을 것이기 때문입니다."(살후2:3)

"내가 너희에게 말한다. 하나님은 속히 그들의 원한을 풀어 주실 것이다. 그러나 인자가 올 때 이 세상에서 믿음을 찾아볼 수 있겠느냐?"(눅18:8)

이 말씀은 말세에 믿음을 유지하는 사람들이 많지 않을 것을 암시하고 있는 것입니다.

또 살후2:3에 보면 종말 전에 배교하는 일들이 일어난다고 말씀합니다. 이 두 말씀을 종합하면 주님의 재림 직전에 신앙적인 배교와 타락이 있을 것을 가르쳐주고 있습니다(딤전4:1).

교회는 나오는데 주님을 믿지는 않습니다. 심지어 목사요 신학교 교수인데도 그리스도 외에 구원의 길이 있다고 가르친 자들이 갈수록 늘어 가고 있습니다. 예수 그리스도의 십자가 사건이나 부활을 역사적 사실로 보지 않고 신화로 믿습니다. 주님은 "내가 곧 길이요 진리요 생명이니 나로 말미암지 않고는 아버지께로 올 자가 없느니라"고 말씀하셨지만 그들은 예수님 외에도 하나님 앞에 나아가는 길이 많다고 가르칩니다. 예수님이 유일한 길이 아니라 많은 길 중에 하나라고 믿습니다. 심지어 주님의 공로 없이도 도덕적으로 선하게 살면 구원에 이른다고 믿고 가르칩니다. 안타까운 사실은 사도 바울이 재림의 때에 일어난다는 사건들이 우리가 살고 있는 시대에 벌어지고 있습니다.

교회와 교단과 신학교들이 커다란 배교를 하고 있습니다. 한때 강력하게 거룩을 선포하는 위대한 설교자들에 의해 세워져 부흥했던 대학들인 하버드대

(Harvard University), 예일대(Yale University), 프린스턴대(Princeton University), 컬럼비아대(Columbia University)등의 유수한 신학교들이 이제는 다원주의와 동성애를 지지하는 온상이 되었습니다. 유럽은 이미 배교의 깊은 수렁에 빠져 있어서 신학교가 앞장서 "예수는 신화다. 비합리적이다!"라는 계몽주의의 영향으로 유럽은 기독교와 교회가 거의 무너졌고 이제는 빠르게 이슬람화가 되어가고 있습니다. 기독교의 요람이었던 유럽은 완전히 배교했으며 이제는 미국과 한국까지 이르고 있습니다. PCUSA 및 여러 진보교단, 가톨릭은 동성애 성직자를 안수하여 세우며 동성애를 인정하고, 가장 오래된 교단인 성공회는 모든 교구가 원하면 하나님을 남성이 아닌 여성인 '그녀'라고 부를 수 있도록 허용했습니다. 하나님 아버지가 여성이 된다면 아들은 있을 수 없습니다. 아들이 없다면 이슬람의 교리와 같이 '신은 아들이 없다'라는 주장과 똑같게 되는 것입니다. 교회마저도 이제 배교의 물결이 넘쳐나고 있습니다. 교회의 메시지는 복음을 변질시켜서 하나님은 성도들을 축복하는 축복기계처럼 여기게 함으로 성도들이 하나님과 돈, 하나님과 성공, 하나님과 쾌락을 겸하여 사랑하는 미지근한 성도로 만들었습니다. 예루살렘의 멸망을 앞둔 이사야 시대와 같습니다.

"네가 이같이 미지근하여 뜨겁지도 아니하고 차지도 아니하니 내 입에서 너를 토하여 버리리라"(계3:16)

하나님은 우리를 사랑하시고 우리를 축복하기를 원하시는 것은 사실이지만 이것이 설교의 전부라면 문제가 있습니다. 배교는 100% 비진리를 말하는 것이 아닙니다. 배교는 복음의 핵심을 변질시키는 것입니다. 변질된 반쪽 복음을 가지고 설교하기 때문에 배교가 일어나는 것입니다. 그들에게는 지옥에 관한 메시지가 없으며 하나님의 심판과 회개의 메시지로 성도들을 깨우게 하는 메시지가 없습니다. 그들은 매끄럽고 부드러운 설교로 성도들을 편하게 해 줍니다. 성도들도 그 복음이 전부인 줄 착각하여 편리한 복음만 들으려고 합니다.

여러분 아래의 도표에 있는 내용은 그리스도에 관한 진리입니다.

◆◆◆ 그리스도의 교리 Doctrine of Christ ◆◆◆

1. 예수는 유일한 그리스도이십니다. (요일2:22)
2. 예수님은 태초부터 영원하십니다. (요일2:13; 미 5:2)
3. 예수님은 하나님의 독생자이십니다. (요3:16, 요일4:15)
4. 예수님은 성육신하신 하나님이십니다. (요1:1-3; 5:17-18; 8:24; 8:56-59; 10:30-33; 20:26-29)
5. 예수님은 죄가 없으셨습니다. (요일3:5)
6. 예수님은 육체로 오셨습니다. (요1:14; 요일4:2; 5:1,5; 요이7)
7. 예수님은 우리 죄를 짊어지고 대신 죽으셨습니다. 우리의 죄 값을 다 치르셨습니다. (사53:5-6, 요19:30)
8. 예수님은 영화로운 몸으로 부활하셨습니다. 예수님을 그리스도로 영접한 사람은 예수님처럼 장차 부활할 것입니다. (요20:26-29; 눅24:39, 빌3:21)
9. 예수님은 승천하셨고 하나님의 보좌 우편에 앉아 중보기도하고 계십니다. (히4:14-16, 12:2)
10. 예수님은 영화로운 육체로 다시 오실 것입니다. (요이7; 행1:9-11)

사도 요한의 생각에는 예수가 유일무이한 그리스도임을 부인하는 것이 사람이 할 수 있는 최악의 일이었습니다.

"거짓말하는 자가 누구냐 예수께서 그리스도이심을 부인하는 자가 아니냐 아버지와 아들을 부인하는 그가 적그리스도니"(요일2:22)

여러분! 천문학자들이 해, 달, 별의 움직임에 대해 많은 발표하고 있습니다. 마태복음 2장을 보면, 동방의 박사들이 별을 따라서 예수님께 경배하러 왔습니다. 적게는 수개월에서 많게는 수년에 걸쳐 별을 따라 왔을 것입니다. 참 신비하지 않습니까? 하늘의 별을 보고 예수님의 나심을 알았다는 것이요. 또 별을 따라서 예수님을 찾으러 왔다는 것입니다. 그런데 동방박사들이 예루살렘에 와서 별을 잃어버렸습니다. 그들이 그때 찾아본 것이 성경입니다. 동방의 박사들이 유대 땅 베들레헴으로 간 것은 말씀을 따라간 것입니다. 말씀을 따라서 갈 때 하늘에 별이 다시 나타납니다. 동방의 박사들이 별을 따라서 왔지만 별이 예수님에게로 끝까지 인도한 것이 아닙니다. 말씀이 예수님에게로 인도한 것입니다. 그래서 우리 그리스도인들의 결론은 성경이어야 합니다.

재림신앙으로 무장해야 하나님의 말씀대로 살 수 있습니다. 주의 재림에 대해 성경은 318번이나 언급했습니다. 구약에서 예수님 대해 예언한 말씀은 다 이루어졌습니다. 예수님의 출생, 고난, 십자가 죽으심, 부활, 승천하심이 이루어지고 하나만 남았습니다. 다시 오실 주님이십니다. 마지막 하나도 반드시 이루어질 것입니다. 성경말씀대로 주님의 재림은 반드시 이루어집니다.

그런데 주님 다시 오시는 그 날과 그 시는 아무도 모른다는 것입니다. 대환난에 대한 계시록 6장부터 시작되는 경고는 19장까지 계속됩니다. 심판을 피하라고 알려주시는 경고임을 알아야 합니다. 또한 요한계시록은 "보좌에 앉으신 이의 낯에서와 어린 양의 진노에서 우리를 가리우라"(계6:16) 하는 '진노'가 있을 것을 말씀하고 있습니다. '구원하심'이 있는 '어린 양'은 선교의 적들을 반드시 심판하십니다.

"그의 심판은 참되고 의로운지라 음행으로 땅을 더럽게 한 큰 음녀를 심판하사 자기 종들의 피를 그의 손에 갚으셨도다"(계19:2)

하나님의 진노는 하나님의 나라를 건설하심에 있어서 이를 대적하는 자들에게 임할 불가피한 심판인 것입니다. 그럼 우리는 어떻게 해야 합니까?

"그러므로 깨어 있으라 어느 날에 너희 주가 임할는지 너희가 알지 못함이니라 너희도 아는바니 만일 집 주인이 도적이 어느 경점에 올 줄을 알았더면 깨어 있어 그 집을 뚫지 못하게 하였으리라 이러므로 너희도 예비하고 있으라 생각지 않은 때에 인자가 오리라"(마24:42-44)

늘 깨어 있어야 합니다. 항상 준비하고 있어야 합니다. 우리는 재림이 가까워진다는 핑계로 나태하고 게으른 삶을 살아서는 안 됩니다.(살전4:11) 불확실한 시기에 취할 수 있는 가장 현명한 일은 기도와 말씀으로 날마다 성령 충만하여 늘 깨어서 경계하는 것입니다. 철저한 경계만이 갑작스레 들어오는 시기에 있어서는 도적과 같은 주의 재림을 준비하며 살 때 언제 오셔도 기쁘게 주를 영접할 수 있습니다.

우리의 예상과 달리 예수님께서 천 년후에 다시 오신다고 하셔도 우리는 내가 살아 있을 때 예수님 공중강림하시고 교회가 휴거될 것으로 믿고 사는 것이 깨어서 살 수 있는 지혜입니다.

바울도 초대교회 성도들도 다 그렇게 생각하고 살았습니다. 사도 바울은 자신이 살아있을 동안에 예수님의 재림이 있으리라고 믿고 오랫동안 예수님을 기다려왔습니다. 주후 50년에 바울은 데살로니가 교회에게, "우리가 주의 말씀으로 너희에게 이것을 말하노니 주 강림하실 때까지 우리 살아남아 있는 자도 자는 자보다 결단코 앞서지 못하리라"(살전4:15) 라는 편지를 하였습니다. 약 5년 후 고린도 교회의 그리스도인들에게 편지하면서 이렇게 썼습니다.

"……우리가 다 잠잘 것이 아니요 마지막 나팔에 순식간에 홀연히 다 변화하리니"(고전15:51) 그러나 죽기 직전에 디모데에게 보낸 편지에서, 바울은 이전과 다른 말을 하였습니다. 그는 현재가 아닌 미래 시제를 사용하면서 '말세(마지막 때)'에 관한 말을 하였습니다(딤후3:1-2). "내가 선한 싸움을 싸우고 나의 달려갈 길을 마치고 믿음을 지켰으니 이제 후로는 나를 위하여 의의 면류관이 예비되었으므로…"(딤후4:7-8)

2. 재림에 대비한 성도의 준비

여러분! 마태복음 25장 1절에서 13절 말씀을 함께 읽겠습니다.

"¹그 때에 천국은 마치 등을 들고 신랑을 맞으러 나간 열 처녀와 같다 하리니 ²그 중의 다섯은 미련하고 다섯은 슬기 있는 자라 ³미련한 자들은 등을 가지되 기름을 가지지 아니하고 ⁴슬기 있는 자들은 그릇에 기름을 담아 등과 함께 가져갔더니 ⁵신랑이 더디 오므로 다 졸며 잘새 ⁶밤중에 소리가 나되 보라 신랑이로다 맞으러 나오라 하매 ⁷이에 그 처녀들이 다 일어나 등을 준비할새 ⁸미련한 자들이 슬기 있는 자들에게 이르되 우리 등불이 꺼져가니 너희 기름을 좀 나눠 달라 하거늘 ⁹슬기 있는 자들이 대답하여 이르되 우리와 너희가 쓰기에 다 부족할까 하노니 차라리 파는 자들에게 가서 너희 쓸 것을 사라 하니 ¹⁰그들이 사러 간 사이에 신랑이 오므로 준비하였던 자들은 함께 혼인 잔치에 들어가고 문은 닫힌지라 ¹¹그 후에 남은 처녀들이 와서 이르되 주여 주여 우리에게 열어 주소서 ¹²대답하여 이르되 진실로 너희에게 이르노니 내가 너희를 알지 못하노라 하였느니라 ¹³그런즉 깨어 있으라 너희는 그 날과 그 때를 알지 못하느니라"

여러분, 이 세상에서 가장 가치 있이 무엇이라고 생각하십니까? 천국(天國)입니다. 이 세상은 없어지는 것이지만 천국은 영원하기 때문입니다. 성경66권이 우리에게 하시는 말씀을 한 두마디로 표현한다면 무엇일까요? '반드시 예수 믿어 천국에 들어가라, 절대로 지옥에 가지 말아라'입니다. 예수님께서 맨 처음 하신 말씀이 "회개하라 천국이 가까웠느니라"입니다. 우리는 천국가려고 예수를 믿습니다. 만약에 그냥 이 세상뿐이라면, 만약에 천국이나 지옥도 없고, 심판도 없고, 죄도 없습니다. 당연히 예수님이 십자가에 못 박혀 죽으실 이유도 없어집니다. 이렇게 생각하면 천국이 없으면 하나님도 없습니다. 천국은 말 그대로 하나님의 나라이기 때문입니다. 어떤 사람은 '우리가 천국가려고 예수 믿나?' 합니다. 그러면 어디 갈려고 예수 믿습니까? 천국가려고 예수 믿는 것이 맞습니다. 설마 지옥 가려고 예수 믿겠습니까? 혹은 내세도 없는데 무엇 때문에 신앙생활 하겠습니까?

성도 여러분, 우리 예수님께서는 여러 번 천국에 관한 말씀을 하셨는데, 그때마다 비유로 말씀하셨습니다. 왜 그랬을까요? 두 가지의 이유가 있다고 했습니다.

첫째로, 그리스도 안에서 택함을 받은 성도들에게는 쉽게 이해할 수 있도록 하기 위해서입니다. 비유가 바로 예화입니다. 예화는 우리에게 진리를 아주 쉽게 알려주는 방법 중의 하나입니다. 그러나 믿지 않는 사람들, 즉 택함을 받지 않은 사람들에게는 이 비유는 무슨 말인지 더 알아듣기가 어렵습니다.(마13:35) 그래서 둘째로, 택함을 받지 못한 사람들에게는 들어도 무슨 말인지 깨닫지 못하도록 하기 위해서 비유로 말씀했습니다.(마13:11,15) 말하자면 예수님은 비유로써 천국 복음을 안전하게 포장하신 것입니다. 마25장에는 예수님의 비유 세 가지가 있습니다. 열 처녀 비유와 달란트 비유, 양과 염소의 비유입니다. 이들 비유에는 공통점이 있는데 다 천국에 대한 비유이면서, 세 비유가 다 사람의 인생, 특히 예수 믿는다고 교회 다니는 신자들의 인생이 두 가지 길로 분명하게 나누어진다는 것입니다. 지혜로운 다섯 처녀와 미련한 다섯 처녀로, 또 지혜로운 종과 게으른 종으로, 양과 염소의 두 가지 길로 분명하게 즉 천국과 지옥으로 분명하게 구별됩니다. 우리 중에 한 사람도 미련한 다섯 처녀가 되어

"11그 후에 남은 처녀들이 와서 이르되 주여 주여 우리에게 열어 주소서 12대답하여 이르되 진실로 너희에게 이르노니 내가 너희를 알지 못하노라 하였느니라"(마25:11-12) 하는 분들이 없기를 간절히 바랍니다.

이 비유를 이해하려면 먼저 우리는 유대인들의 결혼식을 이해할 필요가 있습

니다.

유대인의 결혼식에도 이 세 가지가 있습니다만 순서가 조금 다릅니다. 첫째로 우리는 약혼식을 하지만 유대인들은 정혼식(定婚式)을 합니다. 이 정혼은 우리나라의 약혼보다 사회적인 규범인 훨씬 더 무겁고 책임이 따릅니다. 정식 결혼약속입니다. 정혼을 한 다음에 무슨 일이 생겼을 때, 예를 들어서 부정한 일을 저지르거나 도무지 결혼할 수 없는 사유가 발생했을 때는 파혼하는 방법이 두 가지가 있는데 하나는 그 당시 율법대로 돌로 쳐 죽이는 방법이 있고 또 하나는 모세의 율법에 따라서 정식으로 이혼장을 써주고 헤어지는 방법이 있습니다. 맘에 안 든다고 슬그머니 그냥 파혼할 수가 없다는 것입니다.

두 번째로 혼인잔치를 합니다. 우리와는 다르게 유대인들의 경우는 잔치를 먼저 하고 결혼예식을 마지막에 합니다. 오는 손님들마다 먼저 극진하게 대접을 하고 나서 맨 마지막에 결혼예식을 거행하는데, 그 예식은 흔히 밤에 합니다. 밤에 하는 이유는 크게 두 가지인데… 먼저 그 나라는 너무 덥습니다. 낮에는 도저히 더워서 결혼예식을 할 수 없습니다. 그러나 해가 진 다음에는 습기가 없기 때문에 시원합니다. 그래서 밤에 예식을 거행합니다.

또 한 가지 이유는 낮에는 다 직장이 있습니다. 그 당시는 주로 농업을 했던 때이기 때문에 낮에는 농장에서 바쁘게 일을 해야 합니다. 그래서 초대를 해도 올 수 있는 사람은 몇 사람 되지를 않습니다. 요즘처럼 자동차가 있는 것도 아니고 걸어 다녀야할 그 때는 낮에 혼인예식을 한다고 하는 것은 굉장히 어렵습니다. 그래서 밤에 결혼예식을 행합니다. 안식일은 예배드리는 날이니 당연히 생각도 못합니다.

본문에 보면 6절에 "밤중에 소리가 나되 보라 신랑이로다 맞으러 나오라"라고 했습니다. 그 당시 결혼 관습을 보면 결혼식 날에 신랑이 친구들과 함께 신부의 집으로 행진해서 옵니다. 대개 거리가 멀기 때문에 밤에 도착하는 것이 일반적인 관습입니다. 그 때에 신부의 친구들이 들러리로 신부와 함께 신랑을 기다립니다. 본문은 바로 이런 내용입니다. 이러한 배경을 이해하면서 오늘의 말씀을 살펴 볼 때에 이 열 처녀의 비유가 주는 교훈을 보다 더 분명하게 이해 할 줄로 믿습니다.

비유 해석을 하면 **첫째로, 신랑은 예수 그리스도**입니다.

본문 1절에 보면 "그 때에 천국은 마치 등을 들고 신랑을 맞으러 나간 열 처녀와 같다 하리니"입니다. 이 열 처녀 비유는 천국에 관한 비유입니다. 천국은 마치 신랑을 맞으러 나간 열 처녀와 같다고 했는데 이 신랑은 두말할 필요도 없이 바로 예수 그리스도를 의미합니다. 여기서 신랑이 왔다는 것은 바로 그리스도의 재림을 우리들에게 말씀해주고 있는 것입니다.

둘째로, 열 처녀는 교회의 신도들입니다.

이 부분이 이해하기 어렵고 우리들이 자주 착각을 하는데, 분명한 것은 이 열 처녀는 교회의 신도를 말합니다. 다시 말씀드려서 교회 안에는 지혜로운 다섯 처녀와 같은 기름을 준비한 성도들이 있는가 하면, 또 교회 안에는 어리석은 다섯 처녀처럼 기름 없이 등(燈)만 가진 신도들도 있다는 말씀입니다.

성도 여러분, 미련한 다섯 처녀는 교회 밖의 불신자들이 아닙니다. 분명히 교회 잘 다니는 신자들에게 말씀하시는 것입니다. 거짓말 중에 큰 거짓말이 교회만 다니면 무조건 천국에 간다는 거짓말입니다. 어떤 교회이든지 눈에 보이는 가시적인 지상교회 안에는 알곡만 있는 것이 아니라 가라지와 쭉정이도 있습니다(마3:7-12). 지혜롭고 슬기로운 삶을 사는, 즉 기름 준비한 사람이 있는가 하면, 기름이 없이 등(燈)만 준비한 어리석은 신도들도 있다는 것입니다. 가시적인 교회는 불완전하기 때문입니다. 그러나 바라기는 우리 교회는 이렇게 어리석은 다섯 처녀와 같은 성도는 한 사람도 없기를 바랍니다.

셋째로, 등과 기름은 눈에 보이는 외형적인 신앙생활과 보이지 않는 내면적인 신앙생활을 말씀합니다.

본문에 처녀들이 등을 들고 신랑을 맞으러 나왔다고 했습니다. 열 처녀들은 다 등을 들고 나왔습니다. 예배당에 출입하는 교인들은 어느 누구를 막론하고 이 등을 다 들고 있습니다. 이 등은 사람 앞에 구체적으로 보일 수 있는 눈에 보이는 행위를 뜻하는 말씀입니다. 교회에 출석하고 봉사도 하고 전도도 하고 구제도 하는 이런 외형적인 신앙생활을 상징합니다. 외형적인 면에서 누가 보아도 '저 사람은 교회에 가는가보다, 저 집사님은 참 열심히 잘 믿는구만' 하고서 알 수 있는 행위, 그것이 바로 등(燈)입니다. 등은 누구나 다 들고 있습니다. 문제는 기름입니다. 기름은 교회에 다니는 사람마다 다 준비된 것이 아니라 오직 슬기로운 다섯 처녀만 기름을 준비하고 있습니다. 기름은 무엇일까요? 등이 밖에서 누구나 볼 수 있는 외형적인 신앙생활이라고 한다면, 기름은 눈에 보이지 않는 내면적인 신앙생활을 말합니다. 기름은 등 안에 들어있기 때문에 등을 아무리 쳐다봐도 그 안에 있는지 없는지 안보입니다. 하나님과의 내면적인 영적인 교제는 눈에 보이지 않습니다. 믿음이나 성령님은 눈에 보이지 않습니다. 로마서 8장 9절에서 16절을 보겠습니다.

"9만일 너희 속에 하나님의 영이 거하시면 너희가 육신에 있지 아니하고 영에 있나니 누구든지 그리스도의 영이 없으면 그리스도의 사람이 아니라 10또 그리스도께서 너희 안에 계시면 몸은 죄로 말미암아 죽은 것이나 영은 의로 말미암아 살아 있는 것이니라 11예수를 죽은 자 가운데서 살리신 이의 영이 너희 안에 거하시면 그리스도 예수를 죽은 자 가운데서 살리신 이가 너희 안에 거하시는 그의 영으로 말미암아 너희 죽을 몸도 살리시리라 12그러므로 형제들아 우리가 빚진 자로되 육신에게 져서 육신대로 살 것이 아니니라 13너희가 육신대로 살면 반드시 죽을 것이로되 영으로써 몸의 행실을 죽이면 살리니 14무릇 하나님의 영으로 인도함을 받는 사람은 곧 하나님의 아들이라 15너희는 다시 무서워하는 종의 영을 받지 아니하고 양자의 영을 받았으므로 우리가 아빠 아버지라고 부르짖느니라 16성령이 친히 우리의 영과 더불어 우리가 하나님의 자녀인 것을 증언하시나니"(롬8:9-16)

슬기로운 다섯 처녀만이 보이지 않는 기름이 준비되어 있었습니다.

넷째로, 신랑이 밤중에 왔다는 것은 종말을 의미합니다.

신랑이 밤중에 왔다는 말은 크게 두 가지로 해석을 할 수 있는데 한 가지는 역사적(歷史的)인 종말(終末)을 말합니다. 이것을 우리는 흔히 우주적 종말이라고도 합니다. 이 세상의 역사가 끝나는 예수님의 재림이 그것입니다. 예수님이 공중재림할 때에 그리스도안에 있는 우리는 신랑 되신 예수님을 만납니다. 다른 하나는 개인적(個人的)인 종말(終末)입니다. 재림 이전이라도 하나님께서 '너, 오너라' 하고 부르시면 우리는 다 가야만 합니다. 이 세상에 오는 것은 순서가 있지만 가는 것은 순서가 없습니다. 예수님이 오셔서 우리를 만나나, 우리가 가서 예수님을 만나나 종말은 다 같은 종말입니다. 이렇게 신랑 되신 예수님은 밤중에, 우리들이 예기치 못한 때에 우리의 생명을 거두어 가시고 또 재림하시는 것입니다. 예수님께서 공중강림하실 때 그리스도안에 있는 자들은 다 휴거될 것입니다.

휴거는 예수 그리스도께서 이 땅에서 교회(그리스도를 믿는 모든 신자들)를 하늘로 옮기시려고 오시는 때입니다. 휴거는 데살로니가전서 4장 13-18절과 고린도전서 15장 50-54절에 묘사되어 있습니다. 죽었던 신자들은 이 땅에 아직 살아있는 자들과 함께 부활의 몸을 입고 공중에서 주님을 만날 것입니다. 이 모든 사건은 지구상에서 눈 깜짝할 사이에 순식 간에 발생할 것입니다. 재림은 예수께서 적그리스도를 물리치고 악을 파멸시키고 그분의 천년 왕국을 세우기 위해 오시는 때입니다. 재림은 계시록 19장 11-16절에 묘사되어 있습니다. 하나님 자녀들은 하나님의 진노의 심판인 대환난을 피하고 환난 전에 휴거된다는 것이 성경의 계시입니다.(눅21:36, 계3:10, 14장 전체 참조) 마태복음 24장에는 주님의 공중재림 때를 언급하고 있는 바, 두 사람이 밭을 갈고 있다가 하나는 데려감을 당하고 하나는 버려둠을 당한다고 했고, 두 여자가 맷돌질을 하고 있다가 같은 상황이 발생한다고 했는데 곧 휴거의 상황을 그린 것입니다. 여기서 '데려감을 당한다(파랄람바노 παραλαμβάνω)'라는 헬라어는 다른 성경구절에서 다 적극적인 용법으로 쓰여진 단어입니다. 요한복음 14장 3절의 '처소를 예비하면… 나 있는 곳에 너희를 영접하여'라고 할 때 영접한다는 말이나 마태복음 17장 1질의 '주님이 베드로와 야고보와 요한을 데리시고 따로 높은 산에'라고 할 때의 '데리시고' 등에 쓰여진 말입니다. 이는 다 주님이 믿는 이들을 데리고 가실 때 쓰는 말이므로 적극 용법으로 사용됐습니다. 마태복음 24장에서 사용한 '파라람바노'는 주님의 재림과 환난의 때를 말하므로 더 적극적인 말로 쓰였으며, 결국 휴거에 해당하는 말입니다.

"⁴²그러므로 너희는 깨어 있으라. 너희 주께서 어느 날에 오실지 알 수 없기 때문이다. ⁴³그리고 이것을 명심하라. 만약 한밤에 도둑이 몇 시에 올 줄 알았다면 집주인은 깨어 있다가 도둑이 들어오지 못하게 했을 것이다."(마24:42-43)

우리는 '도적' 그러면 부정적인 이미지가 연상되어 해석에도 영향을 미치는 것을 조심해야 합니다. 예수님께서 도적의 비유를 말씀하신 것은 도적은 도적질하기 전에 누구 집에 몇 월, 몇 일, 몇 시에 도적질하러 간다고 예고하지 않은 점을 사용하신 것입니다. 예수님이 어느 날에 공중 강림하셔서 그리스도의 신부들을 데리고 가신다(휴거)고 몇 날, 몇 시를 예고하시지 않는다는 것입니다. 주님께서 우리에게 도적처럼 오시는 것이 축복입니다. 우리가 항상 깨어 있을 수 있도록 배려하신 우리를 향한 사랑입니다. 이 점에 있어서는 예수님께서 우리에게 도적처럼 오셔야 합니다.

3. 빌라델비아 교회처럼

우리가 작은 능력으로도 빌라델비아 교회처럼 믿음을 지키고 살면 시험의 때 (대환난)를 면하게 하실 것입니다.(계3:10, 눅21:36)

"⁸내가 네 행위들을 안다. 보라. 내가 네 앞에 열린 문을 두었으니 아무도 그 문을 닫을 수가 없다. 이는 네가 힘이 약한 가운데도 내 말을 지키고 내 이름을 부인하지 않았기 때문이다. ⁹보라. 내가 사탄의 집단에 속한 어떤 사람들을 네게 줄 것인데 그들은 자칭 유대 사람들이라고 하나 실은 그렇지 않고 거짓말쟁이들이다. 보라. 내가 그들로 네 발 앞에 꿇어 엎드리게 하고 내가 너를 사랑하는 줄을 알게 할 것이다. ¹⁰네가 내 인내의 말을 지켰으니 땅 위에 사는 사람들을 시험하기 위해 온 세상에 시험이 닥칠 때 나도 너를 지켜 줄 것이다."(계 3:8-10)

많은 사람들이 바로 이 말씀 때문에 7년 대환난을 면하려면 "인내의 말씀을 지켜야 한다"라고 생각하는데, 사실, "네가 나의 인내의 말씀을 지켰은 즉"이라는 말씀은 10절과 이어지는 말씀이 아니라, 9절과 연결되는 말씀입니다. 권위있는 헬라어 문법학자인 John Niemela는 헬라어 문법에서는 이유를 설명하는 구절이 문장의 앞부분이 아니라 뒷부분에 위치하는데, 이런 헬라어 문법을 통해 살펴보면, "네가 나의 인내의 말씀을 지켰은즉"이라는 말씀은 10절이 아니라, 9절의 말씀을 설명하는 말씀이라는 것입니다. 다시 말해 "보라 사단의 회 곧 자칭 유대인이라 하나 그렇지 않고 거짓말하는 자들 중에서 몇을 네게 주어 저희로 와서 네 발 앞에 절하게 하고 내가 너를 사랑하는 줄을 알게 하리라. (왜냐하면 Because) 네가 나의 인내의 말씀을 지켰기 때문이다."(9, 10상)라고 한 문장이 끝나는 것이고, 이어서 별개의 문장으로 " – 내가 또한 너를 지키어 시험의 때를 면하게 하리니 이는 장차 온 세상에 임하여 땅에 거하는 자들을 시험할 때라"(10하)는 말씀이 주어졌다는 것입니다. 이런 헬라어 문법을 이해하지 못한 상태에서 성경의 절을 나누었기에 이런 오해가 생겼다는 것입니다.

'시험의 때를 면하는 사건' 즉 '휴거의 사건은' 참된 그리스도인들이라면 모두가 참여하는 사건이지 여기에 또 다른 조건은 있을 수 없다는 것입니다. "인내의 말씀을 지킨" '거룩한 성도들'뿐 아니라, 비록 '육에 속한 그리스도인'이라 할찌라도 예수를 믿기만하면 모두 휴거의 사건에 참여하는 것인데, 그 대표적인 사례가 바로 아브라함의 조카 롯이라는 것입니다. 아브라함의 조카 롯은 육신의 생각을 따라 아브라함의 품을 떠나 죄악의 땅 소돔성에 머물며 겨우 믿음의 명맥만을 유지했지만, 하나님은 그를 소돔성에서 끌어내어 구원해 주셨습니다. 이처럼 롯은 육에 속한 하나님의 사람이었지만, 창세기 19장 22절에 보면 천사들이 롯에게 "네가 소알성에 이르기까지는 소돔성을 심판할 수 없다"라고 말씀하는 장면이 나옵니다. 육에 속한 하나님의 사람이지만 저가 안전한 곳으로 도피하기 전에는 소돔성을 심판할 수 없다는 말씀인 것입니다. 마찬가지로 이 땅에 있는 모든 그리스도인들이 휴거의 사건을 통해 안전한 하늘의 처소로 옮겨지기 전에는 결코 7년 대환난이 시작될 수 없다는 것을 알아야 합니다.[36]

구속받은 성도들은 모두가 아브라함의 조카 롯과 같이 시험의 때가 이르기 전에 미리 이 땅 밖으로 끌어내지는 휴거의 은혜를 얻게 된다는 것입니다.

여러분! 누구든지 빌라델비아 교회처럼 어떤 환경 속에서도 예수를 그리스도로 믿는 믿음을 지키면 대환난을 피하는 휴거의 구원을 주신다는 것입니다.

구약의 에녹과 엘리야는 휴거의 예를 우리에게 보여 줍니다. "하나님이 그를 데려가시므로 세상에 있지 아니하였더라."(창5:24) 어느 날 이 지구상에 그리스도 안에 있던 하나님의 자녀들이 실제로 없어지는 일이 예고없이 있게 될 것입니다.

오늘 우리는 모든 예언의 말씀의 성취를 볼 때 휴거가 가까운 시기에 살고 있다고 말할 수 있습니다.

구약의 에녹과 엘리야는 휴거의 예를 우리에게 보여 줍니다. "하나님이 그를 데려가시므로 세상에 있지 아니하였더라."(창5:24)

예수님은 그의 신부들을 하늘의 시온산인 보좌 앞으로 들어올리실 것입니다.(계14:1-5)

그리고 휴거된 예수님의 신부들은 예수님의 천국에 배설된 혼인잔치에 참여

---

36) 방월석, 〈요한계시록강해〉, 도서출판 와서, 131-132

하게 될 것입니다.

그러므로 본문 속의 비유를 통한 교훈은 다음과 같습니다.

첫째는, 그리스도께서는 그의 교회, 그의 신부들로 하여금 그의 기쁨에 참여하도록 초청하고 계십니다.

"천사가 내게 말하기를 기록하라 어린 양의 혼인 잔치에 청함을 받은 자들은 복이 있도다 하고 또 내게 말하되 이것은 하나님의 참되신 말씀이라 하기로"(계 19:9)

그렇습니다. 예수님은 저와 여러분, 우리 모두를 다 초청했습니다. 어린 양의 혼인잔치에 우리 모두를 초청했습니다. 이 잔치는 어린 양의 혼인잔치로서 기쁨과 즐거움의 잔치요 우리 인생에 있어서 가장 즐거운 행복을 누리는 잔치입니다. 이 잔치에 "수고하고 무거운 짐 진 자들아 다 내게로 오라 내가 너희를 쉬게 하리라"(마11:28) 하시면서 우리를 천국으로 초청하십니다.

둘째로, 혼인잔치, 기쁨의 잔치에 참여하기 위해서는 준비가 있어야 합니다.

우리는 예비할 것이 있습니다. 오늘날의 잔치에 있어서도 예복이 꼭 필요합니다. 잠바나 티 걸치고 슬리퍼 신고 결혼예식에 참석하는 사람은 그 결혼예식을 욕보이는 것 아닙니까? 기본적으로 예복을 입어야 합니다. 고대 이스라엘에서는 그 예복은 예식에 초청한 주인이 준비하는 것입니다. 초청받은 사람은 입기만 하면 됩니다. 구원은 전적으로 하나님의 선물임을 암시하는 것입니다.(엡 2:8-9) 물론 본문에는 예복이라는 말은 하고 있지 않고, 기름이라는 말을 하고 있는데 이 기름은 예복을 포함하는 그런 말씀입니다. 예수님과의 혼인잔치에도 마찬가지입니다. 우리가 갖추어야할 예복은 바로 의(義)의 세마포 옷입니다.(계 19:8) 우리가 예수님을 내 주님으로 영접하게 될 때에 하나님께서 '너는 의롭다'라고 하시면서 우리를 의롭다고 인정을 해주시는 바로 그것을 우리는 의의 세마포 옷이라고 그렇게 부릅니다.

"오직 주 예수 그리스도로 옷 입고 정욕을 위하여 육신의 일을 도모하지 말라"(롬13:14)

본문에서는 이것을 기름으로 말씀하시면서 기름을 준비하지 않고 등만 준비한 사람이 있다고 하십니다. 즉 신랑되신 예수님과 함께하는 이 잔치에 참여하기 위한 기본적인 준비가 안 된 사람들, 예복을 입지 않은 사람, 등만 준비하고 그 속에 들어가야 할 기름을 준비 못한 사람도 있다는 것을 우리들에게 가르쳐 주고 있습니다.

셋째로, 열 처녀 비유는 우리가 잠을 안자고 항상 깨어 있을 수는 없지만 준비는 되어있어야 한다는 것을 말씀합니다.

"신랑이 더디 오므로 다 졸며 잘새"(5절) 하지 않습니까? 지혜로운 다섯 처녀도 미련한 다섯 처녀들도 다 졸며 잤다고 하였습니다. 어떤 분은 '안 졸려고 애쓰다가 깜빡하고 조는 것은 지혜로운 처녀요, 아예 퍼질러 자는 것은 미련한 다섯 처녀일 것이다.' 하고 해석을 하기도 합니다. 그러나 "신랑이 더디 오므로 다 졸며 잘새"(5절) 했으니 굳이 차이를 둘 것은 없습니다. 하지만 분명한 것은, 졸든지 자든지 준비만은 되어 있어야 한다는 것입니다.(살전5:8-10)

넷째로, 기름은 다른 사람의 것을 대신할 수 없다는 것입니다.

본문 8절과 9절을 한번 보시기 바랍니다. "미련한 자들이 슬기있는 자들에게 이르되 우리 등불이 꺼져가니 너희 기름을 좀 나눠 달라 하거늘 슬기 있는 자들이 대답하여 가로되 우리와 너희의 쓰기에 다 부족할까 하노니 차라리 파는 자들에게 가서 너희 쓸 것을 사라 하니"라고 했습니다. 이렇게 보면 이 슬기로운 다섯 처녀가 매정하고 냉정합니다. 인정도 없는 것 같습니다. 그러나 이것이 바로 믿음의 세계의 원리입니다. 무슨 말인고 하면 기름은 다른 사람의 것을 빌려서 대신할 수 없다는 것입니다.

여러분! 기름이 무엇일까요? 구원받을 믿음입니다.(엡2:8-9) 믿을 때 받는 성령을 말합니다.(행19:2) 그리고 믿음이나 성령은 빌려주거나 빌리거나 할 수가 없습니다. 부부는 일심동체라고 하지만 아내의 믿음 아내의 성령을 가지고서 남편이 구원받을 수가 없습니다. 아버지의 믿음을 가지고서 자녀가 구원을 받을 수가 없습니다. 구원은 자기가 가진 믿음으로 받습니다. 가끔 남자들이 "제 아내가 집사 혹은 권사입니다. 얼마나 믿음이 좋은지 새벽기도도 빠짐이 없고, 철야기도도 빠짐이 없고 여기저기서 얼마나 열심히 봉사하는지 모릅니다. 아마 저는 죽을 때에 저희 아내 치마폭만 꼭 잡으면 천국은 갈 수 있을 것 같습니다"

여러분 갈 수 있을까요? 아니요. 치마폭을 꼭 잡으면 치마만 찢어집니다. 그것 붙잡고는 천국에 못 갑니다. 구원받을 나의 믿음, 내 마음속에 내주하시는 나의 성령, 나의 기름이 등에 있어야 합니다. 자기 자신의 신앙입니다. 본문은 우리들에게 기름이라고 하는 것은 어느 누구도 대신할 수가 없습니다, 나눠주고 싶지만 나눠줄 수가 없다는 아주 중요한 진리를 가르쳐줍니다.

이 비유가 주는 교훈을 정리합니다.

첫째로, 형식만 갖춘 종교인이 되지 말라는 것입니다.

예수님은 계시록 3장 9절에서 자칭 유대 사람들이라고 하나 실은 그렇지 않다고 하십니다. 그리고 유대인의 회당을 '사탄의 회(the synagogue of Satan)'(9)라 칭하십니다. 하나님을 섬기는 믿음의 중심지가 되어야 할 회당이 오히려 하나님이 보내신 메시아를 거부하고, 그를 믿는 성도들을 핍박하는 사탄의 회가 되었다 하신 것입니다. 사도 바울을 통한 하나님 말씀도 속사람이 유대 사람이라야 참 유대인이라는 것입니다.

"28겉으로 유대 사람이라고 해서 참유대 사람이 아니고 몸에 받은 할례가 참할례가 아닙니다. 29오히려 속사람이 유대 사람이라야 참유대 사람이며 문자화된 율법에 의해서가 아니라 성령으로 마음에 받은 할례가 참할례입니다. 그 칭찬은 사람에게서가 아니라 하나님에게서 옵니다."(롬2:28-29)

교회 안에 알곡과 가라지가 병존합니다.(마3:12) 종교인들은 다 같은 기독교인의 이름을 갖고 있지만 그저 교회에 부지런히 다니고 적당히 기도도 하고 봉사도 합니다. 외형적으로 보면 아무것도 부족한 것이 없는 것 같습니다. 분명히 등(燈)은 갖고 있습니다. 그러나 문제는 등 속에 기름이 있느냐 없느냐 입니다. 구원받을 믿음이 없으면 그 사람은 심판받을 때 지옥 갈 가라지 신자입니다.(마13:40) 천국에 못들어 갑니다.

둘째로, 우리 인간에게는 창조주이신 하나님의 초청을 거부할 자유는 있지만, 그 결과까지 거부할 자유는 없다는 것을 알아야 한다는 것입니다.

하나님은 오늘도 복음의 일꾼들을 세워 사람들에게 '예수님 안의 천국의 삶'으로 초청하고 계십니다. 그리고 이에 대해 응하든 거부하든 그것은 인간의 자유입니다. 그러나 누구도 하나님의 초청을 거부한 결과까지 거부하지는 못합니다. 복음을 거절한 자 즉 예수를 믿지 않은 자는 이미 심판을 받았다고 말합니다.

"17하나님께서 자신의 아들을 세상에 보내신 것은 세상을 심판하시려는 것이 아니라 그 아들을 통해 세상을 구원하시려는 것이다. 18아들을 믿는 사람은 심판을 받지 않는다. 그러나 믿지 않는 사람은 이미 심판을 받았다. 하나님의 독

생자의 이름을 믿지 않았기 때문이다."(요3:17-18)

하나님은 '예수님 안에서의 천국의 삶'을 거부한 자에게는 멸망 곧 영원한 형벌에 들어가도록 작정하셨습니다.(마25:46) 이 법은 이 세상을 창조하신 하나님께서 친히 정하신 법이기에 그 누구도 예외가 될 수 없습니다. 하나님의 초청에 응하는 자는 영생에 들어가고 응하지 않는 자는 영벌에 들어갑니다.

셋째는, 예수님의 재림은 반드시 있다고 하는 것입니다.

재림은 바로 심판을 뜻합니다. 베드로후서 3장 9절 말씀에 "주의 약속은 어떤 이들이 더디다고 생각하는 것 같이 더딘 것이 아니라 오직 주께서는 너희를 대하여 오래 참으사 아무도 멸망하지 아니하고 다 회개하기에 이르기를 원하시느니라"고 했습니다. 예수님의 재림은 우리 인간적인 시각으로 보면 왜 그렇게 더딘지 모르겠습니다. 예수님께서 내가 곧 재림하겠다고 하신 지가 벌써 2,000년이 지났습니다. 그런데 아직도 재림을 안 하고 계십니다. 이렇게 인간적인 눈으로 보면 너무 더딥니다. 그러나 이방인의 구원받는 숫자가 다 차기까지(롬11:25) 하나님께서는 기다리고 기다리십니다. 그래서 예수님의 재림이 인간적인 시각으로 볼 때는 너무 더디지만 시간의 제한을 받으시지 않으신 하나님은 천 년이 하루 같으시기 때문에(벧후3:8) 아주 짧은 시간입니다. 여러분! 예수님 재림은 반드시 있습니다. 믿으시기를 바랍니다.

한 친구가 그의 다정한 친구부부를 저녁식사에 초대 했습니다. 화기애애하게 식사를 마친 후, 차를 마시며 이런 이야기를 합니다. "오늘 교회에서 설교시간에 목사님이 이런 설교를 하더군! 곧 예수님이 오시는데 그것을 휴거라고 하지. 그때 어떤 일이 벌어지느냐 하면 예수님을 믿는 사람들은 모두 예수님을 따라 하늘로 올라가 천국으로 가지. 그리고 예수님을 믿지 않는 사람들은 이 땅에 남아서 환난을 당한다네. 나는 그 사실을 믿거든. 자네는 무신론자이니 믿지 않겠지? 그래서 하는 말인데 예수님이 오시면 그때 자네가 나의 재산을 다 가지게. 이 집도, 내 땅도, 저 TV도, 은행에 예금되어 있는 돈도, 차도 전부 자네가 그냥 가져. 각서를 써 달라고 하면 지금 당장 써주지" 친구 집에 초대를 받아 갔다가 횡재를 한 친구부부는 집으로 돌아와 그날 밤 좋아서 잠을 이룰 수가 없었습니다. 각서까지 받아 놨으니 빨리 예수님이란 분이 왔으면 싶었습니다. 하지만 이상하게도 날이 갈수록 그 좋던 마음은 사라지고 친구가 자기의 모든 것을 한 점 아쉬움도 없이 선뜻 포기할 만큼 그 하늘나라란 곳이 좋은가? 하는 생각과 함께 이 세상에 남아서 환난을 당한다는 말이 사실처럼 믿어지기 시작한 것입니다. 몇 날을 고민하던 친구부부는 드디어 전화 다이얼을 돌렸습니다. "이보게 친구 나에게 자네의 전 재산을 주지 말고 예수 믿고 구원받아 천국 가는 방법을 주게. 우리 부부도 휴거되어 천국에 가고 싶네"

주님의 재림이 멀지 않았습니다. 내가 이렇게 살아도 될까를 생각해 보며 재림을 준비하는 우리 모두가 되기를 바랍니다.

"그런즉 깨어 있으라 너희는 그 날과 그 시를 알지 못하느니라"고 했습니다. 이 열 처녀 비유를 통해서 우리는 형식만 갖춘 그런 종교인이 되어서는 안 된다는 것을 깨달아야 합니다. 우리는 반드시 기름을 준비해야 합니다. 주님의 재림은 더딘 것이 아니라 한 사람도 빠짐없이 다 구원하시려고 하는 하나님의 크고 깊으신 사랑 때문에 지연된다는 사실을 깨닫고 기름을 준비해야 합니다. 핍박과 가난 속에서도 하나님의 말씀을 지키며 예수의 이름을 배반치 않은 빌라델비아 교회에게 열린 문의 축복(8), 시험의 때를 면하게 하는 축복(10)과 성전의 기둥이 되게 하는 축복(12)을 약속하셨습니다. 우리도 빌라델비아 교회와 같은 축복을 받는 교회와 성도가 될 수 있기를 주님의 이름으로 축원합니다.

CHAPTER 6

장차 다가올 7년 대환난

7 year tribulation to come

본문　　　단12:7

한국의 모 신학대학교의 모 교수가 기고한 『7년 대환난은 정말 있는가?』의 제목의 글을 그대로 아래와 같이 인용합니다.

> 오늘날 마지막 때에 '7년 대환난'이 있다고 주장하는 사람들이 많다. 예수님 재림 직전에 문자적인 의미에서 '전 3년 반', '후 3년 반'의 7년 대환난이 있다고 한다. 이것은 다시 '환난 후 휴거설', '환난 중 휴거설', '부분 휴거설', '환난 전 휴거설' 등으로 나뉘면서 성도들을 더욱 혼란스럽게 한다.

이 세상에서의 삶

그러면 과연 마지막 종말 때 곧 예수님의 재림 직전에 '7년 대환난'이 있는가? 이에 대한 개혁주의적 견해는 '환난' 또는 '대환난'은 있지만 문자적 의미의 '7년 대환난'은 없다는 것이다. 성경이 가르치는 바는 이 세상에서의 삶 전체가 환난의 시기라는 것이다. 왜냐하면 환난은 죄로 말미암아 이 세상에 들어오게 되었고 마귀의 활동과 관련되어 있기 때문이다. 그래서

130세의 야곱은 애굽의 바로 앞에서 "내 나이가 얼마 못 되니 험악한 세월을 보내었나이다."라고 하였다.(창47:9; cf. 시 90:10)

예수님은 그의 제자들을 향하여 "세상에서는 너희가 환난을 당하나 담대하라. 내가 세상을 이기었노라."고 하셨다.(요16:33) 예수님의 제자들은 당시에 이미 환난을 당하고 있었다. 그리고 사도 요한은 아시아에서 복음을 전하다가 환난을 당하여 밧모 섬에 유배되었다. 그래서 그는 "예수 안에서 환난과 나라와 참음에 동참하는 자"라고 말한다.(계1:9) 서머나 교회를 향해 주님은 "내가 네 환난과 궁핍을 안다"고 말씀하셨다.(계2:9) 따라서 환난은 초대교회에 이미 있었으며 아담의 타락 이후 이 세상에 계속 진행되어 오는 것이었음을 알 수 있다.(창5:29, 마10:16, 요16:33, 딤후3:12 등) 이런 맥락에서 사도 바울은 현재적 의미에서의 '환난'에 대해 많이 말한다.(롬8:18, 35, 36, 고후1:4,8, 2:4, 4:17, 6:4, 7:4, 8:2, 엡3:13, 빌4:14, 살전1:6, 3:3,7, 살후1:4)

대환난은 언제?

그러면 이렇게 질문할 수 있을 것이다. '환난'은 이 세상 역사 기간 동안에 계속된다고 할지라도 '대환난'은 마지막 종말 때 곧 예수님 재림 직전에 있는 것이 아닌가? 그러나 꼭 그렇지는 않다. 물론 마지막 때에 큰 환난이 있겠지만, 그것은 마지막 종말 때에만 한정된 것은 아니다. 성경은 야곱 때에 애굽과 가나안 온 땅에 '큰 환난'이 있었다고 말한다.(행7:12) 예수님은 예루살렘 멸망 때에 있을 환난에 대해 "이는 그 때에 큰 환난이 있겠음이라. 창세로부터 지금까지 이런 환난이 없었고 후에도 없으리라."고 하셨다. (마24:21; 눅21:23) 뿐만 아니라 두아디라 교회의 거짓 선지자 이세벨에 대해서는 "만일 그의 행위를 회개치 아니하면 큰 환난 가운데" 던지겠다고 하셨다.(계2:22) 따라서 '대환난'이란 꼭 마지막 종말 때에만 있는 것이 아니라 이 세상 역사 기간 전체에 걸쳐 있는 것임을 알 수 있다.

이런 맥락에서 계시록 7장 14절의 '큰 환난'도 이해할 수 있다. "이는 큰 환난에서 나오는 자들인데 어린 양의 피에 그 옷을 씻어 희게 하였느니라." 여기서 '큰 환난'은 꼭 마지막 때의 '대환난'을 뜻하는 것은 아니다. 이 세상에서의 삶은 모든 성도들에게 큰 환난과 어려움의 시기이다.(cf. 요16:33,

살전1:6, 딤후 3:12) 특히 사도 요한 당시의 황제숭배 강요로 인한 핍박과 환난을 염두에 두고서 여기에 '(그) 큰 환난'이란 표현이 사용되었다고 생각된다.(Beale)

'7'이란 숫자의 상징성

뿐만 아니라 요한계시록에서 '7'이란 숫자는 꼭 문자적 의미에서의 7년을 뜻하지는 않는다. 하나님의 보좌 앞에 있는 '일곱 영'은 일곱 영들이나 일곱 천사들을 뜻하지 않는다. 이것은 '성부'와 '성자' 사이에 위치한 것으로 보아 '성령'을 가리킴이 분명하다. 그런데 '일곱 영'으로 표현한 것은 '성령의 충만한 사역'을 나타내기 때문이다.(Greijdanus; cf. 계5:6) 이것은 또한 구약 시대 성막에 있던 '일곱 등잔'에 그 배경을 가지고 있는 표현이다.(출 25:31-40, 37:17-24, 40:25)

성경에서 '칠(7)'은 완전수이며, 따라서 그 절반인 '3과 1/2'은 환난의 때를 상징한다.(계11:9, 12:14; 단7:25, 12:7, 약5:17) 그래서 '한 때와 두 때와 반 때'(계12:14)는 교회가 사탄의 핍박으로 말미암아 당하는 '환난의 기간'을 가리킨다.(cf. 계11:9) 따라서 이 기간은 재림 직전의 특정한 기간 곧 문자적 의미의 '3년 반'을 의미하는 것이 아니라 교회시대 전체에 해당되는 표현이다. 교회시대 전체를 통해 교회는 환난과 핍박을 당한다. 그러나 이 기간 동안에 교회는 하나님의 도우심과 간섭으로 안전하게 보호된다.(계 12:13-17)

이런 의미에서 이방인들이 거룩한 성(교회)을 '마흔 두 달' 동안 짓밟을 것이라고 한다.(계11:2) '마흔 두 달'은 3년 반이며, 이것은 7년의 절반 곧 환난의 기간을 의미한다.(cf. 계13:5) 그런데 '두 증인'(두 선지자 = 복음을 전하는 교회)은 굵은 베옷을 입고 '일천 이백 육십 일'을 예언할 것이라고 한다.(계11:3) '1,260일'(1,080일 + 180일)은 42개월이며 3년 반이다. 따라서 '환난의 기간'과 같은데, 이 기간은 또한 '복음 전파의 기간'이기도 하다. 복음 전파는 주님 오실 때까지 교회시대에 항상 있는 것이므로(마24:14, 행 1:8, 딤후4:2), '1,260일'은 곧 교회시대 전체를 가리키는 것이다. 따라서 교회시대 전체가 환난의 기간인데, 이런 환난 가운데서도 복음을 전하는 것(예언하는 것)이 교회의 사명이다.(계10:11) 같은 기간을 가리킴에도 불구하고 '마흔 두 달'로 말하지 않고 '1,260일'로 말한 것은 복음은 날마다 전해야 하는 것이기 때문으로 생각된다.

깨어 근신하여야

따라서 마지막 종말 때 예수님의 재림 직전에 무슨 특별한 '대환난'이 있는 것처럼 요란을 떠는 것은 올바른 것이 아니다. 물론 마지막 종말이 다가올수록 이 세상은 더욱 악해지고 환난과 핍박도 많아지겠지만, 그렇다고 그 전에 환난이 없는 것은 아니다. 아담의 타락 이후로 이 세상에는 크고 작은 환난이 늘 있어 왔다. 그러나 중요한 것은 이 모든 환난 가운데서도 하나님은 피로 값 주고 사신 교회를 지키시고 보호하신다는 사실이다.(계11:5-6, 12:14-16, 17:14, 요일5:18)

따라서 우리는 종말이 다가왔다고 쉬 요동하거나 두려워하면 안 된다(살후2:2). 그 날이 가까이 옴을 볼수록 우리는 미혹을 받지 않도록 조심해야 할 것이며(마24:4, 11, 24-26), 더욱 깨어 근신하며 각자 맡은 일에 충성하여야 할 것이다.(마24:42-51, 벧전5:8)[37]

1. 7년 대환난

이 기고자의 첫 번째 문제는 예수님의 말씀을 문자 그대로 해석하지 않은 것입니다.

아래에 인용한 예수님께서 직접 하신 말씀은 초등학생들도 문자 그대로 이해할 수 있는 쉬운 내용입니다.

"이는 그 때에 큰 환난이 있겠음이라. 창세로부터 지금까지 이런 환난이 없었고 후에도 없으리라."(마24:21; 눅21:23)

창세로부터 이런 환난이 없었고 후에도 없는 전무후무(前無後無)한 대환난이 장차 올 것이라는 것입니다. 그런데 이 기고자는 "예수님은 예루살렘 멸망 때에 있을 환난"으로 해석한 것입니다. 그러면 어떤 문제가 발생할까요?

---

37) 선지동산 62호 게재/신약난제해설(4); https://www.kts.ac.kr/home/research

A.D. 66-70년 사이에 로마의 디도(Titus) 장군에 의해 유대인들이 110만명이 학살당했고, 9만 7천명은 포로로 잡혀가 노예가 되고 말았습니다. 그런데 제2차 세계대전 중에 독일의 히틀러에 의해 유대인 600만명 이상이 학살당하는 더 큰 환난을 당했기 때문에 기고자는 결과적으로 성경을 잘못 해석한 것이 된 것입니다. 왜 이런 현상들이 발생할까요?

무천년설의 교리적 프레임에 갇히면 계시록에 기록된 6장부터 18장까지의 대환난에 관한 많은 내용을 상징이나 혹은 알레고리적 해석(Allegorical Interpretation)의 오류를 필연적으로 범하는 것입니다. 결국 예수님께서 말씀하시는 그 대환난을 부정하는 것입니다.

그러므로 계시록을 바르게 이해하려면 속한 교단이나 선교단체의 신학적 프레임(frame)을 내려놓고 시작해야 합니다. 계시록의 한 구절 한 구절의 해석이 전체 성경이나 하나님의 성품과 일하시는 원리에 맞지 않는 신학의 프레임과 해석들은 내려놓아야 합니다. 개혁주의 신학이나 복음주의 신학도 통일된 종말론이 없습니다. 그 대신 오늘날 같은 인터넷 시대에 사명감을 갖고 부지런하기만 하면 얼마든지 많은 자료들을 금방 얻을 수 있습니다. 열심히 기도하며 공부하여 실력을 쌓을 수 있습니다. 우리는 감사하게도 계시록이 활짝 열린 시대에 살고 있습니다. 어떤 견해들이 가장 성경적인지 얼마든지 상대 비교하며 분별할 수 있습니다. 예수님께서 계시록을 인봉(印封)하지 말라고 하셨기 때문에 우리는 오픈 마인드 하여 어떤 해석이 가장 성경적인지 부지런히 자료들을 찾고 연구하고 기도하여야 합니다. 하나님께서 우리의 귀를 여시고 인치듯 교훈하십니다.

"사람의 귀를 여시고 인치듯 교훈하시나니"(욥33:16)

둘째는, 지나친 상징주의 산수 풀이입니다.

그는 "성경에서 '칠(7)'은 완전수이며, 따라서 그 절반인 '3과 1/2'은 환난의 때를 상징한다"고 했습니다. 7은 완전수의 개념을 띄지만 그 절반 3과 1/2은 왜 환난의 의미가 되는지 뒷받쳐주는 다른 성경적 근거가 없습니다. 숫자 40은 환난과 시련의 기간(막1:12,13 금식기도, 히3:8,9 광야생활)을 상징한다고 하면 타당성이 있지만 칠(7)의 반이면 불완전이라든지 해야지 왜 생뚱맞게 환난인가? 1,000의 숫자도 천년왕국을 1,000년이 아니라 상징으로 보고 현재 이미 실현된 천년왕국으로 본다면 3과 1/2을 사용할 것이 아니라 1,000 숫자를 사용한다면 논리상 맞지만 일관성이 없습니다. 그의 의도는 7년 대환난 기간을 부정하기 위한 억지에 불과합니다. 7년 대환난 기간은 전체 성경 도처에 나오는 일치된 내용입니다. 7의 숫자가 하나님의 완전을 상징하는 맥락에서 7년 대환난 기간은 하나님의 완전한 공의와 완전한 심판을 의미하는 것입니다. 교회시대의 일반적인 환난이 아니라 하나님의 진노를 쏟아 부으시는 심판이 집행되는 범위와 강도 정도가 약한 3년반과 완전심판이 이루어지는 3년반 기간입니다.

상징적 해석과 상징해석도 비슷한 것 같지만 차이가 있습니다.

① 상징적 해석(symbolic interpretation):
각 단어의 문자적 배후에 암시되고 있는 다른 뜻을 찾으려는 시도로써 '우화적 해석' 혹은 '영해'라고 합니다. 계시록 6장부터 19장까지 계속되는 대환난 관련 내용을 상징적 해석으로 하면 결과적으로 계시록을 판타지(Fantasy)화(化)해 버리고 마지못해 억지로 해석하는 늪에 빠지게 됩니다. 그리고 그리스도인과 유대인에게 각각 주는 언약 관련들을 놓쳐 전체 성경에도 맞지 않는 오류를 범하게 됩니다.

② 상징의 해석(interpretation of symbols):
상징의 해석이란 계시록에 기록된 여러 가지 환상과 상징을 해석할 때 그 상징이 지니고 있는 의미를 찾는 방법입니다. 예를 들면 짐승으로 묘사된 적그리스도를 해석할 때 포악한 짐승의 특성에서 적그리스도의 특성을 발견하는 방법입니다. 그러므로 계시록은 상징적 해석이 아니라 "장차 될 일"을 그대로 해석하는 상징의 해석이 올바른 해석법입니다. 그래서 계시록의 내용을 거의 상징적 해석(symbolic interpretation)을 하는 무천년설을 가지고 이단들을 논박할 수 없습니다. 왜냐하면 이단들도 상징으로 해석하기 때문에 이단들이 볼 때는 다 같은 상징으로 보는데 어느 것이 맞는지 어떻게 알 수 있냐고 합니다. 그리고 자기들만 맞는다고 하는 근거가 무엇이냐고 따지면서 무천년설 주장하는 자들을 가리켜 전혀 합리적인 사람들이 아니라고 도리어 비난하고 무시합니다.

요한계시록 6장부터는 묵시문학 장르에서 자주 볼 수 있는 수사(修辭)가 자주 사용되었지만 항상 주의해야 할 성경 해석 원칙이 있습니다. 그것은 성경은 문자로 기록되었기 때문에 일차적으로 문자적 해석이 되어야 합니다. 예컨대 예수님이 나귀 새끼를 타시고 입성하실 것이 스가랴 9장 9절에 예언되었는데 '나귀'는 어떤 상징이 아니라 '나귀'입니다. 미가서 5장 2절에 예수님이 태어나실 곳이 '베들레헴'으로 예언되었는데 바로 '베들레헴'에서 예수님은 태어나셨습니다. 예레미야가 예언(렘25:12)한 '칠십 년'이 차면 출(出)바벨론 하여 귀환한다고 할 때의 '칠십 년'은 '칠십 년'입니다. 그러나 계시록 6장에 나타난 '흰 말', '검은 말' 같은 단어는 상하 문맥을 살피며 해석할 때 문자적 해석이 어려운 상징과 같은 수사법(修辭法)을 사용하여서 문자적인 해석이 자연스럽지 못하면 2차적으로 수사법(修辭法)의 렌즈를 사용해서 해석해야 합니다. 그러나 이것도 성경이 해석하도록 해야 합니다. 곧 성경적 근거가 뒷받침되어야 하며 어려운 성구는 전체의 문맥에 맞아야 합니다. 예를 들어 1,000년이 영원 무궁한 기간이나 예수의 초림에서부터 재림 사이의 완전한 기간이라면 어떻게 마귀가 그 1,000년의 끝에 무저갱에서 잠시 풀려나고 그 뒤에 불 호수에 던져져서 또 영원무궁토록 고통을 받을 수 있을까요? 현재도 마귀가 왕성하게 활동하고 있는 점은 그들의 해석이 전체 문맥상 맞지 않는 것입니다. 그러므로 이해하기 어려운 성경 내용은 억지로 해석할 것이 아니라 성령의 깨닫게 하심을 구하며 읽이야 합니다.(벤후3:15-16)

세 번째 "개혁주의적 견해는 '환난' 또는 '대환난'은 있지만 문자적 의미의 '7년 대환난'은 없다는 것이다."

그분의 말 중에 언어의 오용(誤用)은 개혁주의라는 표현입니다. "개혁주의"란 무엇인가? 자주 이 말은 "칼빈주의"와 동의어로 사용됩니다. 개혁주의는 "오직 성경으로(Sola Scriptura)"라는 모토로 집약됩니다. 오직 성경 안에 오직 믿음, 오직 은혜, 오직 그리스도, 오직 하나님께 영광이라는 모토가 다 들어 있습니다.[38] 그런데 문제는 개혁주의의 아버지나 다름없는 칼빈은 요한계시록을 손대지 않았습니다. 즉 대환난에 대한 그의 주석은 없습니다. 또한 칼빈신학의 영향

---

38) 그러나 종교개혁의 본질이 "복음적 신앙(evangelical faith)"에 있으며 "오직 믿음," "오직 은혜," "오직 그리스도," "오직 성경"이라는 "근본공리들(fundamental axioms)"을 내포한다고 말하는 경우에 있어서와 같이 "개혁주의," "복음주의," "근본주의"의 용례는 항상 뚜렷이 구별되는 것은 아니다. Cf. Heinrich Bornkamm, The Heart of Reformation Faith, tr. John W.Doberstein(New York: Harper and Row, 1965), 15-44. 재인용(문병호, 「개혁주의란 무엇인가?」)

을 받은 많은 자타칭 개혁주의 신학자들의 통일된 종말론이 없습니다. 그러므로 '무천년설 = 개혁주의적 견해'라는 말은 '개혁주의적'이라는 말의 남용(濫用) 혹은 오용이라 할 수 있습니다. 일부 개혁주의적 견해라는 말이 정직한 표현입니다.

칼빈이 성경의 가르침을 충실히 따르고저 노력한 그 정신으로 본다면 적어도 종말론은 성경 그대로를 추구한 근본주의 신학이나 세대주의자들의 신학이 더 개혁주의적이라고 할 수 있습니다. 개혁주의적이라고 자처하면서 성경의 내용을 지나치게 상징으로 해석하여 전통적 전천년설이나 휴거, 대환난 등을 부정하는 자유주의 신학자들과 결을 같이하는 아이러니를 본인들은 아는지 모르는지 모르겠습니다. 이들을 보면 예수님께서 말씀하신 것이 생각납니다.

요한복음 5장 "⁴⁶모세를 믿었더면 또 나를 믿었으리니 이는 그가 내게 대하여 기록하였음이라 ⁴⁷그러나 그의 글도 믿지 아니하거든 어찌 내 말을 믿겠느냐 하시니라"

모든 민족 중에 모세오경을 가장 잘 안다고 자처하고 모세오경을 입에 달고 산 유대인들이 도리어 예수를 죽이기까지 찬동한 큰 죄를 초래한 것은 성경을 성경 그대로 받아들이지 않고 자기들 마음대로 억지로 해석했기 때문입니다. 유대인들이 이러한 것은 그들을 가르친 제사장, 율법사, 바리새인들이 그렇게 잘못 해석하고 가르쳤기 때문입니다. 오늘날 성경을 가장 바르게 이해하고 가르쳐야 할 신학교 교수들이 잘못 가르치면 그 학생들이 목회자가 되어 교회에서 교인들을 잘못 가르치고 설교하므로 악순환이 계속되는 것입니다.

네 번째, 테스트(test)가 아니라 피해야 할 유혹(temptation)의 차이에 대한 해석과 적용을 제대로 다루지 않은 문제입니다.

요한계시록 3장 10절에서는 이 7년 대환난을 '시험의 때(the hour of temptation)'로 표현하고 있습니다. "장차 온 세상에 임하여 땅에 거하는 자들을 시험할 때라"하십니다. 여기서 시험은 헬라어로 페이라스모스(πειρασμός)입니다. 이 단어는 예수님께서 제자들에게 가르쳐 주신 기도 중에 "우리를 시험에 들지 않게 하시고"(마6:13)에서 "시험"에 사용된 헬라어는 페이라스모스(πειρασμός)와 동일합니다. 그런데 이 단어는 성경 안에서 크게 두 가지 의미로 사용되었습니다.

(1) 영어 "test"와 같은 의미의 "시험"이라는 뜻으로 사용된 경우입니다. 마태복음 4장에 나오는 예수님께서 받으셨던 그와 같은 시험을 뜻합니다.

"그 후 예수께서 성령에 이끌려 광야로 가서서 마귀에게 시험을 받으셨습니다."(마4:1)

그런데 시험당하는 것은 결코 우리 인생에서 나쁜 것이 아닙니다. 하나님은 아브라함을 시험하셔서 그가 정말 하나님을 사람보다 더 사랑하는지 알아 보셨습니다.

"1이런 일이 있은 후 하나님께서 아브라함을 시험하셨습니다. 하나님께서 아브라함에게 말씀하셨습니다. '아브라함아.' 그가 대답했습니다. '예, 제가 여기 있습니다.' 2여호와께서 말씀하셨습니다. '네 아들, 네가 사랑하는 네 외아들 이삭을 데리고 모리아 땅으로 가서 내가 네게 지시하는 산에서 그를 번제물로 바쳐라.'"(창22:1-2)

"천사가 말했습니다. '그 아이에게 손대지 마라. 그에게 아무것도 하지 마라. 네가 네 아들, 곧 네 외아들까지도 내게 아끼지 않았으니 이제 네가 하나님을 경외하는 것을 내가 알았노라.'"(창22:12)

시험을 통해서 우리의 믿음이 진짜인지 가짜인지 알게 됩니다. 진정으로 하나님을 하나님으로 알고 믿는지 알게 됩니다. 그리고 테스트를 통하여 하나님께 인정받으면 쓰임받고 축복을 받는 유익이 있습니다. 그래서 시편 119편은 이렇게 말씀합니다. "고난 당한 것이 내게 유익이라 이로 인하여 내가 주의 율례를 배우게 되었나이다."(71절)

그렇기 때문에 예수님께서도 공생애를 시작하기 전에 먼저 시험 받으시고 자신이 하나님의 아들이라는 것을 확인하고 보여주셨던 것입니다. 그래서 성경은 시험이 오면 기뻐하라고 우리를 가르칩니다. "나의 형제자매 여러분, 여러 가지 시험에 빠질 때에, 그것을 더할 나위 없는 기쁨으로 생각하십시오."(약1:2)

그런데 이 시험의 주체는 하나님이십니다. 예수님을 시험한 자는 사탄입니다. 그러나 성령 하나님의 손에 이끌려 사탄에게 갔습니다.(마4:1) 즉 성령 하나님께서 안배하신 테스트였습니다.

고린도전서 10장 13절은 더 분명하게 우리에게 시험주시는 분이 하나님이시라고 증언합니다.

"여러분은 사람이 감당할 수 없는 시험을 당한 적이 없습니다. 하나님은 신실하셔서 여러분이 감당치 못할 시험은 허락하지 않으시며 시험을 당할 때도 피할 길을 마련해 주셔서 여러분이 능히 감당할 수 있게 하십니다."(고전10:13)

페이라스모스(πειρασμός)의 첫 번째 뜻인 시험은 이런 뜻입니다. 하나님은 시험하시는 분이십니다. 아브라함도 시험하셨고, 이스라엘 백성들도 시험하셨고(출15:25) 예수님도 시험하셨습니다. 그런데 우리는 그런 시험을 피하라고 예수님께서 기도를 가르쳐주셨다고 생각할 수 없는 것입니다.

(2) 페이라스모스(πειρασμός)에 대한 두 번째 해석은 이것을 '유혹'으로 해석하는 것입니다. 영어로는 temptation인데, 주의 기도에 대한 영어번역이 이 해석을 취하여 lead us not into temptation라고 번역하였습니다.

주의 기도가 "그리고 우리를 시험에 들지 않게 하시고 악에서 구하소서. (나라와 권세와 영광이 영원토록 아버지께 있습니다. 아멘."(마6:13)

"시험에 들지 않게 하시고"라고 한국말로 번역하였고, 영어는 'not into temptation'이라고 번역하였는데, 시험과 유혹의 의미는 분명히 다릅니다. 이와 관련하여 야고보서 1장 12-15절이 흥미로운 말씀이 있습니다.

"12시험을 견디는 사람은 복이 있습니다. 이는 그가 인정을 받은 후에 하나님을 사랑하는 사람들에게 약속된 생명의 면류관을 받을 것이기 때문입니다. 13누구든지 시험을 당할 때 "내가 하나님께 시험을 받고 있다"라고 말하지 마십시오. 하나님은 악에게 시험을 받지도 않으시고 친히 누구를 시험하지도 않으십니다. 14각 사람이 시험을 당하는 것은 자신의 욕심에 이끌려 유혹에 빠지기 때문입니다. 15욕심이 잉태해 죄를 낳고 죄가 자라 사망을 낳습니다."(약1:12-15)

여기서 "시험"이라고 번역된 단어의 헬라어는 모두 페이라스모스(πειρασμός)입니다. 그런데 영어 성경(NIV)에서는 12절은 test로 번역하고 13-14절은 tempted(temptation)으로 번역하였습니다. 그래야 논리적으로 말이 되기 때문입니다. 12절의 시험은 하나님께서 주시는 test입니다. "시험을 견디는 사람은 복이 있습니다." 그러나 13-14절이 말하는 페이라스모스는 시험이라기 보다는 "유혹"으로 해석하고 번역하는 것이 더 옳습니다. 그래서 영어번역도 temptation과 같은 뿌리인 tempt라는 동사를 쓴 것입니다. 그렇습니다. "시험"은 하나님께서 주시는 것인 반면, "유혹"은 하나님께서 주신 것이 아니라 자기의 욕심에서 나온 것입니다. 그래서 "시험"은 기꺼이 받아야 하지만, "유혹"은 피해야 합니다. 그러므로 예수님께서 우리에게 기도를 가르쳐 주시면서 "우리를 페이라스모스로 빠지지 않게 하십시오"라고 기도하라 하셨다면, 이 때 페이라스모스는 테스트(test)가 아니라 유혹(temptation)입니다. 이런 해석은 뒤에 이어지는 기도에 의해 뒷받침됩니다. "다만 악에서 구하소서." "다만"이라고 번역된 헬라어는 'ἀλλά' 영어로는 'but'인데 반대되는 이야기가 나올 때 쓰이는 말입니다. "다만"이라기 보다는 번역하지 않거나 굳이 번역하려면 "오히려", "반대로"가 더 좋습니다. 앞 문장과 뒷 문장이 나열이 아니라 논리적으로 연결되어 있다는 말인데, 악과 논리적으로 연결될 수 있는 우리 욕심 때문에 생기는 유혹이라는 개념뿐입니다. 그러므로 주의 기도 여섯 번째 청원은 "우리가 유혹에 지지 않게 하시고, 우리를 악에서 구하소서!"라고 번역하면 원문에 가깝게 이해하시는데 좋을 것입니다.

계시록 3장 10절에서 '사람들을 시험하기 위해'라는 말 중의 '시험'은 테스트 (test)가 아니라 피해야 할 유혹(temptation)입니다.

"네가 내 인내의 말을 지켰으니 땅 위에 사는 사람들을 시험하기 위해 온 세상에 시험이 닥칠 때 나도 너를 지켜 줄 것이다."(계3:10)

가짜 그리스도들과 가짜 예언자들이 나타나 놀라운 표적과 기사를 보이면서 가능한 선택받은 사람들까지 현혹할 것을 예수님은 경고하셨습니다.

"²³그때 누군가 너희에게 '보라 그리스도가 여기 있다' 또 '그가 저기 있다'라고 해도 믿지 말라. ²⁴가짜 그리스도들과 가짜 예언자들이 나타나 놀라운 표적과 기사를 보이면서 가능한 한 선택받은 사람들까지도 현혹할 것이다."(마 24:23-24)

그래서 예수님은 누가복음 21장에서 대환난 때 일어날 일을 예언하시고 앞으로 일어날 이 모든 일을 피하기 위해서 그리고 휴거되어 인자 앞에 설 수 있도록 기도로 항상 깨어 있으라고 말씀 하신 것입니다.

"그러므로 너희는 앞으로 일어날 이 모든 일을 피하고 또 인자 앞에 설 수 있도록 기도하면서 항상 깨어 있으라.Watch ye therefore, and pray always, that ye may be accounted worthy to escape all these things that shall come to pass, and to stand before the Son of man."(눅21:36)

그러므로 대환난의 유혹(temptation)은 피해야 할 성질이지 하나님의 테스트 (test)에 통과할 일이 아닙니다. 피해야 할 크나큰 재앙입니다. 하나님의 진노가 쏟아지는 심판입니다.

"그날에 임신한 여인들과 젖 먹이는 여인들에게 재앙이 있을 것이다. 크나큰 재앙이 이 땅을 덮칠 것이며 이 백성들에게 진노가 있을 것이다."(눅21:23)

문맥상 예수님께서 기도를 가르치실 때 말씀하신 시험은 종말 때에 경험하게 될 대환난을 말씀하신 것이 아니라 우리가 오늘 여기의 삶 속에서 경험하는 시험에 관하여 가르치신 것입니다.

마지막으로 이 기고문을 쓴 교수의 성경 해석에 문제를 초래한 원인 중에는 시제 구분을 제대로 하지 않았기 때문입니다. 우리는 성경을 읽을 때 시제 구분을 잘해서 이해해야 합니다. 성경을 기록할 때는 오늘날의 성경처럼 장절이 없었습니다. 그래서 시제가 섞여 있습니다. 이해를 돕기 위해 한 예를 들어 들어 설명해 보겠습니다.

> "있잖아요. 작년 크리스마스 때 서울롯데 호텔에서 내가 당신에게 소개한 중국에서 온 왕요셉 형제를 기억하시지요? 네 기억합니다. 근데 그 사람이 북경에서 지금 식당을 경영하는데 오는 손님들이 많고 돈을 잘 벌고 있는데 최근 몇 년간 60억은 넘게 벌었다고 합니다. 그는 돈을 쓸어 담는 것 같아요. 그리고 그 사람이 내년에는 결혼도 하고 서울에 중국 식당 체인점을 열 계획이라고 합니다"

이 짧은 대화중에 그 사람(왕 요셉)에 대해 과거, 현재, 미래에 대한 얘기를 하였습니다. 우리는 대화할 때 이렇게 현재, 과거, 미래의 다른 시제의 일을 말할 수 있습니다. 그런데 주의할 점은 과거에 한 일을 미래에 적용하면 안되고 미래에 대한 일을 과거에 적용시키면 안된다는 것입니다. 지금까지 실현된 적이 있었는가? 없었다면 미래에 이루어질 내용입니다.

똑같은 계시록을 가지고 다른 해석법에 따라 내용이 달라집니다. 예를 들어 '식당'을 영적인 음식점 곧 '교회'라고 비유적(allegorical) 해석을 합니다. 그리고 '최근 몇 년간 60억은 넘게 벌었다고 합니다.'란 말속의 60억을 6 숫자는 마귀를 상징한 숫자이므로 부정한 방법으로 돈을 벌었다고 오해하는 해석입니다. 이들은 계시록의 말씀들이 역사적 사건을 염두에 두고 쓰여진 글이 아니라, 성도들에게 영적 교훈을 주기 위해 쓰여진 '비유적 말씀'이라는 것입니다. 그래서 요한계시록을 해석할 때, 이것을 역사적 사건과 연관지어서는 안된다고 주장합니다. 이는 예언의 역사성을 부인하는 태도입니다. '내년에는 결혼도 하고 서울에 중국 식당 체인점을 연다'고 한 말을 그는 이미 결혼했고 서울에 중국 식당 체인점을 열었다고 오해하는 과거적(preterist) 해석법이 있습니다. 요한계시록이 이미 과거에 일어난 사건, 초대교회 당시의 상황을 기록한 글이라는 주장입니다. 이런 주장을 하는 사람들은 요한계시록에 묘사된 영적 전쟁에 관한 기록이 초대교회와 유대주의자 또는 초대교회와 이방종교와의 영적 전쟁을 묘사한 것이라고 주장합니다. 그리고 20장부터 22장까지 묘사된 천국의 모습도 이 영적전쟁에서 '승리한 교회'의 모습을 보여준다고 말합니다. 이도 또한 요한계시록의 예언적 특성을 부인하는 해석법인 것입니다.

그리고 '그 사람이 내년에는 결혼도 하고 서울에 중국 식당 체인점을 열 계획이다고 합니다.'란 말을 그는 지금 결혼중이고 서울에 중국 식당 체인점을 열심히 여는 중이라고 오해하여 말하는 것을 역사적(historical) 해석법이라고 합니다. 이런 잘못된 해석은 현재에 그가 결혼중이지 않고 서울에 식당 체인점도 하지 않을 뿐 아니라 결과적으로 내년 결혼과 식당 체인점 계획을 부정하는 오류를 낳게 되는 것입니다.

시제 구분없이 사용한 역사적 해석법은 요한계시록에 기록된 말씀들이 교회시대 전체 기간 동안 교회가 겪게 될 영적 싸움을 상징적으로 묘사한 것이라고 보는 것입니다. 현재 우리가 계시록의 예언 속에 살고 있다는 것입니다. 그런 의미에서 역사적 해석법을 '현재적 해석법'이라고 표현하기도 합니다. 저들은 이 영적 싸움이 예수님이 재림하실 때까지 지속될 것이라고 주장합니다. 역사적 해석법을 주장하는 사람들은 중요한 역사적인 사건이 발생할 때마다 이것을 끊임없이 요한계시록의 예언과 연관지어 해석하려고 애써왔습니다. 2차 대전의 와중에는 히틀러를 적그리스도라고 생각했습니다. 그리고 중세 가톨릭 교회 때는 교황을 적그리스도로 지칭하기도 했습니다. '역사적 해석법'이라는 명칭과는 달리 시대가 바뀔 때마다 끊임없이 계시록에 대한 새로운 해석을 내놓음으로써, 오히려 말씀의 역사성을 훼손하는 오류를 낳게 되었다는 것입니다. 그리고 이런 해석은 필연적으로 휴거, 대환난, 지상의 천년왕국 등을 부정하게 됩니다.

하나님께서 하나님의 종들을 통해 예언하시고 성취하시는 일을 통해 궁극적으로 의도하시는 것은 하나님의 예언은 반드시 성취된다는 것을 보여주시고 하나님의 약속을 믿어 구원받게 하기 위함입니다.

예를 들어 하나님을 떠나 우상을 섬기던 이스라엘 백성들이 하나님의 매를 맞고 바벨론 포로가 되었을 때 예레미야 선지자를 통해 이스라엘 회귀를 약속하신대로 성취하신 역사적 사실입니다. 다니엘서 9장을 보면 다니엘이 70세에 비로소 "바벨론 포로 70년의 비밀"을 깨닫습니다. 다니엘은 예레미야가 기록한 말씀(렘29:10-11) "여호와께서 이와 같이 말씀하시니라 바벨론에서 칠십 년이 차면 내가 너희를 돌보고 나의 선한 말을 너희에게 성취하여 너희를 이곳으로 돌아오게 하리라. 여호와의 말씀이니라."

다니엘은 예레미야의 성경을 읽고 연구하여 "바벨론 포로 70년의 비밀"을 깨달았습니다. '70년'은 오늘날 상징적으로 풀이하는 방식으로 완전의 수 7 × 10 (만수; 滿數, fullness) 그래서 완전한 기간 혹은 오랜 기간을 뜻한다고 본 것이 아니라 그냥 숫자대로 70년(70years)을 의미한다고 받아들인 것입니다. 그렇지 않다면 언제 이스라엘이 회귀할 수 있다고 알 수 있었겠습니까? "70년이 지나면 하나님께서 이스라엘을 포로에서 해방시켜 고국으로 돌려보내실 것"을 알게 되었습니다. 다니엘이 이 말씀을 깨달은 지 2년 후, 고레스 왕 원년에 이스라엘 백성들을 해방시켰습니다. 하나님은 이스라엘이 포로된 후 70년 후 하나님의 은혜로운 약속을 지키셨습니다.[39] 포로생활 70년은 문자적인 70년을 의미했습니다.(렘28:11, 16)

"10하늘에서 비와 눈이 내리면 땅을 적셔 싹이 나고 자라서 뿌릴 씨와 먹을 음식을 주기 전까지는 다시 하늘로 돌아가지 않는 것처럼 11내 입에서 나가는 말도 내가 원하는 것을 이루고 내가 보낸 사명을 성취하지 않고는 헛되이 내게 다시 돌아오는 일이 없을 것이다."(사55:10-11)

모든 것을 지나치게 상징이나 알레고리칼하게 해석하는 상징주의자들은 의도를 했든 안했든 결과적으로 하나님의 깊으신 사랑과 의도를 무력화(無力化/neutralize)시킨 하나님의 전도와 선교를 막는 짓을 하고 있는 것입니다.

예수님께서 많은 병자를 고치시고 귀신들린 자들을 자유케 하시며 많은 기적을 행하신 것은 궁극적인 목적이나 그 사실을 기록하신 목적 또한 성경을 믿음으로 영생을 얻도록 하는데 있었습니다.

"30이 책에는 기록되지 않았지만 예수께서는 제자들 앞에서 다른 많은 표적들을 행하셨습니다. 31그러나 이것들이 기록된 목적은 여러분들로 하여금 예수가 그리스도이시며 하나님의 아들이심을 믿게 하고 또 믿어서 예수의 이름으로 생명을 얻도록 하기 위함입니다."(요20:30-31)

---

39) 예루살렘 성전이 파괴된 주전 586년으로부터 성전이 재건된 주전 516년으로 보는 견해이다(C. F. Whitley)

요한계시록도 마찬가지입니다. 아래와 같이 분명하게 '7년 대환난에 대한 기간'을 예언하고 있습니다. 하나님의 구원의 계획과 선교 의도가 분명히 있으신 것입니다.

"그러나 성전 바깥뜰은 내버려 두고 측량하지 마라. 이는 그것이 이방 사람들에게 주어졌고 그들이 42개월 동안 그 거룩한 도성을 짓밟을 것이기 때문이다."(계11:2)

"내가 내 두 증인에게 권세를 줄 텐데 그들은 굵은 베옷을 입고 1,260일 동안 예언할 것이다."(계11:3)

"그때 그녀에게 큰 독수리의 두 날개가 주어졌습니다. 그래서 그녀는 광야, 곧 그녀의 거처로 날아가 거기서 뱀의 낯을 피해 한 때와 두 때와 반 때 동안 부양을 받았습니다."(계12:14)

"짐승은 오만하고 하나님을 모독하는 말을 할 입을 받았고 42개월 동안 활동할 권세를 받았습니다."(계13:5)

위와 같이 "42개월, 1,260일, 한 때, 두 때, 반 때" 등의 각기 다른 표현으로 마치 상징주의자들의 왜곡을 예방하기라도 하시듯 7년 대환난의 기간에 대하여 분명하게 계시하셨습니다. 일곱 재앙들이 예언의 때에 성취될 그때에라도 회개하고 주께 돌아오라는 주님의 사랑을 왜곡하거나 부정하는 죄를 범치말아야 합니다. 심판 중에서도 긍휼을 잃지 않으신 자비가 무궁하신 하나님이십니다.

"그 날들을 줄여 주시지 않았더라면 아무도 구원받지 못할 것이다. 그러나 택하신 사람들을 위해 하나님께서 그 날들을 줄여 주실 것이다."(마24:22)

그런데 '그 날들을' 교회시대나 천년 기간 등의 상징으로 풀면 결과적으로 하나님의 자비를 부정하는 것입니다. '3년 반'같은 그 날들을 알아야 대환난 때의 성도들이(계14:12) 다니엘처럼(단9:3-20) 끝까지 하나님의 약속을 붙잡고 기도할 수 있습니다. 그 날들을 알아야 하나님께서 예비하신 장소에서 양육받은 이스라엘 성도들이 기다릴 수 있으며(계12:6) 핍박 속에서도 성도들이 인내할 수 있습니다.(계14:12) 또한 장차 그 때가 순교할 때임을 알고 끝까지 믿음을 지킬 수 있습니다. 그리스도 안에서 죽으므로 하나님께 영광을 돌리며 천국에 들어갈 수 있습니다.(계20:4)

계시록 1장 3절에서 엔드타임 메시지의 원천(原泉)인 계시록은 '예언의 말씀들'이라고 합니다.

"이 예언의 말씀들을 읽는 사람과 듣는 사람들과 그 안에 기록된 것들을 지키는 사람들은 복이 있습니다. 이는 때가 가까이 왔기 때문입니다."

요한계시록의 서론에 해당되는 1장과, 아시아 7교회에 보낸 개별적인 말씀인 2, 3장을 제외한 4장부터의 말씀은 이 땅에서 교회의 시대가 끝난 뒤 펼쳐질 종말과 심판에 대한 예언이라고 보는 것입니다. 그러므로 비유적, 영적 해석을 지양하고, 성경의 예언들이 실제로 일어날 미래적 사건으로 보고 문자적인 해석을 시도합니다. 물론 계시록에는 여러 가지 상징들이 사용되고 있긴 하지만, 이 상징들조차도 그것이 표현하고자 하는 구체적인 실체가 있다고 보는 것입니다. 그러므로 인간의 언어생활은 문자 그대로 받아들이는 것이 우선적입니다. 그래서 해석학에서는 문자적 해석(Literal Interpretation)이라고 합니다. 예를 들어 "여호와가 6일 동안 하늘과 땅과 바다와 그 안에 있는 모든 것을 만들고 일곱째 날에는 쉬었기 때문이다. 그러므로 여호와가 안식일을 복 주고 거룩하게 했다."(출20:11)

이 말씀을 통해 하나님께서 6일 동안 만물을 창조하셨다는 것을 문자 그대로 받아들여도 하등에 문제가 없습니다. 그러나 문자 그대로 이해가 안될 때 수사적 표현(figure of speech)을 이차적으로 고려하는 것입니다. 예를 들어 벤자민 프랭클린(Benjamin Franklin)이 "선한 양심은 지속적인 크리스마스입니다." 라고 했습니다. 문자 그대로 받아 들일 수 없는 은유법을 사용한 선한 양심으로 살면 크리스마스같이 선물을 받는 삶을 표현한 것입니다. 성경의 예를 들면 "너희는 세상의 빛이다"(마5:14)와 같은 수사기법입니다. 위의 예문에서 "돈을 쓸어 담는 것 같다"는 말은 직유법을 사용한 것이고 그 외에는 문자 그대로 이해해도 되는 말입니다. 그러므로 우리가 문자주의(Literalism)는 지양하되 해석의 기본 원칙인 문자적 해석의 우선순위를 놓쳐서는 안됩니다. 이런 해석의 원칙을 '정상적(normal) 해석법'으로 불리기도 하는데, 계시록의 말씀도 다른 성경과 마찬가지로 문자적이고 정상적인 방법으로 해석해야 한다는 것입니다. 이런 정상적인 해석을 버리고 자꾸만 비유적, 영적, 역사적 해석을 먼저 시도하기 때문에 오히려 계시록의 말씀이 복잡해지고 해석할 수 없는 책으로 여겨지게 된다는 것입니다. 사도 요한이 요한계시록을 '예언의 말씀'이라고 분명히 선포했기에, 계시록에 기록된 말씀을 미래에 일어날 예언적 사건으로 보고 그렇게 해석을 내려야 합니다. 과거의 사건이나, 현재의 일들을 보여주는 상징이나 비유가 아니라, 미래의 사건을 미리 알려주신 예언으로 보고 그렇게 해석해야 한다는 것입니다.

계시록 1장 19절에서 예수님은 사도 요한에게 "그러므로 네 본 것과 이제 있는 일과 장차 될 일을 기록하라"하십니다. 요한계시록 안에 과거(본 것)와 현재(이제 있는 것)와 미래(장차 될 일)에 대한 계시의 말씀이 기록되어 있음을 알 수 있는 말씀인데, 이 말씀이 기록된 계시록 1장 19절의 앞부분에는 계시의 전달자인 예수님의 모습이 등장하는데 이것이 바로 사도 요한이 '본 것'(과거)입니다. 이어지는 2장과 3장에는 아시아의 7 교회에 주신 말씀들이 나오는데, 2장과 3장이 "이제 있는 것" 즉 현재에 대한 기록입니다. 그리고 7 교회에 주신 말씀들이 끝나고 새롭게 시작되는 4장부터 22장까지가 "장차 될 일", 즉 미래에 일어날 일에 대한 예언의 말씀입니다. 이 예언의 말씀들을 조금 더 구체적으로 살펴보면 4장과 5장에는 휴거의 사건을 포함해서 7년 대환난 직전에 일어날 사건들을 기록하고 있고, 6장부터 19장까지는 일곱 인과, 나팔과 대접의 재앙으로 언급되고 있는 7년 대환난에 관한 기록입니다. 그리고 마지막 20장부터 22장까지는 7년 대환난 이후에 펼쳐질 천년왕국과 백보좌 심판과 신천신지 새 예루살렘의 관한 말씀들이 기록되어 있습니다.

마태복음 24장 39절부터 42절을 함께 읽겠습니다.

"³⁹홍수가 나서 모든 것을 휩쓸어 갈 때까지 심판이 오고 있는 것을 알지 못하였는데, 사람의 아들이 오는 것도 이와 같을 것이기 때문입니다. ⁴⁰그때에 두 남자가 밭에 있는데, 한 사람은 데려가고, 한 사람은 남겨 둡니다. ⁴¹두 여자가 맷돌질을 하고 있는데, 한 사람은 데려가고, 한 사람은 남겨 둡니다. ⁴²그러므로 깨어 있도록 하십시오. 왜냐하면 여러분의 주님께서 어느 날에 오실지 알지 못하기 때문입니다."(마24:39-42)

마태복음 24장 39절부터 42절까지에서 우리는 휴거의 사실을 봅니다. 40절과 41절을 보면 우리는 밭에 있는 두 형제와 밀을 가는 두 자매를 봅니다. 한 형제와 한 자매는 데려감을 당했으나 다른 이들은 버려둠을 당했습니다. 우리 중 어떤 이들은 주님을 사랑하기 때문에 그들의 생활에 대하여 관심을 가질 필요가 없다고 생각할지 모릅니다. 그러나 이 구절에서 우리는 밭에서 일하는 두 형제와 맷돌질을 하고 있는 두 자매를 봅니다. 이것은 분명 먹기 위한 것입니다.

우리가 이 땅에 살고 있는 한 먹는 것을 무시할 수 없습니다. 우리는 먹기 위해서 일해야 합니다. 그러므로 만일 여러분이 진실로 주님을 사랑한다면 당신이 주님을 사랑하는 동안에도 여전히 당신 자신을 위하여 생활비를 벌어야 합니다. 즉 맷돌질하는 것 자체는 잘못된 것이 아닙니다. 정상직인 생활입니다. 그러나 두 사람이 그들의 생활을 위해 밭에서 일하고 있을 때 하나는 데려감을 당하고 하나는 버려둠을 당했습니다. 밖으로 볼 때 그들은 똑같았지만 안에서는 달랐습니다. 만일 당신이 이 문맥을 끝까지 읽는다면 한 사람은 깨어 있고 준비되었지만 다른 이는 그러하지 못했다는 것을 볼 것입니다. 한 사람이 준비하고 있는 동안 다른 이는 깨어 있지 않았습니다. 즉 한 사람은 그리스도 안에서 맷돌질을 하고 있었고 다른 한 사람은 그리스도 밖에서 맷돌질을 하고 있었습니다.

돌발질문(突發質問)

여러분! 함께 생각해 보십시다. 가령 지금 비행기 안입니다. 미국으로 가는 비행기인데 추락하여 다 죽게 되었습니다. 죽음 직전에 이런 생각을 한번 해보겠습니다.

죽은 후에 하나님 앞에 서있다고 생각하십시다. 하나님께서 묻습니다. 당신은 천국가고 싶은가? 당연히 모두가 "네" 하고 대답할 것입니다. 하나님께서 계속 묻습니다. 어떤 이유 때문에 당신을 천국으로 가게 할 수 있다고 생각하는가?

어떻게 대답하시겠습니까?

첫 번째 대답은 "나는 교회 다녔습니다. 나는 집사였습니다. 교회에서 봉사활동을 많이 했습니다. 나는 성경도 많이 알고 기도도 많이 했습니다. 나는 주일 성수도 잘하고 십일조도 꼬박꼬박 잘 냈습니다. 그리고 나는 상대적으로 착하게 살았습니다." 이런 답을 한다면 당신은 아직 휴거될 준비가 안되신 분입니다. 잘못된 구원관으로 살아왔다는 것입니다. 이와 달리 두 번째 답은 "예수님께서 나의 죄를 짊어지시고 나대신 형벌을 받으셨습니다. 그래서 나는 죄의 벌을 받는 장소인 지옥에 갈 이유가 없습니다. 나는 당연히 죄 용서받은 자가 가는 천국에 갈 수밖에 없습니다. 그것이 하나님의 약속이니까요." 이런 내용의 답이 유일하게 천국 갈 모범 답안입니다. 여러분은 첫 번째 대답을 한 사람인가요? 아니면 두 번째 답을 한 사람인가요?

두 번째 답을 하신 분은 휴거 받을 자격을 갖춘 것입니다. 언제 죽어도 천국 갈 믿음을 가지신 것입니다. 예수의 피 외에는 우리 죄를 씻을 길이 없습니다(벧전1:18-19). 예수님의 보혈로 우리의 죄를 용서받습니다.(요일1:7) 오직 예수의 보혈을 의지하여 천국갑니다.(엡1:7) 예수의 보혈의 공로를 믿어 마음속에 예수의 생명이 있는 예수님의 신부들이 휴거됩니다.(요일3:9) 다른 길을 말하는 자는 속이는 영들과 귀신들의 가르침입니다.(딤전4:1) 지옥갈 이단입니다. 만약 당신이 첫 번째 답을 하셨다면 성령님의 도움을 받아 복음을 깨달으시고 일대 일로 예수님을 마음에 믿고 영접하여 영생을 얻으시길 권합니다.

2. 대환난의 성격과 기간

7년 환난기에는 누가 들어갈까요? 거기에는 믿지 않는 유대인들과 믿지 않는 이방인들만 들어삽니다. 유대인이든 이방인이든 누구든지 그리스도 예수님 안에 있는 자들은 환난기가 시작되기 전에 부활하거나 휴거를 받습니다.(고전 15:51-53, 살전4:15-18) 죽은 자들이 썩지 아니할 것으로 일어나는 것이 부활이요, 살아 있는 우리가 변화되는 것이 휴거입니다. 그럼 부활이나 휴거되지 못하는 사람들이 겪는 7년 대환난은 어떠할까요?

Ken Johnson, 『The Rapture』의 책에서 관련내용을 그대로 인용하면,

Day of the Lord

To see when the Rapture occurs, we need to define the terms used by Jesus, Paul, and the others. What exactly is the Day of the Lord, the Day of Christ, the Day of Wrath, the Day of Indignation, the Great and Terrible Day of the Lord, and the Day of the Wrath of the Lamb? Are they all the same thing; or do they represent different time periods?

주님의 날

휴거가 언제 일어나는지 알기 위해 우리는 예수, 바울, 그리고 다른 사람들이

사용한 용어를 정의할 필요가 있습니다. 주의 날, 그리스도의 날, 진노의 날, 분노의 날, 주의 크고 두려운 날, 어린 양의 진노의 날이 정확히 무엇입니까? 그들은 모두 같은 것입니까? 아니면 서로 다른 기간을 나타냅니까?

Day of the Lord

Some have thought "the Day of the Lord" refers to the seven- year tribulation; others, the last half of the seven years. Still others thought it referred to the battle of Armageddon at Christ's return. If we look at all the Minor Prophets, we can see each is describing a point inside of that seven-year period. Joel 3:12-14, for instance, starts talking about the Day of the Lord and then just describes the Battle of Armageddon.

여호와의 날

어떤 사람들은 "여호와의 날"이 7년 환난을 의미한다고 생각했습니다. 다른 사람들은 7년의 마지막 절반. 또 다른 사람들은 그것이 그리스도의 재림 때 아마겟돈 전쟁을 언급한다고 생각했습니다. 모든 소선지서를 살펴보면 각각이 7년 기간의 한 시점을 설명하고 있음을 알 수 있습니다. 예를 들어 요엘 3장 12-14절은 여호와의 날에 대한 이야기를 시작한 다음 아마겟돈 전쟁에 대해 설명합니다.

Other minor prophets describe the fire and plagues. Joel 1:6 and 2:2-10 describe the invading army in the middle of the seven-year period. Amos 5, however, mentions that the animals will attack during 'the Day of the Lord'.

다른 소선지자들은 불과 재앙을 묘사합니다. 요엘1:6과 2:2-10은 7년 기간 중간에 침략군을 묘사합니다. 그러나 아모스 5장은 '여호와의 날'에 짐승들이 공격할 것이라고 언급합니다.

"18화 있을진저 여호와의 날을 사모하는 자여 너희가 어찌하여 여호와의 날을 사모하느냐 그 날은 어둠이요 빛이 아니라 19마치 사람이 사자를 피하다가 곰을 만나거나 혹은 집에 들어가서 손을 벽에 대었다가 뱀에게 물림 같도다"(암 5:18-19)

If we compare these prophecies with Revelation 6, we see that the animals attack during the Fourth Seal, which is in the first halfof the seven-year period.

이 예언들을 계시록 6장과 비교해 보면 7년 기간의 전반기인 넷째 인 때 짐승들이 공격하는 것을 볼 수 있습니다.

"7넷째 인을 떼실 때에 내가 넷째 생물의 음성을 들으니 말하되 오라 하기로 8내가 보매 청황색 말이 나오는데 그 탄 자의 이름은 사망이니 음부가 그 뒤를 따르더라 그들이 땅 사분의 일의 권세를 얻어 검과 흉년과 사망과 땅의 짐승들로써 죽이더라"(계6:7-8)

This should prove concussively that the Day of the Lord is the whole seven-year period.

이것은 여호와의 날이 7년 전체 기간이라는 것을 강력하게 증명해야 합니다.

Day of Christ

Paul uses the phrase "Day of Christ" in 2 Thessalonians 2 to refer to the time that the son of perdition, or Antichrist, will rise to power, sit in the Temple, and be destroyed at Christ's return.

주의 날

바울은 데살로니가후서 2장에서 '주의 날'이라는 문구를 사용하여 멸망의 아들, 즉 적그리스도가 권세를 잡고 성전에 앉았다가 그리스도의 재림 때 멸망될 때를 언급합니다.

"2영으로나 또는 말로나 또는 우리에게서 받았다 하는 편지로나 주의 날이 이르렀다고 해서 쉽게 마음이 흔들리거나 두려워하거나 하지 말아야 한다는 것이라 3누가 어떻게 하여도 너희가 미혹되지 말라 먼저 배교하는 일이 있고 저 불법의 사람 곧 멸망의 아들이 나타나기 전에는 그 날이 이르지 아니하리니 4그는 대적하는 자라 신이라고 불리는 모든 것과 숭배함을 받는 것에 대항하여 그 위에 자기를 높이고 하나님의 성전에 앉아 자기를 하나님이라고 내세우느니라"(살후2:2-4)

So, the Day of the Lord and the Day of Christ are two terms that both refer to the seven-year period.

따라서 '여호와의 날'과 '주의 날'은 모두 7년 기간을 나타내는 두 가지 용어입니다.

Day of Wrath

God can pour out wrath on anyone He chooses and at any time. He has done so in the past numerous times, but what is the Day of Wrath?

Romans 2:5-9 describes the time when God's wrath is poured out on the wicked, but the righteous get eternal life. So, this includes the time of the Rapture and Day of the Lord. Zephaniah 1: 14-15 seems to show the Day of Wrath to be another name for the Day of the Lord.

진노의 날

하나님은 그분이 선택하신 누구에게나 언제든지 진노를 쏟으실 수 있습니다. 그분은 과거에 여러 번 그렇게 하셨지만 진노의 날은 무엇입니까?

로마서 2장 5-9절은 하나님의 진노가 악인에게 임하지만 의인은 영생을 얻는 때를 묘사합니다. 그래서 여기에는 휴거의 시간과 주님의 날이 포함됩니다. 스바냐 1:14-15은 '진노의 날'이 주의 날의 또 다른 이름임을 보여주는 것 같습니다.

The Seventieth Week

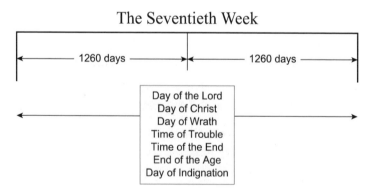

Time of Trouble

Daniel 12 describes a time of trouble. The time of trouble begins with the rescue and resurrection of believers. It occurs "at that time," which refers to the end time mentioned in the previous chapter. In chapter 11 we see the rise and fall of the Antichrist, including his war with Egypt. This proves the Time of Trouble consists of the whole seven-year period.

고난의 시간

다니엘 12장은 고난의 때를 묘사합니다. 환난의 때는 신자들의 구원과 부활로 시작됩니다. 그것은 이전 장에서 언급한 마지막 때를 가리키는 "그 때"에 발생합니다. 11장에서 우리는 애굽과의 전쟁을 포함하여 적그리스도의 흥망성쇠를 봅니다. 이것은 환난의 때가 전체 7년 기간으로 구성되어 있음을 증명합니다.

End of the Age/Time of the End

In Matthew 24 Jesus talked about the "time of the end" taking place after the birth pangs, when the abomination occurs. Jesus explained this in response to the disciples asking when the end of the age would occur.

시대의 끝/종말의 때

마태복음 24장에서 예수님은 산고 후에 가증한 일이 일어나는 "마지막 때"에 대해 말씀하셨습니다. 예수님은 세상 끝이 언제 오느냐고 묻는 제자들의 질문에 이렇게 설명하셨습니다.

The term "end of the age" is a reference to Daniel 11. Daniel described the rise and fall of the Antichrist, including the war he will fight with Egypt. The Egyptian war will occur during the first three and a half years of the seven-year period. This shows the terms the "time of the end" and the "end of the age" both refer to the whole seven-year period.

"세상 끝"이라는 용어는 다니엘 11장에 대한 언급입니다. 다니엘은 그가 애굽과 싸울 전쟁을 포함하여 적그리스도의 흥망성쇠를 묘사했습니다. 7년 기간 중 처음 3년 반 동안 이집트 전쟁이 일어날 것입니다. 이것은 "마지막 때"와 "시대의 끝"이라는 용어가 모두 7년 기간 전체를 가리킨다는 것을 보여줍니다.

Daniel 12 records that Michael will stand up and the Rapture/Resurrection will occur at the beginning of the time of the end. Daniel 12:7 explains there will be three and a half years between the beginning, Rapture/Resurrection, and the time when the Antichrist scatters the holy people. Next the purification(also called the purging, and Great Tribulation)

다니엘 12장은 미가엘이 일어설 것이며 휴거/부활이 종말의 시작에 일어날 것이라고 기록합니다. 다니엘 12:7은 시작, 휴거/부활과 적그리스도가 거룩한 백성을 흩어버리는 때 사이에 3년 반이 있을 것이라고 설명합니다. 그 다음에 는 정결케 되는 일(정화(淨化)와 대환난이라고도 함)

"내가 들은즉 그 세마포 옷을 입고 강물 위쪽에 있는 자가 자기의 좌우 손을 들어 하늘을 향하여 영원히 살아 계시는 이를 가리켜 맹세하여 이르되 반드시 한 때 두 때 반 때를 지나서 성도의 권세가 다 깨지기까지이니 그렇게 되면 이 모든 일이 다 끝나리라 하더라"(단12:7)

occurs in verse 10. Then Daniel states that from the time the abomination is set up (which starts the Great Tribulation) to the time the Antichrist is destroyed will be another 1290 days. So, Daniel 12 also clearly shows the "time of the end" is the seven-year period.

10절에서 발생합니다. 그런 다음 다니엘은 가증한 것이 세워진 때부터(큰 환난이 시작됨) 적그리스도가 멸망될 때까지 또 다른 1,290일이 있을 것이라고 말합니다. 그래서 다니엘 12장에서도 "마지막 때"가 7년이라는 것을 분명히 보여주고 있습니다.

"많은 사람이 연단을 받아 스스로 정결하게 하며 희게 할 것이나 악한 사람 은 악을 행하리니 악한 자는 아무것도 깨닫지 못하되 오직 지혜 있는 자는 깨 달으리라"(단12:10)

The Day of Indignation

The term "the Day of Indignation" appears in Ezekiel 22:24 as the day when the nations will be melted by the fire of His wrath. According to Zephaniah, "the indignation" appears tobe the Battle of Armageddon at the end of the seven years. This could be just the wrath of the Lamb or the whole seven- year period.

분노의 날

"분노의 날"이라는 용어는 에스겔 22장 24절에 열방이 그분의 진노의 불로

녹이는 날로 나타납니다. 스바냐에 따르면 "진노"는 7년 끝에 있을 아마겟돈 전쟁인 것으로 보입니다. 이것은 단지 어린 양의 진노일 수도 있고 전체 7년 기간일 수도 있습니다.

"인자야 너는 그에게 이르기를 너는 정결함을 얻지 못한 땅이요 진노의 날에 비를 얻지 못한 땅이로다 하라"(겔22:24)

"14여호와의 큰 날이 가깝도다 가깝고도 빠르도다 여호와의 날의 소리로다 용사가 거기서 심히 슬피 우는도다 15그날은 분노의 날이요 환난과 고통의 날이요 황폐와 패망의 날이요 캄캄하고 어두운 날이요 구름과 흑암의 날이요"(습1:14-15)

The prophet Isaiah wrote that he knew he would resurrect with the other believers and they would all go into the 'chedar' (wedding chambers) until the 'indignation' was over. Both the 'wrath' and 'indignation' appear to be terms for the 'Day ofthe Lord'.

선지자 이사야는 자신이 다른 신자들과 함께 부활할 것을 알고 있었고 그들은 모두 '분노'가 끝날 때까지 '밀실'(혼인방)에 들어가게 될 것을 알았다고 썼습니다. '진노'와 '분노'는 모두 '주님의 날'을 가리키는 용어로 보인다.

"19주의 죽은 자들은 살아나고 그들의 시체들은 일어나리이다 티끌에 누운 자들아 너희는 깨어 노래하라 주의 이슬은 빛난 이슬이니 땅이 죽은 자들을 내놓으리로다 20내 백성아 갈지어다 네 밀실에 들어가서 네 문을 닫고 분노가 지나기까지 잠깐 숨을지어다"(사26:19-20)

Days of Vengeance

Luke 23:21-24 shows 'the wrath' includes being led away captive, killed by the sword, and God's wrath being poured out. These events appear to begin after the armies gather around Jerusalem and the Jews are told to flee. So, this would occur during the last half of the seven-year period.

복수의 날들

누가복음 23:21-24은 '진노'에 포로로 끌려가 칼에 죽임을 당하고 하나님의 진노가 쏟아지는 것을 포함합니다. 이 사건들은 군대가 예루살렘 주위에 집결하고 유대인들이 도망치라는 지시를 받은 후에 시작되는 것으로 보입니다. 따라서 이것은 7년 기간의 후반부에 일어날 것입니다.

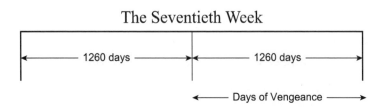

The Seventieth Week

Great Tribulation

In Matthew 24:24 and Mark 13:19 the Great Tribulation seems to refer to the great persecution of the Antichrist. This will occur right after the abomination of desolation is set up and right before the sun goes dark and the Lamb's wrath falls. So, this is the beginning of the last half of the seven- year period.

큰 환난

마태복음 24:24과 마가복음 13:19에서 대환난은 적그리스도에 의한 대박해를 가리키는 것으로 보입니다. 이것은 멸망의 가증한 것이 세워진 직후와 해가 어두워지고 어린 양의 진노가 내리기 직전에 일어날 것입니다. 그러므로 이것은 7년 기간의 마지막 절반의 시작입니다.

"거짓 그리스도들과 거짓 선지자들이 일어나 큰 표적과 기사를 보여 할 수만 있으면 택하신 자들도 미혹하리라"(마24:24)

"이는 그 날들이 환난의 날이 되겠음이라 하나님께서 창조하신 시초부터 지금까지 이런 환난이 없었고 후에도 없으리라"(막13:19)

The Seventieth Week

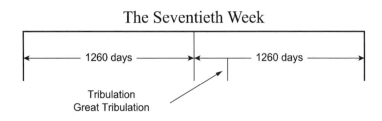

Tribulation

The word 'tribulation' means persecution in many places in the Bible. Here are just a few Biblical passages that speak of Christians going through tribulation. Again, substituting the modem word 'persecution' for the more archaic English word 'tribulation,' will make these passages much clearer.

환난

'환난'이라는 단어는 성경의 여러 곳에서 박해를 의미합니다. 다음은 환난을 통과하는 그리스도인에 대해 말하는 몇 가지 성경 구절입니다. 다시 말하지만, 더 오래된 영어를 현대 단어 '박해'로 '환난'이라는 단어를 대체하여 사용하면 이 구절을 훨씬 더 명확하게 이해할 수 있습니다.

"이것을 너희에게 이르는 것은 너희로 내 안에서 평안을 누리게 하려 함이라 세상에서는 너희가 환난을 당하나 담대하라 내가 세상을 이기었노라"(요16:33)

"다만 이뿐 아니라 우리가 환난 중에도 즐거워하나니 이는 환난은 인내를"(롬5:3)

"찬송하리로다 그는 우리 주 예수 그리스도의 하나님이시요 자비의 아버지시요 모든 위로의 하나님이시며"(고후1:3)

"우리의 모든 환난 중에서 우리를 위로하사 우리로 하여금 하나님께 받는 위로로써 모든 환난 중에 있는 자들을 능히 위로하게 하시는 이시로다"(고후1:4)

"생각하건대 현재의 고난은 장차 우리에게 나타날 영광과 비교할 수 없도다"(롬8:18)

"또 너희는 많은 환난 가운데서 성령의 기쁨으로 말씀을 받아 우리와 주를 본받은 자가 되었으니"(살전1:6)

It is often asked: if other Christians endure persecution, why do pre-tribulationists think they will escape without any persecution? The problem with that statement is that all Christians agree the Scriptures state we will suffer persecution. But what the mid- and posttribulationists fail to realize, is that there will be a great persecution that occurs inside the seven-year period.

다른 기독교인들이 박해를 견디는데 왜 환난전 휴거론자들은 아무런 박해도 받지 않고 도피할 것이라고 생각합니까? 그 진술의 문제는 모든 기독교인들이 우리가 박해를 받을 것이라는 성경 말씀에 동의한다는 것입니다. 그러나 환난 중기 및 환난 통과 후 휴거주의자들이 깨닫지 못하는 것은 7년 기간 안에 큰 박해가 있을 것이라는 것입니다.

A more accurate question might be: Why do mid- and posttribula-tionists think Christians have to go through every single instance of perse-cution that has ever occurred or will occur on this planet? Just because there is one more persecution or tribulation to occur, doesn't prove who is persecuted or how long it will last. The Nazi persecution was primarily directed against the Jews, not Christians.

더 정확한 질문은 다음과 같을 수 있습니다. 환난 중기와 후론자들은 왜 기독교인들이 이 행성에서 일어났거나 일어날 박해의 모든 단일 사례를 겪어야 한다고 생각합니까? 한 번 더 핍박이나 환난이 일어난다고 해서 누가 핍박을 받고 얼마나 오래 갈 것인지 증명하지 못합니다. 나치의 박해는 주로 기독교인이 아닌 유대인에 대한 것이었습니다.

Even though the word 'rapture' is found only in the Latin Bible, we still use the Latin term to label the 'catching up.' In the same way, the word 'tribulation' was adopted to describe the seven-year period which contains the most severe persecution (tribulation) of all time.

'휴거'라는 단어는 라틴어 성경에서만 발견되지만 우리는 여전히 라틴어 용어를 '따라잡기'라는 이름으로 사용합니다. 마찬가지로 '환난'이라는 단어는 역사상 가장 심한 박해(환난)가 있는 7년 기간을 묘사하기 위해 채택되었습니다.

The Lamb's Wrath

This is the time when Jesus, who is the Lamb, pours out His wrath possibly in reaction to the severe persecution of the Antichrist. The Lamb's Wrath is defined in Revelation 6: 16- 17 and 15 :1. It takes place during the time of the trumpet and bowl judgments.

어린 양의 진노

이때는 어린 양이신 예수님께서 적그리스도의 극심한 핍박에 대한 반응으로 진노를 쏟으시는 때입니다. 어린 양의 진노는 요한계시록 6:16-17과 15:1에 정의되어 있습니다. 나팔과 대접의 심판 때에 일어난다.

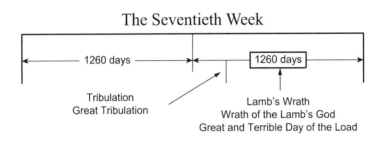

"산들과 바위에게 말하되 우리 위에 떨어져 보좌에 앉으신 이의 얼굴에서와 그 어린 양의 진노에서 우리를 가리라 ^{17}그들의 진노의 큰 날이 이르렀으니 누가 능히 서리요 하더라"(계6:16-17)

"또 하늘에 크고 이상한 다른 이적을 보매 일곱 천사가 일곱 재앙을 가졌으니 곧 마지막 재앙이라 하나님의 진노가 이것으로 마치리로다"(계15:1)

Great and Terrible Day ofthe Lord

This phrase is found only twice in the Old Testament. In both cases it is speaking of a time within the second half of the seven-year period.

여호와의 크고 두려운 날

이 구는 구약성경에서 단 두 번 나옵니다. 두 경우 모두 7년 기간의 후반기에 대해 말하고 있습니다.

"보라 여호와의 크고 두려운 날이 이르기 전에 내가 선지자 엘리야를 너희에게 보내리니"(말4:5)

"여호와의 크고 두려운 날이 이르기 전에 해가 어두워지고 달이 핏빛 같이 변하려니와"(욜2:31)

The sun going dark marks the middle of the seven-year period. So 'the great and terrible day' occurs during the second half of the seven-year period. Elij ah prophesies for 1260 days and is killed. His death occurs at the end of the sixth trump in Revelation 11:1-14.

어두워지는 해는 칠년 기간의 중간을 표시합니다. 그러므로 "크고 두려운 날"은 7년 기간의 후반기에 발생합니다. 엘리야는 1,260일 동안 예언하다가 죽임을 당합니다. 그의 죽음은 요한계시록 11:1-14에서 여섯 번째 나팔의 끝에서 발생합니다.

This means his ministry

begins in the first half of the seven-year period. This also proves 'the great and terrible day' is different from the general Day of the Lord.

이것은 그의 사역을 의미합니다. 7년 기간의 전반부에 시작됩니다. 이것은 또한 '크고 두려운 날'이 일반적인 여호와의 날과 다르다는 것을 증명합니다.

Thief in the Night

In 1 Thessalonians 5, Paul says the Day of the Lord comes as a thief in the night. We have seen that the term the Day of the Lord describes the entire seven-year period. We have also seen that if you witness the revealing of the Antichrist,

밤의 도둑

데살로니가전서 5장에서 바울은 주의 날이 밤에 도적 같이 온다고 했습니다. 우리는 여호와의 날이라는 용어가 전체 7년 기간을 기술함을 보았다. 우리는 또한 당신이 적그리스도의 나타남을 목격하면,

you will know that exactly 1260 days later will be the middle of the seven-year period. You would also know that 1260 days after that Jesus will return to earth and destroy the Antichrist. This will result in the end of the Day of the Lord and the establishment of the Messianic kingdom.

정확히 1,260일 후가 7년 기간의 중간이라는 것을 알게 될 것입니다. 당신은 또한 그 후 1,260일 후에 예수께서 이 땅에 다시 오셔서 적그리스도를 멸망시

키실 것이라는 것도 알게 될 것입니다. 이로 인해 주의 날이 끝나고 메시아 왕국이 설립될 것입니다.

The only thing we can't know is the start of the seven-year period, the day the Antichrist is revealed. So it will come unexpectedly - like a thief in the night.

우리가 알 수 없는 것은 7년의 시작, 즉 적그리스도가 나타나는 날입니다. 그래서 밤에 도둑처럼 예기치 않게 올 것입니다.

Unexpected Destruction or Unexpected Rapture?

First Thessalonians 5 says the 'Day of the Lord' will come as a 'thief in the night' to non-Christians. This means unexpected disaster is poured out on them. That day will not overtake Christians like a thief. This means we will not be hit unexpectedly with sudden destruction because we shall escape.

뜻밖의 파멸인가, 뜻밖의 휴거인가?

데살로니가전서 5장은 '주의 날'이 비기독교인들에게 '밤에 도적같이' 올 것이라고 말합니다. 뜻하지 않은 재앙이 그들에게 쏟아진다는 뜻입니다. 그 날은 도둑처럼 그리스도인들을 덮치지 않을 것입니다. 이것은 우리가 피할 것이기 때문에(휴거로 인하여) 갑작스러운 멸망으로 예상치 못한 타격을 입지 않을 것임을 의미합니다.

"2주의 날이 밤에 도둑 같이 이를 줄을 너희 자신이 자세히 알기 때문이라 3그들이 평안하다, 안전하다 할 그 때에 임신한 여자에게 해산의 고통이 이름과 같이 멸망이 갑자기 그들에게 이르리니 결코 피하지 못하리라 4형제들아 너희는 어둠에 있지 아니하매 그 날이 도둑 같이 너희에게 임하지 못하리니"(살전 5:2-4)

Luke 21 says Christians will not be caught unawares by 'that Day,' which is a snare to 'all' who dwell over the 'whole' earth. We will escape by standing before the Son of Man in heaven when we are raptured.

누가복음 21장은 그리스도인들이 '온 땅'에 거하는 '모든' 사람에게 올무가 되는 '그날'에 부지중에 잡히지 않을 것이라고 말합니다. 우리는 들림 받을 때 하늘에 계신 인자 앞에 서야 멸망으로부터 피합니다.

"³⁴너희는 스스로 조심하라 그렇지 않으면 방탕함과 술취함과 생활의 염려로 마음이 둔하여지고 뜻밖에 그 날이 덫과 같이 너희에게 임하리라 ³⁵이 날은 온 지구상에 거하는 모든 사람에게 임하리라 ³⁶이러므로 너희는 장차 올 이 모든 일을 능히 피하고 인자 앞에 서도록 항상 기도하며 깨어 있으라 하시니라"(눅 21:34-36)

No one can escape if they are still on earth. The only means of escape is to leave earth.

그들이 아직 지상에 있다면 아무도 탈출할 수 없습니다. 유일한 탈출 수단은 지구를 떠나는 것입니다.

We have seven separate terms that clearly refer to the seven- year period: the Day of the Lord, the Day of Christ, the Day of Wrath, the Time of Trouble, the Time of the End, the End of the Age, and the Day of Indignation.

우리는 7년 기간을 명확하게 나타내는 7가지 별도의 용어가 있습니다. 주의 날, 그리스도의 날, 진노의 날, 환난의 때, 마지막 때, 시대의 끝, 분노의 날.

The Seventieth Week

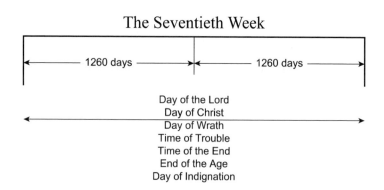

This offers conclusive proof that the Day of the Lord is the entire seven-year period. Now we will proceed to prove the Antichrist is revealed at the beginning of the seven-year period or the Day of the Lord.

이것은 여호와의 날이 7년 전체 기간이라는 결정적인 증거를 제공합니다. 이제 우리는 적그리스도가 7년 기간의 시작, 즉 주님의 날에 나타남을 증명하는 것을 계속할 것입니다.

When the true believers are taken out of the midst of the earth in the Rapture/gathering, then the deluding influence of the apostasy can take full effect and the Antichrist can be revealed. The apostasy is the sign that the restrainer is about to take the church "out of the midst" of the earth. The Scriptures also teach that the church will not be subject to the "wrath" of the seven-year Tribulation. Luke 21:23 says the "wrath" is for His people Israel. The church is not appointed to wrath, (1 Thessalonians 5:9) and will be kept from the hour of trial (Revelation 3:10) because the gates of hell will not prevail against the church (Matthew 16:18).

진정한 신자들이 휴거/집합으로 땅 한가운데서 꺼내질 때, 배교의 미혹적인 영향력이 완전히 효력을 발휘할 수 있고 적그리스도가 드러날 수 있습니다. 배교는 억제자가 교회를 땅의 "가운데에서" 데려가려고 한다는 표시(신호)입니다. 성경은 또한 교회가 7년 환난의 "진노"를 당하지 않을 것이라고 가르칩니다. 누가복음 21장 23절은 "진노"가 그분의 백성 이스라엘에게 있다고 말합니다. 교회는 진노하시기로 작정되지 아니하였고(살전5:9), 음부의 권세가 교회를 이기지 못하기 때문에(마16:18) 시련의 때로부터 지켜질 것입니다.(계3:10)

우리가 상징주의를 위험하게 보고 지양하는 것은 상징주의는 수많은 이단이 나오게 하는 온상(溫床)이 되기 때문입니다. 오늘날 수많은 이단이 득세하고 있습니다. 그런데 이단에 미혹되어가는 사람들이 대부분 정통교회를 다녔던 사람들입니다. 그리고 이단들은 주로 계시록이나 다니엘서같은 영적인 호기심을 일으키기 쉽고 정통교회가 잘 안가르치고 설교를 잘 안하는 엔드타임 메시지 관련 내용을 가지고 미혹합니다. 기존 신자 중에 이단으로 빠지는 가장 큰 원인은

전천년설과 무천년설의 일반적인 신학진영

두 견해	전천년설	무천년설
성경해석 경향 혹은 공통점	문자주의적 literalistic	상징주의적 symbolistic
신학진영 theological camp	복음주의, 오순절 신학, KJV를 고수하는 침례교 신학, 일부 개혁주의, 세대주의, 근본주의	로마 천주교, 루터교 신학, 일부 개혁주의, 신천지40)를 비롯해서 거의 모든 이단

정통교회가 엔드타임 메시지와 성경을 제대로 해석하고 가르치지 못한 결과가 빚은 안타까운 현실입니다. 엔드타임 메시지를 기피하는 결과를 낳은 큰 원인은 성경 해석의 오류에서 빚어진 것입니다. 특히 어거스틴의 지나치게 알레고리(allegory)적 성경 해석을 하는 그를 통해 무천년설의 형성 단서를 발견할 수 있습니다. 그의 대표적인 알레고리적 해석의 실례를 들자면 "선한 사마리아인의 비유" 해석을 들 수 있습니다. 강도 만난 자는 아담으로, 예루살렘은 하늘의 도성으로, 여리고를 달(도덕성의 상징)로, 강도들을 마귀와 그에 속한 천사들로 봅니다. 그리고 마귀와 그에 속한 천사들이 그 사람으로 하여금 죄를 짓게 만들고 그래서 영적으로 반쯤 죽게 함으로써 그에게서 불멸성을 빼앗아 버린 것으로 이해합니다. 제사장과 레위인은 구약성경을, 사마리아인은 그리스도를, 짐승은 예수 그리스도께서 성육신하심으로써 입은 육체를, 여관은 교회를, 여관집 주인은 사도 바울을 나타낸다고 보았습니다. 이런 알레고리적 해석은 저자가 의도한 의미로 받아들일 수 없습니다. 예수님께서 '선한 사마리아인 비유'를 말씀하신 의도는 누가 우리의 진정한 이웃인가를 가르치기 위해서였습니다. 어려움에 처한 자를 돕는 자가 진정한 이웃임을 가르칩니다. 강도 만난 자와 아담을 연결한 것, 여리고를 달과 연결시킨 것, 제사장과 레위인을 구약성경과 연결시킨 것, 사마리아인을 그리스도와 연결시킨 것, 짐승을 예수님의 육신과 연결시키는 것, 여관을 교회와 연결시킨 것, 여관집 주인을 바울과 연결시킨 것 등은 전혀 저자가 의도한 것이 아닙니다. 어거스틴의 이러한 해석은 타당성이 없습

---

40) 이만희, 「천국비밀 요한계시록의 실상」, (도서출판 신천지, 2005). p438에 "이 천년왕국은 하나님의 뜻이 하늘 영계에서 이룬 것같이 영적 새이스라엘 열두 지파가 이 땅에 창조된 날(1984년 3월 14일)로부터 시작되었다"

니다. 예루살렘을 에덴동산 혹은 천성으로 보아야 할 논리적 근거가 없으며, 여리고를 죄악의 도시로 보아야 할 논리적 근거도 없고, 강도 만난 사람을 아담으로 해석해야 할 근거가 없는 등, 그가 제시한 모든 설명들이 아무런 논리적 근거가 없는 것입니다. 선한 사마리아인의 비유에서의 유사점은 선한 사마리아인이 강도 만난 자의 이웃이 되어준 것처럼, 이웃을 사랑해야 한다는 점에 있습니다. 예수님께서 이 비유를 말씀하신 것은 우리가 사랑해야 할 이웃이 누구인가를 묻는 질문에 대한 대답을 하기 위해서였으며, 예수님은 이 비유를 마친 후에 이처럼 행할 것을 주문하셨습니다. 예수님은 구원의 진리를 전하기 위해서 이 비유를 말씀하신 것이 아닙니다.[41] 이렇게 저자가 의도하지 않은 의미를 억지로 본문에 집어넣어 해석하는 것을 알레고리적 해석이라고 합니다. 그래서 알리고리적 해석(풍유적 해석)은 해석학적 정당성을 지지 받지 못합니다.

여러분! 앞에서 한 신학대학 교수의 기고문을 예로 든 것처럼 대환난을 일반 환난으로 보고 대환난 기간을 상징화하여 사실상 대환난 내용을 없애버리는 것을 보았습니다. 상징주의는 이렇게 하나님 말씀을 상쇄(相殺; neutralize)시키는, 마치 몸에서 제거하여야 하는 독종이나 암과 같이 해롭고 위험한 것입니다. 상징주의자들과 같이 하나님 말씀을 결과적으로 어떤 것이라도 없애는 자들에게 하나님은 경고하셨습니다.

최근의 LifeWay 연구(https://www.charismanews.com/)에 따르면 미국 정통교회의 천 명의 목사들을 상대로 한 설문조사에서 목회자의 36%는 휴거가 문자 그대로가 아니라고 말하는 반면, 거의 5분의 1은 휴거가 환난 후에 일어난다고 믿는다고 하였습니다(18%). 정통교회에서 목회하는 목사 세 사람 중 한 명은 휴거를 믿지 않는다는 말입니다. 미국의 교회현상은 머잖아 한국의 교회현상으로 도래합니다. 오늘날 우리나라 정통 교단의 신학교나 교회 안에서 상징주의로 천년왕국, 부활(휴거), 7년 대환난을 자의로 해석하여 결과적으로 계시록의 대주제인 천년왕국과 부활(휴거), 7년 대환난을 없애버리는 자들이 갈수록 얼마나 많아지는지 모릅니다.

로마 가톨릭교회와 각종 이단들과 비슷하게 무천년설을 주장하는 신학자, 목회자들이 정통교단과 교회 안에 늘어가는 것은 위험천만한 일입니다.

---

41) https://www.ezrainstitute.org/post

너도 나도 "성경으로 돌아가야 한다"는 말들은 많이 합니다. 이단들도 그렇게 말합니다. 그런데 성경으로 돌아가면 뭐합니까? 이렇게 대환난 내용도 상징주의로 성경을 해석하여 대환난을 없애버리는 잘못된 해석을 하고 있는데 말입니다. 성경으로 돌아가야 한다는 말은 바르게 성경을 해석하는 것을 전제로 하는 말입니다. 사도 요한이 제자들에게 전통적 전천년설(traditional premillennialism)을 기초한 엔드타임 메시지를 가르친대로 우리는 배워야 합니다. 그리고 사도 요한의 가르침을 받아 그대로 전한 그의 제자 교부들이 가르친대로 우리도 동일한 가르침을 받고 가르쳐야합니다. 그렇습니다. 초대교회와 정통 기독교가 300년 동안 즉 후사도시대와 초대교회와 교부시대 때의 계시록 가르침이었던 '전통적 전천년설의 엔드타임 메시지'로 우리는 돌아가야 합니다. 그것이 진정 성경으로 돌아가는 것입니다.

3. 환난을 통과하는 성도들의 자세

큰 환난을 통과하는 휴거될 성도들이나 7년 대환난 중 두 증인의 전도 활동으로 회개한 성도들이나 그 환난에 예비처에서의 취할 자세는 동일합니다.

1) 환난 날에 낙담치 말아야 합니다.(잠24:10, 엡3:13) 성경만을 믿어야 합니다.
   "그러므로 여러분을 위해 내가 당한 환난 때문에 여러분이 낙심하지 않기를 당부합니다. 이는 여러분에게는 영광입니다."(엡3:13)
2) 세상을 이기신 예수님을 굳게 믿고 담대해야 합니다.(요16:33)
   "내가 너희에게 이런 것들을 말하는 것은 너희가 내 안에서 평안을 누리게 하려는 것이다. 너희가 이 세상에서는 고난을 당할 것이다. 그러나 담대하라. 내가 세상을 이미 이겼다."(요16:33)
3) 환난 날에 부르짖어 하나님께 기도해야 합니다.(시50:15, 삼하22:7, 벧전4:7)
   "고통받을 때 나를 불러라. 내가 너를 건지겠고 네가 나를 영화롭게 할 것이다."(시50:15)
4) 환난 날에 자신의 죄를 모두 자백해야 합니다.(시25:18)
   "내 괴로움과 고통을 보시고 내 모든 죄를 용서해 주소서."(시25:18)

5) 지옥의 고통에 비하면 잠시 당하는 작은 환난입니다. 영원한 영광의 중한 것을 이루게 함을 깨닫고 소망으로 인내해야 합니다.(롬5:3-5, 고후4:17)
"우리가 잠시 당하는 가벼운 고난은 그것 모두를 능가하고도 남을 영원한 영광을 우리에게 이뤄 줄 것입니다."(고후4:17)

6) 환난 후 안식으로 갚으심을 깨닫고 기뻐해야 합니다.(살후1:7)
"환난을 당하는 여러분에게는 주 예수께서 그분의 능력의 천사들과 함께 하늘로부터 불꽃 가운데 나타나실 때 우리와 함께 안식으로 갚으실 것입니다."(살후1:7)

7) 환난 중에도 피난처가 되시며 구원하시는 하나님께 영광을 돌려야 합니다.(시59:16, 고전10:31)
"그러나 나는 주의 능력을 노래할 것입니다. 아침에 주의 신실하심을 노래하겠습니다. 주는 내 산성이시며 고통당할 때 내 피난처이셨기 때문입니다."(시59:16)

8) 목숨을 내놓고 전도합시다.
계시록 6장 9절에서 11절을 보면 "9다섯 번째 인을 떼실 때 나는 제단 아래에서 하나님의 말씀과 그들이 가진 증거로 인해 죽임을 당한 사람들의 영혼을 보았습니다. 10그들은 큰 소리로 외쳤습니다. '거룩하고 참되신 대주재여, 언제까지 땅 위에 사는 사람들을 심판하시고 우리의 핏값을 갚아 주지 않으시려는 것입니까?' 11그러자 그들 각 사람에게 흰 옷이 주어졌고 그들은 그들과 같이 죽임을 당하게 될 그들의 동료 종들과 형제들의 수가 찰 때까지 잠시 더 쉬라는 말씀을 들었습니다."(계6:9-11)
　복음을 전하다 순교당한 분들의 탄원하는 것을 볼 수 있습니다. 그러므로 대환난 기간 때에도 목숨을 내놓고 복음을 전하십시오. 스데반 집사처럼 복음을 전하다 돌에 맞아 죽었는데 그는 죽음의 자리에서도 예수 그리스도의 본을 철저하게 따랐습니다.(행7:54-60)
　"주 예수여 내 영혼을 받으시옵소서" "주여 이 죄를 그들에게 돌리지 마옵소서" 스데반은 그 마지막 절체절명의 순간에도 예수님처럼 자신을 돌로 치는 유대인들을 사랑하여 걱정했고 그들의 죄를 용서해 주실 것을 기도한 것입니다. 이런 믿음의 순교를 하십시다.

여러분!

주님의 날이 일어나기 전에는 결코 알 수 없는 유일한 부분은 부활과 휴거 시작점입니다.

여러분! 죄를 지은 후 극한 고통 중에도 회개하지 않는 대환난의 때가 옵니다.

"다섯 번째 천사가 그의 대접을 짐승의 보좌에 쏟았습니다. 그러자 그의 나라가 어둠에 빠지게 됐고 사람들은 고통으로 인해 혀를 깨물었습니다. 그들은 고통과 종기로 인해 하늘의 하나님을 모독했고 그들의 행위를 회개하지 않았습니다."(계16:10-11)

죽고 싶어도 죽을 수 없는 때가 옵니다.

"그 기간 동안 사람들은 죽음을 구해도 결코 그것을 얻을 수 없고 죽기를 갈망해도 죽음이 그들에게서 달아날 것입니다."(계9:6)

지옥에서는 자살하고 싶어도 영원히 할 수 없는 형벌만 있는 암흑의 세계입니다. 지옥의 고통을 조금 맛보게 하신 것은 구원의 기회를 주시기 위한 하나님의 사랑입니다. 그러므로 지금 회개할 수 있을 때, 구원받을 수 있는 지금 하나님께 돌아오십시오.

"말씀하기를 '내가 은혜 베풀 만한 때에 네 말을 들었고 구원의 날에 너를 도왔다'라고 말씀하셨기 때문입니다. 보십시오. 지금은 은혜받을 만한 때요, 지금은 구원의 날입니다."(고후6:2)

모쪼록 우리 모든 성도들께서는 끝까지 믿음으로 승리하여 영원한 안식을 누릴 천국을 기업으로 받으시길 주님 이름으로 간절히 축원합니다. - 아멘 -

7년 대환난 때의 이스라엘

Israel during the 7 year tribulation

본문 롬11:25-27

정통 교단과 교회 안에도 알게 모르게 대체신학의 영향을 받은 사람들은 계시록에 소중하게 위치한 이스라엘에 대한 하나님의 약속과 계시를 모두 교회로 바뀐 것으로 여기고 해석의 오류를 저지르고 있습니다. 로마서 11장 25절에서 27절까지의 말씀은 이스라엘 역사상 현재까지 이루어진 적이 없습니다.

"25형제들이여, 나는 여러분이 이 비밀에 대해 알기를 바랍니다. 이것은 여러분이 스스로 지혜 있다고 생각하지 못하게 하려는 것입니다. 이 비밀은 이방 사람의 충만한 수가 들어오기까지 이스라엘 가운데 일부가 완악하게 됐다는 것입니다. 26그리하여 온 이스라엘이 구원을 받게 될 것입니다. 기록되기를 "구원자가 시온에서 나와 야곱에게서 경건치 않은 것을 제거하실 것이다. 27이것은 그들과 맺은 내 언약이니 내가 그들의 죄를 없애 버릴 때 이루어질 것이라고 한 것과 같습니다."(롬11:25-27)

본문은 구약이 아니고 신약 성경 중의 로마서에 나온 내용입니다. 즉 오늘날 그대로 받아들여야 하는 성경입니다. 본문에서 이방인은 이스라엘 외의 타민족입니다. 이스라엘은 유대인인데 어떻게 본문의 이스라엘을 교회로 볼 수 있을까요?

위 본문은 대체신학을 옹호하는 자들도 난감한 내용입니다. 26절의 '야곱'은 이스라엘을 대표하는 단어입니다. '야곱의 환난' 때 곧 7년 대환난기 때 야곱에게서 경건지 않은 것 곧 죄를 도말하서서 온 이스라엘이 구원받을 것입니다.

예레미야 30:7은 "슬프다 그 날이여 그와 같이 엄청난 날이 없으리라"고 말씀합니다.

"슬프다 그 날이여 그와 같이 엄청난 날이 없으리라 그 날은 야곱의 환난의 때가 됨이로다 그러나 그가 환난에서 구하여 냄을 얻으리로다"(렘30:7)

이 설명에 해당하는 시기는 오직 환난의 때밖에 없습니다. 이 시기는 역사의 어느 시기와도 비교할 수 없습니다.

1. 이스라엘과 교회

장차 7년 대환난이 닥친다는 것에 대해서는 큰 이견이 없습니다. 이는 다니엘의 70이레를 통해서도 마지막 남은 한 이레, 즉 7년을 두고 현재 공백기를 지나고 있기 때문입니다. 공백기가 있는 이유는 아무도 마지막 날을 점치지 못하게 하기 위해서이며, 모든 이들이 구원받기를 원하시는 하나님의 배려이자 계획입니다.

대환난에 이스라엘이 들어간다는 것은 거의 모두가 동의합니다. 그들과 화평의 조약을 맺는 세력이 환난의 한 중간에 진면목을 드러내는 것이 성경의 수순이기 때문입니다.

그런데 이스라엘과 교회를 혼동하면 안 됩니다. 이스라엘은 하나님의 약속으로 오신 메시아를 죽인 자들이며 아직 하나님께 되돌아오지 않은 상태입니다. 반면에 교회, 즉 성도는 '한 처녀'로 성도 전체가 '한 몸'입니다. 아직 결혼을 하지 않았지만 정혼한 상태로 이미 주님과 혼인관계에 있는 것입니다. 마리아와 요셉이 정혼만 한 상태임에도 주의 천사가 요셉에게 "요셉이 이런 생각을 할 때에 주의 천사가 꿈에 나타나 말했습니다. "다윗의 자손 요셉아, 두려워하지 말고 마리아를 네 아내로 맞아라. 마리아가 가진 아기는 성령으로 임신된 것이다.""(마1:20)고 한 것과 마찬가지입니다. 그러므로 성도들은 한 처녀로 주님과 정혼한 상태이기 때문에 주님과 이미 한 몸입니다. 자신의 몸에 진노를 쏟아 붓는 주님이란 있을 수 없습니다. 그러므로 거의 지옥과 같은 대환난에는 성도가

참고 이스라엘과 교회의 차이

	이스라엘	교회
공통점	하나님은 신앙의 대상	
	양자(兩者)가 다 하나님의 백성	
	믿음으로 구원(창15:6; 합2:8; 엡2:8; 히11장)	
	선교의 사명(출19:6, 사42:6, 사45:21~22, 마28:18~20, 행1:8)	
차이점	혈통으로 이스라엘 백성됨	예수를 믿음으로 하나님 백성(교회)됨
	성령과의 관계(그들 위에 역사)	성도 안에 성령님 내주(内住), 인침, 보증(롬8:9; 엡1:13,14)
	하나님 나라의 모형(그리스도와의 관계)	하나님 나라 자체, 그리스도의 몸(고전12:13; 골1:18)
	신약에서 이방인과 구별(롬11장 등)	유대인도 믿음으로 교회가 될 수 있다
	아브라함 안에서 창세부터 선택(느9:7, 마25:34)	창세전 예수 안에서 선택(엡1:4, 딤후1:9)
	이스라엘 회복에 대한 약속은 지상(地上)적	교회의 미래의 약속은 하늘의 축복
	악에는 악으로 보복(출21:23~25) 병기(兵器)사용 가능	사랑은 용서, 율법의 완성(엡4:32), 영적병기 사용(고후10:4)
	예배장소 지정(출25:8, 22)	주의 이름으로 어디든지(고전12:13)
	제사를 제사장이 대행(代行)	교회는 직접 주와 교제 가능(언제, 어디서든지)

들어가지 않기 때문에 환난 후 휴거나 환난 중간 휴거는 맞지 않습니다.

예수님께서는 예레미야가 사용한 것과 동일한 이미지를 사용하여 환난을 묘사하셨습니다. 마태복음 24:6-8에서, 예수님은 거짓 그리스도, 전쟁과 그 소문, 기근, 그리고 지진이 모두 "재난의 시작"이라고 말씀하셨습니다.

바울 역시 환난을 재난의 시작으로 묘사했습니다. 데살로니가전서5:3은 "그들이 평안하다, 안전하다 할 그 때에 임신한 여자에게 해산의 고통이 이름과 같이 멸망이 갑자기 그들에게 이르리니 결코 피하지 못하리라"고 말씀합니다. 이 사건은 살전4:13-18에 나오는 교회의 휴거 사건에 이어 일어납니다. 살전5:9에서 바울은 다음과 같이 설명하며 이때부터는 교회가 없다는 것을 다시 한 번 강조합니다. "하나님이 우리를 세우심은 노하심에 이르게 하심이 아니요 오직 우리 주 예수 그리스도로 말미암아 구원을 받게 하심이라." 여기서 말하고 있는 노하심은 불신하는 세상에 대한 하나님의 심판과, 환난의 시기 동안 이스라엘에 행하실 하나님의 연단을 의미합니다.

요한계시록 6-12장에 자세하게 설명되어 있습니다. 환난의 목적 중 하나는 이스라엘을 하나님께로 다시 돌려보내는 것입니다. 그리스도를 죄의 구원자로 영접한 자들에게는 야곱의 환난 때가 하나님께서 당신의 약속을 지키시는 것을 보여주는 것이므로, 주님을 찬양하는 때가 될 것입니다. 하나님께서는 우리 주 그리스도를 통해 우리에게 영생을 주실 것을 약속하셨고, 또한 아브라함과 그 육신의 후손들에게 땅과 자손, 그리고 축복을 약속하셨습니다. 하지만, 하나님께서는 그러한 약속을 다 성취하시기 전에, 이스라엘 백성이 당신께 돌아오도록, 사랑으로, 그러나 단호하게 연단시키실 것입니다.

온 이스라엘은 야곱의 환난을 통하여 2/3는 죽고 1/3이 대대적으로 회개하고 주님께로 돌아온다는 예언의 말씀입니다(슥13:8-9).

계시록에도 이방인과 이스라엘을 구분하여 언급하는 내용들이 나옵니다.

계시록 1장 7절을 보십시오.

"보십시오. 그분이 구름을 타고 오십니다. 각 사람의 눈이 그분을 볼 것이며 그분을 찔렀던 사람들도 볼 것이며 땅의 모든 민족이 그분으로 인해 통곡할 것입니다. 반드시 그렇게 될 것입니다. 아멘."(계1:7)

여기서 '그분을 찔렀던 사람들'은 이스라엘을 가리키고 그외 민족은 이방인인데 '땅의 모든 민족'이라고 표현하였습니다. 예수님 재림하실 때까지 이스라엘 민족은 존재한다는 의미입니다. 그러므로 하나님께서 만민 중에 택하시고 긍휼히 여기시는 온 이스라엘이 구원받게 되는 날이 장차 올 것입니다.

계시록 6장에는 다윗의 사자요, 어린 양이신 예수 그리스도께서 보좌에 앉으신 이의 오른손에 있는 일곱 인봉이 된 책을 받아 이 인봉을 하나씩 떼심으로 7년 대 환난으로 알려진 종말론적 심판이 시작되는 모습을 보여주고 있습니다. 이 환난이 시작되기 전 지상에 있던 교회는 휴거의 사건을 통해 천상으로 옮겨지게 될 것입니다.

누가복음 21장 22, 23절을 보십시오. "이 날들은 기록된 모든 것을 이루는 징벌의 날이니라. 그 날에는 아이 밴 자들과 젖먹이는 자들에게 화가 있으리니 이는 땅에 큰 환난과 이 백성에게 진노가 있겠음이로다" 이 날들은 성경에 기록된 모든 것을 이루는 징벌의 날입니다. 그날은 그리스도를 죽인 그들의 죄악을 심판하시는 날입니다. 그날에 임할 심판이 어느 정도로 고통스럽습니까? 아이 밴 자들과 젖먹이는 자들에게 화가 있습니다. 임산부가 몸이 무거워 도망을 가지 못하여 화를 당하게 됩니다. 또 어미가 아이가 당하는 고통을 지켜보아야 합니다. 그 어미의 고통이 얼마가 크겠습니까? 이 모든 것은 이 백성에게 임할 하나님의 진노입니다.

24절을 보십시오. "그들이 칼날에 죽임을 당하며 모든 이방에 사로잡혀 가겠고 예루살렘은 이방인의 때가 차기까지 이방인들에게 밟히리라" 예루살렘 성시민들이 군인들의 칼날에 죽임을 당합니다. 포로로 사로잡혀 모든 이방에 끌려갑니다. 언제까지 예루살렘이 이방인들에게 짓밟힙니까? 이방인의 때가 차기까지 그들에게 짓밟힌다고 예언하셨습니다. 이방인들에 복음이 전파되고 그들의 때가 차기까지 예루살렘은 이방인들에게 짓밟히게 됩니다.

이 예언의 말씀은 AD 70년에 그대로 성취되었습니다. 예루살렘은 로마 티투스(Titus) 장군에 의해서 함락되었습니다. 성은 무너지고 성전을 불탔습니다. 역사가 유세비우스(Eusebius)와 역사적 자료에 의하면 그리스도인들은 예수님의 말씀대로 요단강 동편에 펠라(Pella) 지역으로 피신하였고, 유대인들은 성전에 가면 안전하고 하여 성전으로 몰려들었습니다. 그래서 그리스도인들은 다 살아남고 성전에 들어간 유대인들은 몰살당했습니다. 이때 약 110만 명의 유대인들이 학살당했습니다. 포로로 끌려간 사람들이 10만 명이나 되었습니다. 메시야를 죽인 유대인들에게 임한 형벌의 날이었습니다. 예루살렘의 멸망은 곧 이스라엘의 멸망이었습니다.

그런데 예수님께서는 유대인들이 언제까지 이방인들에게 밟힌다고 하셨습니까? 24절을 보십시오. 모든 이방인에게 사로잡혀 가겠고 이방인의 때가 차기까지 이방인들에게 밟히리라고 하셨습니다. 이 말씀대로 예루살렘은 AD 70년부터 거의 이천년 동안 온갖 이방인들에 의해서 짓밟혔습니다. 로마인들, 기독교 순례자들, 이슬람교도들, 십자군 전쟁 참가자들, 영국, 프랑스, 독일, 러시아인들에게 의해서 짓밟혔습니다. 그 동안 유대인들은 처처에 흩어져서 포로가 되거나 추방되거나 학살을 당했습니다. 중세 십자군들에 의해서 수많은 유대인들이 학살당했습니다. 2차 세계대전 때에는 히틀러와 나치에 의해 600만 명의 유대인들이 학살당했습니다. 말이 육백만 명이지 어마어마한 숫자입니다. 지금도 예루살렘 성전이 있던 곳은 회교도들의 모스크가 세워져 있습니다. 이방인의 때가 차기까지 예루살렘은 이방인에게 짓밟힌다고 하셨습니다.

그러면 이방인의 때가 찬다는 말이 무슨 뜻입니까? 사도 바울은 유대인들이 그리스도를 배척하고 넘어진 것이 하나님의 뜻이었다고 합니다. 그래서 이방인들에게 구원의 기회가 넘어가게 되었습니다. 그동안을 하나님은 이방인 때로 삼으시고 이방인들에게 구원의 문을 활짝 열어놓으셨습니다. 성경은 말합니다. "형제들아, 너희가 스스로 지혜 있다 하면서 이 신비를 너희가 모르기를 내가 원하지 아니하노니 이 신비는 이방인의 충만한 수가 들어오기까지 이스라엘의 더러는 우둔하게 된 것이라"(롬11:25) 이방인들의 충만한 수가 구원을 받기까지 이스라엘은 이방인들에게 밟히게 되는 것입니다.

이제 이방인의 때가 서서히 문이 닫히고 있습니다. 선교적인 관점에서 볼 때 이제 구원의 문이 닫히고 있습니다. 복음은 거의 세계를 한 바퀴 돌았습니다. 지금까지 교회사를 보면 복음이 불길처럼 타오르다가 그 열기가 식어진 곳에는 다시 부흥이 일어나지 않았습니다. 예루살렘에 타오르던 복음이 안디옥으로 넘어갔습니다. 안디옥에서 타오르던 복음의 불길이 에베소로 넘어갔습니다. 에베소에서 타오르던 그 부흥의 불길이 로마로 건너갔습니다. 그후 복음은 동남아시아로, 아프리카로 건너갔습니다. 유럽으로 건너간 복음은 영국으로 미국으로 건너갔습니다. 그 복음이 한국에 전파되었습니다. 복음이 평양에서 서울로 내려왔습니다. 한국에서 세계로 복음이 전파되고 있습니다. 세계에서 두 번째로 선교사를 많이 파송한 나라가 되었습니다. 지금은 이 복음이 중국으로 건너가서 오늘날(2024년) 중국교회 신도들은 1억 2천만 명이 넘는 세계최대의 기독교 공동체를 이루었습니다. 중국교회를 통해서 이슬람 국가들에게 복음이 전파될 것입니다. 그러한 과정이 끝나면 세상의 끝이 오리라고 교회사가들은 말합니다. 이제 복음전파의 끝이 가까이 오고 있습니다. 예수님께서 말씀하셨습니다. "이 천국 복음이 모든 민족에게 증언되기 위하여 온 세상에 전파되리니 그제야 끝이 오리라"(마24:14) 모든 백성에게 복음이 전파되면 주님께서 오신다고 약속하신 것처럼 주님의 재림이 임박하였습니다.

여러분! 누가복음 21:28에 "이런 일이 되기를 시작하거든 일어나 머리를 들라 너희 속량이 가까웠느니라 하시더라" 했습니다. 여러분들은 서기 70년 예루살렘의 멸망과 1967년까지 예루살렘이 이방인들에게 짓밟힌 것을 아시고 또

1948년 이스라엘의 독립, 1967년의 6일 전쟁과 예루살렘의 회복을 보셨습니까? 그렇다면 일어나 여러분의 머리를 드십시오. 우리의 구속이 가까웠기 때문입니다.

여러분!

아모스서를 보면 하나님의 심판은 '다메섹'(암1:3)으로부터 시작하여 점점 이스라엘로 다가옵니다. 가사에 대한 심판(암1:6-8) → 두로에 대한 심판(암1:9-10) → 에돔에 대한 심판(암1:11-12) → 암몬에 대한 심판(암1:13-15) → 모압에 대한 심판(암2:1-3)의 경고입니다. 이스라엘 영토에서 먼 곳에서부터 점점 가까이 오는 것은 마치 출애굽기에서 애굽에 임한 10대 재앙과 같이 재앙의 범위나 강도가 갈수록 커지는 것과 일반입니다. 심판보다 회개를 원하시는 주님의 마음을 읽을 수 있습니다. 이스라엘의 주변국들인데 이들에게 물으시는 죄목들은 직접적이든 간접적이든 하나님의 백성들에게 강포를 행한 죄들입니다. 하나님은 이를 잊지 않으시고 행한 대로 보응하시려는 것입니다. 왜냐하면 하나님의 백성을 괴롭힌 죄가 결국 하나님께서 이루어 나가시는 하나님 나라 건설을 대적한 것이 되기 때문입니다. 그들도 회개하기를 바라십니다. 이제 심판자의 발사국 소리는 바로 옆 '유다'(임2:4)에게까지 이르러 "내가 그 벌을 돌이키지 아니하리니 이는 저희가 여호와의 율법을 멸시하며 그 율례를 지키지 아니하고 그 열조의 따라가던 거짓 것에 미혹하였음이라"(암2:4) 하고 심판을 선언하십니다. 유다의 죄는 크게 두 가지를 들고 있는데 첫째는, 여호와의 율례를 멸시했다는 것이고, 둘째는, 거짓 것에 미혹되었다는, 즉 우상 숭배한 죄입니다. 이는 앞서 심판을 선고한 여섯 이방 나라들에게는 묻지 않았던 죄목들입니다. 왜냐하면 그들에게는 '여호와의 율례'가 없었기 때문입니다. "이는 구원이 유대인에게서 남이니라"(요4:22) 하신 말씀을 이루시기 위해서 제사장 나라로 택함받은 이스라엘에게만 주셨던 구별된 법이었습니다. 이스라엘이 끝내 회개치 않자 드디어 심판이 이스라엘 위에 떨어지고 있는 것입니다(암2:6).

"여호와께서 가라사대 이스라엘의 서너 가지 죄로 인하여 내가 그 벌을 돌이키지 아니하리니 이는 저희가 은을 받고 의인을 팔며 신 한 켤레를 받고 궁핍한 자를 팔며"(암2:6).

성경이 이러한 순서로 말씀하고 있는 것은 결코 우연한 일이 아닙니다. 하나님 나라의 백성이 되었다는 영광스러움에는 더 높은 성결이 요구되고 있음을 말씀해 주고 있는 것입니다. 왜냐하면 하나님의 거룩을 드러내어 세계를 선교할 제사장 나라의 백성이기 때문입니다. 아모스 3장 2절에서 "내가 땅의 모든 족속 중에 너희만 알았나니 그러므로 내가 너희 모든 죄악을 너희에게 보응하리라"고 말씀하십니다. 하나님이 특별히 이스라엘을 사랑하셨음을 고백하십니다. 아모스 선지자는 이스라엘의 죄를 책망하되 먼저 원인(原因)을 제시하고 다음에 결과(結果)를 선언하는 '왜냐하면…… 그러므로'라는 문장의 구조를 유지하고 있습니다. 이 '그러므로'가 네 번이나 반복됩니다. 첫 번째 '그러므로'는 아모스 3장 11절에 나오는데 "그러므로…… 네 궁궐을 약탈하리라"고 하십니다. 왜냐하면 그 '궁궐에서 포학과 겁탈'(암3:10)이 자행되고 있기 때문입니다. 두 번째 '그러므로'는 아모스 4장 12절에 나오는데, "그러므로 이스라엘아 내가 이와 같이 네게 행하리라 내가 이것을 행하리니 이스라엘아 네 하나님 만나기를 예비하라"고 하십니다. 7년 대환난도 동일합니다. 온 세상이 죄를 범하였으므로 심판 받을 각오를 하라는 엄숙한 선고입니다. 그야말로 "살아 계신 하나님의 손에 빠져 들어가는 것이 무서울진저"(히10:31)인 것입니다. 과거에 하나님의 징벌을 수없이 경험했던 이스라엘이여! 하나님께로 돌아 오십시오. 이 책을 손에 든 모든 분들은 속히 회개하고 복음을 믿으십시오. 어린 양 예수를 그리스도로 믿어 죄사함받고 영생을 선물로 받으십시오.

　7년간의 환난과 적그리스도와 거짓 선지자의 미혹을 통해 구원받을 자와 멸망 받을 자를 나누는 시험이 주어질 것입니다. 하지만 이미 이런 믿음의 시험을 통과한 참된 성도들, 다시 말해 그리스도의 신부된 교회는 휴거의 사건을 통해 이 "시험의 때를 면하게 되는" 은혜를 얻게 될 것입니다.

　이 7년 대환난은 이스라엘 민족에게 있어서도 중요한 시간이 될 것인데, 다니엘 9장에서는 이 기간을 이스라엘 민족에게 허락된 70이레 가운데 마지막 '한 이레의 기간'으로 소개하고 있고(단9:27), 예레미야 30장 7절에서는 이 기간을 '야곱의 환난의 때'(렘30:7)라고 표현하고 있습니다. 스가랴 12장 10절에서는 "내가 다윗의 집과 예루살렘 거민에게 은총과 간구하는 심령을 부어 주리니 그들이 그 찌른 바 그를 바라보고 그를 위하여 애통하기를 독자를 위하여 애통하듯 하며 그를 위하여 통곡하기를 장자를 위하여 통곡하듯 하리로다."하십니다. '야곱의 환난'으로 불리는 7년 대환난의 기간 동안에 이스라엘이 민족적으로 회개함으로 2,000년 전 저들이 십자가에 못 박고 창으로 찌른 예수님을 메시아로 영접하게 될 것이라는 말씀입니다.

역사적으로 큰 전쟁(세계1, 2차대전)과 질병과 전염병(흑사병), 박해(로마와 이슬람의 기독교 박해), 대기근, 대지진이 있었습니다. 그러나 이 모든 재앙들보다 더 큰 것들이 짧은 기간 약 7년 동안에 일어납니다. 얼마나 이스라엘에 큰 고통인지 구약 50여 곳에 여호와의 날이 기록되었습니다. 그 날에 대한 기록들(사13:9, 슥14:1-2, 습1:14-16, 겔 30:3, 요엘1:15)은 인간의 문자로 표현하는데 필요한 최상급을 끌어다 모두 사용했습니다.

▶ 왜 이스라엘은 대환난 기간에 타민족에 비해 특별하게 더 혹독한 환난을 받을까요?

7년 언약의 절반에 짐승은 평화언약을 파기하고 이스라엘을 박해할 것입니다. 이스라엘은 특별히 선택받은 민족으로 더 많은 사랑과 계시를 받고도 죄를 범하면 두 배로 처벌 받는다는 원칙이 있습니다.

"내가 우선 그들의 악과 죄를 배나 갚을 것은 그들이 그 미운 물건의 시체로 내 땅을 더럽히며 그들의 가증한 것으로 내 기업에 가득하게 하였음이라"(렘16:18)

야곱의 환난의 날에 일어나는 일은 유대인의 2/3가 죽을 것이고 1/3은 연단을 받고 구원을 받게 될 것입니다. 현재 이스라엘에 거주하는 이스라엘인의 인구는 약 900만 명(2023년)입니다. 금년에 대환난이 시작된다면 이 기간 중에 인구 중 약 600만 명이 죽게 됩니다. 이스라엘 역사상 당대 인구 중 2/3가 일시에 죽은 적은 없었습니다. 그러므로 스가랴 13장 8절에서 9절 말씀은 장차 이루어질 예언의 말씀입니다. 그러므로 '야곱의 환난'이라고 부르는 것이 이해가 됩니다(렘30:7).

전 세계 유대인 인구 1,540만 명으로 추정하고 있고 전체 유대인 중 약 58%가 이스라엘 거주하고 있습니다.

"여호와가 말하노라, 이 온 땅에서 2/3는 멸망하고 1/3은 거기 남으리니 내가 그 1/3을 불 가운데에 던져 은 같이 연단하며 금 같이 시험할 것이라"(슥13:8-9)

여기에서 '온 땅'은 이스라엘 땅만을 의미하는지 아니면 지구촌을 뜻하는지 불투명합니다. 만약 이스라엘만을 뜻한다면 그러나 약 300만 명은 피난처에서 보호받을 것이며 14만 4000명은 특별한 선택을 받게 되어 복음 전도 사역을 할 것입니다. 짐승의 통치 초기에 성전이 재건되겠지만 짐승의 우상을 성전에 세우고 경배를 강요당할 것입니다.

2. 제3성전(1, 2)

"¹또 그는 내게 지팡이 같은 갈대 하나를 주며 말했습니다. 너는 일어나 하나님의 성전과 제단과 그 안에서 경배하는 사람들을 측량해라. ²그러나 성전 바깥뜰은 내버려 두고 측량하지 마라. 이는 그것이 이방 사람들에게 주어졌고 그들이 42개월 동안 그 거룩한 도성을 짓밟을 것이기 때문이다."(계11:1-2)

제3성전은 7년 대환난의 중심무대가 될 것입니다. 신구약 성경에 등장하는 예언의 말씀들을 자세히 살피면 교회의 휴거 사건 이후 벌어질 7년 대환난의 중심 무대가 예루살렘과 성전인 것을 알 수 있습니다. 본문이 기록된 계시록 11장에 등장하는 '두 증인'이 하나님의 말씀을 전하기 위해 선택된 장소가 성전이고(2, 8) 적그리스도가 자신의 우상을 세워 경배를 강요하는 곳도 바로 성전(단9:27, 마24:15)이라고 성경은 예언하고 있기 때문입니다.

성경을 보면 예루살렘에 세워질 4개의 성전에 관한 기록이 있는데, 그 가운데 두 개는 이미 세워졌다가 파괴되었고, 나머지 두 개의 성전은 마지막 때에 세워질 것이라 예언되어 있습니다. B.C. 950년 경 솔로몬에 의해서 건축된 제1성전(솔로몬 성전)은 B.C. 586년 바벨론에 의해서 파괴되고 맙니다. 제2성전(스룹바벨 성전)은 B.C. 515년 경 바벨론 포로에서 돌아온 이스라엘 백성들이 총독인 스룹바벨의 지시로 다시금 재건하게 됩니다. 이 성전은 몇 차례의 수난의 과정을 거치다가 헤롯왕 시절 대대적인 보수작업을 통해 웅장한 모습을 갖추게 되었는데, 예수님 당시 예루살렘에 있던 성전이 바로 이 성전입니다. 그러나 이 제2성전도 A.D. 70년 로마에 의해서 파괴되는 비극적인 종말을 맞이하게 됩니다.

여기까지가 지금까지 세워졌다 파괴된 두 개의 성전이고, 앞으로 세워질 두 개의 성전들 가운데 3번째 성전은 '환난성전'이라 해서 본문에 기록된 성전입니다. 제3성전은 7년 대환난 전후로 세워져서 두 증인 사역에 주 무대가 되다가 적그리스도가 이곳에 자신의 우상을 세움으로 더럽혀질 것이라 예언되어 있습니다.(단9:27, 계13:14,15)

"그가 장차 많은 사람으로 더불어 한 이레 동안의 언약을 굳게 정하겠고 그가 그 이레의 절반에 제사와 예물을 금지할 것이며 또 포악하여 가증한 것이 날개를 의지하여 설 것이며 또 이미 정한 종말까지 진노가 황폐하게 하는 자에게 쏟아지리라 하였느니라"(단9:27)

"너희가 선지자 다니엘의 말한바 멸망의 가증한 것이 거룩한 곳에 선 것을 보거든(읽는 자는 깨달을진저)"(마24:15)

그러나 다니엘서 9장 27절의 말씀과 마태복음 24장 15절에서의 말씀은 적그리스도가 환난 중간에 제사와 예물을 금지하고 자신의 우상을 예루살렘 성전에 세울 것이라는 말씀을 하고 있는 것으로 보아서 대환난 기간에는 이미 제3성전이 건축되어 있음을 시사하고 있습니다.

'제사와 예물을 금지한다'는 것은 구약 시대에 치렀던 성전 제사가 이미 회복되어 진행되고 있음을 알 수 있습니다. 적그리스도가 거룩한 곳에 자신의 우상을 세운다는 것은 유대인들이 신성하게 여기고 있는 예루살렘 성전에 자신의 우상을 세운다는 것으로 예수님이 재림하시기 전 마지막 시대가 되면 유대인 성전이 세워져 있음을 알 수 있습니다. 그때도 이스라엘은 예수님을 그리스도로 영접하지 못하고 제사를 지내면서 메시야를 기다리고 있는 영적인 어리석음을 보게 됩니다. 그래서 야곱의 환난을 통하여 하나님은 그들을 회개케하시고 1/3을 구원하실 것으로 정하셨습니다. 현재 상황은 예루살렘에 제3의 성전이 세워지기 어려운 것 같지만 성경 말씀을 통해 알 수 있는 사실은 마지막 때가 되면 성전이 세워져 있는 것을 말씀하고 있는 것입니다.

마지막 네 번째 성전이 에스겔 40장부터 48장까지 등장하는 천년왕국의 성전인데, 이 성전의 모양과 규모는 기존의 성전과 많은 차이가 있습니다. 적지 않은 보수적인 학자들은 예수님이 재림하신 이후에 적그리스도에 의해 더럽혀진 제3성전을 허무시고, 이곳에 천년왕국 동안 주님이 통치하실 보좌 역할을 하게 될 제4의 성전인 천년왕국 성전을 세우실 것으로 보고 있습니다.

적그리스도는 유브라데강 전쟁(계9:13-21)의 승자로 전 세계를 통일하며 패권을 잡은 자로 나타날 것입니다. 그후 '적그리스도'와 이스라엘이 7년간의 평화협약을 맺게 된다면 이 협약의 내용 속에 성전재건에 대한 약속도 포함될 것으로 예상합니다. 7년 대환난이 다니엘서 9장 27절에 예언된 이스라엘에게 허락된 마지막 '한 이레의 기간'이라면 이 한 이레의 사건이 시작되기 위해선 이스라엘의 온전한 재건과 회복이 이루어져야 하는데, 성전재건이 바로 이스라

재건의 마지막 순서가 될 것입니다. 현재 7년 대환난의 주무대가 될 제3성전이 유대인들에 의해서 이미 준비완료하고 때를 기다리고 있다는 것은 곧 7년 대환 난과 이 사건 직전에 일어날 교회 휴거의 사건이 임박했다는 증서이기도 한 것 입니다.

측량하지 말고 그냥 두라(2)

2절에 보면 사도 요한에게 지팡이 같은 갈대를 주며 성전을 측량하라 명령한 천사가(1), 성전 밖 마당을 측량하려 하자 "측량하지 말고 그냥 두라"(2)하십니 다. 그러면서 이방인의 뜰인 "이것을 이방인에게 주었은즉 저희가 거룩한 성을 마흔두 달 동안 짓밟으리라."(2하)하십니다.

구약성경에서 '측량하는 것'은 두 가지 의미를 지닙니다. (1) 재건이나 보존 을 의미합니다.(렘31:39, 슥1:16, 2:1-5) (2) 파괴를 의미합니다.(삼하8:2, 왕하 21:13, 사28:17, 34:11, 애2:8, 암7:7-9) 본문에서 '측량'은 소유를 확인하고 보 존을 위해서 합니다. 측량을 통해 자신의 소유를 확인하고, 공식적으로 타인의 침범을 방지합니다. 측량의 범위는 하나님의 보호 범위라 할 수 있습니다. 사도 요한이 살던 그때의 예루살렘 성전은 모두 네 구역으로 나누어져 있었는데, 그 중에서 이방인들이 들어갈 수 있는 곳의 경계는 '이방인의 뜰'까지였습니다. 그 러므로 이방인의 뜰은 회당 모임과 율법을 토론하는 장소로도 쓰였지만, 이방 인들이 성전을 구경하기 위한 일종의 관광지의 일부분이었습니다. 성전에 예배 를 드리기 위한 목적 보다는 관광하기 위해 온 사람들을 위한 공간이 성전 바 깥 마당, 곧 이방인의 뜰이었던 것입니다. 그러므로 성전 바깥 마당을 보호하지 않겠다는 말씀은 하나님께서 마지막 때에 명목상의 성도, 곧 거짓 성도를 참 성 도와 구별하여 보호하지 않을 것임을 계시하신 것이라 할 수 있습니다. 예수님 께서는 '곡식과 가라지'의 비유를 통해 농부가 곡식과 가라지, 둘 다 추수할 때 까지 함께 자라게 두지만, 추수 때가 되면 가려내어 가라지들은 심판할 것을 말 씀하셨습니다.

"⁴¹인자가 자기 천사들을 보내면 천사들은 죄를 짓게 하는 모든 것들과 악을 행하는 모든 사람들을 그 나라에서 가려내 ⁴²활활 타오르는 불 아궁이에 던져 넣을 것이다. 거기서 그들은 슬피 울며 이를 갈 것이다."(마13:41-42)

그러므로 여러분, 교회에 출석하는 자들이 모두 구원을 받는다는 생각은 성경의 가르침이 아닙니다. 그러므로 주의 재림을 준비하십시오. 예수님께서 말씀하신 재림의 준비는 모두가 구원받을 믿음을 가지라는 말씀과 연관되어 있습니다. 예수님께서는 말씀하셨습니다. "롯의 아내를 기억해 보라!"(눅17:32) 영어성경[NIV]에서는 "Remember Lot's wife!"입니다. 예수님의 재림을 생각하면서도 기억하라. 생각하라고 하십니다. 하나는 알고 둘은 모르는 사람의 어리석음을 기억하라는 것입니다. 롯의 아내의 무엇을 기억해야 합니까? 물질의 소중함만 알았지 영적인 것이 더 귀중함을 모르는 자의 최후를 기억하라는 것입니다.

한편 7년 대환난을 전후로 해서 환난 성전인 제3성전이 세워진 이후 7년 대환난이 정확히 1,260일(42달) 남은 시점에 적그리스도가 성전에다 자신의 우상을 세우고 경배하기를 강요함으로 42달 동안 성전을 더럽히게 될 것을 예언하신 말씀입니다. 이에 대한 보충 설명이라 할 수 있는 누가복음 21장 24절에 보면 "저희가 칼날에 죽임을 당하며 모든 이방인에 사로잡혀 가겠고 예루살렘은 이방인의 때가 차기까지 이방인들에 밟히리라."하십니다. 예루살렘과 성전이 더럽혀지는 이때를 '이방인의 때'로 묘사하고 있습니다.

이방인의 때는 정확히는 예루살렘이 바벨론에 의해 함락되고 성전이 더럽혀진 B.C. 586년부터 시작된 것인데, 이 이방인의 때가 적그리스도가 성전을 더럽히는 42달의 기간으로 끝나게 되는 것입니다. 이후로 주님이 오셔서 적그리스도와 거짓 선지자를 추종하는 자들을 불못에 던지실 것입니다, 그리고 만유를 회복하시고 친히 주께서 다스리시는 천년왕국을 펼치시게 될 것입니다. 물론 7년 대환난 이전에 휴거된 교회는 만왕의 왕되신 주님과 함께 재림하여 왕후의 권세를 가지고 세상을 다스리게 될 것입니다.

두 증인은 누구인가?

"²성전 바깥 마당은 측량하지 말고 그냥 두라 이것은 이방인에게 주었은즉 그들이 거룩한 성을 마흔두달 동안 짓밟으리라 ³내가 나의 두 증인에게 권세를 주리니 그들이 굵은 베옷을 입고 천이백육십 일을 예언하리라"(계11:2-3)

두 증인에 대해 몇 가지 견해들이 있습니다.

1) 모세와 엘리야로 보는 견해

다시 올 것에 대한 예언(요6:14, 마11:14)을 근거로 문자적 모세와 엘리야로 보는 견해입니다.

2) 교회로 보는 견해

　두 감람나무와 촛대라는 말씀을 근거로 교회로 보는 견해입니다.

3) 모세와 엘리야의 능력과 정신을 계승한 하나님의 두 종으로 보는 견해

　모세와 엘리야의 정신과 능력을 받은 주의 종들이 일어나 대환난기의 전반부에 전도의 사역을 감당할 것으로 보는 견해입니다.

① 모세와 엘리야의 능력과 영성을 계승할 두 선지자이기 때문입니다.

"그들이 권능을 가지고 하늘을 닫아 그 예언을 하는 날 동안 비가 오지 못하게 하고 또 권능을 가지고 물을 피로 변하게 하고 아무 때든지 원하는 대로 여러 가지 재앙으로 땅을 치리로다"(계11:6)

두 증인의 권세는 율법의 대표자(요1:17)인 모세와 능력의 대표자인 엘리야의 사역(왕상17;1)과 유사합니다. 그러므로 두 증인은 이러한 정신과 능력을 계승할 종말에 추수의 사명을 감당할 종들로 봅니다. 말라기 선지자를 통하여 예언된(말4:5, 눅1:17, 마11:14, 막9:13) "오리라 한 엘리야"는 바로 세례 요한 임을 알 수 있습니다. 그러므로 이러한 말씀에 비추어 볼 때 두 증인은 모세와 엘리야가 될 수 없습니다. 다만 모세와 엘리야의 사역적 특성을 지닌 종들의 출현으로 볼 수 있습니다.

② 종말 추수기의 사명을 감당할 참된 종을 의미하기 때문입니다.

본문에서는 이 두 증인을 '두 감람나무' 또는 '촛대'로 소개하고 있습니다. 스가랴 4장에서는 이스라엘 백성들을 이끌고 바벨론 포로에서 돌아와 이스라엘의 신앙회복과 성전재건에 앞장섰던 총독 스룹바벨과 대제사장 여호수아를 바로 '두 감람나무'와 '촛대'로 비유하고 있는데(슥4:2) 계시록에 등장하는 두 증인들도 '두 감람나무'와 '두 촛대'로 묘사하고 있습니다.

스가랴 4장에 등장하는 두 감람나무는 고레스의 칙령 이후 바벨론에서 1차 귀환자들을 데리고 와서 성전을 재건했던 스룹바벨 총독과 대제사장 여호수아를 상징하고 있습니다. 총독인 스룹바벨이 이스라엘을 정치적으로 이끌었던 정치지도자(civil leader)였다면 대제사장이었던 여호수아는 영적 지도자(spiritual leader)로서 성전을 재건하는 사명을 감당했습니다. 오늘 본문에 등장하는 두 증인도 스룹바벨과 여호수아와 같이 이스라엘의 재건과 영적인 회복을 위해 보냄을 받은 사명자라는 점에서 저들을 두 감람나무로 묘사한 것입니다. "이 땅의

주 앞에 섰는 자", "이 선지자"라는 두 증인에 대한 표현들은 종말의 추수기에 하나님의 보내심을 받아 사역을 감당할 종들을 상징합니다. 이들이 일천이백육 십일 동안 예언을 마친후 짐승(적그리스도)과의 전쟁에서 순교하는 것들을 볼 때 대환난 전반부에 진리를 외칠 추수의 종들을 상징하고 의미하는 것으로 봅 니다.

③ 두 사람은 법적 증인의 수이기 때문입니다.

"사람이 아무 악이든지 무릇 범한 죄는 한 증인으로만 정할 것이 아니요 두 증인의 입으로나 세 증인의 입으로 그 사건을 확정할 것이며"(신19:15)

성경에서 두 사람을 법적 증인의 수로 증거하고 있습니다. 특히 신명기에 나 타난 율법의 가르침은 두 사람이 법적 증인의 수임을 증거하고 있습니다. 그러 므로 두 증인은 종말에 진리를 외칠 하나님의 종들로 봅니다. 이러한 두 증인의 개념은 신약에서도 "둘씩 파송받은 두 제자"(막6:7), "둘씩 파송받은 칠십인"(눅 10;1), "요한의 두 제자 파송"(눅7:19), "주님 부활의 장소에 나타난 두 천사"(눅 24:5), "승천하실 때의 두 천사"(행1:10)가 나타나고 있어 법적 증인의 수로 묘 사되고 있습니다.

한편 계시록의 두 증인의 주된 사역은 이스라엘 백성들에게 예수가 그리스도 라는 사실을 증거 하는 일이 될 것입니다. 2천년 전에 저들이 십자가에 못 박은 예수가 바로 하나님이 보내신 메시야였고, 이제 다시 믿지 않는 자들을 심판하 기 위해 재림하실 것이라 증거하게 될 것입니다. 11장 3절을 보면, "굵은 베옷 을 입고 1,260일 동안 예언하리라"

굵은 베옷은 슬픔과 애곡의 상징입니다. 두 증인이 굵은 베옷을 입은 것을 보면 저들이 1,260일 동안 전하는 예언이 회개, 특별히 이스라엘 백성들에게 회 개를 요구하는 메시지라는 것을 짐작할 수 있게 됩니다. 이스라엘에게 허락된 마지막 한 이레의 사건이라 할 수 있는 7년 대환난의 기간 동안 회개를 요구하 시는 것은 저들이 회개를 통해 거듭나야 천년왕국 기간 동안 제사장의 사명을 감당할 수 있기 때문인 것입니다.

이렇듯 두 증인이 전하는 말씀을 듣고 회개한 이스라엘 백성들 가운데 144,000명의 인 맞은 하나님의 종들이 세움을 받고, 또 이들이 전 세계로 흩어 져 복음전파의 사명을 감당하게 될 것입니다. 7년 대환난의 기간 동안 이스라 엘이 휴거된 교회를 대신해서 복음전파의 사명을 감당하려면 이 사역의 출발점이라 할 수 있는 두 증인의 사역도 7년 대환난의 전반기에 시작되어야 한다는 것입니다. 본문에서 묘사되고 있는 사건들은 7대접의 재앙이 시작되기 바로 직전에 일어날 일들입니다. 그런데 만일 두 증인이 사역하는 기간을 7년 대환난의 후반부라고 가정한다면, 두 증인이 부활 승천한 후 곧바로 7대접의 재앙이 내려지고 예수님의 재림 사건이 일어난다는 것입니다. 하지만, 16장부터 묘사되고 있는 7대접의 재앙들은 결코 일주일이나 한 달처럼 짧은 기간에 일어날 수 있는 재앙들이 아니라는 것입니다. 두 증인이 부활하여 휴거된 후에 14절에 곧이어 세 번째 재앙이 곧 닥칠 것이라고 하는 말씀을 볼 때 두 증인의 사역 기간은 전반기가 분명합니다.

"두 번째 재앙이 지나갔습니다. 세 번째 재앙이 곧 닥칠 것입니다."(계11:14)

즉 두 증인의 사역 기간을 7년 대환난의 전반부로 보고, 저들이 부활 승천한 후 7년 대환난의 후반부에 7대접의 재앙들이 있을 것으로 보는 것이 자연스럽다는 것입니다.

그렇다면 구체적으로 모세와 엘리야의 능력과 영성으로 활동하는 두 증인이 이스라엘 백성들에게 어떤 죄에 대한 회개를 요구할까요? 과거에 지은 죄와 현재의 죄에 대한 회개를 요구할 것으로 보이는데, 과거에 지은 죄는 2,000년 전 저들이 하나님이 보내신 메시아를 십자가에 못 박아 죽인 죄와 지금까지 예수를 그리스도로 믿지 않은 죄를 회개하라고 요구할 것입니다. 다시 말해서 율법과 선지자를 대표하는 두 증인이 예수님이 바로 율법과 선지서에서 예언하고 있는 메시아라는 사실을 증거하며 회개를 요구하게 될 것입니다. 그럴 때 이들의 메시지를 들은 이스라엘 백성들이 스가랴 12장 10절의 예언처럼 "찌른 바 그를 바라보며" 애통한 마음으로 회개하여 예수님을 메시아로 영접하게 될 것입니다.

2) 현재의 죄라고 하면 11장 8절에서 예루살렘을 소돔과 애굽으로 묘사하고 있는데, 이는 예루살렘의 영적 상태가 그러하다는 뜻입니다. 예루살렘이 그 옛날 소돔성처럼 동성애에 빠져있고, 애굽처럼 우상들이 가득차 있는데 이 죄를 회개할 것을 두 증인이 요구하게 될 것이라는 말씀입니다. 오늘날 이스라엘의 수도인 텔아비브는 전 세계에서 유명한 동성애 축제가 매년 벌어지는 곳이고, 해마다 예루살렘에서도 퀴어퍼레이드(Queer Parade)가 열리고 있습니다. 영적으로 보면 현재 예루살렘은 소돔성이라 할 수 있습니다.

"5만일 누구든지 그들을 해하고자 하면 그들의 입에서 불이 나와서 그들의 원수를 삼켜 버릴 것이요 누구든지 그들을 해하고자 하면 반드시 그와 같이 죽임을 당하리라 6그들이 권능을 가지고 하늘을 닫아 그 예언을 하는 날 동안 비가 오지 못하게 하고 또 권능을 가지고 물을 피로 변하게 하고 아무 때든지 원하는 대로 여러 가지 재앙으로 땅을 치리로다 7그들이 그 증언을 마칠 때에 무저갱으로부터 올라오는 짐승이 그들과 더불어 전쟁을 일으켜 그들을 이기고 그들을 죽일 터인즉 8그들의 시체가 큰 성 길에 있으리니 그 성은 영적으로 하면 소돔이라고도 하고 애굽이라고도 하니 곧 그들의 주께서 십자가에 못 박히신 곳이라 9백성들과 족속과 방언과 나라 중에서 사람들이 그 시체를 사흘 반 동안을 보며 무덤에 장사하지 못하게 하리로다"(계11:5-9)

잠깐 주목하십시오.

2천 몇십 년 전에 사도 요한이 하나님의 환상을 보고 기록한 내용인데 소름이 돋을 정도 아닙니까? 그때 그의 이성(理性)으로 오늘날의 인터넷이나 GPS 등을 생각이나 했겠습니까?

두 증인의 시체가 큰 성 길에 있는 것을 세계 어느 곳에서든 모든 사람들이 보았다는 것입니다. 오늘날같이 인터넷이나 스마트폰 같은 통신기기로 세계 어디에 있든 실시간 동영상을 동시에 볼 수 있는 것을 예언했다는 것입니다. 지금이야 당연하게 생각할 일이지만 2천년도 더 된 시기에 미래를 예언한 것입니다. 하나님 외에는 사람이 할 수 있는 일이 아닙니다. 이때도 살아 있으신 분들은 즉시 하나님께 회개하고 복음을 받아들이십시오. 지체하시면 영원히 다시 기회가 없을 수 있습니다.

"10이 두 선지자가 땅에 사는 자들을 괴롭게 한 고로 땅에 사는 자들이 그들의 죽음을 즐거워하고 기뻐하여 서로 예물을 보내리라 하더라 11삼 일 반 후에 하나님께로부터 생기가 그들 속에 들어가매 그들이 발로 일어서니 구경하는 자들이 크게 두려워하더라 12하늘로부터 큰 음성이 있어 이리로 올라오라 함을 그들이 듣고 구름을 타고 하늘로 올라가니 그들의 원수들도 구경하더라 13그때에 큰 지진이 나서 성 십분의 일이 무너지고 지진에 죽은 사람이 칠천이라 그 남은 자들이 두려워하여 영광을 하늘의 하나님께 돌리더라"(계11:10-13)

두 증인과 두 짐승의 비교 도표

두 증인	두 짐승
1,260일	42개월
전 3년반	후 3년반
예언 사역	핍박
하나님께서 주신 권세(계11:3)	마귀가 준 권세(계13:5)
7년 대환난	

그러므로 두 사람입니다. 한 사람이 아닙니다. 자신이 두 증인이라고 말하는 이단 교주들은 거짓말이고 사기(詐欺)입니다. 그리고 현재도 아닙니다. 현재는 제3성전도 아직 건립되지 않은 상태입니다. 그리고 아직 종말 때의 적그리스도가 안 나타났습니다.

1) 먼저 누구든지 저희를 해하고자 하면 저희 입에서 불이 나와 저들을 소멸할 것이라 하십니다(5). 민수기 16장 35절을 보면 모세와 아론을 대적하던 고라 무리에게 여호와로부터 불이 나와 향로를 든 250인을 불태워 죽이는 사건이 있었고, 열왕기하 1장 10절부터 14절까지의 말씀을 보면 엘리야를 붙잡기 위해 아하시야 왕이 보낸 병사들에게 하늘에서 불이 내려와 태워 죽이는 사건이 등장합니다. 두 증인이 사역하는 동안에도 이를 방해하는 자들을 불로 태우는 이적이 나타나게 될 것입니다.

2) "예언을 하는 날(3년 반) 동안" 비가 오지 않을 것이라 하십니다(6상). 아합 왕 시절 엘리야의 예언으로 이스라엘 땅에 정확히 3년 반 동안 비가 오지 않았는데(왕상17:1, 18:1, 눅4:25, 약5:17), 두 증인이 사역하는 3년 반의 기간 동안에도 저들이 하늘을 닫아 비가 오지 못하게 할 것이라 하십니다.

3) "물이 변하여 피가 되게" 할 것이라 하십니다.(6중) 모세가 애굽 땅에 내린 첫 번째 재앙이 나일강이 피가 되게 하는 것이었는데(출7:12-21), 이런 류의 이적이 재현된다는 것입니다.

4) "아무 때든지 원하는 대로 여러 가지 재앙으로 땅을 치리라." 하십니다(6하). 두 증인이 불을 내리고, 비가 오지 않게 하고, 물을 피로 변하게 하는 재앙 외에도 필요할 때마다 여러 재앙들을 내려 하나님이 살아계심을 보여주게 될 것입니다.

3. 두 증인의 죽음과 부활과 승천(7절)

죽음(7)

"저희가 그 증거를 마칠 때에 무저갱으로부터 올라오는 짐승이 저희로 더불어 전쟁을 일으켜 저희를 이기고 저희를 죽일터인즉" 하십니다. 땅에 거하는 자들(10)이 두 증인이 행한 그 많은 이적을 보면서도 하나님을 믿으려 하지 않고 오히려 하나님의 말씀을 전하는 두 증인을 죽이려 했다는 것입니다. 전도를 하다보면 가끔 이적을 보여주면 믿겠다 하는 사람들이 있지만, 말씀을 듣고도 믿지 않는 사람은 이적을 보아도 믿지 않습니다. 믿음은 봄에서 나는 것이 아니라 들음에서 나는 것(롬10:17)이기에, 말씀을 듣고도 믿지 않는 자들은 표적을 보아도 믿지 않는다는 것입니다.

7절에서는 두 증인이 무저갱에서 올라온 짐승에게서 죽임을 당한 시점이 "저희가 증거를 마칠 때에"(7상)라고 명시하고 있습니다. 1,260일 동안 저들에게 맡겨진 사명이 마쳐질 때까지는 그 누구도 두 증인을 해할 수 없었지만, 사명이 끝나자 짐승에게 죽임을 당하도록 허락하셨다는 것입니다. 18세기 유명한 부흥사 조지 휘필드(George Whitefield)는 "하나님의 사역자는 사명이 마쳐지기까지는 Immortal하다(죽지 않는다)" 했습니다. 바로 이런 이유 때문에 사명의 길을 가는 자는 죽음을 두려워할 필요가 없는 것입니다.

이어지는 말씀을 보면 사실 두 증인의 죽음 자체도 결국 부활의 권능을 보여주시기 과정임을 알 수 있습니다.(11-13) 두 증인이 살아서는 하나님의 말씀을 선포함으로, 죽은 뒤에는 순교자의 영광(부활의 영광)을 보여줌으로 증인의 사명을 다한 것입니다. 우리도 삶과 죽음을 통해 증인의 사명을 다 할 수 있는 일꾼이 되어야 할 것입니다.

7절에서는 또 "무저갱으로부터 올라 온 짐승이 저희를 죽였다" 하십니다. 요한계시록에서 '짐승'이라는 단어가 처음 나온 것이 바로 이곳인데 "무저갱으로부터 올라 온 짐승"은 다른 자가 아닌 사탄의 화신인 적그리스도를 의미하는 표현인 것입니다. 적그리스도가 사람임에도 '짐승(beast)'으로 소개한 것은 적그리스도의 잔혹하고 무자비하고 교활한 성품을 묘사하기 위한 표현인 것입니다.

계시록 13장 14절에 보면 "흰 말을 탄 자"(6:2)로 7년 대환난의 초창기부터 자신의 정체를 드러내고 활동을 시작한 적그리스도가 칼에 상하여 거의 죽게 되었다가 살아나는 것으로 묘사하고 있는데, 바로 이때 무저갱으로부터 올라온 사탄이 적그리스도의 몸에 들어가 7년 대환난의 후반부에는 직접 세상을 통치할 것으로 보고 있습니다.

2차 대전 중 600만 명의 유대인을 학살했던 히틀러는 평소에는 그림 그리기를 좋아하는 내성적인 사람이지만, 군중들 앞에 나설 때면 마치 다른 인격이 들어와 말하는 것처럼 카리스마가 넘치는 연설로 사람들을 미혹했다고 합니다. 군중들 앞에 나설 때마다 히틀러에게 악한 영이 들어가 사람을 미혹하게 한 것입니다. 악한 영이 역사해도 이렇게 강력하게 사람들을 미혹할 수 있는데, 적그리스도처럼 사탄 마귀가 직접 들어가 역사하면 사람들에게 얼마나 큰 권능을 보여주겠습니까?

여하튼 이렇게 7년 대환난의 전반부에 등장하여 세상을 향해 하나님의 심판을 선포하고, 이스라엘 백성들에겐 회개의 복음을 전하는 사명을 맡은 두 증인이 3년 반의 사역이 끝난 뒤 '무저갱으로부터 올라온 짐승'으로부터 죽임을 당하므로 이스라엘 백성들에게도 본격적인 환난이 시작되고, 이런 세상을 향한 하나님의 진노와 심판도 본격화 될 것입니다.

8절부터 10절까지는 두 증인의 죽음을 지켜본 세상 사람들의 반응이 등장합니다. 먼저, 8절에 보니 "저희 시체가 큰 성 길에 있으리니 그 성은 영적으로 하면 소돔이라고도 하고 애굽이라고도 하니 곧 저희 주께서 십자가에 못 박히신 곳이니라."하십니다. 예수님이 십자가에 못 박히신 큰 성은 예루살렘입니다. 두 증인이 예수님이 십자가에 못 박히신 이곳 예루살렘에서 죽음을 당할 것이라 하셨는데, 이 예루살렘을 소돔과 애굽으로 표현한 것이 특이합니다. 지금도 그렇지만, 7년 대환난의 기간 동안에도 예루살렘에 소돔과 같은 동성애의 죄가 번창하고, 그 옛날 애굽 땅처럼 각종 우상들이 가득할 것임을 짐작할 수 있는 말씀인 것입니다.

9절에서는 "백성들과 족속과 방언과 나라 중에서 사람들이 그 시체를 사흘 반 동안을 목도하며 무덤에 장사하지 못하게 하리라"(9)하십니다. 요한계시록에 보면 "백성, 족속, 방언, 나라"라는 표현이 자주 등장하는데(5:9, 13:7, 10:11, 17:15) 이는 전 세계 사람들을 의미할 때 사용되는 관용적인 표현이라 보시면 됩니다. 그러기에 "백성들과 족속과 방언과 나라 중에서 사람들이 그 시체를 사흘 반 동안을 목도하며"라는 말씀은 두 증인이 적그리스도에 의해 죽임을 당할 때, 전 세계 사람들이 사흘 반 동안 그 시체를 보게 될 것이라는 말씀인 것입니다. 그런데 흥미로운 것은 이것이 2,000년 전에 쓰여진 예언의 말씀이지만, 최근에 와서야 비로소 이 일이 가능하게 되었다는 것입니다. 지금 이 시간 두 증인이 죽는다면 세상 모든 사람들이 TV와 스마트폰을 통해 이 모습을 생생하게 지켜보게 될 것입니다. 이처럼 계시록의 예언이 문자적으로 성취될 수 있는 기술이 완성되었다는 것은 그만큼 주님이 오실 날이 멀지 않았다는 의미이기도 한 것입니다.

10절에서는 "이 두 선지자가 땅에 거하는 자들을 괴롭게 한 고로 땅에 거하는 자들이 저희의 죽음을 즐거워하고 기뻐하여 서로 예물을 보내리라 하더라" 하십니다. 이스라엘은 한나절만 놔두어도 시신이 썩기 때문에 죽으면 곧바로 장례를 치루고 무덤에 안치하는 풍습이 있습니다. 그런 이스라엘 땅에서 시신이 썩도록 내버려 둔 것은 고인을 크게 모독하는 행위인 것입니다.(삼상 31:10, 왕상21:24) 이렇듯 "땅에 거하는 자들"이 두 증인의 시체를 사흘 반 동안 방치하여 모독할 뿐 아니라, 한 걸음 더 나아가 두 증인의 죽음을 기뻐하여 서로 예물을 보냈다고 했습니다. 성탄절과 설과 같은 명절이 되면 서로에게 선물을 하며 기뻐하는 것처럼 두 증인의 죽음을 기뻐했디는 것입니다. 2,000년 전 예수님이 십자가에 못박혀 죽으실 때도 이를 주도한 종교 지도자들은 이를 기뻐했고, 세례 요한이 죽었을 때도 이를 주도한 헤로디아가 이를 기뻐했던 것처럼, 두 증인이 죽었을 때도 땅에 거하는 자들이 이를 기뻐하게 될 것이라 하십니다.

요한계시록에서 "땅에 거하는 자들(earth dwellers)"(10)이라는 표현은 불신자를 일컬을 때 사용된 용어입니다.(3:10, 6:10, 8:13, 11:10, 13:8, 12,14, 14:6, 17:8) 땅에 거하는 불신자들은 하늘에 속한 성도들을 미워하기에 기회가 되면 핍박하여 죽이려 하는 것입니다. 현재 전 세계에서 일어나고 있는 기독교인들에 대한 핍박이 바로 땅에 거하는 자들이 얼마나 그리스도인들을 미워하는지를 보여주는 증거인 것입니다.

두 증인의 부활과 승천(11-13)

11절부터 13절까지는 죽은 뒤 삼일 반 동안 길거리에 방치되어 있던 두 증인이 부활하여 승천하는 모습이 기록되어 있습니다. 먼저 11절에 보니 "삼일 반 후에 하나님께로부터 생기가 저희 속에 들어가매 저희가 발로 일어서니 구경하는 자들이 크게 두려워하더라" 하십니다. 예수님이 죽어서 장례식을 치루러 가던 나인성 과부의 아들을 살렸을 때, 모든 사람들이 두려워했던 것처럼(눅 7:16), 하나님이 죽은 지 삼일 반이나 된 두 증인을 살리실 때 전 세계에서 이를 지켜보던 자들이 크게 두려워하게 될 것입니다.

12절에서는 "하늘로부터 큰 음성이 있어 이리로 올라오라 함을 저희가 듣고 구름을 타고 하늘로 올라가니 저희 원수들도 구경하더라" 하십니다. 구름을 타고 하늘로 올라가는 두 증인의 모습은 사도행전 1장에 기록된 예수님이 승천하시는 모습과 유사한데, 한 가지 다른 점은 예수님이 감람산에서 승천하실 때 제자들만 그 모습을 지켜보았지만(행1:9, 10), 두 증인이 승천할 땐 저희 원수들까지 모두 이 모습을 지켜보게 된다는 것입니다. 모든 사람들이 지켜보는 가운데 부활하고 승천함으로 2,000년 전에 있었던 예수님의 부활과 승천의 사건도 결코 허황된 이야기가 아니라는 사실을 보여주게 될 것입니다.

13절에서는 "그 시에 큰 지진이 나서 성 십분의 일이 무너지고 지진에 죽은 사람이 칠천이라 그 남은 자들이 두려워하여 영광을 하늘의 하나님께 돌리더라" 하십니다. 두 증인이 부활 승천하는 순간 예루살렘에 지진이 일어나 성 십분의 일이 무너지고 7,000명이 죽자, 살아 남은 자들이 두려워하며 하나님께 영광을 돌리는 일이 일어날 것이라 하십니다.

대환난에 남겨진 분들은 이때에라도 복음을 믿어야 합니다. 땅을 흔드시며 사람들을 죽이고 살리는 권세가 하나님께 있다는 사실을 깨달은 것인데, 여호와를 경외(두려워)하는 것이 지식의 근본이요(잠1:7), 지혜의 근본(잠9:10)이라 하신 말씀처럼, 어떤 계기로든 하나님이 두려운 분이시라는 것을 깨달아야 비로소 하나님을 경외하며 섬기는 지혜로운 삶을 시작할 수 있는 것입니다.

주와 그리스도의 나라가 되어(14-19)

11장 1절부터 13절까지는 장차 예루살렘에 세워지게 될 제3성전(환난성전)과 1,260일 동안 이곳을 중심으로 활동하게 될 두 증인에 관한 말씀이고, 14절부터 19절까지는 이 사건 이후 이어지게 될 셋째 화(14) 즉, 일곱 대접의 재앙의 재앙으로 성취될 일들을 설명하신 말씀입니다. 구체적으로 살핍니다.

세상 나라 vs 하나님의 나라(14, 15)

먼저, 14절 15절에 보니 "둘째 화는 지나갔으나 보라 셋째 화가 속히 이르도다. 일곱째 천사가 나팔을 불매 하늘에 큰 음성들이 나서 이르되 세상 나라가 우리 주와 그 그리스도의 나라가 되어 그가 세세토록 왕 노릇 하리로다." 하십니다.

14절에서 말씀하는 둘째, 셋째 화는 8장 13절에서 독수리가 선포한 3번의 화 가운데 두 번째와 세 번째를 의미하는데, 첫 번째 화는 다섯 번째 나팔의 재앙이 기도한 황충의 재앙(9:1-11)이고, 두 번째 화는 여섯 번째 나팔의 재앙이기도한 마병대의 재앙(9:13-21)이고, 세 번째 화는 일곱 번째 나팔의 재앙이기도한 일곱 대접의 재앙을 의미합니다. 일곱 대접의 재앙들이 구체적으로는 16장부터 19장까지 기록되어 있는데, 15절에서는 이 일곱 대접의 재앙으로 적그리스도가 통치하는 세상나라가 멸망을 받고 하나님의 나라가 세워질 것임을 선포한 것입니다.

첫째 아담이 뱀의 미혹에 빠져 빼앗긴 세상나라에 대한 주권을 둘째 아담이신 예수님이 오셔서 회복하게 될 것인데, 일곱 대접의 재앙이 바로 이 주권을 회복하기 위해 내리시는 최종적인 심판이 될 것이라는 말씀인 것입니다. 창세기 1장 28절까지의 말씀을 보면 하나님이 아담과 하와를 창조하시고, 저들에게 "땅을 정복하고 모든 생물을 다스리는" 권세를 주셨다 했습니다. 하시만, 인간이 범죄할 때 세상을 다스리는 이 권세가 사탄 마귀에게 넘어가게 된 것입니다. 그래서 에베소서 2장 2절에서 사탄 마귀를 "공중의 권세 잡은 자"라 한 것이고, 이런 사탄 마귀와 함께 세상을 주관하는 타락천사들을 "정사와 권세와 이 어두움의 세상 주관자들과 하늘에 있는 악의 영들"(엡 6:12)이라 한 것입니다. 사탄 마귀가 세상을 주관하는 권세를 가지고 있기에 예수님이 금식하실 때도 천하만국의 영광을 보여주며 "내게 엎드려 경배하면 이 모든 것을 네게 주리라"(마 4:9)는 제안을 할 수 있었던 것입니다.

이렇듯 사탄 마귀가 가지고 있던 세상 나라에 대한 권세가 이제 일곱 대접의 재앙을 통해 주님께로 넘어가게 될 것이라 하십니다. 사탄 마귀가 다스리던 세상 나라가 예수님이 다스리는 그리스도의 나라가 된다는 것입니다. 첫째 아담이 빼앗긴 세상 나라에 대한 권세를 둘째 아담이신 예수님이 되찾아 오시는 것입니다. 그것이 바로 그리스도의 나라요 천년왕국인 것입니다.

출애굽기를 보면 10가지 재앙으로 애굽 땅과 바로 왕을 심판하여 이스라엘 백성들을 구원하시고 저들을 가나안 땅으로 이끌어 하나님의 나라를 세운 것처럼, 일곱 대접의 재앙으로 세상 나라와 적그리스도와 사탄 마귀를 심판하시고, 이 땅에 예수님이 왕이 되어 다스리시는 "그리스도의 나라"(15)를 세우실 것입니다. 이렇듯 그리스도의 나라가 임하면 주님이 영원토록 다스리실 것이라 하십니다.(15하)

첫째 아담이 사탄에게 권세를 빼앗긴 뒤 사탄 마귀가 세상 임금으로 세상을 미혹했지만, 7년 대환난의 사건을 통해 예수님이 세상 나라를 심판하시고 이 땅에 그리스도의 나라를 세우시면 그 나라가 세세토록 영원할 것이라 하십니다. 예수님이 지상 재림하심으로 천년동안 세상을 통치하시고, 이후로는 신천신지 신예루살렘에서 예수님이 영원토록 우리의 왕이 되실 것입니다.

하나님의 나라는 공간의 개념이 아니라 통치의 개념입니다. 같은 하늘과 땅이지만 사탄 마귀가 다스리면 지옥과 같은 곳이 되는 것이고, 예수님이 통치하시면 그리스도의 나라 천국이 되는 것입니다.

요한계시록 6-17장은 일곱인, 일곱 나팔, 일곱 대접이라는 세 번에 걸친 일곱 재앙을 반복적으로 언급하고 있습니다. 환난기의 1/3은 일곱 봉인, 그 다음의 1/3은 일곱 나팔, 그리고 마지막 1/3은 일곱 금병 심판으로 이해하는 분들이 매우 많습니다. 그러나 계시록은 총 404절 가운데 278절이 유대교의 요소를 담고 있으며 특히 전형적인 히브리 계시 문학의 형태를 띠고 있습니다. 이런 형태의 문학은 대개 한 번 이야기한 것을 다시 이야기하고 또 강조해서 이야기하는 구조로 되어 있습니다. 그러므로 이 세 가지 심판은 비슷한 때의 일들을 재차 나열하는 것으로 이해하여야 합니다.

처음 나오는 일곱 봉인 - 실제로는 여섯 봉인 - 은 7년 환난기 전체를 다룹니다. 계8:1에서 일곱째 봉인을 떼면서 시작되는 일곱 나팔은 7년의 중간쯤부터 시작해서 다시 3년 반을 다룹니다. 그리고 맨 마지막에 나오는 일곱 금병은 7년의 거의 맨 끝에 하나님의 진노가 병으로 정확하게 쏟아 붓듯이 한 번에 집중되어 떨어지는 것을 말합니다. 그리고 그 중간 중간에 다른 이야기가 삽입되어 있습니다. 12-14장도 일곱 나팔 재앙과 일곱 대접 재앙 사이에 있는 말씀입니다. 왜 이런 구조를 사용할까요? 심판의 재앙이 계속되는 가운데서도 성도들이 방향을 잃지 않도록 하는 것입니다. 삽입된 이야기의 대부분은 이런 재앙 중에도 하나님이 자기 백성을 어떻게 인도하고 보호하고 계신지를 보여주고 있기 때문입니다. 하나님의 백성들이 세상에서 경험하고 있는 것들을 하나님의 시각에서 보도록 하신 것입니다.

4. 해 입은 여자

"하늘에 큰 이적이 보이니 해를 옷 입은 한 여자가 있는데 그 발 아래에는 달이 있고 그 머리에는 열두 별의 관을 썼더라"(계12:1)

본문 1절 2절에서 설명하는 여자가 누구일까요?

일반적으로 이 여자가 교회를 상징한다는 주장과 성모 마리아를 상징한다는 주장과 앞서 설명한 것처럼 이스라엘을 상징한다는 주장으로 나뉘어집니다. 환난 통과설을 주장하는 사람들은 용에게 쫓겨 다니며 핍박을 받는 이 여자를 환난을 통과하는 교회로 해석합니다. 하지만 본문에 묘사된 이 여자의 모습을 교회로 해석하는 데는 무리가 있는데 그 이유를 살펴봅니다.

먼저, 1절에 보면 "이 여자가 해를 입고 그 발아래 열두 별의 면류관을 쓰고 있었다" 했습니다. 앞서도 설명한 것처럼 이 모습은 교회가 아니라 창세기 37장에 묘사된 이스라엘의 모습과 일치하고 있습니다. 요셉이 어느 날 꿈을 꾸었는데, 해와 달과 열한 별이 자신에게 절하는 꿈이었습니다(창37:9). 이는 장차 요셉이 그의 형제들과 이스라엘 가운데 높아져서 결국 서들을 구원하는 사명을 감당하게 될 것임을 알려주신 꿈이었습니다. 요셉이 꿈속에서 본 해는 그의 아비인 야곱을, 달은 그의 어미인 라헬을, 열한 별은 그의 형제들을 상징하는 것이라고 창세기 37장은 설명하고 있습니다.(창37:10) 요셉의 꿈속에 등장한 해와 달과 11별이 이스라엘 전체를 상징한다는 뜻인데, 이 말씀에 비추어 볼 때, 본문(1)에 등장하는 해를 입고 달을 그 발아래 두고, 열두 별의 면류관을 쓴 여자는 교회가 아니라 이스라엘을 의미하고 있는 것입니다.

두 번째로 이 여자가 아들을 낳았다고 했습니다. 여자가 아들을 낳았는데 이는 장차 "철장으로 만국을 다스릴 남자"(5절)라 설명하고 있습니다. 물론 여자가 낳은 아들은 2,000년 전에 이 땅에 오셔서 구속의 사역을 완성하시고 장차 철장의 권세를 가지고 세상을 심판하시고 다스리시기 위해 다시 오실 예수님을 의미합니다. 2,000년 전 예수님은 성령으로 잉태된 마리아를 통해 이 땅에 태어나셨습니다. 이스라엘 족속인 마리아는 이스라엘 전체를 대표한다고 보아야 합니다. 이스라엘이 예수님을 낳았다는 것입니다. 그런데 만일 본문에 등장하는 여자를 교회라고 해석해버리면, 이스라엘이 아닌 교회가 예수님을 탄생시켰다는 뜻인데, 이는 선후가 뒤바뀐 억지해석입니다. 교회가 예수님을 탄생시킨 것이 아니라, 예수님이 교회를 탄생시켰기 때문입니다.

마리아를 신성시여기는 로마 가톨릭에서는 이 여자를 이스라엘이 아닌 마리아 개인으로 해석하는데, 그렇게 해석해버리면 이 여자가 7년 대환난의 기간 동안 광야로 도망을 가 1,260일 동안 양육을 받았다는 말씀(6)과 이런 여자를 해하기 위해 뱀이 그 입으로 물을 강같이 토하여 냈다(15)는 말씀이 해석이 되지 않습니다. 이 여자를 예수의 어미인 마리아 개인이 아니라 이스라엘로 해석해야 이어지는 말씀이 문맥상 바르게 해석되는 것입니다.

1절 2절의 말씀을 정리하면 해와 달과 열두 별을 두른 여자는 예수 그리스도를 탄생시킨 이스라엘을 상징합니다.

"조상도 그들의 것이요, 육신적으로는 그리스도도 그들에게서 나셨습니다. 그분은 만물 위에 계시고 영원토록 찬양받으실 하나님이십니다. 아멘."(롬9:5)

이 이스라엘이 7년 대환난의 기간 동안 용으로 묘사되는 사탄마귀에게 핍박을 받으나 하나님의 기적적인 역사로 보존되어 천년왕국 기간 동안 제사장 나라 신분으로 회복된다는 것이 12장의 내용인 것입니다.[42] 그리고 관련내용이 이사야서 61장에 예언되어 있습니다.

4그들은 오래 황폐하였던 곳을 다시 쌓을 것이며 옛부터 무너진 곳을 다시 일으킬 것이며 황폐한 성읍 곧 대대로 무너져 있던 것들을 중수할 것이며 5외인은 서서 너희 양 떼를 칠 것이요 이방 사람은 너희 농부와 포도원지기가 될 것이나 6오직 너희는 여호와의 제사장이라 일컬음을 받을 것이라 사람들이 너희를 우리 하나님의 봉사자라 할 것이며 너희가 이방 나라들의 재물을 먹으며 그들의 영광을 얻어 자랑할 것이니라 7너희가 수치 대신에 보상을 배나 얻으며 능욕 대신에 몫으로 말미암아 즐거워할 것이라 그리하여 그들의 땅에서 갑절이나 얻고 영원한 기쁨이 있으리라 (이사야 61장 4-7절)

'그들'은 이스라엘을 말하며, 이를 문자적으로 해석하면 일차적으로 바벨론

42) 방월석, 「요한계시록 강해」, 도서출판 와서, 299-300

포로에서의 회복이라고 주장할 수 있지만 그보다는 마지막 때 이스라엘 땅과 예루살렘이 회복되는 것으로 보는 것이 더 합리적입니다. 이를 영적으로 본다면 당연히 하나님에 대한 신앙회복 즉, 예수 그리스도를 믿는 이스라엘로 바뀌게 되는 것을 의미합니다.

"¹하늘에 큰 표징이 나타났습니다. 한 여자가 태양을 입고 있고 두 발 아래에는 달이 있고 머리에는 열두 별의 면류관을 쓰고 있었습니다. ²여자가 아이를 임신하고 해산할 때가 돼 진통과 괴로움으로 울부짖었습니다. ³그때 또 다른 표징이 하늘에 나타났습니다. 일곱 머리와 열 뿔을 가진 큰 붉은 용이 나타났는데 그 머리에는 일곱 면류관을 쓰고 있습니다. ⁴용은 꼬리로 하늘에서 별들의 3분의 1을 끌어다가 땅으로 내던졌습니다. 용은 막 해산하려고 하는 여자 앞에 섰는데 이것은 그녀가 아이를 낳을 때 삼키기 위한 것이었습니다. ⁵여자가 아들을 낳았는데 그 사내아이는 장차 쇠지팡이로 만국을 다스릴 분입니다. 그때 그녀의 아이는 하나님 보좌 앞으로 들려 올라갔습니다."(계12:1-5)

'표징'이란 말은 '기적'이란 뜻이 아니라 'Sign', '표지판'이란 뜻입니다. 하나님이 지시하는 손가락을 보라는 것입니다. 요한에게 보여주는 환상이 하나님의 시각에서 세상을 바라볼 수 있도록 안내하는 표지판이라는 것입니다.

5절에서는 "여자가 나은 아들"에 관한 상징이 등장하는데 이어지는 말씀에는 "이는 장차 철장으로 만국을 다스릴 남자"라고 설명하고 있습니다. "철장으로 만국을 다스릴 남자"에 대한 설명은 메시아에 관한 시로 알려진 시편 2편 7절부터 9절까지의 말씀에 나오는데, 이 말씀을 보면 "내가 영을 전하노라 여호와께서 내게 이르시되 너는 내 아들이라 오늘날 내가 너를 낳았도다. 내게 구하라 내가 열방을 유업으로 주리니 네 소유가 땅끝까지 이르리로다. 네가 철장으로 저희를 깨뜨림이여 질그릇같이 부수리로다 하리로다." 하십니다. 철장으로 다스린다는 말씀이 본문 5절에 말씀과 일치하고 있는데, 이 두 말씀을 통해 "여자가 나은 아들"이 바로 예수님을 의미하고 있다는 사실을 알 수 있다는 것입니다.

도피처

요한계시록 12장 1-17절(6-17절)

헤롯 왕을 통해 메시아를 죽임으로 메시아 왕국인 그리스도의 나라(11:15)가 세워지는 것을 막아보려 했던 첫 번째 전략이 실패하자(1-5), 붉은 용이 전략을 바꿔 아들을 낳은 여자(5)인 이스라엘을 진멸함으로 이스라엘에게 약속된 메시야 왕국이 이 땅에 이뤄지지 못하도록 애쓰고 있습니다. 이 싸움은 구약 내내 진행되었습니다. 바로가 히브리 남자 아이를 모두 죽이려 했던 것이나 바알 숭배자 이세벨이 아합의 아내가 되어 낳은 딸 아달랴가 다윗 왕가의 모든 왕자를 죽이려 했던 것, 에스더 때 아말렉 사람 하만이 유대인을 몰살하려고 했던 것, 예수님 탄생시 헤롯 대왕이 베들레헴의 아이들을 학살한 것, 모두 메시아 예수를 삼키려는 용의 계략이고 활동이었던 것입니다. 사실 이 전쟁은 언필칭 '원복음'이라고 하는 창세기 3장 15절에 계시되어 있습니다.

"내가 너와 여자 사이에, 네 자손과 여자의 자손 사이에 증오심을 두리니 여자의 자손이 네 머리를 상하게 하고 너는 그의 발뒤꿈치를 상하게 할 것이다."(창3:15)

그때부터 그리스도의 나라와 사탄의 나라는 전쟁이 계속 되어 왔고 주님 재림 때까지 이 눈에 보이지 않은 전쟁은 끊어지지 않을 것입니다. 근대 역사 속에서도 2차 대전 중 히틀러가 600만 명의 유대인을 학살한 것과 현재 전 세계에 불고 있는 반유대주의(Anti-Semitism)의 배경에 바로 유대인을 진멸하여 메시아 왕국의 도래를 막으려는 사탄의 전략이 있음을 알아야 합니다. 사탄은 하나님의 선민에 대한 복수를 포기하지 않았습니다. 그것은 역사 가운데 일어난 유대인들에 대한 설명할 수 없는 증오에서 보여질 수 있습니다. 심지어 그 증오는 때때로 교회 안에서도 일어났습니다. 대체신학은 교회 안에 반유대주의를 만든 아말렉의 신학입니다. 무천년설이나 비대환난 주장 속에 대체신학의 뿌리가 존재합니다. 분명 히틀러는 그것에 붙들려 있었고, 격동의 중동에서도 같은 아말렉 욕망이 시시때때로 표출되는 것을 볼 수 있습니다. 물론 이제 이란(페르시아)의 위협이 다시 다가오고 있습니다. 표면 아래 숨겨진 눈에 보이지 않은 우주적 전투가 계속 진행되어 왔습니다. 유대인을 진멸하려는 붉은 용의 전략은 장차 사탄의 하수인인 적그리스도가 다스릴 7년 대환난의 후반부 1,260일 동안에 집중적으로 펼쳐질 것인데, 스가랴 13장 8-9절에 보면 이 기간 동안에 이스라엘 가운데 3분의 2가 멸절될 것이라 예언하고 있습니다.

"8여호와께서 하신 말씀이다. 온 땅의 3분의 2는 멸망할 것이고 3분의 1은 거기 남아 있을 것이다. 93분의 1을 내가 불 속에 던져 넣어서 은을 제련하는 것처럼 그들을 단련할 것이다. 금을 시험하는 것처럼 그들을 시험할 것이다. 그들이 내 이름을 부르면 내가 그들에게 대답할 것이다. 나는 그들에게 '너희는

내 백성들이다'라고 말할 것이고 그들은 '여호와는 우리 하나님이시다'라고 말할 것이다."(슥13:8-9)

나머지 3분의 1은 하나님의 특별한 은총으로 보존되어 예수님이 재림하여 이 땅에 그리스도의 나라를 세우실 때, 저들도 제사장 나라로서 예수님과 함께 통치에 참여할 것입니다. 하나님은 "자기 눈동자"인 당신의 백성에 대해 신실하시며 그들을 보호하실 것입니다. 주님은 그의 약속을 변함없이 지키실 것입니다.

"너를 축복하는 자에게는 내가 복을 내리고 너를 저주하는 자에게는 내가 저주하리니 땅의 모든 족속이 너로 말미암아 복을 얻을 것이라 하신지라."(창12:3)

하나님의 예비하신 곳

계시록 12장 6절에 보면 "이 여자가 광야로 도망하매 거기서 일천이백육십 일 동안 저를 양육하기 위하여 하나님의 예비하신 곳이 있더라."하십니다. 1절부터 5절까지가 마태복음 2장의 사건이 일어날 때 영적인 세계에서 일어난 일을 설명한 것이라면, 6절부터 17절까지는 마태복음 24장 15-22절의 사건이 일어날 때 영적인 세계에서 일어날 일에 대한 설명이라 할 수 있습니다. 마태복음 24장 15절부터 22설까시에는 7년 내환난의 후반부에 이스라엘이 겪을 일에 관한 예언의 말씀이 기록되어 있는데, 여기서 예수님은 다니엘이 예언한 바(단 9:27) "멸망의 가증한 것이 거룩한 곳에 선 것을 보거든, 그때에 유대에 있는 자들은 산으로 도망할지어다."(마24:15, 16)라고 경고하셨습니다. 적그리스도가 성전에 자신의 우상을 세움으로 이스라엘에 대한 본격적인 핍박이 시작될 터이니, 그때가 되면 뒤도 돌아보지 말고 하나님이 예비하신 도피처인 산으로 도망가라 하신 것입니다.

그렇다면 마태복음 24장 16절에서는 '산'으로 본문에서는 '광야'(6)로 묘사된 이 도피처는 어디를 의미하는 것일까요? 적지 않은 보수적인 성경학자들은 광야인 동시에 산인 이 도피처를 지금의 요르단 지역이며 한 때 에돔의 수도였던 보스라(현재 지역명 부쉐이라, Buseirah)일 것으로 보고 있습니다. 그분들이 보스라를 환난의 때의 도피처가 될 것이라 보는 몇 가지 성경적 근거가 있는데, 그 첫 번째 다니엘 11장 41절 말씀입니다. 다니엘서를 보면 하나님의 사자가 다니엘에게 종말에 관한 비밀을 알려주신 말씀들이 기록되어있는데, 그 말씀들 가운데 다니엘 11장 41절에는 적그리스도가(후 삼년 반 이후) "영화로운 땅(이스라엘)에 들어갈 것이나 에돔과 모압과 암몬 자손의 존귀한 자들은 그 손에서 벗어나리라."는 말씀이 나옵니다. 이스라엘 전 지역이 적그리스도에 의해 지배될 것이지만, 에돔과 모압과 암몬 자손의 땅은 적그리스도의 지배에서 벗어날 것이라는 말씀입니다. 다니엘이 이 말씀을 기록할 당시의 에돔과 모압과 암몬 자손이 살던 땅은 현재 이스라엘과 요단강을 사이에 두고 국경을 접한 요르단 지역인데, 이 요르단에 속한 한 지역이 마지막 때에 하나님이 이스라엘을 위해 예비하신 도피처로 쓰여진다는 것입니다.

두 번째는 미가서 2장 12절을 보면 "야곱아 내가 정녕히 너희 무리를 다 모으며 내가 정녕히 이스라엘의 남은 자를 모으고 그들을 한 처소에 두기를 보스라 양 떼 같게 하며 초장의 양 떼 같게 하리니 그들의 인수가 많으므로 소리가 크게 들릴 것이며" 하십니다. 보스라는 히브리어로 양 우리(sheep pen)나 울타리를 뜻하며, 에돔 왕국의 수도였습니다. 이스라엘 땅에 적그리스로 인한 환난이 몰려올 때, 하나님이 이스라엘의 남은 자들을 천혜의 요새요, 양의 우리인 이곳 보스라로 이끌어 3년 반 동안 안전하게 보호해 주신다는 것입니다.

세 번째는 마지막 때에 감람산으로 재림하여 포도주 틀의 심판을 행하실 예수님을(14:17-20, 19:15) "홍의를 입고 보스라에서 오는 자"(사63:1)로 묘사하고 있습니다. 이는 예수님이 재림하여 므깃도 언덕에 모인 적그리스도의 군사들에게 포도주틀의 심판을 행하시는 이유가 보스라로 도피한 이스라엘의 남은 자를 구원하기 위함이라는 사실을 짐작할 수 있는 말씀인 것입니다. 이런 말씀들을 통해 보스라(부쉐이라, Buseirah)가 야곱의 환난 동안 이스라엘의 남은 자를 위한 도피처가 될 것이라는 사실을 알 수 있다는 것입니다.[43]

1,260일 동안 양육

아들을 낳은 여자로 묘사되는 이스라엘이 광야에 하나님이 예비하신 도피처로 피하는 기간을 1,260일로 명시하고 있습니다. 이는 "야곱의 환난의 때"(렘 30:7)로 묘사된 7년 대환난의 후반 3년 반의 기간인데, 그 기간은 요한계시록 16장부터 기록되어 있는 7대접의 기간과도 일치합니다. 7년 대환난의 전반부가 끝나고 적그리스도가 성전에다 자신의 우상을 세우는 때로부터(단9:27) 이스라엘

43) 앞의 책, 298

땅에도 본격적인 환난과 핍박이 시작되는데, 이 환난을 면하려면 유대 땅에 있는 자들은 반드시 하나님이 예비하신 광야의 도피처로 피해야 한다는 것입니다.

6절에서는 야곱의 환난의 기간 동안 이스라엘을 예비하신 도피처로 인도하시는 이유가 설명되고 있는데, "저를 양육하기 위함"이라 하십니다.

'양육'이라는 단어가 헬라어로는 '트렙호(τρέφω)'라고 되어 있는데 이는 '먹인다'(feed, KJV)라는 뜻과 함께 '돌본다'(take care of, NIV)라는 뜻을 가진 단어입니다. 야곱의 환난의 기간 동안 이스라엘 백성들 가운데 3분의 1을 광야로 이끌어 저들을 먹이고, 돌보아 주신다는 뜻입니다. 휴거되지 못하고 7년 대환난을 겪게 되는 분들이 있다면 본격적인 환난이 시작되기 전에 이스라엘 백성들과 함께 하나님이 예비하신 광야의 도피처로 피하시면 이스라엘 백성들과 함께 양육받는 은혜를 얻게 될 것입니다. 대환난에 남겨진 이방인 그리스도인 중에 순교를 감당할 믿음은 없는 연약한 교인들에게 사랑의 마음으로 말씀드립니다. 교회의 휴거 후에 즉시 이스라엘에 가서 이집트에서 이스라엘이 출애굽 때 이스라엘과 함께 출애굽한 이방인들처럼(출12:38) 하나님께서 예비한 곳으로 이스라엘 성도들과 함께 떠나십시오.

하늘에서 벌어진 영적 전쟁(7-12)

이제는 7년 대환난의 중반부에 벌어질 영적 전쟁에 대해서 살펴봅니다. 7절부터 12절에 기록된 하늘에서 벌어진 영적 전쟁에 관한 말씀은 루시퍼가 처음 타락했을 때에 천상에서 일어난 영적 전쟁(4)에 관한 말씀이 아니라 7년 대환난의 중반부에 벌어질 영적 전쟁을 의미합니다. 에스겔 28장과 이사야 14장을 보면 루시퍼가 자신을 추종하던 천사들을 데리고 하나님을 대적하다가 타락천사가 되었지만, 저들이 완전히 하늘에서 쫓겨난 것은 아닙니다. 욥기에서도 볼 수 있는 것처럼(욥 1:6) 사탄 마귀는 지금도 수시로 하나님이 계신 하늘로 오고 가면서 믿음의 길을 가는 성도들을 '참소'하는 일을 하고 있습니다.(10절) 이렇듯 수시로 하늘을 오고 갈 수 있는 사탄의 권세가 7년 대환난의 중반부에 완전히 박탈을 당하고, 사탄 마귀와 그를 추종하던 사자(타락천사)들이 땅으로 쫓겨나게 되는데, 이때부터 이 땅에는 사탄 마귀로 인한 본격적인 핍박이 시작될 것이라 말씀하고 있습니다.

하늘에 전쟁이 있으니(7, 8)

하늘에서 사탄 마귀와 타락천사들을 완전히 몰아내는 영적 전쟁에 미가엘과 그의 사자들이 동원되었다 하십니다.(7) 미가엘은 이스라엘 민족을 호위하는 천사로도 알려져 있는데(단 12:1) 이 미가엘 천사가 하늘에서 용과 그의 사자들을 땅으로 쫓아냄으로 쫓겨난 큰 용으로 인해 이 땅에 큰 환난이 시작되었다 하십니다. 이 시기가 적그리스도가 죽은 듯하다 살아난(13:12) 시기와도 일치하는데, 이때 땅으로 쫓겨난 마귀가 자기의 때가 얼마 남지 않은 줄을 알고(12) 적그리스도에게 직접 들어가 성전에다 자신의 우상을 세워 경배하길 강요하고 또 이스라엘을 진멸하기 위한 본격적인 핍박을 시작하게 될 것입니다.

9절에는 이런 사단 마귀를 큰 용, 옛 뱀, 마귀, 사단, 온 천하를 꾀는 자라고 설명하고 있는데 그 의미를 하나씩 살펴봅니다.

큰 용이라 했습니다. 이는 사납고 잔인한 사탄 마귀의 특성을 표현하고 있습니다. 옛 뱀이라 했습니다. 그 옛날 아담과 하와를 미혹하여 범죄하게 했던 바로 그 자인 것입니다. 마귀라 했습니다. 마귀라는 말에는 '참소자'라는 뜻이 있습니다. '참소자'란 근거 없는 비방과 고소로 남을 괴롭히고 해를 끼치는 자를 의미합니다. 10절에서도 보니 이 마귀를 하나님 앞에서 밤낮으로 형제들을 참소하던 자(slanderer)라고 소개하고 있습니다. 사탄이라 했습니다. 히브리어인 '사탄'은 대적자(adversary)라는 뜻이 있습니다. 사탄은 처음부터 하나님과 그의 택한 백성들을 대적했던 대적자인 것입니다. 천하를 꾀는 자라 했습니다. 마귀의 주특기는 미혹입니다. 거짓을 진실인 것처럼 포장하여 사람들을 속이는 것입니다. 마지막 때가 되면 사탄 마귀가 세상을 속여 그가 세운 적그리스도와 그의 나라가 이 땅에 평화와 안정을 줄 것으로 믿게 할 것입니다. 하지만, 얼마 못가서 그가 본색을 드러내고 세상을 멸망과 심판으로 이끌게 될 것입니다. 그러므로 대환난은 통과해야 할 테스트가 아니라 피해야 할 미혹입니다. 오늘날 교회 안에도 천하를 꾀는 자인 사탄 마귀의 하수인이 되어 성도들을 미혹하는 자들이 있습니다. "교회가 동성애같은 소수자들의 성을 사랑으로 받아주어야 한다.", "온라인 예배가 제2의 종교개혁이다.""다른 종교에도 구원이 있다."라는 말들로 성도들을 미혹하여 믿음의 본질에서 멀어지게 하는 자들이 있습니다. 이러한 미혹을 물리쳐야 우리의 믿음이 온전히 설 수 있는 것입니다.

3. 참소하던 자가 쫓겨나고 그리스도의 권세가 이루었다 하십니다(10).

밤낮 참소하던 자인 사탄 마귀가 쫓겨남으로 하늘에서 온전히 하나님의 나라와 그리스도의 권세가 이루어졌다 하십니다. 이렇게 땅으로 쫓겨난 사탄이 이 땅에 자신의 왕국을 세워 하나님을 대적하고 하나님의 백성들을 핍박할 것이지만, 잠시 후면 예수님이 재림하시어 다시금 이 용을 무저갱에 가두심으로 이 땅에도 그리스도의 권세(나라)가 이루어지게 할 것입니다. 사탄 마귀가 하늘과 땅에서 쫓겨나고 "뜻이 하늘에서 이룬 것같이 땅에서도 이루어지는"(마6:10) 그 날을 우리가 소망해야 한다는 것입니다.

4. "또 여러 형제가 어린 양의 피와 자기의 증거하는 말을 인하여 저를 이기었으니 그들은 죽기까지 자기 생명을 아끼지 아니하였도다."(11)하십니다.

7년 대환난의 기간 동안 땅으로 쫓겨난 큰 용과의 싸움에서 승리하는 3가지 비결을 소개하는데, 어린 양의 피와 말씀과 순교를 각오한 믿음이라 하십니다.

(1) 사망의 권세는 죄로부터 오는 것인데(고전15:56), 예수님이 십자가에서 대속의 피를 흘리심으로 우리가 죄사함을 받고 사망의 권세로부터 벗어난 것입니다.

(2) 또 에베소서 6장 17절에서는 하나님의 말씀을 성령의 검으로 묘사합니다, 예수님이 마귀의 유혹을 말씀으로 물리친 것처럼 말씀으로 무장된 사람만이 영적 싸움에서 승리할 수 있는 것입니다.

(3) 마지막은 순교를 각오한 믿음인데, "몸은 죽여도 영혼은 능히 죽이지 못하는 자들을 두려워하지 말고 오직 몸과 영혼을 능히 지옥에 멸하시는 자를 두려워하라"(마10:28)하신 말씀처럼 목숨보다 배교를 더 두려워하는 자는 사탄 마귀도 어쩔 수 없는 것입니다.

5. "그러므로 하늘과 그 가운데 거하는 자들은 즐거워하라 그러나 땅과 바다는 화 있을진저 이는 마귀가 자기의 때가 얼마 못 된 줄 알므로 크게 분내어 너희에게 내려갔음이라 하더라."(12)하십니다.

밤낮 참소하던 자(10)가 쫓겨났기에 하늘에 있는 자는 즐거워하라 하십니다. 하지만 땅과 바다에 있는 자들에게는 화가 있을 것인데, 이는 땅으로 쫓겨나 독이 오른 사탄 마귀가 자기 때가 얼마 남지 않았음을 알고 하나님의 백성들을 향한 본격적인 핍박을 시작할 터이니 화가 있을 것이라 하십니다. 앞서도 설명한 것처럼 이때는 땅으로 쫓겨난 사탄 마귀가 직접 적그리스도에게로 들어가 자신을 숭배하고 짐승의 표 받기를 강요하고, 이를 거부하는 자들은 모두 죽이려 할 것이기에, 화가 있을 것이라 하신 것입니다.

12절 말씀에서 또 한가지 흥미로운 대목은 "마귀가 자기의 때가 얼마 못된 줄을 알므로"라는 말씀입니다. 땅으로 쫓겨난 사탄 마귀도 자기에게 주어진 시간이 얼마 남지 않았다는 것, 정확히는 1,260일에 불과하다는 것을 알았다는 것인데, 어떻게 알았을까요? 사탄 마귀도 성경을 보기에 아는 것입니다. 누가복음 4장을 보면 사탄 마귀가 예수님을 유혹할 때도 성경을 인용했습니다.(눅4:10) 40일 동안 굶주린 예수님 앞에 사단 마귀가 나타나 "네가 만일 하나님의 아들이어든 이 돌들에게 명하여 떡덩이가 되게 하라"(눅4:3) 미혹했을 때, 예수님이 "기록하기를 사람이 떡으로만 살 것이 아니라"(눅4:4)하신 신명기 8장 3절의 말씀으로 물리치셨습니다. 그러자, 이번에는 사탄 마귀가 예수님을 성전 꼭대기에 세우고는 "하나님이 너를 위하여 그 사자들을 명하사 너를 지키게 하시리라"(눅 4:10)하신 시편 91편 11절의 말씀을 인용하며 예수님이 성전에서 뛰어내리도록 미혹했습니다. 사단 마귀가 성경 말씀에 능통했기에 자유자재로 성경을 인용하면서 예수님을 미혹하려 했던 것입니다. 이렇듯 성경에 능통한 사탄 마귀와의 영적 싸움에서 승리하려면 우리 자신도 예수님처럼 말씀에 충만한 사람이 되어야 하는 것입니다.

사탄 마귀도 이처럼 성경을 열심히 봄으로 앞으로 어떤 일이 벌어질지를 깨닫고 이를 예비하고 있는데, 정작 그리스도인들은 종말에 관한 성경의 말씀들을 몰라 이 예언의 말씀들이 눈앞에서 이뤄지고 있는데도 깨닫지 못하니 하나님께서 보실 때 얼마나 답답하실까요? 적그리스도의 세력들은 조만간 성경에서 예언하고 있는 휴거의 사건이 일어날 것을 알고, 이를 외계인 납치 사건으로 호도하기 위해 대중들을 세뇌시키는 작업을 벌써부터 열심히 펼치고 있습니다. 그런데 정작 휴거의 대상이 되어야 할 교회가 이에 대해 무지합니다. "내 백성이 지식이 없으므로 망하는도다"(호4:6)하셨는데, 알아야 준비할 수 있고, 준비해야 기쁨으로 다시 오실 주님을 영접할 수 있는데 그렇지 못하니 안타깝다는 것입니다.

땅으로 쫓겨난 용의 진노(13–17)

13절부터 17절까지는 6절에 기록된 아들을 낳은 여자가 광야로 도피하는 모습을 상세히 설명한 말씀입니다. 하나씩 살펴봅니다.

먼저, 13절을 보니 하늘에서 땅으로 쫓겨난 용(사탄)이 남자를 낳은 여자를 핍박했다 하십니다. 여기서의 여자는 이스라엘을 상징하는데, 용이 이스라엘을 통해 이 땅에 그리스도의 나라가 세워질 것(11:15)을 알고 이스라엘을 진멸하려고 핍박한다는 것입니다. 핍박이라는 단어가 헬라어로는 '다오코(διώκω)'이라 해서 본래 '추적한다'는 뜻을 가지고 있습니다. 광야로 도피하는 여자를 잔멸하기 위해 용이 추격적을 벌인다는 뜻인데, 바로 이런 이유 때문에 마태복음 24장에서 예수님이 "멸망의 가증한 것이 거룩한 곳에 선 것을 보거든"(마24:15) 뒤도 돌아보지 말고 도망가라(마24:17, 18)하신 것입니다.

14절에서는 그 여자가 독수리의 날개를 받아 광야로 피할 것이라 하십니다. 이 말씀 때문에 어떤 사람들은 본격적인 환난이 시작될 때 이스라엘 백성들이 비행기를 타고 광야로 도피할 것으로 생각하는 분들도 있는데 요한계시록에 나오는 상징은 사람의 생각이 아니라 성경으로 풀어야 하는 것입니다. 독수리의 날개로 피한다는 말씀은 출애굽기 19장 4절(참, 신32:10-12)에 저음 등상하는데, 이 말씀은 이스라엘을 죽이기 위해 마병대를 끌고 나온 바로 왕으로부터 이스라엘 백성을 구원하여 시내산으로 이끄신 하나님의 은혜를 설명하기 위해 사용한 말씀입니다. 독수리의 날개로 업어 이스라엘을 바로의 손아귀에서 구원하여 여호와의 성산으로 인도하신 것처럼, 이제 하나님이 다시금 문자적인 독수리의 날개가 아니라 하나님의 능력의 팔로 이스라엘 백성들을 업어 용의 손아귀에서 구원하여 예비하신 도피처로 인도하실 것임을 예언하신 말씀인 것입니다. 용이 여자를 해하려고 물을 강같이 토하나 땅이 입을 벌려 토한 강물을 삼킬 것이라 하십니다(15, 16).

이스라엘의 남은 자가 하나님이 예비하신 광야의 도피처로 피하였을 때, 용이 여자를 해하려고 물을 강같이 토할 것이나 이때 하나님이 고라당의 반역사건 때처럼 땅을 벌려 이 강물을 삼킬 것이라 하십니다. 용이 물을 강같이 토하여 여자를 해하려 하나, 하나님이 이 재앙에서도 이스라엘을 구하여 주신다는 것입니다.

"용이 여자에게 분노하여 돌아가서 그 여자의 남은 자손 곧 하나님의 계명을 지키며 예수의 증거를 가진 자들로 더불어 싸우려고 바다 모래 위에 섰더라"(17)하신 17절의 말씀은 도피처로 피하는 이스라엘을 추격하는데 실패한 용이 마지막 수단으로 동방의 군대들을 므깃도 언덕(아마겟돈)에 집결시켜 보스라를 치려고 준비하는 모습을 보여주는 말씀입니다. 이처럼 용이 군대를 일으켜 이스라엘의 남은 자를 진멸하려 하지만, 이때 예수님이 감람산으로 재림하셔서 포도주틀의 심판을 행하심으로 오히려 적그리스도의 군대가 진멸되고 이를 주도한 용은 무저갱에 갇힐 것이라 예언하고 있습니다(19장). 사탄 마귀가 아무리 하나님의 자녀들을 해하려 해도 하나님이 허락지 않는 한 결코 그들의 뜻대로 될 수 없습니다.

7년 대환난의 중반부에 하늘에서 쫓겨난 용이 이스라엘의 남은 자들을 추격하여 잔멸하려 하지만, 하나님은 저들을 예비하신 도피처로 인도하여 1,260일 동안 양육하시고, 예수님이 재림할 때 저들은 천년왕국의 백성들이 될 것입니다.

"그들이 내가 내 종 야곱에게 준 땅 곧 너희 조상들이 거하던 땅에 거하되 그들 즉 그들과 그들의 자식들과 그들의 자식들의 자식들이 영원히 그 안에 거할 것이요, 내 종 다윗이 영원히 그들의 통치자가 되리라… 내 장막도 그들과 함께 있으리니 참으로 나는 그들의 하나님이 되고 그들은 내 백성이 되리라. 내 성소가 그들의 한가운데 영원히 있게 될 때에 나 주가 이스라엘을 거룩히 구별하는 줄을 이교도들이 알리라 하셨다 하라."(겔37:25-28).

그들은 분명히 그들의 조상들의 땅에서 떠나 있다가 다시 그 땅에 돌아가며, 그때에는 다윗이 부활해서 그들의 왕이 되고 또 그들 주변의 이교도들 즉 이방 민족들이 주 하나님을 알게 됩니다. 죽어 있던 이스라엘이 자기들의 땅으로 되돌아오고 이미 오래 전에 죽은 다윗이 부활하며 이스라엘이 모든 민족들 가운데서 칭송을 받는 이때는 과연 언제일까요?

이 일은 인류 역사상 존재하지 않은 일로 장차 예수님께서 재림하실 날에 성취될 일입니다. 마지막 때에 적그리스도가 통치하기 위해서는 '반유대 정서'(Anti-semitism)가 기승을 부려야 하므로 하나님께서 유대인들을 향한 언약과 계획을 무시하는 대체신학이 다시 고개를 들고 오늘날 오히려 큰소리를 치고 있습니다. 그러나 언약(covenant)과 '영해'(靈解)의 이름으로 이스라엘을 제거하는 난도질을 멈춰야 합니다.

그럼 이스라엘에 관련한 하나님의 약속이 이방인 교회인 우리에게 어떤 의미가 있나요? 먼저 이스라엘을 위해 기도해야 합니다.

"예루살렘을 위하여 평안을 구하라 예루살렘을 사랑하는 자는 형통하리로다"(시122:6)

온 세상에 흩어진 이스라엘인들이 성경 말씀대로 고국에 돌아가도록 도와야 합니다. 우리 이방인은 이스라엘인들에게 선교의 빚을 진 사람들입니다. 왜냐하면 우리는 먼저 믿은 바울과 베드로같은 유대인들을 통해서 즉 예루살렘으로부터 시작된 복음을 받았기 때문입니다.

"또 예루살렘으로부터 시작해 모든 민족에게 그의 이름으로 죄 용서를 받게 하는 회개가 전파될 것이다."(눅24:47)

그러므로 오늘 그리고 주님 다시 오실 날까지 선교의 빚을 갚아야합니다. 우리는 이스라엘 사람들을 위하여 기도하고 사랑해야 합니다. 그분들에게 복음을 전해야 합니다. 전도는 최대의 사랑입니다.

"보라. 내가 속히 갈 것이다. 이 책의 예언의 말씀들을 지키는 사람은 복이 있다."(계22:7) 예언의 말씀들을 지키는 자가 복이 있는 사람입니다.

CHAPTER 8

하나님의 타임라인

God's Timeline

본문 고전15:51-53

우리의 삶의 현장에서 때로는 우연히 일어나는 일들이 많습니다. 뉴톤(Isaac Newton)은 우연히 사과나무 아래서 사과가 밑으로만 떨어지는 것을 보고 만유인력의 법칙을 발견하였습니다. 영국의 알렉산더 프레밍(Alexander Fleming)은 세균배양 실험을 하다가 우연히 푸른 곰팡이 균이 다른 화농을 일으키는 다른 세균을 잡아먹는다는 사실을 발견하여 페니실린(penicillin)을 발명하였습니다. 우연이란 생각지 않은 어떤 일을 말합니다. 인간의 입장에서는 우연한 일인지 몰라도 하나님 입장에서 보면 절대로 우연이란 없습니다. 인간들은 1초 후의 일을 모르고 하나님의 영원한 계획을 모르기 때문에 답답함을 느낄 때가 많습니다. 자신에게 임하는 어떤 일들이 왜 일어나야 하는지 모르기 때문에 답답해 할 때가 있는 것입니다. 그래서 사람들은 "우연히"라는 말을 하게 됩니다. 그러나 분명 우리가 알아야 할 것이 있습니다. 이 세상에 일어나는 모든 일들이 우연히 일어나는 것이 아니라는 것입니다. 그 일이 그렇게 되어야 할 이유가 있어서 그렇게 된다는 것입니다. 다만 우리가 그것을 알지 못하고 깨닫지 못하는 것뿐입니다. 이것을 하나님의 섭리(divine providence)라고 합니다. 하나님의 섭리(攝理)란 하나님이 목적하고 계획하신 바를 이루어 가시는 주권적인 행위를 말합니다. 성도들은 하나님의 섭리를 믿어야 합니다.

아합 왕은 이스라엘 역대 왕 중에서 가장 악하기로 소문난 사람입니다. 그래서 왕상 22:20절에 보면 하나님께서 그를 전쟁터에서 죽이시기로 작정하셨습니다. 그리고 아람 나라와 전쟁을 하게 하였습니다. 치열한 전쟁을 하고 있을 때 한 사람이 우연히 화살을 쏘았는데 그것이 아합 왕 갑옷 솔기를 맞추었습니다. 그는 부상을 입었고 전쟁이 너무 치열하여 부상을 입은 채로 싸우다가 피를 너무 흘려서 죽고 말았습니다. 적군이 우연히 화살로 아합 왕을 맞춘 것 같았으나 그것은 하나님이 그렇게 작정하신 필연이었습니다.(왕하22:34-35)

여러분! 하나님께서는 왜 세상에 태풍이나 번개와 같이 무섭고 쓸모없는 것을 만드셨을까? 하고 생각해 본 적이 있습니까?

파도보다 거센 바람을 동반하는 태풍은 바닷물을 일으켜 해수를 순환시킴으로써 적조 현상을 없앱니다. 또한 바다 속에 산소를 공급해 해조류와 어류를 풍성하게 합니다. 그리고 번개는 산불을 일으키며, 벼락으로 전선을 끊어 놓으며, 여러 건축물들을 파괴시키기도 합니다. 번개가 치면 많은 어린이들이나 혹은 겁 많은 어른들까지도 두려움과 공포에 떨게 됩니다. 그러나 번개가 단지 우리를 두렵게 할 뿐 아무런 쓸모없는 것이라고 오해하지 마세요. 이 요란한 천둥소리는 세상에 있는 식물들에게 양분을 공급하는 큰 역할을 한답니다. 사실 식물은 번개가 없이는 살수 없습니다. 공기의 80%는 식물에 필요한 질소로 구성되어 있습니다. 하나님은 공기에서 질소를 분리시켜 그 질소를 양분으로 바꾸어 식물에 공급하는 아름다운 계획을 세우셨습니다. 번개가 하늘에서 우르릉하고 울릴 때에 생기는 뜨거운 열로 인하여 질소는 빗방울에 녹습니다. 질소가 용해된 빗방울은 온 대지를 촉촉히 적십니다. 무서운 폭풍우가 지나간 후에 당신은 공기에서 신 냄새를 맡을 수 있습니다. 질소의 시큼한 냄새는 바로 하나님께서 식물에게 주신 비료입니다. 그분은 우리에게 쓸모없이 보이는 번개로 하여금 식물이 살 수 있는 비료의 생성 과정을 진행시키고 계신 것입니다. 이 세상의 모든 것이 우연히 생긴 것이 아닙니다. 하나님은 세상 만물에 대하여 계획과 목적을 가지고 계십니다.

하나님께서 이스라엘 7대 절기로 하나님의 시간표를 우리에게 보여 주셨습니다.

1. 이스라엘 7대 절기로 섭리하신 하나님의 시간표

"이것들은 장래 일의 그림자이나 몸은 그리스도의 것이니라"(골2:17)

		유월절	무교절	초실절	오순절	나팔절	속죄일	장막절	
날짜	애굽에서의 노예생활(출1:11-23)	니산월(1월) 14일	니산월(1월) 15일-21일	니산월(1월) 17일 유월절후 첫안식일 다음날 (레23:11)	약 시완월(3월) 6일 정도 (초실절로부터 50째 되는 날)	티쉬리월(7월) 1일	티쉬리월(7월) 10일	티쉬리월(7월) 15일-21일	
이미지									
율법 규정	罪	레23:4-5	레23:6-8	레23:9-14 출34:22	레23:15-21	레23:23-25	레23:26-32; 히9:25,26	레23:33-34	天國
성취 여부	죄와 허물로 죽어 있는 상태, 죄와 마귀의 노예 상태 (엡2:1-2)	고전5:7	고전5:7-8	고전15:20	행2:1-47 고전12:13 엡2:11-22	살전4:13-18	슥12:10	계20:4 슥14:9-20	
		이미성취	이미성취	이미성취	이미성취	미성취	미성취	미성취	
의미 (해석)		예수님께서 십자가에서 죽으실 것	예수님께서 무덤에 묻히실 것, 성도의 성결한 생활	예수님께서 죽은 지 3일만에 부활하실 것	예수님께서 승천하신 후 약속하신 성령을 보내 주실 것	예수님께서 공중에 강림하실 것, 교회 휴거,	예수님께서 심판유대인 144000 전도자 사역, 유대인 민족적 회심	예수님께서 지상재림하신다. 천년왕국을 이루시고 다스릴 것	

1) 유월절(레23:4-5; 고전5:7)

히브리어로는 '넘어가다'(페싸흐 פֶּסַח)라는 뜻을 가지고 있습니다. 니산월(아빕월, 1월) 14일 해질 무렵, 나흘 전에 준비한 수양을 구워 무교병과 쓴 나물과 함께 먹고 그 피를 문설주에 바르고 아침까지 남은 것은 불에 태워 버립니다.

애굽이 하나님의 진노로 장자를 잃는 열 번째 재앙을 당할 때 구원받은 것과 해방을 기념하는 날입니다. 어린 양 되신 예수 그리스도의 속죄를 위한 죽음을 예표하였습니다.(요1:29, 고전5:7)

2) 무교절(레23:6-8: 고전5:7, 8)

히브리어로는 맛짜(מַצָּה). 니산월(아빕월, 1월) 15일부터 7일 동안(21일 까지) 누룩이 없는 무교병을 먹습니다. 절기의 이름도 이 누룩 없는 떡을 먹는다하여 무교절이라 불리웠습니다. 무교절이 시작되는 첫 날과 마지막 날은 '성회'(聖會)로 백성이 모이고 노동을 하지 못했으며 매일 하나님께 화제를 드렸습니다. 우리를 죄 없다 하시며 의롭다 여기십니다.

그리스도와 함께 죽고, 그리스도의 생명으로 사는 것이 성결의 길입니다.(갈2:20)

3) 초실절(레23:9-14: 고전15:20)

초실절은 히브리어로 비쿠르(בִּכּוּר)라 불리며 무교절 기간 중에 있는 절기로, 유월절 후 첫 안식일 다음 날입니다. 추수 전에 곡식의 첫 이삭 한 단을 하나님께 드리는 절기로써 양식을 주신 하나님께 감사하는 날입니다. 초실절 예물을 하나님께 드리기 전에는 떡이나 볶은 곡식, 생 이삭이라도 먹지 않았습니다. 죽음으로 끝이 난 것이 아니라 소망을 주시기 위해 부활하셨습니다.

4) 오순절(= 칠칠절 = 맥추절)(레23:15-21, 행2:1-47, 고전12:13, 엡2:11-22)

히브리어로는 쇠부아(שָׁבוּעַ) '맹세하다'라는 뜻으로 밀을 수확할 수 있도록 복주신 하나님께 감사하는 날입니다. 칠칠절은 초실절로부터 50일째에 해당하는 날로써 보통 시완월(3월) 6일경이 됩니다. 이 날은 하루만 절기로 지키는데 성회를 공포하고 노동이 금지되며 하나님께 번제를 드렸고 수염소 한 마리를 속죄제로 드렸습니다. 특이한 것은 모든 절기에는 누룩이 없는 무교병을 쓰지만 칠칠절만은 누룩을 넣은 유교병을 소제로 사용합니다. 우리를 일깨워 예수를 그리스도로 믿게 하시려 성령을 보내시고 교회를 탄생시키셨습니다.

5) 나팔절(레23:23-25)

나팔절은 티쉬리월(7월) 1일로 유대 민간력으로는 1월에 해당하는 새해 첫날입니다. 이 날은 나팔을 하루 종일 일정한 간격으로 불었으며 성회가 선포되고 노동을 금했습니다. 그리고 속죄제로 수염소 한 마리를 드렸습니다. 장차 마지막 나팔소리와 함께 구원받은 교회를 데려가십니다, 하늘에서 혼인잔치와 상급 심판이 있습니다.

6) 대속죄일(레23:26-32, 히9:25, 26)

이 날은 성회가 선포되고 노동을 금하며 마음을 괴롭게 하는 날로 티쉬리월(7월) 10일입니다. 특별히 연중 이 날만 대제사장이 지성소에 들어갔습니다. 그리고 하나님을 위한 수염소와 아사셀을 위한 수염소를 드렸습니다. 장차 7년 대환난 때 이스라엘의 회개와 구원을 예표합니다.

7) 초막절(레23:33-34)

수장절, 장막절이라고도 불립니다. 티리쉬월(7월) 15일부터 8일 동안 행해집니다. 초막절은 이스라엘 백성이 애굽을 나와 광야에 머물었던 것을 기념하는 동시에 풍성한 수확을 허락하신 하나님께 감사하는 절기입니다. 첫날과 여덟째 날에는 성회로 모이고 노동이 금지되었으며 각 날마다 그에 상응 하는 제사를 드렸습니다. 그리스도가 재림하셔서 그가 왕이 되셔서 친히 다스리시는 천년왕국을 예표합니다.

2. 초승달이 뜨는 나팔절(The Feast of Trumpet)

예수께서 "아침에 하늘이 붉고 흐리면 오늘은 날이 궂겠다 하나니 너희가 천기는 분별할 줄 알면서 시대의 표적은 분별할 수 없느냐"(마16:3)라고 하신 것처럼 우리는 하나님의 손으로 우리에게 보여주시는 하늘에 있는 해와 달과 별들을 통해 낮인지 밤인지 달의 첫 날인지 보름인지를 분별합니다. 초승달이 뜨면 한 달이 시작된 것을 알고, 보름달이 뜨면 달의 중간, 그리고 그믐달이 뜨면 한 달이 끝났다는 것을 압니다.

보통 보름달은 저녁부터 아침까지 떠 있지만, 초승달은 초저녁에 서쪽 하늘에 떠 있다 금방 사라지며, 그믐달은 새벽에 동쪽 하늘에 잠깐 보이기 때문에 유대인들이 바벨론에 포로로 끌려갔을 때에 나팔절을 지키는 것이 쉽지 않았습니다. 그래서 어느 날이 나팔절이라는 것을 알리는 데에 하루 종일 걸릴 수도 있으므로 초승달이 뜨는 날부터 이틀간을 지켰습니다.

나팔절은 그믐달이 잠깐 비췄고 사라지므로 달의 첫날이 언제인지 확실히 알기가 힘들었습니다. 그래서 이 때가 되면 두 사람에게 달을 관측하게 하여 두 사람 모두 '달 모양이 그믐달에서 초승달로 바뀌었다'라고 하면, 나팔을 불어 알렸습니다. 이렇게 정확한 그 날을 알 수 없기에 나팔절을 '때와 시를 알 수 없는 절기' 즉 '숨겨진 날'(욤 하케세)이라고 하며, 예수께서는 나팔절이 그 날과 시간을 누구도 알 수 없고 오직 하나님 아버지만 아시는 날이므로 깨어 있으라고 하신 것입니다.(마24:36, 25:13)

"그런즉 깨어 있으라. 너희는 그 날과 그 시를 알지 못하느니라"(마25:13)

그 날과 그 시를 모르는 것이 하나님께서 우리를 향한 선한 뜻인데도 불구하고 휴거날짜를 계산해서 시한부 종말론으로 성도들을 미혹하는 자와 그런 교회에서 떠나야 합니다.

휴거의 마지막 나팔

사도 바울은 고린도전서 15:52에서 휴거의 마지막 나팔에 대해 밝히 알려주고 있습니다.

"마지막 나팔 소리가 울릴 때 눈 깜짝하는 사이에 죽은 사람들이 썩지 않을 사람으로 다시 살아날 것이며 우리도 변화될 것입니다."(고전15:52)

요한계시록 11장 15절 말씀을 읽어보면, 일곱 째 천사가 나팔을 불매, 계시록의 7번째 나팔은 휴거의 나팔과는 전혀 상관이 없습니다. '마지막 나팔'은 특별한 나팔인데, 이것은 쇼파르(Shofar/유대인들이 나팔절과 속죄일 때 부는 나팔)를 부는 소리로서 여호와의 절기 때 부는 나팔입니다.

절기(Feast)의 뜻은 모에드(מועד ;MOED)입니다. 혹은 복수로 쓰이는 '모에딤(MOEDIM)'입니다.

이것은 '하나님과의 약속의 시간'이라는 뜻입니다. 이것은 '하나님께서 유대인들과 약속이 되어 있으시다'라는 뜻입니다. 하나님께서는 유대인들과 7번의 약속이 되어 있으십니다. 촛대를 '메노라(Menorah)'라고 부릅니다. 이것은 '절기들'을 의미하는 것입니다. 빛을 내지 못하는 등잔은 등대가 아닙니다. 계2:5절에서 하나님은 빛된 생활을 하지 않으며, 회개치 않으면 네 촛대를 그 자리에서 옮긴다고 하였습니다. 메노라는 가지가 일곱인 등대로 성막시대부터 유대인의 상징이었고 오늘날 이스라엘 국가의 상징입니다. 촛대는 두 부분으로 나눠지는데 봄철에 있는 절기들과 가을철에 있는 절기들로 나눠집니다. 봄철의 절기를 유월절로 시작해서 무교절, 초실절이 있는데 이것은 첫 3개의 촛대를 의미하고 가운데 있는 촛대는 오순절을 의미하며 그다음 3개의 촛대는 나팔절, 속죄일, 초막절을 의미합니다.

하나님께서 구약성경에서 보여주신 앞으로 있을 휴거에 대한 그림을 보실 수 있습니다.

출애굽기 19장 18절에서 20절을 보면, "유대인들이 시내산 산기슭에 섰을 때 시내산이 온통 연기로 자욱하니 이는 주께서 불 가운데서 거기 내려오심이라. 그 연기가 화로의 연기같이 위로 올라가고 온 산이 크게 진동하며 나팔 소리가 오랫동안 나며 점점 더 거질 때에 모세가 말한 즉, 하나님께서 그에게 음성으로 대답하시더라."

20절에 보면 '주께서 시내산 곧 그 산꼭대기에 내려오시고 산꼭대기로 모세를 부르시니 모세가 올라가매' 하나님께서 내려오시고 모세를 부르시니 모세가 올라갔습니다.

흥미로운 것은 하나님께서 시내산에서 히브리 민족에게 내려오셨던 것은 나팔절로서, 일곱 번째 달 첫째 날에 하나님께서 크고 긴 나팔소리와 함께 내려오셨는데 이것이 바로 다섯 번째 촛대의 예표이며 우리는 이 사실을 출애굽기에서 볼 수 있습니다.

히브리서 12장 19절에 '나팔소리와 말씀하시는 음성도 아니라, 그 음성을 들은 자들은 더 이상 자기들에게 말씀하지 마시기를 간청하였으니 이 말씀은 출애굽기 19장 19절에 '하나님의 큰 음성 소리와 나팔 소리가 오랫동안 나며 점점 더 소리가 커지고 커질 때에' 이 같은 말씀이 오늘날의 곧 휴거의 예표의 말씀입니다.

구약의 출애굽기의 개요는 이렇습니다. 일곱째달 첫날인 나팔절에 하나님께서 산에 강림하시고 모세를 올라오라고 음성으로 부르실 때에 동시에 나팔소리가 길고 크게 울렸습니다.

이제 타키아 하가돌(Takiah Gadolah)에 대해 손쉽게 이해할 수 있도록 알려 드리겠습니다.

하나님의 강림하심과 모세를 부르심, 모세가 올라가고 나팔소리가 크고 길게 울려 퍼진 것들이 예표입니다.

데살로니가전서 4장 16절의 말씀도 거울로 보는 것 같은 예표의 모습입니다. 주께서 호령과 천사장의 소리와 하나님의 나팔로 친히 하늘로 좇아 강림하셨습니다. 이것은 하나님의 왕권을 선포하시는 것입니다. 그리스도 안에서 죽은 자들이 먼저 일어나게 됩니다. 이것은 모세가 올라간 것이 우리도 올라가게 되는 예표입니다. 모세가 올라간 것처럼 살아남은 우리들도 구름 속으로 채여올라가, 산에 연기가 가득한 것처럼 공중에서 주를 만나게 되리니 그리하여 우리가 항상 주와 함께 있으리라. 이것은 거울로 보는 것 같은 예표입니다.

레위기 23장 24절에서 하나님께서는 모세에게 안식일(Sabbath)이라 불리는 나팔절을 어떻게 지키며 어떻게 행해야 할지를 말해 주는 장면을 볼 수 있습니다.

"이스라엘 자손들에게 고하여 이르라 칠월 곧 그 달 일일로 안식일을 삼을지니 이는 나팔을 불어 기념할 일이요, 거룩한 집회라" 칠월을 티슈레이(Tishri)라고 부릅니다. 일곱 번째 달은 우리의 달력으로는 보통 9월 달이 되겠습니다. 9월의 시작, 즉 일곱 번째 달력으로 첫날을 로쉬 하샤나(Rosh Hashanah)로 부르며 이 날을 새해 첫날로 지킵니다. 이것은 '하나님의 유대력'(God's Sacred Calendar)입니다. 종교력(Religious Calendar)의 새해와 유대력(Sacred Calendar)의 새해가 있습니다. 종교력은 첫 번째 유월절(The First Passover)에 시작되었고 유대력의 시작은 나팔절에서 시작되었습니다.

이제 또 다른 것을 알려 드리려고 합니다. 시편 81편 3절에 '월삭과 정한 때와 우리의 엄숙한 명절날에 나팔을 불지니' 새로운 달, 절기가 시작되는 달입니다.

그래서 다시 바울서신으로 돌아가 사도 바울은 '마지막 나팔'에 관해서 어떻게 썼는지 보십시다.

그는 고린도전서 15장 52절에 '마지막 나팔 소리가 울릴 때 눈 깜짝할 사이에 죽은 사람들이 썩지 않을 사람으로 다시 살아날 것이며 우리(그리스도 안에 있는 거룩한 신부들)는 모두 변화될 것입니다'라고 썼습니다. 우리가 알아야 할 것은, 이 말씀은 고린도전서에만 들어 있습니다. 바울의 서신이 고린도후서도 있지만 고린도후서에서는 이런 구절을 어디에서도 찾아볼 수 없습니다. 고린도 전서에 쓴 마지막 나팔에 대한 서신을 읽고 성도들이 바울에게 편지를 보내며 "이봐요, 바울! 고린도전서에 '마지막 나팔 소리에 눈 깜짝할 사이에 변화되 는 엄청난 사건이 일어난다'고 했는데 그게 언제입니까?"라고 물었습니다.

우리는 전혀 알 수가 없습니다. 그러나 사도 바울의 다른 서신에서 볼 수 있 는데, 다른 교회들에게 주고받은 서신들에서 볼 수 있습니다. 그것은 데살로니 가전서에서 그 질문들에 답을 했고 데살로니가후서에서 더 확실히 알려주고 있 습니다. 데살로니가후서 성경공부에서 얼마든지 발견할 수 있는데 누군가가 잘 못된 허위 편지를 보내 예수 그리스도께서 벌써 이 땅에 재림하셨다고 하는 것 에 관해 바울이 '그런 일은 아직 일어나지 않았다'고 확실한 대답을 그의 서신 서에서 밝혀주고 있습니다. 먼저 배도(apostasy), 즉 법을 바꿔 불법을 행할 때 교회의 휴거 사건이 일어납니다. 그리고 불법의 사람이 나타나고 7년 대환난이 진행되고 그 후에 예수님의 지상 재림이 이루어집니다. 바울이 두 교회들을 다 니면서 고린도후서에 마지막 나팔에 대한 확실한 언급을 하지 않은 것을 볼 수 있습니다. 그것이 무슨 뜻인지 아시나요? 그것은 벌써 교회들이 그것이 무슨 말 인지 알고 있었기 때문입니다. 그들은 이미 마지막 나팔이 무엇인지 알고 있었 습니다. 그것은 그들의 전통 중의 하나였고 그들의 조상들로부터 상속받은 풍 습 중의 하나였기 때문입니다.

고린도에 다수의 회당이 있었고 초기 고린도교회 교인 중에는 유대인들이 많 았습니다. 예수 믿는 유대인들이고 절기들을 지키는 유대인들입니다. 그래서 고 린도교회 교인들은 마지막 나팔이 무엇을 뜻하는지 알고 있었습니다.

출애굽기 19장 19절로 돌아가서 '나팔 소리가 오랫동안 나며 점점 더 커질 때에...' 이것이 실마리(clue)입니다. 항상 기억해야 하는 것은 모든 예언들은 항 상 거울로 보는 것처럼 예표로 되어있습니다. 옛날에 일어난 것들은 오늘날 메 시아께서 이 땅에 오셔서 성취하시게 되는 것을 미리 보여주는 예표입니다.

이제 나팔절(Feast of Trumpets)에 무슨 일이 일어나는지 보십시다. 나팔절 에 나팔(Shofar Blast)을 붑니다. 나팔을 100번 붑니다. 100번의 나팔 소리를 차례로 붑니다. 어떻게 부느냐 하면, 3가지 다른 소리를 내되 각기 33번의 소리 를 냅니다. 계속 반복하고 반복합니다. 33×3 = 99, 이렇게 나팔을 불고 또 불고 계속 이틀 동안 나팔을 붑니다. 그리고 맨 마지막 끝날 때 테키아 하가돌(The Tekiah Ha' Gadolah)라고 하는 100번째 마지막 나팔을 붑니다.(나팔절의 100 번째 나팔) 이 나팔이 출애굽기 19장 19절의 예표입니다. 이것이 마지막 나팔입니다. 이 마지막 나팔을 어떻게 부느냐 하면 나팔수는 숨을 크게 들이마시고 제일 길게 불면서 점점 더 크게 숨이 다할 때까지 나팔을 부는 것이 유대인들이 말하는 마지막 나팔(The Last Trump)입니다.

이것을 나팔절에 행하고 나팔절 절기의 마지막 때 불게 됩니다. 이 사건을 사도 바울은 '눈 깜짝할 사이'에 일어난다고 쓴 것입니다. 휴거는 순간적 (instantly)으로 눈 깜짝할 사이에 일어납니다. 정확한 뜻은 매우 빠르게 일어난다는 뜻입니다.

사도 바울이 우리에게 알아야 할 것은 다 알려주었습니다. 이틀 동안 열리는 로쉬 하샤나(Jewish New Year) 즉 나팔절의 절기가 끝나는 저녁 때 마지막 끝자락에 부는 나팔이 '마지막 나팔'입니다. 그런데 계시록을 읽을 때 혼돈되기 쉬운 내용이 바로 휴거 혹은 부활한 세 부류가 나타난 점입니다. 이로 인해서 7년 대환난 전 휴거설 혹은 대환난 중간기에 휴거 또는 대환난후 휴거설이 나타난 것입니다. 아래 도표를 보십시오.

계시록에 나타난 세 차례와 세 부류의 휴거와 부활

교회의 휴거	십사만 사천 부활	환난 성도 부활
주로 이방인	이스라엘인	모든 민족 출신
셀 수 없음	셀 수 있음	셀 수 없음
산 상태에서 변화	죽은 후 변화 가능성 큼	죽은 후 변화
계5:9-10	계7:4, 계14:1	계7:9,14, 계20:4

두 증인도 계11:3-12를 보면 죽은 후 휴거(승천)되는 것을 볼 수 있습니다. 두 명 이상의 집단적인 휴거와 부활은 세 차례임을 알 수 있습니다. 물론 7년 대환난기때 그리스도 안의 죽은 자들이 부활한 후 휴거 혹은 승천(昇天, ascension)이라고 해도 틀린 말이 아닙니다만 산 채로 변화되어 휴거되는 것과 구분하기 위해 부활이라는 다른 단어를 사용했음을 이해하여 주십시오. 결론적으로

산 상태에서 홀연히 변화되어 휴거되는 것은 대환난 전 휴거밖에 없음은 분명한 것입니다. 그러면 다니엘서에 예언된 칠십 이레와 휴거의 시기의 관계를 살펴보겠습니다.

3. 칠십(70)이레를 통한 하나님의 타임라인 계시

솔로몬의 아들, 르호보암 때에 이스라엘은 남과 북으로 갈리게 됩니다. 북이스라엘은 BC 721년에 앗수르에 의해 망하게 됩니다. 남유다도 BC 586년에 바벨론에 의해 망하게 됩니다. 남유다는 바벨론의 단번의 침공에 의해 망한 것이 아니라 총 세 차례의 침공으로 망했습니다. 첫 번째 침공은 BC 606년 또는 BC 605년입니다. 성경의 년수를 계산하다보면 대략 1년 정도의 차이는 있을 수 있습니다. 왜냐하면 계산 기준이 다르기 때문입니다. 이스라엘은 신년이 오늘날 달력으로 9월입니다. 그래서 어느 시점으로 잡으냐에 따라 1년 정도의 차이는 있겠습니다. 그런데, 다니엘은 포로로 잡혀간 지 70년이 다 되어갈 즈음에 예레미야서를 읽게 됩니다. 단 9:2절에 보시면 "곧 그 통치 원년에 나 다니엘이 서책으로 말미암아 여호와의 말씀이 선지자 예레미야에게 임하여 고하신 그 년수를 깨달았나니 곧 예루살렘의 황무함이 칠십 년만에 마치리라 하신 것이니라"

예레미야 25장 11절에도 보시면, 이스라엘이 70년만에 풀려날 것이 예언되어 있습니다. 통치시대가 바벨론에서 바사로 바뀌고 나서, 바사왕 고레스 때에 이 말씀이 성취됩니다.

에스라 1:1절 "바사 왕 고레스 원년에 여호와께서 예레미야의 입으로 하신 말씀을 응하게 하시려고 바사 왕 고레스의 마음을 감동시키시매 저가 온 나라에 공포도 하고 조서도 내려 가로되"

이에 이스라엘은 BC 536년에 1차 포로귀환을 하게 됩니다. 남유다가 포로로 잡혀간 때는 BC 606년(605년)입니다. 70년만에 귀환하게 된다 예언하였으니 606-70 = 536년이 됩니다. 그런데 실제로도 정확하게 BC 536년에 남유다는 포로에서 풀려나게 됩니다. 게다가, 그 때로부터 약 200년 전에 이사야는 다음과 같은 예언을 하였습니다.

"고레스에 대하여는 이르기를 그는 나의 목자라 나의 모든 기쁨을 성취하리라 하며 예루살렘에 대하여는 이르기를 중건되리라 하며 성전에 대하여는 이르 기를 네 기초가 세움이 되리라 하는 자니라"(사44:28)

당시 대이나지도 않은 이빙 왕, 고레스에 대해 하나님께서는 이사야를 통해 서 예언하셨고, 그분의 뜻을 성취하셨습니다. 그런데, 다니엘이 당시로서는 너 무나도 파격적인 오늘날의 마지막 때의 예언을 받게 됩니다. 그는 어째서 그러 한 예언을 받는 큰 은혜를 누리게 되었을까요? 위의 포로귀환 사건과 관련이 있 습니다.

다니엘은 예레미야서의 예언을 발견하고 나서 곧 1, 2년 후에 이루어질 예언 인지라 하여 기뻐 날뛰지 않았습니다.

다니엘서 9장 3절을 보시면 "내가 금식하며 베옷을 입고 재를 무릅쓰고 주 하나님께 기도하며 간구하기를 결심하고".

다니엘은 백성들의 중심이 아직 회개되지 않은 것을 알고서 백성을 대신하여 중심의 자복과 통회를 하게 됩니다. 왜냐하면, 남유다가 바벨론에게 포로로 잡 히게 된 것은 바로 그들의 죄 때문임을 알고 있었기 때문입니다.

이에 다니엘은 중심의 통회자복과 중보기도를 올림에, 하나님께서는 이를 기 뻐받으시고 다니엘에게 그 예언성취와 더불어 오늘날 일어날 마지막 때의 징조 까지 보시게 하시고 예언케 하신 것입니다. 그것이 바로 그 유명한 칠십(70)이 레 예언입니다.(다니엘 9:24)

다니엘의 70이레

칠십이레의 관련 성경구절 다니엘서 9장 24-27절까지를 보면 하나님께서는 70이레중 69이레까지는 성취하시고 나머지 한 이레는 남겨두셨습니다. 마지막 한 이레에 대해서 27절에 제시되어 있습니다.

"그가 장차 많은 사람으로 더불어 한 이레 동안의 언약을 굳게 정하겠고 그 가 그 이레의 절반에 제사와 예물을 금지할 것이며 또 잔포하여 미운 물건이 날개를 의지하여 설 것이며 또 이미 정한 종말까지 진노가 황폐케 하는 자에게 쏟아지리라 하였느니라"

27절에는 마지막 한 이레의 시작점이 제시되어 있습니다. 그가 그 이레의 절 반(3년6개월)에는 제사와 예물을 금하는데 여기서 '그'란 적그리스도를 말합니 다. 27절을 보시면, 마태복음 24장 15절 이하의 "그러므로 너희가 선지자 다니

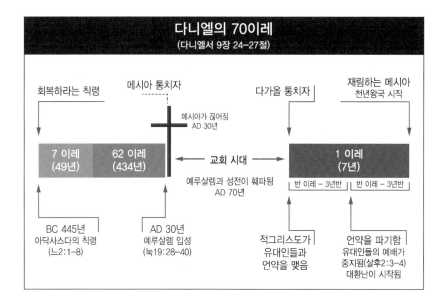

다니엘의 70이레
(다니엘서 9장 24-27절)

회복하라는 칙령 | 메시아 통치자 | 다가올 통치자 | 재림하는 메시아 천년왕국 시작

메시아가 끊어짐 AD 30년

7 이레 (49년) | 62 이레 (434년) | ← 교회 시대 → | 1 이레 (7년)

예루살렘과 성전이 훼파됨 AD 70년

반 이레 – 3년반 | 반 이레 – 3년반

BC 445년 아닥사스다의 칙령 (느2:1-8) | AD 30년 예루살렘 입성 (눅19:28-40) | 적그리스도가 유대인들과 언약을 맺음 | 언약을 파기함 유대인들의 예배가 중지됨(살후2:3-4) 대환난이 시작됨

엘의 말한바 멸망의 가증한 것이 거룩한 곳에 선 것을 보거든(읽는 자는 깨달을찐저)" 이 말씀과 상통됩니다. 마지막 한 이레의 시작점에서는 이스라엘과 적그리스도가 손잡고 성건 건축을 하게 됩니다. 이스라엘은 그토록 염원하던 성전건축인지라 적그리스도를 메시아로 알게 됩니다. 그러나 성전건축이 되고나서 그 안에 들어가 본 이스라엘은 그 안에 갖가지 우상이 있는 것을 보고서 그때야 깨닫습니다. 그러면서 도망치는 역사가 일어납니다.

한 이레와 이레의 절반

"그가 장차 지극히 높으신 이를 말로 대적하며 또 지극히 높으신 이의 성도를 괴롭게 할 것이며 그가 또 때와 법을 고치고자 할 것이며 성도들은 그의 손에 붙인 바 되어 한 때와 두 때와 반 때를 지내리라"(단 7:25)

"매일 드리는 제사를 폐하며 멸망하게 할 가증한 것을 세울 때부터 천이백구십 일을 지낼 것이요"(단12:11)

"또 짐승이 과장되고 신성 모독을 말하는 입을 받고 또 마흔두 달 동안 일할 권세를 받으니라"(계13:5)

7년 환난기의 후반부 3년 반 즉 마흔두 달 동안 이방인들이 예루살렘을 짓밟을 것입니다. 그러므로 이 위험한 때에 다니엘이 말한 멸망의 가증한 것이 성전에 서면 '유대에 있는 자들'은 산들로 도망가야 합니다(마24:16). 물론 '유대에 있는 자들'은 당연히 유대인들입니다. 어떻게 '유대라는 특정 지역에 있는 자들' 즉 팔레스타인 땅에 거하는 자들이 신약 교회 성도들이 될 수 있습니까?

그러나 너희의 도피하는 일이 겨울이나 안식일에 일어나지 않도록 너희는 기도하라. 그때에 큰 환난이 있을 터인데 세상이 시작된 이래로 이때까지 그런 환난이 없었고 이후에도 결코 없으리라(마24:20-21). 여기 나오는 '너희'는 또한 안식일을 지키는 유대인들입니다. 또한 유대의 겨울은 추우므로 그들의 도피하는 일이 겨울에 일어나면 많은 사람이 죽기 때문에 그것을 피할 수 있도록 기도하라고 주님은 말씀하십니다. 이스라엘은 북반구에 있으므로 유대 지방이 겨울이면 호주나 뉴질랜드 같은 남반구 국가들은 여름입니다. 그러므로 이런 말씀은 오직 유대라는 지역에 거하며 안식일을 지키는 유대인들에게만 해당됩니다. 바로 이때가 혹독한 심판이 임하는 후반부 3년 반이고 주님께서는 21절에서 이것을 '큰 환난'이라고 하십니다. 이렇게 혹독한 환난기가 끝나면서 천체들의 변화가 생긴 뒤 곧바로 주님께서 올리브산에 강림하십니다.(슥14:4) 그 날들의 환난 뒤에 즉시 해가 어두워지고 달이 자기 빛을 내지 아니하며 별들이 하늘에서 떨어지고 하늘들의 권능들이 흔들릴 것이며 그때에 사람의 아들의 표적이 하늘에 나타나겠고 그때에 땅의 모든 지파들이 애곡하며 사람의 아들이 권능과 큰 영광을 가지고 하늘의 구름들 가운데서 오는 것을 보리라.(마24:29-30)

요한계시록 13장에는 적그리스도가 우상을 세울 것을 말씀하고 있습니다.

"14짐승 앞에서 받은 바 이적을 행함으로 땅에 거하는 자들을 미혹하며 땅에 거하는 자들에게 이르기를 칼에 상하였다가 살아난 짐승을 위하여 우상을 만들라 하더라. 15그가 권세를 받아 그 짐승의 우상에게 생기를 주어 그 짐승의 우상으로 말하게 하고 또 짐승의 우상에게 경배하지 아니하는 자는 몇이든지 다 죽이게 하더라"

이것은 하나님의 심판을 더 이상 미룰 수 없게 하시는데 사탄이 자신을 하나님이라고 보좌를 찬탈하려고 했던 계획을 품다가 하늘나라에서 쫓겨난 교만한 마음을 적그리스도를 통해서 재현하는 가증하고 하나님을 대적하는 행위이기에 하나님께서 더 이상 악에 대한 심판을 미룰 수 없게 된 것입니다.

예루살렘의 멸망은 기원 후 70년에 있었습니다. 이 사건과 마지막 때 적그리스도의 출현과 관련성을 가지고 말씀하시는 것은 바로 유대인들에게 환난이 있기 때문입니다.

두 사건을 왜 예수님은 말씀하셨을까요? 예루살렘의 멸망과 성전에 우상을 세우는 적그리스도의 가증한 행위가 바로 공통점을 가지고 있기 때문입니다. 다니엘서의 예언처럼 멸망의 가증한 것이 거룩한 곳에 서는 그 때가 이레의 절반이기에 예루살렘의 환난이 있는 그 때에, 그 날에, 큰 환난(대환난)이 시작된다는 것입니다. 즉 해와 달과 별의 징조는 3년 반 시기에 있다는 것을 말씀하고 있는 것입니다. 7년 환난 후가 지난 다음을 의미하는 것이 아닌 것입니다. 정확한 번역은 '그 날들의 환난 뒤에 즉시'가 원어에 가깝습니다.

그 날들의 환난 뒤에 즉시 해가 어두워지며 달이 자기 빛을 내지 아니하고 별들이 하늘에서 떨어지며 하늘들의 권능들이 흔들리리라.

Immediately after the tribulation of those days shall the sun be darkened, and the moon shall not give her light, and the stars shall fall from heaven, and the powers of the heavens shall be shaken:

킹제임스 번역은 이렇게 기록하고 있습니다.

요한계시록 6장에 기록된 말씀은 마태복음 24장의 말씀의 순서와 동일합니다. 또한 인을 떼는 순서는 사건이 일어나는 순서라는 것은 의미합니다.

성경	전3년반	후3년반
다니엘서	"그가 장차 많은 사람들과 더불어 한 이레 동안의 언약을 굳게 맺고 그가 그 이레의 절반에 제사와 예물을 금지할 것이며 또 포악하여 가증한 것이 날개를 의지하여 설 것이며 또 이미 정한 종말까지 진노가 황폐하게 하는 자에게 쏟아지리라 하였느니라 하니라"(단9:27) 7년 환난 전반 '적그리스도 등장, 제3성전 건축	"그가 장차 지극히 높으신 이를 말로 대적하며 또 지극히 높으신 이의 성도를 괴롭게 할 것이며 그가 또 때와 법을 고치고자 할 것이며 성도들은 그의 손에 붙인 바 되어 한 때와 두 때와 반 때를 지내리라"(단7:25) "매일 드리는 제사를 폐하며 멸망하게 할 가증한 것을 세울 때부터 천이백구십 일을 지낼 것이요"(단12:11)

성경	전3년반	후3년반
요엘서	"여호와의 크고 두려운 날이 이르기 전에 해가 어두워지고 달이 핏빛같이 변하려니와"(욜2:31)	크고 두려운 날
마태복음	"그 날 환난 후에 즉시 해가 어두워지며 달이 빛을 내지 아니하며 별들이 하늘에서 떨어지며 하늘의 권능들이 흔들리리라"(마24:29)	"[21]이는 그 때에 큰 환난이 있겠음이라 창세로부터 지금까지 이런 환난이 없었고 후에도 없으리라 [22]그 날들을 감하지 아니하면 모든 육체가 구원을 얻지 못할 것이나 그러나 택하신 자들을 위하여 그 날들을 감하시리라"(마24:21-22)
계시록	"[2]성전 바깥 마당은 측량하지 말고 그냥 두라 이것은 이방인에게 주었은즉 그들이 거룩한 성을 마흔두 달 동안 짓밟으리라 [3]내가 나의 두 증인에게 권세를 주리니 그들이 굵은 베옷을 입고 천이백육십 일을 예언하리라"(계11:2-3) 적그리스도 출현, 기근, 지진, 전쟁	"또 짐승이 과장되고 신성 모독을 말하는 입을 받고 또 마흔두 달 동안 일할 권세를 받으니라"(계13:5) "그가 권세를 받아 그 짐승의 우상에게 생기를 주어 그 짐승의 우상으로 말하게 하고 또 짐승의 우상에게 경배하지 아니하는 자는 몇이든지 다 죽이게 하더라"(계13:15)

그런데, 로마서 11장 25-27절을 보시면, 하나님께서 이방인의 구원에 대한 비밀이 나와있습니다.

25절 "형제들아 너희가 스스로 지혜 있다 함을 면키 위하여 이 비밀을 너희가 모르기를 내가 원치 아니하노니 이 비밀은 이방인의 충만한 수가 들어오기까지 이스라엘의 더러는 완악하게 된 것이라"

26절 "그리하여 온 이스라엘이 구원을 얻으리라 기록된 바 구원자가 시온에서 오사 야곱에게서 경건치 않은 것을 돌이키시겠고"

27절 "내가 저희 죄를 없이 할 때에 저희에게 이루어질 내 언약이 이것이라 함과 같으니라"

여러분, 로마서는 사도바울의 단순한 자기 신앙고백이 아닙니다. 69이레와 나머지 한 이레 사이에서 하나님께서는 그분이 정하신 이방인의 구원의 수를 채워가고 계십니다. 그리하여 때가 되면 나머지 한 이레가 시작되기 이전에 휴거가 일어납니다. 이에 이 땅에서는 마지막 한 이레, 이스라엘과 적그리스도의 이 땅의 치리개념이 나오게 됩니다. 즉, 69이레와 마지막 한 이레 사이는 어느 정도 기간일지는 아무도 모르는 것입니다. 그렇기에 주님께서도 그 때와 그 시는 아무도 모른다고 하셨던 것입니다. 그 사이는 전적으로 하나님께서 구원의 수를 만들어 가시는 시간입니다. 이에 하나님께서 정하신 구원의 수가 채워지면 마지막 한 이레의 시작이 이루어집니다. 이것이 바로 7년 환난의 시작을 말합니다. 그러므로, 휴거받을 주님의 자녀들은 나머지 한 이레하고는 상관이 없다는 것입니다. 이 마지막 한 이레는 이스라엘과 적그리스도에게 남겨진 한 이레이며, 이 한 이레 안에서 이스라엘은 깨닫고 회개하는 기회가 주어지는 것입니다. 이에, 이 모든 70이레가 다 끝나고 나면 주님은 다시 구원받은 성도들과 이 땅에 오셔서 천년왕국으로 통치하시고 백보좌 심판으로 저마다 천국과 지옥을 결정하시며 천국에는 그에 따른 상급과 영광으로 처소를 인쳐주시고, 지옥에는 불못 또는 유황못으로 영원한 형벌에 가두시는 것입니다.

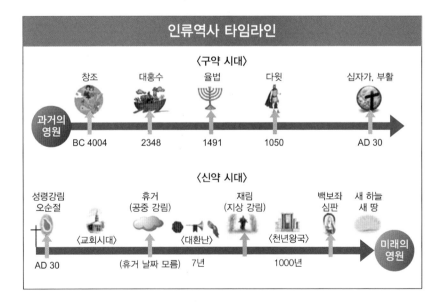

계시록의 일곱 인, 일곱 나팔, 일곱 대접의 재앙과 예정된 3차례의 전쟁과 종말의 사건들

역사의 순서			성경본문 (계시록)	내용설명
인 떼는 재앙	나팔부는 재앙	대접 쏟는 재앙		
1			6:1-2	백 말탄자-전쟁에서 승리와 정복
2			6:3-4	붉은 말탄 자-전쟁과 반란, 살인으로 평화의 붕괴
3			6:5-6	검은 말탄 자-극심한 기근과 경제 파탄
4			6:7-8	청황색 말탄 자-전쟁과 기근과 경제파탄
5			6:9-11	순교자들의 영혼이 하나님께 호소, 교회 대표 24장로 어린 양을 경배-대환난전 교회 휴거를 나타냄
6			6:12-17	천재지변과 하나님의 진노
중간			7:1-17	천상의 사건, 환난성도의 부활휴거
7	0		8:1-6	하늘이 반시간 고요함,7천사가 7나팔 받고 7나팔을 예비함
	1		8:7	피섞인 우박과 불이 땅에 쏟아져 땅과 나무의 1/3이 불탐
	2		8:8-9	불붙은 산같은 것이 바다에 던져져 바다의 생물 1/3이 죽게 됨
	3		8:10-11	횃불같은 큰 별이 강에 떨어져 강과 샘의 1/3이 쓴물이 됨
	4		9:1-12	해, 달, 별의 1/3이 어두워 짐
	5		9:1-12	무저갱이 열림과 황충이 불신자들을 5개월간 쏘아서 괴롭힘
	6		9:12-21	제1차 전쟁-유브라데 전쟁(제3차 세계대전) 네 천사와 마병대 2억의 군대가 사람의 1/3을 죽임
	중간		10:1-11:14	바다와 땅을 밟은 천사와 일곱우뢰발함(인봉됨), '지체하지 아니하리니 일곱째 천사가 나팔 불 때에 하나님의 비밀이 복음과 같이 이루리라'고 말함.(전)3년반 대환난에 이방인이 거룩한 성을 짓밟음과 두 증인의 능력행함과 죽임당함과 부활과 승천, 둘째화의 마침
		0	11:15-16:1	14만 4천의 부활휴거, 하늘 성전이 열림, 해를 입은 여자, 하늘의 전쟁,바다에서 나온 짐승이 (후)3년반 동안에 권세잡음과 666시대, 일곱 천사가 마지막 7재앙(대접)을 준비함
		1	16:2	대접을 강과 물 근원에 쏟으니 바다생물을 다 죽임
		2	16:3	대접을 강과 땅에 쏟으니 불신자에게 독종이 생김
		3	16:4-7	대접을 바다에 쏟으니 바다생물 다 죽임
		4	16:8-9	대접을 해에 쏟으니 태양이 뜨거워져 사람을 태워도 회개치 않음
		5	16:10-11	대접을 짐승의 보좌에 쏟으니 종기로 고통 당함에도 회개치 않음
		6	16:12-16	대접을 유브라데에 쏟으니 더러운 악한 영들이 온 세상 왕들을 꾀여 아마겟돈에서 큰 전쟁을 준비함
		7	16:17-18:24	제2차 전쟁(아마겟돈 전쟁), 대접은 공기에 쏟으니 큰 지진과 큰 우박으로 하늘로부터 내려, 전쟁은 하룻동안(18:8)의 한 시간(18:10)만에 끝나게 되는데 하나님을 거역한 세력과 하나님과의 전쟁이기에 금방 끝나는 전쟁이다.
			19장	그리스도의 지상재림, 승리와 심판
			20:1-6	그리스도를 왕으로 천년왕국시대이며 이때 사단이 무저갱에 결박됨
			20:7-10	제3차 전쟁(곡과 마곡 전쟁) 무저갱에서 풀려난 사단이 사람들을 꾀어 전쟁을 일으키나 하늘로서 풀이내려 저들을 불 살라 성도의 승리를 가져온 전쟁. 최후의 전쟁
			20:1-15	백보좌 최후 심판
			21-22장	새 하늘과 새 땅, 즉 영원한 천국

하나님의 시간표는 정확합니다. 역사는 마치 인간의 업적과 우연에 의해 흘러가는 것 같지만, 실상은 하나님께서 계획하신 대로 하나님 나라의 완성을 위해 달려가고 있습니다. 창세기부터 요한계시록까지 하나님은 성경을 통해 인간에게 주고 싶은 메시지가 바로 예수 그리스도입니다. 신비 중의 신비, 비밀 중의 비밀이 바로 예수님이 그리스도시다는 것입니다. 지금은 온 세계에 밝히셨기에 더 이상 인봉할 것이 없습니다. 예수 그리스도 외에 다른 큰 신비나 비밀을 캐려고 사방에 다니다가는 가짜인 이단에게 미혹당하고 맙니다. 또한 하나님의 경륜인 하나님의 시간표를 알아야 현재의 정확한 위치를 파악할 수가 있습니다. 하나님께서는 신구약 성경을 통해 다가올 미래 역사에 대해서 정확하게 시간표를 제시하고 있습니다.

신앙생활의 기초 중의 하나가 시간에 대한 이해입니다. 헬라어에는 시간을 의미하는 단어가 두 개가 있습니다. 사람들이 자신을 중심으로 정하는 시간, 흔히 우리가 이야기하는 물리적으로 흘러가는 객관적인 시간을 '크로노스(Κρόνος)'로 표현합니다. 반면에 하나님 또한 하나님 중심의 시간과 계획을 가지고 계시며 하나님의 뜻을 이루시는, 하나님의 주관적인 때를 말하는 하나님 중심의 시간을 '카이로스(Καιρός)'라고 합니다. 에베소서 5장 16절에는 "세월을 아끼라"는 말씀이 있습니다. 이 때 사용되는 시간의 개념은 '카이로스'를 사용합니다. 또한 '아끼라'는 단어에는 '구속하다' '속량하다' '건져내다'의미를 포함하기도 합니다. 즉, 우리에게 주어진 흘러가는 물리적이고 객관적인 시간 속에서, 하나님의 구원의 역사를 성취하는 하나님의 주관적인 때가 있음을 기억하라는 이야기입니다. 성경은 하나님을 경외하는 것이 지혜의 근본이라 말합니다(잠9:7). 그러기에 지혜로운 사람은 내 중심의 시간표를 가지고 생활하는 것이 아닌 하나님의 시간표에 따라 자신의 시간표를 맞추는 사람입니다. 반면에 우매한 사람은 하나님의 시간표는 모르는 채 늘 자신의 시간표만 들여다보며 자기 마음대로 살다 보니 성경은 "어떤 길은 사람이 보기에 바르나 필경은 사망의 길이니라"(잠14:12)고 말씀합니다.

오늘도 우리는 흘러가는 시간 가운데 서 있습니다. 인간이 유한한 존재라는 것은 우리에게 주어진 시간 속에 하나님의 뜻을 펼칠 수 있는 시간들이 무한하게 있지 않다는 것입니다. 그러기에 우리 중심의 시간표를 포기하고 하나님의 시간표를 받아 들여야 합니다. 하나님은 시간표를 작정하시고 그대로 성취해가십니다.

누가복음 21장 28절을 보십시오. 그날에 우리 그리스도인들은 어떻게 해야 합니까? "이런 일이 되기를 시작하거든 일어나 머리를 들라 너희 속량이 가까웠느니라 하시더라"(눅21:28) 이런 일이 시작되거든 일어나 머리를 들라고 하셨습니다. "너희 속량이 가까웠다"는 말씀은 우리 몸의 속량입니다. 주님 공중에 강림하시면 홀연히 변화되어 휴거될 것입니다. 휴거는 그리스도 신부들이 대환난에서 구원받는 은혜입니다. 예수님이 재림하시는 그날이 믿는 우리 그리스도인들에게는 구원이 완성되는 날입니다. 그날은 우리와 함께 탄식하며 고통을 겪는 모든 피조물도 구속을 받는 날입니다. 우리 믿는 자들에게는 승리의 날이요, 영광의 날입니다. 그러므로 머리를 들고 주를 맞이해야 합니다.

데살로니가 4장 16, 17절을 보면 다음과 같은 말씀이 있습니다. 그날에는 "그리스도 안에서 죽은 자들이 먼저 일어나고 그 후에 우리 살아남은 자들도 그들과 함께 구름 속으로 끌어 올려 공중에서 주를 영접하게 하시리니 그리하여 우리가 항상 주와 함께 있으리라" 주님께서 재림하시는 그날에 예수 믿는 자들은 육신의 장막을 벗고 신령한 몸으로, 영광스러운 몸으로 부활할 것입니다. 또 그때에 살아 있는 자들도 홀연히 신령한 몸으로 변화될 것입니다. 그러므로 주님께서 재림하시는 징조들이 나타나면 "일어나서 머리를 들라"고 하셨습니다. 더 이상 기죽지 않고 일어나서 승리의 노래를 부르라는 뜻입니다. 후 3년 반 때 순교를 당해야 구원받는 일을 앞두고 일어나서 머리를 들 수 있나요?

이 말씀은 예수님 강림하실 때 예수님의 신부들이 휴거될 일을 앞두고 말씀하신 것입니다.

"하늘로부터 임할 그분의 아들을 기다리는지 보고합니다. 이 아들은 하나님께서 죽은 사람들 가운데서 살리신 분이시며 다가올 진노에서 우리를 구원해 내실 예수이십니다."(살전1:10)

이 말씀대로 이루어질 줄로 믿습니다. 이 믿음과 복된 소망을 가진 그리스도의 신부들이 일어나서 머리를 들 수 있습니다. 휴거의 소망을 노래해야 합니다. 그리고 고난 중에도 서로 위로해야 합니다.

"17그다음에 우리 살아남아 있는 사람들이 그와 함께 구름 속으로 들려 올라가 공중에서 주를 만나게 될 것입니다. 그리고 우리는 영원히 주와 함께 있을 것입니다. 18그러므로 여러분은 이 말씀들로 서로 위로하십시오."(살전4:17-18)

그러나 그날이 불신자들에게는 형벌의 날입니다.(살후1:7-9) 그날에 하나님을 알지 못하는 자들과 복음에 순종치 않는 자들을 심판하십니다. 그래서 예수님이 재림하시는 날은 불신자들에게는 형벌의 날입니다. 그날에 각 사람이 반드시 그리스도의 심판대 앞에 들어나 그 몸으로 행한 대로 심판을 받을 것입니다.(고후 9:10) 계시록 21장 8절을 보십시오. "그러나 두려워하는 자들과 믿지 아니하는 자들과 흉악한 자"

다시 오겠다고 하신 예수님의 약속은 성도들에게 얼마나 큰 위로가 되는지 모릅니다. 힘든 하루를 살아갈 때 그 약속을 붙잡고 인내하며 살아갈 수 있습니다. 초대 교회에서 예수님의 재림은 모든 성도들의 지대한 관심사였습니다. 그런데 교회 안에 예수님의 재림을 부정하거나 마치 당장이라도 오실 것처럼 선동하는 거짓 선지자들이 생겨났습니다. 이러한 거짓 선지자들로 인해 성도들은 혼란에 빠졌습니다.

베드로는 "사랑하는 자들아 주께는 하루가 천 년 같고 천 년이 하루 같다는 이 한 가지를 잊지 말라. 주의 약속은 어떤 이들이 더디다고 생각하는 것같이 더딘 것이 아니라 오직 주께서는 너희를 대하여 오래 참으사 아무도 멸망하지 아니하고 다 회개하기에 이르기를 원하시느니라."(벧후3:8-9)

하나님의 시간 개념이 우리의 그것과는 전혀 다름을 설명하고 있습니다. 예수님의 재림의 시기가 천 년이 지연된다고 해도 하나님의 영원하심 앞에서 천 년은 단지 하루와도 같습니다. 또한 하나님은 짧은 하루의 시간에도 천 년의 시간이 필요한 일들을 하시는 분입니다.

그러면 우리는 어떤 자세로 말세를 살아야 합니까?

누가복음 21장 34절을 보십시오. "너희는 스스로 조심하라. 그렇지 않으면 방탕함과 술취함과 생활의 염려로 마음이 둔하여지고 뜻밖에 그 날이 덫과 같이 너희에게 임하리라." 스스로 조심해야 합니다. 그렇지 않으면 방탕함, 술취함에 빠집니다. 생활의 염려로 마음이 둔해집니다. 영적인 분별력을 잃어버립니다.

성도님들이여, 거룩함으로 주님 맞을 준비하며 삽시다.

"14그러므로 사랑하는 자들아 너희가 이것을 바라보나니 주 앞에서 점도 없고 흠도 없이 평강 가운데서 나타나기를 힘쓰라"(벧후3:14)

여러분!

새 하늘과 새 땅을 바라보는 성도는 주 앞에서 점도 없고 흠도 없이 평강 가운데서 나타나기를 힘써야 합니다. 성화(예수를 닮아가는 거룩한 변화)는 저절로 이루어 지지 않습니다. 성령의 도우심을 받아 힘쓰고 애써야 합니다. 그리스도 안에서 성령충만 받아야 가능합니다.

사도행전 6장 8절을 보면 "스데반이 은혜와 권능이 충만하여 큰 기사와 표적을 민간에 행하니"(행6:8) '믿음의 충만'(플레레스 πλήρης)과 같은 의미로 성령의 내적 충만(예;엡5:18-플레로오; πληροω)입니다. 그리고 권능이 충만한 것은 성령의 외적 충만(예; 행2:4-플레도 πλήθω)입니다. 성령의 외적 충만(플레도) 있은 후에는 능력이 임하여서 예언(눅1:41, 67)과 방언(행2:4), 기적(행9:17)이 나타나고, 설교(행4:8)와 복음 증거(행4:31, 13:9)에 능력이 나타났지만, 그러나 성령의 내적 충만(플레로오)은 사역적인 면보다는 성령 하나님께서 그 사람의 모든 삶과 행위를 다스리시고, 영향을 미쳐서 하나님의 말씀과 요구를 이루어 가도록 만드시는 것입니다.(롬13:8, 갈5:14, 롬8:4, 9-10)

그래서 스데반이나 빌립 집사같이 성령이 충만한 사람들은 다른 사람들에게 칭찬을 받는 삶을 살았던 것입니다.(행6:3) 성령의 외적 충만은 오순절 성령 강림 이후 "모든 육체에게" "남종과 여종들에게"(행2:17) 부어주어 특수한 임무를 수행하기 위한 "능력 입히움"의 은사적 역사이지만, 그러나 플레로오 충만은 이미 성령 받은 사람 속에 내재하여 삶을 새롭게 하고, 거룩하게 하며, 육체의 소욕을 물리치고, 성령의 열매를 풍성히 맺을 수 있도록 인도하시는 내적 충만의 역사인 것입니다.

성령의 은사는 성령 하나님께서 그분의 뜻대로 성도들에게 주시기에 받은 은사가 동일하지 않지만 내적인 성령충만은 누구나 믿음으로 받을 수 있습니다. 초대교회 제자들과 성도들은 스데반 집사처럼 대부분 성령의 외적내적 충만이 같이 있었습니다(행6:5, 행13:52, 살전1:23, 고후12:12 등). 이것이 초대교회 부흥의 원동력이었습니다.

술을 너무 많이 마셔서 술에 취해버리면 술로 충만해집니다. 그러면 술이 그 사람의 생각도, 말도, 행동도 다 지배를 해버리고 맙니다. 마찬가지로 우리가 성령으로 충만해지면 성령이 우리의 삶을 사로잡습니다. 그리해서 성령이 우리의 삶을 다스리시고 지배하게 되는 것입니다. 얌전한 사람도 술에 취하면 못하는 말이 없습니다. 또 힘도 세어집니다. 술기운 때문에 그렇습니다. 성령의 충만함을 받으면 성결의 능력으로 사단과 옛사람과 세상을 이길 수가 있습니다. 성령충만 받은 공통점은 방언받는 것이나 어떤 환상을 보는 것이 아닙니다.(고전12;30) 믿음으로 마음이 깨끗하여 하나님 말씀을 지킬 수 있는 능력을 받는 것입니다.(겔36: 26-27, 행15:8-9) 그리고 '충만'이라는 것은 '완전'을 의미하지는 않습니다. 한번 충만하게 되면 더 이상 충만을 받을 필요가 없을 정도의 절대적 의미가 아닙니다. 근본적으로 상대적인 의미입니다. 성령 충만의 양은 받는 그릇에 따라 다릅니다. 믿음의 분량에 따라 채워지는 충만이 달라집니다.

여기에 대해 자주 사용되는 예화가 있습니다. 3살짜리 어린이에게 채워지는 공기의 폐활량과 어른의 그것은 다릅니다. 그러나 둘 다 동일한 충만의 상태입니다. 따라서 그리스도 안에서 갓 태어난 신자도 성령 충만할 수 있습니다. 그리고 신앙이 자람에 따라 그 충만의 양이 더 커져야 합니다. 그러나 여기서 더 커진다는 것은 성령을 받는 것이 양적으로 더 증가한다는 의미는 아닙니다. 에베소서 5장 18절을 보면 "오직 성령의 충만을 받으라".(엡5:18) 죤 스토트(John Stott) 목사님은 "오직 성령으로 충만함을 받으라"는 이 문장을 성경원어를 문법적으로 분석을 해서 이렇게 말했습니다. "이 문장은 명령문이고, 복수형이며, 수동태이고, 현재형이다." 복수형이란 누구든지 예수님을 믿고 간구하면 성령 충만을 받을 수 있다는 것입니다. 수동태란 성령 충만은 하나님께서 주시는 은혜이자 선물이라는 것입니다. 수동형의 문장을 능동형으로 바꾸어 보면 '성령이 가득차서 너를 주관하시도록 하라(NLT, let the Holy Spirit fill and control you)'가 됩니다. 이는 성도가 특별한 목적을 이루기 위해 성령을 지배하거나 그분에게 명령하는 것이 아니라 성령이 성도의 마음과 삶을 온전히 이끌어 가시도록 삶의 주권을 계속 하나님께 내어드리는 것이 성령 충만의 본질임을 보여줍니다. 그리고 본문이 명령문이라는 사실은 성령 충만은 선택 사항이 아님을 보여줍니다. 성령 충만은 성도라면 누구에게나 받아야 하는 명령이므로 성도는 매일매일 성령에 사로잡혀 그분의 인도를 따라 살아야 합니다. 그리고 성령 충만은 어느 날 우연히 임의적으로 오는 것이 아니고 성령의 충만을 간절히 구하는 자에게 주어집니다.(눅11:13, 행1:14, 2장) 사도행전은 예수 승천 후 오순절 마가의 다락방에 모인 120문도나 스데반, 베드로와 같은 사람들을 성령이 충만한 사람들로 기록하고 있습니다.(행2:4;4:8;6:8) 또한 우리가 성령 충만하면, 하나님과 생각의 결을 맞추게 됩니다. 그때 비로소 우리는 땅의 것을 생각하지 않고, 위의 것을 생각하게 됩니다. 죄를 죽이고 죄의 생각을 죽이는 것도 성령의 충만함입니다. 성령이 생각을 지배하면, 미워하는 생각을 하지 않게 됩니다. 성령이 지배하시기 때문입니다. 성령 충만하면, 신앙생활이 쉬워집니다. 억지로 그리고 내 힘과 능력으로 영의 생각을 하고 순종하는 것이 아니라 성령의 능력에 힘입어 가능합니다.(슥4:6)

신앙생활은 자신의 힘으로 하는 것이 아닙니다. 지금 신앙생활이 아주 힘들게 느껴진다면, 성령의 충만함을 구하셔야 합니다. 성령이 내 생각을 지배하기 때문입니다. 성령 충만하면, 생각의 주체가 나 자신이 아닙니다. 성령이 내 생각을 지배하십니다. 그러면 영을 생각하고, 영의 일을 따르게 됩니다. 주님의 말씀은 '하나님을 온 맘을 다해 사랑하라'고 했는데 그것은 성령이 충만하면, 성령이 우리 마음 속에 하나님의 사랑을 부어주시면 그 사랑으로 우리가 하나님을 온 맘 다해 사랑할 수 있습니다. 우리가 그리스도의 형상을 본받는 삶을 살아야 하는데 그러한 원동력은 그리스도의 생명력이 주어져야 가능합니다.

예수님을 믿는 자는 누구든지 죄 사함과 거룩함을 받아 회복된 하나님의 형상으로 하나님과 교제하며 동행할 수 있게 되었습니다. 그러므로 성결의 은혜는 하나님과 동행하는 것이 필수이며 축복의 기초입니다.

"두 사람이 뜻이 같지 않은데 어찌 동행하겠으며"(암3:3)

그리스도를 증거하는 삶의 동력은 성령 충만 곧 '온전한 성화'의 상태입니다. 성결한 삶의 목표는 '기독교인으로서의 온전'입니다. 온전은 무지와 실수, 유혹으로부터의 자유가 아닙니다. 그가 말하는 온전이란 하나님의 도우심으로 성령의 가장 큰 선물인 마음의 순수함을 기독교인들이 지녀서 이를 통하여 사랑이 우리 삶을 지배하고 그리스도의 마음을 품으며 예수의 행하심을 우리도 따라감을 뜻하는 것입니다. 성령 충만한 삶은 24시간 날마다 나는 죽고 예수로 살면서 예수님과 동행하며 예수 그리스도 이름으로 말하고 행동하도록 성도들을 성령께서 인도하십니다.

초대교회 부흥의 비결은 교회와 성도들이 두 가지 의미의 성령 충만했다는 점입니다. 초대교회의 성령 충만의 유지는 "날마다" 기도하고, 전도하고, 성경 배우고, 교제하였기 때문입니다. 구약 시대에 약속한 언약이 그들 가운데 실현되었습니다.

"나 여호와가 말하노라 그러나 그 날 후에 내가 이스라엘 집에 세울 언약은 이러하니 곧 내가 나의 법을 그들의 속에 두며 그 마음에 기록하여 나는 그들의 하나님이 되고 그들은 내 백성이 될 것이라"(렘31:33)

"내가 그들에게 일치한 마음을 주고 그 속에 새 신을 주며 그 몸에서 굳은 마음을 제하고 부드러운 마음을 주어서 내 율례를 좇으며 내 규례를 지켜 행하게 하리니 그들은 내 백성이 되고 나는 그들의 하나님이 되리라"(겔11:19-20)

성령으로 거듭나고 성결의 은혜를 받은 초대 교회(행2:42-43, 행15:8-9)는 날마다 어떠한 신앙생활을 했는지 아래 성경 구절을 찾아 '날마다'에 집중해서 보면서 날마다 그들이 무엇을 했는지 다시 한 번 묵상하십시오.

① "날마다 마음을 같이 하여 성전에 모이기를 힘쓰고 집에서 떡을 떼며 기쁨과 순전한 마음으로 음식을 먹고 하나님을 찬미하며 또 온 백성에게 칭송을 받으니 주께서 (구원 받는 사람을) 날마다 더하게 하시니라"(행2:46-47)
② "저희가 날마다 성전에 있든지 집에 있든지 예수는 그리스도라 (가르치기와 전도하기를) 쉬지 아니하니라"(행5:42)
③ "이에 여러 교회가 (믿음이) 더 굳어지고 수가 날마다 더하니라"(행16:5)
④ "베뢰아 사람은 데살로니가에 있는 사람보다 더 신사적이어서 간절한 마음으로 말씀을 받고 이것이 그러한가 하여 날마다 (성경을) 상고하므로 ……. 회당에서는 유대인과 경건한 사람들과 또 저자에서는 날마다 만나는 사람들과 변론하니"(행17:11, 17)
⑤ "어떤 사람들은 마음이 굳어 순종치 않고 무리 앞에서 이 도를 비방하거늘 바울이 그들을 떠나 제자들을 따로 세우고 두란노 서원에서 날마다 (강론하여)"(행19:9)

행6:7절에 "하나님의 말씀이 점점 왕성하여 예루살렘에 있는 제자의 수가 더 심히 많아지고 허다한 제사장의 무리도 이 도에 복종하니라"

초대교회는 말씀이 왕성한 결과 교회가 성장했고, 전도의 문이 열렸습니다. 이처럼 말씀의 역사는 개인뿐만 아니라 사회를 개혁하고 문화를 변혁시키는 힘이 있습니다. 하나님의 말씀 앞에는 모든 것이 드러나고 맥을 못 추게 됩니다. 이는 강력한 태양 아래 모든 것이 녹아나고 힘을 잃게 되는 것과 같습니다. 오늘날 우리 주변에 아무리 모슬렘 국가같은 종교 독재, 물질주의, 쾌락주의, 포스트모더니즘(postmodernism), 각종 미신과 이단들의 사탄들이 판을 친다할지라도 말씀이 흥왕하여 세력을 얻게 되면 능히 이 죄악이 충만한 마을, 도시, 민족, 국가, 시대를 거룩하게 변화시킬 수 있습니다.

"그것은 하나님의 말씀과 기도로 거룩해진다."(딤전4:5)

하나님 말씀을 날마다 묵상하고 읽고 외우고 배우고 들음으로 은혜를 받고 말씀을 지킬 뿐 아니라 하루에 최소한 두 시간 이상씩 기도해야 거룩한 생활로 복음을 전하는 삶이 가능합니다.

예수님처럼 습관을 길러 기도하고(눅22:38) 제자들처럼 성령 충만 받은 후 하루에 세 차례 기도한 것처럼 기도하고(행3:1) 한 번 기도할 때 최소한 한 시간(마26:40)은 기도하는 삶을 삽시다. 우리가 날마다 성령 충만하여 각 사람이 처한 곳에서 맡은 일에 충성하며 말씀대로 순종하는 삶을 살아야 합니다. 그리하면 주님께서 오시는 그날에 칭찬과 영광과 존귀가 있을 것입니다. 주님 오시는 그날에 저와 여러분들이 "잘하였다 착하고 충성된 종아!" 이런 칭찬을 받는 성도들이 될 수 있기를 축원합니다.

CHAPTER 9

14만 4천은 누구인가?

Who are the 144,000?

본문   계14:1-4

계시록 7장에 나오는 '십사만 사천'을 거의 모든 이단들은 자신들을 가리킨다고 합니다. 그들은 상징주의적으로 십사만 사천을 해석합니다. 그런데 문제는 이단들의 해석의 오류에 대해 일반 성도들은 분별하기 쉽지 않고 정통 교단과 교회 안에도 상징주의자들의 해석의 오류가 일부 신학대학 안에서 가르치고 있다는 점입니다. 오늘날 천년왕국은 실현된 천년왕국으로 그리고 사실상 휴거나 대환난을 부정하는 무천년설적 해석들은 대체신학으로 기초한 로마 천주교나 자유주의 신학자들의 종말론 견해와 대동소이(大同小異)합니다. 그래서 계시록의 내용을 거의 상징으로 해석하는 무천년설을 가지고 이단들을 논박하기 힘듭니다. 왜냐하면 우리와 똑같이 무천년설을 주장하는데 왜 시비거느냐는 것입니다. 최소한 엔드타임 메시지는 비슷한 신학진영이 아니냐는 것입니다. 자신들도 천년왕국을 포함해서 계시록을 대부분 '영해(靈解, spiritual interpretation)'라는 말을 앞세워 상징으로 해석하기 때문입니다. 다같이 상징으로 보는데 어느 것이 맞는지 어떻게 알 수 있냐고 합니다. 그리고 자기들만 맞다고 하는 근거가 무엇이냐고 따지면서 '개혁주의를 표방한 무천년설'을 주장하는 자들을 가리켜 전혀 합리적인 사람들이 아니라고 도리어 이단에 속한 신학자들이 비난하고 무시합니다.

상징주의자들의 성경해석을 보면 "귀에 걸면 귀걸이 코에 걸면 코걸이"라는 생각이 들게 합니다. 아래에 소개드리는 내용은 상징주의적 해석을 이단들이 어떻게 사용하는지 한 사례를 직접 인용합니다.

어느 이단 단체에서 말하는 '재림 예수'에 관한 논리다. 재림 예수는 공중에서 임하는 게 아니고 특정 사람들의 틈 속에서 존재한다는 것이다. 이러한 주장은 듣기만 해도 '이단'임을 알게 된다. 물론 이단들은 처음부터 이러한 교리를 알려주지 않는다. 그들 방식의 성경공부를 한 후에 성경을 통해서(?) 자연스럽게 발견하게 한다. 바로 성경의 짝을 찾아서 말이다. 사도행전1:9을 공부할 때 나오는 이야기다. 예수님께서 승천하실 때에 구름이 예수님을 가렸다. 그래서 예수님이 보이지 않았다. 이단자들은 이때 그 '구름'이 무엇이냐는 질문을 던진다. 이 질문을 받게 되면 순간 당황하지 않을 수 없게 된다. 기성교회에서 성경공부를 할 때 그러한 질문을 들어보지 못했기 때문이다. 당연하다. 그 때의 구름은 자연 상태의 구름, 즉 하늘의 구름을 말하는 것이며 그것은 자연스러운 것이기 때문이다. 이단자들은 구름의 의미가 따로 있다고 한다. 그러면서 '짝이 있다'는 이사야34:16을 사용한다. 그들이 말하는 '구름'의 짝은 히브리서12:1이다. 살펴보자.

"이러므로 우리에게 구름같이 둘러싼 허다한 증인들이 있으니 모든 무거운 것과 얽매이기 쉬운 죄를 벗어 버리고 인내로써 우리 앞에 당한 경주를 경주하며"(히12:1)

여기에 '구름같이 둘러싼 허다한 증인들'이라는 구절에 초점을 맞춘다. 다시 말해 '구름 = 증인들'을 뜻하는 비유적인 단어라고 말한다. 그럴듯해 보인다. 이것을 위의 행1:9에 대입시킨다. 그럼 어떠한 결론이 나오는가? 이단들은 이렇게 해석을 한다. '예수님께서 승천하실 때 구름이 가리웠다는 것은 많은 사람들의 무리 속에서 사라졌다는 것을 의미한다'고 해석한다. 구름 속으로 사라진다는 것은 말도 안 되는 소리라며 자신들의 성경해석 방식을 자랑스러워한다. 따라서 다음과 같은 해석도 가능하게 된다. 행1:11에 "하늘로 가심을 본 그대로 오시리라"는 것은 예수 재림이 특정 신도들의 틈 속에서 나타난다는 것이다. 따라서 자신들의 교주가 바로 재림 예수가 된다고 한다. 다시 말해 예수 재림은 하늘에서 오는 것이 아니라 사람들 속에서 나타난다는 말이다. 이것이 소위 짝을 찾는 성경공부 방식이다. 과연 옳은가? 만약 위의 방식이 맞다면 계1:7의 "볼지어다 구름을 타고 오시리라"는 성경구절의 이해는 어떻게 해야 하는가? 예수님께서 사람들을 말이나 당나귀처럼 생각하고 타고 다닌다는 말인가? 생각만 해도 정말 망측하다. 그렇다면 이사야34:16이 말하고자 하는 의미는 무엇인가? 이 단자들이 잘못 사용했을 뿐이지 그들의 주장하는 것처럼 단어마다 짝이 있다는 말인가? 아니면 근본적으로 다른 의미를 갖고 있는 것인가? 이는 이사야 34장 1절부터 잘 읽기만 해도 알 수 있다. 무슨 내용인가? 하나님의 진노가 에돔에 임하게 된다. 에돔은 멸망당하는 나라의 대표로 표현된다. 이스라엘이 가나안 땅에 처음 들어갈 때부터 하나님의 계획에 적대적이었기 때문이다.(민20:14-21) 그래서 에돔은 황무하게 된다. 그 황무함을 이렇게 표현한 것이다(존오스월트, NIV 적용주석 이사야, 성서유니온, 2007, pp.515-516).[44]

　사34:16을 보면 "너희는 여호와의 책에서 찾아 읽어보라 이것들 가운데서 빠진 것이 하나도 없고 제 짝이 없는 것이 없으리니 이는 여호와의 입이 이를 명령하셨고 그의 영이 이것들을 모으셨음이라" 여기에서 '이것들이'라는 지시대명사는 '말씀'을 가리키는 것이 아니고, 14-15절에 나오는 '짐승들'을 가리키는 말입니다. 즉 성경이 짝이 있다는 것이 아니라, 짐승들이 짝이 있다는 것입니다. 16절의 '여호와의 책'은 히브리어의 '쎄페르(ספר)'로서 남성 단수 명사로 되어 있습니다. 만일 그들의 주장대로 16절의 '이것들이'(헤나 הנה, these)가 여호와의 책을 가리키는 지시대명사라면 '이것들'은 남성 단수 명사로 되어야 합니다. 그러나 16절의 '이것들이'는 히브리어의 '헤나'로서 여성 복수 지시대명사로 되어 있습니다. 그런데 부엉이와 솔개는 여성명사입니다. 이렇게 원어의 용법으로 보아도 본문 16절의 '짝'은 짐승들의 짝을 가리키는 것이 분명합니다. 본문은 에돔의 멸망을 예언한 내용입니다.(사34:5)
　에돔 땅이 재앙으로 황폐하게 되고 그곳에 사람이 살지 못하게 되면 짐승들이 몰려와 살게 될 것이라는 예언입니다. 그 짐승들은 하나님께서 모으신 것들이며 다 짝을 짓고 번성하여 대대로 그곳에서 살게 될 것이라는 예언입니다. 레

---

44) 교회와 신앙, 「'성경에 짝이 있다'고 오용된 성구」

위기를 보면 부엉이(레11:17)와 솔개(레11:13)는 모두 부정한 짐승입니다. 즉 에돔 땅은 사람이 살 수 없는 황폐한 땅이 되고, 부정한 짐승들이 짝을 짓고 살게 된다는 것입니다. 성경을 읽을 때 단어나 절 중심 구독은 위험합니다. 앞 뒤 문맥 전체를 읽는 것이 중요합니다. 성경은 앞뒤가 맞습니다. 구약과 신약의 앞뒤가 안 맞은 해석은 억지로 해석한 것입니다.(벧후3:16) 첫 단추를 잘못 끼우면 마지막 단추는 끼울 구멍이 없는 것처럼 천년왕국을 잘못 해석하면 연관된 모든 것이 서로 충돌되고 앞뒤가 맞지 않습니다.

1. 무천년설을 가지고

아래 21가지 질문에 무천년설을 가지고 답변을 해보십시오. 무천년설이 과연 앞뒤가 맞는 말인지 즉 논리적인지 확인해 보십시오. 무천년설을 주장하는 분들은 "실현된 천년 왕국설"(realized millennium)로 말하는데 문제는 성경에 근거해서 정말 이미 실현되었는가 하는 점입니다. 하나님께 기도하며 정직하게 분별하십시오.

(1) 행3:20-21 ;

20또 주께서 너희를 위하여 예정하신 그리스도 곧 예수를 보내시리니 21하나님이 영원 전부터 거룩한 선지자들의 입을 통하여 말씀하신 바 만물을 회복하실 때까지는 하늘이 마땅히 그를 받아 두리라.

☞ 예수님 승천후 지금까지 천년왕국이라고 주장하는데 만물이 언제 회복된 적이 있는가?

(2) 롬11:25-27 ;

25형제들아 너희가 스스로 지혜 있다 하면서 이 신비를 너희가 모르기를 내가 원하지 아니하노니 이 신비는 이방인의 충만한 수가 들어오기까지 이스라엘의 더러는 우둔하게 된 것이라 26그리하여 온 이스라엘이 구원을 받으리라 기록된 바 구원자가 시온에서 오사 야곱에게서 경건하지 않은 것을 돌이키시겠고

☞ 지금 이 시대는 실현된 천년왕국이라고 주장하는데 언제 온 이스라엘이 구원받은 적이 있는가?

(3) 마24:9-22;

☞ 유대인에게 주시는 말씀인데 언제 유대인들에게 이런 일이 일어난 적이
   있는가?

특히 마태복음 24장 14절 말씀처럼 주후 70년에 복음이 온 세상에 전파되지
않았습니다.

"그리고 이 하늘나라 복음이 온 세상에 전파되어 모든 민족들에게 증언될 것
이다. 그때서야 끝이 올 것이다."(마24:14)

(4) 행1:6-8;

"6그들이 모였을 때에 예수께 여쭈어 이르되 주께서 이스라엘 나라를 회복하
심이 이때니이까 하니 7이르시되 때와 시기는 아버지께서 자기의 권한에 두셨
으니 너희가 알 바 아니요 8오직 성령이 너희에게 임하시면 너희가 권능을 받
고 예루살렘과 온 유대와 사마리아와 땅 끝까지 이르러 내 증인이 되리라 하시
니라"

☞ 구약 여러 곳의 예언에도 이스라엘 나라를 회복이 천년왕국 때 실현된다
   고 했는데 그렇다면 이스라엘이 언제 회복되었는가?

그리스도께서 재림하실 때 유대인들이 대대적으로 구원을 받고 복을 받습니
다.(렘30:7-9, 겔34:25-31) 물론 이런 일은 주후 70년에 일어나지 않았고 오히
려 40년 전에 메시아를 거절하고 십자가에 못 박은 유대인들은 큰 심판과 저주
를 받았습니다.

(5) 롬8:18-23;

"18생각하건대 현재의 고난은 장차 우리에게 나타날 영광과 비교할 수 없도다
19피조물이 고대하는 바는 하나님의 아들들이 나타나는 것이니 20피조물이 허
무한 데 굴복하는 것은 자기 뜻이 아니요 오직 굴복하게 하시는 이로 말미암음
이라 21그 바라는 것은 피조물도 썩어짐의 종노릇한데서 해방되어 하나님의 자
녀들의 영광의 자유에 이르는 것이니라 22피조물이 다 이제까지 함께 탄식하며
함께 고통을 겪고 있는 것을 우리가 아느니라 23그뿐 아니라 또한 우리 곧 성령
의 처음 익은 열매를 받은 우리까지도 속으로 탄식하여 양자 될 것 곧 우리 몸
의 속량을 기다리느니라

☞ 피조물이 고대하는 하나님의 아들들이 나타나 썩어짐의 종노릇한데서 언

제 해방되었나요?

(6) 눅21:24;

그들이 칼날에 죽임을 당하며 모든 이방에 사로잡혀 가겠고 예루살렘은 이방인의 때가 차기까지 이방인들에게 밟히리라

☞ '이방인의 때가 차기까지'는 어떤 의미인가요? 예루살렘은 현재 이방인들에게 밟히고 있나요?

(7) 롬11:15-27

"25형제들아 너희가 스스로 지혜 있다 하면서 이 신비를 너희가 모르기를 내가 원하지 아니하노니 이 신비는 이방인의 충만한 수가 들어오기까지 이스라엘의 더러는 우둔하게 된 것이라 26그리하여 온 이스라엘이 구원을 받으리라 기록된 바 구원자가 시온에서 오사 야곱에게서 경건하지 않은 것을 돌이키시겠고"(롬11:25-26)

☞ 이 본문 말씀속에 언급한 이방인은 누구를 말하는가? 그리고 이방인을 교회로 바꾸어 해석할 수 있겠는가? 특히 롬11:25-26을 살펴볼 때 온 이스라엘이 언제 구원을 받은 적이 있었는가?

(8) 히1:13, 10:12-13, 2:8;

"어느 때에 천사 중 누구에게 내가 네 원수로 네 발등상이 되게 하기까지 너는 내 우편에 앉아 있으라 하셨느냐"(히1:13)

"12오직 그리스도는 죄를 위하여 한 영원한 제사를 드리시고 하나님 우편에 앉으사 13그 후에 자기 원수들을 자기 발등상이 되게 하실 때까지 기다리시나니"(히10:12-13)

"만물을 그 발 아래에 복종하게 하셨느니라 하였으니 만물로 그에게 복종하게 하셨은즉 복종하지 않은 것이 하나도 없어야 하겠으나 지금 우리가 만물이 아직 그에게 복종하고 있는 것을 보지 못하고"(히2:8)

☞ 원수 마귀와 만물이 지금 예수 그리스도에게 복종하고 있는가?

(9) 사11:6-9;

6그 때에 이리가 어린 양과 함께 살며 표범이 어린 염소와 함께 누우며 송아지와 어린 사자와 살진 짐승이 함께 있어 어린 아이에게 끌리며 7암소와 곰이

함께 먹으며 그것들의 새끼가 함께 엎드리며 사자가 소처럼 풀을 먹을 것이며 8젖 먹는 아이가 독사의 구멍에서 장난하며 젖 뗀 어린 아이가 독사의 굴에 손을 넣을 것이라 9내 거룩한 산 모든 곳에서 해 됨도 없고 상함도 없을 것이니 이는 물이 바다를 덮음같이 여호와를 아는 지식이 세상에 충만할 것임이니라

☞ 천년왕국에 이루어질 모든 곳에서 해 됨도 없고 상함도 없다고 하신 예언이 지난 2천년 동안 언제 이루어져 왔는가?

(10) 살후2:1-4;
1형제들아 우리가 너희에게 구하는 것은 우리 주 예수 그리스도의 강림하심과 우리가 그 앞에 모임에 관하여 2영으로나 또는 말로나 또는 우리에게서 받았다 하는 편지로나 주의 날이 이르렀다고 해서 쉽게 마음이 흔들리거나 두려워하거나 하지 말아야 한다는 것이라 3누가 어떻게 하여도 너희가 미혹되지 말라 먼저 배교하는 일이 있고 저 불법의 사람 곧 멸망의 아들이 나타나기 전에는 그 날이 이르지 아니하리니 4그는 대적하는 자라 신이라고 불리는 모든 것과 숭배함을 받는 것에 대항하여 그 위에 자기를 높이고 하나님의 성전에 앉아 자기를 하나님이라고 내세우느니라

☞ 하나님의 성전에 앉아 자기를 하나님이라고 한 적그리스도가 나타났었는가?

(11) 계11:3-12
3내가 나의 두 증인에게 권세를 주리니 그들이 굵은 베옷을 입고 천이백육십일을 예언하리라 4그들은 이 땅의 주 앞에 서 있는 두 감람나무와 두 촛대니 5만일 누구든지 그들을 해하고자 하면 그들의 입에서 불이 나와서 그들의 원수를 삼켜 버릴 것이요 누구든지 그들을 해하고자 하면 반드시 그와 같이 죽임을 당하리라 6그들이 권능을 가지고 하늘을 닫아 그 예언을 하는 날 동안 비가 오지 못하게 하고 또 권능을 가지고 물을 피로 변하게 하고 아무 때든지 원하는 대로 여러 가지 재앙으로 땅을 치리로다 7그들이 그 증언을 마칠 때에 무저갱으로부터 올라오는 짐승이 그들과 더불어 전쟁을 일으켜 그들을 이기고 그들을 죽일 터인즉 8그들의 시체가 큰 성 길에 있으리니 그 성은 영적으로 하면 소돔이라고도 하고 애굽이라고도 하니 곧 그들의 주께서 십자가에 못 박히신 곳이라 9백성들과 족속과 방언과 나라 중에서 사람들이 그 시체를 사흘 반 동안을

보며 무덤에 장사하지 못하게 하리로다 10이 두 선지자가 땅에 사는 자들을 괴롭게 한 고로 땅에 사는 자들이 그들의 죽음을 즐거워하고 기뻐하여 서로 예물을 보내리라 하더라 11삼 일 반 후에 하나님께로부터 생기가 그들 속에 들어가매 그들이 발로 일어서니 구경하는 자들이 크게 두려워하더라 12하늘로부터 큰 음성이 있어 이리로 올라오라 함을 그들이 듣고 구름을 타고 하늘로 올라가니 그들의 원수들도 구경하더라

> ☞ 두 증인이 본문 말씀과 같이 죽임을 당하고 모든 족속들이 그들의 시체를 보았고 두 증인이 부활하여 대적자들도 볼 수 있게 승천한 적이 언제 있었는가?

(12) 계20:1-3

1또 내가 보매 천사가 무저갱의 열쇠와 큰 쇠사슬을 그의 손에 가지고 하늘로부터 내려와서 2용을 잡으니 곧 옛 뱀이요 마귀요 사탄이라 잡아서 천 년 동안 결박하여 3무저갱에 던져 넣어 잠그고 그 위에 인봉하여 천 년이 차도록 다시는 만국을 미혹하지 못하게 하였는데 그 후에는 반드시 잠깐 놓이리라

> ☞다시는 만국을 미혹하지 못하게 하였다고 기록되었는데 마귀가 어떻게 무저갱에서 나와서 만국을 미혹하고 있는가?

(13) 계13:7, 단7:21

"또 권세를 받아 성도들과 싸워 이기게 되고 각 족속과 백성과 방언과 나라를 다스리는 권세를 받으니"(계13:7)

"내가 본즉 이 뿔이 성도들과 더불어 싸워 그들에게 이겼더니"(단7:21)

> ☞ 무저갱에 있는 마귀가 어떻게 사탄과 마귀로부터 권세를 받아 성도들을 이기게 되었는가?
> 적그리스도가 성도들과 싸워 그들에게 이겼다고 분명히 기록되었는데 어떻게 '환난 속의 승리하는 교회'라며 순교 외에 다른 의미로 말할 수 있는가?

(14) 시110:1

[다윗의 시] 여호와께서 내 주에게 말씀하시기를 내가 네 원수들로 네 발판이 되게 하기까지 너는 내 오른쪽에 앉아 있으라 하셨도다

☞ 예수가 좌정하심에도 불구하고 원수 사탄과 마귀는 아직 발판이 되지 않았고 여전히 활동하고 있는가?

(15) 계20:4

또 내가 보좌들을 보니 거기에 앉은 자들이 있어 심판하는 권세를 받았더라 또 내가 보니 예수를 증언함과 하나님의 말씀 때문에 목 베임을 당한 자들의 영혼들과 또 짐승과 그의 우상에게 경배하지 아니하고 그들의 이마와 손에 그의 표를 받지 아니한 자들이 살아서 그리스도와 더불어 천 년 동안 왕 노릇 하니

☞ 사도요한은 장차 이루어질 미래의 일(계1:3/예언)을 보았는데(계20:4) 그게 왜 과거의 예수의 부활이다고 볼 수 있는가?

(16) 엡6:12-13

12우리의 씨름은 혈과 육을 상대하는 것이 아니요 통치자들과 권세들과 이 어둠의 세상 주관자들과 하늘에 있는 악의 영들을 상대함이라 13그러므로 하나님의 전신 갑주를 취하라 이는 악한 날에 너희가 능히 대적하고 모든 일을 행한 후에 서기 위함이라

☞ 악한 영들은 무저갱에 있는데 바울이 잘못 말한 것인가?

(17) 계12:14

그 여자가 큰 독수리의 두 날개를 받아 광야 자기 곳으로 날아가 거기서 그 뱀의 낯을 피하여 한 때와 두 때와 반 때를 양육 받으매

☞ 만약 여자가 교회라면 여자(교회)는 왜 보좌에 앉아 심판하지 않고(20:4) 그 뱀의 낯을 피하여 광야로 도망가서 양육받는가?

(18) 단7:7

"내가 밤 환상 가운데에 그 다음에 본 넷째 짐승은 무섭고 놀라우며 또 매우 강하며 또 쇠로 된 큰 이가 있어서 먹고 부서뜨리고 그 나머지를 발로 밟았으며 이 짐승은 전의 모든 짐승과 다르고 또 열 뿔이 있더라"(단7:7)

"2용을 잡으니 곧 옛 뱀이요 마귀요 사탄이라 잡아서 천 년 동안 결박하여 3무저갱에 던져 넣어 잠그고 그 위에 인봉하여 천 년이 차도록 다시는 만국을 미혹하지 못하게 하였는데 그 후에는 반드시 잠깐 놓이리라"(계20:2-3)

☞ 무천년주의자 G.K 비일 (G.K Beale)도 단 7장의 네 번째 짐승은 미래에

나타난다고 해석합니다. 계20:3에서 무저갱에 던져지는 것은 용뿐입니다. 나머지 두 마리의 짐승들 즉 적그리스도, 거짓선지자는 던져지지 않습니다. 용이 봉인된 상태로 감금 중인데 용의 소환을 받는 짐승은 미래에 어떻게 등장할 수 있겠는가?

(19) 스가랴 4장, 에스겔 37-39장

☞ 구약 성경에 그리스도께서 왕권을 가지고 이 땅에 왕국을 세우러 오실 때에는 하나님의 성소 즉 그분의 성전이 그분의 백성들의 한가운데에 있을 것이라고 예언되었습니다.(겔 37:26-28; 40:5-43:27) 물론 이런 일은 주후 70년에 일어나지 않았고 오히려 유대인들의 성전은 파괴되어 그들은 더 이상 성전 예배를 드리지 못했습니다. 본문을 일관성 있게 해석할 수 있는가?

(20) 렘30:7

슬프다 그 날이여 그와 같이 엄청난 날이 없으리라 그 날은 야곱의 환난의 때가 됨이로다 그러나 그가 환난에서 구하여 냄을 얻으리로다

☞ '야곱의 환난의 때'는 적그리스도의 치하에서 메시야를 거부한 이스라엘이 그들의 죄에 대하여 받는 심판인데 그 심판과 교회가 무슨 상관이 있는가?

(21) 계13:18

지혜가 여기 있으니 총명한 자는 그 짐승의 수를 세어 보라 그것은 사람의 수니 그의 수는 육백육십육이니라

☞ 계시록이 로마의 압제 때문에 상징으로 가린 것이라고 그분들은 주장합니다. 하지만 요한계시록은 사도 요한이 밧모섬에서 홀로 기록한 것이며 기록 시기는 A.D. 96년 경으로 이미 이스라엘은 로마에 의해 20년 전에 멸망한 뒤였습니다. 666 짐승의 수도 네로 황제를 상징한다고 하지만 네로는 이미 A.D. 68년에 사망한 상태였는데 논리적으로 맞는 말인가요?

☞ 계시록 8장부터 19장까지 계속되는 많은 분량의 대환난 내용을 대부분 다 상징으로 해석해야 하므로 무천년설은 전반적으로 계시록을 마지못해 억지로 해석한다(벧후3:16)는 생각이 들지 않는가요?

저자는 지면관계상 부득이하게 위와 같이 21가지만 열거했는데 이렇게 많은 논리의 허점을 가진 무천년설을 계속 고집하는 이유가 어디 있나요?

예수님은 진리가 너희를 자유롭게 할 것이라고 하셨는데 무천년설을 기초한 성경 해석들이 당신을 자유롭게 하시나요?

"그리고 너희는 진리를 알게 될 것이며 진리가 너희를 자유롭게 할 것이다."(요8:32)

계시록 마지막 부분에 우리는 흥미로운 일을 목격하게 됩니다. 하나님께서 보여 준 이상을 보고 성령의 감동으로 계시록을 기록한 사도 요한도 순간적으로 잘못을 저질렀습니다. 하나님 외 다른 피조물을 경배할 수 없는 법인데 요한이 천사를 경배하려고 한 것입니다.

"이것들을 듣고 본 사람은 나 요한입니다. 내가 듣고 보았을 때 나는 내게 이것들을 보여 준 천사에게 경배하려고 그의 발 앞에 엎드렸습니다."(계22:8)

은혜와 진리가 충만했던 사도 요한도 그런 실수를 할 때가 있었는데 그보다 훨씬 부족한 우리는 더하지 않겠습니까? 누구나 성경을 잘못 볼 수 있고 생각을 잘못할 수 있습니다. 그러나 주님께서 직접 혹은 누구를 통해서든 깨닫게 해주시면 모든 생각을 사로잡아 그리스도께 복종하시면 됩니다.

"하나님을 아는 지식을 대적해서 스스로 높아진 모든 주장을 무너뜨리고 모든 생각을 사로잡아 그리스도께 복종시킵니다."(고후10:5)

그때 천사가 말합니다.

9그러자 천사가 내게 말했습니다. "그렇게 하지 마라. 나는 너와 네 형제 예언자들과 이 책에 기록된 말씀들을 지키는 사람들과 함께 종 된 사람이다. 너는 하나님께 경배해라." 10 그는 또 내게 말했습니다. "때가 가까이 왔으니 너는 이 책의 예언의 말씀들을 인봉하지 마라".(계22:9-10)

사도 요한은 천사를 통한 하나님의 뜻을 알고 순종하였습니다. 그래서 오늘 우리는 엔드타임 메시지의 원천인 요한 계시록을 통해 은혜를 받고 있는 것입니다. 우리도 엔드타임 메시지를 모든 족속에게 전파하여야 합니다.

그러면 계시록 7장에 나오는 십사만 사천은 누구를 가리킬까요?

"내가 인침을 받은 자의 수를 들으니 이스라엘 자손의 각 지파 중에서 인침을 받은 자들이 십사만 사천이니"(계7:4)

십사만 사천에 대해 여러 가지 견해가 있습니다.

1) 문자적 유대인으로 보는 견해

   이스라엘 12지파를 문자적으로 유대인으로 보고 대환난 중 교회가 휴거
   된 후에 구원얻을 유대인의 무리로 보는 견해입니다.

2) 완성된 교회로 보는 견해

   유대인 및 이방의 모든 성도들을 포함한 완성된 교회의 충만한 구원의 수
   곧 영적 이스라엘로 보는 견해인데 무천년설주의자들의 주장입니다. 십사
   만 사천을 상징적인 숫자로 해석하여 땅의 수(4)와 하늘의 수(3)을 곱하
   고 거기에 열두 지파의 수를 곱한 후 이것을 다시 천으로 곱합니다. 즉
   $12 \times 12 \times 1000 = 144,000$의 공식이 이루어지는 것입니다. 그러므로 모든
   구원받은 성도들을 가리키는 상징적인 숫자로 해석하는 것입니다.

3) 당시의 교회에 닥칠 환난으로부터 보호받을 무리로 보는 견해

   요한 당대 곧 닥칠 대환난으로부터 보호받을 성도로 보는 견해입니다.

4) 마지막 때 순교하도록 예정된 자들로 보는 견해

   마지막 때 순교하도록 표시(계6:11)된 모든 교회의 순교자들로 보는 견해
   입니다.

5) 대환난 시 유대인 출신으로 추수를 감당할 하나님의 종들

   본 저자가 지지하는 견해로 이들은 보통 신자가 아니며 또한 계7:9에 대
   조적으로 구별된 능히 셀 수 없는 큰 무리인 이방인 출신도 아닙니다. 왜
   냐하면 14만 4천은 셀 수 있기 때문입니다.

14만 4천에 대해 기록된 계시록 7장 5절에서 8절을 보면

"⁵유다 지파 중에 인침을 받은 자가 일만 이천이요 르우벤 지파 중에 일만
이천이요 갓 지파 중에 일만 이천이요 ⁶아셀 지파 중에 일만 이천이요 납달리
지파 중에 일만 이천이요 므낫세 지파 중에 일만 이천이요 ⁷시므온 지파 중에
일만 이천이요 레위 지파 중에 일만 이천이요 잇사갈 지파 중에 일만 이천이요
⁸스불론 지파 중에 일만 이천이요 요셉 지파 중에 일만 이천이요 베냐민 지파
중에 인침을 받은 자가 일만 이천이라"(계7:5-8)

이들은 구약의 이스라엘 열 두 지파와 구성이 다름을 알 수 있습니다. 레위
와 요셉이 다시 들어가고 에브라임과 단 지파가 빠졌습니다. 하나님 앞에 불충

한 자들이었기 때문이라는 것이 지배적인 해석입니다. 이 점은 하나님께서 사도 요한을 통해 기록한 14만 4천이 누구를 가리키는지 중요한 단서를 우리에게 제공하는 것입니다.

[이스라엘의 12지파]

위와 같이 구약에 나온 이스라엘의 12지파라면 유대인을 포함한 이방의 모든 성도들을 의미하는 십사만 사천을 상징적인 숫자로 해석할 수도 있을 것입니다. 그러나 계시록에 나오는 12지파는 저자의 분명한 의도를 엿볼 수 있는 것입니다.

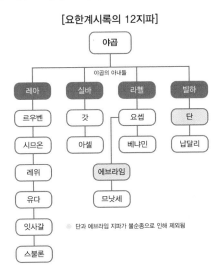

[요한계시록의 12지파]

먼저 단지파를 보십시다.

창세기 49장 16절에서 17절

"단은 이스라엘의 한 지파 같이 그의 백성을 심판하리로다 17단은 길섶의 뱀이요 샛길의 독사로다 말굽을 물어서 그 탄 자를 뒤로 떨어지게 하리로다"(창 49:16-17)

사사기 18장 30절에서 31절

"30단 자손이 자기들을 위하여 그 새긴 신상을 세웠고 모세의 손자요 게르솜의 아들인 요나단과 그의 자손은 단 지파의 제사장이 되어 그 땅 백성이 사로잡히는 날까지 이르렀더라 31하나님의 집이 실로에 있을 동안에 미가가 만든 바 새긴 신상이 단 자손에게 있었더라"(삿18:30-31)

이처럼 뱀과 독사로 불린 단 지파는 우상을 섬기며 불순종 했습니다. 물론 이스라엘 백성들도 우상을 섬길 때가 많았으나 단 지파는 우상 숭배의 발원지 역할을 할 정도로 그 정도가 심각했습니다. 에브라임 지파도 단 지파와 비슷했습니다. 에브라임은 호세아 전체를 통해 셀 수 없이 많은 경고와 책망을 받았고 결국 버려질 것까지 예견되었습니다.

"내가 이스라엘 집에서 가증한 일을 보았나니 거기서 에브라임은 음행하였고 이스라엘은 더럽혀졌느니라"(호6:10)

"그들이 듣지 아니하므로 내 하나님이 그들을 버리시니 그들이 여러 나라 가운데에 떠도는 자가 되리라"(호9:17)

그래서 이 두 지파가 제외되고 그 빈자리에 야곱의 아들인 레위와 요셉이 다시 들어가는 것은 너무나 당연한 일이라 하겠습니다. 요셉은 에브라임의 아버지로서 제자리로 돌아가는 것입니다. 12지파에 계수되지 않고 제사장으로 섬기던 레위 지파는 영원한 대제사장인 예수님이 오셨고 성도들 모두가 왕가의 제사장이 된 이후이므로 원래 자리로 되돌려진 것이라 보면 되겠습니다.

만약 계시록7:5-8에 나오는 12지파가 교회를 대표한다고 하면 성경저자는 그냥 구약의 12지파를 열거할 수도 있겠지만, 12지파중에 우상숭배 중심이었던 단지파와 에브라임지파를 요셉지파와 레위지파로 교체한 것은 이들이 이스라엘인임을 확증한 것입니다.

2. 144,000과 셀 수 없는 큰 무리의 정체

144,000을 이스라엘로 그리고 숫자 그대로 봐야 하는 이유는 더 있습니다. 이 12지파를 소개한 뒤에 나오는 구절에는 큰 무리가 나오는데 이들은 10만 단위 정도로 셀 수 있는 수가 아니라 아무도 능히 셀 수 없는 큰 무리라고 했습니다.

"이 일 후에 내가 보니 각 나라와 족속과 백성과 방언에서 아무도 능히 셀 수 없는 큰 무리가 나와 흰 옷을 입고 손에 종려 가지를 들고 보좌 앞과 어린 양 앞에 서서"(계7:9)

그러므로 144,000은 셀 수 있는 숫자인 것입니다. 그 '셀 수 없는' 큰 무리는 이스라엘만이 아닌 '모든' 민족과 백성과 언어에서 나왔다고 했습니다. 그러므로 분명 이 두 무리는 다른 사람들임을 알 수 있습니다. 또한 12지파가 그저 믿는 무리이거나 신실한 성도들을 상징한 많은 수라면 그냥 그것도 많다고 하면 되지 굳이 숫자를 지파별 인원까지 소개할 이유가 없었을 것입니다. 만약 144,000을 상징적인 의미로 본다면 각 지파도 상징의 의미를 부여하여야 논리성을 갖추는 것입니다. '144,000'와 같이 성경에 단 한번 등장하는 독특한 단어를 단발어(單發語)라고 하는데 영어로는 '하팍스 레고메논'(hapax legomenon)라고 합니다. 이 단발어는 비교 가능 구절이 없는 관계로 해석 자체가 쉽지 않습니다. 이런 단어의 경우 단어 자체의 본 의미를 따져보고 이 구절과 관련된 앞뒤 문장의 전후 관계를 잘 분석하여 파악하는 수밖에 없습니다. 만약 144,000을 '아무도 능히 셀 수 없는 큰 무리'로 즉 구원받은 모든 하나님의 자녀로 본다면 계시록 20:1-6 '천년'이란 말이 4번(1, 2, 4, 7절)이나 반복해서 나온 것처럼 '아무도 능히 셀 수 없는 큰 무리'를 144,000으로 기록했어야 바른 성경 해석의 논리성을 갖추게 됩니다.

현재 이스라엘에 거주하는 유대인 인구는 약 900만 명이고 그중에 정통파 유대인[45])은 8% 정도 된다고 봅니다. 이스라엘 중앙통계사무국(Central Bureau

---

45) 여름과 겨울의 구분 없이, 남자의 경우 검은 양복과 검은 모자를 쓰고 다니며, 여자의 경우 긴 치마와 긴 팔 옷에 가발이나 모자를 쓰고 다니는 부류로서 그들만의 특정 거주 지역에 모여 살며 교육 체계 또한 별도로 가지고 있다. 산아 제한과 낙태를 반대하기 때문에 많은 자녀들을 두고 있다. 성경에 언급된 율법을 유대 종교법에 따라 엄격하게 지키는 이들로서 종교적인 색채가 가장 짙은 사람들이다. 타종교인(특히 기독교)은 물론 같은 유대인이라도 비종교인들에 대해 매우 배타적인 태도를 갖고 있다. 권성달,「유대인, 유대 종교인 바로보기」

Statistics)의 2020년 통계를 보면 이스라엘에 약 158,000명의 기독교인이 있으며 이들은 전체 인구의 약 2%에 해당된다고 전했습니다. 성경의 예언을 통해 보면 대부분 유대인은 대환난 전반기까지도 회개치 않으며 예수를 그리스도로 영접하지 않은 것입니다. 그들이 성전을 회복하려 하는 것도 메시아를 끝까지 거부하는 행위입니다. 그들은 극심한 환난 즉 야곱의 고난을 다 겪고 나서야 비로소 "주의 이름으로 오시는 이여!" 하며 두 손을 들고 예수님을 인정할 것입니다.(마23:39)

그런데 여기 144,000은 유대인이지만 일찍 회개하고 깨달아 주님의 사역자로 일어선 사람들입니다. 이들에게는 하나님의 인이 찍혔기 때문에 죽기까지 굽히지 않고 환난의 시기에 복음을 전하며 활동할 것입니다. 이들은 천사로부터 이마에 하나님의 인을 받게 된다. 한편 모방의 천재 마귀는 적그리스도를 추종하는 자들에게 666 짐승의 표로 이마와 오른손에 인을 칠 것입니다.(계13:14-18)

144,000이 죽음을 두려워하지 않고 신앙을 지키는 것처럼 짐승의 표를 받는 자들도 죽음을 마다하지 않고 짐승을 위해 싸울 것입니다. 환난기의 이 두 세력은 서로 사람들을 얻기 위해 크게 힘을 쓸 것입니다. 그러므로 이 144,000 유대인 전도자들이 환난 시기의 복음을 전하게 될 것이란 견해는 성경적입니다.

"13그러나 끝까지 견디는 자는 구원을 얻으리라 14이 천국 복음이 모든 민족에게 증언되기 위하여 온 세상에 전파되리니 그제야 끝이 오리라"(마24:13-14)

144,000이 7년 대환난 기간중의 전 3년 반에 등장할 것은 다 말씀이 보여줍니다.

"2또 보매 다른 천사가 살아 계신 하나님의 인을 가지고 해 돋는 데로부터 올라와서 땅과 바다를 해롭게 할 권세를 받은 네 천사를 향하여 큰 소리로 외쳐 3이르되 우리가 우리 하나님의 종들의 이마에 인치기까지 땅이나 바다나 나무들을 해하지 말라 하더라"(계7:2-3)

세상이 흔들리고 많은 이들이 짐승의 표를 받고 죽게 될 후 3년 반 대환난의 시기가 오기 전에 하나님의 종들의 이마에 인을 찍어야 한다는 것입니다. 9절은 '이 일 뒤에 내가 보니' 라고 시작합니다. 144,000이 일어나 무슨 일을 했고 그 결과가 어떤지 보여주는 것인데 이것은 환난에서 나온 큰 무리의 등장입니다. 이들은 144,000을 통해 복음을 듣고 짐승에게 굴복하지 않은 유대인과 이방인을 포함한 큰 무리입니다.

"9이 일 후에 내가 보니 각 나라와 족속과 백성과 방언에서 아무도 능히 셀 수 없는 큰 무리가 나와 흰 옷을 입고 손에 종려 가지를 들고 보좌 앞과 어린 양 앞에 서서 10큰 소리로 외쳐 이르되 구원하심이 보좌에 앉으신 우리 하나님과 어린 양에게 있도다 하니"(계7:9-10)

이들이 어린 양의 찬송을 부르자 휴거된 교회를 대표하는 24장로 중 하나가 (하늘에서) 이들 정체를 알려주기 위해 묻습니다.

"13장로 중 하나가 응답하여 나에게 이르되 이 흰 옷 입은 자들이 누구며 또 어디서 왔느냐 14내가 말하기를 내 주여 당신이 아시나이다 하니 그가 나에게 이르되 이는 큰 환난에서 나오는 자들인데 어린 양의 피에 그 옷을 씻어 희게 하였느니라"(계7:13-14)

장로는 "이 사람들이 누구겠느냐"하고 물은 것입니다. 그것으로 보아 이스라엘의 열두 지파 144,000과 동일한 자들이 아닌 것임이 분명합니다. 왜냐하면 144,000은 이미 유대인으로 소개가 되었기 때문입니다. 이 사람들은 큰 환난에서 나왔다고 했으니 후반부 삼년 반의 대환난에서 나온 자들, 어린 양의 피로 구원 받은 자들이 분명합니다. 물론 모든 시대와 마찬가지로 믿음으로 구원받은 성도들인데 이들 환난 성도들은 현재와 같은 성령의 때와는 달리 저그리스도에게 굽히지 않고 짐승의 표를 받지 않았으며 짐승에게 경배하지 않은 것으로 자신의 믿음을 보여야 합니다.

"또 내가 보좌들을 보니 그 위에 사람들이 앉았는데 심판할 권세가 그들에게 주어졌습니다. 그들은 예수의 증언과 하나님의 말씀으로 인해 목 베임을 당한 사람들의 영혼들과 짐승과 그의 우상에게 경배하지 않고 자신들의 이마와 손에 표를 받지 않은 사람들입니다. 그들은 다시 살아나 그리스도와 함께 1,000년 동안 통치했습니다."(계20:4)

이 말씀을 근거로 이 환난 성도들은 목이 잘리는 순교를 당할 것으로 예측할 수 있습니다. 이 부분의 예언이 프랑스의 혁명 때와 히틀러 등 독재자들에 의해 사용된 단두대(斷頭臺) 기요틴(프랑스어: guillotine)의 부활을 가져올 것으로 예견하는 이들도 있습니다. 이들은 다섯째 봉인 심판에서 자신들의 피의 대가를 갚아달라고 하나님께 호소하기도 합니다.

"9다섯째 인을 떼실 때에 내가 보니 하나님의 말씀과 그들이 가진 증거로 말미암아 죽임을 당한 영혼들이 제단 아래에 있어 10큰 소리로 불러 이르되 거룩하고 참되신 대주재여 땅에 거하는 자들을 심판하여 우리 피를 갚아 주지 아니하시기를 어느 때까지 하시려 하나이까 하니 11각각 그들에게 흰 두루마기를 주시며 이르시되 아직 잠시 동안 쉬되 그들의 동무 종들과 형제들도 자기처럼 죽임을 당하여 그 수가 차기까지 하라 하시더라"(계6:9-11)

이 죽임 당한 자들은 짐승의 표가 강제로 부여될 때 그것을 거부하고 후 3년 반에 죽은 자들입니다.

처음 익은 열매(14:4)

14장 4절에서는 이들을 "사람 가운데 구속을 받아 처음 익은 열매"로 소개하고 있습니다. 무화과에 첫 열매가 맺히면 이어서 계속 열매가 맺는 것처럼, 이 144,000명의 하나님의 인을 받는 것을 시작으로 이스라엘 가운데 민족적인 회개의 역사가 나타날 것임을 알 수 있는 말씀인 것입니다. 성경을 보면 AD 70년 로마에 의해 멸망을 받은 이스라엘이 다시금 나라를 재건할 뿐 아니라, 영적으로 회복되어 제사장 나라의 사명을 감당하게 될 것을 예언한 말씀들이 여러 곳에서 등장하는데, 그 대표적인 것이, 구약에서는 스가랴 12장과 에스겔 37장의 말씀이고, 신약에서는 로마서 11장의 말씀입니다.

스가랴 12장 10절에서는 "내가 다윗의 집과 예루살렘 거민에게 은총과 간구하는 심령을 부어 주리니 그들이 그 찌른 바 그를 바라보고 그를 위하여 애통하기를 독자를 위하여 애통하듯 하며 그를 위하여 통곡하기를 장자를 위하여 통곡하듯 하리로다."하시며 마지막 때에 이스라엘 백성들이 "그들이 찌른 바 그를" 즉 저들이 2,000년 전 십자가에 못박은 예수님이 하나님이 보내신 메시아 임을 깨닫고 회개할 것임을 예언하고 있습니다. 예수님이 우리를 위해 죽으신 후 인류 역사상 한 번도 이 말씀이 이루어진 적이 없습니다. 왜냐하면 장차 7년 대환난의 기간 동안에 일어날 사건이기 때문입니다. 에스겔 37장에는 마른 뼈와 같던 이스라엘 백성들이 살과 가죽이 덮여 사람의 형상을 갖추더니 그 속에 생기가 들어가 여호와의 큰 군대로 거듭나게 되었다는 말씀이 나옵니다(겔 37:7-10). 이 또한 7년 대환난의 기간 동안에 일어날 유대인들의 회개하고 대대적으로 구원받을 사건을 예언한 것입니다. 로마서 11장 24, 26절에서도 "형제들아 너희가 스스로 지혜 있다 함을 면키 위하여 이 비밀을 너희가 모르기를 내가 원치 아니하노니 이 비밀은 이방인의 충만한 수가 들어오기까지 이스라엘의 더러는 완악하게 된 것이라 그리하여 온 이스라엘이 구원을 얻으리라."하십니다. 이 또한 7년 대환난의 기간 동안에 이뤄질 사건에 대한 예언인데, 그 출발점에 첫 열매로 표현된 144,000명이 있다는 것입니다.

3. 흠 없는 사람들

계시록 14장 1절에서 5절을 보면 사도 요한은 보좌 앞에 서 있는 어린 양과 14만 4,000명을 보았습니다.

"¹또 나는 보았습니다. 어린 양이 시온 산에 서 있고 그와 함께 14만 4,000명이 서 있는데 그들의 이마에는 어린 양의 이름과 그분의 아버지의 이름이 쓰여 있습니다. ²또 나는 하늘로부터 많은 물소리 같고 큰 천둥소리 같은 소리를 들었습니다. 내가 들은 그 소리는 하프 켜는 사람들의 하프 소리 같았습니다. ³그들은 보좌 앞과 네 생물과 장로들 앞에서 새 노래를 부릅니다. 그러나 땅에서 구속함을 받은 14만 4,000명밖에는 아무도 그 노래를 배울 수가 없습니다. ⁴그들은 여자들과 더불어 자신을 더럽히지 않은 사람들이니 이는 그들이 정절을 지켰기 때문입니다. 그들은 어린 양이 가는 곳이면 어디든지 따라가는 사람들이며 하나님과 어린 양에게 바쳐진 첫 열매로 사람들 가운데서 구속함을 받았습니다. ⁵그들의 입에서 거짓을 찾을 수 없으니 그들은 흠 없는 사람들입니다." (계14:1-5)

그들은 단순히 구원받은 성도들이 아니라 어린 양이 가는 곳이면 어디든지 따라가는 사람들이며 입에서 거짓을 찾을 수 없으니 그들은 흠 없는 사람들이라고 그들에 대해서 기록하고 있습니다. 계시록 7장에 나오는 14만 4,000명과 12장에 나오는 14만 4,000명을 종합적으로 보면 첫째는 유대인 출신의 구원받은 하나님 자녀이며, 둘째는 예수님과 동행하며 성결하게 살면서 복음을 전하며 살았던 부활의 증인들이었음을 알 수 있습니다.

144,000의 최후 그리고 결론

그러면 144,000은 후 3년 반에 어떻게 될까요? 물론 그들도 짐승의 표를 거부한 자들과 함께 죽을 수도 있습니다. 그러므로 목 베인자들인 '모든 민족'(계 7:9) 안에 포함되었다고 볼 수 있습니다. 그리고 살아 남은 이스라엘은 후 3년 반 대환난 기간에 피난처로 이동되어 보호받습니다.

"그 여자가 광야로 도망하매 거기서 천이백육십 일 동안 그를 양육하기 위하여 하나님께서 예비하신 곳이 있더라"(계12:6)

"그 여자가 큰 독수리의 두 날개를 받아 광야 자기 곳으로 날아가 거기서 그 뱀의 낯을 피하여 한 때와 두 때와 반 때를 양육 받으매"(계12:14)

이 유대인들은 나중에 집단적 회개를 이루며 끝까지, 거부한 자들은 아마겟돈으로 붙잡혀 가 최종 형벌을 받게 됩니다. 144,000도 유대인이지만 이미 예수님을 받아들이고 짐승의 표를 거부한 자들이니 마지막 유대인 그룹에 있다고 보는 것보다는 후 3년 반에 죽는 것으로 보는 것이 타당해 보입니다. 또한 이들의 사역은 두 증인(계11:3)의 사역과 비슷한 것이므로 그들처럼 죽은 후 부활하여 휴거된 것으로 보아야 할 것입니다.

1절에서 3절을 보면 144,000과 하늘의 장로들이 나오고 이 뒤로는 음녀가 받을 심판이 남은 것으로 보아 아직 환난기가 끝나지 않은 상태이며, 결과적으로 이들은 죽임을 당한다고 보는 것이 타당합니다.

우리가 주의할 점은 요한계시록 내의 사람들의 호기심을 발동하는 일종의 영적 말초신경을 자극하는 신비한 내용들, 예를 들면 이단들이 자기들만이 144,000 구성원이라며 신자들을 유혹하는 숫자, 인과 나팔과 대접 심판 등 호기심을 불러일으키는 이런 내용에만 시간과 정력 낭비할 필요가 없다는 것입니다. 그런 일은 주님이 행하실 일이시기에 이해가 잘 안 되어도 주님께 맡기고, 우리는 신비한 것을 좇는 것보다 예수 그리스도를 아는 지식에 더 자라가고(벧후 3:16-18) 성결한 삶으로 힘을 다하여 대사명을 준행하는 것이 더 지혜로운 삶입니다.(단 12:3)

요약하면 144,000을 상징수라 보기에는 무리인 것은 너무나 구체적인 각 지파와 숫자가 명시되어 있으므로 이들은 이스라엘인이 확실합니다. 성경 어디에도 교회를 가리켜 '유다 지파, 르우벤 지파, 갓 지파 …' 등으로 불린 곳은 없습니다. 그런데도 본문에 나오는 이스라엘을 교회 신자들이라고 상징적으로 해석한 것은, 로마 가톨릭교회의 '이스라엘 대체신학'에서 비롯된 것입니다. 로마 가톨릭교회와 개신교 내의 대체신학 사상의 영향을 받은 일부 개혁주의 신학자들과 또 대부분의 개신교 이단들은, 여기 나오는 144,000명을 이스라엘 사람들로 인정하지 않고 있습니다. 기독교 가운데 일부 이단들은, 144,000명이 자기네 교인들 중에서 구원받은 자들이라고 주장합니다. 이를테면, 여호와의 증인은 자기네 집단을 위해 충성을 바친 공로자들 가운데 성별된 무리인 144,000명이 특수 구원 대상자라고 합니다. 그 외 이단들인 안식교, 몰몬교(예수 그리스도 후기 성도 교회), 신천지, 안상홍 하나님의 교회, 전도관, 세일교 등도 144,000명을 자기네 집단에 속한 추종자들의 총수(總數)라고 주장합니다. 그러나 이스라엘은 재림 때까지 존재할 민족입니다. 그리고 그들은 이미 고토로 돌아왔고 회복되는 중입니다. 물론 그들의 집단적 영적 회복은 마지막 즉 천년 왕국 직전에 이루어집니다.

"내가 너희에게 이르노니 이제부터 너희는 찬송하리로다 주의 이름으로 오시는 이여 할 때까지 나를 보지 못하리라 하시니라"(마23:39)

그러나 이스라엘 혈통의 열두 지파에서 12,000명씩인 144,000명은 전반부 3년 반에 하나님의 인을 받아 왕국의 복음을 선포합니다. 그리스도 안에 있는 성도들이 모두 휴거된 후 복음의 흑암기에 뒤늦게 깨닫고 메시아 예수님을 인정한 자들에 의해 후반부 3년 반 동안 짐승에게 경배하지 않은 자들이 모든 민족에서 셀 수 없이 많이 나오며, 그들은 죽음으로써 믿음을 증명합니다.

하나님의 인

오늘날 예수를 그리스도로 믿은 하나님 자녀도 144,000명이 받은 하나님의 인과 동일한 은혜입니다. 그분들을 부러워할 필요가 없습니다. 에베소서 1장 13절에 보면 우리가 구원의 복음을 듣고 믿을 때 '약속의 성령의 인치심을 받았다'고 말씀하고 계십니다.

이 말이 가지는 함축적인 의미를 몇 가지로 나누어 생각할 수 있습니다.

첫째, 성령의 인침은 우리의 구원을 보장해 주십니다.

'인'은 편지를 쓰거나, 계약서를 만들 때 또는 중요한 문서를 만들 때 사용되는 도장을 의미합니다. 이때 사용되는 '인침'에는 여러 가지 함축적 의미들이 내포되어 있습니다. 그 중에 하나가 그 내용을 변개하거나 거역할 수 없으며, 온전히 지켜진다는 것입니다. 그 내용을 바꿀 수 없는 것입니다. 그 내용은 반드시 지켜져야 합니다. 다니엘서 6장16-17절을 보면, 다리오 왕은 다니엘을 사자 굴에 던져 넣습니다. 그리고 다니엘을 처치하는 일을 누구도 바꿀 수 없게 하기 위하여 돌로 굴을 막고 그 돌 위에 왕의 어인과 귀인들의 인을 쳐서 봉합니다.

예수님의 무덤도 제자들이 시체를 가져가지 못하도록 파수꾼이 굳게 지키고 인을 쳐서 봉했습니다.(마27:66) 그런 면에서 '인'은 내용을 안전하게 보장하는 것입니다. 그런데 바울은 이런 함축적 의미를 우리의 구원에 사용하고 있습니다. 바울은 우리가 복음을 듣고 믿어 약속의 성령으로 인치심을 받았다고 선언합니다. 이제 우리의 구원은 영원히 바뀔 수 없습니다. 우리의 구원에 대하여 어떤 사람도 사탄도 변개시키지 못합니다. 하나님이 우리를 위하시면 누가 대적하겠습니까?

사랑하는 성도 여러분!

우리가 "예수님을 나의 주님"으로 마음으로 믿고 입으로 고백하면 그 순간부터 성령님께서 우리의 영혼에 도장을 찍어주신다는 사실을 믿으시기 바랍니다. 믿음을 변치 않는 한 그 누구도 우리를 구원에서 빼앗아 갈 자가 없습니다. 우리는 모두 성령의 인치심을 받은 자입니다. 이 크신 축복을 누리시기 바랍니다.

둘째, 성령의 인침은 우리의 소속을 분명하게 말해줍니다.

'인친다'는 말에 함축되어 있는 또다른 의미는 소유권입니다. 과거에는 동물이나 짐승을 산 사람은 자신의 소유권을 나타내기 위해 인을 쳤습니다. 이와 같은 행위는 재산이나 문서에도 동일하게 행해졌습니다. 느브갓네살이 예루살렘을 포위했을 때, 하나님은 예레미야 선지자에게 왕과 백성들 앞에서 특별한 방법으로 예언하도록 지시하셨습니다. 아나돗에 있는 숙부의 땅을 사도록 명령하신 것입니다. 그리고 예레미야는 증인들 앞에서 증서를 쓰고, 그 증서에 인봉한 후, 돈을 지불함으로 이 땅의 주인이 되었습니다. 증서를 쓰고 인을 봉함으로 땅의 소유권이 분명해지는 것입니다.(렘32장)

이 때 특별한 모양의 도장을 사용하거나 도장에 소유주의 이름과 직함을 새겨서 사용했습니다. 그래서 도장만 보면 그 소유주가 누구인지 명확하게 알 수 있었습니다. 이처럼 인은 소유자가 누구인지를 분명하게 나타내는 역할을 합니다. 바울은 구원받은 성도들을 하나님의 성령으로 인치심을 받았다고 가르치고 있습니다. 이 말은 하나님이 우리의 소유주라는 의미입니다. 우리가 하나님께 속한 것이라는 의미입니다. 그래서 성령의 인치심은 우리가 어디에 속했는지, 우리의 소유주가 누구인지에 대하여 분명하고 명쾌하게 가르쳐주는 것입니다. 바울은 "성령이 친히 우리 영으로 더불어 우리가 하나님의 자녀인 것을 증거하신다고"(롬8:16) 가르치는 것입니다.

사랑하는 성도 여러분!

우리는 더 이상 세상에 속한 사람들이 아닙니다. 우리는 더 이상 어둠에 속한 자녀들이 아닙니다. 그래서 바울은 에베소서 5장 8절에서 "너희가 전에는 어둠이더니 이제는 주 안에서 빛이라 빛의 자녀들처럼 행하라"고 권면합니다. 고린도후서 2장 15절에서는 '그리스도의 향기'라고 표현했습니다. 저와 여러분은 하나님의 자녀답게, 빛을 발하고 그리스도의 향기를 내는 삶을 사시기를 바랍니다.

셋째, 성령의 인침은 우리가 받을 기업의 보증서가 되십니다.

엡1:13-14절 "그 안에서 너희도 진리의 말씀 곧 너희의 구원의 복음을 듣고 그 안에서 또한 믿어 약속의 성령으로 인치심을 받았으니 이는 우리 기업의 보증이 되사 그 얻으신 것을 속량하시고 그의 영광을 찬송하게 하려 하심이라."

본문 말씀을 좀더 간결하게 요약하면 다음과 같습니다. 믿음으로 구원 받은 사람들은 성령으로 인치심을 받았으며, 이 성령의 인치심은 우리 기업의 보증이 된다는 말입니다. 여기서 '기업'은 헬라어로 '상속' 또는 '유산'을 의미하는 단어입니다. 이것은 우리가 장차 하나님의 나라에서 받게 될 유산(기업)을 의미하는 것입니다. 바울이 사용한 '보증'이란 단어는 헬라어로 아라본(ἀρραβών)입니다. 이 단어는 그리스 문화권에서 장사하는 사람들이 물건을 사고 팔 때 사용한 단어였습니다. 물건을 사기 위해서 계약서를 쓰고, 그 정해진 날까지 계약서의 내용에 따른 모든 의무사항을 이행하겠다는 의미에서 선수금(先收金), 계약금 또는 보증금을 지불했습니다. 그 결과 계약이 성립되며, 물건을 사는 사람과 파는 사람 모두에게 계약서에 따른 책임과 의무가 주어지게 됩니다. 바로 성령의 인치심이 이와 동일한 선수금 또는 계약금의 의미를 지니는 것입니다. 그러므로 성령은 하나님이 약속하신 선수금이며 계약금인 것입니다. 성령의 인침은 우리가 받을 하나님의 영광스러운 기업에 대하여 보증이 됩니다. 즉 우리를 인치신 성령이 하나님의 약속에 대한 보증이 되는 것입니다.

사랑하는 성도 여러분! 이 놀라운 사실이 믿으십니까?

그렇습니다. 성령님께서 우리 안에 들어오신 것은 약속받은 모든 축복, 하나님의 자녀로 택함 받은 것과 예수님의 피로 속죄함 받은 것이 정말 우리의 것임을 보증해주기 위해서입니다. 한 번 인치신 것은 되무를 수 없습니다. 확실한 보증이 되시는 것입니다. 하나님께서 약속하신 것에 대하여 무한책임을 져주시는 것입니다.

14절 "이는 우리 기업의 보증이 되사 그 얻으신 것을 속량하시고 그의 영광을 찬송하게 하려 하심이라."

하나님께서 우리를 성령으로 인치셔서, 구원을 보증하시고, 당신의 백성 삼으시고(소유), 우리 기업의 보증까지 하신 것은 하나님의 영광을 찬송하게 하기 위해서라고 결론적으로 말하고 있습니다. 사랑하는 성도 여러분! 성령님께서 이 땅에 오신 가장 중요한 이유가 바로 이것입니다.

"21우리를 너희와 함께 그리스도 안에서 굳건하게 하시고 우리에게 기름을 부으신 이는 하나님이시니 22그가 또한 우리에게 인치시고 보증으로 우리 마음에 성령을 주셨느니라."(고후1:21-22)

"곧 이것을 우리에게 이루게 하시고 보증으로 성령을 우리에게 주신 이는 하나님이시니라."(고후5:5)

많은 사람들이 성령님의 역할에 대한 오해를 하는 경우가 있습니다. '성령의 인치심'을 방언 받는 것이나 각종 은사 받는 것으로 이해합니다. 그래서 그러한 이유로 성령 충만을 간구합니다. 그러나 이것들은 부차적인 것입니다. 성령님께서 오신 더 크고 중요하며 분명한 목적은 성도의 구원에 대한 하나님의 보증이라는 것입니다. 그래서 바울은 '기업의 보증이 된다'라고 하였습니다. 여기서의 '기업'은 영원한 하나님의 나라를 상속하는 것을 말합니다. 사도 베드로도 이 기업을 가리켜 "썩지 않고 더럽지 않고 쇠하지 아니하는 기업"이라고 했습니다.(벧전1:4)

하나님의 인 곧 성령의 인침을 받은 그리스도의 신부들에게 하나님께서 요구하시는 것은 무엇입니까?

그 앞에 거룩하고 흠이 없게 하시려고

"곧 창세 전에 그리스도 안에서 우리를 택하사 우리로 사랑 안에서 그 앞에 거룩하고 흠이 없게 하시려고"(엡1:4)

하나님은 우리 마음을 성결케 하시는 뜻을 가지시고 예수 그리스도 안에서 우리를 택하셨습니다. 우리로 하여금 하나님의 선택하시는 사랑을 통하여 거룩하고 흠이 없게 하려는 것입니다. 우리를 거룩하고 흠이 없게 새 창조(엡2:10)하셔서 궁극적으로는 하나님의 뜻과 마음에 합한 삶을 사는데 있습니다. 우리는 믿음으로 하나님의 뜻이 나의 뜻이 되는데 성공해야합니다. 성결은 하나님과의 관계성에서 이해하여야 합니다. 우리가 율법을 지켜 거룩한 생활을 해서 거룩한 것이 아니고 돌 감람나무가 참 감람나무에 접붙임 되듯 거룩하신 예수님과 연합되어 한 몸 되었기에 거룩한 것입니다. 우리 영과 혼과 육이 주님처럼 거룩해졌습니다.(살전5:23) 이것은 완료형입니다. 우리는 거룩한 새 창조물로 지음 받은 후에 지금 영적 싸움을 하는 것입니다. 그러므로 누구나 그리스도 안에서 하나님의 선택받은 사람은 거룩하고 흠이 없게 됩니다. 성결은 하나님과 가까이하고 사귀며 동행하는 기초입니다. 때문에 살아있는 모든 그리스도인들은 반드시 성결의 은혜를 받아야하며 거룩하고 깨끗한 생활을 해야 합니다. 하나님은 성경을 통하여 우리에게 세 종류 곧 세 가지 의미의 거룩을 요구하고 계십니다. 이 하나님의 뜻이 나의 뜻이 되어 믿고 순종해야 합니다.

우리가 그리스도 안에 1) '신분상의 거룩함'(고전6:11)만을 얻게 하는 것이 아니라

"너희 중에 이와 같은 자들이 있더니 주 예수 그리스도의 이름과 우리 하나님의 성령 안에서 씻음과 거룩함과 의롭다 하심을 얻었느니라"(고전6:11)

2) 우리의 영과 혼과 몸의 거룩 곧 '마음의 거룩'을 말씀합니다.

"평강의 하나님이 친히 너희로 온전히 거룩하게 하시고 또 너희 온 영과 혼과 몸이 우리 주 예수 그리스도 강림하실 때에 흠 없게 보전되기를 원하노라"(살전5:23)

우리는 스스로 씻는 것이 아닙니다. 예수 그리스도께서 자신의 피로 우리의 영과 마음과 몸을 씻겨 주십니다. "우리가 마음에 뿌림을 받아 양심의 악을 깨닫고 몸을 맑은 물로 씻었으니 참 마음과 온전한 믿음으로 하나님께 나아가자"

(히10:22)

그래서 하나님은 우리에게 3) '생활의 거룩'을 요구하십니다.

"이 모든 것이 이렇게 풀어지리니 너희가 어떠한 사람이 되어야 마땅하냐 거룩한 행실과 경건함으로 하나님의 날이 임하기를 바라보고 간절히 사모하라 그 날에 하늘이 불에 타서 풀어지고 물질이 뜨거운 불에 녹아지려니와"(벧후3:11-12)

거룩한 행실은 먼저 거룩한 마음으로 이루어져야합니다. 깨끗한 마음(마5:8)도 칭의(稱義)와 같이 믿음으로 가능합니다(행15:8-9). 마음의 성결을 보여주는 가장 확실한 증거는 거룩한 삶입니다. 성경에는 '거룩'이란 말이 600번 이상이나 나오는데 거룩이란 마음과 행실이 죄에서 떠나 깨끗하고 순결한 마음의 상태와 생활입니다. 동시에 하나님을 마음과 성품을 다하여 사랑하고 이웃을 내 몸처럼 사랑하여(신30:6, 요일4;17,18) 하나님께 마음과 행실이 구별되어지고 드려지는 예배적인 삶을 말합니다.

요일 2장 12절에서 14절을 보면 영적으로 아이 단계, 청년 단계, 아버지 단계가 있음을 말합니다.

"12자녀들이여, 내가 여러분에게 쓰는 것은 여러분의 죄가 그리스도의 이름으로 용서됐기 때문입니다. 13아버지들이여, 내가 여러분에게 쓰는 것은 여러분이 태초부터 계시는 분을 알기 때문입니다. 청년들이여, 내가 여러분에게 쓰는 것은 여러분이 악한 자를 이겼기 때문입니다. 14아이들이여, 내가 여러분에게 쓴 것은 여러분이 아버지를 알았기 때문입니다. 아버지들이여, 내가 여러분에게 쓴 것은 여러분이 태초부터 계시는 분을 알았기 때문입니다. 청년들이여, 내가 여러분에게 쓴 것은 여러분이 강하고 하나님의 말씀이 여러분 안에 거하시며 여러분이 그 악한 자를 이겼기 때문입니다."(요일2:12-14)

아무리 교회에 오래 다녔어도, 예수님을 자신의 구주와 주님으로 믿고 모셔들이지 않으면, 아직도 자연인이요, 거듭나지 못한 사람인 것입니다. 성령으로 다시 태어나야만 하나님의 자녀가 되는 것입니다. 예수님을 자신의 존재와 인격으로 받아들이지 않으면, 절대로 거듭날 수 없는 것입니다. 여러분 스스로 물어 보시기 바랍니다. 나는 거듭났는가? 나는 하나님의 자녀가 되었는가? 나는 영원한 생명을 얻었는가? 나는 새로운 피조물이 되었는가? 나는 하나님의 왕국의 백성인가? 나는 하나님의 상속인인가? 나는 죄사함을 받았는가? 나는 오늘 밤에 죽어도 천국에 가서 하나님과 영원토록 함께 살 것인가? 이 모든 질문에

'그렇다'고 대답하지 못하면, 당신은 거듭난 것이 아닙니다. 그리고 당신은 당신의 죄를 회개하고 예수님을 구주와 주님으로 믿고 거듭나야 하는 것입니다.

주님이 라오디게아 교회를 향해 정확하게 진단한 것은 무엇입니까?

"네가 말하기를 나는 부자라 부요하여 부족한 것이 없다 하나 네 곤고한 것과 가련한 것과 가난한 것과 눈 먼 것과 벌거벗은 것을 알지 못하는도다"(계3:17)

많은 부끄러운 것들이 있음을 지적합니다.

주 예수 그리스도로 옷 입지 않은 사람은 영적 소경 상태이고 벌거벗은 것입니다. 죄가 그대로 있는 것입니다.

"오직 주 예수 그리스도로 옷 입고 정욕을 채우려고 육신의 일을 애쓰지 마십시오."(롬13:14)

"보라 내가 도둑 같이 오리니 누구든지 깨어 자기 옷을 지켜 벌거벗고 다니지 아니하며, 자기의 부끄러움을 보이지 아니하는 자는 복이 있도다"(계16:15)

라오디게아 교회가 회개하여 거듭나지 않으면 죽을 때까지 교회 다녀도 지옥 가는 것입니다.

거듭남은 세 가지 영적 반응이 필요합니다. 삼각형은 삼면이 반드시 있어야 하고 삼면이 이어져야 하는 것처럼 구원은 회개와 믿음 그리고 영접이 필요합니다.

"회개"는 그동안 내가 하나님 되어 내 마음대로 살아 온 죄를 회개하고 하나님께 돌아가는 행위입니다.

"이스라엘 족속아, 그러므로 내가 너희를 각각 자기의 행동대로 심판할 것이다. 주 여호와의 말이다. 회개하라! 너희의 모든 죄에서 돌아서라. 그러면 죄악이 너희를 넘어지게 하는 걸림돌이 되지 않을 것이다."(겔18:30)

"믿음"은 예수를 나의 죄를 대신지시고 죽으신 분으로 마음에 믿고 입으로 시인하는 것입니다. 예수님은 나의 구주이십니다.

"사람이 마음으로 믿어 의에 이르고 입으로 고백해 구원에 이릅니다."(롬 10:10)

그리고 "영접"은 예수님을 향해서 마음 문을 열고 당신의 구주로 그리고 인생의 주인으로 모시는 것입니다.

"보라. 내가 문 앞에 서서 두드리니 누구든지 내 음성을 듣고 문을 열면 내가 들어가서 그와 함께 먹고 그는 나와 함께 먹을 것이다."(계3:20)

이렇게 하나님께 회개와 예수님의 죽으심과 부활을 믿고 예수님을 영접을 하신 분은 구원받으신 것입니다. 아이 단계가 시작되는 것입니다.

아이 단계

하나님은 우리의 죄를 용서하심으로 우리를 새로운 피조물로 만드십니다. 우리는 이미 태어날 때부터 원죄로 말미암아 죄성을 가지고 태어납니다. 그리고 그 죄성으로 인하여 죄를 짓게 되는 죄인들이었습니다. 그러나 그의 이름 즉, 예수께서 온 세상의 모든 사람의 과거, 현재, 미래의 모든 죄를 위하여 속죄의 희생이 되심으로 모든 사람이 용서를 받을 수 있게 되었습니다. 우리가 죄인임을 알고, 죄에 대하여 하나님 앞에 죄송한 마음을 갖고, 죄를 회개할 결단을 할 때, 그리고 예수님이 나의 죄의 삯을 십자가 위에서 죽으심으로 갚으셨다고 믿으시면 우리는 우리의 죄를 용서 받습니다. 우리가 하나님께로부터 죄를 용서 받음으로 우리는 하나님의 자녀로 태어납니다. 그래서 사도 요한은 우리의 죄가 용서되었음을 우리에게 알려 주는 것입니다.

사도 요한이 영적으로 어린 자녀들에게 알려 주기를 원하는 두 번째는 그들이 "하나님을 알았음"입니다. 이 세상에서 가장 고귀한 지식은 바로 하나님을 아는 것입니다. 세상을 알고, 타인을 알고, 가족을 알고, 자신을 알아야 합니다. 그러나 모든 사람은 그 모든 것을 지으시고, 보존하시고, 운행하시는 하나님을 알아야 하는 것입니다. 어떤 사람은 이 세상의 모든 것을 다 아는 것 같아도 하나님을 모릅니다. 그들은 사실상 아무 것도 모르는 것입니다. 그러나 어떤 사람들은 세상에서 조금 부족할지는 모르지만, 하나님을 압니다. 그들의 경험으로 하나님을 체험하게 됩니다. 사도 바울이 표현한 대로 "내 주 그리스도 예수를 아는 지식이 가장 고상한"(빌3:8) 것입니다. 영적으로 거듭난 어린 자녀들은 이제 그들의 체험으로, 그들의 경험으로 성부 하나님, 성자 하나님 예수 그리스도, 그리고 보혜사 성령 하나님을 알아가게 되는 것입니다.

청년 단계

사도 요한은 영적 청년들의 세 가지 특징을 말하고 있습니다. (1) "너희가 흉악한 자를 이기었음이라" (2) "너희가 강하고" (3) "하나님의 말씀이 너희 속에 거하시고." 영적으로 "아버지"의 성숙함에 이르기 위해서 영적인 청년의 시기를 거쳐야 하는 것입니다. 영적 전투는 그리스도의 승리를 바탕으로 하는 것입니다. 주님께서 사탄과 싸워서 이기셨듯이, 영적으로 청년기에 있는 성도들은 이미 사탄과의 싸움에서 승리를 거두었습니다. 죄와 싸워서 이겼습니다. 사탄은 죄를 짓도록 합니다. 죄로 유혹합니다. 그러나 영적인 청년들은 받은 믿음과 훈련을 통하여 사탄과의 싸움에서 이깁니다. 구원받은 하나님 자녀가 죄를 짓는 것은 본인이 죄짓고 싶어서 짓는 것입니다. 왜냐하면 사탄과 세상과 죄를 이길 수 있는 예수님이 우리 안에 거하시는데 유혹 받을 때 예수님을 의지하지 않기 때문입니다.

본문의 14만 4천명은 구원만 받은 아이 단계가 아닙니다.

"⁴그들은 여자들과 더불어 자신을 더럽히지 않은 사람들이니 이는 그들이 정절을 지켰기 때문입니다. 그들은 어린 양이 가는 곳이면 어디든지 따라가는 사람들이며 하나님과 어린 양에게 바쳐진 첫 열매로 사람들 가운데서 구속함을 받았습니다. ⁵그들의 입에서 거짓을 찾을 수 없으니 그들은 흠 없는 사람들입니다."(계14:4-5)

구원받은 자라 할지라도 하나님의 사역에 쓰임받기 위해선 조금 더 엄격한 기준을 통과해야 한다는 것입니다.

아버지 단계

사도 요한은 영적으로 성숙한 그리스도인들 즉 "아비들"에게 알려 주기를 원하는 내용을 씁니다. 그것은 "태초부터 계신 이" 즉, 삼위일체 하나님을 계속적으로 알고, 알았고, 알아가는 것입니다. 그러므로 그리스도인의 삶이란 계속적으로 하나님을 체험해가는 과정이라고 할 수 있습니다. 그리스도인으로서 우리의 일생은 얼마나 하나님을 많이 알아 가느냐는 것에 달려 있습니다. 하나님을 알수록 하나님을 닮아 갑니다.

예수님은 이렇게 말씀하셨습니다. "그러므로 하늘에 계신 너희 아버지의 온전하심과 같이 너희도 온전하라."(마5:48) 사도 바울은 이렇게 말합니다. "우리가 다 하나님의 아들을 믿는 것과 아는 일에 하나가 되어 온전한 사람을 이루어 그리스도의 장성한 분량이 충만한 데까지 이르리니"(엡4:13). 그러므로 한 사람의 그리스도인의 삶의 과정은 하나님을 닮아가고, 그리스도의 장성한 분량에까지 자라가는 것입니다. 그래서 사도 바울은 이렇게 말합니다. "내가 이미 얻었다 함도 아니요 온전히 이루었다 함도 아니라 오직 내가 그리스도 예수께 잡힌 바 된 그것을 잡으려고 좇아가노라."(빌3:13)

우리가 영적으로 태어나서 어린이를 거치고, 청년이 되고, 장년이 되어 성숙한 경지에 이르는 것은 우리의 일생 동안 이루어지는 과정입니다. 우리가 어린 아이일 때에도 밥을 먹고 자랐듯이, 지금도 우리는 밥을 먹고 삽니다. 마찬가지로 우리는 영적으로 어렸을 때에도 기도와 하나님의 말씀으로 자랐고, 성년이 되어서도 기도와 하나님의 말씀으로 자라고, 앞으로도 역시 기도와 하나님의 말씀으로 자라게 될 것입니다. 우리는 요한일서 2장 12절에서 14절을 통해 아이, 청년, 어른의 각각 다른 영적인 모습과 상태를 살펴 보았습니다. 그런데 여기서 유의하셔야 할 공통점 한 가지는 무엇일까요? 살아 있다 즉 생명이 있다는 점입니다.(요일5:12)

"또 증거는 이것이니 하나님이 우리에게 영생을 주신 것과 이 생명이 그의 아들 안에 있는 그것이니라"(요일5:11)

휴거의 요건은 다 갖추었다는 것입니다. 영생을 받은 하나님의 자녀들이 휴거되는 것입니다. 그러나 본문에 나오는 14만 4천은 항상 예수님과 동행하며 마귀와 죄의 세력을 이기며 사는 최소한 청년 단계와 아버지 단계에 속한 하나님의 일꾼들입니다. 그러므로 14만 4천명을 9-17절의 셀 수 없는 큰 무리로 잘못 보고 하늘에서 이미 승리한 교회 공동체 모습을 묘사하고 있다고 보고 14만 4천이라는 숫자는 상징적인 숫자(12×12×1000 = 144,000)일 뿐이라는 해석은 타당성이 전혀없는 잘못된 해석입니다.

그들에게서 거짓을 찾을 수 없었던 즉 현재 진행형이 아니라 과거에 지상에 있을 때 마귀와 죄를 이기며 성결하게 산 사람들이었다고 원어 성경과 영어성경은 시제가 분명하게 과거로 기록되어 있습니다. 예컨대 계시록14장 5절 내용 중에 '거짓을 찾을 수 없었다'(οὐχ εὑρέθη ψεῦδος; in their mouth was found no guile)는 과거형으로 기록되었습니다. 왜 과거형으로 쓰였겠습니까? 천국의 성도라면 예수님의 성품을 가진 성결한 상태인데(빌3:21) 굳이 뻔한 사실을 왜 책의 분량을 차지하며 기록했겠습니까?

우리가 14만 4천의 이스라엘의 선교 사명을 감당한 그들처럼 오늘 그렇게 그리스도를 증거하며 살라는 주의 뜻이 아니겠습니까?

천국에는 사탄, 마귀, 죄가 없는데 천국에서 싸움하여 승리할 일이 있나요? 승리하고 있는 교회 공동체를 묘사할 필요가 어디가 있겠습니까? 그렇습니다. 잘못된 관찰은 거짓 정보(false information)을 낳고 그 거짓 정보를 근거로 해석한 것은 필연적으로 거짓 해석(false interpretation)을 낳은 것입니다.

여러분!

계시록 14장 4절을 보면 14만 4천명은 "그들은 어린 양이 가는 곳이면 어디든지 따라가는 사람들이며"라고 증거합니다. 그들은 죽지 않고 휴거되어 천국 간 에녹처럼 하나님과 동행하며 살았습니다. "에녹은 하나님과 동행하다가 세상에서 사라졌는데 하나님께서 그를 데려가셨기 때문입니다."(창5:24)

하나님과 동행하는 삶은 갈라디아서 5장 16절에서 25절을 통해서 구체적으로 보여주고 있습니다. 성령을 좇아 행하라(walk,16), 성령의 인도하시는 바가 되면(be led, 18), 성령으로 살면(live, 25), 성령으로 행할찌니(walk by rule, 25) '행하다', '인도 받다', '살다', '행하다' 이 네 동사는 모두 현재형으로 되어 있습니다. 육신의 생각을 좇아 살면 "내가"(ego) 나와 사망의 권세가 왕 노릇하게 됩니다. 그러나 자신의 전 존재를 주님 앞에 복종시키고 오직 순간마다 성령의 인도하심을 따라 주님과 동행할 때, 주님의 품성은 우리의 삶의 순간마다 그리스도의 향기가 되어 나타날 것입니다.(고후2:15)

'그들은 어린 양이 가는 곳이면 어디든지 따라가는 사람들이며'

어린 양 곧 예수님을 따라가려면 그의 음성을 듣고 따라야 합니다. 우리는 성경 속에 하나님의 사람들이 하나님의 음성을 들었음을 확인할 수 있습니다. (창3:8, 창12:1, 겔1:3, 행13:2, 히12:25,계1:10) 알지도 못하는 주님의 인도하심에 어떻게 순종할 수 있겠습니까? 주님은 분명히 하나님 자녀들은 주님의 음성을 듣고 따르는 자가 될 것이라고 말씀하셨습니다.

"내 양은 내 음성을 들으며 나는 저희를 알며 저희는 나를 따르느니라"(요 10:27)

예레미야 33장 3절은 말합니다. "너는 내게 부르짖으라. 내가 네게 응답하겠고 네가 알지 못하는 크고 비밀한 일을 네게 보이리라."

이 구절에서 "네가 알지 못하는 크고 비밀한 일을 네게 보이겠다."는 말은 "하나님의 음성을 들려주겠다."는 말입니다. 그 말씀대로 하나님의 음성을 기대하고 성령님의 도우심을 기대하십시오. 예수님이 성령과 관련해 사용한 용어는 '보혜사(상담자)'였습니다.(26절) 성령의 중요한 역할은 '친밀하게 상담해주시는 것'이란 뜻입니다. 그러므로 마음 속에 성령님을 모시고 하나님의 음성이 들려지기를 기대하십시오. 실제로 많은 그리스도인들이 주님의 음성을 듣지 못한다고 생각합니다. 그러나 많은 그리스도인들이 하나님의 음성을 듣기를 원하고 애를 쓰다 포기하는 것은 주님의 음성을 귀로 듣는 줄 알았기 때문입니다.

사진작가인 이 요셉 집사님이 강의 중에 하나님의 음성을 들었다는 언급을 자주하였는데 어떻게 하나님의 음성을 들을 수 있는지 물어오는 사람들이 많았던 모양입니다. 집사님이 이렇게 말했습니다.

"저는 하나님의 음성을 육성으로 듣지는 못합니다. 그런데도 하나님의 음성을 들었다고 말하는 것은 이런 이유 때문입니다. 예를 들어 제가 작업을 하면서 방을 어질러 놓고 있는데 정리정돈이 되어야 좋아하는 아내가 방문을 열어 보고는 한숨을 쉬고 나갔다면 아내는 말 한마디 안했지만 '방 좀 치워요'라고 말하는 것을 들은 것과 같습니다. 아내의 마음을 깨달은 것이 아내의 음성을 들은 것입니다. 꼭 육성으로 들어야 그 사람이 하려는 말을 들은 것은 아닙니다. 얼굴 표정 하나에서도 그 사람의 말을 들을 수 있습니다. 그 사람 생각만 해도 그가 하려는 말이 생각나기도 합니다. 그것은 그가 하는 말을 듣는 것과 같습니다. 마찬가지로 하나님의 마음을 깨달았을 때 하나님의 음성을 들었다고 말할 수 있는 것입니다.[46] 하나님의 음성에 대해 이해를 잘 못하는 교회 지도자 중에는 하나님 음성 듣는 일을 직통계시를 받은 사람들의 위험한 영적 형태로 단정하여 경계하며 금지하는 비성경적인 지도를 하는 경우까지 있습니다. 물론 성경의 계시는 완성되어 끝났습니다. 즉 성경의 권위와 동일한 직통계시는 있을 수 없습니다. 그러나 하나님의 뜻을 알려 주시는 성경에 나온 하나님의 음성의 형태는 직접 음성으로(행13:2), 하나님의 사람을 통해서(히1:1), 자연만물을 통해서(마2:9), 천사들을 통해서(마28:5), 양심으로(롬2:15), 기록된 말씀으로(요 5:39), 환상으로(행16:9), 꿈으로(창20:6), 환경으로(삼상9장), 성령의 은사를 통해(고전12:10), 소원을 두고 행하심으로(빌2:13), 사람의 상징적인 행동을 통해서(사20:2), 하나님의 침묵으로(막14:61), 교회를 통해서(고전12:7-27) 하나님의 음성을 주시고 우리가 죽을 때까지(시48:18) 인도하십니다. 그런데 가장 우리가 보편적으로 듣는 하나님의 음성은 생각을 통해서입니다. 요14:26에 보면 우리는 주님의 음성을 생각으로 듣는다는 것을 알 수 있습니다.

즉 성경을 통한 예수의 계시는 완성되었지만, 특별히 하나님 자녀, 즉 사람에 대한 하나님의 음성은 지금도 계속되고 있다는 것입니다.

"보혜사 곧 아버지께서 내 이름으로 보내실 성령 그가 너희에게 모든 것을 가르치고 내가 너희에게 말한 모든 것을 생각나게 하리라"(요14:26)

우리가 주님을 따라가면서 제일 답답한 때가 하나님의 뜻을 명확히 모를 때입니다. 분명히 모를수록 삶이 어수선하고 하는 일도 잘 안됩니다. 하나님의 뜻을 모를 때 고통스럽습니다. 그러므로 하나님의 음성을 듣는 법을 성경과 기도를 통해서 배워야합니다. 하나님의 음성을 듣는 일에 익숙해지면 힘있게 주의 일을 할 수 있습니다. 기도를 하실 때 영성일기와 필기구도 옆에 두고 기도하십시오. 성령 하나님께서 하나님의 말씀을 생각나게 하시고 해석도 해주십니다. (요14:26,요일2:27) 깨달은 내용을 기록하십시오. 그것이 하나님의 음성입니다.

에녹은 일생을 하나님과 동행하였다고 성경은 증거하고 있습니다. 므두셀라를 낳은 후 삼백년을 하나님과 동행하며 자녀를 낳았으며(창5:22) 그런데 동행할 때 무슨 일을 하였는가는 구체적으로 창세기에 기록되어 있지 않습니다. 그러나 성경의 원저자 성령님은 인간 역사를 초월하여 계시기에 유다서에서 에녹은 재림의 예수님까지 증거하고 선교하였음을 기록하고 있습니다. "아담의 칠세 손 에녹이 사람들에게 대하여도 예언하여 이르되 보라 주께서 그 수만의 거

---

46) 유기성, facebook(2019년 11월 6일)

룩한 자와 함께 임하셨나니 이는 뭇 사람을 심판하사 모든 경건치 않은 자의 경건치 않게 행한 모든 경건치 않은 일과 또 경건치 않은 죄인의 주께 거스려 한 모든 강퍅한 말을 인하여 저희를 정죄하려 하심이라 하였느니라."(유1:14-15)

하나님과 동행하는 자는 복음으로 많은 사람을 돌이켜 죄악에서 떠나게 하는 선교사적인 삶을 사는 것을 알 수 있습니다. "그 입에는 진리의 법이 있었고 그 입술에는 불의함이 없었으며 그가 화평과 정직한 중에서 나와 동행하며 많은 사람을 돌이켜 죄악에서 떠나게 하였느니라."(말2:6) 주님과 동행하는 자는 넓은 의미로는 언제 어디서든 전천후 선교사적 삶을 살게 됩니다.

"주님과 동행한다 하면서 복음을 전하지도 않고 모든 족속을 제자삼으라" 하는데도 세계 영혼들에게는 별로 관심이 별로 없다는 것은 가짜라는 방증입니다. 왜냐하면 마태복음 9장 35-38절에서 보면 "예수께서 모든 성과 촌에 두루 다니사……"주님께서는 잃어버린 양들을 다 찾기 위해 모든 도시와 마을에 두루 다니셨던 것처럼 오늘도 우리와 동행하시는 주님의 발걸음은 죄인들을 찾아 땅 끝까지 가시는 일을 계속 하시고 계시기 때문입니다. 우리의 세계 선교를 통해 각 족속과 방언과 백성과 나라 가운데서 사람들을 피로 사서(행 20:28) 하나님께 드리시게 하는 영광스런 하나님 선교에 동역자로 참여하게 하신 것입니다.

또한 에녹은 평생에 어떤 삶을 살았는지 히브리서 11장 5절에서도 이렇게 그를 증언합니다.

"믿음으로 에녹은 죽음을 보지 않고 들림을 받았습니다. 하나님께서 그를 데려가셨기 때문에 그는 더 이상 보이지 않았습니다. 들려 가기 전에 그는 하나님을 기쁘시게 하는 사람이라는 인정을 받았습니다."(히11:5)

그는 죽음을 보지 않고 휴거될 수 있다고 믿었다는 것입니다. 그리고 하나님을 기쁘시게 하는 사람이었습니다. 하나님의 기쁨이 된 사람 그가 에녹이고 14만 4천의 유대인 전도자들입니다.

여러분! 14만 4천이 구원받은 모든 성도를 상징한다고 해석하거나 혹은 부름 받고 하나님의 인을 받아 7년 환난기 때 추수하는 유대인 전도자들이라고 해석한들 뭐 얼마나 큰 차이가 있나요? 라고 반문할 수 있습니다. 그러나 그렇지 않습니다. 14만 4천이 구원받은 모든 성도를 상징한다고 할 때 결과적으로 앞에서 인용한 계시록 14장 4절에서 5절 말씀을 제하여 버린 것입니다.

또한 같은 맥락으로 14만 4천이 누리는 영원한 상급(reward)에 대한 하나님의 약속도 없애 버리는 것입니다(계12:2). 단지 예수님 십자가상에 죽으시기 전 전도하셔서 구원받은 한 강도처럼 죽기 전에 아슬아슬하게 구원만 받은 사람들과 목숨을 내놓고 복음을 전한 14만 4천의 복음의 증인들이 받을 상급과 영광이 영원히 다른 것입니다.

"지혜로운 사람은 하늘이 밝게 빛나는 것처럼 빛날 것이고 많은 사람들을 의로 이끄는 사람은 별처럼 영원히 빛날 것이다."(단12:3)

그리고 오늘 우리를 향하여 너희는 7년 대환난 때 목숨을 내놓고 전도한 14만 4천명처럼 예수님과 동행하여 거룩하게 살고 순교의 각오로 복음을 전하고 살라고 하시는 것입니다.

사랑하는 성도 여러분!

보좌 앞에 어린 양과 함께 서 있는 14만 4천의 성도들처럼 하나님께서 우리를 '어린 양이 가는 곳이면 어디든지 따라가는' 예수님과 동행하며 전도하는 삶을 살면서 "그들의 입에서 거짓을 찾을 수 없으니 그들은 흠 없는 사람들입니다."(계14:5)와 같이 인정해주시는 그리스도를 증거하며 거룩하게 계속 사시는 저와 여러분 되시길 주의 이름으로 축원합니다.

CHAPTER 10

두 짐승의 비밀

secret of the two beasts

본문   계13:1-2

교회를 가리켜 주님의 회사, 주님의 학교라 하지 않고 '주님의 군대'라고 합니다(출12:41, 빌2:25). 군대라고 하는 이유는 적군이 있다는 것입니다. 그래서 사도 요한도 초대교회에 적그리스도에 대한 경고를 하고 있습니다.(요일2:22) 적그리스도라는 말은 영어로 'AntiChrist'라고 하는데 이 말은 두 가지 의미가 있습니다. '그리스도를 대적하는 자'와 '그리스도를 사칭해서 흉내 내는 가짜'입니다. 요일 2장 21절 후반부와 22절을 보면,

"모든 거짓은 진리에서 나지 않음을 인함이니라 거짓말 하는 자가 누구뇨 예수께서 그리스도이심을 부인하는 자가 아니뇨 아버지와 아들을 부인하는 그가 적그리스도니."

첫째는 '거짓말쟁이'입니다. 그리스도라는 말은 '기름부음을 받았다'는 뜻입니다. 구약을 보면 솔로몬, 다윗 등 특별한 리더십을 세울 때 하나님께서 기름을 부으셨습니다. 예수님에게도 기름을 부어주셨습니다. 예수님은 기름부음을 받은 자들 중에 가장 위대한 자입니다. 그분은 기름부음을 받은 모든 사람들의 길을 예비한 분입니다. 모든 예언의 완성이요, 모든 약속의 성취입니다. 육체를

입고 오신 메시아가 바로 그리스도입니다. 가장 위대한 제사장이요 예언자요 왕입니다. 적그리스도는 이것을 부인합니다. 이것은 인류 역사상 가장 큰 거짓말입니다. 이것을 부인하는 것은 예수님을 이 땅에 보낸 하나님 아버지를 부인하는 것입니다.

23절을 보십시오.

"아들을 부인하는 자에게는 또한 아버지가 없으되 아들을 시인하는 자에게는 아버지도 있느니라."

이 말씀은 요한복음 12장 44절-45절에서 예수님께서 하신 말씀과 일맥상통합니다.

"예수께서 외쳐 가라사대 나를 믿는 자는 나를 믿는 것이 아니요 나를 보내신 이를 믿는 것이며 나를 보는 자는 나를 보내신 이를 보는 것이니라."

하나님과 예수님은 하나입니다. 그러므로 하나님께서 보내신 예수님을 부인함으로써 적그리스도는 하나님을 대적하는 것입니다. 또 다른 적그리스도의 정체성은 그는 그리스도를 흉내낸 가짜 그리스도입니다. 우리는 이것을 다음과 같은 대조를 통해 그리스도와 그를 비교함으로써 알 수 있습니다.

1) 그리스도는 위로부터 오셨습니다.(요6:38)

"내가 하늘에서 내려온 것은 내 뜻을 행하려 함이 아니요 나를 보내신 이의 뜻을 행하려 함이니라"(요6:38)

☞ 그러나 적그리스도는 무저갱으로부터 올라옵니다.(계11:7)

"그들이 그 증언을 마칠 때에 무저갱으로부터 올라오는 짐승이 그들과 더불어 전쟁을 일으켜 그들을 이기고 그들을 죽일 터인즉"(계11:7)

2) 그리스도는 아버지의 이름으로 오셨습니다.(요5:43)

"나는 내 아버지의 이름으로 왔으매 너희가 영접하지 아니하나 만일 다른 사람이 자기 이름으로 오면 영접하리라"(요5:43)

☞ 그러나 적그리스도는 자기의 이름으로 옵니다.(요5:43)

3) 그리스도는 자신을 낮추셨습니다.(빌2:8)

"사람의 모양으로 나타나사 자기를 낮추시고 죽기까지 복종하셨으니 곧 십자가에 죽으심이라"(빌2:8)

☞ 그러나 적그리스도는 자신을 높입니다.(살후2:4)

"그는 대적하는 자라 신이라고 불리는 모든 것과 숭배함을 받는 것에 대항하여 그 위에 자기를 높이고 하나님의 성전에 앉아 자기를 하나님이라고 내세우느니라"(살후2:4)

4) 그리스도는 멸시를 받으셨습니다.(사53:3, 눅23:18)

"무리가 일제히 소리 질러 이르되 이 사람을 없이하고 바라바를 우리에게 놓아 주소서 하니"(눅23:18)

☞ 그러나 적그리스도는 경배를 받습니다.(계13:3, 4)

"3그의 머리 하나가 상하여 죽게 된 것 같더니 그 죽게 되었던 상처가 나으매 온 땅이 놀랍게 여겨 짐승을 따르고 4용이 짐승에게 권세를 주므로 용에게 경배하며 짐승에게 경배하여 이르되 누가 이 짐승과 같으냐 누가 능히 이와 더불어 싸우리요 하더라"(계13:3-4)

5) 그리스도는 결국 높임을 받으셨습니다.(빌2:9)

"이러므로 하나님이 그를 지극히 높여 모든 이름 위에 뛰어난 이름을 주사"(빌2:9)

☞ 그러나 적그리스도는 불못에 던져집니다.(사14:14, 15, 계19:20)

"짐승이 잡히고 그 앞에서 표적을 행하던 거짓 선지자도 함께 잡혔으니 이는 짐승의 표를 받고 그의 우상에게 경배하던 자들을 표적으로 미혹하던 자라 이 둘이 산 채로 유황불 붙는 못에 던져지고"(계19:20)

6) 그리스도는 아버지의 뜻을 행하기 위해 오셨습니다.(요6:38)

"내가 하늘에서 내려온 것은 내 뜻을 행하려 함이 아니요 나를 보내신 이의 뜻을 행하려 함이니라"(요6:38)

☞ 그러나 적그리스도는 자기 자신의 뜻을 행하러 옵니다.(단11:36)

"그 왕은 자기 마음대로 행하며 스스로 높여 모든 신보다 크다 하며 비상한 말로 신들의 신을 대적하며 형통하기를 분노하심이 그칠 때까지 하리니 이는 그 작정된 일을 반드시 이룰 것임이라"(단11:36)

7) 그리스도는 사람들을 구원하시기 위해 오셨습니다(눅19:10).

"인자가 온 것은 잃어버린 자를 찾아 구원하려 함이니라"(눅19:10)

☞ 그러나 적그리스도는 사람들을 멸망시키기 위해 옵니다.(단8:24)

"그 권세가 강할 것이나 자기의 힘으로 말미암은 것이 아니며 그가 장차 놀랍게 파괴 행위를 하고 자의로 행하여 형통하며 강한 자들과 거룩한 백성을 멸하리라"(단8:24)

8) 그리스도는 선한 목자이십니다.(요10:14-15)

"14나는 선한 목자라 나는 내 양을 알고 양도 나를 아는 것이 15아버지께서 나를 아시고 내가 아버지를 아는 것 같으니 나는 양을 위하여 목숨을 버리노라"(요10:14-15)

☞ 그러나 적그리스도는 우매한 목자입니다.(슥11:16,17)

"16보라 내가 한 목자를 이 땅에 일으키리니 그가 없어진 자를 마음에 두지 아니하며 흩어진 자를 찾지 아니하며 상한 자를 고치지 아니하며 강건한 자를 먹이지 아니하고 오히려 살진 자의 고기를 먹으며 또 그 굽을 찢으리라 17화 있을진저 양 떼를 버린 못된 목자여 칼이 그의 팔과 오른쪽 눈에 내리리니 그의 팔이 아주 마르고 그의 오른쪽 눈이 아주 멀어 버릴 것이라 하시니라"(슥11:16-17)

9) 그리스도는 참포도나무이십니다.(요15:1)

"나는 참포도나무요 내 아버지는 농부라"(요15:1)

☞ 그러나 적그리스도는 땅에서 나온 포도나무입니다(계14:18)

"또 불을 다스리는 다른 천사가 제단으로부터 나와 예리한 낫 가진 자를 향하여 큰 음성으로 불러 이르되 네 예리한 낫을 휘둘러 땅의 포도송이를 거두라 그 포도가 익었느니라 하더라"(계14:18)

10) 그리스도는 진리이십니다.(요14:6)

"예수께서 이르시되 내가 곧 길이요 진리요 생명이니 나로 말미암지 않고는 아버지께로 올 자가 없느니라"(요14:6)

☞ 그러나 적그리스도는 거짓입니다.(살후2:11)

"이러므로 하나님이 미혹의 역사를 그들에게 보내사 거짓 것을 믿게 하심은"(살후2:11)

11) 그리스도는 거룩한 분이십니다.(막1:24)

"나사렛 예수여 우리가 당신과 무슨 상관이 있나이까 우리를 멸하러 왔나이

까 나는 당신이 누구인 줄 아노니 하나님의 거룩한 자니이다"(막1:24)

☞ 그러나 적그리스도는 불법자입니다.(살후2:8)

"그 때에 불법한 자가 나타나리니 주 예수께서 그 입의 기운으로 그를 죽이시고 강림하여 나타나심으로 폐하시리라"(살후2:8)

12) 그리스도는 하나님의 아들이십니다.(눅1:35)

"천사가 대답하여 이르되 성령이 네게 임하시고 지극히 높으신 이의 능력이 너를 덮으시리니 이러므로 나실 바 거룩한 이는 하나님의 아들이라 일컬어지리라"(눅1:35)

☞ 그러나 적그리스도는 멸망의 아들입니다.(살후2:3)

"누가 어떻게 하여도 너희가 미혹되지 말라 먼저 배교하는 일이 있고 저 불법의 사람 곧 멸망의 아들이 나타나기 전에는 그 날이 이르지 아니하리니"(살후2:3)

13) 그리스도는 "경건의 신비"로서 육체로 나타나신 하나님이십니다.(딤전3:16)

"크도다 경건의 비밀이여, 그렇지 않다 하는 이 없도나 그는 육신으로 나타난 바 되시고 영으로 의롭다 하심을 받으시고 천사들에게 보이시고 만국에서 전파되시고 세상에서 믿은 바 되시고 영광 가운데서 올려지셨느니라"(딤전3:16)

☞ 그러나 적그리스도는 "불법의 신비"로서 육체로 나타난 사탄이 될 것입니다.(살후2:7)

"불법의 비밀이 이미 활동하였으나 지금은 그것을 막는 자가 있어 그 중에서 옮겨질 때까지 하리라"(살후2:7)

장차 교회가 휴거된 후 출현하여 온 세상을 미혹할 적그리스도에 대해 좀더 살펴보겠습니다.

1. 첫 번째 짐승인 적그리스도

계시록에 두 짐승이 나옵니다. 첫 번째 짐승은 바다에서 짐승이 올라오는 것을 사도요한은 보았습니다.

"그때 나는 바다에서 짐승이 올라오는 것을 보았습니다. 그 짐승은 열 뿔과 일곱 머리를 가졌는데 그의 열 뿔에는 열 면류관이 있고 그의 머리에는 하나님을 모독하는 이름이 있었습니다."(계13:1)

계시록 13장 1절은 그 짐승이 바다에서 올라올 것이라고 말합니다. 지리상으로 이 바다는 지중해 곧 다니엘 7장 2절에 언급된 '큰 바다'입니다. 9장 11절, 11장 7절, 17장 8절은 적그리스도가 무저갱에서 올라온다고 말해 줍니다. 그러나 13장 1절은, 다니엘 7장 3절에도 언급된 것처럼 그가 바다에서 올라올 것이라고 말합니다. 이것은 적그리스도가 두 근원에서 나올 것임을 가리킵니다. 무저갱에 감금되었던 그의 영은 무저갱에서 나올 것이요, 그의 몸은 지중해 연안의 이방 국가들 중 하나에서 나올 것입니다.

'열개의 뿔'은 단 7:7을 반영한 것으로 다니엘서에서 이 뿔들이 열 왕(王)을 상징하듯이 본문의 열 뿔도 열 왕을 상징한다고 볼 수 있습니다.(17:12) 이러한 열 뿔이 면류관을 쓰고 있다는 사실은 왕권을 소유하고 있음을 암시합니다. 또한 '일곱 개의 머리'는 일곱 개의 머리를 가진 용과의 관계를 나타내는 것으로 (12:3) 짐승의 권세가 용으로부터 받은 것임을 시사합니다.(13:4) 그의 머리는 하나님을 모독하는 이름이 있었습니다. 이름은 그 존재의 내적 마음과 성품을 나타내는 것으로 하나님의 신성과 능력을 부인하고 하나님에 대한 망언을 일삼습니다.

"내가 본 짐승은 표범처럼 생겼고 그의 발은 곰의 발 같고 그의 입은 사자의 입 같았습니다. 용은 이 짐승에게 자기의 능력과 자기의 권좌와 큰 권세를 주었습니다."(계13:2)

짐승의 형상은 단 7장에 언급된 세 마리의 짐승의 특징을 모두 갖고 있습니다. 즉 '표범과 비슷하고'는 다니엘이 본 세 번째 짐승과 같고, '곰의 발'은 두 번째 짐승을 나타내며 '사자의 입'은 첫 번째 짐승을 나타냅니다. 이러한 짐승의 모습은 그 짐승의 흉포스러운 성격과 외형을 나타냅니다. '표범'은 신속함과 무자비함을, '곰'은 힘과 끈기를, '사자'는 권세와 지배력을 상징하는 것으로 요한이 본 짐승이 전에 있던 어떠한 나라나 권력보다도 더욱 무서운 권력을 소유하여 그리스도와 그의 나라를 대적할 것입니다.(Alford, Hughes) 사탄으로부터 받은 카리스마로 자기를 경배하지 않은 모든 자들을 죽일 것입니다.(계13:15)

이 짐승은 데살로니가후서 2장과 요한일서 2장에서 예언된 적그리스도입니다. 요한일서 2장 18절을 보면 적그리스도의 등장은 마지막 때의 징조입니다. "아이들아 이것이 마지막 때라 적그리스도가 이르겠다 함을 너희가 들은 것과 같이 지금도 많은 적그리스도가 일어났으니 이러므로 우리가 마지막 때인 줄 아노라."(18)

18절 앞부분에 나오는 적그리스도는 영어로 'the antichrist'라고 해서 단수형으로 되어 있는데, 뒷부분에서 언급하는 '많은 적그리스도(many antichrists)'는 복수형으로 되어 있습니다. 이는 적그리스도의 세력들을 의미하는 단어입니다. 요한계시록에서 예언하고 있는 7년 대환난 때에 등장할 적그리스도뿐 아니라, 교회 역사 속에서 등장했던 그리스도를 대적하는 세력들 모두를 적그리스도라고 부르고 있는 것입니다. 특별히 사도 요한이 이 서신을 쓸 당시 대표적인 적그리스도의 세력은 바로 영지주의자들이었습니다. 이들은 이어지는 설명에서 나오는 것처럼 예수가 그리스도인 것을 부인했고, 예수 그리스도께서 육체로 임하심을 부인하는 자들(요이1:7)이었습니다. 예수께서 그리스도이심을 부인한 자가 적그리스도입니다.(요일2:22) "이들은 거짓말 하는 자요, 예수를 시인하지 않는 영마다 하나님에 속한 영이 아니라 적그리스도의 영이니라."(요일4:3)

적그리스도는 인격체의 사람입니다. 무슨 국가나 세력이 아닙니다.

"3누가 어떻게 하여도 너희가 미혹되지 말라 먼저 배교하는 일이 있고 저 불법의 사람 곧 멸망의 아들이 나타나기 전에는 그 날이 이르지 아니하리니 4그는 대적하는 자라 신이라고 불리는 모든 것과 숭배함을 받는 것에 대항하여 그 위에 자기를 높이고 하나님의 성전에 앉아 자기를 하나님이라고 내세우느니라"(살후2:3-4)

종말의 때에 나타나는 적그리스도는 교회가 휴거한 후에 등장합니다. 7년 대환난이 시작될 때입니다.

"6너희는 지금 그로 하여금 그의 때에 나타나게 하려 하여 막는 것이 있는 것을 아나니 7불법의 비밀이 이미 활동하였으나 지금은 그것을 막는 자가 있어 그 중에서 옮겨질 때까지 하리라 8그 때에 불법한 자가 나타나리니 주 예수께서 그 입의 기운으로 그를 죽이시고 강림하여 나타나심으로 폐하시리라"(살후2:6-8)

그는 옛 로마제국 영토 중 한 곳에서 나타납니다.

"8숫염소가 스스로 심히 강대하여 가더니 강성할 때에 그 큰 뿔이 꺾이고 그 대신에 현저한 뿔 넷이 하늘 사방을 향하여 났더라 9그 중 한 뿔에서 또 작은 뿔 하나가 나서 남쪽과 동쪽과 또 영화로운 땅을 향하여 심히 커지더니 10그것이 하늘 군대에 미칠 만큼 커져서 그 군대와 별들 중의 몇을 땅에 떨어뜨리고 그것들을 짓밟고"(단8:8-10)

여기서 숫양은 메대-페르시아(단8:20)를 뜻하고, 숫염소를 이후에 일어설 그리스 왕국을 뜻합니다.(단8:21) 이후에는 로마가 그리스를 함락하고 일어서는 것을 다니엘서 2장과 7장을 통해 알 수 있습니다. 그러나 8장의 배경은 로마가 그리스를 함락하기 이전에 일어날 일을 담고 있습니다. 그것은 그리스에서 즉 옛 로마제국 영토 중 한 곳에서 작은 뿔(적그리스도를 상징하는 인물) 하나가 일어나 유대인들을 핍박합니다. 하나님이 볼 때 적그리스도는 짐승입니다. 짐승보다 못한 사람이라는 것입니다.(시49:20)

"이 네 나라 마지막 때에 반역자들이 가득할 즈음에 한 왕이 일어나리니 그 얼굴은 뻔뻔하며 속임수에 능하며"(단8:23)

그는 속임수에 능한 정치인이고 후안무치한 자입니다. 그가 마귀와 여러 국가의 통치자로부터 권세를 받아(계17:12-13) 온 세계의 경제를 통제할 것입니다.(계13:11-18) 거짓 선지자의 도움을 받아(계13:11-18) 성도들을 죽이며 핍박하나 결국 심판받아 멸망당합니다.

"24그 권세가 강할 것이나 자기의 힘으로 말미암은 것이 아니며 그가 장차 놀랍게 파괴 행위를 하고 자의로 행하여 형통하며 강한 자들과 거룩한 백성을 멸하리라 25그가 꾀를 베풀어 제 손으로 속임수를 행하고 마음에 스스로 큰 체하며 또 평화로운 때에 많은 무리를 멸하며 또 스스로 서서 만왕의 왕을 대적할 것이나 그가 사람의 손으로 말미암지 아니하고 깨지리라"(단8:24-25)

그리고 적그리스도가 유대인과 맺는 관련성을 통해 알 수 있습니다. 다니엘 9:27을 보면, 적그리스도는 유대인과 한 주(7년) 동안 언약을 확정하고, 3년 반이 지나면 파기합니다.

"그가 장차 많은 사람들과 더불어 한 이레 동안의 언약을 굳게 맺고 그가 그 이레의 절반에 제사와 예물을 금지할 것이며 또 포악하여 가증한 것이 날개를 의지하여 설 것이며 또 이미 정한 종말까지 진노가 황폐하게 하는 자에게 쏟아지리라 하였느니라 하니라"(단9:27)

이 언약은 평화조약이 될 텐데, 유대인들은 수많은 적들에 에워싸여 있기 때문에 확실한 평화를 안겨준다면 적그리스도와 기꺼이 조약을 맺을 것입니다. 하지만 그 평화는 거짓 평화일 뿐, 이사야 28:15에 따르면 그 언약은 '사망'과 '지옥'과 맺은 언약이 될 것입니다.

"너희가 말하기를 우리는 사망과 언약하였고 스올과 맹약하였은즉 넘치는 재앙이 밀려올지라도 우리에게 미치지 못하리니 우리는 거짓을 우리의 피난처로 삼았고 허위 아래에 우리를 숨겼음이라 하는도다"(사28:15)

하지만 이스라엘이 그동안 맺은 평화 협정이 어디 한둘이었던가? 그 중 어떤 것이 적그리스도와 맺은 언약이었나? 향후에도 이러저러한 협정들을 맺을 텐데 과연 어떤 협정이 적그리스도와 맺은 것이라 확인할 수 있을까요?

이 문제에서 우리가 얻을 수 있는 단서 중 하나는, 그 협정이 단지 정치·군사적 협정뿐 아니라 종교적인 면도 포함된다는 것입니다. 이스라엘과 그 주변 국들은 단지 민족적·정치적으로만 적대 관계에 있는 것이 아닙니다. 그들은 종교 간 대립을 하고 있습니다. 지금 이스라엘을 둘러싸고 있는 나라들은 예외없이 이슬람 국가들이고, 과거 이스라엘을 둘러싼 국가들은 모두 바알 숭배 국가들이었습니다. 그들은 예나 지금이나 이교도 우상 숭배의 비다에 던져진 작은 섬과 같습니다. 그들은 이교도 가운데 자신들의 종교를 지켜야 합니다. 그래서 자기들의 종교 활동을 자유롭게 할 수 있는 보장을 받는 것이 이 협정에 포함될 것입니다.

그들은 아직 자유롭게 종교 활동을 하지 못하고 있습니다. 왜냐하면 아직 성전이 없기 때문입니다. 그들은 성전이 세워져야만 그들이 원하는 종교 활동을 완전히 이룰 수 있습니다. 그런데 그것을 반대하는 세력이 크게 둘입니다. 하나는 이슬람 세력이고, 또 하나는 가톨릭(배교한 개신교를 포함해서) 세력입니다. 이슬람은 말할 것도 없는 유대교의 원수이고, 가톨릭은 유대교가 예수 그리스도를 죽였다고 해서 항상 그들을 적대시합니다. 성전이 세워지는 것을 좋아할리 없습니다. 특히 유대인들은 현재 이슬람 모스크(바위 돔 황금 사원) 자리에 성전을 세워야 한다고 주장하기 때문에, 이 문제가 어떻게 원활하게 협정될지는 아무도 알 수 없습니다. 그러나 분명한 것은 적그리스도의 수완으로 인해, 어떻게든 성전은 세워지고 이스라엘은 희생제를 드리며 그들의 종교 활동을 마음껏 할 것입니다.

그러나 3년 반 후 적그리스도가 언약을 파기할 때, 그는 희생제사와 예물을 금지할 것입니다.(단8:11,12; 9:27)

"11또 스스로 높아져서 군대의 주재를 대적하며 그에게 매일 드리는 제사를 없애 버렸고 그의 성소를 헐었으며 12그의 악으로 말미암아 백성이 매일 드리는 제사가 넘긴 바 되었고 그것이 또 진리를 땅에 던지며 자의로 행하여 형통하였더라"(단8:11-12)

이것은 적그리스도가 잔악한 통치를 시작할 때, 그 땅에는 이미 성전이 세워져 희생제사가 드려지고 있어야 한다는 것을 의미합니다. 성전이 세워져 있어야 하는 또 하나의 이유는 적그리스도가 그 성전에 들어가 자신을 신격화시켜야 하기 때문입니다.(살후2:4)

"그는 대적하는 자라 신이라고 불리는 모든 것과 숭배함을 받는 것에 대항하여 그 위에 자기를 높이고 하나님의 성전에 앉아 자기를 하나님이라고 내세우느니라"(살후2:4)

유대인들은 지금 에스겔 40장을 근거로 성전을 지으려 노력합니다. 소위 제3성전이라 불리는 그것을 짓기 위해 거의 모든 준비들을 갖춰놓고 있습니다. (www.templeinstitute.org 참조) 하지만 그것은 하나님을 위한 성전이 아니라 마귀를 위한 성전이 될 뿐입니다.

그러므로 우리는 이스라엘이 누군가와 협정을 체결하되 종교 활동이 보장된 상태에서 평화협정을 맺는다면, 그리고 성전이 건축된다는 구체적인 소식을 듣게 되면, 그때 그 협정을 맺는 당사자가 유럽 대통령이든 교황이든 그가 적그리스도임을 확인할 수 있을 것입니다. 물론 그리스도 안에 있는 하나님의 자녀는 그가 활동하기 전에 공중으로 끌려 올라갈 것입니다.

적그리스도는 하나님을 모독하는 존재입니다. 그는 또한 때와 법을 변경시키는 존재입니다.(단7:25)

"그가 장차 지극히 높으신 이를 말로 대적하며 또 지극히 높으신 이의 성도를 괴롭게 할 것이며 그가 또 때와 법을 고치고자 할 것이며 성도들은 그의 손에 붙인 바 되어 한 때와 두 때와 반 때를 지내리라"(단7:25)

적그리스도는 전 3년 반 시기에 평화롭게 예루살렘으로 진입할 것이며(단11:24),

"그가 평안한 때에 그 지방의 가장 기름진 곳에 들어와서 그의 조상들과 조상들의 조상이 행하지 못하던 것을 행할 것이요 그는 노략하고 탈취한 재물을 무리에게 흩어 주며 계략을 세워 얼마 동안 산성들을 칠 것인데 때가 이르기까지 그리하리라"(단11:24)

후에는 속임수를 써서 평화를 무기삼아 많은 사람들을 죽일 것입니다.(단8:25)

"그가 꾀를 베풀어 제 손으로 속임수를 행하고 마음에 스스로 큰 체하며 또 평화로운 때에 많은 무리를 멸하며 또 스스로 서서 만왕의 왕을 대적할 것이나 그가 사람의 손으로 말미암지 아니하고 깨지리라"(단8:25)

온 세상이 3차 세계 대전과 휴유증으로 고통 중에 있을 때 천사처럼 위장한 그의 나타남은 온 인류에게 평화의 사도로 보여지게 될 것이기 때문입니다.

"1내가 보매 어린 양이 일곱 인 중의 하나를 떼시는데 그 때에 내가 들으니 네 생물 중의 하나가 우렛소리 같이 말하되 오라 하기로 2이에 내가 보니 흰 말이 있는데 그 탄 자가 활을 가졌고 면류관을 받고 나아가서 이기고 또 이기려고 하더라"(계6:1-2)

그는 모든 문제를 해결할 능력자로 보일 것입니다.

"23모신 자가 이처럼 이르되 넷째 짐승은 곧 땅의 넷째 나라인데 이는 다른 나라들과는 달라서 온 천하를 삼키고 밟아 부서뜨릴 것이며 24그 열 뿔은 그 나라에서 일어날 열 왕이요 그 후에 또 하나가 일어나리니 그는 먼저 있던 자들과 다르고 또 세 왕을 복종시킬 것이며"(단7:23-24)

그는 참으로 인류의 모든 문제들을 해결할 지혜와 기술을 가진 자로 받아들여질 것입니다.(단8:25) 솔로몬 성전 자리에 모슬렘의 모스크가 세워져 있습니다. 유대인들이 제3성전을 세우려는 것은 아직도 믿음이 없다는 것을 반증합니다. 예수님을 그리스도로 영접하면 성령의 전이 되어 보이는 성전이 필요없는데 말입니다.(고전6:19) 아무튼 사람들을 속이는데 달인인 그가 처음에 보이는 위장된 평화가 얼마나 아름다운지, 유대인들도 그에게 속을 것입니다. 그는 유대인들과 한 언약을 맺을 것입니다.(단9:27, 사28:15) 그리고 그는 아주 평화롭게, 환영을 받으면서 예루살렘에 입성할 것입니다.(단11:21, 24)

"또 그의 왕위를 이을 자는 한 비천한 사람이라 나라의 영광을 그에게 주지 아니할 것이나 그가 평안한 때를 타서 속임수로 그 나라를 얻을 것이며"(단11:21)

"그가 평안한 때에 그 지방의 가장 기름진 곳에 들어와서 그의 조상들과 조상들의 조상이 행하지 못하던 것을 행할 것이요 그는 노략하고 탈취한 재물을 무리에게 흩어 주며 계략을 세워 얼마 동안 산성들을 칠 것인데 때가 이르기까지 그리하리라"(단11:24)

"3그의 머리 하나가 상하여 죽게 된 것 같더니 그 죽게 되었던 상처가 나으매 온 땅이 놀랍게 여겨 짐승을 따르고 4용이 짐승에게 권세를 주므로 용에게 경배하며 짐승에게 경배하여 이르되 누가 이 짐승과 같으냐 누가 능히 이와 더불어 싸우리요 하더라"(계13:3-4)

3년 반이 지난후 후반기부터 적그리스도는 본색을 드러냅니다. 적그리스도는 이스라엘과 언약을 맺어 겉으로 보기엔 이스라엘 사람들을 안심시키는 듯이 보입니다. 하지만 이레(7년) 언약 후 절반이 지났을 때 그는 돌연 이스라엘 백성에게 등을 돌릴 것입니다. 그리고 제사를 금지할 것이며 예루살렘을 폐허로 만들기 시작할 것입니다.(단9:27, 마24:15-22 참조) 우상을 만듭니다. 대단한 기사이적을 행합니다.(계13:14)

칼에 상하였다가 살아납니다. 칼에 상함을 받는 것은 적그리스도 자신과 그의 제국 모두가 될 수 있습니다. 어느 곳은 개인으로(계13:12), 다른 곳은 제국으로 표현됩니다.(계13:3)

"화 있을진저 양 떼를 버린 못된 목자여 칼이 그의 팔과 오른쪽 눈에 내리리니 그의 팔이 아주 마르고 그의 오른쪽 눈이 아주 멀어 버릴 것이라 하시니라"(슥11:17)

적그리스도는 팔이 하나 짤리고 오른쪽 눈이 없는 애꾸눈이 됩니다. 그는 거의 죽었다 부활하다시피하니까 개인 우상화를 본격적으로 시작합니다.

"5또 짐승이 과장되고 신성 모독을 말하는 입을 받고 또 마흔두 달 동안 일할 권세를 받으니라 6짐승이 입을 벌려 하나님을 향하여 비방하되 그의 이름과 그의 장막 곧 하늘에 사는 자들을 비방하더라 7또 권세를 받아 성도들과 싸워 이기게 되고 각 족속과 백성과 방언과 나라를 다스리는 권세를 받으니 8죽임을 당한 어린 양의 생명책에 창세 이후로 이름이 기록되지 못하고 이 땅에 사는 자들은 다 그 짐승에게 경배하리라"(계13:5-8)

적그리스도는 사탄과 마귀로부터 권세를 받아 세계 단일 정부의 통치자가 됩니다. 그리고 성전에서 하나님 행세를 합니다.(단7:25)

"³⁶그 왕은 자기 마음대로 행하며 스스로 높여 모든 신보다 크다 하며 비상한 말로 신들의 신을 대적하며 형통하기를 분노하심이 그칠 때까지 하리니 이는 그 작정된 일을 반드시 이룰 것임이라 ³⁷그가 모든 것보다 스스로 크다 하고 그의 조상들의 신들과 여자들이 흠모하는 것을 돌아보지 아니하며 어떤 신도 돌아보지 아니하고 ³⁸그 대신에 강한 신을 공경할 것이요 또 그의 조상들이 알지 못하던 신에게 금 은 보석과 보물을 드려 공경할 것이며"(단11:36-38)

2. 붉은 빛 짐승

"그리고 나서 천사는 성령으로 나를 이끌어 광야로 데려갔습니다. 이때 나는 한 여자가 붉은 짐승을 타고 앉아 있는 것을 보았습니다. 짐승은 하나님을 모독하는 이름들로 가득하고 일곱 머리와 열 뿔을 가지고 있었습니다."(계17:3)

'붉은 빛 짐승'이란 수 많은 사람의 피를 흘리게 한 살인마라는 것입니다. 그리고 음녀가 붉은 짐승을 타고 앉은 것은 거짓 선지자가 적그리스도의 정치력과 권력의 배경을 힘입고 마귀 짓을 한다는 것입니다. 그리고 일곱 머리와 열 뿔을 가진 것은 오늘날의 나토(NATO) 같은 통합 세력이라는 것입니다.

"네가 본 그 짐승은 전에 있었다가 지금은 없으며 장차 무저갱으로부터 올라와서 멸망에 들어가게 될 것이다. 창세 이래 이름이 생명책에 기록되지 않은 사람들, 곧 땅 위에 사는 사람들은 짐승을 보고 놀랄 것이다. 이는 그 짐승이 전에는 있었다가 지금은 없으며 장차 다시 나타나게 될 것이기 때문이다."(계17:8)

8절 끝의 "놀랍게 여긴다"는 원어 "다우마조(θαυμάζω)"는 인간의 한계를 넘어서는 표적이나 엄청난 일들을 보면서 입을 턱 벌리고 놀란다는 뜻으로 보통 이렇게 놀란 이후에는 무릎을 꿇고 경배하게 됩니다. 즉, 붉은 빛 짐승이 등장하면 온 세상 사람들이 경이함 가운데 놀랄 것이라는 뜻입니다. 7년 대환난기 때 그 짐승이 나타나면 이 땅의 모든 불신자들이 그 짐승을 보고 신성함을 느끼며 숭배할 것이라고 합니다.

그런데 왜 놀랍니까? 계시록 13장 12절에 보면 짐승에 대한 특이한 기록이 있습니다.

"그가 먼저 나온 짐승의 모든 권세를 그 앞에서 행하고 땅과 땅에 사는 자들을 처음 짐승에게 경배하게 하니 곧 죽게 되었던 상처가 나은 자니라." 땅에서 올라온 짐승인 마지막 거짓 선지자는 이 땅에 사는 모든 자들로 하여금 붉은 빛 짐승에게 경배하게 하는데 그 사건이 "죽세 되었던 상처가 나은" 사건입니다. 즉, 사람들은 죽은 줄 알았던 어떤 왕이 다시 살아나는 것 때문에 온 세상 나라들과 사람들이 크게 놀랄 것입니다. 여기서 "전에 있었다가 지금은 없으나 장차 무저갱으로부터 올라올 짐승"입니다. 우리는 이미 "무저갱으로부터 올라올 짐승"을 통해 적그리스도는 사탄이 예수님의 성육신(incarnation)을 흉내내는 인물이라는 사실을 알고 있습니다. 그런데 전에 있었다가 지금은 없다고 합니다. 이 부분에서 오류의 해석이 많이 발생합니다. 우리는 계시록 17장이 주목하고 있는 것은 마지막 제국 및 마지막 적그리스도라는 사실을 잊어서는 안 됩니다. 또한 큰 음녀는 마지막 온 인류의 도시인 큰 성 바벨론입니다. 그런데 마지막 제국 또는 마지막 황제인 짐승의 특징이 "있다가 없다가 다시 나타난다"는 점입니다. 즉, 천사는 성도들에게 짐승을 알아볼 수 있는 특징을 알려준 것입니다. 이는 황제, 곧 왕으로서의 짐승은 마치 주 예수님께서 십자가에 죽으셨다가 다시 부활하신 사건을 흉내내려 하는 존재라는 것입니다. 바로 주님의 부활을 흉내내려는 자가 있다면 그가 바로 적그리스도인 사실을 기억해야 할 것입니다.

적그리스도가 일곱 머리와 열 뿔을 가진 것은 상징이면서도 동시에 역사 속에서 실제인 것입니다. 즉 일곱 왕과 일곱 산, 그리고 열왕과 승리를 의미하고 있습니다. 일곱 산은 로마에 있는 일곱 산을 뜻합니다. 이에 로마 주화에는 황제가 새겨 있고 일곱 산이 새겨 있었습니다. 그러므로 일곱 산들은 로마 도시를 말합니다.

그러므로 큰 음녀는 로마 도시와 관련합니다. 그런데 일곱 머리는 동시에 일곱 왕을 상징하고 있습니다. 그리고 다섯은 망하고 하나는 있고 다른 하나는 이르지 아니하였지만 이르면 곧바로 망할 것이라고 합니다. 붉은 빛 짐승은 마지막 제국 및 그 제국의 황제가 틀림없기 때문에 여기서 왕은 황제를 뜻합니다. 그러므로 다섯 왕이란 인류 가운데 있던 다섯 제국이며, 지금은 여섯 번째 제국이 있고, 일곱째 제국이 임하면 신기하게도 일곱 제국의 황제 가운데 하나가 여덟번째 황제가 되면서 일곱째 제국을 차지하게 될 것인데 그 제국과 황제가 멸망으로 들어간다는 것입니다.

그러한 제국 즉 일곱 나라는 (1) 애굽, (2) 앗수르, (3) 바벨론, (4) 메데바사,

(5) 헬라, (6) 로마, 요한 당시 로마 제국이 있었습니다. 그리고 일곱째 제국 곧 적그리스도가 온 천하를 다스리는 나라로 그리스도의 재림 전에 서게 될 것입니다.

요한이 계시록을 쓸 당시의 로마황제는 토미시안(Domitian)황제였습니다. 교회와 관계 속에서 그 순서를 따진다면 토미시안 황제는 여섯 번째 황제이며 그 뒤에 한 명의 황제가 더 있었습니다. 요한이 본 그 짐승은 "전에 있었다가 시방 없으나 장차 무저갱으로부터 올라올"(계17:8, 11) 자입니다. 그리고 그는 지옥에 떨어져 멸망합니다. 여기서 우리가 주목할 것은 로마의 다섯 번째 황제는 네로(Nero) 황제라는 것입니다. 그는 초대교회에서 '짐승'으로 불렸습니다. 그러나 요한 계시록에서 주님이 요한에게 말씀하실 당시에는 네로가 이미 죽은 상태였습니다. 그러므로 그는 전에 있었으나 당시로는 지금 없는 자입니다. 그러나 이제 곧 무저갱으로부터 올라올 자이기도 합니다. 필자는 네로 황제를 사로잡았던 바로 그 악령이 앞으로 세상을 통치하게 될 적그리스도도 사로잡을 것이라고 생각합니다.

앞으로 인류 역사 끝에 일곱번째 제국인 "그 다른 하나"의 제국이 일어날 것이지만 잠깐 존재하다가 망할 것입니다. 그러니 일곱번째 제국에 속한 왕 기운데 한 왕이 죽은 듯 하다가 다시 일어나 곧바로 제국의 황제가 되었다가 곧바로 영원한 멸망으로 들어갈 것입니다. 그러므로 앞으로 일곱번째 제국이 온 세상을 다스릴 것이고 그 제국이 무너지는 듯 할 때에 그 제국에 속한 왕 중에 하나가 죽은 듯 하다가 살아나 마지막 제국의 황제가 될 것입니다. 그 황제가 바로 여덟째 왕으로서 마지막 적그리스도입니다. 이에 대해 계시록 13장 3절은 다음과 같이 알려줍니다.

"그의 머리 하나가 상하여 죽게 된 것 같더니 그 죽게 되었던 상처가 나으매 온 땅이 놀랍게 여겨 짐승을 따르더라."

온 세상 나라의 지지를 받으며 이 땅의 교회를 진멸하고 나아가 주 예수 그리스도와 아마겟돈 전쟁을 치르면서 잠깐 존재하더니 영원히 멸망할 것입니다.

3. 두 번째 짐승인 거짓 선지자

"내가 보매 또 다른 짐승이 땅에서 올라오니 새끼 양같이 두 뿔이 있고 용처

럼 말하더라."(계 13:11)

　첫 번째 짐승은 바다에서 올라왔는데 이 짐승은 땅에서 올라왔습니다. 거짓 선지자는 적그리스도와 달리 연안(沿岸)지역이 아니라 대륙(大陸)에서 출현함을 말합니다. 그리고 처음 짐승은 열 나라를 상징하는 열 뿔이 있었는데 땅의 짐승은 새끼 양같은 두 뿔이 있었습니다. 새끼 양 같으라는 것은 외형은 착하게 보이도록 위장되어 있으나 두 뿔은 사탄과 적그리스도가 준 권세를 가지고 있다는 것입니다. 이 짐승은 겉으로는 새끼 양처럼 순하게 보였으나 용처럼 말하였다는 것은 거짓의 아비인(요8:44) 용이며 용의 말을 그대로 전하는 용의 하수인인 거짓 예언자입니다(16:13, 19:20 등) 루터(Luther)나 칼빈(Calvin)은 로마 황제 또는 로마 가톨릭교회의 교황으로 보았습니다. 종교 개혁자들은 종말론에 한해서는 어거스틴의 대체신학 사상과 무천년주의 영향을 많이 받았음을 알 수 있습니다. 종교개혁들은 요한계시록을 천대했습니다. 쯔빙글리(Huldrych Zwingli)는 "계시록은 성서적이 아니기 때문에 아무런 흥미도 없고……, 계시록은 요한의 사상 또는 말을 전달하고 있지도 않다. 나는 하고자 한다면 그 증언을 물리칠 수도 있다."고 했습니다. 1517년 종교개혁을 일으켰던 마틴 루터도 계시록에 대하여 이렇게 말했습니다. "그리스도교가 교시되지도 않았고 인정되지도 않고 있다. 또한 성령의 영감도 느껴지지 않고 있다." 그는 요한계시록을 성경의 일부로도 생각하지 않았습니다. 물론 마틴 루터는 후에 요한계시록에 대한 자신의 이런 견해를 수정합니다. 칼빈도 성경을 주석하는데 요한계시록은 빼놓았습니다. 그때에는 오늘날 같이 지식의 바다인 인터넷이 없었고 출판된 책도 극소수에 불과해서 그분들 때는 엔드타임 메시지 열려 있지 않은 때여서 현재와 상대 비교하면 초보 수준인 점은 이해가 됩니다. 그러나 오늘날은 인간의 촉각만큼 빠른 인터넷 시대이고 수많은 책과 자료들을 접할 수 있습니다. 조금만 노력하여 연구하고 기도하면 옥석을 구분할 수 있는 엔드타임 메시지가 활짝 열린 시대에 살고 있습니다. 그런데도 게을러 혹은 자신이 속한 교단 즉 사람들의 시선이 무서워서 15-16세기 종교 개혁 때와 별반 다름없는 무천년주의나 후천년주의 교리 프레임에 걸려 있으면 둘째 짐승도 모든 적그리스도를 가리킨다고(고영민, 원문 번역주석 성경, 2041) 해석합니다. 결과적으로 종말에 출현할 거짓 선지자를 부정하는 즉 실제성(reality)을 무력화하는 하나마나한 계시록 해석을 하게 되고 그들의 해석을 읽으면 상징의 늪에서 허우적거리게 합니다.

　장차 7년 대환난기에 출현할 둘째 짐승은 계19:20을 보면 "짐승이 잡히고 그 앞에서 표적을 행하던 거짓 선지자도 함께 잡혔으니 이는 짐승의 표를 받고 그의 우상에게 경배하던 자들을 표적으로 미혹하던 자라…"라고 말씀하고 있습니다. 그래서 이 둘째 짐승의 정체는 어떤 세력이나 모든 시대의 적그리스도가 아니라 한 사람인 거짓 선지자라고 할 수 있습니다. 그래서 헬라어 성경에도 거짓 선지자인 프슈도프롭헤테스(ψευδοπροφήτης)는 복수가 아니라 단수인 '그 거짓 선지자(the false prophet)'입니다. 계20:10에도 최후 심판 때에 사탄과 짐승과 거짓 선지자가 불과 유황의 못에 던져지기 때문에 이 둘째 짐승의 정체가 거짓 선지자임을 알 수 있습니다. 또한 그는 처음 짐승의 "모든 권세를 그 앞에서 행하고 땅과 땅에 거하는 자들로 처음 짐승에게 경배하게"할 것입니다. 그러므로 거짓 선지자로서 이 둘째 짐승은 첫째 짐승을 높이는 역할을 합니다. 12절을 보면 "땅과 땅에 사는 자들을 처음 짐승에게 경배하게 하니"라고 말씀하고 있습니다. 즉 이 둘째 짐승은 이적을 행합니다. "사람들 앞에서 불이 하늘로부터 땅에 내려오게"도 할 것입니다.(계13:12-17) 첫째 짐승의 우상을 만들고 그 앞에 경배하게 하고 거기에 경배하지 않는 자들을 죽입니다. 둘째 짐승은 종교 분야만 아니라 경제 분야에도 나타납니다. 16절 이하를 보면 이 둘째 짐승이 사람들에게 짐승의 표를 받게 하고 이 표를 가진 자 외에 매매를 못하게 하기 때문입니다. 그러므로 이 둘째 짐승은 종교분야만이 아니라 정치, 경제, 사회, 종교 등 여러 분야에서 우상화된 악한 적그리스도의 국가에 적극 협력하는 거짓 선지자로 볼 수 있습니다. 중요한 것은 짐승의 우상은 후 삼 년 반이 되어야만 등장한다는 것입니다. 그것도 짐승과 그 제국이 심각한 타격을 받는 사건이 있은 후에 발생합니다.

　여기에서 유의해서 볼 점은 거짓 선지자가 "사람들 앞에서 불이 하늘로부터 땅에 내려오게" 이적을 행할 때 많은 사람들이 미혹될 것입니다. 오늘날도 가짜 성령의 역사로 신자들이 미혹당하고 있습니다. 성령의 기름부음이라는 말로 예를 들어 뒤로 넘어지는 것, 머리나 손과 몸을 흔들어대는 것, 몸 어딘가가 막 뜨거워지는 것, 손에 금가루가 나타나거나 이빨이 금이빨로 변하는 것, 꿈 해몽이나 예언을 하고 환상을 보는 것 등을 지나치게 강조하고 추구하는 현상입니다.

　존 웨슬리(John Wesley)가 설교할 때에 성령님이 강력하게 역사하실 때 사람들이 기절하는 것과 같이 넘어지는 현상도 보이곤 했다고 합니다. 그러나 그는 냉냉한 신앙을 갖고 있는 형식주의자들을 비판할 뿐만 아니라, 또 다른 한편, 지나친 열광주의자들을 경계하였습니다. 그는 말하기를, "나의 근거는 성경이나. 그렇다.... 나는 모든 일에 있어서, 그것이 큰 일이든 작은 일이든, 성경을 따른다"고 하였습니다. 그러므로, 성령의 체험, 곧 성령의 내적 증거도 모두 성경에 의하여 시험하여야 합니다. 그는 또 말하기를 "성경이야말로 그리스도인들이 모든 계시가 참 하나님의 계시인지 아니면 그저 사람이 짐작 한 계시인지를 가려내는 시금석인 것이다. 사람들이 율법에 호소하든 체험에 호소하든 모든 영(spirit)을 성경에 의하여 시험해보아야 한다."

여러분!
그렇다면 성령의 역사를 분별할 수 있는 바른 기준은 무엇인가요? 에드워즈(Jonathan Edwards)는 〈성령의 역사 분별 방법〉 2장에서 성령의 역사를 분별하는 바른 기준 5가지를 소개합니다. 성령의 역사를 분별하는 기준은 무엇보다 먼저 성경이 제시하는 기준이어야 합니다. 5가지 긍정적인 증거들은 오직 성령님만이 만들어낼 수 있는 일을 제시합니다. 따라서 어떤 현상이나 어떤 체험 혹은 어떤 운동이 일어났을 때, 이것이 성령의 역사라고 입증할 수 있는 5가지 분별기준은 다음과 같습니다.

첫째, 성령은 무엇보다 예수님을 높입니다.
성령은 예수님을 알려주러 오신 분이십니다. 성령은 우리로 하여금 예수님에 대한 바른 신앙을 고백하고 하고, 예수님을 사랑하며, 예수님께 순종하게 만들어줍니다. 따라서 성령 충만은 곧 예수님 충만입니다. 예수님 충만하지 않은 성령 충만은 잘못된 것입니다. 따라서 어떤 성령운동이 일어날 때, 어떤 외적인 현상이나 체험에만 몰두하고 예수님의 성품과 예수님의 사역이 강조되지 않을 때 우리는 조심해야 합니다. 성령의 역사는 반드시 예수님을 높이고, 예수님을 사랑하는 것으로 열매를 맺기 마련입니다.

둘째, 성령은 성경을 높여줍니다.
성령은 우리로 하여금 성경을 사랑하게 해 줍니다. 성경공부를 열심히 하게 만듭니다. 만일 성경을 무시하고, 성경을 부인하는 영이 있다면 그는 분명 성령과는 다른 영입니다. 성경 이외의 다른 어떤 수단이나 방법을 통해 하나님과 교제하려고 만드는 각종 운동은 성령의 역사에 의한 것이 아닙니다. 대부분의 신비주의가 바로 이런 흐름을 형성하고 있습니다. 따라서 성령 충만은 반드시 성경 충만임을 명심해야 합니다. 성령과 성경은 언제나 함께 갑니다.

셋째, 성령은 우리로 하여금 성경의 진리 즉 교리와 신학에 관심을 가지게 만듭니다.

성령은 진리의 영입니다. 성령은 성경 속에 나오는 진리를 통하여 우리를 거룩하게 만들어갑니다. 만일 어떠한 운동이 우리로 하여금 기독교의 기본진리를 무시하게 만든다면, 또한 기본적으로 교리와 신학에 대한 거부감을 조장시킨다면 그것은 성령의 역사로 보기 힘듭니다. 교회사에서 성령의 역사가 가장 활발하게 움직였던 종교개혁시기와 부흥시기에는 성경의 주요 진리, 기독교의 중요 진리에 대한 강렬한 관심과 신앙고백도 함께 했다는 사실을 기억합시다. 따라서 성령 충만은 곧 진리 충만이요, 교리 충만이요, 신학 충만이라 해도 틀리지 않습니다.

넷째, 성령은 우리로 하여금 죄에 대한 각성과 회개로 이끕니다.

그리고 거룩을 추구하도록 합니다. 성령은 우리가 깨달은 진리, 성경, 예수님을 통하여 결국 우리로 하여금 예수님을 닮도록 합니다. 하나님을 닮도록 합니다. 성령은 성결의 영이기도 합니다. 만일 어떤 운동이나 현상이 우리로 하여금 더욱 죄에 대한 각성과 회개를 불러일으키고, 더욱 성결하도록 한다면 그것은 분명 성령의 역사입니다. 이런 의미에서 성령 충만은 곧 회개 충만, 거룩 충만이라 할 수 있습니다.

다섯째, 성령은 우리로 하여금 하나님을 사랑하고 또한 이웃을 사랑하게 만듭니다.

예수님을 사랑하면 반드시 하나님을 사랑하고, 사람을 사랑하게 되어있습니다. 성경의 핵심이 바로 하나님 사랑과 이웃 사랑이기 때문입니다. 진리에 대한 깊은 이해는 사랑의 열매로 나타나야 합니다. 거룩의 가장 중요한 내용이 바로 하나님 사랑과 이웃 사랑입니다. 따라서 성령의 역사는 반드시 사랑의 역사로 이어집니다. 성령 충만은 곧 사랑 충만입니다.

참된 성령의 역사는 반드시 이러한 요소들이 모두 함께 결합되어 있습니다. 만일 이러한 것들 가운데 특정한 어떤 것만을 주장하고 다른 요소들을 무시한다면 그것은 성령의 역사가 아닙니다. 예를 들어 성령의 역사인 사랑 충만한 하더라도 하나님에 대한 사랑과 이웃에 대한 사랑 모두를 가지게 하는 것은 성령의 역사가 분명합니다. 그러나 하나님만 사랑한다고 하고, 인간에 대한 사랑은 관심 없는 종교중독자는 잘못된 것입니다. 또한 인간만 사랑한다고 하고, 하나님 사랑 없는 인본주의도 성령의 역사는 아닙니다. 그러므로 성령의 역사는 반드시 있어야 할 필수요소만이 아니라 필수요소들이 모두 있도록 우리를 인도하십니다. 따라서 우리로 하여금 기본적으로 예수님 충만, 성경 충만, 진리 충만, 거룩 충만, 사랑 충만하도록 만들어주는 어떤 운동이나 현상도 우리는 그것이 성령의 역사라고 분별할 수 있습니다.

그러므로 자신이나 자신들만이 유일하게 거룩하다거나 하나님께 크게 쓰임 받고 있다고 자랑하고 떠드는 자들에게서 돌아서야 합니다. 그들은 진짜처럼 보이도록 가장한 가짜들입니다.

거짓 선지자는 사탄과 적그리스도로부터 권세를 받아 말하는 짐승의 우상을 만들어 미혹하였습니다.

말하는 짐승의 우상

"14짐승 앞에서 받은 바 이적을 행함으로 땅에 거하는 자들을 미혹하며 땅에 거하는 자들에게 이르기를 칼에 상하였다가 살아난 짐승을 위하여 우상을 만들라 하더라 15그가 권세를 받아 그 짐승의 우상에게 생기를 주어 그 짐승의 우상으로 말하게 하고 또 짐승의 우상에게 경배하지 아니하는 자는 몇이든지 다 죽이게 하더라"(계13:14-15)

15절 '생기를 준다'는 단어가 헬라어로 πνευμα(프뉴마)라고 되어 있는데, 이는 생명을 준다는 뜻을 가진 ζωη(조에)와는 구별된 단어입니다.

조에(ζωή)는 가장 자주 생명으로 번역되는 단어인데 육체적인 생명을 초월한 상태까지 포함하는 생명입니다. 생물학적인 목숨이나 생활과는 다른 하나님께로부터 오는 생명을 의미합니다. '나는 생명의 떡이니라'(요6:48) 같은 구절에서 사용되었습니다.

우상에게 생명을 불어넣는다는 것이 아니라, 우상이 마치 살아있는 것처럼 영어로 표현한다면 animate 한다는 뜻입니다. 우상은 하나님을 대신하는 '대체신'이라는 의미를 가지고 있습니다. 성경을 포함한 모든 종교의 경전들과 관련

서적들을 통째로 암기하고, 적그리스도의 형상을 따라 만들어진 '인공지능 로봇 우상'이 예루살렘 성전을 포함한 세계 곳곳에 세워져 사람들에게 말하며(신앙상 담과 기도, 설교를 하며) 경배 받는 적그리스도의 나라가 구현될 수 있다는 뜻입니다. 그렇게 된다면 이 인공지능 컴퓨터와 교감하기 위해 몸 속에 이식하는 칩이 곧 적그리스도를 경배하는 상징 즉, 짐승의 표(짐승을 경배한다는 표식)가 될 것입니다. 오늘날 AI, 인공지능의 지능이 각 분야에서 이미 인간의 지능을 뛰어넘고 있는 지금의 모습을 보면, 조만간 인공지능 자체가 신처럼 숭배되는 시대가 도래하게 될 것이라고 예측하고 있습니다. 인터페이스(Interface)와 챗 지피티(ChatGPT)와 같은 발전된 기술을 융합하여 짐승의 우상을 만들 것으로 말합니다. 한 과학 컨퍼런스에서 그는 AI가 우리 언어의 '통달함'으로 이제는 인간 문화를 형성하는 새로운 영역에 사용될 수 있다고 말했습니다. 하라리 (Yuval Noah Harari) 박사는 "미래에 우리는 인간이 아닌 인공지능에 의해 쓰여진 경전을 사용하는 역사상 최초의 컬트(cult)와 종교를 보게 될 것이다"라고 말하고 있습니다. 이를 적그리스도의 출현이 임박한 시대적 상황을 통해서 살펴본다면, 인공지능이 신으로 군림하는 세상은 몰라도, 적그리스도가 인공지능을 자신을 신처럼 믿고 따르게 하는 수단으로 이용하게 될 것 만큼은 확실해 보입니다.

아마도 요즘 계발되고 있는 AI 로봇 기술이 적용되거나, 아니면 악한 영이 직접 들어가 이 우상으로 하여금 살아있는 것처럼 느끼게 만들 것입니다. 이 정도까지 되면 구원받지 못한 모든 세상 사람들은 적그리스도를 하나님처럼 여기고 그 앞에 경배하게 될 것입니다.

8절에서도 "죽임을 당한 어린 양의 생명책에 창세 이후로 녹명되지 못하고 이 땅에 사는 자들은 짐승에게 경배하리라."(계13:8) 하십니다.

계시록 16장 13, 14절에서는 사탄과 적그리스도 그리고 거짓 선지자가 삼위일체 하나님을 흉내내서 하나님을 대적하는 삼위일체가 되어 마지막 발악을 합니다.

"또 내가 보매 개구리 같은 세 더러운 영이 용의 입과 짐승의 입과 거짓 선지자의 입에서 나오니, 저희는 귀신의 영이라 이적을 행하여 온 천하 임금들에게 가서 하나님 곧 전능하신 이의 큰 날에 전쟁을 위하여 그들을 모으더라."

적그리스도는 용, 곧 사탄(계12:9)을 통해서 세상 권세를 잡는 자리에 오를 것입니다. 악마는"자기의 능력과 보좌와 큰 권세"를 적그리스도에게 주고(계 13:2), 아버지께서 아들에게 경배를 받았듯이(요5:19-27) 사탄은 적그리스도로부터 경배를 받을 것입니다.(계13:4) 거짓 선지자는 마치 성령님께서 예수 그리스도를 증거함과 같이 적그리스도를 선전하고 높힐 것입니다. 그들은 삼위 하나님을 모방하여 사탄(성부의 모방) 그리고 적그리스도(성자의 모방), 거짓선지자(성령의 모방)가 '악의 삼위일체'로 후 3년 반을 권세를 가지고 갖은 악행을 저지를 것입니다. 이런 악의 삼위일체가 역시 하나님의 나라를 흉내낸 적그리스도의 나라를 이 땅에 세우고는 하나님의 나라를 세우기 위해 오시는 예수님을 막아보겠다고 일으키는 전쟁이 바로 아마겟돈 전쟁인 것입니다.

Ken Johnson, 『The Rapture』을 보면[47]

Revealing of the Antichrist

When does the Antichrist come on the scene of human history? The Apostle Paul describes the time when he will be finally revealed to everyone on earth.

In 2 Thessalonians 2: 1-8 Paul writes about the Antichrist's revelation, the fact that he declares himself to be God incarnate, and his ultimate destruction by Jesus when our Lord returns to earth to set up His millennial reign.

Many Christians will compare this passage with Daniel 9:27 in mind. The Antichrist will be revealed when he confirms the peace covenant at the beginning of the seven-year period.

Then in the middle of the seven years he will stop the temple sacrifices and at the end of the seven years the Antichrist will be destroyed.

---

47) Ken Johnson, 『The Rapture』, Printed in the USA Columbia(SC, 2019), 34-36.

4. 적그리스도의 계시

적그리스도는 언제 인류 역사의 현장에 등장합니까? 사도 바울은 자신이 지상의 모든 사람에게 마침내 드러날 때를 설명합니다. 데살로니가후서 2장 1-8절에서 바울은 적그리스도의 계시, 그가 자신을 성육신한 하나님이라고 선언한다는 사실, 우리 주님이 그의 천년왕국 통치를 시작하기 위해 이 땅에 다시 오실 때 예수에 의한 그의 궁극적인 멸망에 대해 씁니다.

많은 그리스도인들이 이 구절을 다니엘 9장 27절과 마음에 비교할 것입니다. 적그리스도는 7년 초에 평화 언약을 확정할 때 드러날 것입니다.

그리고 7년 중간에 그는 성전 제사를 중단할 것이며 7년 끝에는 적그리스도가 멸망될 것입니다.

Some have wondered if this passage means the Antichrist will be revealed when he sits in the temple in the middle of the seven years. If the Rapture occurs at the revelation of the Antichrist, it is important that we first detennine when the Antichrist will be revealed. If it is at the beginning of the seven-years, then there is a pretribulational rapture; but if it occurs at the middle, then we may have a midtribulational rapture, sometimes called a pre-wrath rapture.

어떤 이들은 이 구절이 적그리스도가 7년 중간에 성전에 앉을 때 드러날 것이라는 것을 의미하는지 궁금해했습니다. 적그리스도가 나타날 때 휴거가 일어난다면 적그리스도가 나타날 때를 먼저 정하는 것이 중요합니다. 7년의 시작이라면 환난 전 휴거가 있습니다. 그러나 그것이 중간에 일어난다면 우리는 때때로 진노 전 휴거라고 불리는 중간 환난 휴거를 가질 수 있습니다.

So, is it at the beginning or middle of the seven-year period?

Some have argued that so far all the peace covenants brokered between Israel and its surrounding nations have been designed for seven years. If that were the only thing to look for, that would make it impossible to identify the true Antichrist at the beginning of the seven years. But, thankfully, that is only one of the many prophecies.

그렇다면 7년 기간의 시작인가 중간인가?

어떤 이들은 지금까지 이스라엘과 그 주변 국가들 사이에 중개된 모든 평화 언약이 7년 동안 계획되었다고 주장했습니다. 그것만이 찾을 수 있는 유일한 것이라면 7년이 시작될 때 진정한 적그리스도를 식별하는 것이 불가능할 것입니다. 그러나 고맙게도 그것은 많은 예언 중 하나에 불과합니다.

Prophecy 1 - Jewish People Return HomeSince the Antichrist sits in a rebuilt Jewish temple, this also predicts the Jews must return to the ancient land of Israel. This was prophesied in ,many Old Testament passages and was fulfilled in AD 1948

▶예언 1 - 유대인들이 집으로 돌아오다

적그리스도가 재건된 유대 성전에 앉아 있기 때문에 이것은 또한 유대인들이 고대 이스라엘 땅으로 돌아가야 한다는 것을 예언합니다. 이것은 많은 구약 성경 구절에서 예언되었으며 AD 1948년에 성취되었습니다.

"그 날에 주께서 다시 그의 손을 펴사 그의 남은 백성을 앗수르와 애굽과 바드로스와 구스와 엘람과 시날과 하맛과 바다 섬들에서 돌아오게 하실 것이라 여호와께서 열방을 향하여 기치를 세우시고 이스라엘의 쫓긴 자들을 모으시며 땅 사방에서 유다의 흩어진 자들을 모으시리니"(사11:11-12)

Prophecy 2 - Temple Ordered Rebuilt

Daniel 9:27 and 2 Thessalonians 2:4 predict the Antichrist will desecrate the Jewish te1nple. Therefore, a new Jewish temple Therefore bebuilt in erusalem, Israel.

▶예언 2 - 성전 재건 명령

다니엘 9:27과 데살로니가후서 2:4은 적그리스도가 유대 성전을 더럽힐 것이라고 예언합니다. 그러므로 이스라엘 예루살렘에 새로운 유대인 성전이 세워졌습니다.

"그는 대적하는 자라 신이라고 불리는 모든 것과 숭배함을 받는 것에 대항하여 그 위에 자기를 높이고 하나님의 성전에 앉아 자기를 하나님이라고 내세우

느니라"(살후2:4)

Prophecy 3 - Ten Nations Arise

There will be a coalition of ten nations ruling the Middle East a that time. for a detailed discussion on who the nations are and how they come into power, see Ancient Prophecies Revealed.

▶예언 3 - 열 나라가 일어나다

그때 중동을 통치하는 10개국의 연합이 있을 것입니다. 국가가 누구이며 어떻게 권력을 갖게 되었는지에 대한 자세한 내용은 고대 예언 계시를 참조하십시오.

"그 열 뿔은 그 나라에서 일어날 열 왕이요 그 후에 또 하나가 일어나리니 그는 먼저 있던 자들과 다르고 또 세 왕을 복종시킬 것이며"(단7:24)

Prophecy 4 - Antichrist: Leader of the Ten Nations

Antichrist will become the head of the ten nations through peace and deception, not war.

▶예언 4 - 적그리스도: 열 나라의 지도자

적그리스도는 전쟁이 아닌 평화와 속임수를 통해 열 나라의 우두머리가 될 것입니다.

"그가 꾀를 베풀어 제 손으로 속임수를 행하고 마음에 스스로 큰 체하며 또 평화로운 때에 많은 무리를 멸하며 또 스스로 서서 만왕의 왕을 대적할 것이나 그가 사람의 손으로 말미암지 아니하고 깨지리라"(단8:25)

Prophecy 5 - Antichrist's name equals 666

We are told the Antichrist's name will equal 666 when spelled out in Greek.

▶예언 5 - 적그리스도의 이름은 666

우리는 적그리스도의 이름이 그리스어로 표기될 때 666이 될 것이라고 들었습니다.

"그가 모든 자 곧 작은 자나 큰 자나 부자나 가난한 자나 자유인이나 종들에게 그 오른손에나 이마에 표를 받게 하고 누구든지 이 표를 가진 자 외에는 매매를 못하게 하니 이 표는 곧 짐승의 이름이나 그 이름의 수라 지혜가 여기 있으니 총명한 자는 그 짐승의 수를 세어 보라 그것은 사람의 수니 그의 수는 육백육십육이니라"(계13:16-18)

"Those men who saw John face to face bearing their testimony [to it] ; while reason also leads us to conclude that the number of the name of the beast, [if reckoned] according to the Greek mode of calculation by the [value of] the letters contained in it, will amount to six hundred and sixty and six ... But, knowing the sure number declared by Scripture, that is, six hundred sixty and six, let them await, in the first place, the division of the kingdom into ten; then,

in the next place, when these kings are reigning, and beginning to set their affairs in order, and advance their kingdom, [let them learn] to acknowledge that he who shall come claiming the kingdom for himself, and shall terrify those men of whom we have been speaking, having a name containing the aforesaid number, is truly the abomination of desolation." Irenaeus' Against Heresies 5.30

"요한이 [그것에 대해] 증언하는 것을 대면하여 본 사람들; 한편 이성은 또한 우리로 하여금 짐승의 이름의 숫자가 그 안에 포함된 문자의 [가치]에 의한 그리스 계산 방식에 따라 [계산한다면] 육백육십육에 달할 것이라고 결론짓게 합니다. 하지만, 그들이 성경에 기록된 확실한 수 곧 육백육십육을 알고 먼저 나라가 열 개로 나뉘기를 기다리게 하라 그 다음에,

다음으로 이 왕들이 통치하고 그들의 일을 정리하고 그들의 왕국을 확장하기 시작할 때 [그들은] 자신을 위해 왕국을 요구할 사람이 있음을 인정하고 그 사

람들을 두렵게 할 것입니다. 우리가 앞에서 말한 숫자를 포함하는 이름을 가진 말을 하는 것은 참으로 멸망의 가증한 것입니다."
이레네우스의 이단 반대 5.30

Prophecy 6 - Antichrist, King of the North Country
He will be the leader of a country north of Israel.

▶예언 6 - 북쪽 나라의 왕 적그리스도
그는 이스라엘 북쪽 나라의 지도자가 될 것입니다.
"마지막 때에 남방 왕이 그와 힘을 겨룰 것이나 북방 왕이 병거와 마병과 많은 배로 회오리바람처럼 그에게로 마주 와서 그 여러 나라에 침공하여 물이 넘침 같이 지나갈 것이요"(단11:40)

Prophecy 7 - Antichrist Will Enforce the Covenant
He will enforce the peace covenant by sending in troops. The word "confirm" does not mean to sign or broker a new deal;it means to enforce a covenant already established but never acted on.

▶예언 7 - 적그리스도가 언약을 시행할 것이다
그는 군대를 보내어 평화 계약을 이행할 것입니다. "확인"이라는 단어는 새로운 거래에 서명하거나 중개하는 것을 의미하지 않습니다.
"그가 장차 많은 사람들과 더불어 한 이레 동안의 언약을 굳게 맺고 그가 그 이레의 절반에 제사와 예물을 금지할 것이며 또 포악하여 가증한 것이 날개를 의지하여 설 것이며 또 이미 정한 종말까지 진노가 황폐하게 하는 자에게 쏟아지리라 하였느니라 하니라"(단9:27)

Prophecy 8 - Egypt will Attack the Antichrist's Armies
When the Antichrist sends in troops to enforce the peace covenant, this action will aggravate the nation of Egypt causing Egypt to attack the Antichrist's armies.

▶예언 8 - 애굽이 적그리스도의 군대를 공격할 것이다
적그리스도가 평화 언약을 강화하기 위해 군대를 보낼 때, 이 행동은 이집트

국가를 악화시켜 이집트가 적그리스도의 군대를 공격하게 만들 것입니다.

"마지막 때에 남방 왕이 그와 힘을 겨룰 것이나 북방 왕이 병거와 마병과 많은 배로 회오리바람처럼 그에게로 마주 와서 그 여러 나라에 침공하여 물이 넘침 같이 지나갈 것이요"(단11:40)

Prophecy 9 - Egypt Destroyed

The Antichrist will respond by completely crushing the Egyptian armies. The Antichrist will then take over Egypt and two other countries of the ten nations that sided with Egypt.

▶예언 9 - 애굽의 멸망

적그리스도는 이집트 군대를 완전히 분쇄함으로써 대응할 것입니다. 그러면 적그리스도가 이집트와 이집트 편에 섰던 열 나라 중 다른 두 나라를 차지할 것입니다.

"그가 여러 나라들에 그의 손을 펴리니 애굽 땅도 면하지 못할 것이니"(단 11:42)

Prophecy 10 - Nile River Dries Up

The Antichrist will destroy Egypt and the Nile River will run dry because ofit.

▶예언 10 - 나일 강이 마르다

적그리스도는 이집트를 멸망시킬 것이고 나일 강은 그것 때문에 마를 것입니다.

"내가 그들이 고난의 바다를 지나갈 때에 바다 물결을 치리니 나일의 깊은 곳이 다 마르겠고 앗수르의 교만이 낮아지겠고 애굽의 규가 없어지리라"(슥 10:11)

"내가 애굽인을 잔인한 주인의 손에 붙이리니 포학한 왕이 그들을 다스리리라 주 만군의 여호와의 말씀이니라 바닷물이 없어지겠고 강이 잦아서 마르겠고"(사19:4-5)

그 당시에 진정한 기독교인이 여전히 여기에 있었다면 우리는 적그리스도를 신속하게 식별할 수 있었습니다.

Putting the Ten Prophecies Together Just these ten prophecies alone would clearly identify the Antichrist. We must remember there are over eighty prophecies about the Antichrist and the seven-year tribulation.

10가지 예언 종합하기: 이 10가지 예언만으로도 적그리스도를 분명히 알 수 있습니다. 우리는 적그리스도와 7년 환난에 대한 80개 이상의 예언이 있음을 기억해야 합니다.

Conclusion

Since there are so many prophecies that occur at the beginning of the seven-year period, if Christians were still here at that time, we could instantly identify the Antichrist. We would not have to wait until the middle of the seven-year period to find out his identity. The revealing of the Antichrist is at the beginning of the Daniel's seventieth week!

결론

7년이 시작되는 시점에 일어나는 예언이 너무 많기 때문에 그 때 그리스도인들이 아직 이 자리에 있었다면 우리는 즉시 적그리스도를 식별할 수 있었습니다. 우리는 그의 성체를 알아내기 위해 7년이라는 기간의 중간까지 기다릴 필요가 없을 것입니다. 적그리스도의 계시는 다니엘의 70번째 이레의 시작 부분에 있습니다!

여러분!

두 짐승이 나타난 후에 하나님의 예비하신 곳에 피하여 양육받은 유대인들을 제외하고는 이방인들이 살아서 천국가기는 불가능합니다. 적그리스도가 만든 우상을 경배하지 않고 순교해야 가능합니다. 그때 비로서 믿으려고 하면 쉽지 않습니다. 이 책을 읽으신다면 오늘 지금 예수님을 믿으시고 지금 구원받으십시오.

금세기 위대한 신학자였던 Bowman 박사가 인도 캘커타에서 선교할 때 한 노파가 길에서 이렇게 얘기하는 것을 듣게 되었습니다. 그 노인과 한 동네의 친구였던 사람이 예수를 믿는 자기 친구에게 이렇게 말합니다.

"너는 우리가 믿는 힌두교의 많은 남신과 여신들로 만족할 수 없었니?"

노인의 대답이 멋집니다. "그들 가운데 나를 위해 죽은 신은 아무도 없었기 때문이야." 그렇습니다. 예수님만이 나를 위해 십자가에서 죽으신 사랑의 구세주이십니다. 이것이 기독교의 본질적 핵심입니다. 공자, 맹자, 석가, 마호메트도 십자가를 지지 않았습니다. 예수님만이 나를 위해 십자가에서 죽으신 사랑의 구주이십니다.

마가복음 15:33-41을 보면 예수님께서 아침 9시에 재판을 받으시고, 정오 12시에 십자가에 못 박히셔서, 오후 3시에 죽으신 재판보도입니다. 죄 없으신 예수님이 왜 이처럼 비참하게 죽으셔야 했던가요?

"나의 죄 때문입니다." "내가 받아야 할 심판을 대신 받으신 것입니다."

"그가 찔린 것은 우리의 허물 때문이고, 그가 상처를 받은 것은 우리의 약함 때문이다. 그가 징계를 받음으로써 우리가 평화를 누리고, 그가 매를 맞음으로써 우리의 병이 나았다.

우리는 모두 양처럼 길을 잃고 각기 제 갈 길로 흩어졌으나, 주님께서 우리 모두의 죄악을 그에게 지우셨다(담당시키셨습니다. 떠넘기신 것입니다)."(사 53:5-6)

그래서 예수님은 죄인의 모양으로 오셔서, 죄인들의 친구가 되어 주셨다가, 죄인의 신분으로 죽으신 것입니다. 죄인이 받아야 할 심판을 대신 받으신 것입니다.

예수님께서 한 번 큰 소리를 지르시고 돌아가시니, 지성소와 성소를 가로막고 있던 휘장이 위에서 아래로 쫙 찢어졌습니다. 여기 "큰 소리를 지르셨다"는 것은, 요한복음 19장 30절 말씀의 내용입니다. "다 이루었다." 헬라어로는 한 마디입니다. '테텔레스타이'(Τετέλεσται.). 빚진 자가 모든 부채를 다 갚고 하는 말이 '테텔레스타이'입니다. 더 이상 빚이 없음을 선포하는 말입니다. 우리의 구원을 완성하신 것입니다. 아버지 하나님이시여! 당신의 보내심을 받은 독생자 예수는 범죄한 인간을 구속하시기 위하여 방금 그 십자가에서 붉은 피를 쏟으시므로 인류의 구원을 다 이루셨습니다.

사랑하는 여러분, 우리는 2천년 전 예수님이 비참하게 지셨던 십자가를 통하여 너무나 황홀한 구원을 받은 것입니다. 특히 요한복음 3장 16절에서는 "하나님이 세상을 이처럼 사랑하사 독생자를 주셨으니, 이는 저를 믿는 자마다 영생을 얻게 하려 하심이라."

하나님께서는 자신의 독생자이신 예수님을 십자가에 대신 달아 죽이실 만큼 우리를 사랑하시는 것입니다. 죄인이 용서받을 수 있는 유일한 길은 예수님의 죽음을 나의 죽음으로 여기고 믿는 것입니다.

마르틴 루터(M. Luther)는 요한복음 3장 16절을 『축소된 복음』이라고 합니다. 복음의 에센스(essence) 중의 본질입니다. 이 짧은 말씀에는 『최고』들만이 등장합니다.

"하나님이"… '최고의 애인(greatest lover)'입니다. 하나님께서 최고의 사랑의 주체가 되신다는 의미입니다.

"세상을"… '최고의 숫자(greatest number)'. 하나님은 시대와 인종을 초월한 모든 악인, 모든 선인을 포함하여 사랑하십니다.

"이처럼 사랑하사"… '최고의 수준(greatest degree)'입니다. 도저히 사랑할 수 없는 상대를, 도저히 사랑할 수 없는 상황에서 사랑하시는 그 측량할 수 없는 사랑의 깊이와 높이와 길이와 넓이를 말합니다. 자기 생명을 희생시킨 무조건적인 사랑입니다.

"독생자를"… '최고의 선물(greatest gift)'입니다. 인류에게 내리신 최대 최고의 선물입니다.

"주셨으니"… '최고의 행동(greatest act)'입니다. 하나님이 자기 자신을 다 주신 것입니다.

"누구든지"… '최고의 초청(greatest invitation)'입니다. 제한 없는 우주적 초청입니다.

"저를 믿는 자마다"… '최고의 단순함(greatest simplicity)'입니다. 믿는다는 것처럼 단순한 것이 없습니다. 어린아이가 엄마를 믿는 것처럼 하면 됩니다. 이 같은 하나님의 가장 위대한 사랑을 얻는데는 단순히 예수를 믿기만 하면 됩니다. 믿기만 하면 구원받습니다.

"멸망하지 않고"… '최고의 해방(greatest deliverance)'입니다. 죽어서 지옥 가야 할 죄수가 석방된 것입니다. 하나님의 사랑은 사형수일지라도 용서하시고 죄와 심판에서 해방하십니다.

"영생을 얻으리라"… '최고의 소유(greatest possession)'입니다. 그 이상의 재산, 그 이상의 소유는 없습니다. 하나님의 위대한 사랑은 죄의 용서로 끝나는 것이 아니라 영원한 생명과 천국이라는 값으로 측량할 수 없는 엄청난 축복을 주십니다.[48]

우리는 예수님이 지셨던 비참한 십자가를 통하여 너무나 황홀한 구원의 은총을 받은 것입니다. 성경은 이렇게 설명합니다(요3:17).

"하나님이 그 아들을 세상에 보내신 것은 세상을 심판하려 하심이 아니요, 저로 말미암아 세상이 구원을 받게 하려 하심이라". 십자가의 위력입니다. 십자가의 놀라운 은혜입니다.

중국 내지 선교의 개척자 허드슨 테일러(Hudson J. Taylor) 선교사가 중국에서 선교하고 있을 때, 한 청년이 "신자가 되는 데는 몇 년이 걸립니까?"라고 물었습니다.

테일러 선교사는 즉답 대신에 "램프의 심지에 얼마 동안 불을 붙여야 빛을 발합니까?"라고 반문을 하였습니다. 그러자 청년은 "그야 심지에 불이 붙는 순간부터 빛을 내지요"라고 대답했습니다. 테일러 선교사는 청년의 손을 잡고 이렇게 말을 했습니다.

"바로 그것입니다. 하나님께서 나를 부르시고 구원하셨다는 것을 깨닫는 순간 새로운 삶에 비친 그 영혼에서 빛이 타오르게 된답니다."

예수님의 죽음을 나의 죽음으로 지금 믿으시면 지금 구원받습니다. 언제 죽어도 천국 갈 하나님의 자녀가 됩니다. 우리 모두 주의 십자가를 바라보며, 예수님의 사랑을 받아들이시는 성도가 되시기를 축원합니다.

---

48) 최효섭, 「사랑하기 때문에」, 저자가 조금 편집 함

일곱 인(印) 비밀

Seven Seals Secret

본문   계6:1-17

펜실바니아주(Commonwealth of Pennsylvania)의 한 댐을 조사한 기술자들은 인근 주민들에게 경고를 했습니다. "이 위에 있는 저수댐은 안전하지가 않으니 이주하는 것이 좋을 것입니다". 그러나 마을 주민들을 코웃음을 쳤다. 그해 가을에 조사단이 와서 다시 경고를 했지만 마찬가지였습니다. "있을지 없을지 모르는 일이 아닌가? 우리에게 겁을 먹도록 할 수는 없지..." 그러나 마지막 경고가 있은지 보름이 못되는 1889년 5월 31일 그 댐은 홍수로 무너지고 말았습니다. 이 댐의 붕괴로 존스타운 주민 중 2,200명이 삽시간에 몰사했으니, 미국 역사상 대홍수 사건이라 아니할 수 없습니다. 성경에는 하나님께서 경고한 말씀이 많이 있습니다. 그런데 듣지 않아 심판을 받은 적이 비일비재합니다. 장차 있을 7년 대환란은 인간의 죄로 말미암습니다. 또한 7년 대환란에 대한 성경을 통한 경고의 메시지는 하나님의 사랑의 메시지입니다.

하나님의 본심은 심판을 원치 않으십니다.

"여호와의 말이다. 내가 너희를 위해 갖고 있는 계획들을 내가 알고 있으니 그것은 평안을 위한 계획이지 재앙을 위한 것이 아니며 너희에게 미래와 소망

을 주기 위한 것이다."(렘29:11)

그러나 인간이 불의를 따름으로 대심판을 불러 온 것입니다.

"6하나님께서는 각 사람에게 그의 행위에 따라 갚아 주실 것입니다. 7참고 선을 행해 영광과 존귀와 불멸을 추구하는 사람에게는 영생을 주시나 8자기 이익만 추구하고 진리에 순종하지 않고 불의를 따르는 사람에게는 진노와 분노를 내리실 것입니다."(롬2:6-8)

요한계시록의 중심 주제 중의 하나는 환난과 심판으로서 6-18장에 나오는 '대환난'입니다. 스물 두 장 중에 열 네 장이나 됩니다. 그 구조적인 특징을 보면 이렇습니다. 첫째, 세 종류의 재앙으로 구분되어 있다는 것입니다. 환난과 재앙이 일곱 인 재앙과 일곱 나팔 재앙과 일곱 대접 재앙의 삼중으로 구분되어 있습니다. 둘째, 세 종류의 재앙은 서로 연결되어 있다는 것입니다. 일곱 인 재앙 가운데 일곱 번째 인에서 일곱 나팔 재앙으로 발전되고(8:1) 일곱 나팔 재앙의 일곱번째 나팔에서 일곱 대접 재앙으로 발전됩니다(11:15). 셋째, 세 종류의 재앙은 모두 일곱 인에 포함되어 있다는 것입니다. 일곱 인 재앙에서 일곱 나팔 재앙이 나오고 일곱 나팔 재앙에서 일곱 대접 재앙이 나온다는 것은 모든 재앙이 일곱 인 재앙에 포함되어 있다는 의미이기도 합니다. 하나님께서 경고하신 대로 7년 대환난의 세가지 재앙들이 시작되고 진행되면 그때라도 하나님께 회개하고 그리스도를 믿어 구원받으라는 것입니다. 대환난은 작은 지옥을 그리고 영원한 지옥에 비하면 순간적인 7년 대환난을 통해 영원한 지옥은 피하라시는 하나님의 깊은 뜻이 있는 것입니다. 그러므로 엔드타임 메시지는 하나님께서 뜻이 있어서 분명히 알려주시지 않으신 재림의 연월일 그리고 누가 적그리스도인지, 짐승의 표가 무엇인지? 등등을 캐는데 시간 낭비하는 것은 어리석은 짓입니다. 분명히 알려주시지 않은 것은 감사함으로 주님께 맡기고 대환난의 궁극적인 목적은 심판하는데 있는 것이 아니라 그리스도를 통해, 엔드타임 메시지를 통해 한 영혼이라도 구원하는데 있음을 알아야 합니다. 그러므로 오늘날 그리스도 안에 있는 지체들은 대환난의 내용을 읽으며 힘을 다해 때를 얻든지 못 얻든지 사랑하는 가족, 친지, 이웃 그리고 동포 그리고 땅끝까지 전도하며 살라는 기도와 전도의 촉진제가 되어야 하는 것입니다.

계5:7에서 하나님의 오른 손에 있던 일곱 인으로 봉한 두루마리를 예수님이 취했습니다. 그 두루마리는 하나님이 미래에 행하실 계획이 기록된 두루마리입니다. 이제 그 일곱 인을 하나씩 뗄 때에 나타난 내용이 그 세 종류의 재앙인 것입니다. 넷째, 세 종류의 재앙은 그 성격이 다르다는 것입니다. 일곱 인 재앙과 일곱 나팔 재앙은 부분적이고 일곱 대접 재앙은 전면적입니다. 전자는 심판의 전조로서의 환난이고 후자는 심판의 실행에 해당하는 환난입니다. 전자는 연단의 의미가 있는 환난이고 후자는 제거의 의미가 있는 환난이기 때문입니다. 그래서 전자는 성도가 불신자와 함께 경험하는 환난이고 후자는 불신자만 당하는 환난입니다. 다섯째, 세 종류의 재앙 중간에 삽경(揷景, interlude)들이 있습니다.

요한계시록 10장부터 14장까지는 일곱 나팔의 재앙과 일곱 대접의 재앙 사이에 삽입된 삽경(揷景, interlude)입니다. 성경 주석가들이 흔히 '삽경'이라고 표현하지만 찬양과 경배는 사실상 요한계시록에서 삽경이 아니라 중요한 주제입니다. 요한계시록에 찬양과 경배는 4장 5장 7장 11장 12장 15장 19장에 나옵니다. 이 찬양과 경배를 하나님이 받으시고 역사하십니다. 즉 단순히 보조적인 역할이 아니라 7년 대환난에 관한 내용과 동일하게 중요한 말씀이라는 것입니다.

'예배(worship)'라는 용어는 앵글로 색슨 (Anglo-Saxon)족의 단어에서 온 것으로서 가치있나(worth)와 것(ship)의 합성어입니다. 그래서 '가치를 인정하다' 또는 '가치를 돌려드린다'는 뜻이 있습니다. 이 말의 사전적인 의미는 '가치를 어떠한 대상에게 돌린다'는 뜻입니다. 예배는 '최상의 존재에게 표하는 경의'라고 말할 수 있습니다. 즉 최상의 존재인 하나님께 존경, 경의, 찬양, 영광을 드리는 것입니다. 예배는 인간이 할 수 있는 최고의 섬김입니다. 예배는 인간이 할 수 있는 가장 위대한 일입니다.

일곱 나팔의 재앙과 일곱 대접의 재앙 사이에 이처럼 긴 삽경이 쓰여진 것은 이때가 7년 대환난 가운데서도 '야곱의 환난'으로 일컬어지는 본격적인 후반부 3년 반의 환난이 시작되는 시점이기 때문입니다. 이런 삽경 가운데 사탄 마귀의 삼위일체가 등장하는 12장 13장 말씀들을 간단히 요약하면 하늘에서 쫓겨난 붉은 용이 자기의 때가 얼마 안 남을 줄 알고 여자와 그의 남은 자손들을 진멸하려고, 그의 대리인 적그리스도와 거짓 선지자에게 권세와 능력을 줍니다. 용으로부터 권세를 받은 두 짐승은 사람들에게 짐승의 우상 앞에 경배하며, 짐승의 표를 받기를 강요합니다. 믿음을 지키려는 이스라엘 백성들과, 7년 대환난의 기간 동안 회개하고 예수를 믿은 환난 성도들에게 본격적인 환난과 시험의 때가 찾아온 것입니다.

적그리스도의 나라가 완성되는 모습을 보여주는 13장의 말씀만 보면 낙심할 수밖에 없습니다. 바다에서 올라온 짐승인 적그리스도와 땅에서 올라온 짐승인 거짓 선지자가 등장하여 적그리스도의 우상에게 경배하게 하고, 짐승의 표를 받기를 강요하며 이를 거부하는 자들을 몇이든 다 죽이는(13:15) 지옥과 같은 세상이 펼쳐질 것이기 때문입니다. 하지만 곧바로 이어지는 14장에서는 이런 핍박에도 승리하는 성도들의 모습과 적그리스도의 나라를 심판하시는 예수님의 모습(14)이 그려지고 있습니다. 7년 대환난이라고 하는 인류의 역사 가운데 가장 어둡고 암울한 순간에도 하나님이 모든 것들을 컨트롤하시며, 믿음을 가진 교회와 성도들을 구원하려는 목적이 있다는 것과 궁극적으로 성도와 교회가 반드시 승리하도록 되어 있다는 확신을 주기 위한 것입니다.

6-18장에 나오는 대환난의 내용에서 일곱 인 재앙은 6장, 일곱 나팔 재앙은 8-9장, 일곱 대접 재앙은 16장에 나옵니다. 내용구조는 첫 번째 인(1-2절), 두 번째 인(3-4절), 세 번 째 인(5-6절), 네 번째 인(7-8절), 다섯 번째 인(9-11절), 여섯 번째 인(12-17절)으로 되어 있습니다.

1. 삼중적 재앙

대환난의 인 재앙-나팔 재앙-대접 재앙

구분	대환난 전반기	대환난 전반기후반	대환난 후반기(후3년반)
인 재앙	첫째 인(흰말) 둘째 인(붉은 말) 셋째 인(검은말) 넷째 인(청황색말)	다섯째인(순교자호소)	여섯째 인(어린 양 진노) 일곱째 인(반시 동안 고요)
나팔 재앙	첫째 나팔: 땅 둘째 나팔: 바다 셋째 나팔: 강물 넷째 나팔: 천체	다섯째 나팔: 황충재앙(첫 번째 화) 여섯째 나팔: 유브라데(두 번째 화)	일곱째 나팔: 주의 나라됨
대접 재앙			일곱째 나팔에 동시에 쏟아짐, 계16;1-21절에 나오는 7가지 대접 재앙(세 번째 화)

그러므로 처음 나오는 일곱 봉인-실제로는 여섯 봉인-은 7년 환난기 전체를 다룹니다. 계8:1에서 일곱째 봉인을 떼면서 시작되는 일곱 나팔은 7년의 중간쯤부터 시작해서 다시 3년 반을 다룹니다. 그리고 맨 마지막에 나오는 일곱 금병은 7년의 거의 맨 끝에 하나님의 진노가 병으로 정확하게 쏟아 붓듯이 한 번에 집중되어 떨어지는 것을 말합니다.

그래서 6장이 시작되면 적그리스도가 나타나고 전쟁과 기근과 사망이 일어나며 순교자들이 생기고 여섯째 봉인을 떼니 지진과 천체들의 변화가 생깁니다. 이것으로 7년 환난기는 끝납니다.

이것은 마태복음 24장 29절에서 환난기가 끝나면서 천체들의 변화가 생기는 것과 동일합니다. 일곱째 봉인을 떼니 일곱 나팔이 등장합니다. 환난기 중반쯤에 드디어 나팔을 부는 천사들이 나타나고 그들이 각각 여섯 나팔을 분 뒤 일곱째 천사가 나팔을 불면 그때에 환난기가 끝나고 그리스도의 왕국이 이루어집니다. 이것은 계시록 11장 15-19절에 자세히 나와 있습니다.

"일곱째 천사가 나팔을 불매 하늘에 큰 음성들이 있어 이르되, 이 세상의 왕국들이 우리 주와 그분의 그리스도의 왕국들이 되었고 그분께서 영원무궁토록 통치하시리라, 하니"(계11:15)

다시 한 번 강조하지만 일곱째 나팔 소리가 울리면 이 땅위에 그리스도의 왕국이 세워지면서 하나님의 신비가 다 이루어집니다. 일곱째 천사가 음성을 내는 날들 즉 그가 나팔을 불기 시작할 때에 하나님의 신비가 그분께서 자신의 종 대언자들에게 밝히 드러내신 것같이 이루어지리라 하더라.(계10:7)

한편 일곱 금대접은 환난기의 맨 마지막에 집중적으로 정조준돼서 이 땅에 쏟아 부어집니다. 계시록 10장 11절에는 이들이 되풀이되어 일어나는 것을 보여 주는 매우 중요한 단어가 하나 있습니다. 그가 내게 말하기를, 네가 반드시 많은 백성들과 민족들과 언어들과 왕들 앞에서 다시 대언해야 하리라, 하더라 (계10:11). 즉 여섯째 천사가 나팔을 분 다음에 요한은 다시 대언해야 했습니다. 그래서 일곱째 나팔이 울리기 전에 그는 16장부터 다시 일곱 금병 심판을 대언합니다.

일곱 금대접의 심판 경우는 거의 마지막 부분에서 집중적으로 이루어집니다. 이러는 가운데 사탄은 계시록 12장에 기록되어 있듯이 환난기의 3년 반 되는 시점에서 하늘에서 쫓겨나 그의 천사들과 함께 이 땅으로 내려오고 이때부터 환난기가 끝날 때까지 3년 반 동안 이스라엘은 혹독한 고통을 당합니다. 바로 이 기간에 11장에 있는 두 증인의 사역이 이루어집니다. 그러면서 맨 끝에 가서 17-18장에는 바벨론의 멸망이 기록되어 있습니다. 그리고 19장에는 예수님의 지상 강림이 기록되어 있고 20장에는 주님이 세우시는 천년왕국이 자세히 나옵니다. 천년왕국의 끝에는 그리스도 밖에서 죽은 모든 자들 즉 생명책에 기록되지 않은 모든 자들이 부활해서 하나님의 크고 흰 왕좌 앞에서 심판을 받고 다시 죽어 불 호수라는 둘째 사망에 영원토록 던져집니다. 그다음에 21-22장에는 새 하늘과 새 땅이 나오면서 미래의 영원이 기록되어 있습니다.

그러면 7년 환난기에는 누가 들어갈까요? 거기에는 믿지 않는 유대인들과 믿지 않는 이방인들만 들어갑니다. 유대인이든 이방인이든 누구든지 그리스도 예수님 안에 있는 자들은 환난기가 시작되기 전에 부활하거나 휴거를 받습니다. (살전4:15-18, 고전15:51-53)

죽은 자들이 썩지 아니할 것으로 일어나는 것이 부활이요, 살아 있는 우리가 변화되는 것이 휴거입니다. 예수님도 부활과 휴거에 대해 친히 말씀하셨습니다. 예수님께서 그녀에게 이르시되, 나는 부활이요 생명이니 나를 믿는 자는 죽어도 살겠고 누구든지 살아서 나를 믿는 자는 결코 죽지 아니하리라. 이것을 네가 믿느냐? 하시니(요11:25-26)

여기서 죽어도 사는 것은 부활이고, 살아서 그분을 믿으며 결코 죽지 않는 것은 휴거입니다.[49]

삼중적 심판, 곧 일곱 인 심판과 일곱 나팔 심판과 일곱 대접 심판에서 공통점이 있는데 , 그것은 이 모든 심판이 둘로 분류될 수 있다는 것입니다. 하나는 처음 네 심판이고, 또 하나는 그 다음의 세가지 심판입니다. 그러니까 일곱 인 심판은 처음 네 심판과 그 다음 세 심판으로 분류할 수 있습니다. 나팔 심판과 대접 심판도 마찬가지로 처음 네 심판과 그 다음 세 심판으로 분류됩니다.

이 세가지 심판에서 모두 처음 네 심판은 지구에 대한 심판이나 그 다음 심판은 우주에 대한 심판입니다. 이 세 심판 가운데 중간에 있는 나팔 심판을 예로 보면 첫째 심판은 땅에 내려지고, 둘째 심판은 바다에 내려지고, 셋째 심판은 강에 내려지고, 넷째 심판은 태양과 달과 별들의 빛을 때려서 지구를 어둡게

---

49) 홍성철, 「어린 양과 신부」, 키메이커, 85

만드는 심판입니다. 반면에 다섯째에서 일곱째 심판은 지구가 아니라, 우주적인 심판이 내려집니다(계8:7 이하).

2. 첫 번째 인 ~ 네 번째 인

1) 첫 번째 인 – 흰 말(1–2절)

"¹내가 보매 어린 양이 일곱 인 중의 하나를 떼시는데 그 때에 내가 들으니 네 생물 중의 하나가 우렛소리 같이 말하되 오라 하기로 ²이에 내가 보니 흰 말이 있는데 그 탄 자가 활을 가졌고 면류관을 받고 나아가서 이기고 또 이기려고 하더라"(계6:1-2)

계 5:7에서 하나님의 오른 손에 있던 일곱 인(印)으로 봉(封)한 두루마리를 예수님이 취했습니다. 그 두루마리는 하나님이 미래에 행하실 계획이 기록된 두루마리입니다. 이제 그 일곱 인을 하나씩 뗄 때에 나타난 내용입니다. 그 첫째는 흰 말, 둘째는 붉은 말, 셋째는 검은 말, 넷째는 청황색 말, 다섯째는 순교자, 여섯째는 자연계, 그리고 일곱째는 일곱 나팔 재앙이 들어있습니다 (계8:1). 그 구조는 4인+2인+1인입니다. 4인은 지상, 2인은 천상, 1인은 다음 나팔 재앙을 부르는 구조입니다. 8-9장에 나오는 일곱 나팔 재앙이나 16장에 나오는 일곱 대접 재앙도 같은 구조를 가지고 있습니다.

요한은 하늘보좌를 보고 있었습니다. 어린 양이 보좌에 앉으신 이의 오른 손에서 7인(印)으로 봉(封)한 두루마리를 취하는 것을 보았습니다. 보좌에 앉으신 이는 하나님을, 어린 양은 예수님을 상징하는 표현입니다. 그리고 보니 어린 양의 모습을 한 예수님이 그 7인 중 하나를 떼었습니다. 첫 번째부터 4번째까지 책에서 봉인을 뗄 때마다 네 가지 색깔을 가진 말을 탄 자들이 등장하여 재앙과 심판을 가져오는 모습을 보여주고 있습니다. 흥미로운 것은 이 네 개의 봉인이 떼어질 네 생물이 등장합니다. 네 생물은 하늘에 있는 존재로서 피조물입니다. 하나님의 보좌에 가장 가까이 있는 존재입니다. 이들이 실질적인 사자, 송아지, 사람, 독수리는 아니고 '같고'(계4:7)라는 의미를 보면 비슷한 모습을 지녔습니다. 실질적으로 네 생물은 각각 다른 얼굴을 가지고 있으나 모두 사람처럼 말을 합니다. 일곱 인 재앙을 내릴 때 첫째부터 넷째까지 각각의 인 재앙들은 네 생물들의 명령에 의해 실행됩니다.

"오라"(1, 3, 5, 7)는 말로 네 가지 색깔의 말을 탄 자들이 등장할 것을 명령하고 있다는 것입니다. 네 가지 말탄 자로부터 시작되는 7인과 나팔과 대접의 재앙이 하나님께로부터 비롯되었음을 보여주는 말씀인 것입니다.

그가 '오라'고 한 것은 첫 번째 인을 뗄 때에 나타난 말 탄 자에게 한 말입니다. 그가 '오라'고 하자 흰 말이 나왔습니다. 그 말에 탄 자는 활을 가졌고 면류관을 받아 나아가서 이기고 또 이기려고 했습니다.

'흰 말'이 영적으로 무엇을 의미하는지에 대한 해석은 크게 두 가지로 나뉩니다. 하나는 그리스도 운동(복음 운동)이라는 해석이고, 또 하나는 거짓그리스도 운동(거짓복음 운동)이라는 해석입니다. 이 부분은 요한계시록의 난해구절 중 하나로서 첨예하게 대립되고 있는 이론입니다. 전후자 모두가 일정한 근거를 가지고 있다는 의미에서 서로 존중해 주어야 할 이론임에는 틀림없으나 여러 관점에서 후자의 견해가 더 타당성이 있습니다.

여러분!

손자병법에 보면 '지피지기백전불태(知彼知己百戰不殆)'라는 내용이 나옵니다. 상대방을 잘 알고, 또한 자신을 잘 알면 백 번 싸워도 위태로움이 없다는 뜻을 담고 있습니다. 이것은 쉽게 말해 상대의 의도와 전략을 파악하고, 자신의 상황과 능력을 정확히 인지하면 실패하지 않는다는 이치를 말하는 것입니다. 그런데 백마를 탄 자를 예수로 혹은 적그리스도로 보는 차이는 하늘과 땅 차이입니다. 아군의 총사령관을 몰라보고 만약 적군의 총사령관을 따른다고 생각하면 전쟁에서 승리할 수 있겠습니까?

영적인 분별력과 하나님의 지혜를 주셔서 성경을 바로 이해할 수 있도록 기도해야 합니다.

'흰 말'을 적그리스도 보아야 하는 이유는 다음과 같습니다.

첫째, 출현 장면이 입증합니다. 1절에 보면 "내가 보매 어린 양이 일곱 인 중의 하나를 떼시는데 그 때에 내가 들으니 네 생물 중의 하나가 우렛소리 같이 말하되 오라 하기로"라고 했습니다. 어린 양 되시는 예수님은 인을 떼고 있었기 때문에 예수님을 그 인의 내용인 말을 탄 자중 한 사람으로 볼 수 없습니다. 또한 흰 말을 탄자는 4생물의 명령에 의해 나왔는데 예수님이 피조물의 명령에 의해 출현한다는 것은 격에 맞지 않는 모습입니다. 그러므로 흰 말 탄자를 예수 그리스도로 보기는 어렵습니다.

둘째, 용어의 특징이 입증합니다. 2절에 "이에 내가 보니 흰 말이 있는데 그 탄 자가 활을 가졌고 면류관을 받고 나아가서 이기고 또 이기려고 하더라"고 했습니다. '활'은 마귀와 악한 자의 무기로 자주 사용됩니다.(시7:12, 11:2, 37:14, 46:9, 58:7, 렘49:35, 엡6:17) 예수님께서 사용하신 무기는 검(칼)으로 자주 나타납니다.(계1:16, 2:16, 19:15,21, 렘6:17, 히4:12) 그리고 '면류관'은 적그리스도의 일시적인 승리와 권세를 가질 것을 나타낼 때 사용되기도 합니다.(단8:24, 11:38-39, 살후2:8-12, 계13:1, 5, 7) 그리고 "이기고 또 이기려 하더라"는 헬라어로 νικων και ινα νικηση(conquering and to conquer -KJV, NASB)입니다. νικων은 현재분사(남, 단, 주)이고 νικηση는 제1부정과거 가정법(3, 단, 능)입니다. 현재분사는 주동사의 시간과 같은 시간에 일어나는 동작을 나타내는 시상이고, 제1부정과거 가정법은 규칙변화로(제2는 불규칙변화) 반복 개념이 없는 단회적 동작을 나타내는 형태의(현재 가정법은 반복의 동작 나타냄) 비실제적인 내용의 가정을 말합니다. 현재 이기고 있고 또 이기려고 한다는 문장입니다. 그런 행동은 사탄의 세력에게나 어울리는 표현입니다.(11:7, 13:7) 예수님은 십자기 구속을 이루므로 이미 이겼습니다. 계5:5에 "다윗의 뿌리가 이기었으니"라고 했습니다. 더 이상 이기려고 노력하지 않습니다.

셋째, 재앙들의 흐름이 입증합니다. 요한계시록의 줄기리는 대환난입니다. 대환난의 내용은 3종류의 재앙 곧 '7인 재앙'(6장), '7나팔 재앙'(8-9장), '일곱 대접 재앙'(16장)으로 나옵니다. 그런데 모두 일관성 있게 4+2+1의 구조로 되어 있습니다. 모두 앞부분의 4가지 재앙들은 지상을 배경으로 한 재앙의 국면들을 설명하고 있습니다. 마찬가지로 본문의 붉은 말은 전쟁을, 검은 말은 기근을, 청황색 말은 죽음을 말하고 있습니다. 흰 말 다음에 나오는 붉은 말, 검은 말, 청황색 말이 모두 재앙에 대한 성격을 가지고 있는 것입니다. 그런 의미에서 본다면 4종류의 말들은 모두 환난의 도구로 이용된 일련의 국면을 설명하는 같은 종류여야만 합니다. 그런 맥락에서 볼 때 '흰 말'을 그리스도나 복음운동으로 보기 어려운 것입니다.

넷째, 병행구절들이 입증합니다. 19:11-17과 비교하면, 19:11-17의 백마(흰 말) 탄 자는 영광 중에 강림하는 모습으로 나타납니다. 그리고 '충신과 진실' '그가 공의로 심판하며 싸우더라'는 표현이 나옵니다. 19:11에 "또 내가 하늘이 열린 것을 보니 보라 백마와 그것을 탄 자가 있으니 그 이름은 충신과 진실이라 그가 공의로 심판하며 싸우더라"고 했습니다. 예수님이 싸움을 하는 성격이 잘 드러납니다. 그러나 본문의 흰 말은 그런 권위도 없고 단지 정복을 위해 싸우는 자로만 나왔습니다.

(1) 적그리스도의 위장된 평화

6장에 등장하는 흰 말을 탄 자가 쓴 면류관을 원어로 살피면 'στεφανοσ'라고 되어있는데, 이 면류관은 전쟁이나 올림픽과 같은 경기에서 승리한 자에게 주는 '승리의 면류관'입니다. στεφανοσ는 일반적으로 월계수 가지를 엮어 만든 화관이기 때문에 오래가지 못합니다.

적그리스도는 정복자의 모습으로 나오지만 하나님께서 허락하신 것은 7년에 불과합니다. 승리한 자에게 일시적으로 주어진 영광과 권세를 의미하는 것이 바로 στεφανοσ입니다. 이에 반해 요한계시록 19장에서 예수님이 쓰고 계신 면류관은 διαδημα라고 해서 왕이 쓰는 면류관입니다. 이는 금속으로 만들어진 면류관으로, 영원히 사라지지 않는 권세와 영광을 상징합니다. 예수님은 일시적인 영광과 권세를 가지고 재림하시는 것이 아니라, 영원한 권세와 영광을 상징하는 διαδημα를 쓰시고 재림하신다는 것입니다.

그렇다면 그 모습은 재림하실 예수 그리스도를 흉내 내고 있지만, 7년 대환난이 시작되는 초창기에 등장해서 일시적인 권세를 가지고 세상을 정복하고 다스릴 자, 그가 과연 누구일까? 바로 '적그리스도'를 의미하고 있다는 것입니다. '적그리스도'는 요한의 서신에만 등장하는 독특한 단어입니다. 마지막 때에 하나님을 대적하여 세상을 미혹할 이 적그리스도를 사도 바울은 '불법한 자'(살후2:8), 멸망의 아들(살후2:3)로 설명하고 있고, 요한계시록 13장에서는 '바다에서 올라온 짐승'(계13:1)으로 소개하고 있습니다. 구약의 말씀인 다니엘 9장 26, 27절에서는 적그리스도를 마지막 때에 성전에다 자신의 우상을 세우고 하나님의 진노를 불러올 '한 왕'으로 묘사하고 있습니다.

'적그리스도'라는 단어가 헬라어에는 αντιχριστος라고 영어에서는 이를 직역해서 적그리스도를 antichrist라고 부르고 있습니다. αντιχριστος에서 χριστος가 그리스도(christ)라는 뜻이고, 앞에 붙은 αντι라는 단어는 '대적한다(against, opposite)'는 뜻과 함께 '대신한다(instead)'라는 뜻을 가지고 있는 단어입니다.

즉, 적그리스도는 그리스도를 대적하는 자인 동시에, 가짜 그리스도로서 그리스도를 대신하려는 자라는 것을 αντιχριστος라는 단어를 통해서도 확인할 수 있다는 것입니다. 마지막 때에 등장할 적그리스도는 곡과 마곡의 전쟁과 휴거의 사건, 또 자연의 재앙과 정치 경제적인 위기 등으로 혼란에 빠진 세상을 구원할 메시야처럼 등장해서 권세를 잡을 것입니다. 하지만, 그 권세는 7년으로 제한될 것입니다.

흰 말 탄 자의 특징은 '가장(假裝)'입니다. 흰 말은 거짓 평화를 나타냅니다. 2절 말씀에 보니 그가 활(bow)은 가졌지만, 화살(arrows)은 가지고 있지 않다고 했습니다. 그런데 이것으로 이기고 이기었다고 했습니다. 무력을 쓸 수 있는 권세(활)는 가지고는 있지만, 이것을 실제로 사용하지는 않고, 다른 방법으로 승리를 쟁취한다는 것입니다. 전쟁이 아닌 외교적인 방법으로 권세를 얻는다는 것입니다. 저는 말에 능한 자요, 이 말로 세상에 평화와 안정을 줄 것처럼 사람들을 미혹하여 권세를 얻게 될 것입니다. 하지만, 그가 약속했던 평화롭고 안정된 세상은 결코 찾아오지 않을 것이고, 그가 권세를 잡은 뒤에도 세상은 전쟁과 기근과 온역 등으로 끊임없이 고통을 겪게 될 것입니다. 그 구체적인 모습이 둘째 인의 재잉에서부터 묘사되고 있습니다.

또한 요한일서3장 22절을 보면, "거짓말하는 자가 누구뇨 예수께서 그리스도이심을 부인하는 자가 아니뇨 아버지와 아들을 부인하는 그가 적그리스도니" 그리스도인의 무기가 진리 되신 하나님의 말씀이라면 적그리스도의 무기는 거짓말입니다. 다른 복음(갈1:6) 곧 거짓복음입니다. 이는 이미 종말에 있을 예수님의 예언과도 같습니다. 마태복음24:4-5에 "예수께서 대답하여 이르시되 너희가 사람의 미혹을 받지 않도록 주의하라. 많은 사람이 내 이름으로 와서 이르되 나는 그리스도라 하여 많은 사람을 미혹하리라"고 했습니다. 마태복음 24:23-24에 "그 때에 사람이 너희에게 말하되 보라 그리스도가 여기 있다 혹은 저기 있다 하여도 믿지 말라. 거짓 그리스도들과 거짓 선지자들이 일어나 큰 표적과 기사를 보여 할 수만 있으면 택하신 자들도 미혹하리라"고 했습니다. 그러므로 말세를 당한 성도는 성경 말씀을 바로 배워서 영적인 분별력을 가져야 합니다.

적그리스도의 하수인들인 거짓선지자들도 마찬가지입니다. 고린도후서 11:14-15에 "이것은 이상한 일이 아니니라 사탄도 자기를 광명의 천사로 가장하나니, 그러므로 사탄의 일꾼들도 자기를 의의 일꾼으로 가장하는 것이 또한 대단한 일이 아니니라 그들의 마지막은 그 행위대로 되리라"고 했습니다. 거짓 선지자들도 성경에 나온 선지자들처럼 많은 기적들을 행하여 참 선지자인 것처럼 나타납니다. 예레미야 14:14에 "여호와께서 내게 이르시되 선지자들이 내 이름으로 거짓 예언을 하도다 나는 그들을 보내지 아니하였고 그들에게 명령하거나 이르지 아니하였거늘 그들이 거짓 계시와 점술과 헛된 것과 자기 마음의 거짓으로 너희에게 예언하는도다"고 했습니다.(23:21, 32, 27:15, 29:9, 31) 예수님께서도 그런 거짓 선지자들이 일어나 미혹이 있을 것을 경계시켰습니다. 마태복음 24:24에 "거짓 그리스도들과 거짓 선지자들이 일어나 큰 표적과 기사를 보여 할 수만 있으면 택하신 자들도 미혹하리라"고 했습니다.(마24:24) 바울도 데살로니가후서 2:9-10에서 "악한 자의 나타남은 사탄의 활동을 따라 모든 능력과 표적과 거짓 기적과, 불의의 모든 속임으로 멸망하는 자들에게 있으리니~"라고 했습니다. 요한계시록 13:13에 "큰 이적을 행하되 심지어 사람들 앞에서 불이 하늘로부터 땅에 내려오게 하고"라고 했습니다.

2) 두 번째 인 - 붉은 말(3-4절)

"3둘째 인을 떼실 때에 내가 들으니 둘째 생물이 말하되 오라 하니 4이에 다른 붉은 말이 나오더라 그 탄 자가 허락을 받아 땅에서 화평을 제하여 버리며 서로 죽이게 하고 또 큰 칼을 받았더라"(계6:3-4)

(1) 붉은 말은 전쟁을 상징합니다.

첫째 인을 뗄 때 등장한 '흰 말을 탄 자'가 세계의 평화와 안정을 줄 것처럼 세상을 미혹할 것이지만, 이런 거짓된 평화와 안정은 오래가지 못하고, 세계는 전쟁으로 큰 고통을 겪게 될 것입니다. 데살로니가전서 5장 3절에서도 "저희가 평안하다 안전하다 할 그때에 잉태된 여자에게 해산 고통이 이름과 같이 멸망이 홀연히 저희에게 이르리니 결단코 피하지 못하리라."하십니다.

어떤 성경학자들은 흰 말을 탄 자인 적그리스도가 거짓 평안을 약속한 뒤 찾아온 이 전쟁을 3차 대전으로 묘사합니다. 이 땅에 참된 평화를 가져올 사람은 가짜 그리스도인 적그리스도가 아니라, 예수님 한 분밖에 없다는 사실을 잊지 말아야 한다는 것입니다. 진정한 평화의 왕으로 오신 예수님은 자신의 희생을 통해 모든 믿는 자들에게 어떤 왕의 휘하에서도 누리지 못했던 평안을 선물로 주셨습니다.(요14:27) 한편 붉은 말을 탄 자는 큰 칼을 받은 자입니다. '칼'은 무기를 말하고 '큰 칼'은 대량 살상 무기를 말합니다. 현대의 무기들의 특색은 대량 살상이 가능하다는 것입니다. 로마시대의 무기는 칼이나 활 등이었다면 현대에는 화학무기와 생물무기와 핵무기 등입니다. 미국 하버드대학교 생물학 교수요 노벨상 수상자인 죠지 월드(George Wald, 1906~1997) 박사는 세계 전체 핵무기를 TNT로 계산하여 그 핵무기를 개인에게 배당하면 1인당 10t씩 돌아간다고 했습니다. 수소폭탄(수소 핵융합으로 폭발력을 증가시킨 핵폭탄)은 1개를 지구 요충지에 폭파시키면 30억을 죽일 수 있다고 합니다. 그런 상황에서 전쟁이 일어나면 잔인하고도 무서운 살육 현상이 일어날 것입니다.

3) 세 번째 인 – 검은 말(5–6절)

"⁵셋째 인을 떼실 때에 내가 들으니 셋째 생물이 말하되 오라 하기로 내가 보니 검은 말이 나오는데 그 탄 자가 손에 저울을 가졌더라 ⁶내가 네 생물 사이로부터 나는 듯한 음성을 들으니 이르되 한 데나리온에 밀 한 되요 한 데나리온에 보리 석 되로다 또 감람유와 포도주는 해치지 말라 하더라"(계6:5-6)

6장은 일곱 인(印) 재앙이 나옵니다. 일곱 인(印) 재앙은 인봉(印封)된 하나님께서 말세에 이루실 계획을 기록한 두루마리의 인을 하나씩 떼어 보여 주실 때 마다 나타나는 재앙입니다. 그 구조는 첫 번째 인을 뗄 때는 흰 말(정복-거짓그리스도)이 나왔고, 두 번째 인을 뗄 때는 붉은 말(전쟁-적그리스도)이 나왔습니다. 세 번째 인을 떼니 검은 말(기근-말씀 궁핍)이 나왔습니다.

(1) 검은 말은 기근의 모습입니다.

검은 말은 기근을 상징합니다. 5절에 "검은 말이 나오는데 그 탄 자가 손에 저울을 가졌더라"고 했습니다. 세 번째 인을 뗄 때에 검은 말이 나왔고 그 말에 탄 자가 손에 저울을 가지고 있었습니다. '검은' 색은 슬픔과 비애와 기근의 색입니다.(Vincent, Bengel) '저울'은 무게를 재는 도구로서 검은 말을 탄 자가 그 저울을 가진 것은 식량을 달아서 배급하기 위한 것입니다. 그것은 기근으로 인하여 곡물이 부족하므로 식량이 통제될 것을 의미합니다. 6절에 "~한 데나리온에 밀 한 되요 한 데나리온에 보리 석 되로다"라고 했습니다. 하나님이 한 데나리온에 밀 한 되요 보리는 석 되라고 한 것입니다. '데나리온'(δηναριν)은 은 전의 명칭으로서 1데나리온은 당시 노동자의 하루 품삯이었습니다.(마20:2) 노동자가 하루 종일 일해서 얻은 일당으로 밀은 1되 보리는 3되를 살 수 있다는 것입니다. '되'(χοινιξ)는 당시 건장한 남자의 하루 식량을 나타내는 단위입니다. 1데나리온에 밀 1되는 건장한 남자가 하루 일해서 얻은 일당으로 하루에 혼자서 먹을 수 있는 식량 밖에 사지 못한다는 것입니다. 보리는 3되라는 것은 저급식량은 3명이 먹을 수 있는 식량밖에 사지 못한다는 것입니다. 그것은 당시의 시세로 볼 때 12-16배에 이르는 가격입니다.(Cicero, Beckwith, Rist) 당시 가부장적(家父長的) 대가족 시대로서 가장 1사람이 일을 해서 온 식구가 먹고 살았던 점을 감안하면 가장이 매일 일을 해도 가족이 먹고 살 수 없는 극심한 기근 상태라는 것을 알 수 있습니다. 현재에도 부분적으로 심한 기근이 있습니다. 타임지에 의하면 세계 인구 25~30억 이상이 적도권에 살고 있는데 그 중 60%가 영양실조에 걸려 있고 20% 이상이 기아에 허덕이고 있다고 합니다. 특히 아프리카의 많은 나라는 사막화와 흉년과 내전이 겹쳐 그 정도가 심합니다. 그런데 종말에 세계적인 전쟁이 일어나면 훨씬 심각한 기근이 있을 것입니다.

앞으로 말세엔 먹을 기근으로 식량이 핍절해지고 물질적으로 경제적으로 심각하게 궁핍해질 것입니다. 예수님도 말세에 기근이 있을 것을 예언하셨습니다. 마태복음24:7에 "민족이 민족을, 나라가 나라를 대적하여 일어나겠고 곳곳에 기근과 지진이 있으리니"고 했습니다.(막13:8) 에스겔 선지자는 하나님께서 기근을 허락할 때에 식물과 물을 달아서 먹게 되고 떡을 인분이나 쇠똥에 구워 먹게 되고 아비가 아들을 아들이 아비를 잡아먹게 되고 ⅓은 온역과 기근으로 멸망한다고 했습니다.(겔4:8-17, 5:10-16)

6절에 "~또 감람유와 포도주는 해치지 말라 하더라"고 했습니다. '감람유와 포도주'는 곡식과 함께 유대인들의 일상생활에 가장 기본적으로 필요한 식품들입니다.(신7:13, 11:14, 대하32:28, 호2:8, 22) 포도주는 포도원 포도나무의 열매를 즙으로 짜서 보관하면서 음료로 사용하는 식품이고, 감람유(올리브유)는 감람원 감람나무의 열매를 짜서 약품과 등불과 조리와 소스로 사용하는 식품입니다. 그런 점에서 포도주와 감람유는 당시 유대인들의 생활에 가장 필수적이면서도 가장 기본적인 식품인 것입니다. 그것들은 흔히 구할 수 있는 것들이었기 때문에 당시에 직장이나 조합에서 쫓겨난 가난한 성도들이 먹기에 좋은 식품이었습니다. 그러므로 포도주와 감람유는 해치 말라는 것은 기근으로 식량이 부족한 상태에서도 사는 데에 기본적인 최소한의 식품은 남겨두라는 것입니다. 말세에 극한 기근으로 경제적인 어려움을 당하는 때에도 생활을 할 수 있는 생존의 수단은 남겨두라는 것입니다. 그렇기 때문에 감람유와 포도주는 해하지 말라고 한 것은, 경제적인 위기 속에서도 성도가 생명을 유지할 수 있도록 배려하신 은혜입니다.(왕상17:14-16)

4) 네 번째 인 – 청황색 말(7-8절)

"⁷넷째 인을 떼실 때에 내가 넷째 생물의 음성을 들으니 말하되 오라 하기로 ⁸내가 보매 청황색 말이 나오는데 그 탄 자의 이름은 사망이니 음부가 그 뒤를 따르더라 그들이 땅 사분의 일의 권세를 얻어 검과 흉년과 사망과 땅의 짐승들로써 죽이더라"(계6:7-8)

6장은 일곱 인(印) 재앙이 나옵니다. 일곱 인(印) 재앙은 인봉(印封)된 하나님의 구원 계획을 예수 그리스도께서 하나씩 떼어 보여 주실 때마다 나타나는 재앙입니다. 첫 번째 인을 뗄 때는 흰 말(정복자- 적그리스도)이 나왔고, 두 번째 인을 뗄 때는 붉은 말(전쟁- 적그리스도)이 나왔고, 세 번째 인을 뗄 때는 검은 말(기근- 말씀 궁핍)이 나왔고 네번째 인을 뗄 때는 청황색 말(전염병-혼합주의)가 나옵니다. 청황색 말은 재앙의 한 국면을 보여 주면서도 앞의 세 재앙들로 인해서 오는 종합적인 재앙의 모습을 띠고 있기도 합니다.

(1) 청황색 말은 전염병의 모습입니다.

8절에 "내가 보매 청황색 말이 나오는데 그 탄 자의 이름은 사망이니 음부가 그 뒤를 따르더라~"고 했습니다. 청황색(χλωρος)은 누루스름한 녹색으로 창백한 모습을 암시합니다. 죽음의 빛입니다. 청황색 말을 탄 자의 이름은 사망이라고 했습니다. '이름'은 본질과 성격을 규정짓는 표현이라 할 수 있습니다. '사망'은 전염병을 말합니다. 8절 하반절에 "~그들이 땅 사분의 일의 권세를 얻어 검과 흉년과 사망과 땅의 짐승들로써 죽이더라"고 했습니다. 땅의 4분의 1이 죽게 되는데 검과 흉년과 사망과 땅의 짐승들로 죽인다고 했습니다. '검'은 칼로서 붉은 말을, '흉년'은 검은 말을, '사망'은 청황색 말을, '땅의 짐승'은 흰 말이 나온 결과들입니다. 이 표현의 동기가 되는 에스겔 14:21에 "주 여호와께서 이같이 이르시되 내가 나의 네 가지 중한 벌 곧 칼과 기근과 사나운 짐승과 전염병을 예루살렘에 함께 내려 사람과 짐승을 그 중에서 끊으리니 그 해가 더욱 심하지 아니하겠느냐"고 했습니다. 위에서 말한 '사망'이 무엇인지 알게 해 줍니다. '칼'은 붉은 말을, '기근'은 검은 말을, '사나운 짐승'은 흰 말을, '전염병'은 청황색 말을 가리킵니다. '사망'이 '전염병'에 해당한 것입니다. 본절의 '사망'에 해당하는 헬라어 '다나토스'(θανατος)는 '전염병'에 해당하는 히브리어 '떼베르'(דבר)를 번역한 단어라 할 수 있는 것입니다. 그렇게 보면 본문의 '사망'은 전염병을 가리키는 말인 것입니다. 그리고 '음부'가 그 탄 자의 뒤를 따른다고 했습니다. '음부'(陰府)의 헬라어 '하데스'(αδης)는 죽음, 무덤, 지옥 등으로 번역되는데 여기에서는 죽음이나 죽음의 상태로 보는 것이 자연스럽습니다. 전염병으로 인한 결과인 것입니다. 전염병의 결과로 수많은 사람이 죽게 될 것을 시사하는 부분입니다.

그런데 본 절에 나온 네 번째 말에 대한 재앙 곧 전염병이 앞에 나온 말들에 대한 재앙과 개별적으로 오는 것은 아닙니다. 첫 번째 말인 정복자(적그리스도), 두 번째 말인 전쟁, 세 번째 말인 기근, 그리고 네 번째 말인 전염병이 개별적으로 임하는 것이 아닙니다. 첫 번째에서 두 번째가, 두 번째에서 세 번째가, 세 번째에서 네 번째가 추가된다는 의미입니다. 하지만 그것은 논리적 순서이고 실제로 반드시 그런 순서대로 더해진다는 의미는 아닙니다. 그것은 동시에 혼합적으로 일어날 수 있습니다. 8절 하반절에 "~그들이 땅 사분의 일의 권세를 얻어 검과 흉년과 사망과 땅의 짐승들로써 죽이더라."고 했습니다.

여기서 '그들'라고 표현된 복수형임을 알 수 있습니다. 적그리스도는 자기 자신의 힘만으로 이같은 권세를 행사하는 것이 아님을 보여 줍니다. '그들'이라고 표현된 복수형의 대상은 적그리스도와 함께 권세를 가지고 인류를 사망과 음부로 이끄는 공모자들입니다. 이들에 대해 계17장에서는 '열 뿔' 혹은 '열 왕'이란 이름으로 등장하고 있습니다.(계17:12-12) 원래 짐승인 적그리스도는 열 뿔을 배경 세력으로 세상에 등장하는 종말의 독재자요 사단을 대리하여 세상을 지배하는 악한 자, 대적하는 자입니다. 그리고 이 구절은 네 말이 나온 결과를 종합적으로 선언한 내용입니다. '검'은 붉은 말을, '흉년'은 검은 말을, '사망'은 청황색 말을, '땅의 짐승'은 흰 말의 결과를 말한 것입니다. '검'은 전쟁을, '흉년'은 기근을, '사망'은 전염병을, '땅의 짐승'은 적그리스도의 핍박을 두고 한 표현입니다. 여기에 나오는 재앙의 결과가 말이 나온 순서대로 나와 있지 않습니다.

그것은 종합적일 수 있다는 것을 암시하는 부분입니다. 종말에 그런 재앙들은 존재되어 나타날 것입니다. 예수님도 누가복음 21:10-11에서 "또 이르시되 민족이 민족을, 나라가 나라를 대적하여 일어나겠고, 곳곳에 큰 지진과 기근과 전염병이 있겠고 또 무서운 일과 하늘로부터 큰 징조들이 있으리라"고 했습니다. 죽음을 의미하는 청황색 말을 탄 자가 가져오는 재앙 가운데, 검과 흉년과 사망(온역)과 함께 땅의 짐승들로 사람들을 죽일 것이라는 말씀이 등장합니다. '땅의 짐승들(θηρίων)'이 복수형(the beasts)입니다. 그러므로 짐승같이 잔인한 사람들로 이해할 수 있습니다.

여기서 '땅 4분의 1'이란 네 바람 중의 하나임을 보여 줍니다. 종말에는 이 세상에 네 바람이 등장하여 서로 패권을 다투게 되는데 결국은 마지막에 등장한 적그리스도가 유브라데 전쟁을 통해 최후의 승리자가 되어 세상을 4개월간 통치하게 됩니다.(계13:5) 네 바람에 대한 계시는 계7:1절에서 '땅의 사방의 바람'으로 나와 있습니다. 이들의 배경은 단7:1-8절에 나오는 하늘의 네 바람과 연결됩니다. 이들이 주님이 재림하실 종말에 전쟁을 일으킬 세력으로 이 중에 하나가 열 뿔을 배경으로 등장하는 작은 뿔의 세력, 곧 적그리스도입니다.(단7:7, 8) '그들'으로 표현한 것은 주검의 세력이 한 무리를 이루고 있는 연합체를 의미합니다. 단7:1-8절에는 하늘의 네 바람이 큰 바다로 몰려 불면서 그 바다에서 네 짐승이 올라오는 모습을 보여 주고 있습니다.

혹자들은 이들이 단2장에서 말씀해 주고 있는 역대의 나라들로 해석하고 있으나 문맥을 따라 잘 살펴보면 종말에 등장할 네 바람을 의미합니다. 이 네 바람이 계7장과 계9장의 네 바람의 계시적 배경이 된다는 사실을 알 수 있습니다. 왜냐하면 단7장에 바다에서 올라오는 네 짐승은 적그리스도가 최종적으로 심판을 받을 때까지 적그리스도와 한 시대에 존속하는 나라들로 나와 있기 때문입니다.(단7:12)

그리고 사망의 권세를 가진 청황색 말을 탄 자가 검과 흉년과 온역과 땅의 짐승으로 인류의 사분의 일을 해친다 하십니다. 현재 전 세계 인구가 대략 80억 가량 되니, 인류의 사분의 일이라면 20억 가량의 사람들이 7년 대환난의 전반기 때 이미 전쟁과 기근과 온역과 사나운 짐승의 공격으로 사라지게 된다는 것을 알 수 있습니다. 그때에도 믿음을 끝까지 지킨 초대교회 폴리갑같은 순교자들이 있을 것입니다.

"또 내가 보좌들을 보니 그 위에 사람들이 앉았는데 심판할 권세가 그들에게 주어졌습니다. 그들은 예수의 증언과 하나님의 말씀으로 인해 목 베임을 당한 사람들의 영혼들과 짐승과 그의 우상에게 경배하지 않고 자신들의 이마와 손에 표를 받지 않은 사람들입니다. 그들은 다시 살아나 그리스도와 함께 1,000년 동안 통치했습니다."(계20:4)

서머나 교회가 빌로메리움((Philomelium)에 있는 교회에 보낸 폴리갑의 순교사화(Martyrdom of Polycarp)는 신약 성경 밖에서 쓰여진 가장 오래된 순교사화입니다. 폴리갑의 순교사화는 그의 순교 직후 명백하게 직접 목격한 사람들에 의해 쓰여졌는데, 이 거룩한 주님의 종이 받은 박해와 체포, 심문, 처형 과정을 자세하게 기록했습니다. 젊은 청년 성도였던 게르마니쿠스(Germanicus)의 순교 이야기가 폴리갑의 순교와 연결되어 전해집니다. 게르마니쿠스가 처형장에 섰을 때, 재판관이 그의 젊음을 아깝게 생각하여 고문당하고 죽지 말고 마음을 바꾸라고 권면하였습니다. 이때 그는 대답하기를 '로마제국의 잔악한 통치 하에서 사는 것보다는 하나님의 나라에서 평안하게 사는 것이 더욱 아름답다'고 하였습니다. 그리고 그는 자기를 삼키려는 짐승들을 향하여 외쳤습니다. "어서 오너라. 어서 와서 나를 먹어라." 그의 용기 있는 모습을 본 구경꾼들은 분노하였고, 재판관을 향하여 외쳤습니다. "무신론자들을 죽여라!" "폴리갑을 체포하라!" 기독교를 증오하는 사람들은 일제히 사도 요한의 제자였으며 서머나 교회의 감독이었던 폴리갑(Polycarp)의 처형을 요구하고 나섰습니다.

폴리갑이 앞으로 나아가자 지방 총독은 그에게 폴리갑이냐고 물었고, 그는 그렇다고 대답했습니다. 총독은 그에게 그리스도를 부인하라고 권하면서 "가이사(Caesar)를 수호신으로 맹세하라. 회개하라. 무신론자들은 없어져 버려라고 말하라."라고 요구했습니다. 폴리갑은 엄숙하게 경기장에 모인 이교도들을 향해 "무신론자들은 없어져 버려라." 하고 외쳤습니다. 총독은 다시 한 번 그에게 "그리스도를 욕하라."고 요구했다. 폴리갑은 이렇게 대답했습니다.

"나는 86년 동안 그분의 종이었습니다. 그 동안 그분은 나에게 아무런 잘못도 하지 않으셨습니다. 그런데 내가 어떻게 나를 구원하신 왕을 모독할 수 있겠습니까?" 총독은 한 번 더 "가이사로 맹세하라."고 했습니다. 폴리갑은 "나는 그리스도인입니다. 이제 여러분들이 기독교의 교리를 배우기를 원한다면 시간을 정하고 나에게 들으십시오."하고 대답했습니다.

총독이 이야기했습니다. "나는 야수(野獸)들을 가지고 있다. 네가 마음을 바꾸지 않는다면 너를 그것들에게 던질 것이다." "야수들을 부르십시오. 좋은 것에서 악한 것으로 회개하는 것은 우리에게 있어서 불가능한 변화입니다. 그러나 악으로부터 의(義)로 변화되는 것은 고귀한 것입니다." "네가 야수들을 무시하니 나는 너를 불태울 것이다." "당신은 오직 잠깐 태우고 잠시 후에 소멸되는 불로 나를 위협합니다. 그런데 당신은 악한 죄인들을 위하여 예비된, 다가오는 심판과 영원한 형벌의 불을 모르고 있습니다. 당신이 원하는 것을 하십시오."

폴리갑은 용기와 기쁨이 넘쳤고, 은혜로 충만했습니다. 그와 반대로 놀란 총독은 전령을 경기장 한복판으로 보내어 "폴리갑은 자신이 기독교인이라고 고백했다."하고 선포하게 하였습니다. 유대인들과 이방인들은 "이 사람이 바로 많은 사람들에게 가이사에게 희생이나 예배를 드리지 못하도록 가르친 아시아의 선생, 기독교인들의 아버지, 우리 신들의 파괴자다!"라고 외치며 총독에게 사자를 풀어놓으라고 외쳤습니다. 그리고 일제히 폴리갑을 산 채로 불태워야 한다고 소리쳤습니다. 군중들은 여러 곳에서 장작과 밀짚을 모아왔고, 장작단이 마련되었습니다. 폴리갑은 못박히지 않고 두 손을 말뚝 뒤로 묶인 채 기도하였습니다.

"오, 진능하신 주 하나님. 예수 그리스도의 아버지시어! 당신 앞에서 살고 있는 의인들의 경주의 하나님이시여! 당신은 오늘 이 시간 나로 하여금 성령 안에서 영과 육의 영생과 부활로 순교자들의 수에 포함되는 영광을 주셨습니다. 당신의 소중한 아들을 통하여 참으로 모든 일에 대해서 나는 당신을 찬양합니다. 나는 당신에게 영광을 돌립니다. 아멘."

강한 불꽃이 폴리갑의 몸을 둘러쌌고, 이어 사형 집행인의 칼이 이 거룩한 교회 지도자를 찔렀을 때 많은 피가 쏟아져 나왔습니다. 폴리갑은 빌라델비아 출신의 다른 11명과 함께 순교했는데, 죽음의 위협 속에서도 믿음을 지켰던 주님의 특별한 일꾼으로 기억되고 있습니다. 그는, 자기를 위해 당신의 전부를 주신 분께 자신을 기쁘게 드렸고, 모든 장애물을 넘어 복음의 길을 완주했습니다. 서머나교회의 성도들은 비록 훌륭한 지도자를 잃었지만, 폴리갑의 순교는 그리스도에 대한 신앙을 공개적으로 고백하지 못하던 용기 없는 기독교인들에게 커다란 신앙의 용기를 북돋아 주었습니다. 대환난에 남겨진 분들이 항상 기억하셔야 할 일은 순간의 고통을 택하여(순교) 영생복락을 취할 것인가 아니면 7년 혹은 3년 반의 짧은 시간의 마귀가 주는 미끼를 먹고 영원토록 밤낮 고통을 당

하는 지옥을 택할 것인가입니다.(수24:15, 계20:10)

3. 다섯 번째 인 ~ 여섯 번째 인

1) 다섯 번째 인 – 순교자(9–11절)

"⁹다섯째 인을 떼실 때에 내가 보니 하나님의 말씀과 그들이 가진 증거로 말미암아 죽임을 당한 영혼들이 제단 아래에 있어 ¹⁰큰 소리로 불러 이르되 거룩하고 참되신 대주재여 땅에 거하는 자들을 심판하여 우리 피를 갚아 주지 아니하시기를 어느 때까지 하시려 하나이까 하니 ¹¹각각 그들에게 흰 두루마기를 주시며 이르시되 아직 잠시 동안 쉬되 그들의 동무 종들과 형제들도 자기처럼 죽임을 당하여 그 수가 차기까지 하라 하시더라"(계6:9-11)

6장은 일곱 인(印) 재앙이 나옵니다. 일곱 인(印) 재앙은 인봉(印封)된 하나님의 구원 계획을 예수 그리스도께서 하나씩 떼어 보여 주실 때마다 나타나는 재앙입니다. 첫 번째 인을 뗄 때는 흰 말(정복자-적그리스도)이 나왔고, 두 번째 인을 뗄 때는 붉은 말(전쟁)이 나왔고, 세 번째 인을 떼니 검은 말(기근)이 나왔습니다. 네 번째 인을 뗄 때에는 청황색 말(전염병)이 나왔고 다섯 번째 인을 뗄 때에는 순교자가 나왔습니다. 이는 박해와 인격 유린에 관한 내용입니다. 요한계시록에 나오는 모든 재앙의 구조가 그렇듯이 인 재앙도 4+2+1의 구조로 되어 있습니다. 그래서 다섯 번째 인(印)부터는 전혀 새로운 국면의 내용이 나오고 있습니다. 하나님의 계시가 지상에서 천상으로 옮겨진 것입니다.

다섯 번째 인을 뗄 때에 죽임을 당한 영혼들이 제단 아래서 호소하는 모습이 나왔습니다. 9절에 "다섯째 인을 떼실 때에 내가 보니 하나님의 말씀과 그들이 가진 증거로 말미암아 죽임을 당한 영혼들이 제단 아래에 있어"라고 했습니다. 하늘 성전의 제단이 보였습니다.(8:3, 5, 9:13, 11:1, 14:18, 16:7) '제단'(θυσιαστηριον)은 제물을 드리는 제단입니다. 이 제단은 구약시대에 성막이나 성전에 있었던 번제단을 반영한 모습입니다.(출25:9, 민8:4, 히9:23) 구약시대의 성전 제사 의식 가운데 짐승을 잡아 그 피를 제단에 뿌리고 그 아래에 쏟는 의식이 있었습니다.(레17:11-14) 구약시대에는 피에 생명이 있다고 보았습니다. 그래서 피를 흘리고 뿌리고 쏟는 것은 생명을 바친다는 의미를 가졌습니다. 그런 의미에서 바울도 자신이 순교할 것을 가리켜 제물(전제)로 바친다는 표현을 사용했습니다.(빌2:17) 디모데후서 4:6에 "전제와 같이 내가 벌써 부어지고 나의 떠날 시각이 가까웠도다"고 했습니다.(빌2:17) 그러므로 '제단 아래'는 하나님께 생명을 바친 자들의 자리라 할 수 있습니다. 그들은 '죽임을 당한 영혼'들이었습니다. 자의로 죽은 것이 아니라 타의에 의해 죽임을 당한 순교자들의 영혼인 것입니다. 그들은 '하나님의 말씀과 그들이 가진 증거로 말미암아' 죽임을 당한 자들이었습니다. '하나님의 말씀'은 하나님의 계명의 말씀을 말하고, '그들이 가진 증거'는 예수님의 십자가 대속의 죽음과 부활에 대한 믿음을 말합니다. 그들은 예수님에 대한 믿음과 하나님의 말씀을 지키다가 박해를 받아 죽임을 당한 것입니다.

여기서 하나님의 말씀을 증거하다 순교를 당한 이들이 구체적으로 누구인가 하는 문제입니다. 환난 통과설을 주장하는 이들은 여기에 소개된 순교자들이 휴거되지 않은 교회라고 말합니다. 하지만, 본문의 말씀들을 자세히 살펴보면, 본문에 등장하는 순교자들은 교회 시대 전체 기간 동안에 순교한 성도들이 아니라, 7년 대환난이라는 특정 기간 동안에 순교한 사람들임을 알 수 있습니다.

(1) 그렇게 보는 몇 가지 이유가 있는데, 먼저, 10절에 보면, 순교자들이 '땅에 거하는 자들'을 심판해달라고 요구하고 있습니다. 그들을 죽인 자들이 아직 '땅에 거하고 있다'는 말씀입니다. 이들이 만일 교회 시대 전체 기간 동안에 순교한 영혼들이라면, 그들을 죽인 자들은 현재 땅에 거하는 것이 아니라, 이미 죽어 음부에 머물고 있을 것입니다.

(2) 11절 말씀에서는 또 순교자들을 죽인 자들에 대한 심판의 때가 이르지 않아서 잠시 기다리라고 하십니다. "그들의 동무들과 형제들도 자기처럼 죽임을 당하여 그 수가 차기까지" 심판이 유보될 것이라 하십니다. 이미 순교한 자들의 동무와 형제들(fellow servants and brothers)이 아직까지 죽임을 당하지 않았는데 이들이 순교하여 그 수가 차기까지 잠시 심판을 유보할 것이라는 말씀입니다. 이는 7년 대환난의 초창기 때 순교한 성도들이 아직 순교하지 않은 동무와 형제들이 7년 대환난의 기간 동안 순교하는 모습을 보게 될 것이라는 말씀인 것입니다.

(3) 9절에서는 순교한 자들을 '죽임을 당한 영혼들'이라고 소개합니다. 여기서 영혼들로 번역된 헬라어 프쉬케(ψυχη)는 영어로는 'the souls'으로 번역됩니

다. 육체와 분리된 영혼을 표현하는 단어입니다. 본문에 소개된 순교자들이 아직 육체의 부활을 경험하지 못한 상태라는 것입니다. 교회는 이미 7년 대환난이 시작되기 전 부활의 영광에 참여했기 때문에 교회 시대 기간 동안 순교한 성도들을 프쉬케(ψυχη)로 표현한다는 것은 적절치 않습니다. 9절에서 소개된 '죽임을 당한 영혼들'은 7년 대환난의 기간 동안, 정확히 말하면 첫째 인으로부터 넷째 인이 떼어질 때까지 순교한 자들이라는 것입니다. 물론 이들도 7년 대환난이 끝난 뒤에 부활의 영광에 참여하게 될 것입니다. 하지만, 그 때까지는 잠시 주님 안에서 안식하며 그들의 동무 종들과 형제들이 순교하는 모습을 지켜보게 될 것입니다.

9절 말씀에 보면 제단 앞에서 울부짖는 순교자들이 '하나님의 말씀과 저희의 가진 증거'로 인하여 죽임을 당했다 하십니다. 그렇다면 과연 7년 대환난의 기간 동안 성도들이 전한 하나님의 말씀과 증거가 무엇이었기에 이들이 이처럼 사람들에게 미움을 받고 죽임까지 당하게 되었을까요? 아마도, 7년 대환난의 기간 동안 성도들이 전하는 메시지의 핵심은 2,000년 전 세례요한과 예수님이 전한 말씀과 동일한 "회개하라 천국이 가까웠다"(마3:2, 4:17)는 말씀이 될 것입니다.

이 메시지가 회개함으로 하나님의 나라를 받아들이려는 그리스도 안에서 택함받은 자들에게는 '복음(good news)'으로 다가오겠지만, 예수님의 왕 되심을 거부하고, 적그리스도를 세상의 왕으로 섬기는 자들에게는 가장 듣기 싫은 '저주의 말'처럼 들리게 될 것입니다. 바로 이런 이유 때문에 7년 대환난의 기간 동안 하나님의 말씀을 증거하는 성도들이 잔혹한 핍박의 대상이 된다는 것입니다. "복음과 함께 고난을 받으라"(딤후1:8)하십니다. '증인'을 의미하는 헬라어 '마르튀스(μάρτυς)'에서 순교자라는 의미를 가진 martyr라는 단어가 나온 것입니다. 하나님의 말씀을 증거하는 증인의 삶은 곧 순교를 각오하는 삶이라는 것입니다.

10절에 "큰 소리로 불러 이르되 거룩하고 참되신 대주재여 땅에 거하는 자들을 심판하여 우리 피를 갚아 주지 아니하시기를 어느 때까지 하시려 하나이까 하니"라고 했습니다. '땅에 거하는 자들'은 하나님을 대적하여 성도들을 핍박한 자들을 가리킵니다. 순교자들은 예수님에 대한 믿음을 지키고 하나님 말씀을 지키다가 그들로부터 죽임을 당한 것입니다. 그들은 "우리 피를 갚아 주지 아니하시기를 어느 때까지 하시려 하나이까"라고 부르짖었습니다. 순교자들이 그들로부터 피 흘려 죽임을 당했습니다. 순교자들은 자신들을 피 흘려 죽인 핍박자들을 하나님이 심판하여 보복해주실 것을 기대했습니다. 그로 인해 하나님이 자신들의 원한을 갚아줄 것이라 생각했습니다. 그런데 그들 생각에 하나님이 그 핍박자들을 속히 심판하지 않는 것입니다. 그래서 하나님이 언제까지 그들을 심판하지 않으시려는지 울분을 토한 것입니다. 물론 이는 단순히 순교자들이 하나님께 자신들의 개인적인 보복을 해달라는 의미는 아닐 것입니다.(롬 12:19) 자신들이 죽임을 당하기까지 양보하지 않은 예수님에 대한 믿음과 하나님의 말씀을 지키는 것이 옳음을 나타내 달라는 것일 것입니다. 하나님의 공의가 시행되게 해달라는 것입니다. 시편 79:10에 "이방 나라들이 어찌하여 그들의 하나님이 어디 있느냐 말하나이까 주의 종들이 피 흘림에 대한 복수를 우리의 목전에서 이방 나라에게 보여 주소서"고 했습니다. 하나님의 의가 승리하게 해달라는 것입니다. 이는 하나님께서 세상을 심판하고 자신들이 육체로 부활하여 예수 그리스도와 함께 심판자리에 참여할 때를 고대하는 호소라 할 수 있는 것입니다.

하나님은 심판을 재촉하는 순교자들에게 흰 두루마리를 입혀주시며 위로해주었습니다. 11절에 "각각 그들에게 흰 두루마기를 주시며~"라고 했습니다. '흰'색은 죽기까지 믿음을 지킨 신앙의 순결을 상징합니다. '두루마기'는 긴 겉옷을 말하는데 이는 죽기까지 믿음을 지키므로 승리한 자들에게 주시는 영광에 대한 상징입니다. 사데 교회에 주신 말씀인 3:4-5에 보면 "그러나 사데에 그 옷을 더럽히지 아니한 자 몇 명이 네게 있어 흰 옷을 입고 나와 함께 다니리니 그들은 합당한 자인 연고라. 이기는 자는 이와 같이 흰 옷을 입을 것이요~"라고 했습니다. 그래서 흰 두루마기를 입혀주신 것은 죽기까지 예수님에 대한 믿음을 양보하지 않고 하나님의 계명의 말씀을 지킨 자들에게 신앙의 순결에 대한 증거이며 영광의 보증인 것입니다. 하나님께서 그들에 대해 충절에 대해 위로해 주신 것입니다. 그들에게 이보다 더 큰 위로와 기쁨은 없었을 것입니다.

2) 여섯 번째 인 - 천지 변동(12-17절)

"12내가 보니 여섯째 인을 떼실 때에 큰 지진이 나며 해가 검은 털로 짠 상복 같이 검어지고 달은 온통 피 같이 되며 13하늘의 별들이 무화과나무가 대풍에 흔들려 설익은 열매가 떨어지는 것 같이 땅에 떨어지며 14하늘은 두루마리가 말리는 것 같이 떠나가고 각 산과 섬이 제 자리에서 옮겨지매 15땅의 임금들과 왕족들과 장군들과 부자들과 강한 자들과 모든 종과 자유인이 굴과 산들의 바위 틈에 숨어 16산들과 바위에게 말하되 우리 위에 떨어져 보좌에 앉으신 이의 얼굴에서와 그 어린 양의 진노에서 우리를 가리라 17그들의 진노의 큰 날이 이르렀으니 누가 능히 서리요 하더라"(계6:12-17)

6장은 일곱 인(印) 재앙이 나옵니다. 여섯 번째 인을 뗄 때에는 천지 변동(혼돈)이 나왔습니다.

(1) 천지 변동은 혼돈의 모습입니다.

여섯 번째 인을 뗄 때에 땅에 큰 지진이 나며 각 산과 섬이 제 자리에서 옮겨졌습니다(12,14절). 땅이 큰 지진으로 흔들려 갈라집니다. 그리고 산들과 섬들이 파괴되어 없어진다는 것입니다. 이는 자연계가 파괴되어 대 혼돈에 빠질 것을 말합니다.

먼저, 큰 지진이 일어난다 했습니다.(12절) 이런 지진이 일어난 후에 해가 총담같이 검어지고 온 달이 피같이 된다는 말씀을 보면, 지진과 함께 화산들이 터져서 화산재가 온 하늘을 덮을 것으로 생각되어집니다. 예수님의 감람산 강화에서 소개된 네 가지 재앙이 전쟁, 지진, 기근, 온역(눅21장)이었는데 앞서 네 말 탄 자들의 재앙에서 등장하지 않은 지진의 재앙이 여섯째 인이 떼어질 때 등장한 것입니다. 원어를 보면 이 지진을 'σεισμοσ μεγασ'(a great shaking)으로 표현하고 있습니다. 큰 흔들림이라는 뜻입니다. 이 지진이 있은 뒤에 "각 산과 섬이 제자리에서 옮기웠다"는 말씀이 이어지는 것을 보면 아마도 지축을 흔들고 지각의 변동을 가져오는 대 지진으로 예측되고 있습니다. 구약 성경에서 지진은 종종 하나님의 진노에 대한 징후였습니다.(사13:13) 창조주이시며 구속자이신 예수님을 등지면서 '짐승'에게 경배하며 성도들을 죽인 악인들에게 지진이라는 심판을 내리시는 것입니다.

두 번째, 해와 달이 색깔을 잃고 하늘은 두루마리가 말리는 것처럼 떠나갑니다.

지금까지 악인들이 하나님처럼 믿었던 하늘과 땅은 질서를 잃으면서 모든 것이 무질서와 큰 혼동 속에 빠집니다.(눅23:30, 계5:15-17) 하나님께서 해와 달과 별을 만드신 이유는 표적들과 계절들과 날들과 해들을 나타내기 위해 만드셨다고 합니다. 하나님께서 이르시되, 밤에서 낮을 나누도록 하늘의 궁창에 광체들이 있고 또 그것들은 표적들(let them be for signs)과 계절들과 날들과 해들을 나타내라.(창1:14) 마태복음27장 45절, "제 육시로부터 온 땅에 어두움이 임하여 제 구시까지 계속하더니", 해가 빛을 잃었습니다. 어두움이 찾아온 것입니다. 이것이 하나님의 마음이었습니다. 예수님의 죽음에 어두움으로 표적, 즉 신호를 보이신 것입니다. 오전 열두시, 해가 가장 힘있게 온 세상을 비추는 시간에 어두움이 찾아온 사실에서 우리는 하나님의 슬픔, 하나님의 마음, 하나님의 터질 것같은 심장을 읽을 수 있습니다. 그럼에도 불구하고 하나님은 인류를 죄에서, 심판에서, 지옥에서 건지시기 위해 예수님의 죽음을 막지 않으셨습니다. 장차 해뿐만 아니라 달과 별들이 빛을 잃고 두루마리가 말리는 것처럼 떠나갈 때 그때에라도 회개하고 하나님께 돌아오십시오.

　세 번째, 하늘의 별들이 땅에 떨어질 것이라 했습니다.(13절)

　본문에서 묘사된 별(αστερεο)은 유성(流星)과 혜성(彗星)을 포함한 넓은 의미를 가진 단어입니다. 이런 별들이 하늘에서 떨어진다는 것입니다. 우리가 흔히 별똥별이라고 하는 것들이 바로 이런 유성들인데, 대부분의 유성들은 대기권에 진입하면서 불타버리기 때문에 지구 환경에는 큰 영향을 주지는 않는다고 합니다. 하지만, 간혹 그 규모가 너무 커서 대기권을 통과하고 땅에 떨어지는 유성들이 있어왔는데, 그 때마다 유성이 떨어진 곳에는 산불과 해일과 같은 자연의 재앙이 일어났다는 것입니다. 이런 유성들이 대규모로 지구에 접근해서 하늘에서 떨어지게 된다면 그 자체로 엄청난 재앙이 될 것입니다.

　15절부터 17절까지는 천지를 흔드는 여섯 번째 인의 재앙을 겪은 사람들이 보여준 반응이 소개되고 있습니다. "땅의 임금들과 왕족들과 장군들과 부자들과 강한 자들과 각 종과 자주자가 굴과 산 바위틈에 숨어, 산과 바위에게 이르되 우리 위에 떨어져 보좌에 앉으신 이의 낯에서와 어린 양의 진노에서 우리를 가리우라. 그들의 진노의 큰 날이 이르렀으니 누가 능히 서리요 하더라" 하십니다. 임금과 왕족과 부자와 강한 자들뿐 아니라 종들까지 이 재앙이 어린 양의 진노에서 비롯된 것을 알고, 누가 이 진노의 큰 날에 설 수 있느냐 탄식하는 모습을 볼 수 있습니다. 그렇다면 그들은 당연히 하나님 앞에서 회개하면서 예수님을 그리스도로 믿어야 합니다. 그러나 오히려 그들은 그들을 도와줄 수 없는 '산들과 바위'에게 곧 우상에게 도움을 요청하고 있습니다. '어린 양'은 '일찍 죽임을 당한 것'같으나(계5:6), 그로 인해 인을 뗄 수 있으며(계6:1), 이제는 의로운 심판자가 되신 것입니다.(계6:16)

여러분! 우리 모두가 이 진노의 날이 임하기 전에 회개하고 우리 주 어린 양 예수께로 나아 구원받으시길 바랍니다. 그리하여 "시험의 때를 면하게 하시는"(3:10) 은혜를 얻어야 한다는 것입니다. 7년 대환난은 어린 양의 진노가 내려지는 "진노의 큰 날"(17)입니다. 지금은 은혜의 시대이지만(고후 6:2), 이 은혜를 구원의 기회로 삼지 않는 자들에게는 일곱 인과 나팔과 대접으로 상징되는 어린 양의 진노가 내려질 것입니다.

독자분들 가운데 아직 예수 그리스도를 믿지 않는 사람이 있으시다면 더 이상 늦기 전에 주 예수 그리스도를 영접하고 구원을 얻으시기 바랍니다.

여러분!

하박국 선지자는 B.C. 7세기 선지자입니다. 세계를 호령했던 앗수르의 시대는 가고 이제 새로운 강대국이 서서히 온 세계를 잠식해오고 있습니다. 갈수록 주변 나라들을 침략해서 영토를 확장하던 바벨론이 이제는 남유다를 침공할 것이라는 소식이 들려옵니다. 사납고 빠르기로 유명한 바벨론의 기병대가 자신들을 공격하러 곧 온다는 소문은 온 유다 백성들을 두려움에 떨게 만들었습니다. 이때 하박국은 하나님께 2가지를 묻습니다. 하나는 하나님의 백성인 이스라엘 백성들이 이렇게 악한데 하나님께서는 왜 가만히 계십니까? 하는 것이고, 또 하나는 하나님께서 바벨론을 통해 이스라엘 백성들을 징벌하시겠다고 하니까 왜 하나님께서 이스라엘 백성들을 치시는데 저 악한 바벨론을 통해 하시려 하십니까? 하는 것입니다. 즉 이스라엘이 아무리 타락했어도 바벨론보다는 덜 타락했는데 비유로 말하자면 방 청소를 하는데 왜 방보다 더 더러운 똥 걸레로 방 청소를 하시는가 하는 것입니다. 도저히 이해가 안 간다는 것입니다.

마치 종말에 사탄의 화신인 흉악한 적그리스도와 거짓 선지자를 통해서 그들보다 더 착한 사람들을 심판하신 것과 같습니다.

이런 하박국의 의문에 하나님께서는 하박국서 2장을 통해 응답을 해주셨는데 그 핵심은 2장 4절의 말씀입니다.

"보라 그의 마음은 교만하며 그 속에서 정직하지 못하나 의인은 그의 믿음으로 말미암아 살리라"

비록 악인을 통해 의인을 징계하셨지만 악인도 결국은 망하게 될 것이며 오직 의인은 믿음으로 말미암아 산다라는 것입니다. 이스라엘 백성들이 지금은 죄로 인해 하나님의 심판을 받는 것 같지만 그들이 믿음을 지키며 살면 하나님께서는 다시 회복해 주실 것입니다. 하지만 이스라엘 백성들을 멸망시킨 바벨론은 지금은 승리한 것 같지만, '그들이 악인의 길에서 떠나지 않으면 비록 하나님의 쓰임을 받았다 할지라도 그들은 결국 망하게 될 것이다.'라고 하는 것입니다.

여기에서 우리는 중요한 한 가지를 깨달아야 합니다. 그것은 하나님의 쓰임을 받았다고 거룩해지는 것도 아니고 의로워지는 것도 아닙니다. 하나님으로부터 의인으로 인정받을 수 있는 것은 바로 오직 믿음일 뿐입니다. 사도바울은 이 말씀을 로마서 1장 17절에 사용했습니다.

"복음에는 하나님의 의가 나타나서 믿음으로 믿음에 이르게 하나니 기록된 바 오직 의인은 믿음으로 말미암아 살리라 함과 같으니라"

하박국은 이제 하나님과의 질의 응답을 통해 깨닫게 되었습니다. 그리고 하박국 3장을 통해 하나님을 찬양하고 있습니다. 하박국 선지자는 하나님의 섭리를 알게 되었습니다. 그것은 바로 갈대아 사람들을 통한 침략입니다. 비록 그것이 하나님의 뜻이라 하면서 순종하며 받아 들이려 하지만 그 환난으로 인한 고난과 어려움은 두려움과 스트레스였습니다. 그래서 그 환난을 기다릴 때 내 안에 썩이는 것이 들어와서 내 몸을 상하게 하고 두려움에 떨리는 것은 연약한 인간이기에 너무나 당연한 것이었을 것입니다. 선지자로 하나님의 뜻을 알고 당하는 하박국도 이 정도인데 하나님의 때를 알지 못하고 환난을 당한 후에야 그 고통과 공포에 떨게 될 이스라엘 백성들은 그것을 어찌 감당할 수가 있겠습니까?

이럴 때 필요한 것이 바로 믿음이라는 것입니다. 하박국 2장 4절에서 말씀했듯이 '오직 의인은 믿음으로 말미암아 산다' 라고 하는 것은 이럴 때 힘이 되는 것입니다. 17절을 보면

"비록 무화과나무가 무성하지 못하며 포도나무에 열매가 없으며 감람나무에 소출이 없으며 밭에 먹을 것이 없으며 우리에 양이 없으며 외양간에 소가 없을지라도"

하박국 선지자는 환난 날에는 무화과나무, 포도나무, 감람나무는 갈대아 사람들의 말발굽에 다 황폐해 질 것이며 양과 소는 약탈로 인해 다 빼앗겨 버릴 것이라는 것을 말하고 있습니다.

이 땅에는 더 이상의 소출이 없을 것이며 배고픔과 추위와 공포로 인한 절망

만이 있을 것인데 이럴 때 우리가 붙잡을 수 있는 것은 바로 여호와 하나님일
뿐이라는 것이며 진노 중에라도 긍휼을 베풀어 주실 하나님만을 믿어야 한다는
것입니다. 대환난에 남겨진 분들이 사는 길도 오직 하나님 만을 믿어야 합니다.
하늘이 무너지고 땅이 꺼져도 일점일획도 변함없는 하나님 말씀을 붙들어야 합
니다. 믿음은 어려울 때 그 진가를 발휘합니다. 환난 날에 믿음은 우리의 삶에
정말로 역사하시는 하나님을 경험하는 날들이 될 것이며 하루 하루의 삶 가운
데서 정말로 하나님 없이는 살 수가 없다는 고백이 절로 터져 나오는 삶이 될
것입니다. 그러한 고백이 바로 18절입니다.

"나는 여호와로 말미암아 즐거워하며 나의 구원의 하나님으로 말미암아 기뻐
하리로다"

이것이 바로 믿음으로 살아가는 환난 성도의 고백이 될 것입니다.(계7:14)

예수 그리스도를 믿으므로 우리는 죄의 형벌로부터 구원을 받았습니다. 5분
전에 주님을 영접하여도 과거에 속합니다. 에베소서 2장 8절에서 말하는 '구원
을 받았으니'

"너희는 그 은혜에 의하여 믿음으로 말미암아 구원을 받았으니 이것은 너희
에게서 난 것이 아니요 하나님의 선물이라"

For it is by grace you have been saved, through faith-and this is not
from yourselves, it is the gift of God-

여기서 구원은 과거의 구원을 말하였습니다. 죄는 용서되고 하나님의 자녀가
되었습니다.

"염소와 송아지의 피로 아니하고 오직 자기 피로 영원한 속죄를 이루사 단번
에 성소에 들어 가셨느니라". (히9:12)

예수님은 나의 과거의 죄, 현재의 죄, 미래의 죄까지 영원히 용서하셨습니
다.(히9:12) 용서받기 위해서 예수님 보혈을 의지하는 것 외에 더 이상 필요한
일이 없습니다.(요6:28-30) 구원에 있어 '영원한 완료형'입니다.

"또한 그분은 완전케 되셔서 그분을 순종하는 모든 사람들에게 영원한 구원
의 근원이 되시고"(히5:9)

And being made perfect, he became the author of eternal salvation un-
to all them that obey him;(KJV)

'구원하심이 보좌에 앉으신 우리 하나님과 어린 양에 있도다"(계7:9)

하나님 앞에서 의롭다함을 받았고 죄와 허물로 죽었던 우리는 성령으로 거듭 났고 영생을 소유하게 되어 언제 죽어도 천국갈 수 있게 되었습니다.(요10: 28-29) 죄의 형벌로부터 구원받은 사람은 누구든지 예수님이 언제 공중에 강림하셔도 휴거됩니다. 이것은 예수 그리스도를 믿을 때에 이미 이루어진 과거의 구원입니다.(엡2:8-9) 왕의 자녀로 태어나면 왕의 자녀의 권세를 갖게 되고 동시에 궁궐에서 살게 되고 동시에 왕의 가족 구성원이 되고 동시에 왕의 사랑과 보호를 받는 것처럼 만왕의 왕, 예수님을 믿어 영생을 얻고 성령으로 거듭난 자는 그의 속한 모든 것이 동시적으로 바뀝니다. 이와 같이 한 사건을 가지고 여러 각도에 따라 칭의, 화해, 양자, 중생이라고 말합니다. 죽어서 천국 가는 것만이 영생이 아니라 이 땅에서부터 영생의 축복을 누리기 시작합니다. 영생은 영원한 생명을 뜻하는 것처럼 영원히 죽지 않는 생명입니다.(요일1:2,2:25) 우리를 그리스도 사랑에서 끊을 자가 아무도 없습니다.(롬8:33-39) 영생을 얻은 새 사람이 되었고 하나님의 사랑을 받는 새 축복이 시작되었고 영광스런 새 신분과 새 직책을 얻게 되었습니다.

"내가 저희에게 영생을 주노니 영원히 멸망치 아니할 터이요 또 저희를 내 손에서 빼앗을 자가 없느니라 저희를 주신 내 아버지는 만유보다 크시매 아무도 아버지 손에서 빼앗을 수 없느니라"(요10:28-29)

19절을 보면 "주 여호와는 나의 힘이시라 나의 발을 사슴과 같게 하사 나를 나의 높은 곳으로 다니게 하시리로다 이 노래는 지휘하는 사람을 위하여 내 수금에 맞춘 것이니라"

하박국 선지자는 이런 믿음을 허락하신 하나님이 바로 나의 힘이라고 고백합니다. 그래서 내가 나의 힘이 되신 하나님과 함께 할 때 나의 발을 사슴과 같게 해서 나를 나의 높은 곳에 다닐 수 있게 하신다고 말합니다. 여기에서 나오는 높은 곳은 바로 험준하고 가파른 산과 같은 우리의 삶의 현장을 말합니다. 그러한 삶의 현장을 살아가는데 나의 힘이 되신 하나님을 의지해야 이것이 거친 산 등성이를 뛰어 다니는 사슴처럼 살아갈 수 있다 라는 것입니다. 이 세상은 언제든지 환난과 고통이 다가올 수 있는 어두움에 가득찬 공중 권세 잡은 자들의 세상입니다. 에베소서 2장 2절을 보면 "그 때에 너희가 그 가운데서 행하여 이 세상 풍속을 좇고 공중의 권세 잡은 자를 따랐으니 곧 지금 불순종의 아들들 가운데서 역사하는 영이라" 이 세상은 하나님의 힘을 의지하지 않고는 결코 우리 힘으로 살아갈 수 있는 세상이 아닙니다. 세상 풍속의 유혹과 시험의 그 강한 힘은 우리를 하나님으로부터 멀어지게 할 뿐만 아니라 세속적이고 혼합적인 종교의 영으로 우리의 신앙을 좀먹게 할 것입니다. 그렇기 때문에 우리는 니의 힘이 되신 여호와 하나님을 절대로 놓아서는 안될 것입니다.

독생자 예수 그리스도를 우리에게 보내주시고 그 피로 우리를 구속하신 하나님의 은혜를 결코 잊어서는 안됩니다.

사랑하는 성도 여러분!

그것은 바로 이 땅을 살아갈 때 우리는 믿음으로 살아야 한다는 것입니다. 다른 말로 하면 믿음이 나를 살아가게 하는 힘입니다. 우리는 믿음을 붙잡고 이 세상에서 저 대적들과 싸워가며 나의 삶을 살아내야 하는 것입니다. 예수 그리스도를 나의 구원의 주로 믿고 예수 그리스도를 내 마음속에 영접하여 내 평생에 예수 그리스도와 함께 동행하며 이 세상을 살아내는 것 이것이 바로 '오직 의인은 믿음으로 말미암아 산다'라고 할 수가 있을 것입니다. 성령으로 우리를 인치신 하나님은 우리가 죄를 범하고 연약할 때에도 주님은 영원히 떠나시지 않으십니다.(요10:28, 요14:16, 히5:) 우리가 연약하고 깨닫지 못할 때 성령께서는 우리 안에서 탄식하시고 근심하시나 우리를 떠나시지 않으십니다.(롬8:26, 엡4:30) 그리고 회개치 않을 때는 매를 때려서라도 우리를 바른 길로 인도하십니다.(히12:5-6) 성령으로 우리를 중생케 하시고 성결케 하신 주님은 우리가 고의로 예수를 버리지 않고(막3:28-29, 딤전1:19-20, 딤전4:1, 딤전6:10, 딤후2:17-18, 히4:4-6, 계3:5) 끝까지 예수 그리스도를 믿으면 하나님은 우리를 천국까지 구원하십니다. 우리를 사랑하시고 긍휼을 베푸신 하나님을 시시때때로 찬양합시다. 그리고 매일 날마다 그분이 원하시는 대로 살아 주의 기쁨이 되시길 우리 주 예수 그리스도의 이름으로 축원합니다.

CHAPTER 12

일곱 나팔 재앙

seven trumpet plagues

본문　　**계8:1-13**

　　요한계시록의 중심 주제 중의 하나는 '대환난'(6-18장)입니다. 그 대환난의 내용은 '7인 재앙'(6장)과 '7나팔 재앙'(8-9장)과 나오는 '일곱대접 재앙'(16장) 입니다. 그런데 그 세 종류의 재앙 모두가 4+2+1의 구조를 가지고 있습니다. 마지막 일곱 번째에는 다음 재앙들이 들어있습니다. '7인 재앙'에서 일곱 번째 인을 떼면 거기에서 '7나팔 재앙'이 나오고 일곱 번째 나팔을 불면 거기에서 '일곱대접 재앙'이 나옵니다. 본 장에서는 6장에서 나왔던 '7인 재앙' 중 일곱 번째 인을 떼므로 '7나팔 재앙'이 나오는 내용입니다. 내용구조는 나팔 재앙의 전조(1-2절), 나팔 재앙의 준비(3-6절), 첫 번째 나팔 재앙(7절), 두 번째 나팔 재앙(8-9절), 세 번째 나팔 재앙(10-11절), 네 번째 나팔 재앙(12절), 남은 재앙 에 대한 예고(13절)로 되어 있습니다.

　　계시록 12장에 언급하는 '한 때, 두 때, 반 때'는 다니엘 7장 25절과 동일한 내용이며 42개월(계11:2), 1,260일(계11:3) 모두 '후 3년 반' 때를 말합니다. 그 러니까 계시록 여섯째 나팔인 유프라데스 전쟁에서부터 후 3년 반으로 알고 읽 으시면 됩니다. 첫째 인에서 다섯째 나팔까지는 '전 3년 반'을 말하고 있습니다.

그리고 여섯째 나팔의 유프라데스 전쟁과 두 증인에서부터 '후 3년 반'으로 들어가고 있는 것입니다. 그리고 마지막 나팔인 일곱째 나팔이 울려 퍼질 때 그리스도의 재림과 성도들의 부활로 휴거 사건이 일어나게 됩니다.

결국 어린 양이 떼신 일곱 번째 인이 일곱 나팔의 재앙과 일곱 대접의 재앙으로 이어지고 있는데 그 재앙의 강도와 빈도가 점점 강해지고 잦아지는 것을 알 수 있습니다. "재난(birth pain)의 시작"이라 하신 예수님의 말씀처럼 재난의 강도가 세지고, 빈도가 잦아지다가 그 재난의 끝에 예수님이 재림하시는 것입니다.

일곱인과 일곱 나팔 일곱 재앙의 관련

인	1	2	3	4	5	6	일곱째 인													
							일곱 나팔 재앙													
							1	2	3	4	5	6	일곱째 나팔						
													일곱 대접 재앙						
													1	2	3	4	5	6	7
재앙의 종류	흰 말·적그리스도	붉은 말, 전쟁	검은 말, 기근	청황색 말, 흉년과 온역	순교자의 무리	일월성신의 변화	피 섞인 우박과 불	큰 불붙는 산을 바다에	떨어진 별이 물샘에 덮임	해와 달과 별이 침을 받음	황충의 재앙	유브라데 전쟁	독한 종기	바다가 피가 됨	물 근원이 피가 됨	태양의 권세	짐승의 보좌를 침	아마겟돈 전쟁	공기에 대접을 쏟음	
				1/4			1/3	1/3	1/3		1/3								

나팔 재앙의 전조(1-2절)

"¹일곱째 인을 떼실 때에 하늘이 반 시간쯤 고요하더니 ²내가 보매 하나님 앞에 일곱 천사가 서 있어 일곱 나팔을 받았더라"

'7인 재앙'(6장)에서 일곱번째 인을 떼자 '일곱 나팔 재앙'(7-8장)이 나오기 시작합니다. '나팔'(살핑크스, σαλπιγξ)은 하나님의 임재와 강림을 선포할 때

(출19:16-19, 살전4:16), 혹은 하나님의 전쟁과 심판을 선포할 때(민10:9, 수 6:4-5)에 사용된 이미지입니다. 본문에 나오는 '일곱 나팔 재앙'에 사용된 '나팔'의 의미는 하나님의 심판을 선포하는 의미로 사용한 이미지입니다. '7인 재앙'에서 '인'은 변경하지 않을 하나님의 계획에 대한 계시의 의미로 사용된 이미지라면 (준비), '일곱 나팔 재앙'에서 '나팔'은 하나님의 심판 경고의 의미로 사용한 이미지이고(경고), '일곱대접 재앙'에서 '대접'은 하나님의 완전 진멸의 의미로 사용한 이미지라 할 수 있습니다.(심판) 그런데 나팔 재앙을 내리기 위해 천사가 나팔을 받아 들기 전에 하늘이 반 시간쯤 고요했습니다.(1절) '반 시간'(헤미오리온, ημιωριον)은 한 시간의 절반을 가리키는 말로써 비교적 짧은 시간을 말합니다. 폭풍 전야의 고요로써 긴장감이 느껴지는 부분입니다.

I. 일곱째 인을 떼실 때에 하늘이 반시 동안 고요했다 했습니다(1절).
　일곱 인의 재앙에서 일곱 나팔의 재앙으로 넘어가는 과정에서 반시 동안의 침묵이 있었다는 하십니다. 반시(호스 헤미오론)에서 '반'은 헬라어 '헤미'라고 되어 있는데 비교적 짧은 시간을 의미하는 단어입니다. 일곱 인의 재앙에서 일곱 나팔의 재앙으로 넘어가는 동안 비록 짧은 시간이지만(반시, 헤미오론) 잠시 재앙이 멈추고 고요한(침묵하는) 시간이 있었다는 것입니다. 그렇다면 이 반 시 동안의 침묵이 어떤 의미를 지니는 것인지 이에 대해 잠시 살펴봅니다.

(1) 먼저, 반시 동안은 일곱 나팔의 재앙을 준비하는 기간입니다.
　　일곱 인의 재앙을 끝내시고, 나팔의 재앙을 준비하시기 위해 반시 동안의 시간을 가지셨다는 것입니다. 하나님이 반시 동안 나팔의 재앙을 준비하는 시간을 가지신 것처럼, 우리도 하나님의 사역에 쓰임 받으려면 준비하는 시간을 가져야 한다는 것입니다.

(2) 두 번째 반시 동안의 짧은 침묵은 하나님의 심판이 유예된 시간입니다.
　　일곱 인의 재앙이 끝나고 본격적인 일곱 나팔의 재앙이 시작되기 전에 잠시 심판을 유예하시고 회개할 기회를 주신 것입니다. 반시간을 그리 길지 않은 시간입니다. 심판을 유예하시고, 회개를 기다리시는 하나님이십니다. 하나님은 심판하시기 전에 반드시 회개할 기회를 주십니다. 앗수르의 수도인 니느웨를 심판하시기 전에도 하나님은 회개할 기회를 주셨습니다. 요나와 나훔 선지자를 보내 하나님의 뜻을 전하며 회개할 기회를 주셨습니다. BC 750년 경 요나 선지자가 하나님의 뜻을 전할 땐 저들이 회개함으로 구원을 받았지만, 그 후로 약 130년 뒤인 BC 620년 경 나훔 선지지가 하나님의 뜻을 전하실 땐 회개를 거부함으로 결국 니느웨가 바벨론에 의해 멸망을 받게 된 것입니다.(B.C. 612) 하나님이 잠시 심판을 유보하시고 회개할 기회를 주실 때 회개해야 한다는 것입니다. 그러나 환난 속에서 믿음을 지켜내야 하는 성도들의 인내의 시간도 그리 길지는 않을 것이라는 뜻입니다. 마지막 때를 살아가는 우리에게 주어진 시간도 그리 길지만은 않을 것입니다. 지금은 은혜의 때지만 곧 환난과 심판의 때가 찾아올 것입니다. 아직 기회가 있을 때, 반시 동안의 침묵이 끝나기 전에 빨리 회개하고 예수를 그리스도로 믿고 영접함으로 "시험의 때를 면하는"(계 3:10) 은혜를 얻어야 한다는 것입니다.

1. 첫 번째 나팔 ～ 네 번째 나팔

첫 번째 나팔 재앙(7절)

7첫째 천사가 나팔을 부니 피 섞인 우박과 불이 나와서 땅에 쏟아지매 땅의 삼분의 일이 타 버리고 수목의 삼분의 일도 타 버리고 각종 푸른 풀도 타 버렸더라

일곱 나팔의 재앙(6-13) 중 첫 번째부터 네 번째까지의 재앙(7-12)은 땅과 바다와 강과 하늘로 상징되는 지구에 대한 심판입니다. 구체적으로는 땅과 바다와 강과 하늘과 그 안에 속한 것들의 3분의 1을 치시는 재앙입니다. 온전히 멸하지 않으시고 3분의 1만 치신 것은 회개할 기회를 주시기 위함입니다. 회개할 기회를 주시기 위해 적당히 치셨음에도 깨닫지 못하는 자들에겐 땅과 바다와 강과 하늘과 인생들을 완전히 멸하시는 7대접의 재앙(16장)이 내려지는 것입니다.

첫 번째부터 네 번째까지 자연을 치시는 재앙은 어리석은 인생들이 하나님을 대신해서 믿고 의지하는 우상에 대한 심판이기도 합니다.

마치 이스라엘이 애굽에 있을 때 하나님께서 애굽의 우상부터 치신 것을 알

수 있습니다.

첫 번째 나팔(7절)

"첫째 천사가 나팔을 부니 피 섞인 우박과 불이 나서 땅에 쏟아지매 땅의 삼분의 일이 타서 사위고 수목의 삼분의 일도 타서 사위고 각종 푸른 풀도 타서 사위더라."하십니다.

첫 번째 재앙은 땅(earth)을 심판하시는 재앙입니다. 구체적으로는 땅에 있는 풀과 수목의 삼분의 일을 불태우는 재앙인데, 하늘에서 피 섞인 우박과 불이 나서 땅에 쏟아지매 수목과 풀 삼의 일이 불타 사라질 것이라 하십니다. 이 재앙은 애굽 땅에 내려진 열 가지 재앙들 가운데 일곱 번째 재앙인 우박의 재앙을 닮아 있습니다. 우박의 재앙을 묘사한 출애굽기 9장 23절을 보면 "모세가 하늘을 향하여 지팡이를 들매 여호와께서 뇌성과 우박을 보내시고 불을 내려 땅에 달리게 하시니라."하십니다. 우박과 함께 불이 내리는 모습이 첫 번째 나팔의 재앙과 그대로 닮아 있다는 것입니다. 애굽 땅에 내려진 10가지 재앙이 하나님을 대적하고, 이스라엘 백성들을 핍박하던 애굽 땅과 바로 왕을 심판하기 위한 재앙이었던 것처럼, 이를 닮아 있는 7년 대환난의 재앙도 하나님을 대적하고 하나님의 백성들을 핍박하는 세상 나라와 적그리스도의 세력들을 심판하시기 위해 예비하신 재앙이라는 것입니다.

두 번째 나팔(8, 9절)

"둘째 천사가 나팔을 부니 불붙는 큰 산과 같은 것이 바다에 던지우매 바다의 삼분의 일이 피가 되고 바다 가운데 생명 가진 피조물들의 삼분의 일이 죽고 배들의 삼분의 일이 깨어지더라."하십니다.

두 번째 나팔의 재앙은 바다에 내려진 재앙입니다. 본문에 묘사된 '바다에 던져진 불 붙는 큰 산'이라는 말씀은 바다 한 가운데 있는 큰 화산이 폭발하는 모습을 연상시키는데, 여하튼 불의 고리로 불리는 환태평양대의 화산들이 한꺼번에 폭발을 하게 되면, 엄청난 쓰나미(Tsunami)가 발생하여 바다를 항해하거나 해안가에 정박해 있던 많은 배들이 깨어지게 될 것입니다. 그리고 이 재앙으로 바다의 삼분의 일이 피가 되어 그 가운데 거하는 생명 가진 피조물의 삼분의 일이 죽었다(9상) 했는데, 이는 모세가 나일강을 피로 바꾼 애굽의 재앙을 생각 나게 합니다. 7년 대환난 기간 동안 많은 성도들을 죽여 피를 흘리게 한 세상 나라를 심판하기 위해 바다가 피로 변하는 재앙을 내리신다는 것입니다.

세 번째 나팔(10,11절)

"세째 천사가 나팔을 부니 횃불 같이 타는 큰 별이 하늘에서 떨어져 강들의 삼분의 일과 여러 물샘에 떨어지니 이 별 이름은 쑥이라 물들의 삼분의 일이 쑥이 되매 그 물들이 쓰게 됨을 인하여 많은 사람이 죽더라."하십니다.

세 번째 나팔의 재앙으로 횃불같이 타는 큰 별이 떨어진다는 말씀을 보면 이 것이 커다란 유성이나 혜성이 떨어져서 발생하는 재앙으로 추측되는데, 어떤 이들은 "횃불같이 타는 큰 별"을 지구를 파멸로 이끌 수 있는 위력을 가진 핵무 기가 발사된 모습로 해석하기도 합니다. 사도 요한이 세 번째 나팔이 불리자 지 구 곳곳에서 핵탄두가 장착된 미사일이 발사되어 강과 물샘에 떨어져 파괴하는 모습을 보았는데, 이를 당시의 언어로는 설명할 방법이 없어, "횃불같이 타는 큰 별"(10)이라는 표현을 사용했다고 보는 것입니다. 가능성이 있는 해석이긴하 지만, 이것보다는 소돔과 고모라를 심판하실 때처럼 하나님이 직접 내리신 재 앙이라고 보는 것이 더 합당하다는 생각이 듭니다.[50]

여하튼 "횃불같이 타는 큰 별"이 강과 물샘에 3분의 1에 떨어져 그 물들을 쓰게 함으로 이 물을 마신 많은 사람이 죽임을 당할 것이라 말씀하고 있습니다. 본문에서는 '횃불 같이 타는 큰 별'의 이름이 쓴 '쑥'이라고 했는데 이는 근동 지방에서 자라는 '아르테메시아 압신디움'(Artemesia absinthium)이라는 아주 쓴 물풀을 가리키는 것으로 구약성경에서는 슬픔과 고통의 상징으로 사용되었 습니다.(잠5:3, 4, 암5:9) 횃불같이 타는 큰 별이 하늘에서 떨어져 물이 쓴 쑥으 로 변한 것은 문자적으로 볼 때 별이나 운석이 대기권으로 들어와 땅에 떨어지 므로 물이 오염될 것을 생각할 수도 있고, 전쟁 때에 있을 수 있는 대륙간 유도 탄 발사로 인한 물의 오염으로 생각할 수도 있습니다. 특히 생화학 무기를 미사 일에 장착하여 발사하면 그 미사일이 떨어진 곳에는 물이 세균으로 오염되고 많은 사람들이 세균에 감염되므로 죽게 됩니다. 고기가 물을 떠나면 죽는 것처

---

50) 방월석,〈요한계시록강해〉, 도서출판 와서, 287

럼 사람이 생수의 근원이신 하나님(렘17:13)을 떠나면 심판과 죽음밖에 없습니다. 신명기 29장 18절에서는 특별히 이 쑥을 우상숭배의 죄를 비유하는 말씀으로 사용하고 있습니다. 만물의 창조자인 하나님을 부인하고 우상(피조물인 자연)을 숭배하는 것을 하나님께 독초와 쑥을 드리는 죄를 짓는 것으로 묘사했는데, 이 죄를 심판하시기 위해 하나님이 쑥의 재앙을 내리신다는 것입니다. 하나님이 우상숭배의 죄를 얼마나 미워하시는지 스스로 쑥과 같은 쓴 물을 먹으면서 경험해보라고 이런 재앙을 내리신다는 것입니다.

네 번째 나팔(12절)

"넷째 천사가 나팔을 부니 해 삼분의 일과 달 삼분의 일과 별들의 삼분의 일이 타격을 받아 그 삼분의 일이 어두워지니 낮 삼분의 일은 비침이 없고 밤도 그러하더라." 하십니다.

이는 오랫동안 하나님을 대신해서 숭배의 대상이 되어왔던 해와 달과 별들을 쳐서 어둡게 하시는 재앙입니다. 이 재앙은 특별히 애굽 땅에 내려졌던 9번 째 재앙인 흑암의 재앙을 연상시키고 있습니다. 흑암의 재앙으로 해가 기운을 잃게 되면 땅에 사는 자들은 빙하기와 같은 혹독한 기후의 변화를 경험하게 될 것입니다.

"그들 앞에서는 땅이 흔들리고 하늘이 떤다. 해와 달은 어두워지고 별들도 그들의 빛을 잃는다."(욜2:10)

주전 9세기에 요엘 선지자가 예언한 대로이며 주후 1세기에 예수님께서 예언하신 대로 문자 그대로 성취될 일입니다. 이 말씀을 무슨 상징이나 영해로 풀이하는 것은 마치 독극물(poison)이라는 경고문을 감옥(prison)으로 잘못 보는 것과 같습니다. 동기와 상관없이 결과적으로 독극물이라는 경고를 주어 죄인들을 회개케 하여 지옥으로 가는 길을 막으시려는 진노 중에서도 자비를 잊지 않으시는 하나님의 사랑과 선교를 막는 짓입니다.

"24그러나 환난이 지나가면 해가 어두워지고 달이 빛을 내지 않을 것이며 25별들이 하늘에서 떨어지고 하늘의 세력들이 무너질 것이다."(막13:24-25)

애굽의 내려진 10가지 재앙도 사실은 애굽 사람들이 섬기는 신들을 치신 재앙입니다. 나일강을 신으로 섬기니 나일강이 피가 되는 재앙을 내리신 것이고,

개구리, 이, 파리, 악질, 독종, 메뚜기를 섬기니 이것으로 심판하신 것이고, 기후의 신을 믿으니 우박의 재앙을 내리신 것이고, 태양신을 섬기니 흑암의 재앙을 내리신 것입니다. 마지막으로, 장자가 죽는 열 번째 재앙은 바로(Pharaoh)의 신성을 공격하는 것이었습니다. 애굽인들은 바로를 생명을 주는 오시리스(Osiris) 신과 태양신의 화신(incarnation)으로 믿고 있었습니다. 바로의 임무는 신들의 은총을 유지하고, 질서의 여신 마아트(Ma'at)의 법을 집행하는 것이었습니다. 그러나 그는 자기 아들의 죽음도 막지 못하는 무능한 자였음이 드러났습니다. 그의 아들은 '신성한 통치자'의 자리를 계승할 자였고, 애굽 땅의 어떤 아들과도 다른 아들이었습니다. 따라서 여호와만이 홀로 죽음과 삶을 주관하시는 유일하신 하나님 한 분(The One and Only God)이시라는 것입니다.

해와 달과 별들의 삼분의 일을 치사 어둡게 하시는 심판은 또 참된 빛의 근원이 하나님이시라는 사실을 보여준 심판이기도 합니다. 요한복음 9장 5절에서 예수님은 "내가 세상의 빛"이라 하셨습니다. 우리가 흔히 해와 달과 별이 없다면 빛도 없다는 생각을 하지만, 천지창조를 기록한 창세기 1장의 말씀을 보면 이것이 그렇지 않다는 것을 알 수 있습니다. 창세기 1장에 보면 하나님이 창조의 첫째 날 빛을 창조하셨다 했고(1:3), 창조의 넷째 날 비로소 해와 달과 별들을 창조하셨다 했습니다(1:14-16). 하늘에 해와 달과 별들이 있기 전에 빛을 창조하셨다는 말씀인데, 여기서 말씀하는 빛이 바로 근원적인 빛입니다. 공중에 해와 달과 별들이 있기 전에 근원적인 빛을 지으시고 이 빛으로 세상을 비추셨다는 말씀입니다.

실제로 신천신지 새 예루살렘의 모습을 기록한 요한계시록 21장과 22장을 보면 그곳엔 해도 없고, 달도 없고(21:23), 밤도(22:5) 없을 것이라 하십니다. 왜입니까? 하나님이 저들의 빛이 되어주실 것이기 때문입니다.(계 22:5) 해와 달과 별은 빛을 비춰주는 수단에 불과하지 근원적인 빛은 아니고 하나님만이 근원적인 빛이 되신다는 뜻입니다.

하나님은 왜 이렇게 하시는 것입니까? 하나님이 창조하신 세상을 이렇게 파괴하는 하나님의 마음을 이해해야 합니다. 인 재앙은 1/4이었는데, 나팔 재앙은 1/3입니다. 점점 재앙의 강도가 강해지고 있습니다. 그러나 2/3를 남겨두셨습니다. 아직 끝은 아닙니다. 아직 최악의 상황은 오지 않았습니다. 아직 기회는 남았다는 것을 알리시는 것입니다. 재앙은 고집불통이며, 귀먹은 세상을 깨우시기 위한 하나님의 메가폰입니다. 더 강한 자극을 통해서라도 사태의 심각성을 깨닫도록 하시는 하나님의 은혜의 한 측면입니다. 성도들은 세상의 변화와 흐름을 읽을 수 있어야 합니다. 어차피 환경이 파괴될 것이니 신경쓰지 말라는 뜻이 아닙니다. 환경의 파괴로 인한 고통은 성도들도 겪게 됩니다. 이 문제와 고통을 단순히 환경의 문제로 볼 것이 아니라 세상을 향한 하나님의 경고로 여기고, 우리에게 남은 기회를 통해 힘써 복음을 전해야 한다는 것입니다.

2. 세 가지 화(Woe)

'화'(禍)는 '재앙'(災殃)입니다. 5-7째 나팔 재앙을 세 개의 화로 구별한 이유는 다른 재앙들과 비교하여 볼 때, 재앙의 대상이 자연이 아닌 사람들이며 심히 큰 고통이 따르기 때문입니다.

첫 번째부터 네 번째 나팔까지가 사람들이 하나님 대신에 숭배하는 자연에 대해 내려진 재앙이라면, 남은 세 나팔의 재앙은 하나님을 대적하고 회개하기를 거부하는 인간들을 향한 재앙입니다. 구체적으로는 황충의 재앙과 마병대의 재앙과 일곱 대접의 재앙인데, 13절에서는 이 재앙의 서막을 알리는 독수리가 등장합니다. "내가 또 보고 들으니 공중에 날아가는 독수리가 큰 소리로 이르되 땅에 거하는 자들에게 화, 화, 화가 있으리로다 이 외에도 세 천사의 불 나팔소리를 인함이로다 하더라."하십니다.

예수님께서 "주검이 있는 곳에는 독수리들이 모일찌니라"(마 24:28) 하신 말씀처럼 본문에서 3가지 화를 선포하는 독수리는 이 땅에 본격적인 주검의 재앙이 시작될 것을 알리는 사자인 것입니다.

남은 재앙에 대한 예고(13절)

"13내가 또 보고 들으니 공중에 날아가는 독수리가 큰 소리로 이르되 땅에 사는 자들에게 화 화 화가 있으리니 이는 세 천사들이 불어야 할 나팔 소리가 남아 있음이로다 하더라"

8장과 9장에는 일곱 나팔 재앙이 나왔습니다. 첫 번째 재앙부터 네 번째 재앙까지 나온 다음(7-12절) 다섯 번째 재앙이 나오기 전에 공중에 날아가는 독수리가 땅에 거하는 자들에게 경고하는 메세지가 나왔습니다. 이는 재앙의 구조상(4+2+1) 네 재앙과 세 재앙의 중간에 휴지(休止) 역할을 하는 구절입니다. '독수리'는 하나님의 명령을 수행하는 천사입니다.(12:14, 4:7) 천사가 독수리 형상으로 나타난 것은 세상에 임할 재앙에 대한 암시적 경고를 하기 위함입니다. 누가복음 17:37에 "~주검 있는 곳에는 독수리가 모이느니라"고 했습니다. 이 말씀은 예수님이 종말과 관련하여 하신 말씀입니다. 광야에서 사람이나 짐승이 죽을 위기에 처하게 되면 어느새 독수리들이 먼저 알고 위를 맴돕니다. 죽은 시체를 뜯어먹기 위해서입니다. 독수리가 경고하는 것은 이 세상이 죽을 위기에 있다는 것입니다. 앞으로 임할 재앙의 결과가 얼마나 무서울 것인지에 대한 암시입니다. 독수리의 메세지는 재앙의 결과를 더 분명하게 드러내 줍니다. 독수리가 큰 소리로 "땅에 거하는 자들에게 화, 화, 화가 있으리로다"고 했습니다. '화'가 있다고 세 번이나 반복한 것은 재앙의 심각성을 더욱 강조하는 표현입니다. 땅에 거하는 자들에게 '화'가 있다고 한 것은 앞에서 나온 네 가지 나팔 재앙으로 인한 비참한 결과를 두고 한 말이기도 하지만 앞으로 나올 세 가지 나팔 재앙의 결과를 두고 한 경고이기도 합니다. "이 외에도 세 천사의 불 나팔 소리를 인함이로다 하더라"고 했습니다. 그래서 앞의 재앙으로 인한 결과도 심각하지만 더욱 심각한 결과를 초래할 세 가지 나팔 재앙이 아직 남았다는 것에 대한 예고이기도 합니다. 앞으로 다섯 번째 나팔 재앙과 여섯 번째 나팔 재앙과 일곱 번째 나팔 재앙이 남아 있습니다.(9:1-11, 13-21, 15:1) 특히 일곱 번째 나팔 재앙 안에는 일곱 대접 재앙이 포함되어 있어서 그 심각성을 더 느끼게 해줍니다.(16:2-17) 대접 재앙은 나팔 재앙보다 강도나 범위에 있어서 비교할 수 없이 큰 재앙입니다. 긍휼이 전혀 없는 맹렬한 심판의 성격을 가지고 있습니다.

본문에 "땅에 거하는 자들에게 화, 화, 화가 있으리로다"고 했습니다. '땅'은 세상에 대한 상징입니다. 물질, 문명, 문화 등 세속적인 세계에 대한 총칭입니다. 특히 사단의 영향력 아래 있는 영역을 말합니다. '거하는 자들'은 세속적인 세계에서 공간적으로 거하는 자들이라기보다는 세속적인 세계에서 세속적인 목적을 두고 살아가는 자들을 말합니다. 기본적으로 생명책에 기록되지 못한 자들(17:8) 짐승에게 경배하는 자들을 말합니다.(13:8, 12) 요한계시록 13:8에 "죽임을 당한 어린 양의 생명책에 창세 이후로 이름이 기록되지 못하고 이 땅에 사는 자들은 다 그 짐승에게 경배하리라"고 했습니다. 땅에 거하는 그들의 특성은 크게 2가지입니다. 첫째, 세상 것에 취하여 살아갑니다. 요한계시록 17:2에 "땅의 임금들도 그와 더불어 음행하였고 땅에 사는 자들도 그 음행의 포도주에 취하였다 하고"라고 했습니다. '음행의 포도주'는 음녀가 주는 포도주인데 이는 세상이 주는 즐거움에 대한 비유입니다. 야고보 4:4에도 "간음한 여인들아 세상과 벗된 것이 하나님과 원수 됨을 알지 못하느냐 그런즉 누구든지 세상과 벗이 되고자 하는 자는 스스로 하나님과 원수 되는 것이니라"고 했습니다. 요한일서 2:15-16에 "이 세상이나 세상에 있는 것들을 사랑하지 말라 누구든지 세상을 사랑하면 아버지의 사랑이 그 안에 있지 아니하니, 이는 세상에 있는 모든 것이 육신의 정욕과 안목의 정욕과 이생의 자랑이니 다 아버지께로부터 온 것이 아니요 세상으로부터 온 것이라"고 했습니다. 세속적인 사람들은 환난 때에 세상 것 때문에 고난을 당하기도 하지만 그것을 사랑하는 마음 때문에 더 큰 고통을 겪게 될 것입니다. 둘째, 말씀을 싫어합니다.

　요한계시록 11:10에 "이 두 선지자가 땅에 사는 자들을 괴롭게 한 고로 땅에 사는 자들이 그들의 죽음을 즐거워하고 기뻐하여 서로 예물을 보내리라 하더라"고 했습니다. '두 선지자'는 하나님께 권세를 받아 1,260일 동안 굵은 베옷을 입고 예언하는 자들입니다.(11:3) 곧 말세(전반기 환난)에 하나님께 부름받아 말씀(예언)을 전하는 자들입니다. 그들은 과거의 선지자들이 그러했듯이 말씀 사역을 통해 죄를 지적하고 회개를 부르짖고 심판을 경고합니다. 그렇기 때문에 땅에 속한 자들은 그들을 싫어하게 되고 그들이 죽게 되자 서로 예물을 보내며 좋아하게 되는 것입니다. 오늘날도 세상에 속한 사람들은 말씀을 좋아하지 않고 말씀을 전하는 자들이 실패하는 것을 기뻐합니다. 그러나 그것은 잠시뿐 하나님의 맹렬한 재앙이 있을 것이고 그들은 그 재앙 속에서 보호받지 못하고 절망적인 고난을 받게 됩니다.

　하나님께서 모세를 통해 애굽 땅에 10가지 재앙을 내리신 것은 하나님을 대적하고 하나님의 백성들을 핍박하던 바로 왕과 애굽을 심판하시기 위하고, 하나님의 백성들을 구원하기 위함이었습니다. 7년 대환난 기간 동안에 내려지는 재앙도 하나님을 대적하는 세상나라를 심판하고, 성도들을 구원하시기 위한 재앙인 것입니다. 재앙을 통해 세상을 심판하실 뿐 아니라, 택한 백성들을 구원하시는 하나님의 섭리를 볼 수 있어야 한다는 것입니다.

3. 다섯 번째 나팔 ~ 여섯 번째 나팔

5번째 나팔 – 황충의 재앙(1–11)

다섯 번째 나팔의 재앙은 황충의 재앙입니다. 무저갱에서 올라온 황충들이 다섯 달 동안 하나님의 인 맞지 아니한 사람들을 괴롭히는 재앙입니다. 이 재앙이 얼마나 고통스러운지 많은 사람들이 이 고통을 피하기 위해 죽기를 구하지만 마음대로 죽을 수도 없을 것이라(6) 하십니다. 본문을 조금 더 구체적으로 이해하기 위해 몇 가지 주제로 나누어 살펴봅니다.

1. 먼저, 무저갱의 열쇠를 받아 황충의 재앙을 가져오는 별이 등장합니다.(1–3절)

"다섯째 천사가 나팔을 불매 내가 보니 하늘에서 땅에 떨어진 별 하나가 있는데 저가 무저갱의 열쇠를 받았더라 저가 무저갱을 여니 그 구멍에서 큰 풀무의 연기 같은 연기가 올라오매 해와 공기가 그 구멍의 연기로 인하여 어두워지며 또 황충이 연기 가운데로부터 땅 위에 나오매 저희가 땅에 있는 전갈의 권세와 같은 권세를 받았더라."하십니다.

성경에서 별은 일반적으로 '천사'를 묘사할 때 사용되고 있습니다.(욥 38:7) 2절에서는 특별히 이 별을 남성 단수형인 '저가(He)'라고 칭하고 있습니다. 단순한 별이 아니라 별이 상징하는 인격체가 있다는 뜻입니다. 1절에서는 이 별을 또 "하늘에서 땅으로 '떨어진 별(fallen star)'"이라 소개하고 있고, 11절에서는 이 별을 무저갱의 사자 '아바돈', 혹은 '아볼루온'로 묘사하고 있습니다. '아바돈'(Αβαδδων)은 히브리어 '아바돈'(אבדון)의 음역으로서 '파괴자'라는 뜻이고, '아볼루온'(Απολλυων)은 헬라어로서 '파괴자'라는 뜻입니다. 곧 사탄의 별명인 것입니다. 이사야 14:15에 보면 "그러나 이제 네가 스올 곧 구덩이 맨 밑에 떨어짐을 당하리로다"고 한 것처럼 사탄은 황충들의 왕으로서 무저갱에 갇혀 있었던 것입니다. 무저갱에 갇혀 있어야 할 사탄이 무저갱의 문을 열 권세를 가졌다는 것은 말이 안됩니다. 사탄은 무저갱을 열거나 닫을 권세를 갖고 있지 않습니다. 무저갱의 열쇠를 소유하여 사탄과 그 무리를 가두거나 놓아둘 수 있는 능력은 오직 하나님뿐이고(19:1) 하나님께 허락받은 천사뿐입니다.(계20:3)

누가복음 10장 18절에서 예수님께서 말씀하신 '사탄이 하늘에서 번개처럼 떨어진(which had fallen)'것과 같이 떨어진 것과 계시록 20장 1절의 하늘에서 한 천사가 내려오는 것(come down)과는 다른 양상입니다. 요한계시록 12장과 이사야 14장에서는 '계명성(루시퍼)'으로 알려진 사탄 마귀가 하나님을 대적하다가 심판을 받고 하늘에서 쫓겨나는 장면이 등장하는데, 앞에서 살펴본 말씀들과 이 말씀들을 비교해보면, 무저갱의 열쇠를 가지고 하늘에서 쫓겨난 별은 '사탄 마귀' 자신을 상징하고 있는 것으로 보여집니다. 무저갱의 열쇠를 가지고 하늘에서 쫓겨난 사탄 마귀가 이곳에 갇혀 있던 황충들을 풀어놓음으로 다섯 달 동안(5) 사람들을 괴롭히는 재앙이 찾아오게 된다는 것입니다. 하나님은 때때로 하나님의 뜻을 이루기 위해 선한 자들뿐 아니라 악한 자들도, 심지어 사탄 마귀도 사용하실 때가 있습니다. 욥기의 말씀들을 보면 하나님이 사탄 마귀로 하여금 욥과 그의 가정에 재앙을 가져오도록 허락하셨지만, 결국 이 사건을 통해 의인 욥을 연단하여 더 큰 믿음을 갖게 하셨습니다. 예수님도 사탄이 들어간 (눅22:3) 가룟유다의 손에 팔려 십자가를 지셨지만, 결국 이 사건을 통해 대속의 사역이 완성될 수 있었습니다.

계시록 6장 1-2절을 보면 네 생물 가운데 하나가 천둥 같은 소리로 "오라"고 말하자 흰 말 탄 사람이 나타납니다. 위장된 평화로 세상을 미혹하는 적그리스도입니다.

"¹나는 어린 양이 일곱 인 가운데 하나를 떼시는 것을 보았습니다. 그리고 나는 네 생물 가운데 하나가 천둥 같은 소리로 "오라" 하고 말하는 소리를 들었습니다. ²그때 나는 보았습니다. 흰 말이 있는데 그 위에 탄 사람이 활을 갖고 있었고 그에게 면류관이 주어졌는데 그는 나가서 이기고 또 이기려 했습니다."(계 6:1-2)

하나님이 뭔가 소홀하셔서 사탄이 세상을 이기는 것이 아니라 하나님이 그를 이용해서 세상을 심판하시는 것입니다. '독으로 독을 다스린다'는 뜻의 '이독제독(以毒制毒, Set a thief to catch a thief)'과 비슷한 의미입니다.

본문에서도 하나님이 무저갱의 열쇠를 가지고 하늘에서 쫓겨난 사탄 마귀를 이용해 5번째 나팔의 재앙을 내리시는 모습을 볼 수 있습니다. 사탄 마귀가 아무리 하나님을 대적하기 위해 일을 꾸며도, 하나님은 그것조차도 합력하여(롬 8:28) 하나님의 섭리를 이루시는 도구로 사용하신다는 것입니다.

1절 2절에 나오는 '무저갱'(Abyss)은 밑바닥 없는 구렁텅이를 말합니다. 헬라어 '아뷔소스'(ἄβυσσος)는 '심연(深淵)'을 뜻하는 말로 사탄과 악한 귀신들을 임시로 가두어 놓는 지하 감옥이나(눅8:31, 유6, 계9:1) 죽은 자들이 거하는 음부와 동의어로 쓰였습니다(롬10:7).

20장 3절에 보면 예수님이 재림하신 이후에, 적그리스도와 거짓 선지자는 심판을 받아 곧바로 불못에 던져지지만(19:20), 용으로 묘사되는 사탄 마귀는 1,000년 동안 무저갱에 가두신다 하십니다. 천년왕국의 끝에 다시 한번 세상을 미혹하도록(20:7) 불못에 던지지 않고 무저갱에 가두시는 것입니다.

이 말씀에 비추어보면 무저갱은 타락 천사들을 임시로 가두어두는 마치 교도소와 같은 곳임을 알 수 있습니다. 타락한 천사들을 심판하여 영원한 불못에 던져넣기 전에(20:10), 임시로 가두어두는 교도소와 같은 곳이 무저갱입니다. 요한계시록 12장을 보면 별로 묘사되는 천사들 가운데 3분이 1이 용으로 상징되는 사탄 마귀와 함께하고 있음을 알 수 있습니다. 이런 타락 천사들 가운데는 현재 "정사와 권세와 이 어둠의 세상 주관자들과 하늘에 있는 악한 영들"(엡6:12)로서 세상을 미혹하는 일을 하고 있는 자들이 있는가 하면, 유다서 1장 6절 7절에 기록된 말씀처럼 "자기 지위를 지키지 아니하고, 다른 색을 따라가다가" 결박되어 갇혀 있는 자들도 있음을 알 수 있습니다.

여하튼 우리가 타락 천사라 일컫는 사탄 마귀들 가운데는 자유롭게 활동하는 타락 천사들(막5:9-13)과 무저갱에 갇힌 타락 천사들이 있는데, 다섯 번째 나팔 재앙에 등장하는 황충들이 바로 무저갱에 갇혀 있던 사악한 영적 존재들이 풀려나 사람들을 괴롭히는 것이라 보는 것입니다.[51]

재앙의 성격

이제는 구체적으로 다섯 번째 나팔의 재앙을 살펴볼 터인데, 앞서 살펴본 것처럼 다섯째 천사가 나팔을 불매 무저갱에서 기괴한 모양을 한 황충이 올라와 5달 동안 사람들을 괴롭혔다 하십니다. '황충'은 메뚜기의 일종인데, 흥미롭게도 애굽땅에 내려졌던 10가지 재앙 중 8번째 재앙이 바로 메뚜기 재앙이었습니다. 또 요엘 1, 2장에서는 주의 날이 메뚜기의 재앙과 같이 임할 것이라 했습니다. 이 황충들은 전갈과 같은 권세로(계9:3) 사람들을 괴롭힙니다. 하나님을 거역하고 성도들을 핍박한 악인들에 대한 심판의 수단입니다.

사실 떼를 지어다니며 풀과 곡식들을 모두 갉아 먹는 메뚜기의 재앙은 치명

---

51) 앞의 책, 289

적인 기근을 가져오는 무서운 재앙입니다. 그런데 본문에 등장하는 황충은 일반적인 메뚜기들과는 달리 풀이나 수목이 아니라, 사람들만 해하는 권세를 받았다 했습니다.(4, 5) 이마에 하나님의 인을 맞지 아니한 사람들, 즉 앞선 재앙들을 보면서도 끝까지 회개하길 거부한 자들을(cf. 딤후2:19, 엡1:13, 14) 해할 것이라 하십니다.

무저갱에서 나온 황충들은 땅의 풀이나 수목같은 것을 해하지 말고 하나님께 인을 맞지 않은 자들만 괴롭게 하라는 하나님의 명령을 받습니다.(계9:4) 하나님께 인을 맞지 않은 자들은 바로 그 황충들인 마귀와 사탄을 섬긴 자들입니다. 그런데 그 마귀와 사탄이 자기들을 섬긴 자들을 공격합니다. 이것이 바로 마귀와 사탄입니다. 그것들은 결코 자기를 섬기는 자들을 돕는 자들이 아닙니다. 사람에게 즐거움을 준다고 미혹하고는 자기를 택하는 모든 자들을 멸망에 빠뜨리는 자들이 바로 사탄이요 악령들인 것입니다.

재앙의 범위는 온 세계이고 시기는 후 삼 년 반 적그리스도의 표를 받기 시작하는 시점으로 추정합니다. 하나님은 이런 황충의 재앙이 내려지는 기간을 다섯 달로 한정하셨습니다. 이는 일반적인 메뚜기의 수명이 5개월인 점과도 유사한데, 재앙의 기간을 한정하신 것은 재앙 가운데서라도 회개하길 바라는 하나님의 뜻이 있기 때문인 것입니다. 하지만 이렇게 회개할 기회를 주어도 회개하지 않는 자들에겐 죽음의 재앙으로 일컬어지는 마병대의 재앙이 기다리고 있다는 것을 알아야 합니다.

죽이지는 말고 괴롭게만 하라(5절)

그러나 죽이지는 말고 괴롭게만 하라는 명을 받습니다. 이것은 이들이 공격하는 것이 육체가 아니라 정신적인 것임을 암시합니다. 사람들이 정신적인 고통에 시달립니다. 우울증과 정신적인 공황상태에 빠져 괴로움을 당합니다. 그러나 죽기를 바라지만 죽지는 못하고 괴로움만 당합니다. 화 재앙들은 이렇게 큰 고통이 수반된 반면에, 사람들에게 회개할 기회를 주시는 하나님의 자비가 담긴 재앙들입니다. 구원받을 회개는 불신자가 예수를 구주로 믿고 하나님께로 돌아오는 회개로(행11:18) 하나님께서 진리를 깨닫게 해주시는 은혜를 받을 때 가능합니다.(딤후2:25) 회개 후에 죄 사함을 받고 영혼이 중생되어 새 피조물이 됩니다.(고후5:17) 하나님의 영원한 자녀가 됩니다.(롬8:15) 이 영원한 생명얻는

기본 회개는 일생에 단 한 번뿐인 마치 천국행의 열차를 타는 은혜입니다.(약4:6)

황충의 모습(계9:7-10)

이제는 7절부터 묘사된 황충의 모습을 살펴봅니다.

첫 번째, 7절에서는 이 황충이 "전쟁을 위해 예비한 말들 같다" 하시고 9절에서는 "그 날개 소리는 많은 말과 병거가 달려가는 소리 같다" 하십니다. 사도 요한이 이 말씀을 기록할 당시 병거를 매단 말들이 무리 지어 달리는 소리는 적들에게 큰 공포를 주었다고 합니다. 황충의 재앙이 몰려올 때 사람들이 얼마나 큰 공포를 느끼게 될지 짐작해 볼 수 있는 말씀인 것입니다. 전쟁을 준비한 말들 같다는 것은 강력한 힘을 상징합니다.

두번째, 머리에는 금같은 면류관을 썼다 했습니다.(7)

금 면류관이 아니라 금 면류관 비슷한 것을 썼다고 표현한 것은 사람들이 자기들을 권세가 있는 자로 여겨주기를 원하여 자신의 권세를 과장되게 포장하여 과시하는 자들을 뜻합니다. 금 같은 관을 썼다는 것은 높은 권력을 가진 것입니다.(삼하12:29) 그러므로 이 황충들은 도미티안(Domitian)과 같은 세상의 왕이나 권세자들을 뜻하는 것임을 알 수 있습니다. 어느 때나 통치자들은 자기의 권세를 과시하기 마련이지만 마지막 때에는 히틀러나 네로, 도미티안 같은 권세에 미친 미치광이가 나타날 것입니다.

세 번째로 이 황충들의 얼굴이 사람을 닮아있다(7, 8) 하십니다.

요한은 황충들의 얼굴이 마치 사람의 얼굴과 같다고 했습니다. 사람의 얼굴은 인격적이라는 것입니다. 일반적으로 성경에서는 사람처럼 지성을 가진 존재라고 말할 때 사람의 얼굴과 같다고 표현합니다.(시139:14) 마지막 때에는 악한 영들이 세상의 지식과 지성을 이용하여 사람들을 미혹할 것입니다.

네 번째로 요한은 황충들이 여자의 머리털과 같은 머리털을 가졌다고 했습니다.(8절)

여자의 머리털은 대단히 매력적인 존재임을 나타낼 때 사용합니다.(아1:10) 그러므로 이 황충들은 사람들의 마음을 빼앗을 만한 매력을 가진 존재라는 것을 알 수 있습니다.

다섯 번째로 요한은 황충이 사자의 이빨을 가졌다고 했습니다.(7-10절) 사자의 이빨은 한번 물리면 끝이라는 것입니다.(왕상13:26) 힘과 권세를 가진 자라는 뜻입니다. 마지막 때에 전 세계를 움직이는 막강한 힘을 가진 악의 존재가 나타날 것입니다.

여섯 번째, 이들은 또한 철로 만든 갑옷 같은 것을 가슴에 두르고 있습니다.(9절) 철 호심경은 후안무치(厚顔無恥), 뻔뻔함을 드러내는 것입니다. 동시에 이 세상에서는 이들을 상대할 자가 없다는 것을 뜻합니다. 그들이 가진 돈과 권세의 힘으로 연약한 백성들을 괴롭게 하는 자들입니다. 그들은 무저갱의 사자를 자기들의 왕으로 삼고 있습니다.(11절) 세상의 모든 돈과 권력과 명예와 즐거움의 배후에 사탄이 있다는 것입니다. 황충이 사탄의 졸개들이라고 해서 뿔 달린 괴물로 우리에게 다가오지 않습니다. 금관을 쓴 권력자의 모습으로, 인격적으로, 매혹적으로 다가옵니다. 이런 자에게 안 넘어갈 수 있겠습니까? 그러나 한 번 빠져들면 사자의 이빨에 물린 것처럼 빠져나오기 힘듭니다. 종합적인 세상의 악의 특성을 잘 보여주는 것입니다. 그런데 자세히 보시면 모두 같다고 했지, 진짜는 하나도 없습니다. 그런데 분별이 안되니까 무엇인가 있을 것 같아 황충을 따르는 것입니다. 사람들이 미혹당하는 것입니다.

사람 크기에다 사람처럼 생긴 메뚜기가 전갈과 같은 꼬리로 다섯 달 동안 사람들을 괴롭히는 끔찍한 일들이 5번째 나팔의 재앙 때 펼쳐지게 된다는 것입니다.

6번째 나팔의 재앙 마병대의 재앙(계9:13-21)

6번째 나팔의 재앙은 마병대의 재앙입니다. 여섯째 천사가 나팔을 불매, 유브라데에 결박되어 있던 네 천사들이 풀려나 이억의 마병대를 이끌어 인류의 삼분의 일을 죽이는 재앙입니다.

13절에 보면 6번째 천사가 나팔을 불매 하나님 앞 금단 네 뿔에서 음성이 나서 재앙을 선포했다 했습니다.

'하나님 앞 금단'은 지성소 바로 앞에 있는 '분향단'을 말합니다. 요한계시록 8장에는 성도의 기도가 분향의 제사가 되어 하늘로 올라가는 모습이 등장합니다.(8:3-5) 7년 대환난 기간 동안 성도들이 드리는 주된 기도는 '신원해 달라'는 기도가 될 것인데, 이 기도가 드려진 바로 그 제단에서 6번째 나팔의 재앙이 내려지고 있는 것입니다. 결국 6번째 나팔의 재앙은 순교한 성도들이 제단에서

'신원해 달라' 간청한 그 기도에 대한 응답이라고 볼 수 있습니다.

황충 재앙에 이어 등장하는 두 번째 화 재앙인 '2억의 마병대를 통한 재앙' 역시 악인들에게 몹시 힘든 재앙이면서 하나님의 마지막 사랑이 담긴 재앙입니다.

여섯째 나팔 재앙(둘째 화)을 받을 대상들은 역시 '하나님의 인침을 받지 않은 자들 악인들'입니다. 이 악인들 속에는 경건하지 아니한 자들도 포함됩니다. 즉 신앙생활은 하지만 성령을 따라 살아가지 않는 자들입니다. 누가 그들인가는 인간이 판단할 것이 아니고 절대적으로 하나님의 주권에 속합니다. 둘째 화 재앙 역시 첫째 화와 같이 그 대상이 '땅에 사는 자들'(8:13)이며, '하나님의 인침을 받지 않는 자들'(9:4)입니다. 여전히 회개의 기회를 부여 받은 자들입니다. 그러나 둘째 화 재앙은 이들에게 마지막 기회가 됩니다. 왜 마지막인가 하면, 셋째 화(일곱째 나팔 재앙)를 알리는 나팔 소리가 울릴 때 주님이 오시기 때문입니다.

또한, 둘째 화와 셋째 화의 시간 간격은 매우 짧습니다. 여지껏 한번도 말하지 않았던 재앙의 간격을 말합니다.

"둘째 화가 지나갔으나 보라, 셋째 화가 '속히' 이르는도다"(11:14)

모든 재앙에는 하나님의 어떤 목적이 있습니다. 둘째 화 재앙은 첫째 화 재앙에도 불구하고 회개하지 않는 자들을 향해 마지막으로 주어진 회개의 기회를 제공합니다. 왜 마지막인가는 다시 말하지만 이젠 회개할 기회가 더 없기 때문입니다.

둘째 화 재앙 이후 마지막 나팔이 울릴 때 주님은 오십니다. 그리고 둘째 화 재앙과 마지막 나팔이 울리는 시간적 간격은 매우 짧습니다. 매우 중요하기에 반복합니다.

6번째 나팔의 재앙은 chapter 15 〈예정된 전쟁들〉에 자세히 나오므로 중복을 피하기 위해 여기서는 이 정도로 서술합니다.

여섯째 나팔 심판과 관련해서 요한은 세 개의 환상을 봅니다. 첫째 환상은 계시록 9:13-21절까지 기록된 환상으로서 인류 삼분의 일이 죽임을 당하는 재앙의 환상이고, 둘째 환상은 계시록 10:1-11절까지 기록된 환상으로서 작은 두루마리에 대한 환상입니다. 셋째는 계시록 11:1-14절까지 기록된 두 증인에 대한 환상입니다. 일곱 인, 일곱 나팔, 일곱 대접의 삼중적 재앙으로 인해 중

접되는 부분이 있어서 두 증인에 대한 환상은 chapter 7 〈7년 대환난 때의 이스라엘〉에 자세히 다루고 있어서 여기서는 작은 두루마리 환상에 대해 증거합니다.

4. 펴 놓인 작은 두루마리

◇ 요한계시록 10:1-11

일곱 인이 담긴 두루마리가 계시록 전체라면 작은 두루마리는 그 중에서 일곱 나팔과 관련한 내용이 담긴 부분입니다. 작은 두루마리의 내용은 7절처럼 '하나님의 그 비밀'입니다. 즉, 하나님께서 그의 종 선지자들에게 전하신 복음 가운데 역사의 마지막 때에 관한 계시입니다.

일곱 번째 나팔이 불리려고 할 때 온 세상에 발생하게 될 마지막 종말 사건들은 이미 구약이나 신약에 상세하게 예언되어 있습니다. 그러므로 작은 두루마리 내용은 구약과 신약에서 예언된 마지막 나팔 사건들, 즉 소위 일곱째 나팔이 불리려고 할 때 발생하는 구속사적인 사건에 관한 예언인 것입니다. 그러므로 펴놓은 작은 두루마리는 일곱째 나팔과 관련한 예수 그리스도의 계시이며 그 내용은 일곱 나팔과 관련한 마지막 구속사 사건들입니다. 일곱 번째 나팔과 관련한 사건들은 성경 전체에 걸쳐 이미 예언된 것들이기에 우리는 선지자들의 예언을 살펴봄으로써 계시록의 나머지 부분들을 정확하고 바르게 해석할 수 있습니다.

아무튼 작은 책은 일곱째 나팔이 불리려고 할 때와 관련한 예언입니다. 즉, 마지막 나팔이 불기 직전과 나팔을 분 이후에 대한 예언입니다.

11절을 보면, 힘 센 천사가 사도 요한에게 말합니다.

"네가 많은 백성과 나라와 방언과 임금에게 다시 예언하여야 하리라."

즉, 구약과 신약의 선지자들과 사도들이 이미 공식적으로 마지막 나팔 심판에 대해 말하였지만, 사도 요한도 환상으로 마지막 나팔 심판의 구속사건들을 보았으니 온 세상에 그 예언을 다시 알려야 한다는 말씀입니다. 이에 지금 한반도에 살고 있는 우리도 사도 요한의 계시록을 읽으며 마지막 나팔 심판을 더욱 구체적으로 알게 되는 것입니다.

사랑하는 여러분!

구약과 신약 전체에 걸쳐 "마지막 나팔"에 대한 예언이 얼마나 분명하게 예언되어 있는지 모릅니다.(슥9:14-15, 습1:14-16, 욜2:1-2, 마24:31, 살전4:16-17, 고전15:51-52)

요한이 받은 일곱 나팔과 관련한 환상은 이렇게 기록되어 있습니다.

"일곱째 천사가 나팔을 불매 하늘에 큰 음성들이 나서 이르되 세상 나라가 우리 주와 그의 그리스도의 나라가 되어 그가 세세토록 왕 노릇 하시리로다 하니 하나님 앞에서 자기 보좌에 앉아 있던 이십사 장로가 엎드려 얼굴을 땅에 대고 하나님께 경배하여 이르되 감사하옵나니 옛적에도 계셨고 지금도 계신 주 하나님 곧 전능하신 이여 친히 큰 권능을 잡으시고 왕 노릇 하시도다"(계11:15-17)

그러므로 여섯째 나팔과 관련한 두번째 환상은 마지막 나팔과 관련한 작은 두루마리 계시에 조명을 비치고 있는 것입니다. 그 이유는 마지막 나팔과 함께 주 예수 그리스도께서 재림하실 것이기 때문입니다.

한편, 3절을 보면, 힘 센 천사가 큰 소리로 외칠 때 일곱 우레가 말을 하였습니다. 그러나 하늘에서 소리가 나기를 일곱 우레가 말한 것을 인봉하고 기록하지 말라고 합니다. 그래서 결국 일곱 우레 소리의 내용은 알려지지 않게 됩니다. 미래의 사건들의 계시 여부는 전적으로 하나님의 주권 안에 있습니다. 그러므로 우리는 미래에 대한 계시를 대할 때 오직 기록된 말씀 안에 거해야 합니다.

"기록된 말씀 밖으로 넘어가지 말라"(고전4:6)

"내가 이 두루마리의 예언의 말씀을 듣는 모든 사람에게 증언하노니 만일 누구든지 이것들 외에 더하면 하나님이 이 두루마리에 기록된 재앙들을 그에게 더하실 것이요 만일 누구든지 이 두루마리의 예언의 말씀에서 제하여 버리면 하나님이 이 두루마리에 기록된 생명나무와 및 거룩한 성에 참여함을 제하여 버리시리라"(계22:18-19)

5절부터 7절을 보면, 힘 센 천사가 창조주 하나님의 이름으로 맹세하는 내용입니다. 그 맹세 내용은 "지체하지 아니하리니 일곱째 천사가 소리 내는 날 그의 나팔을 불려고 할 때에 하나님이 그의 종 선지자들에게 전하신 복음과 같이 하나님의 그 비밀이 이루어지리라"는 것입니다.

하나님의 그 비밀은 예수님의 재림에 대한 비밀로서 마침내 구속 계획이 마무리되는 사건을 의미합니다. 창조로부터 시작된 주 여호와 하나님의 영원한 계획은 주 예수 그리스도의 재림과 함께 마지막 심판으로 끝날 것입니다. 그때 마지막 나팔이 불면서 모든 창조와 관련한 하나님의 영원한 계획이 끝마치게 될 것입니다.

8절부터 11절까지 보니 하늘에서 나는 음성이 요한에게 말하기를 힘 센 천사에게서 작은 책을 받으라고 명합니다. 이에 요한이 그 천사에게 나아가 작은 책을 받았습니다. 그러자 힘 센 천사가 그 책을 요한에게 주며 말합니다.

"그 책을 먹어 버리라. 네 배에는 쓰나 네 입에는 꿀 같이 달리라."

그래서 요한이 힘 센 천사의 손에서 작은 책을 받아 먹으니 그 입에는 꿀 같이 달지만 먹은 후에 배에서 쓰게 되었다는 내용입니다.

이 사건이 의미하는 바가 무엇입니까?

이 의미를 정확하게 알려면 다른 곳에서 같은 사건이 있는지 확인할 필요가 있습니다. 다행스럽게도 구약의 에스겔과 예레미야에게 같은 사건이 있었습니다. 에스겔과 예레미야의 경우 그 입에 달지만 배에 쓴 사건의 배경은 불순종하는 사람들을 향한 하나님의 심판의 메시지를 전해야 하는 상황이었습니다.

"¹또 그가 내게 이르시되 인자야 너는 발견한 것을 먹으라 너는 이 두루마리를 먹고 가서 이스라엘 족속에게 말하라 하시기로 ²내가 입을 벌리니 그가 그 두루마리를 내게 먹이시며 ³내게 이르시되 인자야 내가 네게 주는 이 두루마리를 네 배에 넣으며 네 창자에 채우라 하시기에 내가 먹으니 그것이 내 입에서 달기가 꿀 같더라 ⁴그가 또 내게 이르시되 인자야 이스라엘 족속에게 가서 내 말로 그들에게 고하라 … ⁷그러나 이스라엘 족속은 이마가 굳고 마음이 굳어 네 말을 듣고자 아니하리니 이는 내 말을 듣고자 아니함이니라"(겔3:1-4, 7)

예레미야 역시 마찬가지입니다. 하나님의 심판 메시지를 알려야 하는 입장입니다.

"만군의 하나님 여호와시여 나는 주의 이름으로 일컬음을 받는 자라 내가 주의 말씀을 얻어 먹었사오니 주의 말씀은 내게 기쁨과 내 마음의 즐거움이오나 내가 기뻐하는 자의 모임 가운데 앉지 아니하며 즐거워하지도 아니하고 주의 손에 붙들려 홀로 앉았사오니 이는 내 마음이 주님의 분노로 채우져 있기 때문이니이다"(참조, 렘15:16-17)

요한이 선포해야 하는 심판의 메시지는 하나님의 계획을 알게 됨으로 오는 큰 기쁨인 반면, 그 메시지를 전할 때는 완고한 인간들로 인한 외로움과 아픔과 상처와 애통 등이 임할 수밖에 없는 것입니다. 그래서 그 입에는 달지만 그 배에는 쓴 것입니다.

5. 일곱째 나팔 재앙

"일곱 번째 천사가 나팔을 불어 소리 내는 날에 하나님의 비밀이 그분이 그분의 종들, 곧 예언자들에게 선포하신 대로 이루어질 것이다."(계10:7)

이제 일곱째 나팔(11:15)로 시작되는 일곱 대접의 재앙을 통해(16장) 하나님의 창조 및 구속 계획은 그 끝을 맞이하게 될 것입니다.

"15일곱 번째 천사가 나팔을 불었습니다. 그때 하늘에서 큰 음성이 나며 말씀하셨습니다. "세상 나라가 우리 주와 그리스도의 나라가 됐으니 그분이 영원토록 왕 노릇 하실 것이다." 16그러자 하나님 앞의 자기 보좌에 앉은 24장로들이 엎드려 하나님께 경배하며 17말했습니다. "지금도 계시고 전에도 계셨던 전능하신 주 하나님, 감사합니다. 하나님께서는 큰 권능을 취하시고 다스리십니다. 18이에 나라들이 분노했으나 오히려 주의 진노를 내려 죽은 사람들을 심판하실 때가 왔습니다. 주의 종인 예언자들과 성도들과 작은 사람이든 큰 사람이든 주의 이름을 경외하는 사람들에게 상을 주시며 땅을 더럽힌 사람들을 멸망시키실 때가 왔습니다." 19그때 하늘에 있는 하나님의 성전이 열렸고 그 성전 안에 있는 하나님의 언약궤가 보였습니다. 그러자 번개가 치고 요란한 소리와 천둥과 지진이 나고 큰 우박이 쏟아졌습니다."(계11:15-19)

일곱째 나팔은 '셋째 화'로서 일곱째 나팔 안에 일곱 대접 재앙이 들어 있습니다. 셋째 화가 이르겠다 하고서, 일곱째 나팔이 나옵니다. 일곱째 나팔의 내용은 천상의 광경을 묘사한 것으로서, 얼핏 보아 지상에 화가 될 것이 없습니다. 그러나 그 내용은 그리스도의 승리와 심판에 대한 찬미로 되어 있어, 일곱 대접이 있을 것을 시사하고 있습니다. 따라서 불신 세상에게는 화가 될 것을 암시하고 있습니다. 19절에는 노골적으로 번개와 음성과 뇌성과 지진과 큰 우박이 하늘 성전 안에 보인다고 함으로써, 장차 지상에 큰 화가 임할 것을 예견하게 합니다.

이 예견은 일곱째 대접 시에 완전히 이루어집니다.(16:18) 이 부분은 그동안 삽경으로 인해 중단되었던 "나라와 백성과 방언과 지파들"(5:9, 7:9, 11:9)에 대한 계시가 다시 시작되는 부분으로서, 10:11의 성취입니다. 그리고 보다 마지막 날에 될 일들의 예견적인 요약입니다.

이는 12장 이하의 일에 대한 결론으로서 예견한 것입니다. 즉 심판(15-18장, 20:1-3, 11-15)은 18절에, 그리스도의 통치(20:4-6, 21:9-22)는 16, 17에 나타나 있습니다. 그러므로 일곱째 나팔은 일곱 대접으로 유도하는 역할을 하고 있습니다. 좌우에(11:1-14, 12:1-14:20), 교회의 수난에 관한 계시들이 둘러싸 있어 (샌드위치 구조), 일곱째 나팔 즉 대접 재앙은 악의 삼위일체인 사탄과 적그리스도 그리고 거짓 선지자와 그들을 숭배한 모든 불신자들을 심판하시며 교회의 원수들에 대한 보복인 것을 암시합니다.

사랑하는 여러분!

우리는 작은 두루마리에 담긴 내용을 온 세상에 알려야 합니다. 그 이유는 인생의 끝이 있으며 역사의 끝이 있기 때문입니다. 인생의 끝은 죽음이고, 역사의 끝은 마지막 나팔과 함께 임할 것입니다. 우리는 역사의 끝을 말하면서 그리스도를 통한 구원을 외쳐야 합니다. 사람들에게 시간이 많이 남아있지 않습니다. 만일 그들이 이 땅에 사는 동안 구원 받을 기회를 놓치면 다시는 구원을 얻을 수 있는 기회가 영원히 돌아오지 않습니다. 오직 지금 그들은 구원을 얻을 수 있습니다. 그렇지 않으면 영원한 멸망입니다. 그러므로 우리는 온 세상을 향해 주의 재림과 함께 그리스도의 십자가의 구원의 길을 제시해야 합니다. 비록 복음을 전하며 복음대로 살고자 할 때 반대하는 자들을 만나 고통과 어려움을 당하여 배가 쓸지라도 우리는 그들을 사랑하는 마음으로 복음을 외쳐야 합니다.

여러분들은 날마다 주의 말씀을 받아먹고 있습니까? 그리고 그 말씀을 삶에서 체험한 후에 기쁨 가운데 세상을 향해 간증하며 복음을 전하고 있습니까?

마지막 때가 가까올수록 대부분의 사람들이 참 진리에 귀를 기울이지 않고 속임수에 귀를 귀울일 것입니다. 따라서 우리는 복음의 비밀을 알아서 기쁠지라도 그 복음을 전할 때 거절하는 많은 사람들로 인하여 외로움과 슬픔을 당하면 우리의 배는 아플 수밖에 없습니다.

"때가 이르리니 사람이 바른 교훈을 받지 아니하며 귀가 가려워서 자기의 사욕을 따를 스승을 많이 두고 또 그 귀를 진리에서 돌이켜 허탄한 이야기를 따르리라. 그러나 너는 모든 일에 신중하여 고난을 받으며 전도자의 일을 하며 네

직무를 다하라"(딤후4:3-5)

대부분의 사람들이 달콤한 거짓 교훈에 따라갈지라도 복음을 아는 여러분들은 정신을 똑바로 차리고 "모든 일에 신중하여 고난을 받으며 전도자의 일을 하며 네 직무를 다하여야" 할 것입니다.

우리 모두 하나님의 말씀의 증인들로서 두루마리를, 엔드타임 메시지를 받아 먹읍시다. 그리고 복음을 바르게 외치기 위해서는 하나님의 예언의 말씀을 늘 묵상하며 말씀을 소화하고 그 말씀을 체험하며 기뻐할 수 있어야 합니다. 그래야 힘든 일이지만 온 세상을 향해 복음을 바르게 증거할 수 있는 것입니다.

"여호와를 경외하는 도는 정결하여 영원까지 이르고 여호와의 법도 진실하여 다 의로우니 금 곧 많은 순금보다 더 사모할 것이며 꿀과 송이꿀보다 더 달도다"(시19:9-10)

하나님의 말씀을 먹고 우리 영혼이 한없는 기쁨을 누려야만 말세에 맡기신 증인의 사명을 살 수 있습니다. 비록 말씀대로 사는 것이 이 세상의 흐름과 역류로 흐르는 것일지라도 말씀을 먹고 행하는 것이야말로 우리의 인생에 있어서 가장 보람된 일이 될 것이며 또한 우리 주 어린 양 예수 그리스도를 기쁘시게 하는 일이 될 것입니다.

여러분! 예수님이 어디를 가시든 사람들이 몰려 들었습니다. 그 이유가 어디에 있다고 생각합니까?

공짜는 동서고금을 막론하고 누구나 좋아하는데 예수님은 공짜로 영생과 천국을 주셨습니다. 병자들의 치료도 귀신도 공짜로 쫓아주셨기 때문입니다. 공짜 즉 선물을 주시러 다니셨습니다. 예수님께서도 하나님으로부터 성령과 능력을 받으셔서(눅4:1) 즉 선물을 받으셔서 선물을 나누어 주시는 사역을 하신 것입니다(눅4:18, 행10:38). 선물을 남에게 줄 때 기쁘고 남도 선물을 받을 때 기쁩니다. 그러므로 예수님은 선물을 전하시는 사역을 하실 때 고난을 받으셨지만 마음은 성령 안에서 기쁘시고 세상이 주지 못하는 하늘에 속한 평안이 마음 속에 충만하셨던 것입니다. 그리고 나의 평안을 너희에게 주신다고 하셨습니다.(요14:27)

바리새인들이나 서기관, 율법사들은 자기들도 율법을 지키지 못하면서 율법을 지키라고 가르쳤습니다. 그러므로 그들의 설교와 가르침을 받은 사람들은 얼마나 무거운 짐을 지고 사는지 모릅니다.(마11:28-29) 예수님은 율법학자나 바리새인들을 책망하셨습니다.

"너희에게 화가 있을 것이다. 율법학자와 바리새파 위선자들아! 너희는 개종자 한 사람을 만들려고 육지와 바다를 두루 다니다가 정작 누군가 개종자가 되면 너희보다 두 배나 더 악한 지옥의 자식으로 만든다."(마23:15)

그러나 예수님은 거져 믿음으로 구원받는다는 것입니다. 예수께서 마르다에게 말씀하셨습니다. "나는 부활이요, 생명이니 나를 믿는 사람은 죽어도 살겠고 26 살아서 나를 믿는 사람은 영원히 죽지 않을 것이다. 네가 이것을 믿느냐?"(요11:25-26)

그리스도께서 우리를 위해서 행하신 일 중 가장 큰 일은 우리 죄를 대신 짊어지시고 죽으신 일이십니다. 이보다 더 큰 다른 일이 없습니다. 예수님은 우리 죄를 해결해서 영생을 주시려고 오신 것입니다.

"인자가 온 것은 섬김을 받으려 함이 아니라 도리어 섬기려 하고 자기 목숨을 많은 사람의 대속물로 주려 함이니라"(마20:28)

여러분!

식구 중에 큰 병에 걸린 분이 있다면 전 가족이 영향을 받습니다. 치료하기 위해 온 가족이 함께 쓸 돈은 병든 가족을 위해 먼저 쓰게 되고 잘 낫지 않으면 큰 근심입니다.

"간병하다 골병든다"는 말이 있습니다. 제가 아는 한 집사님은 그분의 아내가 자신을 몰라보는 큰 병에 들었는데 병 수발에 매달리다보니 자신을 위한 삶은 없을뿐 아니라 팔이 아파 타자도 못칠 정도라고 하소연하는 것을 들은 적이 있습니다. "긴 병에 효자 없다" 혹은 "긴 병에 장사없다"는 말이 생길 정도로 식구 중에 긴 병에 시달리고 있으면 주위 가족들도 지치고 간병의 고통과 부담을 버텨내기 쉽지 않다는 것입니다. 그래서 큰 병 그리고 긴 병에 걸린 환자가 있는 집안은 큰 일을 당한 것입니다. 예수님 당시나 지금이나 병자들은 가족 중에 있기 마련인데 예수님께로만 가면 공짜로 고쳐주시니 얼마나 좋은 일입니까? 그러니 예수님이 해변에 계시든 광야에 계시든 산 위에 계시든 길가에 걸어가시든 어느 사람의 집에 계시든 많은 사람들이 온 가족, 친구들이 환자들을 데리고 달려 온 것입니다(눅8:4, 막6:33).

예수님께서 각종 병든, 즉 큰일을 당한 환자들을 치료해 주신 것은 병든 환자 그리고 그 가족들에게 큰일을 하신 것입니다. 큰 병 든 것을 고쳐주시는 일도 큰일이시지만 가족 중에 귀신들렸다면 그것은 병든 것보다 더 큰 일입니다.

귀신들린 자를 자유케 해주시는 일을 성경은 큰 일 행하셨다고 말합니다.(막 3:8, 막5:20) 그리고 돈도 안받고 무료로 고쳐 주시니 착한 일을 하신 것입니다.(행10:38)

그래서 예수님 때나 지금도 예수님 하시던 사역 곧 복음을 전하시고, 병자들을 고치시고 귀신들린 자를 자유케 하게 되면 사람들은 소문을 듣고(막3:7-8) 교회에 사람이 많이 오게 되어 있습니다. 그런데 병자들을 치료하여 교회를 키워봐야겠다고, 능력있는 하나님의 종이라고 인정받고 이름을 내고 싶다고, 그런 못된 심보로 병을 고쳐 소문을 나게 하려고 하면 마귀에게 속습니다. 그리고 하나님의 영광을 구하지 않는 단지 성령의 사역을 흉내내려고 하면 스게와의 일곱 아들들처럼 마귀에게 혼나고 낭패만 당합니다.(행19:14-16) 예수님은 '큰 무리를 보시고 불쌍히 여기사' 즉 사랑의 동기로 병을 고쳐주신 것입니다.(마14:13-14) 오늘도 복음을 만민에게 전파하면 믿는 자들에게는 표적이 따른다고 하셨습니다. 그들이 내 이름으로 귀신을 쫓아내며 새 방언을 말하며 병든 사람에게 손을 얹은즉 낫는 역사가 나타나는 것입니다.(막16:15-20) 표적으로 말씀을 확실히 증언하셨다고 기록되어 있습니다. 말씀만 가지고는 부족하므로 표적이 따르게 하셔서 말씀을 확실히 증거하는 것입니다. 그래서 초대교회 예수님 제자들과 성도들은 이렇게 기도하였습니다.

"29주여 이제도 그들의 위협함을 굽어보시옵고 또 종들로 하여금 담대히 하나님의 말씀을 전하게 하여 주시오며 30손을 내밀어 병을 낫게 하시옵고 표적과 기사가 거룩한 종 예수의 이름으로 이루어지게 하옵소서 하더라 31빌기를 다하매 모인 곳이 진동하더니 무리가 다 성령이 충만하여 담대히 하나님의 말씀을 전하니라"(행4:29-31)

성경은 초대교회 때 스데반과 빌립 집사도 은혜와 권능이 충만하여 큰 기사와 표적을 민간에 했다고 증언하고 있습니다.(행6:8, 8:6-8)

또한 성령의 열매로 인한 오래 참는 인격 그리고 표적과 기사와 능력을 행할 때 사람들은 하나님과 함께 한 종이라고 존경하고 따르게 되어 있습니다.(히2:4)

"사도의 표가 된 것은 내가 너희 가운데서 모든 참음과 표적과 기사와 능력을 행한 것이라"(고후12:12)

여러분!

왜 오늘날에는 예수 그리스도 이름으로 기도해도 기사와 표적이 초대교회 때처럼 그렇게 나타나지 않을까요?

믿지 않아서 그렇습니다.(막6:5-6) 주의 이름으로 하는 믿음의 기도는 병든 자를 구원합니다.

"¹⁴너희 중에 병든 자가 있느냐 그는 교회의 장로들을 청할 것이요 그들은 주의 이름으로 기름을 바르며 그를 위하여 기도할지니라 ¹⁵믿음의 기도는 병든 자를 구원하리니 주께서 그를 일으키시리라 혹시 죄를 범하였을지라도 사하심을 받으리라 ¹⁶그러므로 너희 죄를 서로 고백하며 병이 낫기를 위하여 서로 기도하라 의인의 간구는 역사하는 힘이 큰이니라"(약5:14-16)

성경 안의 하나님의 사람들은 예수 그리스도 이름으로 설교하고(행2:38), 가르치고(행5:28), 전도하고(행8:12), 말하고(행9:29), 고난을 받고(행5:41), 변증하고(행17:3), 병자를 위해 선포 기도(행3:6) 등 모든 전도 방법을 예수 그리스도 이름으로 했습니다. 주 예수 이름으로 전도하고 선교한다는 의미를 제대로 알고 하고 있는가? 하는 점입니다.

이름은 성경에서 다음과 같이 크게 4가지를 대표하는 것을 알 수 있습니다. 첫째는 존재입니다. "○○○ 세상을 떠났다."는 말은 그 ○○○ 존재가 세상을 떠났다는 의미와 같이 이름은 존재를 대표합니다. 하늘의 생명록에 예수를 그리스도로 영접한 자들의 이름이 기록됩니다. 우리가 전도하는 내용은 예수님이 그리스도이시라는 것입니다. 우리는 씨(복음)를 뿌리지만 자라게 하시는 이는 하나님이십니다.(고전3:7) 그리고 전도하러 가는 하나님 자녀는 하나님과 동행하고 있음을 믿어야 합니다.(마28:19-20) 바울이 성경을 가지고 뜻을 풀어 강론하면서 예수님이 그리스도이시다고 증거하였습니다. 두 번째는 마음 곧 성품입니다. 우리의 대화 중에 "그 사람은 히틀러(Adolf Hitler)같은 사람이다"라고 말하면 그 사람은 히틀러와 같은 포악한 성질과 성품을 뜻함과 같이 이름은 성품을 대표합니다. 우리를 위해 십자가에 달려 돌아가신 예수님 마음으로 전도합니다.(롬5:6) 예수님의 마음은 영혼을 조건 없이 사랑하시는 마음입니다. 사랑하는 사람은 절대로 지옥에 보낼 수 없다고 눈물로 기도하며 복음을 전하는 사랑의 마음입니다. 사도 바울은 복음을 증언하는 일을 위해 예수님 마음을 품고 자기 목숨조차 조금도 귀한 것으로 여기지 않고 전도하였습니다. 세 번째는 권세입니다. 이름은 권리나 권세를 대표합니다. 한 회사의 사장은 그가 운영하는 회사 안에서 일반 직원 사인과 사장의 사인 차이는 다릅니다. 국가 정상 간의 협정에 서명(書名)하는 각국 정상들의 이름은 국가를 대표합니다. 하나님 자녀는 예수 그리스도의 이름을 언제 어디서든지 사용할 수 있는 놀라운 특권을 부여받았습니다. 하나님의 자녀답게 당당하게 하나님의 권세로 선포할 수 있습니다. 예수 그리스도 이름으로 사람들을 묶고 있는 악령을 쫓아낼 수 있는 권세가 주어졌습니다. 베드로가 나면서 못 걷게 된 걸인을 향해 예수 그리스도 이름으로 일어나 걸으라 할 때 발과 발목에 힘을 얻고 걷고 뛰기까지 하였습니다. 네 번째는 명예 곧 영광입니다. 이름은 명예를 대표합니다. 언약 백성인 유대인들이 하나님을 떠나 우상을 섬기는 큰 범죄를 저지를 때 여호와의 이름을 더럽혔다고 성경은 말합니다.(겔36장) 우리가 전도하는 궁극적인 목적은 영혼 구원을 통해 하나님 나라를 확장하며 하나님께 영광을 돌리기 위함입니다. 대제사장들과 그의 하수인들이 사도들을 불러들여 채찍질하며 예수의 이름으로 말하는 것을 금하고 놓을 때 사도들은 그의 이름을 위하여 핍박받을 수 있는 것을 기뻐하면서 공회를 떠났습니다.(행5:41)

예수 그리스도 이름으로 무슨 일을 할 때 존재의 특성이 한 가지씩 따로따로 나타나는 것이 아니라 함께 나타납니다. 그런데 관건은 믿음인데 하나님의 역사는 사람이 믿는 대로 나타납니다. 작은 믿음은 작게 나타나고 큰 믿음은 크게 나타납니다. 예수 그리스도의 이름을 믿고 구하는 자(요14:13-21)는 우리도 예수님처럼 행할 수 있다고 하셨습니다.

"8빌립이 이르되 주여 아버지를 우리에게 보여 주옵소서 그리하면 족하겠나이다 9예수께서 이르시되 빌립아 내가 이렇게 오래 너희와 함께 있으되 네가 나를 알지 못하느냐 나를 본 자는 아버지를 보았거늘 어찌하여 아버지를 보이라 하느냐 10내가 아버지 안에 거하고 아버지는 내 안에 계신 것을 네가 믿지 아니하느냐 내가 너희에게 이르는 말은 스스로 하는 것이 아니라 아버지께서 내 안에 계셔서 그의 일을 하시는 것이라 11내가 아버지 안에 거하고 아버지께서 내 안에 계심을 믿으라 그렇지 못하겠거든 행하는 그 일로 말미암아 나를 믿으라 12내가 진실로 진실로 너희에게 이르노니 나를 믿는 자는 내가 하는 일을 그도 할 것이요 또한 그보다 큰일도 하리니 이는 내가 아버지께로 감이라"(요14:8-12)

예수 그리스도의 이름으로 예수님께서 행하신 일을 하는 저와 여러분이 되시길 바랍니다.

우리가 기도와 말씀으로 지치지 않는 영적 싸움을 싸우며, 주님의 오시는 그날까지 승리하는 삶을 살기를 간절히 기도하며 축원합니다.

CHAPTER 13

일곱 대접 심판
seven bowls judgment

본문   계15:1-8

　마지막 재앙인 일곱 대접의 재앙을 소개하는 말씀(1)에 이어지는, 2절부터 4절까지는 짐승과 그의 우상과 그의 이름의 수를 이기고 벗어난 자들의 노래가 등장합니다. 그 구체적인 의미를 하나씩 살펴봅니다.

1. 천상에서의 예배

　1. 먼저, "또 내가 보니 불이 섞인 유리 바다 같은 것이 있고 짐승과 그의 우상과 그의 이름의 수를 이기고 벗어난 자들이 유리 바닷가에 서서 하나님의 거문고를 가지고"(2)하십니다.

　이 영광스러운 유리 바다에 불이 섞였다고 말한 것을 보면 아직도 하나님의 재앙이 남아 있음을 교훈함으로 일곱 대접 심판이 진행될 것을 암시한 말씀입니다. 이 장면은 짐승에게 경배하고, 짐승의 표를 받기를 거부하다가 순교한 자들이 천상에서 하나님의 거문고를 가지고 승리의 노래를 부르는 장면입니다.

세상적인 관점에서는 순교가 실패로 보일지 모르나, 하나님의 관점에서는 믿음을 지키고 사명을 감당하다가 순교의 길을 가는 것은 영원한 영광과 승리를 나타내는 것입니다.

두 번째 "불이 섞인 유리 바다 같은 것이 있고"라는 말씀에서 "유리 바다"는 4장 6절에 처음 등장하는데 여기서는 "수정과 같은 유리 바다"로 소개합니다. "수정과 같은 유리"는 하나님의 거룩하심을 "바다"는 하나님의 장엄하심을 보여주는 모습인 것입니다. 흥미로운 것은 4장 6절에는 "수정과 같은 유리 바다"로 묘사된 모습이 본문에서는 "불이 섞인 유리 바다"로 바뀌었다는 것입니다. 불은 하나님의 진노를 상징하는데, 하나님이 7년 대환난 기간 동안 믿음을 지키다가 순교한 성도들의 찬양을 들으면서 한편으론 기뻐하셨지만, 또 한편으론 저들을 핍박하고 죽인 자들을 향해 진노를 발하고 계심을 "불이 섞인 유리 바다"가 보여주고 있다는 것입니다.

세 번째 7년 대환난 동안 믿음을 지키다 순교한 성도들을 "짐승과 그의 우상과 그의 이름의 수를 이기고 벗어난 자들"(2)이라 소개하고 있습니다. "짐승"은 적그리스도를 의미하고, "그의 우상"은 7년 대환난의 중반부에 세워질 적그리스도의 우상을 의미합니다. 그리고 "그의 이름의 수" 구체적으로 666을 의미하는데, 이 짐승의 수가 들어가게 될 짐승의 표와 이 짐승의 표로 관리될 적그리스도의 시스템을 의미합니다. 그러기에 "짐승과 그의 우상과 그의 이름의 수를 이기고 벗어난 자들"이란 적그리스도와 그의 우상에게 경배하기를 거부하고, 짐승의 표를 거부한 자들을 의미하는 것입니다. 목숨 걸고 적그리스도와 적그리스도의 우상에게 경배하길 거부하고 짐승의 표를 거부한 자들이 바로 "이기고 벗어난(had gotten the victory over) 자들"이고, "지금 이후로 주 안에서 죽는 자들은 복이 있도다."(14:13)하신 말씀처럼 이들이 복된 자라는 것입니다.

2. 모세의 노래 어린 양의 노래(3상)

3절 4절에는 7년 대환난 기간 동안 순교한 성도들이 하나님의 거문고를 유리 바닷가에서 서서 드리는 찬양의 구체적인 내용이 등장하는데, 먼저 이 찬양을 "하나님의 종 모세의 노래, 어린 양의 노래"(3상)라고 소개하고 있습니다.

먼저 "모세의 노래"에 대해서 살펴보면, 구약성경에는 모세의 노래가 출애굽기 15장과 신명기 32장 두 군데 등장합니다. 출애굽기 15장에는 바로왕의 군대가 홍해바다에 수장된 사건을 보면서 모세가 노래를 지어 부르는 장면이 나오고, 신명기 32장에는 40년 간의 사역을 마친 모세가 느보산에 올라가 가나안 땅을 바라보며 부른 노래가 등장합니다. 모세가 찬양으로 시작한 사역을 찬양으로 마쳤다는 뜻인데, 이처럼 모세의 노래는 주의 종으로서 하나님의 사명을 마친 자가 부르는 노래인 것입니다.

두 번째, "어린 양의 노래"는 예수님의 찬양을 의미하는데, 복음서에 보면 예수님이 찬미하셨다는 말씀이 딱 한 군데 등장하는데, 바로 마태복음 26장 30절입니다. 이 말씀을 보면 예수님이 유월절 만찬을 나눈 뒤 십자가를 지시기 위해 감람산으로 기도하러 가시면서 제자들과 함께 찬미하셨다는 기록이 나옵니다. 이것이 "어린 양의 노래"를 의미하는 것이라면 "어린 양의 노래"는 십자가를 지시기 전에 드린 사명자의 찬양이라 할 수 있습니다.

이처럼, 모세의 노래와 어린 양의 노래는 둘 모두가 하나님이 맡겨주신 사명을 마친 자들이 부르는 사명자의 노래인 것입니다. 짐승과 그의 우상과 그의 이름의 수를 이긴 자들은 7년 대환난의 기간 동안 믿음을 지키고 순교의 사명을 마쳤기에, 저들이 하나님의 보좌 앞에서 사명자의 노래인 모세의 노래와 어린 양의 노래를 부를 수 있었다는 것입니다. 우리도 마지막 순간까지 목숨 걸고 증인의 사명을 감당함으로, 하나님의 존전에서 모세의 노래와 어린 양의 노래를 부를 수 있기를 바랍니다.

3. 구체적인 찬양의 내용(3하, 4)

3절과 4절에는 "모세의 노래, 어린 양의 노래"로 묘사되는 순교자들이 부른 구체적인 찬양의 내용이 등장합니다. " – 주 하나님 곧 전능하신 이시여 하시는 일이 크고 기이하시도다 만국의 왕이시여 주의 길이 의롭고 참되시도다. 주여 누가 주의 이름을 두려워하지 아니하며 영화롭게 하지 아니하오리이까 오직 주만 거룩하시니이다 주의 의로우신 일이 나타났으매 만국이 와서 주께 경배하리이다 하더라."하십니다. 그 내용을 하나씩 살펴봅니다.

"주 하나님 곧 전능하신 이시여(Lord God Almighty)" – 하나님의 전능하심을 찬양한 것입니다. 하나님께는 능치 못할 일이 없으십니다. 진리되신 하나님의 속성에 위배되는 "거짓말은 하실 수 없지만"(히 6:18) 이외에는 능치 못할 일이 없으십니다. "할 수 있거든이 무슨 말이냐 믿는 자에게는 능치 못할 일이 없느니라."

(막 9:23) 하십니다. 하나님의 전능하심을 믿고 또 찬양해야 한다는 것입니다.

"하시는 일이 크고 기이하시도다(Great and marvellous are thy works)" - 이는 하나님이 장차 행하실 일곱 대접의 재앙이 이전과는 비교할 수 없을 만큼 크고 놀라운(Great and marvellous) 사건이 될 것임을 선언한 말씀인 것입니다.

"만국의 왕이시여(King of the nations)" - 적그리스도가 아니라 성자 하나님 이신 예수님이 장차 만국을 다스릴 참된 왕이라는 것을 선언한 것입니다.

"주의 길이 의롭고 참되시도다(Righteous and true are Your ways)" - 만왕 의 왕으로 오시는 주님은 의와 진리(Righteous and true)로 만국을 다스리게 될 것입니다.

"주여 누가 주의 이름을 두려워하지 아니하며 영화롭게 하지 아니하오리이 까? (4절, Who will not fear, O Lord, and glorify Your name?)" - 모든 인생 들은 창조의 주요, 또 심판의 주가 되신 하나님을 두려워하고, 또 그분께 영광 을 돌려드려야 합니다. 그렇지 않은 자들에게는 무섭고 준엄한 심판이 내려질 것입니다.

"오직 주만 거룩하시니이다.(For You alone are holy)" - 이 말씀은 오직 하 나님만 온전히 거룩하신 분이라는 뜻입니다. 계시록 4장 8절에 보면 하나님의 주변에서 수종드는 네 생물(그룹)들이 밤낮 쉬지 않고 "거룩하다, 거룩하다, 거 룩하다"하며 하나님을 찬양한다 했습니다. 거룩은 하나님의 본질적인 속성이기 에 우리가 하나님의 거룩하심을 찬양해야 하는 것이고, "내가 거룩하니 너희도 거룩하라"(레11:45)하신 말씀처럼 우리도 거룩한 자가 되어야 한다는 것입니다.

"주의 의로운 일이 나타났으매(FOR YOUR RIGHTEOUS ACTS HAVE BEEN REVEALED)" 7인과 7나팔과 일곱 대접으로 상징되는 7년 대환난의 사건을 통 해 불의한 자를 심판하시는 하나님의 의가 드러났기에 이를 찬양하는 것입니다.

"만국이 와서 주께 경배하리이다.(For ALL THE NATIONS WILL COME AND WORSHIP BEFORE YOU)" - 천년왕국의 모습을 소개한 스가랴 14장 16절부터 18절까지의 말씀을 보면, 초막절을 지키러 예루살렘으로 오지 않는 자들에게는 예수님이 비를 내리지 않으시고, 재앙을 내리실 것이라는 말씀이 나옵니다. 예수님이 재림하셔서 만왕의 왕이 되시면 해마다 만국이 와서 주께 경배할 것인데, 이를 거부한 자들에게는 재앙이 내려진다는 것입니다.

하늘의 장막(5-8)

마지막 5절부터 8절까지는 일곱 대접의 재앙이 시작되기 전에 "하늘의 증거 장막의 성전이 열리고"(5), 일곱 재앙을 가진 일곱 천사가 성전으로부터 나와 (6), 네 생물 중에 하나에게 하나님의 진노를 가득히 담은 금대접을 받은 뒤(7), 본격적으로 일곱 대접의 재앙을 쏟을 준비를 하는 장면이 등장합니다. 구체적으로 살펴봅니다.

"또 이 일 후에 내가 보니 하늘에 증거 장막의 성전이 열리며"(5) 하십니다.

순교자들의 찬양이 울려 퍼진 후에 다음으로 사도 요한이 하늘에 있는 증거 장막의 성전이 열려져 있는 모습을 보았다는 것입니다. 증거 장막의 성전(the temple of the tabernacle of testimony)은 구체적으로 지성소를 의미하는데 이곳은 하나님의 임재가 나타나는 곳입니다. 이런 증거 장막의 성전이 열렸다는 것은 이후로 시작되는 일곱 대접의 재앙이 하나님께로부터 비롯된 것임을 보여주는 장면인 것입니다.

2. "일곱 재앙을 가진 일곱 천사가 성전으로부터 나와 맑고 빛난 세마포 옷을 입고 가슴에 금띠를 띠고"(6) 하십니다.

먼저, "일곱 재앙을 가진 일곱 천사가 하나님이 계신 성전으로부터 나왔다"하심은 이 일곱 천사들이 하나님의 심판을 직접 대행하는 천사임을 보여주는 말씀입니다. 하나님은 소돔과 고모라를 심판할 때도 천사를 보내셨고(창19:22), 히스기야 왕의 기도를 들으시고, 앗수르의 왕 산헤립의 군대 185,000명을 칠 때도 천사를 보내셨고(사37:36), 사도 야고보를 죽이고, 베드로까지 죽이려 했던 헤롯 아그립바 왕을 심판하실 때도 천사를 보내셨습니다.(행12:22, 23) 천사들의 주요한 사역 중에 하나가 바로 하나님의 심판을 대행하는 것인데, 소돔성을 심판하실 땐 2명의 천사를, 앗수르의 대군 185,000명을 죽이실 땐 한 명의 천사만 보내셨는데, 이번엔 7명이나 되는 천사를 보내 일곱 대접의 재앙을 내리신다 하십니다. 일곱 천사가 집행하는 일곱 대접의 재앙이 얼마나 준엄한 재앙이 될 것인지를 짐작할 수 있는 장면인 것입니다.

두 번째, 하나님의 심판을 이행하는 천사들이 "빛난 세마포 옷을 입고 가슴에 금띠를 띠었다."하십니다. 1장 13절에 보면 예수님도 끌리는(세마포) 옷에 금띠를 띠었다 했습니다. 끌리는 세마포 옷은 제사장들이 입는 옷이고, 금띠는 왕이 찰 수 있는 띠입니다. 그러기에 "빛난 세마포 옷을 입고 가슴에 금띠를 띤 것"은 "왕같은 제사장"(벧전2:9)의 사명을 감당하는 천사들의 모습인 것입니다. 제사장은 하나님과 죄인들 사이를 연결시켜주는 중보의 역할을 하는 사역자입니다. 일반적으로는 제사장은 속죄의 제사를 통해 죄인들을 하나님께로 인도하는 역할을 하지만, 세마포 옷을 입고 금띠를 띤 천사들은 이와는 정반대로 죄인들에게 하나님의 심판을 전달하는 사명을 감당하고 있습니다. 우리가 어린 양 예수님을 통해 주시는 속죄의 은혜를 거부하면 하나님의 심판을 전달하는 천사들(왕같은 제사장)을 만나야 한다는 것입니다.

3. "네 생물 중의 하나가 세세에 계신 하나님의 진노를 가득히 담은 금대접 일곱을 그 일곱 천사에게 주니"(7) 하십니다.

5장 8절의 말씀을 보면 네 생물과 24장로들이 손에 든 금대접에 성도들이 드린 기도의 향연이 담겨져 있었다 했는데, 본문에는 이 금대접에 하나님의 진노가 담겨져 있었다 하십니다. "신원해 달라"(6:10)는 성도들의 기도에 대한 응답으로 7곱 금대접의 재앙을 준비하신 것입니다. 욥기 36장 5절 6절에서는 "하나님은 전능하시나 아무도 멸시치 아니하시며 그 지능이 무궁하사 악인을 살려두지 않으시며 고난받는 자를 위하여 신원하시며" 하십니다. 하나님은 신원해 달라는 성도의 기도를 들으시고 악인들을 심판하시는 분임을 잊지 말라는 것입니다.

4. "하나님의 영광과 능력을 인하여 성전에 연기가 차게 되매 일곱 천사의 일곱 대접의 재앙이 마치기까지는 성전에 능히 들어갈 자가 없더라"(8)하십니다.

여기서의 연기(구름)는 하나님의 영광과 임재를 상징합니다. 모세가 성막을 완성하고 봉헌할 때도 구름이 회막을 덮었고(출40:34), 모세가 십계명을 받기 위해 시내산에 올라갈 때도 영광의 구름이 산을 덮었다 했습니다.(출19:18) 솔로몬이 성전을 완성하고 봉헌할 때도(대하5:13) 영광의 구름이 가득찼고, 제사장이었던 이사야가 성전에서 기도하다가 하나님을 만나 선지자의 사명을 받을 때도 성전에 연기가 충만했다(사6:4) 했습니다.

이처럼 연기(구름)는 하나님의 임재를 상징하는데, 이 연기가 일곱 대접의 재앙이 내려지는 동안 하늘의 성전에 가득찼고, 이로 인해 재앙이 마치기까지는 성전에 능히 들어갈 자가 없었다는 말씀은 일곱 대접의 재앙에 대한 하나님의 관심과 의지가 얼마나 비장한 것인지를 보여주는 장면인 것입니다. 또한 이 일곱 대접 심판도 하나님의 절대적인 주권 하에서 진행되고 있다는 것을 알 수 있습니다. 이 재앙은 요한계시록 16장에 기록된 것처럼 이 땅에 있는 악인들을 모두 진멸할 때까지 멈추지 않을 것입니다.

짐승과 그의 우상과 그의 이름의 수를 이기고 벗어난(victory over) 자들은 하나님의 보좌 앞에서 금거문고를 타며 모세와 어린 양의 노래를 부르게 될 것입니다. 그렇지 않은 자들은 일곱 대접의 재앙으로 상징되는 하나님의 완전한 진노의 심판을 받게 될 것입니다. "보라 지금은 은혜 받을 만한 때요 보라 지금은 구원의 날이로다"(고후 6:2) 하십니다. 아직 은혜로 대하실 때, 하나님의 진노의 대접이 쏟아지기 전에 회개하라 하십니다.

2. 일곱 대접의 재앙

◇ 요한계시록 15장 1-8절

요한계시록 10장부터 14장까지가 나팔의 재앙에서 대접의 재앙으로 넘어가기 전에 기록된 삽경입니다. 잠시 그 내용들을 살펴보면 10장에는 일곱 대접의 재앙을 기록한 작은 책에 관한 말씀이 등장하고, 11장에는 7년 대환난의 초창기에 등장하여 적그리스도에 의해 순교하게 될 두 증인에 관한 말씀과 함께 일곱째 천사가 나팔을 불 때 "세상 나라가 우리 주와 그 그리스도의 나라가 되어 그가 세세토록 왕 노릇 하시리로다."(계11:15)라는 말씀이 선포되는 장면이 등장합니다. 이는 일곱 번째 천사가 부는 일곱 번째 나팔의 재앙, 구체적으로는 일곱 대접의 재앙으로 적그리스도가 통치하던 세상 나라가 심판을 받고 그리스도의 나라가 될 것이라는 선언입니다. 12장, 13장은 이 땅에 그리스도의 나라를 세우시려는 하나님의 계획을 막기 위해 사탄 마귀의 삼위일체인 용(12장)과 적그리스도와 거짓 선지자가(13장) 본격적인 활동을 시작하는 모습을 보여주고 있습니다.

적그리스도의 나라가 완성되는 모습을 보여주는 12장, 13장의 말씀만 보면 낙심할 수밖에 없지만, 곧바로 이어지는 14장에서는 이런 환난과 핍박 가운데서도 순교로서 영적인 싸움에서 승리하는 성도들의 모습과 적그리스도의 나라를 심판하시는 예수님의 모습(14)이 그려지고 있습니다. 7년 대환난이라고 하는 인류 역사 가운데 가장 어둡고 암울한 순간에도 하나님이 이 모든 것들을 주관하시며, 믿음을 가진 성도들에게 궁극적인 승리가 주어진다는 사실을 보여주고 있는 것입니다.

조금 더 구체적으로 살피면 14장에는 적그리스도가 통치하는 후 삼년 반의 기간 동안에도 환난 성도들이 붙들어야 할 6가지 소망에 관한 말씀이 기록되어 있는데, 1) 1절부터 5절까지는 사역을 마치고 어린 양 되신 예수님과 함께 선 144,000명의 모습이 기록되어 있고, 2) 6절 7절에는 천사가 직접 공중에 날아다니며 복음을 전하는 장면이 등장합니다. 3) 8절에는 큰 성 바벨론이 멸망하는 말씀이 나오고, 4) 9절부터 11절까지는 짐승에게 경배하고 표를 받은 자들에게 주어질 영원한 심판에 관한 말씀이 등장합니다. 5) 12, 13절에는 7년 대환난의 기간 동안 핍박을 견디어내고 순교한 성도들이 얻게 될 축복에 관한 말씀이 등장하고, 6) 마지막 14절부터 20절까지는 알곡과 포도주틀의 심판에 관한 말씀이 등장합니다.

10장부터 14장까지 길게 이어진 삽경이 끝나고 시작되는 15장과 16장에는 앞선 삽경에서 소개하고 있는 일곱 대접의 재앙이 구체적으로 어떻게 준비되고 내려지는지를 보여주고 있습니다. 오늘은 이런 15장과 16장의 말씀 가운데 일곱 대접의 재앙을 준비하는 천상의 모습을 소개한 15장의 말씀을 통해 신앙적 교훈을 얻고자 합니다.

삼중적 막간

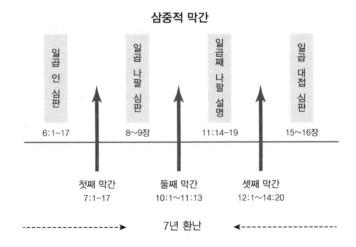

일곱 인 심판	일곱 나팔 심판	일곱째 나팔 설명	일곱 대접 심판
6:1–17	8~9장	11:14–19	15~16장

첫째 막간
7:1–17

둘째 막간
10:1~11:13

셋째 막간
12:1~14:20

7년 환난

하나님이 계시록 초반부에 나오는 일곱교회에게 삼중적 심판, 곧 인, 나팔, 대접 심판을 보여주신 첫 번째 목적은 교회가 대환난 전에 휴거의 은혜를 받도록 하기 위함입니다. 예수 재림을 잘 준비하도록 하기 위함입니다.(마24:44)

두 번째는 하나님께서 악의 삼위일체인 사탄, 적그리스도, 거짓 선지자들을 통해 대환난에 남겨진 성도 중에 순교로 믿음을 지키는 알곡을 골라내심을 보여 주셨습니다.(계20:4)

세 번째는 7년 환난 기간 동안 악의 삼위일체가 권세를 갖고 세계 통일국가의 통치자로서 권력을 휘두르고 세계 경제를 통치하며 종교적으로는 큰 표적까지 행하여 강력한 리더쉽을 발휘할 때 그들을 추종하며 경배하는 모든 자를 심판하실 것을 보여 주신 것입니다.(계19:20)

네 번째는 하나님의 성도들의 기도의 응답으로 심판하실 수 있다는 것을 교회에게 보여 주시기 위함입니다.(계8:4-5)

다섯 번째는 심판 때에라도 누구든지 하나님께 회개하고 예수를 그리스도로 믿고 영접하면 구원을 받을 수 있음을 보여 주기 위해서입니다.(계9:20, 14:6-7, 16:9)

여섯 번째는 교회가 세상의 결말을 확실하게 안다면 당연히 전도에 매진해야 한다는 것을 알려주기 위함입니다. 천사들이 사도 요한에게 선교의 사명을 상기시켰습니다.

그때 그들이 나에게 말했습니다. "너는 많은 백성과 나라와 언어와 왕들에게 다시 예언해야 할 것이다."(계10:11)

일곱 번째는 교회가 세계의 부흥을 위하여 기도하라는 사명을 알려주기 위해서입니다. 7년 환난기 때에도 셀 수 없는 많은 사람이 구원 받음을 이렇게 예언하고 있습니다.

"⁹이 일 후에 내가 보았습니다. 모든 나라와 민족과 백성과 언어에서 나온 아무도 셀 수 없는 큰 무리가 흰 옷을 입고 손에 종려나무 가지들을 들고 보좌 앞과 어린 양 앞에 서서 ¹⁰큰 소리로 외쳐 말했습니다. 구원은 보좌에 앉으신 우리 하나님과 어린 양께 속한 것입니다."(계7:9-10)

마지막 재앙(1)

"또 하늘에 크고 이상한 다른 이적을 보매 일곱 천사가 일곱 재앙을 가졌으니 곧 마지막 재앙이라 하나님의 진노가 이것으로 마치리로다."하십니다.

"크고 이상한(great and marvellous) 다른 이적"할 때 '이적'이라는 단어는 헬라어로 '세메이온'이라고 되어 있는데, 이는 sign(상징, 신호)라는 뜻입니다. 앞에서 살펴본 요한계시록 12장 1, 3절도 '이적(세메이온)'이라는 단어가 등장하는데, "해를 입은 한 여자"와 "붉은 용"을 소개할 때 이 단어를 사용하고 있습니다. 해를 입은 한 여자가 이스라엘을, 붉은 용이 사탄 마귀를 상징하는 세메이온(sign)이라면 본문에서 소개하는 "크고 이상한(great and marvellous) 다른 이적"은 이어지는 말씀에서도 알 수 있듯이 마지막 재앙으로 묘사된 일곱 대접의 재앙을 상징하고 있는 것입니다. 일곱 대접의 재앙이 이전에는 경험하지 못한 "크고 놀라운(great and marvellous)" 재앙이 될 것이라는 의미에서 이를 "크고 이상한(great and marvellous) 다른 이적(sign)"이라서 표현한 것입니다.

두 번째 "일곱 천사가 일곱 재앙을 가졌으니"하십니다.

"하늘에 크고 이상한 다른 이적"이 구체적으로 일곱 천사가 가져오는 일곱 재앙이라 하십니다. 앞에서 살펴본 일곱 인과 일곱 나팔의 재앙을 보면, 일곱 인의 재앙에서 일곱 번째 인의 재앙이 일곱 나팔의 재앙이고, 일곱 나팔의 재앙에서 일곱 번째 나팔의 재앙이 일곱 대접의 재앙입니다. 그러기에 요한계시록에 등장하는 일곱 인과 일곱 나팔과 일곱 대접의 재앙은 7×3을 해서 21개의 재앙이 아니라, 여기에서 2개를 뺀 19개의 재앙입니다. 일곱 번째 인의 재앙 중에서도 일곱 번째 나팔의 재앙인 일곱 대접의 재앙을 통해, 모든 재앙들이 마쳐지는 것입니다.

"마지막 재앙이라 하나님의 진노가 이것으로 마치리로다."하십니다.

여기서 말씀하는 마지막 재앙은 일곱 대접의 재앙을 의미하는데 이 재앙으로 하나님의 진노가 마쳐진다 하십니다. 일곱 대접의 재앙이 하나님의 진노가 마쳐지는 사건이라면, 이와는 반대로 하나님의 진노가 시작되는 사건도 있어야 하는데, 그것이 무엇일까요? 우리가 6장에서 살펴본 첫째 인이 떼어지는 순간이 바로 하나님의 진노가 시작되는 사건인 것입니다. 다시 말해 7년 대환난 전체가 하나님의 진노가 내려지는 기간인데, 7인의 재앙으로 하나님의 진노가 시작되고, 일곱 대접의 재앙으로 하나님의 진노가 마쳐지는 것입니다.

환난 중간기 휴거설을 주장하는 사람들은 비록 그리스도의 신부된 교회라 할지라도 7년 대환난 전체가 면제되는 것은 아니고, 하나님의 진노만 면제되는 것이라고 가르칩니다. 그리고는 16장 1절에 나오는 "하나님의 진노의 일곱 대접"이라는 말씀을 근거로 그리스도의 신부인 교회도 '하나님의 진노'로 묘사된 일곱 대접의 재앙만 면제되는 것이지, 7인과 7나팔의 재앙은 피할 수 없는 것이라고 주장합니다. 하지만 이런 주장이 전혀 근거가 없다는 것을 보여주는 말씀이 바로 "하나님의 진노가 이것으로 마치리로다"하신 15장 1절의 말씀인 것입니다. 일곱 대접의 재앙은 하나님의 진노가 시작되는 사건이 아니라, 마쳐지는 사건이라는 것입니다. 교회는 하나님의 진노가 마쳐지는 일곱 대접의 재앙 직전이 아니라 하나님 진노가 시작되는 첫째 인의 재앙(7년 대환난) 이전에 휴거된다고 보는 것이 맞다는 것입니다. 교회는 결코 하나님의 진노의 대상이 될 수 없기 때문입니다.[52]

◇ 요한계시록 16장 1-21절

앞에서 살펴본 요한계시록 10장부터 14장까지가 나팔의 재앙에서 대접의 재앙으로 넘어가기 전에 기록된 삽경입니다. 잠시 그 내용들을 살펴보면 10장에는 일곱 대접의 재앙을 기록한 작은 책에 관한 말씀이 등장하고, 11장에는 7년 대환난의 초창기에 등장하여 적그리스도에 의해 순교하게 될 두 증인에 관한 말씀과 함께 일곱째 천사가 나팔을 불 때 "세상 나라가 우리 주와 그 그리스도의 나라가 되어 그가 세세토록 왕 노릇 하시리로다."(11:15)라는 말씀이 선언되는 장면이 등장합니다. 이는 일곱 번째 천사가 부는 일곱 번째 나팔의 재앙, 구체적으로는 일곱 대접의 재앙으로 적그리스도가 통치하던 세상 나라가 심판을 받고 그리스도의 나라가 될 것이라는 선언입니다. 12장, 13장은 이 땅에 그리스도의 나라를 세우시려는 하나님의 계획을 막기 위해 사탄 마귀의 삼위일체인 용(12장)과 적그리스도와 거짓 선지자가(13장) 본격적인 활동을 시작하는 모습을 보여주고 있습니다.

적그리스도의 나라가 완성되는 모습을 보여주는 12장, 13장의 말씀만 보면 낙심할 수밖에 없지만, 곧바로 이어지는 14장에서는 이런 환난과 핍박 가운데서도 순교로서 영적인 싸움에서 승리하는 성도들의 모습과 적그리스도의 나라를 심판하시는 예수님의 모습(14)이 그려지고 있습니다. 7년 대환난이라고 하는 인류 역사 가운데 가장 어둡고 암울한 순간에도 하나님이 이 모든 것들을

---

52) 방월석,〈요한계시록강해〉, 도서출판 와서, 297.

주관하시며, 믿음을 가진 성도들에게 궁극적인 승리가 주어진다는 사실을 보여
주고 있는 것입니다.

10장부터 14장까지 길게 이어진 삽경이 끝나고 시작되는 15장과 16장에는
앞선 삽경에서 소개하고 있는 일곱 대접의 재앙이 구체적으로 어떻게 준비되고
내려지는지를 보여주고 있는데, 지난 시간엔 우리가 15장의 말씀을 통해 일곱
대접의 재앙을 준비하는 천상의 모습을 살펴보았습니다. 오늘은 이렇게 준비된
일곱 대접의 재앙들이 구체적으로 어떻게 쏟아지는지에 대해 살펴봅니다.

일곱 대접 재앙의 의미

16장에 기록된 일곱 대접의 재앙들을 살펴보면, 출애굽기에 기록된 10가지
재앙들이 반복되어 등장하는 것을 알 수 있습니다.

먼저, 짐승의 표를 받고 그 우상에게 경배한 자에게 독한 헌데가 나는 첫 번
째 대접의 재앙(2)은 애굽 땅에 내려전 6번째 재앙인 독종(독한 헌데)의 재앙
(출9:8-11)이 반복된 것입니다.

두 번째, 물이 변하여 피가 되는 두 번째, 세 번째 대접의 재앙은(3-7) 애굽
땅에 내려진 첫 번째 재앙(출7:20-25)이 반복된 것입니다.

세 번째, 짐승의 보좌에 어둠이 내리는 다섯 번째 재앙은(10) 애굽 땅에 내려
진 9번째 재앙(출10:21-29)이 반복된 것입니다.

네 번째 개구리 같은 세 더러운 영이 임금들을 미혹하여 아마겟돈 전쟁으로
이끄는 여섯 번째 재앙은(12) 애굽 땅에 내려진 2번째 재앙(출8:1-15)이 반복된
것입니다.

다섯 번째, 번개와 뇌성과 우박이 쏟아지는 일곱 번째 대접의 재앙은(17, 18)
애굽 땅에 내려진 7번째 재앙(우박의 재앙, 출9:13-21)이 반복된 것입니다.

이처럼 일곱 대접의 재앙 안에 출애굽기의 재앙들이 반복되고 있지만, 그 규
모는 전 세계를 멸망으로 이끌 만큼 크고 엄청난 것이어서, 성경학자들은 일곱
대접의 재앙을 Ultimate Exodus의 사건이라고 표현합니다. 출애굽의 과정에서
내려진 10가지 재앙들이 극단적으로 확대된 사건이 일곱 대접의 재앙이라는 것
입니다.

출애굽의 사건은 이스라엘 백성들을 핍박하고 잔멸하려 했던, 바로 왕과 그
가 통치하는 애굽 나라에 10가지 재앙들을 내려 심판하시고, 이스라엘 백성들

을 구원하신 사건입니다. 마찬가지로 7년 대환난의 기간 동안에도 하나님이 이스라엘 백성들과 환난 성도들을 핍박하고 잔멸하려는 적그리스도와 세상 나라를 심판하시기 위해 일곱 인과 일곱 나팔과 일곱 대접의 재앙들을 예비하셨는데, 마지막 일곱 대접의 재앙 때는 금대접에다 하나님의 진노를 가득 담아 저들을 심판하신다는 것입니다.

Ultimate Exodus의 사건인 일곱 대접의 재앙이 하나님을 대적하고 하나님의 백성들을 잔멸하려던 자들에게는 그야말로 재앙과 심판의 사건이지만, 구속받은 하나님의 백성들에겐 대적들로부터 구원을 받는 사건이 될 것입니다. 자 이제는 Ultimate Exodus의 사건으로 묘사되는 일곱 대접의 재앙들을 하나씩 살펴봄으로 신앙적 교훈들을 생각해봅니다.

성전에서 큰 음성이 나서(1절)

"또 내가 들으니 성전에서 큰 음성이 나서 일곱 천사에게 말하되 너희는 가서 하나님의 진노의 일곱 대접을 땅에 쏟으라 하더라."하십니다.

계시록16장 1절의 말씀은 15장 5절부터 8절까지 말씀과 연결된 말씀입니다. 15장 5절부터 8절까지의 말씀에서는 하늘에 증거 장막의 성전이 열리고(5), 세마포 옷을 입고 가슴에 금띠를 띤 일곱 천사가 이 성전에서 나와(6), 네 생물 중에 하나가 주는 금대접을 전달받으니 성전에 하나님의 영광과 능력을 상징하는 연기가 가득찼다(7, 8) 했습니다. 이처럼 하나님의 임재가 가득 찬 성전에서 "하나님의 진노의 일곱 대접을 쏟으라"(16:1)는 큰 음성이 들려왔는데, 이는 일곱 대접의 재앙이 하나님께로부터 직접 내려진 재앙임을 보여주는 장면인 것입니다.

7년 대환난 모두가 하나님의 진노가 내려지는 기간이지만, 그 가운데서도 특별히 일곱 대접의 재앙은 하나님의 가득 찬 진노가 금대접에 담겨져 쏟아지는 재앙입니다. 15장 1절에서는 일곱 대접의 재앙을 "하나님의 진노가 마쳐지는 마지막 재앙"이라고 설명하고 있습니다. 이처럼 7년 대환난은 하나님의 진노가 시작되고 마쳐지는 기간이기에 그리스도의 신부인 교회는 이 시험의 때(계 3:10)가 면제되는 것입니다. 그리스도의 신부인 교회는 사탄 마귀와 세상의 진노를 받는 대상이 될 수는 있어도, 하나님의 진노를 받는 대상은 아니기 때문입니다.

1절에서는 또 "하나님이 진노의 일곱 대접을 '땅'에 쏟으라" 명하시는 장면이 등장합니다. 일곱 대접의 재앙이 쏟아지는 대상이 땅이라는 것입니다. 7년 대환난의 중반부에는 땅으로 상징되는 세상 나라 전체가 하나님의 진노의 대상이 된다는 뜻입니다. 왜 그럴까요? 이때가 되면 땅으로 쫓겨난 용(12장)과 적그리스도(13)가 이 땅에 하나님을 대적하는 세상 나라(NWO)를 세우고, 하나님의 백성인 이스라엘과 환난 성도들에게 본격적인 핍박을 가할 것이기에 이 땅이 진노의 대상으로 바뀌는 것입니다.

요한복음 3장 16절에서는 "하나님이 세상을 이처럼 사랑하사 독생자를 주셨다." 했는데, 요한계시록에는 하나님의 사랑과 구원의 대상이던 이 세상(땅)이 진노의 대상으로 바뀌게 될 것이라 하십니다. 똑 같은 땅(세상)이지만, 노아의 시대처럼 악한 자들이 세상을 통치하고 죄악이 관영하면 이 땅(세상)이 사랑이 아닌 진노와 심판의 대상으로 바뀌게 된다는 것입니다.

인 재앙의 범위는 1/4이었으나, 나팔 재앙의 범위는 1/3이었습니다. 비록 증가했지만 최종적인 것은 아니었습니다. 이는 이 재앙을 통해 회개하게 하기 위함입니다. 악의 종노릇하는 것이 죽고 싶을 만큼 고통스럽다고 했습니다. 그러나 그렇게 죽으면 그 고통과는 비교도 될 수 없는 지옥의 고통이 기다리고 있습니다. 이를 알고 회개하라는 것입니다. 그런데 나팔 재앙을 통해서도 깨닫지 못하는 이들이 많을 것을 말씀하셨습니다.

계시록 9장 20-21절입니다. "이 재앙에 죽지 않고 남은 사람들은 손으로 행한 일을 회개하지 아니하고 오히려 여러 귀신과 또는 보거나 듣거나 다니거나 하지 못하는 금, 은, 동과 목석의 우상에게 절하고 또 그 살인과 복술과 음행과 도둑질을 회개하지 아니하더라" 재앙을 통해 죽지 않은 사람들은 회개할 기회를 얻은 것입니다. 그런데 회개하지 않고 여전히 우상숭배하고 지은 죄를 회개하지 않더라는 것입니다. 그래서 대접 재앙을 내릴 수밖에 없고, 결국은 최종적인 심판이 임하는 것입니다.

이제는 구체적으로 2절부터 등장하는 일곱 대접의 재앙들을 하나씩 살펴봅니다.

첫 번째 대접

짐승의 표를 받고 우상에게 경배하는 자들에게 독한 헌데가 났다 했습니다(2). 앞서 살펴본 13장의 말씀을 보면 7년 대환난의 중반부에 적그리스도가 성전에다가 자신의 우상을 세워 경배하길 강요하고(13:15), 모든 사람들의 오른손이나 이마에 짐승의 표를 받게 할 것인데(13:16-18), 14장 10절, 11절에서는 그런 자들은 하나님의 진노의 포도주를 마시게 되며 밤낮 쉼을 얻지 못할 것이라 하십니다. 첫 번째 대접의 재앙은 이런 예언이 구체적으로 어떻게 실현될 수 있는지를 보여주고 있는데, 짐승의 표를 받은 자들과 그 우상에게 경배하는 자들에게 악하고 독한 헌데가 난다면 이로 인해 사람들은 밤낮 쉬지 못하고 괴로움을 겪게 될 것입니다.

'헌데'는 헬라어로 'ελκος(헬코스)'라고 되어 있는데, 이는 출애굽기 9장 등장하는 '독종'과 욥의 몸에 났던 '악창'(욥2:7)과 동일한 피부 질환으로 알려지고 있습니다. 욥기 2장에 보면 사단이 하나님의 허락을 받고 욥을 쳐서 그 발바닥에서 정수리까지 악창이 나게 했는데(욥2:7), 이 악창으로 얼마나 가렵고 괴로웠던지 욥이 기와 조각을 가지고 온몸을 긁었다(욥2:8) 했습니다. 짐승에게 절하고, 짐승의 표를 받은 자들에게 바로 이런 독한 헌데(헬코스)가 나서 밤낮으로 저들을 괴롭게 한다는 것입니다. 7년 대환난의 기간 동안 충분히 회개할 기회를 주셨음에도 하나님 섬기기를 거부하고, 받지 말라 하신 짐승의 표를 받고, 짐승의 우상에게 경배하는 자들에게는 진노의 심판이 내려지게 될 것입니다. 하나님을 섬김으로 구원의 은혜를 받을지, 짐승의 표를 받고 짐승의 우상에게 경배함으로 진노의 심판을 받을 것인지 결정해야 한다는 것입니다. 여기서 짐승의 표와 관련된 내용을 더 깊이 살펴보도록 하겠습니다.

두 짐승

계시록 13장을 보면 요한이 처음에 본 바다에서 나온 한 짐승이 적그리스도라면(1절), 땅에서 올라온 또 다른 짐승은 거짓 선지자를 가리킵니다.(11절, 계 16:13; 19:20; 20:10) 바다와 땅은 모두 문맥 안에서 하나님을 대적하는 세력의 거주 영역으로 거짓 그리스도처럼 거짓 선지자도 마귀가 세운 종입니다.

거짓 선지자는 어린 양 같이 두 뿔이 있고 용처럼 말을 했습니다. 여기서 두 가지 분명한 거짓 선지자의 특징을 발견하는데, 1) 하나는 그가 그리스도의 모조품이라는 것입니다. 참 그리스도는 계시록에서 "어린 양"으로 묘사되는 데(계 14:1), 거짓 선지자는 두 뿔이 난 어린 양의 모습입니다. 2) 둘째, 거짓 선지자의 입에서 나온 말은 마귀적입니다. 사람을 미혹하고 기만하는 교묘한 거짓말이 그 입에서 쏟아져 나옵니다.

교회의 휴거 후 땅에 세워질 마귀의 정부는 통치자 직그리스도와 그의 조력자 거짓 선지자로 구성될 것입니다. '선지자'라는 명칭이 암시하고 그가 행할 일을 볼 때, 그는 거짓 그리스도를 전폭적으로 지지하는 막강한 종교적 보조자 역할을 수행할 것입니다. 장차 지구 역사상 가장 진짜 같은 가짜, 가장 치명적이고 교묘하며 강력한 이단이 온 세상을 정복할 것입니다. 돌아가시고 부활하신 그리스도처럼 적그리스도도 죽게 되었던 상처가 낫습니다.(12절) 그리스도처럼 말과 행하는 일에 권세를 받습니다.(5절) 그리스도처럼 각 족속과 백성과 방언과 나라를 다스리는 권세를 받습니다.(7절) 그리스도처럼 '누가 이 짐승과 같으냐'라는 칭송받고(4절), 그리스도처럼 모든 사람의 경배를 받습니다.(8절) 이렇게 되기까지 거짓 선지자는 모든 권세를 가지고 전폭적으로 적그리스도를 지지할 것입니다.

짐승의 권세(계13:12-15)

거짓 선지자는 "그는 첫 번째 짐승을 대신해서 모든 권세를 그 앞에서 행하고 땅과 그 안에 거하는 사람들로 하여금 치명상에서 나은 그 첫 번째 짐승을 경배하게 했습니다."

적그리스도의 권세를 받아 그의 뜻을 이루는 일에 헌신할 것입니다. 그의 뜻은 무엇인가? 어떻게 이루는가?

치명상으로 거의 죽게 되었던 적그리스도가 거짓 선지자의 권세로 다시 살아나게 되는 것입니다. 이로 인해 온 땅이 놀라고 적그리스도를 우상처럼 섬기게 될 것입니다.(3절) 이것이 거짓 선지자가 권세를 부리는 목적입니다. 모든 사람이 적그리스도를 추종하게 하는 것입니다. 그리고 사람들 앞에서 큰 이적들을 행하는데 심지어 불이 하늘에서 땅으로 내려오게 했습니다.(계13:13)

또한 죽었다 살아난 적그리스도를 위하여 우상을 만들라 명령하고 받은 권세로 짐승의 우상에게 생기를 주어 말하게 할 것입니다.(15절) 목적은 땅에 거하는 자들을 미혹하여 적그리스도를 경배하게 하는 것입니다.(14절, 15절) 이 정도면 거의 모든 사람이 그 권세에 속아 적그리스도를 진짜 하나님인줄 알고 숭배하게 될 것입니다.

그런데도 짐승의 우상에게 경배하지 않는 자들은 모두 죽었습니다.

"또 그는 첫 번째 짐승의 우상에게 생기를 주어 그것이 말하게 하고 그 짐승의 우상에게 경배하지 않는 사람을 모두 죽게 했습니다."(계13:15)

우상에게 경배하지 아니하는 자는 몇이든지 다 죽이게 하더라.(15절) 속아서 자발적으로 경배하지 않는다면 죽음이 무서워서라도 억지로 경배하게 만드는 것입니다.

거짓 선지자의 권세가 가진 두 가지 특징을 보십시오. 하나님과 예수님을 흉내내어 미혹하는 것입니다.

1) 하나님의 권세를 기막히게 흉내 냅니다. 하늘에서 땅으로 불을 내리는 것(왕상 18장, 왕하 1장, 대하 7장), 흙으로 빚은 사람에게 생기를 주어 말하게 하신 것(창 1-2장). 2) 은혜가 아닌 보복, 회개가 아닌 멸망으로 인도합니다. 하나님의 권세는 죄인을 회개로 이끕니다. 계속해서 반항하는 죄인을 오래 참으십니다. 하지만 거짓 선지자는 죄인을 우상숭배로 끕니다. 그 끝은 멸망입니다. 만일 반항하면 용서하지 않습니다. 수와 상관없이 반드시 모두 죽입니다.

그래서 예수님은 사탄과 마귀를 도둑이라고 했습니다. 도둑이 주인 몰래 남의 귀중품 훔치는 것처럼 몰래 남의 영혼을 훔치는 것입니다. 결국은 죽이고 멸망으로 이끄는 것입니다.

"도둑은 훔치고 죽이고 멸망시키려고 온다. 그러나 내가 온 것은 양들이 생명을 얻게 하되 더욱 풍성하게 얻게 하려는 것이다."(요10:10)

짐승의 표(계13:16-18)

짐승의 표(The MARK of the beast)는 요한 계시록에서만 8번(계13:16-18, 14:9, 14:11, 15:2, 16:2, 19:20, 20:4) 언급되고 있습니다. 엔드타임 메시지 중에서 가장 뜨거운 감자(Hot Potato)는 아마도 1.천년왕국과 2.「부활, 휴거가 언제 있을 것인가」 하는 것과 3.「짐승의 표」에 관한 것이라고 합니다. 짐승의 표를 받으면 구원받지 못하기 때문에 관심이 많을 수밖에 없습니다. 마지막 때 물건을 사고파는 상거래에서 사용되는 짐승의 표를 물리적인 표(수단: device)

로 보지 아니하고, 영적이거나 비유적으로 해석하시는 분들도 있는데, 실제적인 것으로 보아야 합니다. 성경에는 표가 누군가에게 놓여질 때마다 그것은 문자적이며 가시적임을 알게 됩니다. 짐승의 표는 짐승이나 그 형상에게 경배하고 충성하는 하나의 표시로 받게 됩니다. 짐승의 표는 단지 표를 받는 것만이 아니라, 짐승을 경배하는 행위인 것입니다. 이 표는 단순히 표를 받는 것이 아닙니다. 누군가 짐승의 표를 받는다면, 그들은 자신들이 성경의 하나님을 거부하고, 짐승을 경배하고 있다는 것을 알면서 그렇게 하는 것입니다.

"셋째 천사가 그들을 뒤따르며 큰 음성으로 이르되, 만일 누구든지 그 짐승과 그의 형상에게 경배하고 자기 이마 안에나 손 안에 그의 표를 받으면"(계14:9)

성경은 표를 특별히 오른손 안이나 이마 안에 "받는 것"에 대해 3번 언급하고 있습니다(계13:16, 14:9, 20:4). 그러나 성경은 짐승의 이름이나 그의 이름의 숫자를 받는 것에 대해서는 그 어디에도 언급하고 있지 않습니다.

"동일한 것(SAME THING)을 다른 단어들로 설명하는 것"으로 "또는(or)" 이라는 단어를 받아들이게 되면, 표나 짐승의 이름이나 그의 이름의 숫자는 동일한 것이 됩니다.[53]

만약 누군가가 표(the mark)를 받는다면, 그는 하나님의 진노의 포도주 잔을 마실 것이며 영원히 불과 유황으로 고통을 받을 것입니다.(계14:9-11)

짐승의 표를 받는 일에 적그리스도는 두 가지 방법을 사용합니다. 하나는 '매매의 금지법'입니다.(17절) 이것은 하나의 세계적인 '경제 통제정책'을 말하는데 이때는 이미 검은 말이 등장하여 세계적인 기근을 주고 있을 때입니다.(계6:5,6. 11:6) 모든 물건을 통제하지 않으면 세계 경제는 일시에 무너질 수밖에 없을 것입니다. 여기서 적그리스도는 '짐승의 표 없이는 물건의 매매를 금지시키는 법령'을 통해서 사단의 계획을 성취하게 합니다. 짐승의 표가 없다면 아무도 사거나 팔 수 없습니다. 누구든지 이 표를 거부하면 음식, 나무, 의약품 등과 같은 생필품들을 구매할 수 없을 것입니다. 그것은 매우 강력하고 폭압적인 통제체제가 될 것입니다. 표 없이는 아무도 사거나 팔 수 없다는 이 사실은 표의 다른면보다 더 많이 강조되었습니다. 그러나 이것이 표의 우선적인 목적이 아닙니

---

53) Terry Watkins/나영석 옮김, What is the Mark of the Beast?

다. 표가 없이는 누구도 매매를 할 수 없다는 사실은 단지 한 번만 언급되어 있습니다.(계 13:17) 그 표의 우선되는 목적은 짐승에게 충성하고 경배하는 것을 보이는 것입니다.[54]

짐승의 표는 적그리스도를 숭배하는 자에게만 주어질 것입니다. 오른손이나 이마에 의료용 또는 금융용 마이크로 칩을 넣는 것이 짐승의 표를 받는 것은 아닙니다. 짐승의 표는 사고 팔기 위해 적그리스도가 요구하는 종말 시대의 신분증이 될 것이며, 그 표는 오직 적그리스도를 숭배하는 사람들에게만 주어질 것입니다. 아마 이 시기에는 컴퓨터 장치에 의한 각가지 감시 체제가 세워졌을 것이며 세계 어느 곳에 가든지 그의 신분을 감출 도리가 없을 것입니다.

1980년대 상품 통상 부호인 바코드가 등장하면서 바코드의 컴퓨터 입력 고유번호가 666이기 때문에 바코드가 바로 '짐승의 표다'라는 주장이 있었습니다. 그래서 바코드가 찍힌 물건은 먹지도 사지도 말라는 당부를 하던 적이 있었습니다. 그러나 베리칩(Verichip), 바코드(barcode), QR코드(QR Code)가 다 아닙니다. 이들보다 더 세계인을 통제할 물건이 나올지도 모릅니다. 가장 큰 가능성은 몸에 넣는 베리칩 같은 칩입니다. 현재 베리칩은 정신 지체자, 병든 환자 등에게 사용 중입니다. 그러나 아직은 적그리스도가 나타나지 않았습니다. 또한 경제적으로 사람들을 통제하지 않고 있습니다. 그리스도 안에 속한 자들하고는 관계없습니다. 하나님의 자녀인 우리가 휴거 후에 일어날 일입니다. 적그리스도는 강압적으로 짐승의 표를 받게 합니다. 후 3년 반 때입니다. 「짐승의 표」는 마지막 때, 물건을 사고파는 매매시스템에서 거래의 수단으로 사용되어질 것인즉, 이는 사람의 몸안에 삽입되는 생체칩으로부터 읽어오는 개개인의 ID 정보를 매매시스템에 연동시켜 상거래가 이루어지도록 하는 거래 방법입니다.

그리스도 예수님 안에 있는 성도들은 그런 칩을 받았든지 받지 않았든지 예수님께서 공중에 강림하실 때에 다 휴거되어 하늘로 올라갑니다. 그러므로 우리는 환난기에 일어날 일들에 대해 전혀 염려하지 않아도 됩니다.

그러나 7년 대환난기 때 누구든지 짐승의 표를 받으면 영원히 불과 유황으로 고통을 받을 것입니다. 하나님께서는 매매를 하기 위해서 표를 받았다고 누군가를 불과 유황으로 고통을 주시는 분이 아닙니다. 여기에는 더 심각한 문제가

---

54) 앞의 책

엔드타임 메시지

있습니다. 그것은 하나님을 거부하고 짐승을 경배하는 것입니다. 짐승의 표를 받기 거부하면, 당신은 목 베임을 당할 것입니다

"또 내가 보니 왕좌들과 그것들 위에 앉은 자들이 있는데 그들에게 심판이 맡겨졌더라. 또 내가 보니 예수님의 증언과 하나님의 말씀으로 인하여 목 베인 자들의 혼들이 있는데 그들은 짐승과 그의 형상에게 경배하지도 아니하고 자기들의 이마 위에나 손 안에 짐승의 표를 받지도 아니한 자들이더라. 그들이 살아서 그리스도와 함께 천 년 동안 통치하되"(계20:4)

성경은 매우 분명합니다. 짐승의 표를 받아 짐승에게 경배하는 자는 누구든지 불의 호수에서 영원히 고통을 받을 것입니다. 이것이 짐승의 표와 관련한 메시지의 가장 중요한 부분이 되어야 합니다. 그리스도인으로서 우리는 휴거가 일어나기 이전에 이 메시지를 전해줄 필요가 있습니다.

"셋째 천사가 그들을 뒤따르며 큰 음성으로 이르되, 만일 누구든지 그 짐승과 그의 형상에게 경배하고 자기 이마 안에나 손 안에 그의 표를 받으면 바로 그 사람은 하나님의 진노의 포도즙 곧 그분의 격노의 잔에 섞인 것이 없이 부은 포도즙을 마시리라. 그가 거룩한 천사들 앞과 어린 양 앞에서 불과 유황으로 고통을 받으리니 그들의 고통의 연기가 영원무궁토록 올라가는도다. 짐승과 그의 형상에게 경배하는 자들과 그의 이름의 표를 받는 자는 누구든지 낮이나 밤이나 안식을 얻지 못하는도다."(계14:9-11)

"짐승이 잡히고 또 그 앞에서 기적들을 행하던 거짓 대언자도 그와 함께 잡혔는데 그는 짐승의 표를 받은 자들과 그의 형상에게 경배하던 자들을 기적들로 속이던 자더라. 이 둘이 산 채로 유황으로 불타는 불 호수에 던져지고"(계19:20)

역사적으로 적그리스도 후보에 오를만한 잔인하고 네로같은 무서운 권력자와 여러 사기꾼들이 있었지만, 모두 계시록이 예언한 짐승, '그'(the) 적그리스도가 아니었습니다. 수세기 동안 성경 해석가들은 666으로 어떤 특정 개인을 식별해 내려고 노력해 왔습니다. 그러나, 아무 것도 단정되지는 않았습니다. 오늘날 세계적 정치가로 등장하는 사람들의 이름을 666과 짝을 맞추려는 시도는 대단히 위험한 발상임을 알아야 합니다. 이 부분의 예언은 아직 성취되지 않은 상태의 계시이기 때문에 장차 적그리스도가 실제로 등장했을 때 이 숫자와 관계된 적그리스도의 비밀을 명백히 알 수 있게 될 것입니다. 우리는 정확한 세부

사항에 대해 추측하는데 많은 시간을 소비해서는 안됩니다.

우리는 마지막 구절이 말하는 "지혜"를 가지고 "총명한 자"가 되어 "짐승의 수를 세어" 볼 수는 있습니다.(18절) 짐승은 완벽하신 하나님의 숫자인 7에 못 미치는 사람의 수를 가졌습니다. 하나님이 아닌 사람임에 틀림없습니다. 그래서 육이 반복됩니다. 정확하게 육백육십육이 누구를 가리키는지 밝혀낼 만큼 지혜롭고 총명한 자는 현재 없습니다. 하지만 대환난 시기에 하나님이 주신 지혜를 가진 총명한 자 중에서는 짐승의 수를 세어 그 정체를 파악할 이들이 있을 것입니다. 그들은 목숨을 걸고 짐승의 표를 거절할 것입니다. 생존의 위협을 받더라도 적그리스도를 따르지 않을 것입니다. 거짓 선지자가 아무리 큰 이적으로 미혹하는 권세를 부려도 속지 않고 돌아서지 않을 것입니다. 참 그리스도인은 그때나 지금이나 그리스도께 죽도록 충성합니다. 거짓에 속지 않고 진리만을 믿습니다. 진리 안에서 인내하고 연단받아 마침내 소망을 이룹니다.(롬5:4)

목 베임

"또 내가 보좌들을 보니 그 위에 사람들이 앉았는데 심판할 권세가 그들에게 주어졌습니다. 그들은 예수의 증언과 하나님의 말씀으로 인해 목 베임을 당한 사람들의 영혼들과 짐승과 그의 우상에게 경배하지 않고 자신들의 이마와 손에 표를 받지 않은 사람들입니다. 그들은 다시 살아나 그리스도와 함께 1,000년 동안 통치했습니다."(계20:4)

또한 표 받기를 거부한다는 것은 짐승이나 그의 우상(형상)에 경배하기를 거부한다는 것을 의미합니다. 당신이 비록 목 베임을 당한다고 할지라도, 당신은 주 예수 그리스도와 함께 천년 왕국으로 들어가게 될 것입니다. "그들이 살아서 그리스도와 함께 천년 동안 통치하리라." 다른 말로 하면, "표를 거부하고 목 베임을 받으라"는 말입니다.

사도 바울은 살아 있을 때도 날마다 그리스도와 함께 죽고 예수로 사는 삶을 살았습니다.

"형제들이여, 내가 그리스도 예수 우리 주 안에서 가진 내 자랑인 여러분을 두고 단언합니다만 나는 날마다 죽습니다."(고전15:31)

"나는 그리스도와 함께 십자가에 못 박혔습니다. 그러므로 이제 더 이상 내가 사는 것이 아니라 내 안에 그리스도께서 사시는 것입니다. 지금 내가 육체

안에 사는 것은 나를 사랑하셔서 나를 위해 자신의 몸을 내 주신 하나님의 아들을 믿는 믿음으로 사는 것입니다."(갈2:20)

전하는 바에 의하면 67년 봄 바울은 고린도에서 박해를 당하는 로마 신자들을 격려하기 위해 순교를 각오하고 로마로 갔다는 것입니다. 로마에 도착한 바울은 티베르(Tiberis)강의 아레느라의 상가(Arcade d'Arelune)에 숙소를 정하고 오스디아문(Ostia Antica) 가까운 곡물창고에서 설교하고 있었다고 합니다. 이때 밀고자의 고발로 체포되었습니다. 그는 쇠사슬에 매여 마메르틴(Mamertine) 감옥에 갇혔고 신자들의 면회도 엄격하게 제한되었습니다. 네로 황제가 기독교를 박해할 때 다시 체포돼 이곳 깊은 감옥에 갇혔습니다. 간수들은 감시창을 통해 죽음의 지하 감옥에 갇힌 자들을 감시했습니다. 당시 지하는 칠흑 같은 어두움과 지독한 악취로 생긴 독 때문에 수많은 수감자가 죽어 갔던, 야만의 장소였습니다. 마메르틴 감옥은 로마 시대 유일하게 사형을 집행하는 감옥이었습니다. 그 상황에서 누가만이 바울 곁에서 시중을 들었고 에베소의 오네시모가 방문했습니다.(딤후1:15-18) 늙고 지친 바울의 기쁨이 얼마나 컸는지 그가 유익하다고 옥중서신 빌레몬서에 기록했습니다.(빌1:9-17) 그의 첫 공판이 로마법정에서 열렸는데 이때의 심정이 담긴 마지막 서신을 디모데에게 남겼습니다.

"전제와 같이 내가 벌써 부어지고 나의 떠날 시각이 가까웠도다 나는 선한 싸움을 싸우고 나의 달려갈 길을 마치고 믿음을 지켰으니"(딤후4:6-7)

바울은 2심에서 사형 판결을 받았습니다. 사형 선고 후 2-3일 후 형장으로 끌려갔습니다. 규정에 따라 참수 전에 채찍을 맞아야 했습니다. 뼈와 가죽만 남은 노구의 몸에 사정없이 내리치는 채찍을 맞은 상처에서 피가 흥건했습니다. 로마를 둘러싸고 있는 아우렐리아 성문(Aurelian Walls)을 나가 에우르(Eur) 방향으로 가면 바울의 순교한 장소를 '세 분수 수도원'(Three Fountains Abbey)이라고 불리고 있는데, 그 이유는 바울의 목을 쳤을 때 떨어진 목이 세 번 튀었고, 그 튀어 오른 자리마다 샘이 터졌기 때문이라고 설명하고 있습니다.

여러분! 누구도 바울처럼 고통스런 매를 맞으며 몸 베임을 당하는 죽음으로 이 세상을 떠나고 싶은 사람은 없습니다. 그러나 그리스도의 이름을 위해서 순교하는 것은 영화로운 죽음입니다. 그래서 성경은 주 안에서 죽는 사람은 복이 있다고 합니다.(계14:13, 20:6)

영원한 지옥은 가지 마십시오. 그리스도 안에서 죽으십시오.

어느 추운 겨울 소련의 공산당원들이 열두 명의 기독교인들을 잡아다 며칠 동안을 굶긴 후 각자 얼음구멍을 파게 했습니다. 그리고 그들을 벌거벗긴 후 한 사람씩 구멍에 들어가게 했습니다. 옆에는 따뜻한 불과 음식이 놓여 있었습니다. 공산당원들은 "지금이라도 예수를 부인하면 따뜻한 불을 쬐며 맛있는 음식을 먹을 수 있다"고 유혹했습니다. 한참 후 한 사람이 고통을 이기지 못하고 올라왔습니다. 그때 이들을 지키던 한 군인이 하늘에서 면류관을 갖고 내려오던 열두 천사 중 한 천사가 눈물을 흘리며 올라가는 것을 보았습니다. 그러자 그는 재빨리 군복을 벗고 얼음구덩이로 들어가며 "이 사람이 버린 예수를 내가 믿겠다"고 말하면서 순교당했습니다.

두 번째 대접의 재앙

바다가 죽은 자의 피같이 되어 모든 생물이 죽게 될 것이라 하십니다.(3)

세 번째 대접의 재앙을 설명하는 4절에서는 강과 물 근원이 "피가 된다(became blood)" 하셨는데, 두 번째 대접의 재앙을 소개하는 3절에는 바다가 "피같이 된다(became blood like)"하십니다. 피는 아니고 바다가 피처럼(blood like) 변하게 된다는 뜻입니다. 두 번째 대접의 재앙 때는 일부가 아닌 모든 바다가 피처럼 변해 바다에 사는 모든 생물들이 죽게 될 것이라 하십니다. 여름철 적조로 양식하던 물고기가 폐사하는 것처럼, 모든 바다가 피처럼 변해 모든 생물들이 죽게 된다는 것입니다. 8장에서 살펴본 나팔의 재앙 때(8:8, 9)는 바다의 3분의 1이 피로 변해 바다에 있는 생물 가운데 3분의 1이 죽는 재앙이 임했지만, 대접의 재앙 때는 모든 바다가 피처럼 변해 그 안에 있는 모든 생물들이 죽게 될 것이라 하십니다. 하나님께서 상대적으로 경하게 징계하실 때 회개하지 않으면 결국엔 돌이킬 수 없는 재앙을 만나게 된다는 것입니다.

바다를 피처럼 변하게 하는 두 번째 대접의 재앙부터 큰 지진과 함께 큰 우박이 내리는 일곱 번째 대접의 재앙까지는 모두가 인간들이 살아가는 자연과 생태계를 파괴하는 재앙입니다. 하나님이 이 모든 것들을 창조하셨기에 하나님이 파괴할 수 있는 권리도 가지고 계신 것이고, 만물의 영장인 인간이 타락했기에 인간과 함께 자연 생태계도 파괴하시는 것입니다. 하나님이 자연과 생태계를 파괴하실 것이고, 그렇게 파괴하신 뒤에는 예수님이 다시 오셔서 이 땅에 에덴동산과 같은 자연과 생태계를 만들어 내실 것입니다.(사11:6-9, 30:26)

세 번째 대접의 재앙

강과 물 근원에 쏟아지매 피가 되고 성도들의 피를 흘린 자들이 피를 마시게 될 것이라 하십니다.(4-7)

두 번째 대접의 재앙이 바다가 피같이 되는(became blood like) 재앙이라면, 세 번째 대접의 재앙은 강과 물 근원이 피가 되는(became blood) 재앙입니다(4). 이 재앙이 내려지는 구체적인 모습을 소개한 5절 6절의 말씀을 보면, "내가 들으니 물을 차지한 천사가 가로되 전에도 계셨고 지금도 계신 거룩하신 이여 이렇게 심판하시니 의로우시도다. 저희가 성도들과 선지자들의 피를 흘렸으므로 저희로 피를 마시게 하신 것이 합당하니이다 하더라."하십니다.

7년 대환난의 기간 동안 성도들과 선지자들의 피를 흘린 자들을 심판하시기 위해 강과 물 근원이 피가 되는 재앙을 내리사 저들로 하여금 이 피를 마시게 한다는 것입니다. 성도들과 선지자들의 피를 흘린 죄에 대한 보응으로 피를 마시게 하는 재앙을 내리시는 것입니다. 애굽 땅에 내려진 10가지 재앙들 가운데, 첫 번째 재앙인 나일강이 피로 변하는 재앙이 바로, 바로 왕이 이스라엘 남자아이들을 나일강에 던져 죽게 한 사건에 대한 보응인 것이고, 바로의 군대를 홍해바다에 수장시킨 것도 애굽 사람들이 이스라엘의 남자아이들을 물에 빠뜨려 수장시킨 사건에 대한 보응인 것입니다. 애굽 사람들이 죄 없는 이스라엘의 아이들을 물에 빠뜨려 죽였으니, 똑같은 방법으로 애굽 사람들을 죽이신 것입니다. 창세기 12장에서 하나님은 믿음의 조상 아브라함에게 "너를 축복하는 자에게 축복하고, 저주하는 자에게 저주하신다."(창12:2) 하셨습니다. 믿음으로 아브라함의 후손 된 이스라엘과 하나님의 백성들을 핍박하고 저주하는 자들에게는 하나님이 똑같은 저주를 내리신다는 것을 알아야 합니다.

7절에서는 "또 내가 들으니 제단이 말하기를 그러하다 주 하나님 곧 전능하신 이시여 심판하시는 것이 참되시고 의로우시도다 하더라." 하십니다. 여기서의 제단은 즉, 7년 대환난의 기간 동안 핍박을 받다 순교한 성도들이 신원하여달라고 드린 기도가 금향로에 담겨져 올라간 제단을 말합니다.(5:8; 6:9, 10;

8:3-5) 신원해 달라는 기도가 올라간 제단에서 이 기도에 대한 응답으로 강과 물의 근원이 피가 되는 재앙이 내려지자, 하나님의 공의로운 심판을 찬양하는 음성이 들려온 것입니다. "주 하나님 곧 전능하신 이시여 심판하시는 것이 참되시고 의로우시도다.", 불의한 재판관의 비유에서도 알 수 있듯이 하나님은 밤낮 부르짖는 택하신 자들의 원한을 풀어 주시는(눅 18:7) 신원하시는 하나님이시라는 것을 잊지 말아야 합니다.

네 번째 대접의 재앙

해가 권세를 받아 불로 사람들을 태울 것이라 하십니다.(8, 9절)

타락 천사 루시퍼(Lucife)는 원래 라틴어로 '빛을 내는 자'라는 뜻이며, 고대 로마에서는 새벽의 별인 금성을 가리켰습니다. 하나님이 내리신 네 번째 대접의 재앙이 바로 태양을 신처럼 섬기는 자들에게 태양을 통해 내리신 심판입니다. 창조주 하나님을 부인하고 피조물인 태양과 루시퍼를 신처럼 섬기는 자들을 태양을 통해 심판하심으로 저들의 믿음이 얼마나 어리석고 허망한 것인지를 보여주신 것입니다.

앞에서도 살펴본 것처럼, 애굽 땅에 내려진 10가지 재앙들은 모두가 애굽 사람들이 신으로 섬기는 대상을 가지고 내리신 심판입니다. 애굽 사람들이 나일강을 신처럼 섬기니 나일강이 피로 변하는 재앙을 내리시고, 개구리와 이와 파리와 악질과 독종과 메뚜기를 신으로 섬기니 이것들을 통해 저들을 심판하셨습니다. 그런가 하면, 애굽 사람들이 기후의 신을 섬기니 우박의 재앙을 내리신 것이고, 태양을 신으로 섬기니 흑암의 재앙을 내리신 것이고, 장자를 신처럼 섬기니 장자의 재앙을 내려 누가 참 신인가를 보여주신 것입니다.

로마서 1장 20절-22절에서는 "창세로부터 그의 보이지 아니하는 것들 곧 그의 영원하신 능력과 신성이 그 만드신 만물에 분명히 보여 알게 되나니 그러므로 저희가 핑계치 못할찌니라. 하나님을 알되 하나님으로 영화롭게도 아니하며 감사치도 아니하고 오히려 그 생각이 허망하여지며 미련한 마음이 어두워졌나니, 스스로 지혜 있다 하나 어리석게 되어, 썩어지지 아니하는 하나님의 영광을 썩어질 사람과 금수와 버러지 형상의 우상으로 바꾸었느니라." 하십니다. 창조주 하나님을 버리고 피조물을 신처럼 섬기는 어리석은 자들에게는 그 어리석음에 합당한 심판이 내려진다는 것을 알아야 합니다.

9절에서는 또 "사람들이 크게 태움에 태워진지라 이 재앙들을 행하는 권세를 가지신 하나님의 이름을 훼방하며 또 회개하여 영광을 주께 돌리지 아니하더라"하십니다. 짐승의 표를 받고 짐승의 우상에게 경배하는 자들에게 독한 헌데가 나는 첫 번째 대접의 재앙, 바다와 강과 물의 근원이 피로 변하는 두 번째, 세 번째 대접의 재앙, 그리고 태양이 권세를 받아 사람들을 태우는 네 번째 대접의 재앙들을 경험하면서 세상 사람들 모두가 이 재앙이 창조주 하나님께로부터 온 것이라는 사실을 알게 될 것입니다. 하지만 하나님의 심판이라는 사실을 알면서도 오히려 사람들의 마음이 완악해져서 회개를 거부하고 하나님의 이름을 훼방(모독)할 것이라 하십니다.

회개에도 기한이 있다 했습니다. 여러 번 회개할 기회를 주어도 회개치 않으면, 나중엔 양심에 화인 맞은 자처럼 그 마음이 완악해져서 회개하고 싶어도 회개할 수 없는 시간이 찾아온다는 겁니다.(히12:17, 계16:9)

애굽 땅에 10가지 재앙이 내려지는 과정을 보여주는 출애굽기를 보면, 처음 5번째 재앙이 내려질 때까지는 재앙이 내려질 때마다 바로 왕이 스스로 그의 마음을 완강케 했다(8:32; 9:7)라고 기록하고 있습니다. 그런데 6번째 재앙인 독종의 재앙부터는 바로 왕이 아닌 하나님이 바로 왕의 마음을 강퍅케 하셨다(출 9:12; 10:20)라고 말씀하고 있습니다. 반복되는 재앙에도 바로 왕이 회개를 거부하고 오히려 그 마음을 완강케 하자, 이번에는 하나님이 바로가 회개할 수 없도록 그의 마음을 강퍅케 하셨다는 것입니다.

"형제들아 너희가 삼가 혹 너희 중에 누가 믿지 아니하는 악심을 품고 살아 계신 하나님에게서 떨어질까 염려할 것이요, 오직 오늘이라 일컫는 동안에 매일 피차 권면하여 너희 중에 누구든지 죄의 유혹으로 강퍅케 됨을 면하라"(히 3:12, 13) 하십니다. "오늘이라 일컫는 동안에" 회개하라는 것입니다. 그렇지 않으면 죄의 유혹으로 우리의 마음이 강퍅해져서 회개하고 싶어도 회개할 수 없는 때가 찾아온다는 것입니다.

다섯 번째 대접의 재앙

짐승의 보좌가 어두워지고 사람들이 큰 고통을 겪을 것이라 하십니다.(10,

11) '짐승의 보좌'는 적그리스도가 7년 대환난 동안 다스릴 본부가 있는 곳, 세계정부의 수도를 의미합니다. 요한계시록 18장에는 '큰 성 바벨론'의 멸망을 예언하는 말씀이 등장하는데, 이 '큰 성 바벨론'이 바로 짐승의 보좌가 자리 잡을 세계정부의 수도라 보시면 됩니다. 구체적으로 이곳이 어디일까에 대해서는 성경학자들마다 의견이 나눠지고 있는데, 여하튼 다섯 번째 대접의 재앙으로 이 짐승의 보좌가 어두워지고 이곳에 사는 사람들이 큰 고통을 겪게 될 것이라 하십니다.

짐승의 보좌가 어두워지는 재앙은 스스로를 태양 신의 아들로 자처하던 적그리스도가 실제로는 얼마나 무능하고 거짓된 존재인가를 보여주는 사건인 것입니다. 하나님은 이 재앙을 통해 루시퍼와 적그리스도가 세상에 빛을 주는 존재가 아니라, 하나님이 빛이시고(요일1:5), 예수님이 세상을 비추는 참 빛(요1:9)이라는 사실을 드러내실 것입니다.

10절, 11절에서는 또 짐승의 보좌가 어두어짐과 동시에 그곳에 있는 사람들에게 큰 고통이 찾아왔다 했습니다. 빛 되신 하나님의 은총에서 쫓겨나 어둠 속에서 신음 고통스러워하는 모습은 그대로가 지옥의 모습을 옮겨 놓은 것이라 할 수 있습니다. "그 수족을 결박하여 바깥 어두움에 내어 던지라 거기서 슬피 울며 이를 갊이 있으리라."(마22:13) 하십니다.

11절에서는 이렇게 어둠 속에서 고통을 겪으면서도 사람들이 저희 행위를 회개치 아니하고 오히려 하나님의 이름을 훼방했다 했습니다. 9절의 모습이 11절에서도 반복되고 있는 것인데, 반복되는 재앙에도 회개를 거부한 자들은 결국엔 회개하고 싶어도 회개할 수 없는 상태에 이르게 된다는 것입니다.

7년 환난 중에 일어날 세 가지 화(禍, Woe)

공중에 날아가는 독수리가 큰소리로 "땅에 거하는 자들에게 화, 화, 화가 있으리로다"(계8:13)고 하는 말이 나옵니다. 이 화는 세 가지 화로 7년 환난 중에 있을 환난을 의미합니다.

"화, 화, 화"는 다른 재앙을 말하는 것이 아니라 7인, 7나팔, 일곱 대접 재앙 중 세 재앙을 강조하는 것입니다. 이는 마치 한 곳을 강하게 비추는 강한 조명을 비춰주는 스포트라이트(Spotlight)와 같은 표현기법입니다. 마지막 일곱 번째 인으로 일곱 개의 나팔(재앙)이 불리고 그중 다섯, 여섯, 일곱 번째 나팔에 세 가지 화(Woe)가 있습니다. 화는 "슬픔, 비통, 고난"을 뜻하는 불신자들이 당하는 재앙으로 환난의 끝 즉 예수님의 재림 바로 전에 오는 사건들입니다. 7년 환난 중에는 세 가지 화가 환난으로 나옵니다. 이 화가 언제 일어나는가 이에 대한 위치를 살펴보도록 합니다. 첫째 화와 둘째 화는 계 9장에 나옵니다.

계9:1-6 말씀을 보시겠습니다. 첫째 화는 황충이 떼들이 무저갱에서 나와 이마에 하나님의 인 맞지 아니한 사람들만 해롭게 하는 화인데 이 화를 '황충이 화'라고 부릅니다. 이 화는 유독 전 3년 반 기간 중에 일어나는 화인데 적그리스도와 그의 추종자들에 의해 7년 환난 때 남은 성도들이 핍박을 받는 화입니다. 이 화의 특징은 환난을 받는 기간이 5개월로 한정되어 있다는 사실입니다. 이 화는 알곡과 쭉정이를 가르시는 마지막 기회입니다. 말하자면 슬기로운 처녀들과 미련한 처녀들이 이 화를 통해서 나누이게 됩니다. 이 황충이 화를 통해서 하나님의 교회는 대 회개 운동이 일어납니다.

그러나 많은 교인들은 세계적인 메시야로 인기가 절정에 있는 적그리스도를 따르게 되고 교회에 가해지는 이들 황충이 무리들의 핍박을 받기를 싫어하여 잠정적으로 시험에 빠지게 됩니다. 그리스도인들은 인류의 종말에 단 한 번 만 맞이하는 이 적그리스도의 시험의 날에 반드시 믿음으로 승리해야 합니다. 이에 대하여 주님은 서머나 교회 성도들에게 이르시기를 충성하는 자에게 생명의 면류관을 주시겠다고 약속하셨습니다.

계2:10절 말씀을 찾으시기 바랍니다. 이 고비를 넘기시려면 종말에 관한 계시의 말씀을 깨달아야 합니다. 다음에 둘째 화가 있습니다. 이 둘째 화는 후 3년 반에 들어서면서 일어나는 유브라데 전쟁을 말합니다. 계9:13-16 말씀을 보시면 이 전쟁은 세계 인구의 1/3이 죽임을 당하는 세계대전을 의미합니다.

우리는 그 징조적 시기를 알 수 있습니다. 14절 말씀을 보세요. 그러면 이때는 언제 입니까? 계7:1절을 보십시오. 144,000명에게 인을 치시고 그 예언을 마친 시기에 그의 백성들을 모두 안전한 하나님의 예비처에 옮겨 놓으신 후, 일어나는 전쟁입니다.

다음에 셋째 화는 인류의 마지막 심판으로 나오는 재앙입니다. 이 셋째 화는 일곱 대접 심판으로 나타납니다. 이 대접을 쏟을 때는 말할 수 없이 괴롭고 참지 못할 재앙들이 하나님에 의해 이 땅에 쏟아 부어집니다. 그리고 여섯째 대접을 유브라데에 쏟을 때 예수님이 아마겟돈에 재림하시게 되며 일곱째 되는 마지막 대접을 공기 가운데 쏟을 때 이 세상이 온통 불로 태우심을 받는 마지막 불의 심판으로 종말에 내리시는 하나님의 심판을 마감하게 되는 것입니다.

"일곱째 천사가 나팔을 불매 하늘에 큰 음성들이 나서 이르되 세상 나라가 우리 주와 그의 그리스도의 나라가 되어 그가 세세토록 왕 노릇 하시리로다 하니"(계11:15)

대환난은 적그리스도의 세력을 완전히 깨뜨리는 작업입니다. 그리스도께서 세상을 완전히 접수하시는 과정입니다. 그 절정이 예수님의 재림을 통해 온 세상이 주의 나라가 되는 것입니다. 그것을 노래하고 있습니다.

"감사하옵나니 옛적에도 계셨고 지금도 계신 주 하나님 곧 전능하신 이여, 친히 큰 권능을 잡으시고 왕 노릇 하시도다. 이방들이 분노하매 주의 진노가 내려 죽은 자를 심판하시며 종 선지자들과 성도들과 또 작은 자든지 큰 자든지 주의 이름을 경외하는 자들에게 상 주시며 또 땅을 망하게 하는 자들을 멸망시키실 때로소이다."(계11:17-18)

이것은 세상을 그리스도의 나라가 되게 하기 위해 재림 때 있을 아마겟돈 전쟁과 심판을 노래한 것입니다. 이것은 일곱째 나팔의 절정입니다. 그러므로 일곱째 나팔의 내용(11:14-19)은 일종의 송영입니다. 즉 미래에 일어날 일들을 요약하여 하나님을 찬양하는 것입니다. 그 후 12장부터 19장까지는 그 과정인 대환난에 대해 자세히 기술한 것입니다. 그러므로 일곱 번째 나팔의 내용은 그 위치는 물론 내용도 전혀 이상할 것이 없습니다.

7인과 7나팔의 재앙을 보고도 끝까지 회개를 거부하고 짐승을 따르기로 결단한 자들에게 7대접의 재앙이 내려질 것이라 하십니다. 적당히 징계하실 때 회개하지 않는 자들은 결국 그 마음이 완악해져서 하나님의 이름을 훼방하다가 멸망의 길을 가게 된다는 것을 알아야 합니다.

◇ 요한계시록 16장 1-21절

16장에 기록된 일곱 대접의 재앙들을 살펴보면, 출애굽기에 기록된 10가지 재앙들이 반복되어 등장하는 것을 알 수 있습니다. 먼저, 짐승의 표를 받고 그 우상에게 경배한 자에게 독한 헌데가 나는 첫 번째 대접의 재앙(2)은 애굽 땅에 내려진 6번째 재앙인 독종(독한 헌데)의 재앙(출9:8-11)이 반복된 것입니다. 두 번째, 물이 변하여 피가 되는 두 번째, 세 번째 대접의 재앙은(3-7) 애굽 땅에 내려진 첫 번째 재앙(출7:20-25)이 반복된 것입니다. 세 번째, 짐승의 보좌에 어둠이 내리는 다섯 번째 재앙은(10) 애굽 땅에 내려진 9번째 재앙(출10:21-29)이 반복된 것입니다. 네 번째 개구리 같은 세 더러운 영이 임금들을 미혹하여 아마겟돈 전쟁으로 이끄는 여섯 번째 재앙은(12) 애굽 땅에 내려진 2번째 재앙(출 8:1-15)이 반복된 것입니다. 다섯 번째, 번개와 뇌성과 우박이 쏟아지는 일곱 번째 대접의 재앙은(17, 18) 애굽 땅에 내려진 7번째 재앙(우박의 재앙, 출 9: 13-21)이 반복된 것입니다. 우박은 '한 달란트' 무려 60kg이나 되는 '큰 우박'으로 심판하십니다.

이처럼 일곱 대접의 재앙 안에 출애굽기의 재앙들이 반복되고 있지만, 그 규모는 전 세계를 멸망으로 이끌 만큼 크고 엄청난 것이어서, 성경학자들은 일곱 대접의 재앙을 Ultimate Exodus의 사건이라고 표현하고 있습니다. 출애굽의 과정에서 내려진 10가지 재앙들이 극단적으로 확대된 사건이 일곱 대접의 재앙이라는 것입니다. 출애굽의 사건과 마찬가지로, Ultimate Exodus의 사건인 일곱 대접의 재앙도 하나님을 대적하고 하나님의 백성들을 잔멸하려던 자들에게는 재앙과 심판의 사건이 될 것이지만, 택함 받은 하나님의 백성들에겐 대적들로부터 구원받는 사건이 될 것입니다. 이런 일곱 대접의 재앙들 가운데 지난 시간엔 다섯 번째 대접의 재앙까지 살펴보았는데, 오늘은 12절부터 이어지는 말씀들을 통해 아마겟돈 전쟁을 예비하는 여섯 번째 대접의 재앙과, 바벨론의 멸망을 예언하는 일곱 번째 대접의 재앙에 대해서 살펴봅니다.

여섯 번째 대접

여섯 번째의 재앙은 아마겟돈 전쟁을 예비하시는 재앙입니다(12-16).

먼저, 12절의 말씀을 보니 "또 여섯째가 그 대접을 큰 강 유브라데에 쏟으매 강물이 말라서 동방에서 오는 왕들의 길이 예비되더라." 하십니다.

이 말씀을 통해 우리는 7년 대환난의 마지막 순간에 벌어지는 아마겟돈 전쟁의 주력부대가 "동방에서 오는 왕들"임을 알 수 있는데, 여기에서 동방은 이스라엘을 기준으로 동쪽에 있는 나라들을 의미합니다. 전통적으로는 동방이 바벨론 지역을 의미하지만, 바벨론 땅에 있는 유브라데 강이 마른 뒤에 동방에서 왕들이 온다는 것을 보면 바벨론보다 더 동쪽에 있는 나라에서 왕들이 소환될 것임을 알 수 있습니다. 유브라데강의 동쪽이면 인도와 중국뿐 아니라 우리나라와 일본도 동방의 군대에 포함되어 아마겟돈 전쟁에 소환될 수 있다는 의미가 됩니다.

두 번째, "또 여섯째가 그 대접을 큰 강 유브라데에 쏟으매 강물이 말라서 동방에서 오는 왕들의 길이 예비되더라."는 말씀을 통해 "길을 예비하신 분"이 바로 하나님이시라는 사실을 명시하고 있습니다. 하나님을 대적하는 세상 왕들을 죽이시기 위해 유브라데강을 말리시고 아마겟돈으로 가는 길을 예비하셨다는 것입니다.

13, 14절에서는 "또 내가 보매 개구리 같은 세 더러운 영이 용의 입과 짐승의 입과 거짓 선지자의 입에서 나오니, 저희는 귀신의 영이라 이적을 행하여 온 천하 임금들에게 가서 하나님 곧 전능하신 이의 큰 날에 전쟁을 위하여 그들을 모으더라."하십니다.

이 말씀을 보니 먼저, 천하 임금을 미혹하여 아마겟돈 전쟁에 동원하는데, 용의 입과 짐승의 입과 거짓 선지자의 입에서 나온 개구리 같은 세 더러운 영이 동원되었다 하십니다. 용과 짐승과 거짓 선지자는 '악(惡)의 삼위일체'입니다. 그 옛날 "지극히 높은 자와 비기리라"(사14:14)는 망령된 생각을 품고 반란을 일으켰다 쫓겨난 타락천사 루시퍼는 지금도 하나님의 모습을 흉내 내고 하나님의 것을 빼앗고자 애쓰고 있는데, 그 대표적인 것이 바로 하나님의 삼위일체를 흉내낸 악의 삼위일체인 용과 짐승과 거짓 선지자인 것입니다.

이런 사탄의 삼위일체가 역시 하나님의 나라를 흉내 낸 적그리스도의 나라를 이 땅에 세우고는 하나님의 나라를 세우기 위해 오시는 예수님을 막아보겠다고 일으키는 전쟁이 바로 아마겟돈 전쟁인 것입니다. 하지만, 사탄 마귀가 아무리 삼위일체 하나님을 흉내내고, 하나님의 나라를 흉내내도 짝퉁은 짝퉁에 불과한 것입니다. 짝퉁에 속지 말고, 참된 삼위일체 하나님과 참된 하나님의 나라를 바라볼 수 있기를 바랍니다.

용과 짐승과 거짓 선지자의 입에서 나오는 영을 "개구리 같은 더러운 영"(13), "이적을 행하여 미혹하는 귀신의 영"(14)이라고 소개하고 있습니다.

애굽 땅에 내려진 두 번째 재앙에 등장하는 개구리는 율법에서도 부정하다고 (레11:10, 41) 분류된 동물입니다. 악의 삼위일체인 용과 짐승과 거짓 선지자로부터 나오는 영이 이런 개구리처럼 부정하고 더러운 영이라는 뜻입니다. 하나님의 영이 거룩한 영(성령)이라면 사단 마귀의 영은 더러운 영입니다. 이런 이유 때문에 성령에 붙들리면 거룩한 삶을 살게 되지만, 사단의 영에 붙들리면, 음란하고, 탐욕스럽고, 더러운 삶을 살게 되는 것입니다.

14절에서는 또 이 영을 "이적을 행하는 귀신의 영"으로 소개합니다. 이적 가운데는 하나님이 역사하시어 보여주시는 이적이 있는가 하면, 타락천사인 귀신이 보여주는 이적도 있다는 것입니다. 13장에 보면 땅에서 올라온 짐승인 거짓 선지자가 불이 하늘로부터 땅에 내려오게 하는 이적을 행할 것이라 말씀하고 있고(13:13), 출애굽기에도 보면 애굽의 술사들이 모세가 보여준 이적을 똑같이 행하는 장면들이 등장합니다. 제한된 능력이긴 하지만, 사단 마귀에게도 이적을 행하는 능력이 있다는 것입니다. 바로 이런 이유 때문에 "- 영을 다 믿지 말고 오직 영들이 하나님께 속하였나 시험하라."(요일4:1)하신 것입니다. 말씀이 아닌 영적인 현상만 추구하는(표적을 구하는) 믿음을 가진 자들은 언제든지 "이적을 행하는 귀신의 영"에게 미혹될 수 있다는 것입니다.

14절, "저희는 귀신의 영이라 이적을 행하여 온 천하 임금들에게 가서 하나님 곧 전능하신 이의 큰 날에 전쟁을 위하여 그들을 모으더라."하십니다.

온 천하 임금들이 큰 날에 전쟁을 위하여 므깃도 언덕에 모일 것이라는 말씀인데, 같은 사건을 묘사한 스가랴 12장 2절, 3절의 말씀을 보면 "보라 내가 예루살렘으로 그 사면 국민에게 혼취케 하는 잔이 되게 할 것이라 예루살렘이 에워싸일 때에 유다에까지 미치리라. 그 날에는 내가 예루살렘으로 모든 국민에게 무거운 돌이 되게 하리니 무릇 그것을 드는 자는 크게 상할 것이라 천하만국이 그것을 치려고 모이리라." 하십니다. 아마겟돈 전쟁의 주된 목적이 예루살렘으로 상징되는 이스라엘을 치기 위한 것이라는 말씀인데, 그렇다면 왜 사탄 마귀가 이스라엘을 치려하는 것입니까? 이스라엘이 사라져야 이스라엘에게 약속하신 메시아 왕국, 다시 말해 천년왕국도 사라질 수 있다고 여기기에 이스라엘을 치려하는 것입니다. 종말의 때가 임박했을 보여주는 시대의 징조들 가운데 하나가 바로 반유대주의의 확산인데, 이런 반유대주의의 끝에 아마겟돈 전쟁이 있다는 것입니다.

A.D. 70년 이스라엘이 로마에 의해 멸망한 뒤, 사탄 마귀는 전 세계에 반유대주의적인 사상을 퍼뜨려 이스라엘을 잔멸하려는 시도를 지속해 왔는데, 그

중에 가장 유명한 것이 바로 2차 대전 당시 히틀러가 600만 명의 유대인을 학살한 사건인 것입니다. 지금도 이란과 같은 나라에서는 제2의 홀로코스트(Holocaust)를 통해 이스라엘을 잔멸해야 한다는 주장을 하고 있는데 이런 반유대주의가 결국엔 곡과 마곡의 전쟁을 불러올 것이고, 마지막 날에는 아마겟돈 전쟁을 불러오게 될 것입니다.

온 천하 임금들을 미혹하여 아마겟돈으로 모으신 여섯 번째 대접의 재앙은 사실 하나님이 세상의 임금들을 심판하시기 위한 과정이기도 합니다. 하나님을 대적해 온 세상의 왕들을 포도주틀의 심판으로 죽이시기 위해 저들을 죽음의 자리인 아마겟돈으로 인도하시는 것입니다.

열왕기상 22장에 보면, 하나님이 아합 왕을 죽이시기 위해 선지자들 가운데 거짓말하는 영(왕상22:23)을 보내 저를 길르앗 라못으로 가게 하시는 장면이 등장합니다. 미혹의 영에 붙들린 400명의 선지자가 이구동성으로 길르앗 라못으로 가서 아람의 군대와 싸우면 승리할 것이라는 예언을 하자, 이 말만을 믿고 아합 왕이 길르앗 라못에 갔다가 그곳에서 죽음을 맞이한 것입니다. 하나님은 죄인들을 심판하실 때 먼저, 그들의 판단을 흐리게 하십니다. 무엇이 진리이고 무엇이 거짓인지, 어디가 살 길이고 어디가 죽을 길인지, 깨닫지 못하도록 판단을 흐리게 하신 뒤 멸망의 길로 이끌어 가신다는 것입니다.

15절의 말씀은 요한계시록에 등장하는 7개의 복(1:3, 14:13, 16:15, 19:9, 20:6, 22:7, 22:14) 가운데 하나인데, "보라 내가 도적같이 오리니 누구든지 깨어 자기 옷을 지켜 벌거벗고 다니지 아니하며 자기의 부끄러움을 보이지 아니하는 자가 복이 있도다." 하십니다. 이는 깨어서 주의 오심을 준비하는 삶이 왜 중요한지를 다시 한번 강조하신 말씀인데, 데살로니가전서 5장에서도 "주의 날이 밤의 도적같이 임할 것이나"(살전5:2), "어둠에 있지 아니한 빛의 아들에겐 도적같이 임하지 못할 것"(살전5:4, 5)이라 하셨습니다. 주의 날이 임박한 마지막 때에 깨어서 세마포 옷을 입고 부끄럽지 않은 모습으로 주의 오심을 예비하는 자가 복된 자인 것입니다.

16절에서는 용과 짐승과 적그리스도의 영이 천하 임금들을 미혹하여 큰 전쟁을 위해 모으는 장소를 '아마겟돈'이라고 소개합니다. 아마겟돈은 '하르 므깃도(Har Megiddo)'라고 해서 예루살렘 북쪽의 광활한 이스르엘 평야에 위치한 나즈막한 언덕으로 된 요새입니다. 이곳은 아프리카와 아시아와 유럽을 이어주는 교통의 요지요, 군사적으로는 전략 요충지였기에 고대로부터 많은 전쟁이 있었던 곳이기도 합니다. 나폴레옹은 아마겟돈을 세계정복을 꿈꾸는 자라면 반드시 차지해야 할 전 세계에서 가장 중요한 전략 요충지라고 언급한 바 있습니다. 그런데 마지막 날 바로 이곳에 천하만국의 왕들이 이스라엘을 잔멸하고 재림하시는 예수님을 대적하기에 위해 모였다가 포도주틀의 심판(14:19, 20)을 받게 될 것이라 하십니다.

"어찌하여 열방이 분노하며 민족들이 허사를 경영하는고, 세상의 군왕들이 나서며 관원들이 서로 꾀하여 여호와와 그 기름 받은 자를 대적하며, 우리가 그 맨 것을 끊고 그 결박을 벗어 버리자 하도다. 하늘에 계신 자가 웃으심이여 주께서 저희를 비웃으시리로다. 그때에 분을 발하며 진노하사 저희를 놀래어 이르시기를, 내가 나의 왕을 내 거룩한 산 시온에 세웠다 하시리로다."(시2:1-6)하십니다. 창조주 하나님을 대적하는 행위가 얼마나 어리석은 것인지 알아야 한다는 것입니다.

묵은 땅을 기경하라

호세아 10:11-15을 보면,

"11에브라임은 마치 길들인 암소 같아서 곡식 밟기를 좋아하나 내가 그의 아름다운 목에 멍에를 메우고 에브라임 위에 사람을 태우리니 유다가 밭을 갈고 야곱이 흙덩이를 깨뜨리리라 12너희가 자기를 위하여 공의를 심고 인애를 거두라 너희 묵은 땅을 기경하라 지금이 곧 여호와를 찾을 때니 마침내 여호와께서 오사 공의를 비처럼 너희에게 내리시리라 13너희는 악을 밭 갈아 죄를 거두고 거짓 열매를 먹었나니 이는 네가 네 길과 네 용사의 많음을 의뢰하였음이라 14그러므로 너희 백성 중에 요란함이 일어나며 네 산성들이 다 무너지되 살만이 전쟁의 날에 벧아벨을 무너뜨린 것 같이 될 것이라 그 때에 어머니와 자식이 함께 부서졌도다 15너희의 큰 악으로 말미암아 벧엘이 이같이 너희에게 행하리니 이스라엘 왕이 새벽에 정녕 망하리로다"(호10:11-15)

'길들인 암소, 멍에, 묵은 땅, 밭 갈아, 거짓 열매' 등의 농경언어가 사용되었습니다. 하나님께서 이러한 언어들을 사용하신 것은 그들로 하여금 하나님의 말씀을 바르게 그리고 쉽게 이해하여 삶에 적용하도록 하기 위한 의도였을 것입니다. 다시 말해서 징계를 선언하는 것이 목적이 아니라 징계에서 벗어날 수 있는 방법을 제시하는 것이 목적이었다는 것입니다. 계시록에 나오는 많은 분량의 대환난의 내용은 심판받아 멸망당하지 말고 회개하여 구원받기를 원하시는 하나님의 마음을 읽어야 합니다.

먼저, 하나님은 회개하여야 할 이유를 말씀하셨습니다. 이스라엘이 징계를 선고받기 전의 이스라엘은 평온함과 풍성함을 누리며 살았습니다. 11절은 말씀하기를 "에브라임은 마치 길들인 암소 같아서 곡식 밟기를 좋아하나"라고 하였습니다. '곡식 밟기를 좋아한다'는 것은 백성들이 별다른 어려움 없이 즐겁게 산업에 종사하였다는 말입니다. 이들이 이렇게 즐겁게 산업에 종사할 수 있었던 것은 그들이 '길들인 암소' 같았기 때문입니다. 잘 훈련받은 암소란 좋은 스승 밑에서 좋은 교육을 받았다는 의미입니다. 그러니까 이스라엘 백성들은 하나님의 말씀으로 양육되었기 때문에 풍성한 삶을 누릴 수 있었던 것입니다. 오늘도 마찬가지입니다. 그리스도인은 적자생존(適者生存, Survival of the fittest) 같은 세상 법칙에 얽매이지 않고 그저 즐겁게 산업에 종사하는 것입니다.

그런데 이스라엘은 큰 축복을 누렸음에도 불구하고 부요해지자 교만하여 말씀을 순종하려고 하지 않았습니다. 말씀에 순종하지 않을 뿐만 아니라 하나님을 배반하고 우상을 섬겼습니다. 모세는 이러한 배반을 일찍이 예언하고 이렇게 기록하였습니다. "여수룬이 기름지매 발로 찼도다 네가 살찌고 비대하고 윤택하매 자기를 지으신 하나님을 버리고 자기를 구원하신 반석을 업신여겼도다"(신32:15).

자기를 지으신 하나님을 버린 이스라엘은 하나님의 진노를 사게 되어 징계를 받을 수밖에 없었습니다. 11절은 이렇게 말씀하셨습니다. "내가 그 아름다운 목에 멍에를 메우고 그의 위에 사람을 태우리니 유다가 밭을 갈고 야곱이 흙덩이를 깨뜨리리라"

하나님은 아름다운 털을 자랑하는 암소의 목에 멍에를 메는 것처럼 이스라엘을 징계하겠다고 하셨습니다. 곡식만 밟던 암소가 이제는 목에 멍에를 메고 밭을 갈 뿐 아니라 사람까지 태워야 하니 얼마나 고통스럽고 힘들겠습니까? 이스라엘 백성들은 그들의 교만과 하나님을 버림으로 인해 이러한 고통을 받게 된 것입니다.

둘째, 하나님은 백성들에게 회개를 촉구하였습니다.

12절은 말씀하기를 "너희가 자기를 위하여 공의를 심고 인애를 거두라"고 하였습니다. 공의는 누구를 위해 심는 것입니까? 하나님을 위해 심는 것입니까? 성경은 자기를 위하여 공의를 심으라고 하였습니다. 흔히 잘못하는 자녀들을 두고 '매를 번다'는 말을 합니다. 자꾸 쌓이면 결국 매를 든다는 말입니다. 공의를 심으라는 말씀도 같은 맥락입니다. 우리가 실수도 하고 죄도 짓지만 평상시에 하나님 나라를 위하여 삶을 드린다면 인애를 베푸신다는 말씀입니다.

공의를 심는 때는 과거나 미래에 있는 것이 아닙니다. 바로 지금입니다. 그래서 지금이 곧 여호와를 찾을 때라고 했습니다. 그런데 공의를 심는다는 것은 무엇을 말합니까?

'묵은 땅을 밭 갈아라'는 말씀입니다. '묵은 땅'이란 문자적으로 보면 잡초가 무성하고 가시와 엉겅퀴가 덮여있는 땅이지만, 영적으로 보면 하나님으로부터 멀어진 사람의 굳어버린 심령입니다. 또한 말씀을 들어도 깨닫지 못하고, 애통하지 못하는 돌 같은 마음입니다. 그러므로 묵은 땅을 밭 간다는 말은 자신의 죄를 깨닫고 자백하며 하나님의 용서를 구한다는 말입니다.

그러면 무엇을 회개해야 합니까? 13절은 말하기를 "너희는 악을 밭 갈아 죄를 거두고 거짓 열매를 먹었나니 이는 네가 네 길과 네 용사의 많음을 의뢰하였음이라"고 했습니다. 이스라엘 백성들은 '거짓 열매' 곧 하나님을 배신하고 우상을 섬겼던 것을 회개해야 합니다. 그리고 하나님을 의뢰하지 않고 자기 생각과 자기 힘을 의뢰했던 것을 회개해야 합니다. 이렇게 회개할 때 하나님은 그들에게 임하셔서 공의를 비처럼 내리시리라고 약속해주셨습니다. 모든 생물에게 생명이 되는 비처럼 하나님께서 그들에게 생명을 주어 소생하게 하시겠다는 약속인 것입니다.

성도 여러분, 비가 내리지 않으면 생명을 누리지 못하듯이 우리에게는 꼭 하나님의 은혜가 있어야 합니다. 이 은혜 안에 풍성한 삶을 누리기 원한다면 나의 삶에 묵은 땅이 무엇인지 깨닫고 빨리 밭 갈아야 합니다. 죄는 은혜의 비를 막기 때문에 회개할 것을 남겨두어서는 안 되는 것입니다.

3. 영원한 복음

계시록에 대환난에 대한 내용이 가장 많습니다. 거기에 비하면 천사가 모든 족속에 전할 영원한 복음에 대해서는 단 한 두절(계14:6-7)에 불과합니다만 대환난 내용보다 더 중요합니다. 왜냐하면 하나님의 뜻과 마음은 사람들을 심판하시는데 있는 것이 아니라 복음으로 구원하시는데 있으시기 때문입니다.

그런데 왜 영원한 복음이라고 하셨을까요?

죄인인 인간이 구원받을 길은 유일하게 어느 시대를 막론하고 예수 그리스도 보혈밖에 없기 때문입니다. 그래서 대환난 전이든 7년 대환난 시기든 예수님 재림 전까지 죄 용서받고 천국 가는 길은 복음을 믿는 것 외에는 다른 길이 없습니다.

"18너희가 알거니와 너희 조상이 물려 준 헛된 행실에서 대속함을 받은 것은 은이나 금 같이 없어질 것으로 된 것이 아니요 19오직 흠 없고 점 없는 어린 양 같은 그리스도의 보배로운 피로 된 것이니라"(벧전1:18-19)

그래서 복음은 영원한 것입니다. 그러면 극한 핍박시기인 후반기 3년 반 동안 복음을 누가 전할까요?

사람이 아니라 천사입니다. 그만큼 적그리스도의 감시와 통제가 빅브러더(big brother) 기간 임을 알 수 있습니다. 대환난 후 교회가 휴거된다는 분들은 애굽의 열 가지 재앙 때 이스라엘은 완전하게 보호 받고, 오직 애굽 사람들만 재앙을 받는 것과 동일하게 대환난 때도 보호받는다고 주장하지만 성경을 잘 몰라서 하는 예기들입니다. 후 3년 반 때는 그 짐승의 우상에게 경배하지 않는 사람을 모두 죽게 합니다.

"또 그는 첫 번째 짐승의 우상에게 생기를 주어 그것이 말하게 하고 그 짐승의 우상에게 경배하지 않는 사람을 모두 죽게 했습니다."(계13:15)

여기서 '모두'의 헬라어 원어는 호소스(ὅσος)인데 '그 수가 얼마나 많든지' 그리고 '누구든지' 의미입니다. 출애굽 전 애굽 땅에서의 10대 재앙 때 이스라엘은 죽지 않았는데 대환난 때 죽는 것이 보호받는 것인가요?

계시록 13장 5절에 보시면 "42달 일할 권세를 받았다"고 합니다. 그리고 7절에 가면 "성도들과 전쟁하여 이긴다고" 나옵니다. 무저갱에서 올라온 짐승이 42달간 권세를 행사하며 성도들을 죽이는 것입니다. 계시록 11장 2절의 "42달"은 계시록 13장 5절의 "42달"과 같은 내용입니다. 이 42달은 사실 다니엘 12장 7절에 나오는 "한때 두때 반때"와 같은 내용입니다.

이런 상황에서 어떻게 사람이 전도할 수 있겠어요?

환난통과설을 주장하는 분들은 후 3년 반이 얼마나 힘든 기간인지 성경적으로 잘 모르기 때문에 순진한 생각을 갖는 것입니다.

"⁶또 나는 다른 천사 하나가 공중에 날아가는 것을 보았습니다. 그는 땅에 사는 사람들, 곧 모든 나라와 족속과 언어와 백성에게 전할 영원한 복음을 가지고 있습니다. ⁷그는 큰 소리로 말했습니다. "너희는 하나님을 두려워하고 그분께 영광을 돌리라. 그분의 심판 때가 이르렀다. 너희는 하늘과 땅과 바다와 물들의 근원을 만드신 분께 경배하라."(계14:6-7)

진노와 심판의 와중에도 하나님이 자비를 잊지 않으시는 사랑의 하나님을 봅니다.

마태복음 22장 4절에서도 "그 날들을 감하지 아니할 것이면 모든 육체가 구원을 얻지 못할 것이나 그러나 택하신 자들을 위하여 그 날들을 감하시리라."하십니다. 천사들의 전도로 아무도 셀 수 없는 대환난 중에 순교하여 부활 휴거(승천)된 하나님의 백성들이 있는 것입니다.

"⁹이 일 후에 내가 보았습니다. 모든 나라와 민족과 백성과 언어에서 나온 아무도 셀 수 없는 큰 무리가 흰옷을 입고 손에 종려나무 가지들을 들고 보좌 앞과 어린 양 앞에 서서 ¹⁰큰 소리로 외쳐 말했습니다. "구원은 보좌에 앉으신 우리 하나님과 어린 양께 속한 것입니다." ¹¹그때 모든 천사들이 보좌와 장로들과 네 생물 주위에 둘러서 있다가 보좌 앞에 엎드려 얼굴을 땅에 대고 하나님께 경배하며 ¹²말했습니다. "아멘, 찬송과 영광과 지혜와 감사와 존귀와 능력과 힘이 우리 하나님께 영원토록 있기를 빕니다. 아멘!" ¹³그때 장로들 가운데 하나가 내게 물었습니다. "이 흰 옷을 입은 사람들이 누구이며 또 어디에서 왔습니까?" ¹⁴나는 그에게 대답했습니다. "내 주여, 당신이 아십니다." 그때 그가 내게 말했습니다. "이들은 큰 환난으로부터 나오는 사람들인데 그들은 어린 양의 피로 그들의 옷을 씻어 희게 했습니다."(계7:9-14)

성도 여러분!

하나님은 고집불통이고 귀를 닫고 살아가는 세상을 깨우기 위해 더 크게 나팔을 불 수밖에 없습니다. 인간의 악함과 완고함이 강해질수록 하나님의 경고도 강해질 수밖에 없습니다. 과학이 발달하지만, 세상은 더욱 척박한 곳이 되고 있습니다. 편리한 것은 많아지지만, 세상은 더욱 우울하고 불안한 곳이 되고 있습니다. 이는 회개하고 하나님께 돌아오도록 하시기 위함입니다. 성도들의 삶이 이런 세상에 나팔이 되기 원합니다. 힘써 복음을 전함으로 나팔을 붑시다. 성결되고 세상과 구별된 삶으로 나팔을 붑시다. 세상에 나팔 재앙을 내리시는 하나님의 마음을 아는 자처럼 나팔 부는 일에 동참하는 성도님 되십시오.

종말의 때에 성령 충만받아 복음의 계시를 그대로 전하며 복음에 따라 사는 순교자적인 삶을 살아가시기를 우리 주 예수 그리스도의 이름으로 축원합니다.

큰 음녀와 바벨론의 멸망

The Great Whore and the Fall of Babylon

본문 계16:17-21

이사야는 웃시야 왕이 죽던 해에 선지자로 부르심을 받아 기원전 745-695년 까지 50년간 활동한 예언자입니다. 그는 당시 바벨론의 심판과 멸망을 몸소 느끼면서 회개치 않으면 바벨론이 순식간에 멸망할 것이라(사21:1-10)고 예언했습니다. 그러나 바벨론은 회개는 커녕 하나님의 말씀을 무시했습니다. 결국 B.C. 539년에 메대와 바사의 고레스 왕에 의해 바벨론이 망하고 말았습니다. 바벨론 왕 벨사살은 술과 향락 잔치를 벌이다가 바사 군에게 반격할 기회도 없이 죽임을 당합니다. 당시 교만과 가증이 하늘까지 닿은 바벨론은 두 개의 강에 둘러싸인 철옹성같은 지리적 여건과 부를 바탕으로 종교적, 도덕적으로 심각한 타락상을 보이고 있었습니다. 바벨론의 멸망은 아무리 대단한 세력이라도 하나님을 대적하는 무리는 갑자기 멸망당함을 보여줍니다. 그 시기에 아시아 지역의 인도에서는 불교의 창시자 석가모니가 태어나고, 중국에서는 유교의 아버지 공자가 태어났습니다. 그리고 그리스에서는 지배계급인 귀족들에 대한 평민들의 불만이 폭력으로 귀족정치를 타도하고 평민에 의한 독재정권을 세우는 일들이 나타났습니다. 국민의 동의 없이 권력을 잡고 독재를 하는 그런 독재자를 참

주(慘主, tyrannos)라고 부르며 그런 정치를 참주정(tyranny)이라고 불렀습니다. 그 참주정은 민주주의의 시효로 알려지는 그리스의 B.C. 508년의 민주정치의 도입까지 이어졌습니다. 민주주의(Demokratial)란 말은 민중(Demos)이 권력(Kratos)를 가지는 정치체제였던 것입니다. 그리고 바벨론이 망하고 바사가 근동지역을 지배하던 때인 B.C. 509년에 유럽의 이탈리아 반도에서는 로마의 공화정이 시작되었습니다. 하나님은 다니엘(기록연대 B.C. 530년경)을 통하여 바벨론, 페르시아, 헬라, 로마 제국의 연이은 등장 등 현 역사의 전개 과정에 대한 예언을 다양한 각도에서 거듭하여 주셨습니다. 아울러 이런 불완전한 세상 나라가 아닌 완전한 나라가 세상 끝날 세워질 것을 분명히 보여 주셨습니다. 다니엘서 뿐만 아니라 성경의 27%(구약 6,641/23,210 구절, 신약 1,711/7,914 구절)는 예언으로 구성되어 있고 예언 중 많은 부분은 이미 성취되었으며 또한 세상 끝날 반드시 성취될 것입니다. 이런 사실은 태초부터 종말까지 하나님이 우리를 위해 세워 주신 천국을 향하여 그리고 오직 하나님의 주권에 의해서만 진행된다는 것을 증거해 줍니다.

여러분! 계시록 16장 17절부터 21절까지는 바벨론과 함께 온 세상 나라가 큰 지진과 큰 우박으로 멸망의 길을 가는 모습을 보여주고 있습니다. 한 절씩 함께 살펴봅니다.

17절을 보면, "일곱째가 그 대접을 공기 가운데 쏟으매 큰 음성이 성전에서 보좌로부터 나서 가로되 되었다 하니" 하십니다. "다 끝났다" 는 헬라어로 '기노마이(γίνομαι)' 영어로는 It is done.으로 '성취하다', '완성하다'는 뜻입니다. 일곱 번째 대접의 재앙으로 세상을 향한 하나님의 심판이 완성될 것임을 선언하신 말씀인 것입니다. 일곱 번째 대접의 재앙은 큰 성 바벨론의 심판을 선포하신 재앙입니다. 요한계시록 11장 15절에서는 "세상 나라가 우리 주와 그리스도의 나라가 되어 그가 세세토록 왕 노릇 하시리로다." 하십니다. 이 말씀처럼 7년 대환난은 세상 나라를 심판하고 이 땅에 그리스도의 나라를 건설하기 위한 과정이라 할 수 있는데, 큰 성 바벨론이 심판을 받음으로 세상 나라를 심판하시려는 하나님의 계획이 완성(게노겐) 된다는 것입니다. 큰 성 바벨론으로 상징되는 세상 나라는 이처럼 하나님의 심판을 받고 사라질 장망성(將亡城, City of Destruction)입니다.(사19:11-18) 일곱 인과 일곱 나팔과 일곱 대접으로 이어지는 하나님의 진노의 심판을 받고 사라질 장망성입니다. 그래서 "이 세상이나 세상에 있는 것들을 사랑치 말라"(요일2:15)고 말씀하신 것입니다. 히브리서 11장에서는 하늘의 본향을 사모하던 믿음의 조상들은 이 땅에서 나그네와 행인처럼 살았다고 증거하고 있습니다. "이 사람들은 다 믿음을 따라 죽었으며 약속을 받지 못하였으되 그것들을 멀리서 보고 환영하며 또 땅에서는 외국인과 나그네로라 증거하였으니, 이같이 말하는 자들은 본향 찾는 것을 나타냄이라. 저희가 나온 바 본향을 생각하였더면 돌아갈 기회가 있었으려니와, 저희가 이제는 더 나은 본향을 사모하니 곧 하늘에 있는 것이라 그러므로 하나님이 저희 하나님이라 일컬음 받으심을 부끄러워 아니하시고 저희를 위하여 한 성을 예비하셨느니라."(히11:13-16) 하십니다. 하늘의 본향을 사모하는 자가 하나님이 예비하신 성을 얻게 될 것입니다.

예수님은 주기도문을 통해 하나님의 나라는 우리가 만들어가는 것이 아니라, 하늘로부터 임하는 것(나라이 임하옵시며, Thy Kingdom come, 마6:10)이라 하셨습니다. 하나님 자녀는 장망성이라 하신 세상 나라를 사람의 힘과 방법만 의지하여 고쳐 쓰려 하지 말고, 장차 예수님과 함께 임하게 될 하나님의 나라를 소망해야 한다는 것입니다.

18절부터 21절까지는 이제 장망성과 같은 세상 나라가 어떤 과정을 통해 심판을 받고 사라지게 될 것인지를 보여주고 있습니다. 조금 더 구체적으로 살펴봅니다.

먼저, 인류의 역사에서 경험해보지 못한 큰 지진이 일어나(18) 세상 나라들이 무너질 것이라 하십니다. 7년 대환난의 끝에 이 땅에 찾아오게 될 큰 지진은 인류가 한번도 경험해보지 못한 대지진(The Big One)이 될 것이고, 그 범위도 한 지역에 한정되는 것이 아니라 지구 전체가 될 것입니다. 19절에서는 이 지진으로 큰 성과 만국의 성들과 큰 성 바벨론이 무너질 것이라 하십니다. 여기서 맨 처음에 언급하고 있는 '큰 성(the great city)'은 11장 8절에서 예루살렘을 '큰 성(the great city)'으로 표현한 말씀이 나오는 것을 보면 여기서의 '큰 성'은 바벨론이나 뉴욕이나 런던이 아니라 예루살렘을 의미합니다. 그러면 계시록 17장에서 말하는 큰 음녀는 누구를 말할까요?

1. 큰 음녀는 누구인가?

"또 일곱 대접을 가진 일곱 천사 중 하나가 와서 내게 말하여 이르되 이리로 오라 많은 물 위에 앉은 큰 음녀가 받을 심판을 네게 보이리라"(계17:1)

"또 천사가 내게 말하되 네가 본 바 음녀가 앉아 있는 물은 백성과 무리와 열국과 방언들이니라"(계17:15)

여인은 교회를 상징하는데 성경을 떠난 비진리로 세상의 것을 의지하며 음행하고(렘3:8) 성도의 피에 취할 정도이므로 대환난 중에 배교할 타락한 교회로 보는 견해도 있습니다. 우상을 숭배하며 타락한 이스라엘을 음녀로 묘사하는 것은 음녀가 이 세상이나 어떤 개인이 아니라 교회를 암시하기 때문입니다. 그러므로 큰 음녀는 대환난기에 비진리로 교회와 세상을 미혹시킬 배도할 교회로 보는 것도 일정 부분 타당성이 있습니다만 이 음녀를 "바벨론"이라고도 했고 "가증한 것들의 어미"라고도 하였습니다.(5절) 1절의 이 음녀를 6절에서는 "그 여자"라 하였고 이 음녀가 바로 "큰 성"이라 하였습니다.(18절) 이 큰 "바벨론" 또 이 큰 성을 계시록 11장 8절로 9절에서도 인용하고 있는데 이 큰 성이 '영적으로 하면 소돔이라고도 하고 애굽이라고도 하니 곧 주께서 십자가에 못박히신 곳"이라고 장소를 설명하고 있습니다. 또 16장 19절에도 이 큰 성이 나오는데 이 "큰 성'이 세 갈래로 갈라지고 만국의 성들도 무너졌는데 이 큰 성을 '큰 성 바벨론'이라고 재차 설명을 합니다. 이상의 내용들을 종합해보면 음녀는 큰 성이요, 큰 성은 바벨론이요, 그 성이 주께서 십자가에 못박히신 곳이라고 하였으니 예루살렘임에 틀림없습니다. 이 성을 바벨론이라고 한 것은 계시록 13장 7절 말씀과 같이 적그리스도가 온 세상을 통일하고 통일정부와 통일정부의 수도를 예루살렘으로 정할 것이 분명해집니다. 창세기 11장을 보면, 바벨론은 인류가 하나가 되어 하나님을 대적하였던 인류의 중심 도시였습니다. 인류가 서로 단합하여 외쳤습니다.

"자, 성읍과 탑을 건설하여 그 탑 꼭대기를 하늘에 닿게 하여 우리 이름을 내고 온 지면에 흩어짐을 면하자"(창11:4)

이처럼 인류 초기에 바벨론이 섰고 그 이후 인류 역사 가운데는 다양한 바벨론이 섰습니다. 실제로 바벨론 성을 수도로 하여 바벨론 제국이 서서 기원전 1,124년부터 바사 제국, 즉 페르시아 제국의 고레스 왕에게 멸망하던 기원전

539년까지 존재하였습니다. 그 후 로마 제국이 섰는데 성경은 로마 제국을 바벨론이라고 불렀습니다. 베드로전서 5장 13절을 보면, 사도 베드로가 로마 도시를 바벨론이라고 부르고 있습니다. 이제 앞으로 역사 끝에서 "큰 성" 바벨론이 설 것입니다. 바벨론에 '큰 성'이라는 표현이 추가된 것은 마지막 바벨론 도시의 세력이 고대 바벨론 및 로마보다 훨씬 큰 도시로서 전 세계를 완벽하게 통치하게 될 본부가 될 것이기 때문입니다. 계시록 17장 18절을 보아도 큰 성 바벨론은 "땅의 왕들을 다스리는 본부"인 사실을 알 수 있습니다. 그리고 계시록 18장에서 살펴볼텐데, 큰 성 바벨론은 "온 세상 경제와 상업을 통솔하고 관리하는 중심 도시"인 것도 발견할 수 있습니다. 그러므로 큰 성 바벨론의 멸망은 온 세상의 경제와 상업이 무너지는 것을 의미합니다. 이에 우리는 "큰 성 바벨론"이 무너지자 세상의 모든 상인들이 가슴을 치며 통곡하는 장면을 볼 수 있습니다. 큰 음녀와 큰 바벨론의 의미는 종교적으로나 영적으로 타락된 실상을 의미하며 무서운 우상 숭배의 도시로 바뀔 것을 가리킵니다. 적그리스도가 그 본색을 드러내고 적그리스도의 통치가 악화되는 후 삼년 반에는 예루살렘이 온 세계를 타락시키고 영적으로 더럽게 하는 무서운 우상숭배 본거지가 될 것을 예언하고 있습니다. 그러므로 큰 음녀요, 큰 성 바벨론이라고 예루살렘 도성을 의인화(擬人化)시켰고 인격화시켜서(사54:5, 고후11:2, 마25:1-10, 사23:15) 상징적으로 설명을 하였습니다. 다시 말하면 큰 음녀는 바벨론이고 그 바벨론은 예루살렘이며 후 삼년 반 동안 예루살렘은 극한 우상 도시가 될 것입니다. 그리고 예루살렘의 멸망은 곧 장망성인 이 세상의 멸망을 뜻합니다.

큰 음녀가 받을 심판(계17:1-18)

　큰 성 바벨론에 대한 첫 번째 언급은 계시록 11장에 있는데 여섯째 나팔을 분 후에 있습니다.(계11:7-13) 여섯째 나팔을 불 때 큰 강 유브라데에서 3차 세계 대전이 발생하여 인류 삼분의 일이 죽게 됩니다. 그런데 그 전쟁 이후 인간들은 더 사나워지고 악해지면서 주 하나님과 구세주 예수 그리스도와 주의 교회를 향해 맹렬하게 공격합니다. 그 동안 역사 가운데 진행되어왔던 종교 통합 운동은 거짓 평화 및 연합을 외치면서 모든 종교를 아우르는 "세계 통일 종교"로 발전합니다. 즉, 모든 세상 종교가 기독교의 배교 교회와 함께 완전한 종교

통합을 이룹니다. 그 후 온 세상의 나라들과 백성들은 참 그리스도인들을 향해 증오와 미움을 갖습니다. 이에 14만 4천으로 대표되는 유대인 출신의 전도자들이 이방인들에게 마흔두 달, 즉 1,260일 동안 짓밟힙니다. 이는 7년 대환난의 시작 및 전반기 삼년 반을 뜻합니다. 이 기간에 이 땅의 마지막 교회인 14만 4천은 하나님께서 보내신 두 증인과 함께 그 환난을 견뎌냅니다. 하지만 1,260일이 지나자 무저갱으로부터 짐승이 올라와 두 증인을 죽이고 예루살렘 및 이 땅의 모든 교회를 향해 대대적인 박해를 가하며 큰 승리를 얻습니다. 특히 하나님의 이름이 있어야 할 예루살렘을 이방인들이 차지하여 가장 부패하고 타락한 도시인 "큰 성 바벨론"을 세웁니다.

동시에 거짓 선지자는 온 세상을 미혹합니다. 적그리스도의 가증한 우상을 통하여 말하는 기적을 행하고 적그리스도를 숭배하는데 사용합니다. 이 때 두 증인의 시체가 놓이게 되는 곳이 바로 "큰 성 바벨론"입니다.

그 다음 "큰 성 바벨론"이 두 번째로 언급되는 곳은 계시록 14장 8절입니다. 그 내용은 마지막 나팔이 불 때 발생한 일들에 대한 선포인데 그 내용 중에 하나가 "큰 성 바벨론의 멸망"에 대한 예언입니다.

"또 다른 천사 곧 둘째가 그 뒤를 따라 말하되 무너졌도다 무너졌도다 큰 성 바벨론이여 모든 나라에게 그의 음행으로 말미암아 진노의 포도주를 먹이던 자로다 하더라"(계14:8)

계시록 14장은 "큰 성 바벨론"에 대해 정의하길 모든 나라를 그의 음행으로 말미암아 진노의 포도주를 먹이는 자라고 정의합니다. 그리고 세 번째로 "큰 성 바벨론"이 언급되는 곳은 계시록 16장 19절입니다. 그 장면은 일곱째 나팔이 불려진 이후 마지막 대접 재앙이 부어지자 역사 가운데서 가장 큰 지진이 발생하면서 큰 성 바벨론이 무너지는 내용입니다. 물론 이 지진으로 인해 온 세상의 모든 도시들도 다 무너집니다.(계16:17-20)

사랑하는 여러분!

우리가 이미 살펴보았지만 큰 성 바벨론 즉 예루살렘은 사탄의 마지막 제국의 본부입니다. 또한 큰 성 바벨론은 귀신의 처소와 각종 더러운 영과 각종 더럽고 가증한 새들이 모이는 곳입니다.(참조, 계18:2-3) 즉, 큰 성 바벨론은 모든 악령들과 거짓 선지자와 거짓 종교들과 점술가들이 맘껏 활약하는 도시인 사실을 알 수 있습니다. 그 증거로 계시록 18장 23절이 말합니다. "네 복술로 말미암아 만국이 미혹되었도다." 즉, 만국이 큰 성 바벨론에서 진행되는 접신 및 마술, 기적 등에 의해 온 세상 나라들이 마귀의 역사와 능력을 맛보면서 취한다는 뜻입니다.

계시록 22장 15절을 보면 특이한 내용을 알 수 있습니다. "개들과 점술가들과 음행하는 자들과 살인자들과 우상 숭배자들과 및 거짓말을 좋아하며 지어내는 자"는 다 성 밖에 있으리라.

사실, "개들과 점술가들, 음행하는 자들, 살인자들, 우상 숭배자들, 거짓말을 지어내는 자들"은 마귀에게 속하여 마귀를 섬기는 자들을 말합니다. 즉, 큰 성 바벨론에는 복음을 속여왔던 개들인 이단자들과 접신을 하는 점술가들과 영적으로나 성적으로 음행하는 자들, 미움과 양심과 증오에 속한 살인자들, 하나님보다 이 세상을 더 사랑하여 우상을 만들어 섬기는 세상 종교인들, 진화론 같은 거짓말과 사조를 지어내어 온 세상을 미혹하는 자들, 이러한 마귀의 사람들이 큰 성 바벨론에 집결되어 있는 것입니다.

이미 살펴본 것처럼 계시록 전반에 걸쳐 "큰 음녀"인 "큰 성 바벨론"은 "그녀의 음행으로 모든 나라에게 진노의 포도주를 먹였다"는 표현이 반복되고 있습니다. 성경 전체적으로 볼 때 한 나라의 음행이란 여호와 하나님 외에 다른 신들을 섬기는 우상 숭배가 만연한 것을 말합니다. 즉, 큰 성 바벨론이 모든 나라를 향해 제시하는 음행은 로마 시대처럼 마지막 제국의 황제인 적그리스도를 섬기도록 하는 것으로서, 이를 위해 통합된 세계 종교 및 마지막 거짓 선지자가 활약할 것이고, 그와 함께 온 세상 나라들과 사람들은 세상의 헛된 영광을 구하며 적그리스도의 우상 앞에 절을 할 것입니다. 이로 인하여 인류의 종교, 경제, 문화 등 모든 분야에서 하나님을 비방하고 그분의 아들인 십자가의 예수 그리스도를 저주할 것이며, 성령 안에서 주 예수 그리스도를 섬기는 참 교회를 향해 집요한 핍박과 증오를 나타낼 것입니다. 이처럼 온 세상 나라들과 거민들이 적그리스도 및 거짓 선지자에게 속아 자기 욕심과 탐욕과 음욕과 세상의 썩을 것을 위해 짐승을 예배하는 것을 큰 성 바벨론과 음행하는 것으로 묘사한 것입니다.

17장의 환상은 큰 음녀가 받을 심판을 보여주는 환상입니다. 큰 음녀는 많은 물 위에 앉아 있습니다. 15절을 보면 "많은 물"이 무엇인지 천사가 설명하여 줍니다.

"또 천사가 내게 말하되 네가 본 바 음녀가 앉아 있는 물은 백성과 무리와 열국과 방언들이니라."

그러므로 큰 성 바벨론은 온 세상 나라와 백성과 방언을 다스리는 마지막 제국의 중심 도시인 사실을 알 수 있습니다. 마치 로마 제국의 중심 본부가 로마 도시였던 것처럼, 적그리스도의 제국의 중앙 본부 도시는 "큰 성 바벨론"이 될 것입니다. 그런데 이 땅의 모든 왕들과 거민들이 "큰 성 바벨론"과 더불어 음행하더니 그 음행의 포도주에 취하였습니다.

이미 언급하였지만, 하나님께서 보실 때 인간의 영적인 음행은 영적으로는 마귀를 섬기는 것과 연결됩니다. 즉, 세상 종교들 및 우상 숭배를 말합니다. 그 음행의 포도주에 취하였다는 것은 악령의 역사에 물들었다는 것입니다. 세상 종교에 물들었다는 뜻입니다. 접신하였다는 뜻입니다. 악령들과의 만남을 통해 초자연적인 세계를 맛보고 취하였다는 뜻입니다.

성경에 보면 이스라엘 민족이나 하나님이 선민을 아내와 신부로 지칭했고 우상 섬기거나 세상과 짝할 때 간음죄로 책망했습니다. 이사야 54장 5절에는 "이는 너를 지으신 자는 네 남편이시라. 그 이름은 만군의 여호와시며 네 구속자는 이스라엘의 거룩한 자시라" 했습니다. 하나님을 이스라엘 남편으로 이스라엘과 하나님 사이를 부부관계로 설명하여 하나님이 선민에게 기대하시는 영적인 정조를 더럽히지 않기를 교훈하셨습니다. 요한계시록 21장 9절에도 '하나님의 백성을 신부와 어린 양'으로 비유했고 에베소서 5장 22절-33절에도 '교회와 그리스도를 부부관계'로 설명하였습니다. 하나님만을 사랑해야 할 하나님의 백성들이 하나님 이외의 우상에게 마음이 매혹되어 신앙의 순결을 저버릴 때 이는 간음의 범죄로 정죄되었습니다.

예레미야 3장 8절에 "내게 배역한 이스라엘이 간음을 행하였으므로 내가 그를 내어쫓고 이혼서까지 주었으되 그 패역한 자매 유다가 두려워 아니하고 자기도 가서 행음함을 내가 보았노라"고 말씀하였습니다. 이 말씀은 이스라엘 백성들이 하나님을 떠나서 우상숭배에 빠졌을 때 선포되던 말씀이었습니다. 그래서 그 다음의 9절에 "그가 돌과 나무로 더불어 행음함을 가볍게 여기고 행음하여 이 땅을 더럽혔거늘"이라고 말씀하고 계십니다. 하나님의 백성이 우상을 섬기거나 이방 풍속을 쫓거나 이방신을 섬기는 종교적인 죄가 더 무섭고 중한 죄가 됩니다. 또한 신약성경에서는 "간음하는 여인들이여 세상과 벗된 것이 하나님과 원수임을 알지 못하느뇨"(약4:4)라고 말씀하셨습니다. 즉 우상을 섬기고 세속에 빠져서 살 때 영적으로 간음한 것입니다. 이렇게 보면 우리는 육적으로, 마음으로, 영적으로 간음한 더러운 죄인입니다.(야2:10-11) 내가 바로 고멜입니다. 또한 죄의 속성을 바로 알아야 제대로 회개할 수 있습니다. 계시록에 나온 '대 음녀'로 묘사된 죄는 영적인 간음을 말합니다. 남편 있는 여자가 남편을 버리고 다른 남자에게 가면 음부(음녀)라 말합니다. 이 음녀들은 모두 하나님 백성의 배도를 말합니다. 음행하는 남자도 많은데 구태여 음녀라고 지칭함은 하나님과 그리스도는 남편이시기에 음행하는 자는 남자 여자 가릴 것 없이 모두 음녀일 수밖에 없습니다. 이들은 하나님을 버리고 우상숭배하는 음녀들입니다. 이사야는 두로를 음녀라고 말합니다. "잊어버린 바 되었던 너 음녀여... 그가 다시 값을 받고 지면에 있는 열방과 음란을 행할 것이며"(사23:16-17) 나훔도 니느웨를 음녀라고 부릅니다. "이는 마술에 능숙한 미모의 음녀가 많은 음행을 함이라 그가 그의 음행으로 여러 나라를 미혹하고 그의 마술로 여러 족속을 미혹하느니라"(나3:4) 바벨론은 바로 이런 의미의 음녀 곧 매춘부입니다.

3절을 보니 성령께서 요한을 감동하시고 천사가 요한을 데리고 광야로 가셨습니다. 그곳에서 요한은 큰 음녀를 보았는데 그 음녀는 붉은 빛 짐승을 타고 있었습니다. 그리고 그 짐승을 보니 몸에는 하나님을 모독하는 이름들로 가득하고 일곱 머리와 열 뿔이 있었습니다. 우리는 붉은 빛 짐승은 계시록 13장에 묘사된 바다에서 올라오는 짐승인 마지막 적그리스도인 사실을 이미 확인하여 알고 있습니다.

그 음녀가 붉은 빛 짐승을 타고 있다고 하니 짐승에게 큰 영향을 끼치는 것을 알 수 있습니다. 짐승은 제국이면서 동시에 황제입니다. 큰 음녀는 도시이면서 또한 황제에게 영향을 끼치는 인물입니다. 그 인물이 누구겠습니까? 네, 계시록 13장을 보면 땅에서 올라오는 짐승으로서 어린 양이 같이 두 뿔이 있고 용처럼 말하는 마지막 거짓 선지자입니다.

그러므로 큰 성 바벨론은 거짓 선지자라는 어떤 인물과 연결되면서 제국 및 황제를 상징하는 붉은 빛 짐승을 타는 것입니다. 즉, 거짓 선지자는 어떤 개인이면서도 그의 영향력 아래에 있는 어떤 종교 집단입니다. 그리고 그 종교 집단의 수장인 마지막 거짓 선지자가 제국의 황제인 적그리스도와 함께 온 세상을 주관하는 것입니다. 황제는 권력을 가지고 있고, 거짓 선지자는 종교와 경제권을 지니고 있습니다.

이제 4절 이하를 보니 "그 여자는 자주 빛과 붉은 빛 옷을 입고 금과 보석과 진주로 꾸미고 손에 금잔을 가졌는데 가증한 물건과 그의 음행의 더러운 것들이 가득하더라"고 합니다. 그 음녀는 "비밀이라, 큰 바벨론이라, 땅의 음녀들과 가증한 것들의 어미"라고 합니다. 심지어 그 음녀는 "성도들의 피와 예수의 증인들의 피에 취하여 있습니다."

이 음녀의 정체가 대단히 중요하기 때문에 일곱 대접과 관련한 천사는 요한에게 계속 그 음녀에 대한 정보를 제공합니다.

"왜 놀랍게 여기느냐 내가 여자와 그가 탄 일곱 머리와 열 뿔 가진 짐승의 비밀을 네게 이르리라."

그러므로 우리는 천사의 의도대로 이 비밀을 알아야 합니다. 그 비밀을 알기 위해서는 성령의 조명(illumination)과 인도함을 받아야 할 것입니다. 천사는 큰 음녀와 붉은 빛 짐승에 대한 정보를 계속 제공합니다. 이는 주의 성도들이 반드시 알아야 하는 내용이기에 천사가 알려주고 있는 것입니다. 이에 천사는 9절부터 18절까지 큰 음녀와 붉은 빛 짐승에 대한 비밀을 푸는 열쇠를 제공합니다.

천사는 먼저 큰 음녀를 알려면 붉은 빛 짐승과의 관계를 알아야 한다고 말합니다. 이를 알기 위해서는 붉은 빛 짐승이 지닌 일곱 머리와 열 뿔, 그리고 일곱 머리와 큰 음녀와의 관계를 알아야 한다고 말합니다.

먼저, 8절에서 천사는 붉은 빛 짐승에 대해 알려줍니다. 지금 우리는 계시록의 일차 독자는 소아시아의 일곱 교회라는 사실을 기억해야 합니다. 즉, 로마 시대입니다. 또한 장래의 적그리스도를 상징하는 황제가 실제로 로마 제국을 다스리고 있었습니다. 또한 거짓 선지자들이 한창 많던 시대입니다. 모든 종교가 로마 제국 내에서 황제 숭배를 중심으로 하여 통합되어 있었습니다.

사랑하는 여러분!

큰 음녀는 사도 요한의 때부터 로마 도시와 관련되어 있습니다. 로마 도시와 관련된 큰 음녀는 온 땅에 거하는 자들을 우상 숭배로 이끌 것이며 땅의 임금들을 다스릴 것이고, 인류 역사 끝에서는 그 도시가 예루살렘으로 옮겨지면서 마지막 제국의 수도가 될 것입니다. 그 후 로마 도시와 관련한 큰 음녀는 마침내 큰 성 바벨론이 될 것입니다.

계시록 18장 4절은 "내 백성아, 거기서 나와 그의 죄에 참여하지 말고 그가 받을 재앙들을 받지 말라"고 당부합니다. 그렇다면 지금 현재, 장래의 큰 음녀와 관련된 종교 및 운동은 무엇이겠습니까? 그것은 거짓 교회인 로마 가톨릭교회 및 종교 통합 운동입니다. 교회사를 보면 로마 가톨릭은 언제나 정치 세력과 경쟁하거나 화합하면서 존재하였습니다. 또한 이방 종교들과 항상 혼합하여 왔습니다. 마리아 숭배 및 여러 복장들과 종교 예식들은 이방 종교와의 혼합 작품들입니다. 또한 로마 가톨릭은 참된 성도들의 피를 많이 흘렸습니다.

큰 음녀는 위치는 예루살렘일 것이지만 로마 가톨릭의 교황을 중심으로 하는 배교 교회로서 온 세상의 종교를 아우르는 세계 통일 종교가 될 것입니다. 그리고 그 큰 음녀가 가장 중요하게 할 일은 불법의 사람 적그리스도를 숭배하고 그의 가증한 우상들을 예루살렘을 중심으로 온 세상에 세우는 것입니다. 따라서 계시록 13장의 마지막 거짓 선지자가 큰 음녀의 우두머리로 존재할 것이며, 이는 마지막 거짓 선지자가 세계 제국의 황제인 적그리스도와 함께 대환난의 악의 두 축(軸)인 것을 보여주는 것입니다. 그러나 적그리스도와 언약을 맺은 온 세상 열 왕들이 어느날 세계 종교 단체와 권력 다툼을 하게 됩니다. 따라서 열 뿔과 짐승이 하나가 되어 큰 음녀를 미워하며 망하게 하고 벌거벗게 하고 그의 살을 먹고 불로 완전하게 사르는 일이 있을 것입니다. 그러므로 큰 성 바벨론의 멸망은 외적으로는 하나님의 심판을 받아 멸망하지만 내부적으로는 내전으로 망하게 되어 있습니다. 이 모든 것이 하나님의 주권 가운데 나타나는 악의 멸망입니다.

현재 로마 가톨릭은 세계교회협의회(WCC)와 연합하여 세계의 모든 기독교회를 통합하는 세계적인 교회를 형성하고 있습니다. 그후 WCC가 크게 성공하면 세계 종교 통합을 위해 노골적인 활동을 할 것이고 그러한 운동은 계속 진행될 것입니다. 그리고 언젠가 유브라데 전쟁이 발생하여 인류의 삼분의 일이 죽을 것이며 그후 온 세계는 하나가 되고자 하여 평화를 외치는 가운데 강제적인 종교 통일을 이룰 것입니다. 이때 세계적으로 통합된 모든 종교를 이끄는 우두머리가 바로 마지막 거짓 선지자이고 그 거짓 선지자의 역할은 마지막 적그리스도의 우상을 만들어 온 세상으로 하여금 음행하도록 하는 것입니다.

두아디라 교회의 이세벨이나 버가모 교회의 행음자들과 같은 영적 행음자들의 유혹에 직면할 것입니다. 행음(음행)의 자리에 가서 범죄함으로 순결한 신부의 서약(언약)과 한 몸으로 연합됨은 깨졌습니다. 그래서 성경은 그들의 가르침을 '사탄의 교훈'으로 정죄합니다.(계2:24)

이세벨은 자신과 성도들을 행음하게 만들었습니다. 모두 주님과 다른 신을 같이 섬겼다는 의미로 순결한 언약을 깨뜨린 자입니다. 음녀 즉 남편이 있음에도 불구하고 다른 남자를 쫓아 떠난 자들이 되었습니다. 음녀는 여성비하 단어가 아닙니다. 주님의 순결한 신부가 되기로 작정하고 결혼을 했던 성도들 가운데 그 언약을 깨뜨린 자들을 지칭합니다. 그러므로 성도가 아닌 자들은 음녀라는 호칭 자체가 적용되지 않습니다. 성도의 신분에서 떠난 자들이 바로 음녀입니다.

말세에는 교리적 타락을 조장하여 영적으로 죽게 만드는 일이 많을 것입니다. 베드로는 말세에 기롱하는 자들이 많이 나와서 교리적으로 혼탁케 한다고 했습니다.(벧후3:3-4) 오늘날 급속도로 일어나는 신흥 이단들을 조심해야 합니다.

그리고 혼합주의는 교리적인 부분 뿐 아니라 문화적인 혼합주의가 있습니다. 정신적인 가치의 혼합입니다. 오늘날을 일컬어 "포스트모더니즘 시대"라고 말합니다. 포스트모더니즘(Post-modernism)은 Post와 modernism의 합성어입니다. modernism은 근대사상을 의미합니다. Post는 연속의 개념인 '후기'의 의미와 반대의 개념인 '탈(脫)'의 의미가 있는데 여기에서는 '탈'의 의미가 더 강하게 사용된 말입니다. 근대사상이란 문예부흥(Renaissance)과 계몽주의운동(Enlightenment)을 거쳐 이전 신(神)중심의 세계관에서 인간(人間)중심의 세계관으로 바뀐 사상이라 할 수 있습니다. 인간의 이성과 과학기술과 합리적 방법으로 꿈을 이루려 한 사상입니다. 그런데 그런 사상은 1, 2차 세계대전과 베트남전을 거치며 무너지기 시작했고 소비에트연방공화국(소련) 몰락과 동구 공산권의 해체와 동서독의 통일 등으로 마침표를 찍었습니다. 뿐만 아니라 과학과 산업의 발전으로 인한 오존층 파괴, 지구 온난화, 환경의 파괴, 물과 공기의 오염, 핵전쟁의 위협 등으로 인간의 이성과 과학의 한계를 뼈저리게 느끼게 했습니다. 포스트모더니즘은 그 근대에 대한 반발로 일어난 사상입니다. 어찌 보면 관심을 신에게 가지게 되었다는 점도 있지만 순수한 신앙을 어지럽게 하는 배경이 되게도 합니다.

포스트모더니즘의 특징은 첫째, 상대주의입니다. 포스트모더니즘은 윤리, 종교, 예술, 철학, 건축, 문학, 삶의 방식 등 모든 분야에서 절대적인 진리(가치, 규범)를 인정하지 않습니다. 예를 들면 전엔 죄악시 되던 동성애나 성전환에 대해 삶의 방식이나 성향이나 기호로 생각합니다. 둘째, 다원주의입니다. 문학, 예술, 문화, 철학 등에 있어서 기본적인 원칙이나 목적에 있어서 서로 다를 수 있음을 인정하며 문화적 삶도 자유롭고 다양한 모습을 갖습니다. 따라서 상대방을 인정하는 관용과 여유를 덕목으로 여긴다. 셋째, 감성주의입니다. 모든 영역에서 이성보다는 감정적이고 감각적인 것을 추구하고 감정이 흘러가는 대로 행동합니다. 넷째는 혼합주의입니다. 독특한 장르의식들이 해체되고 이질적인 장르들이 혼합됩니다. 남녀구별이 없는 '혼성성교'(unisex), 팝과 오페라의 만남인 '팝페라'(popera), 동서양 음식간의 '퓨전'(fusion), 비평과 픽션(fiction)을 결합하여 비평에 창조성을 부여한 '크리티픽션'(critifiction), 사실과 허구를 결합한 '팩션'(factoin) 등의 신조어들은 혼합주의로 인하여 나타난 표현들입니다. 그런 시대적 정신적 배경은 바른 복음 정신에 다른 인본주의적인 사상이 혼합되기 쉬운 배경이라 할 수 있습니다. 혼합주의 곧 거짓복음은 영적인 죽임을 초래합니다. 거짓 복음을 받아 들이고 끝까지 거짓 복음을 고수하면 그 끝은 지옥입니다.

사랑하는 여러분!
영적인 음행을 주의하기 바랍니다. 이단을 주의하기 바랍니다. 타종교를 멀리하며 경계하기 바랍니다. 사탄 숭배를 하는 록 뮤직(Rock music)과 접신을 돕는 뉴에이지(New Age) 운동 및 음악을 멀리하기 바랍니다. 접신을 부추기는 온갖 종류의 신사도 운동을 철저하게 경계하기 바랍니다. 놀라운 것은 영적 음행은 반드시 육적인 음행과 함께 병행하게 된다는 사실입니다. 영적으로 음행하는 많은 교단들이 동성애를 지지하게 되는 것은 그리 이상한 현상이 아닙니다. 이는 영적 음행은 곧바로 육적인 음행과 연결되는 것을 보여주는 현상입니다. 이 세상이 성적으로 음란한 것은 그 만큼 영적으로 음란하다는 증거입니다.
로마 제국은 세계 종교를 통합하는 가운데 황제 숭배를 주창하였습니다. 그런데 이러한 철저한 영적 음행 가운데 육체적인 음행은 극을 달하였습니다. 그 극에 달한 현상이 동성애였습니다. 그 외 먹고 사는 문제와 세속 문화는 다 같이 마귀가 황제 숭배를 위해 수단으로 사용하는 것들입니다. 이단, 우상숭배,

배교, 자유주의, 세속주의, 물질만능주의, 불합당한 이성관계, 동성연애, 불륜, 음란, 음행, 예술을 빙자한 더러운 외설 영화 및 연극, 이혼, 사탄 찬양, 광적인 음악, 접신 등 이 세상은 얼마나 사탄의 저주 가운데 있는지 모릅니다. 아직 전 세계를 독재하는 적그리스도가 나타나지 않은 상태에서도 이 정도로 세상이 더럽고 무서운데 하물며 적그리스도와 거짓 선지자가 등장할 때 이 세상은 얼마나 부패할 것이며 또한 그러한 시대의 신자들이 신앙을 지킨다는 것은 얼마나 어렵겠습니까? 그때는 바로 소돔과 고모라와 같은 때가 될 것이고, 노아의 홍수 직전의 때처럼 포악과 음행과 접신이 무한할 것입니다.

사랑하는 여러분!
여러분의 마음과 삶을 거룩하신 우리 주 어린 양께 바치기 바랍니다. 그분은 여러분의 생명을 구하기 위해 자기 생명까지 주시며 보혈을 흘리신 분이십니다. 그분은 하나님께서 우리를 이 어둠과 죄악과 저주 가운데서 구하기 위해 보내주신 유일하신 구세주 독생하신 아들입니다.
지금과 같은 때에 바르고 열정있는 신앙 생활을 하지 못한다면 앞으로 세상이 더욱 어두워질수록 신앙을 잃게 될 것입니다. 여러분이 신앙을 잃으면 우리 자녀들의 시대에는 참 신자를 찾아보는 것이 하늘의 별따기처럼 희귀하고 드문 일이 될 것입니다.
우리 모두 다 함께 믿음의 주이신 예수님을 바라보기 바랍니다. 하나님의 나라를 바라보기 바랍니다. 잠깐 있다 없어지는 이 세상의 것들에 정들지 않기 바랍니다. 세상의 쾌락과 풍요를 포기하시기 바랍니다. 땅에 속한 성공보다 주를 향한 충성을 늘 선택하며 살기를 바랍니다. 지금은 아직 구원의 때입니다. 온 마음을 다하면 얼마든지 복음의 능력으로 많은 열매를 맺을 수 있는 때입니다. 우리 모두 주 예수님께 철저하게 돌아와 큰 음녀 및 붉은 빛 짐승의 손에 빠지지 않기를 우리 주 예수 그리스도의 이름으로 축원합니다.

2. 음행의 포도주

"그 음행의 진노의 포도주로 말미암아 만국이 무너졌으며 또 땅의 왕들이 그와 더불어 음행하였으며 땅의 상인들도 그 사치의 세력으로 치부하였도다 하더

라"(계18:3)

"계피와 향료와 향과 향유와 유향과 포도주와 감람유와 고운 밀가루와 밀이요 소와 양과 말과 수레와 종들과 사람의 영혼들(souls of men)이라"(계18:13)

음녀의 특징은 옛 바벨론이 정치, 경제, 종교적인 술수로 만국을 미혹한 것을 배경으로 하고 있습니다.

"바벨론은 여호와의 수중의 온 세계로 취케 하는 금잔이라 열방이 그 포도주를 마시고 인하여 미쳤도다 "(렘51:7)

"그들을 만나는 자들은 그들을 삼키며 그의 대적은 말하기를 그들이 여호와 곧 의로운 처소시며 그의 조상들의 소망이신 여호와께 범죄하였음인즉 우리는 무죄하다 하였느니라"(렘50:7)

그러므로 "음행의 진노의 포도주"란 우상숭배를 권장하며 하나님 수중의 온 세계를 취케 하던 옛 바벨론이 하나님의 진노를 받아 무너졌듯이 비진리로 세상을 취하게 한 음녀가 어린 양의 진노로 멸망될 것을 상징합니다. 역사적으로는 당시의 타락한 로마를 상징하고 있습니다. 계시록에서 바벨론에 대한 비유적인 표현은 요한 당대의 로마를 상징하는 표현입니다. 특별히 당시 로마는 옛 바벨론이 우상 숭배로 열국을 미혹하였던 것처럼 우상 숭배와 성적 타락의 술로 얼국을 미혹케 하므로 기독교인에게 있어 로마제국은 구속함을 입은 성도들을 음행의 포도주로 미혹하는 음녀가 되었을 것입니다. 예언적으로 보면 "음행의 진노의 포도주"란 배도하는 음녀 교회가(혹은 종교단체) 비진리로 큰 단체를 이루어 혼합주의 사상으로 세상을 미혹하게 될 것을 예표합니다. 그러므로 음행의 포도주로 세상을 미혹한 음녀에게 하나님의 진노가 쏟아지게 될 것입니다. 따라서 음행의 진노의 포도주란 음녀가 비진리로 세상을 미혹한 것에 대한 하나님의 진노가 쏟아질 것을 암시하는 것입니다.

현재 기독교라는 이름 하에 마리아를 중심으로 하는 신비 체험이 많은 종교들 가운데 공통으로 발생하고 있습니다. 마리아가 구름 사이로 등장하기도 합니다. 마리아가 기도하는 수녀들에게 나타나 새로운 계시를 알려주고 있습니다. 이슬람도 예외가 아닙니다. 이슬람의 경우 마리아를 얼마나 귀하게 높이는지 모릅니다. 그 종교에서도 마리아의 환상을 보는 일들이 점점 많아지고 있습니다.

현재 온 세상의 여신으로 등장하는 존재는 로마 가톨릭이 늘 강조해 왔던 마리아 숭배입니다. 최근에는 어머니 하나님을 외치면서 예배하는 로마 가톨릭 교회가 계속 늘고 있습니다. 심지어 한국의 어떤 가톨릭교회에서는 '엄마 하나님'이라고 공식 예배에서 늘 외칩니다. 세계 종교가 종교 다원주의로 향하고 있습니다. 신학교 교수와 목사들 중에는 십자가 복음 없이도 구원이 있다고 주장하는 자들이 많이 생겨났습니다. 신기한 것은 종교 다원주의와 함께 동성 연애가 전 세계적으로 신속하게 확장되고 있다는 사실입니다. 동성 연애는 로마서 1장에서 언급하는 것처럼 인간 타락의 극치를 의미합니다. 현재 우리가 잘 알듯이 PCUSA(미국 장로교단), 그리스도 연합 교단 등 여러 교단들이 동성 연애를 인정하는 가운데 이미 음녀들이 되어버렸습니다. 즉, 그들은 이미 배교 상태에 있습니다. 그들은 하나님께서 가장 가증한 죄로 부르는 것을 삶의 스타일이라고 부르며 죄가 아니라고 하니 이것이 바로 배도의 증거인 것입니다.

아무튼 계시록의 큰 음녀는 로마 가톨릭 교회를 중심으로 하여 세워질 종교-정치-문화 연합체인 큰 성 바벨론입니다. 로마 교회는 조만간 개신교회들을 흡수하여 세계적 교회로 등장할 것이며 그 후 모든 종교를 통합할 것입니다. 로마로부터 예루살렘으로 도시가 옮겨지면서 7년 대환난 기간에 큰 음녀는 엄청난 형통을 맞이할 것입니다. 따라서 큰 성 바벨론은 다시 한번 전 세계의 종교, 정치, 경제의 중심이 될 것입니다. 그 기간 동안 참 교회는 7년 대환난에 들어가지만 하늘에서의 마지막 나팔 소리와 함께 주의 백성들이 부활 승천할 것이며, 그 이후 일곱 대접 심판으로 큰 성 바벨론 및 온 세상이 멸망할 것입니다.

사랑하는 여러분!

성경은 반드시 마지막 적그리스도가 등장하기 전에 이 땅에는 배교의 교회가 우뚝 서서 종교 연합의 주인공이 될 것을 알려주고 있습니다. 우리는 이 사실을 결코 잊지 말고 늘 기억하며 결단코 배교에 빠져서는 안 될 것입니다.

"누가 어떻게 하여도 너희가 미혹되지 말라 먼저 배교하는 일이 있고 저 불법의 사람 곧 멸망의 아들이 나타나기 전에는 그 날(곧 주의 재림의 날)이 이르지 아니하리라"(살후2:3)

온 세상이 큰 성 바벨론의 영향력 아래에서 귀신과 우상들을 섬기며 영적인 음행과 육체적인 음행을 저지른다는 사실입니다. 그 와중에 온 세상의 기업 상인들은 큰 성 바벨론의 화려하고 방탕한 생활 패턴 때문에 많은 돈을 벌어서 부요하게 될 것입니다.

그러나 8절을 보니 죽음과 고통과 기근으로 인한 슬픔이 단 하루 만에 큰 성 바벨론에게 임할 것입니다. 큰 성 바벨론은 불에 타서 잿더미가 될 것입니다. 이는 전능하신 주 하나님께서 큰 성 바벨론을 심판하셨기 때문입니다. 마치 소돔과 고모라처럼 불로 탈 것입니다.

9절을 보면, 세상의 통치자들은 큰 성 바벨론의 음행에 동참할 것입니다. 계시록이 음행을 영적인 것과 육체적인 것을 구별하지 않고 사용하는 것은 큰 성 바벨론 시대에는 영적인 음행과 육체의 음행이 구별되지 않을 것이기 때문입니다.

큰 음녀 시대에는 온 세상 통치자들이 영적으로나 육체적으로 지독하게 음란스러울 것입니다. 그들은 불량한 재벌 아들이 돈을 뿌리며 방탕하고 사치하는 것처럼 세상의 사치와 방탕에 깊게 물들 것입니다. 이에 상인들이 큰 성 바벨론과 관련한 그러한 방탕하고 타락한 권력자들 때문에 큰 돈을 벌 수 있게 되는 것입니다.

13절을 보면, 많은 상인들이 팔고 사는 물건들 가운데 사람의 영혼들을 매매한다는 내용이 있습니다. 여기서 '영혼들'이라는 단어는 "프슈카스(ψυχὰς)"라는 헬라어인데 계시록 전체에서 볼 때 영혼 그 자체를 의미합니다. 사람의 영혼들을 매매하는 것은 과거 로마 시대 때에 노예를 팔고 사던 것과 연관되는데 우리는 미래에 사람의 영혼들을 사고 파는 것이 무엇을 뜻하는 것인지 대환난에 남겨진 사람들은 그때 눈여겨 보아야 할 것입니다. 적그리스도가 만든 컴퓨터로 연결된 AI가 아닌가 추정합니다. 한편, 24절을 보면 큰 성 바벨론의 길에 선지자들의 피가 흘려졌습니다. 이는 계시록 11장의 두 증인에 대한 증거입니다. 그들의 시체는 큰 성 바벨론의 길에 놓였습니다. 즉, 대환난 때에 큰 성 바벨론은 온 세상의 하나님의 백성들을 대학살한 주인공입니다.

3. 바벨론의 멸망(Fall of Babylon)

◇ **요한계시록18:1-24**

16장은 일곱 대접 재앙으로 적그리스도와 적그리스도의 나라에 속한 온 세상이 심판받는다는 내용이었습니다.

"또 큰 도성이 세 조각으로 나눠지고 나라들의 도성들이 무너졌습니다. 하나님께서 큰 도성 바벨론을 기억하시고 그의 맹렬한 진노의 포도주 잔을 바벨론에게 내리셨습니다."(계16:19)

17-18장은 바벨론이 곧 하나님을 대적하는 이 세상이 왜 멸망하게 되는지에 대해 그 원인을 밝히는 내용입니다. 17장은 이 세상이 음녀의 성격 곧 음행죄 때문에 멸망하게 되었다는 점을 지적하고, 18장은 이 세상이 바벨론의 성격 곧 탐욕과 교만죄 때문에 멸망하게 되었다는 점을 밝히고 있습니다. 17장에서 '음녀'가 모든 악의 근원지였던 로마를 말한 것같이 18장에서 상징으로 사용한 '바벨론'도 모든 악한 제도의 핵심 역할을 했던 로마를 가리킵니다. 무천년설을 지지하는 자들은 음녀 바벨론을 7년 대환난기 때가 아니라 로마제국이나 세계 모든 나라로 이해합니다. 종교개혁자들은 로마 가톨릭을 음녀 바벨론이라고 강력하게 주장했습니다. 그러나 종말적으로는 미래에 나타날 적그리스도의 도시와 국가를 말합니다. 내용구조는 바벨론 멸망 선언(1-8절), 바벨론 멸망과 애통(9-20절), 바벨론 멸망의 결과(21-24절)로 되어 있습니다.

바벨론의 의미가 무엇입니까?

"힘찬 음성으로 외쳐 이르되 무너졌도다. 무너졌도다. 큰 성 바벨론이여 귀신의 처소와 각종 더러운 영이 모이는 곳과 각종 더럽고 가증한 새들이 모이는 곳이 되었도다."(계18:2)

창세기 11장에 나오는 바벨론(βαβυλών Babylon)의 바벨탑 사건이 나옵니다. 바벨론의 어원은 히브리어 바벨(בֶּבֶל)에서 유래하였으며 '혼란'이란 뜻입니다. 바벨론은 B.C. 2,250년경 바그다드 남쪽 80km 지점 유프라테스강 언저리에 있던 최초의 고대국가 갈대아의 수도로 그 구역이 약 890ha입니다(1ha 3,025평). 창 10:10절에 의하면 니므롯이 시날 땅에 자리를 잡고 도시를 건설한 곳이 바벨론이며, 이곳에서 거대한 바벨탑 건설을 진행하였습니다. 그러나 바벨탑을 쌓는 목적이 하나님을 대항한 결과가 되자(창11:1-9) 하나님께서 공사에 참여한 자들의 언어를 혼잡하게 하였습니다. 공사는 저절로 중단되었습니다. 하나님의 개입으로 바벨탑에서 사람들의 언어가 혼잡하게 된 이후로 바벨론의 정치, 종교, 문화 체제는 이 세상의 신, 공중의 권세 잡은 통치자 마귀를 따르는 온 세상의 근본이 되었습니다. 즉 하나님을 대적하는 모든 인본주의 사상의 근본이 바벨론에서 나왔습니다. 바벨론은 묵시문학에서 하나님 나라를 대적하는 로마 제국, 세상나라, 멸망 당할 사탄과 그 왕국, 우상 숭배와 배교(背敎) 등으로 상징됩니다.(벧전5:13, 계17:5) 성경은 바벨론을 유다 왕국을 멸망시키고 유대인을 포로로 끌고 간 정복자의 관점에서 기록합니다. 그 후 많은 세월이 흘러 신약시대에 와서 베드로가 다시 바벨론을 등장시킵니다. 벧전5:13 택하심을 함께 받은 바벨론에 있는 교회가 너희에게 문안하고 내 아들 마가도 그리하느니라. 베드로가 로마의 권력을 바벨론에 비유한 것은 지금은 기독교를 박해하는 막강한 세력일지라도 그 세력 역시 때가 되면 무너진다는 의미입니다. 사도 요한도 이 바벨론을 은유의 표현으로써 세상의 악과 쾌락을 상징하는 로마로 보았습니다. 결국, 바벨론은 하나님을 대적하는 모든 악의 총칭으로 보아야 합니다.

이 세상에 80억이 넘는 사람이 살지만 두 부류의 사람이 있습니다. 더러운 음녀(바벨론)에 속한 사람들과 예수에 속한 정결한 신부(새예루살렘)인 사람입니다.

요한계시록 16장에 일곱째 대접이 쏟아짐으로 주께서 재림하시고 세상나라 바벨론은 멸망하고 만물 회복과 천년왕국 실현을 위한 세상심판이 끝납니다.

바벨론의 이름은 큰 음녀이고 세상나라를 대표합니다.(계17:1) 바벨론 이름 속에는 하나님을 거부하고 자기가 주인되어 살아가는 모든 아담들의 나라가 들어있습니다. 바벨론은 나라 혹은 그 나라에 속해 살아가는 모든 사람(죄인)들을 통칭합니다. 바벨론과 그 백성들의 특징은 음행입니다. 천사는 바벨론을 큰 음녀라고 말합니다. 음녀의 유혹은 물질 풍요에서 오는 사치 향락입니다.

"그 여자는 자주 빛과 붉은 빛 옷을 입고 금과 보석과 진주로 꾸미고 손에 금잔을 가졌는데 가증한 물건과 그의 음행의 더러운 것들이 가득하더라"(계17:5)

음녀 바벨론은 붉은 옷을 입고 각종 금은보석으로 치장했으며 음행의 온갖 더러운 것을 담은 금잔을 가지고 있습니다. 음녀는 자신이 가진 풍요로 인해 사치와 향락을 좋아하며 음행의 포도주를 즐겨 마십니다. 또한 바벨론은 자기가 가진 풍요와 사치로 유혹하여 다른 나라들도 함께 음행하도록 합니다. 사람들이 바벨론을 따르고 바벨론과 합하여 음행하는 이유는 바벨론이 가진 물질풍요 사치와 향락 때문입니다. 세상 사람들은 모두 그 풍요를 갖고 싶어 합니다. "땅의 임금들도 그로 더불어 음행하였고 땅에 거하는 자들도 그 음행의 포도주에

취하였다.”(2절)

바벨론이 가진 물질의 풍요는 짐승과 용이 준 것입니다(7-13절) 음녀는 붉은 빛이 나는 일곱머리 열뿔 짐승을 타고 있습니다.

계17:3 “내가 보니 여자가 붉은 빛 짐승을 탔는데 그 짐승의 몸에 참람된 이름들이 가득하고 일곱 머리와 열 뿔이 있으며” 음녀 바벨론은 하나님을 대적하는 붉은 빛 짐승을 타고 있습니다. 머리와 뿔을 보니 그 짐승은 교회의 두 증인을 죽이던 무저갱에서 올라온 짐승(계11장) 용의 대리자로서의 짐승(12장) 큰 권세로 교회를 42개월 핍박하는 열뿔짐승(13장)임이 분명합니다.

공생애를 시작하시는 예수님께 사탄은 세 가지를 시험을 합니다. 그중 물질의 풍요와 권세로 유혹했습니다. “마귀가 또 예수를 이끌고 올라가서 순식간에 천하만국을 보이며 가로되 이 모든 권세와 그 영광을 내가 네게 주리라 이것은 내게 넘겨준 것이므로 나의 원하는 자에게 주노라. 그러므로 네가 만일 내게 절하면 다 네 것이 되리라”(눅4:5-7) 사탄은 자기를 섬기는 자들에게 세상 영광과 권세, 물질풍요를 줄 수 있습니다. 사탄은 사람들이 가장 원하는 물질풍요와 권세를 주며 사람들의 영혼을 빼앗아 갑니다. 사탄에게 자기 영혼을 주고 물질풍요를 얻은 것입니다. 바벨론의 풍요는 짐승이 준 것입니다.

4. 사악한 666표 국제 경제 시스템

계시록 13장을 보면 마지막 거짓 선지자가 등장하여 666표를 만들어 전 세계의 경제권과 상권을 통치하고 감시할 수 있는 체제를 갖추고 누구든지 666표를 받지 않으면 사형에 처하든지 감옥에 가둡니다. 물론 짐승에게 경배해야만 얻을 수 있는 666표가 없이는 그 누구도 경제 및 매매 활동을 전혀 할 수 없습니다. 666표를 받지 않으면 식량을 살 수 없으므로 생존 자체가 불가능합니다. 그러므로 전 세계의 돈을 긁어 담게 되는 세계 은행 단일 시스템입니다.

3년 반의 시간이지만 적그리스도의 본부인 예루살렘은 지구 역사상 가장 많은 돈을 쌓아둘 것입니다. 주체할 수 없는 돈을 쌓아 세계를 통치할 것입니다.

그들은 자기들 머리에 재를 뿌리고 울며 슬퍼하며 외칠 것이다. “재앙이다. 재앙이다. 큰 도성이여, 바다에 배들을 띄우던 모든 사람들이 저 도성의 번영으로 인해 부를 쌓았거늘 이 도성이 순식간에 멸망해 버렸구나.”(계18:19)

그때만 아니라 오늘도 사탄과 마귀는 사람들을 돈으로 부자되게 하고 큰 건물 짓고 술 취하고 마약 하고 방탕케 하여 지옥으로 이끌고 있습니다. 우리는 초라하고 작은 건물을 교회의 건물로 사용하는 곳이 많은데 비해서 불신자들이나 이단들이 세운 크고 웅장한 건물을 보고 상대적인 위압감까지 느낄 때가 있습니다. 불신자들이나 이단도 저렇게 돈이 많고 큰 건물을 사용하는데 하나님의 자녀인 우리들은 이게 뭔가요?

그러나 주님은 그들의 형통을 부러워하지 말라 하십니다. 시편 37편 7절에서 11절을 보십시오.

"7여호와 안에서 잠잠히 그분을 참고 기다리십시오. 일이 잘돼 가는 사람들, 곧 악한 짓을 하는 사람들이 있다고 초조해하지 마십시오. 8화를 그치고 분노를 참아 내십시오. 초조해하지 마십시오. 그렇게 하면 악으로 치달을 뿐입니다. 9악을 행하는 사람은 사라지고 여호와를 바라는 사람들은 이 땅을 유산으로 얻을 것입니다. 10얼마 후면 악인들이 더 이상 없을 것이니 아무리 눈 씻고 찾아 봐도 없을 것입니다. 11그러나 온유한 사람들은 땅을 유산으로 얻을 것이고 큰 평화를 누리며 기뻐할 것입니다."(시37:7-11)

마귀가 그들이 잘 되게 하는 것 출세하고 돈 많고 큰 집짓고 인생을 멋지게 즐기며 살게 하는 것이 성공이라고 착각하고 살게 하는 것도 하나님의 일종의 심판이기 때문입니다. 내버려두시기 때문에 마귀가 그들을 성공케하여 교만케 하고 세상에 흠뻑 취하게 하여 하나님을 그리고 영생의 문제를 잊게 만들어 지옥가게 하는 것입니다.

오늘날도 세상의 성공관이 교회에 침투하여 유명한 설교자와 부흥사 중에는 '재정의 기름부음'이니 '돌파의 영(靈)'이니 하는 성경의 근거도 없는 소리로 현혹합니다. 가뜩이나 돈이 절실한 사람들에게 거룩한 성령 하나님을 돈 벌게 해주는 영으로 둔갑시켜 입으로는 예수 이름이지만 실제로는 자기들 깃발 앞으로 사람들을 모읍니다. 성경을 전후 문맥을 살피지 않고 통전적(holistic)으로 보지 않으면 오해하기 쉬운 성경 구절들이 있습니다. 출애굽기 9장 12절을 보면

"그러나 여호와께서 바로의 마음을 강퍅케 하셨으므로 그들을 듣지 아니하였으니 여호와께서 모세에게 말씀하심과 같더라."(출9:12)

딱 이 한 절만 보면 하나님께서 바로의 마음을 강퍅케 하셔서 그가 하나님을 대적했다는 것 같습니다. 그러나 전후 문맥을 살펴보면 하나님께서 경고하고

여러 번 매를 들어 쳤어도 듣지 않으므로 내버려 두셨다는 의미입니다. 이와 같이 성경을 한 절만 보면 오해하기 쉽습니다.

에컨대 환난통과설을 주장하는 분들은 하나님께서 모든 성도들을 즉 교회를 "그때 그녀에게 큰 독수리의 두 날개가 주어졌습니다. 그래서 그녀는 광야, 곧 그녀의 거처로 날아가 거기서 뱀의 낯을 피해 한 때와 두 때와 반 때 동안 부양을 받았습니다."(계12:14)

하나님께서 예비한 피난처로 옮겨 주셔서 3년 6개월 동안 보호를 받는다고 잘못 해석합니다.

여기서 그녀는 문맥상으로 볼 때 전 세계의 성도들을 뜻하는 것이 아니라 야곱의 환난을 거쳐 남은 1/3의 '유대인 성도들'을 뜻합니다. 그러면 후 3년 반 때의 성도들은 순교없이는 구원이 없다는 의미입니다. 계시록 4-19장의 대환난은 현재 예수 그리스도 안에 있는 성도들과는 아무 상관없습니다. 전혀 해를 끼칠 수 없습니다. 그러므로 우리는 그리스도 예수님 안에 있는가만 확인하면 됩니다. 이로 보건대 큰 성 바벨론에는 사탄이 성육신을 흉내내어 나타난 적그리스도가 세상 권력의 보좌에 앉을 것이고, 사탄이 보낸 거짓 선지자는 세상 종교와 경제를 장악한 상태에서 모든 세상 사람들로 하여금 적그리스도를 메시아와 주 하나님으로 경배하며 예배하게 할 것입니다.

그녀는 붉은 빛 짐승을 타고 있는데 그 짐승의 몸에는 하나님을 대적하는 온갖 참람된 이름이 적혀있습니다. 이 짐승은 바로 바다에서 올라온 일곱머리 열뿔 짐승(계13장)이며 그의 보좌와 능력은 사탄(용)이 그에게 준 것입니다. 음녀는 열뿔 짐승과 하나 되어 물질을 풍부하게 얻었고 사치와 향락하며 음행하고 있습니다. 음녀 바벨론이 유브라데 강변에서 풍요를 누리며 온 세상으로 음행하는 동안 이스라엘은 광야에서 생활합니다. 광야는 물이 없는 척박한 곳입니다. 광야는 하나님이 함께 해주셔야 살 수 있습니다. 물질의 풍요는 기대할 수 없고 오직 하나님만 바라봐야 하는 곳입니다. 광야는 하나님께 순종함을 배우는 곳입니다. 물질의 욕심이 꺾어져야 그때부터 하나님이 보입니다.

성경은 두 여자와 두 도시를 대조합니다. 더러운 음녀와 정결한 신부, 바벨론과 새예루살렘입니다. 중간지대는 없습니다. 그렇다면 그리스도를 주로 섬기지 않는 세상 사람들은 모두 음녀 바벨론이며 바벨론 백성입니다. 바벨론이란 적극적으로 음행을 주도하는 사람들이요 바벨론 백성은 바벨론을 따라서 음행을 저지르는 사람들입니다. 바울은 그들이 자기 배(식욕)를 신으로 섬기는 자들이라고 합니다. "저희의 마침은 멸망이요 저희의 신은 배요 그 영광은 저희의 부끄러움에 있고 땅의 일을 생각하는 자라"(빌3:19)

불신자들이 음녀 바벨론 사람들임은 명백하기에 어렵지 않습니다. 교회 안에서 성도가 음녀가 될 수 있음을 주의해야 합니다. 물론 신도 중에는 바벨론처럼 하나님을 버리고 우상에게 가는 음녀를 말합니다. 성도는 세상나라 음녀가 입은 붉은 옷과 금은보화에 속으면 안됩니다. 그것은 짐승과 용에게 자기 영혼을 내어주고 잠시 빌린 것임을 분명히 알아야 합니다. 성도는 새 하늘과 새 땅에서 그것과 비교할 수 없는 빛나는 세마포 의복과 금면류관을 얻습니다.

계시록을 기록한 요한은 요한1서 2장 16절에서 바벨론 문화의 3대 특징을 이렇게 소개합니다.

"이는 세상에 있는 모든 것이 육신의 정욕과 안목의 정욕과 이생의 자랑이니다 아버지께로부터 온 것이 아니요. 세상으로부터 온 것이라."(요일2:16)

육신의 정욕과 안목의 정욕과 이생의 자랑이 무엇입니까? 하나님을 대적하는 세속 문화를 압축한 것으로 한마디로 바벨론이라고 합니다. 바벨론은 타락과 부패와 반기독교 세력이고, 물질 중심의 세속 문화, 이방 문화이기 때문에 세상을 상징하는 단어가 되었습니다. 그러면 바벨론으로 불리는 세상 문화가 영원히 지속이 될 것 같습니까? 사도 요한은 세상 문화에 대해 이 세상도, 그 정욕도 잠깐 지나가는 것이라(요일 2:17)고 말합니다.

그런데 바벨론의 죄는 천지창조와 더불어 에덴동산에서부터 존재하였습니다. 사탄이 하와에게 선악과를 따 먹도록 유혹하였던 전략을 보십시오. 3가지 특징으로 접근을 하였습니다. 먹음직도 하고 보암직도 하고 지혜롭게 할 만큼 탐스러운 마음을 가지게 하였습니다. 바로 육신의 정욕, 안목의 정욕, 이생의 자랑입니다. 그런데 이중에서도 하나님 앞에서 가장 근본적이고 가장 큰 죄는 어떤 것일까요?

근본적인 죄, 가장 큰 죄

하나님이 천지만물을 창조한 후에 누가 첫 번째로 범죄했는가? 하나님 밑에는 피조물 세 천사장이 있는데 루시퍼(Lucifer)는 원래 하나님을 찬양하는 직책을 맡고 있던 천사장이었습니다.(겔28:13-15) 그러나 교만한 마음을 품고 하나님과 동등한 지위를 얻으려고 그는 속으로 이런 말을 하였습니다.

"내가 하늘에 올라가 하나님의 별들 위에 내 보좌를 높이리라. 내가 북극 집회 산에 앉을 것이며 가장 높은 구름 위에 올라 제일 높은 자와 같이 될 것이다."(사14:13-14)

쉽게 번역하면 그는 "나는 하나님처럼 될 것이다.(I will be like the most High) 즉 나는 하나님이 될 것이다. 내가 우주의 주인이 될 것이다" 이런 생각으로 자신을 따르는 수하의 천사들(전체 천사의 3분지 1)과 함께 반란을 일으켜 하나님을 대적했습니다. 하나님은 미가엘(Michael) 천사장과 그의 천사들로 하여금 이들을 제압하고 천상(天上)에서 쫓아냈습니다. 이것이 근본적인 죄입니다. 하나님 앞에서 피조물이 범하는 제일 큰 죄입니다. 예를 들면 자식이 여러 명인 부모가 있는데 그 자식들 중에 둘째 아들이 말도 가장 잘하고 공부도 가장 잘하고 똑똑합니다. 다른 아들들은 친구들하고 맨날 싸우고 놀기만 하고 공부도 못합니다. 그래도 부모를 인정하고 좋아합니다. 그런데 그 둘째 아들은 부모를 업신여기고 무시한다면 부모의 마음을 가장 아프게 한 부모에게 가장 못된 자녀는 둘째 아들인 것과 마찬가지입니다. 저주받아 천상에서 쫓겨난 루시퍼 천사장은 사탄(satan)이고 이를 따르는 타락한 천사들은 마귀들입니다. 사탄은 하와에게 이렇게 말하였습니다.

그때 뱀이 여자에게 "너희는 절대로 죽지 않을 것이다. 하나님이 너희에게 그렇게 말씀하신 것은 너희가 그것을 먹으면 눈이 밝아져서 하나님과 같이 되어 선악을 분별하게 될 것을 하나님이 아셨기 때문이다" 하고 말하였다.(창3:4-5)

즉 네가 하나님과 같이 된다(you will be like God)고 자기가 최초로 하나님을 대적할 때 품었던 마음과 똑같이 유혹한 것입니다. 피조물인 사람이 하나님처럼 되려는 죄가 근본적인 죄입니다. 이것이 하나님 앞에서 제일 큰 죄입니다. 우리가 일반적으로 죄가 무엇인가? 정의할 때 사람과 사람사이에 범한 죄를 생각하고 그렇게 말하기 쉽습니다. 예를 들면 살인죄, 사기 죄, 간음한 죄, 거짓말한 죄등입니다. 그런데 가장 근본적인 죄는 하나님을 상대로 범한 죄입니다. 사람이 하나님의 자리에 올라가 하나님처럼 사는 것입니다.

'선악을 분별하게 될 것을' 여기서 '분별하게'라는 의미의 히브리어 원어 동사는 야다("&ψ·)로 '알다', '재판하다'. '형벌하다'는 뜻입니다. 즉 좋은 의미에서 분별하다(롬12:2)가 아니라 하나님 자리에서 '비판하다(마7:1)'. '정죄하다(롬8:1)'. '재판하다(약4:11)'는 의미로 하나님만 하실 수 있는 영역과 권위입니다. 아담과 하와는 스스로 하나님이 된 것입니다. 이것이 하나님께서 가장 싫어하시는 죄 곧 우상 숭배입니다. 그래서 진정한 회개는 예수님을 나의 죄를 용서하시는 구세주 그리고 동시에 예수님을 나의 주인으로 모시는 삶입니다. 그렇지 않으면 예수 믿은 후에도 여전히 자기가 주인이 되어 즉 하나님의 위치에서 자기 생각대로, 자기 마음대로, 자기 계획대로 즉 자기가 하나님이 되어 살던 그 옛 습관대로 우상 숭배하며 사는 것입니다. 즉 철저히 죄에 대해서 회개치 않은 것입니다. 근본적인 죄에 대한 인식이 부족하면 회개가 온전치 못하게 되는 것입니다. 하나님이 세상을 창조하신 그때부터 보이지 않는 그의 속성, 곧 그의 영원하신 능력과 신성이 그가 만드신 만물을 통해 분명히 나타나서 알게 되었으니 이제 그들은 변명할 수가 없습니다. 그들은 하나님을 알면서도 그분을 하나님으로서 영광스럽게 하지 않고 감사하지도 않으며 그들의 생각은 쓸모 없고 그들의 어리석은 마음은 어두워졌습니다.(롬1:20-21) 사람들이 하나님을 알려고 하지 않으므로 하나님께서도 그들이 부패한 마음으로 악한 일을 하도록 내버려 두셨습니다.(롬1:28) 즉 자기가 스스로 하나님이 되어 살기 때문에 즉 근본적 죄, 가장 큰 죄를 버리려고 하지 않기 때문에 그들은 온갖 부정, 추악, 욕심, 악한 생각, 시기, 살인, 다툼, 사기, 악으로 가득 차 있습니다. 그리고 그들은 수군거리며 서로 헐뜯고 하나님을 미워하고 건방지고 교만하며 자랑하고 악한 일을 꾸며내고 부모에게 불순종하고 미련하며 신의도 인정도 없고 무자비합니다.(롬1:29-31)

결론적으로 하나님을 상대로 근본적인 죄를 범하였기 때문에 인간들 사이에 각종 죄악을 범하는 것입니다. 사탄과 그를 따른 마귀들 그리고 적그리스도와 거짓 선지자들 그리고 적그리스도가 만든 우상을 숭배하는 모든 자들의 범죄가 바로 자기들이 하나님 되어 하나님을 대적한 가장 큰 죄입니다. 이것이 바벨론의 뿌리깊은 죄입니다.

사탄이 예수님의 공생애 직전 사십일 금식을 한 후 찾아와서 시험할 때에도 육신의 정욕, 안목의 정욕, 이생의 자랑이었습니다.(마4:1-10) 멸망의 도성 바벨론에서 나오라 하는 데도 계속 세상의 문화에서 빠져나오지 못하는 자에 대하여 이렇게 표현하였습니다.

"화 있을진저 이 사람들이여, 가인의 길에 행하였으며 삯을 위하여 발람의 어그러진 길로 몰려갔으며, 고라의 패역을 따라 멸망을 받았도다".(유1:11)

또 아브라함의 조카 롯의 행적과 그 결과를 보십시오. 삼촌 아브라함과 사이에 의리를 배반하고 소돔으로 간 길이 잘 되었습니까?(창13:05-13) 이내 모든 재물을 잃고 아내까지도 소돔 성에서 나오다 소금기둥이 되고 말았습니다. 몸은 그곳에서 나왔으나 그 마음이 여전히 그곳에 머무르고 있었기에 주님께서 하신 말씀이 있습니다. 롯의 처를 기억하라는 말씀입니다.(눅17:32)

멸망의 도시 바벨론에 머물고 있습니까?

"또 내가 들으니 하늘로부터 다른 음성이 나서 이르되 내 백성아, 거기서 나와 그의 죄에 참여하지 말고 그가 받을 재앙들을 받지 말라."(계18:4)

"내 백성아" 할 때 "내"가 곧 하나님이십니다. 그 하나님께서 "내 백성아" 하셨으니, 첫째는 7년 대환난기 때의 이스라엘이고 둘째는 하나님은 나의 왕 곧 내 주로 모시고 사는 성도를 가리키고 있음을 알 수 있습니다. 그러면 성도는 육적인 면에서는 이 지상에 살아가야 할 나라가 있는 것처럼, 영적인 면에서도 살아가야 할 국적이 하늘나라에 속해 있음을 깨달을 수 있습니다. 즉 믿음으로 예수님을 내 왕으로 모시고 사는 성도라면 그 분이 "내 백성아" 하실 때 곧 성도를 향해 말씀하고 계심을 쉽게 알 수 있습니다.

바벨론에 계속 머물면 멸망입니다. 요한계시록은 일곱 인, 일곱 나팔, 일곱 대접으로 구성되어 사탄과 최후의 전쟁을 기록한 성경입니다. 장차 일어날 마지막 때의 현상을 기록한 이 계시록에 세상의 쾌락을 상징하는 바벨론이라는 단어가 8번 나옵니다. 하나님의 천사가 바로 이 바벨론에서 나와야 살길이 열린다고 선언합니다. 장소뿐만 아니라 악의 생활에서 떠나야 살길이 열린다는 음성입니다. 그러나 이 음성을 외면하는 사람이 있습니다. 곧 멸망할 도성에서 나와야 살길이 열린다고 소리쳐도 전혀 나오지 않는 사람이 있습니다.

왜 나오지 않습니까? 믿음의 눈으로 보면 멸망의 성이지만 세상의 관점, 육신의 관점으로 보면 그렇게 좋을 수가 없는 행복의 요람이기 때문입니다.

다니엘 5장에서는 느부갓네살 왕의 손자인 벨사살 왕이 등장하는데 이때에 다니엘은 그의 나이가 86세 정도의 노인이었습니다. 그 당시 벨사살 왕은 나이가 36세인 젊은 왕이었는데 그는 이스라엘의 하나님을 거절했으며 바벨론을 하나님께 대한 반역의 극치로 몰고 간 왕이었습니다. 다니엘서 5장 1절에서 2절을 보면 "벨사살 왕이 그 귀인 일천 명을 위하여 큰 잔치를 배설하고 그 일천명 앞에서 술을 마시니라 벨사살이 술을 마실 때에 명하여 그 부친 느부갓네살이 예루살렘 전에서 취하여 온 금, 은 기명을 가져오게 하였으니 이는 왕과 귀인들과 왕후들과 빈궁들이 다 그것으로 마시려 함이었더라."

벨사살이 왕으로 앉은 바벨론 궁전은 쾌락의 궁전이었습니다. 술과 음식으로 정신이 몽롱하여지는 날마다 잔치의 나라가 되었습니다. 벨사살 왕의 궁전에서는 밤마다 온갖 음악들이 베풀어졌으며 술을 마시고 소리지르며 노래 부르는 동안 육체의 정욕이 이성을 대신하였고 그들의 양심은 마비되어 갔습니다. 그러던 어느 날 밤 멸망이 바벨론 성에 드리운 것도 알지 못한 채 그들은 향락에 빠져 있었습니다. 바벨론이 멸망하던 그날 밤이 쾌락의 밤이었던 것처럼, 지금 이 지구도 곧 닥치는 멸망과 심판을 모른 채 사람들이 쾌락의 밤을 지내고 있습니다. 다니엘 5장 1절은 현재 우리가 살고 있는 세상을 상징합니다. 예수께서는 세상 끝에 당신께서 재림하시기 직전의 세대에 대하여 다음과 같은 경고의 말씀을 주셨습니다.

"노아의 때와 같이 인자의 임함도 그러하리라 홍수 전에 노아가 방주에 들어가던 날까지 사람들이 먹고 마시고 장가 들고 시집 가고 있으면서 홍수가 나서 저희를 다 멸하기까지 깨닫지 못하였으니 인자의 임함도 이와 같으리라."(마 24:37-39)

"너희는 스스로 조심하라 그렇지 않으면 방탕함과 술취함과 생활의 염려로 마음이 둔하여지고 뜻밖에 그날이 덫과 같이 너희에게 임하리라 이 날은 온 지구상에 거하는 모든 사람에게 임하리라 이러므로 너희는 장차 올 이 모든 일을 능히 피하고 인자 앞에 서도록 항상 기도하며 깨어 있으라 하시니라."(눅 21:34-36)

요한계시록 18장에는 영적인 바벨론으로 상징된 타락한 교회가 나오는데 그 영적 바벨론의 멸망을 다음과 같이 예언하고 있습니다.

"그가 어떻게 자기를 영화롭게 하였으며 사치하였든지 그만큼 고난과 애통으로 갚아 주라 그가 마음에 말하기를 나는 여왕으로 앉은 자요 과부가 아니라 결단코 애통을 당하지 아니하리라 하니 그러므로 하루 동안에 그 재앙들이 이르리니 곧 사망과 애통과 흉년이라 그가 또한 불에 살라지리니 그를 심판하신 주 하나님은 강하신 자이심이니라 그와 함께 음행하고 사치하던 땅의 왕들이 그 불붙는 연기를 보고 위하여 울고 가슴을 치며 그 고난을 무서워하여 멀리 서서 가로되 화 있도다 화 있도다 큰 성, 견고한 성 바벨론이여 일시간에 네 심판이 이르렀다 하리로다."(계18:7-10)

요한계시록은 왜 마지막 시대에 영적으로 음행하는 타락한 교회들을 영적인 바벨론으로 묘사한 이유는 마지막 시대의 교회가 하나님의 진리를 잃어버리고 잘못된 가르침과 오류의 포도주를 마심으로 인하여 크게 취해서 하나님께 영광 돌리지 않은 채 마음껏 먹고 마시고 살기 때문입니다. 또한 주님을 믿는다고 말하지만 성경에 기록된 주님의 뜻대로 살지 않고 진실로 회개치 않기 때문에 마지막 시대의 타락한 교회들을 영적 바벨론으로 부르고 있습니다. 고대 바벨론이 술에 취한 깊은 밤에 멸망한 것처럼, 마지막 시대의 영적 바벨론도 포도주에 취하여 깊은 영적 어둠 속에서 비틀거릴 때 멸망이 홀연히 이르게 될 것입니다. 영적 바벨론의 멸망은 다니엘 5장에 있는 고대 바벨론을 토대로 상징되어 있는 것입니다.

돈과 권력과 세상의 쾌락을 상징하는 바벨론, 소돔과 고모라와 같은 죄악의 도시에 대한 하나님의 준엄한 메시지, 심판의 메시지가 있습니다. 그러므로 바벨론에서 나오라는 것은 예루살렘이나 뉴욕 혹은 상해시 같은 도시를 말하는 것이 아니라 스스로 하나님이 되어 자기 마음대로 돈과 권력과 육체의 쾌락을 즐기는 죄악에서 나오라는 말씀입니다. '거기서 나와'(ἐξέρχομαι 엑셀코마이)라는 말은 회개하라는 것입니다. 하나님은 속량함을 받은 자기 백성에게 더 이상 큰 성 바벨론의 죄악에 젖어 들지 말라고 하십니다. 하나님의 백성으로서 합당한 삶을 살라고 하십니다. 바벨론이 왜 무너집니까? 귀신의 처소와 각종 더러운 영이 모이는 것과 각종 더럽고 가증한 새의 모이는 중심지이기 때문입니다. 계 18장은 앞으로 바벨론이 멸망한다는 예언장입니다. 그러면 바벨론에 대하여 왜 무너졌도다. 무너졌도다. 큰 성 바벨론이여라는 과거형을 사용합니까? 아직도 바벨론은 건재하는데 말입니다. 왜 과거 시제인 무너졌도다. 라는 말을 반복합니까? 멸망의 임박성과 확실성을 강조하기 위해서입니다. 아직 이루어지지 않았지만, 곧 이루어질 것이 확실하면 과거 시제로 표현하는 문학의 기법 때문에 이렇게 표현하였습니다.

그렇다면 하나님이 왜 큰 성 바벨론과 만국의 성들과 함께 예루살렘 성을 파괴하시는 것일까요? 이것도 예루살렘을 큰 성으로 묘사한 11장 8절에서 그 단서를 찾을 수 있는데, 11장 8절의 말씀을 보면 두 증인이 적그리스도에 의해 죽임을 당한 예루살렘 성을 "영적으로 하면 소돔이라고도 하고 애굽이라고도 한다."라고 소개하고 있습니다. 거룩한 성으로 불리던 예루살렘이 적그리스도의 통치아래서 영적으로 타락하여 소돔과 애굽처럼 변했다는 뜻인데, 바로 이 때문에 예루살렘이 제일 먼저 하나님의 심판을 받고 무너지게 된다는 것입니다.

하나님의 심판으로 인해 큰 성 바벨론 곧 예루살렘의 모든 부요함은 순식간에 사라질 것입니다. 그러므로 이 세상에 속한 것들을 부러워하지 않기 바랍니다. 이 세상에 속한 것은 안목의 정욕과 육신의 정욕과 이생의 자랑에 관련된 것들입니다. 큰 성 바벨론 예루살렘과 함께 이 세상은 사치와 방탕에 빠져 있었으며 오락과 스포츠와 연예로 가득하였지만 다 무너졌습니다. 모든 경제가 무너졌습니다. 전부 순식간에 거지가 되었습니다. 한 마디로 온 세상이 망한 것입니다. 맷돌 소리가 들리지 않게 될 것인데 이는 일상 생활이 파괴되었다는 뜻입니다.

더 이상 결혼이나 즐거운 모임 등이 불가능할 것입니다. 온 세상이 암흑에 휩싸일 것입니다. 그 후 하늘에서 내리는 불에 의해 온 세상이 잿더미로 타 버리더니 온 땅의 체질이 불에 의해 근본적으로 바뀌게 될 것입니다.

이에 20절을 보면, "하늘과 성도들과 사도들과 선지자들아, 그로 말미암아 즐거워하라. 하나님이 너희를 위하여 그에게 심판을 행하셨음이라 하더라"고 말합니다. 즉, 하나님의 심판은 주의 백성들이 하늘의 영원한 기업을 얻게 되는 사건과 맞물려 있는 것입니다.

그러므로 큰 음녀, 즉, "큰 성 바벨론"은 큰 강 유브라데 근처의 예루살렘 지역에 놓이게 되며 처음 지진에 의해 십분의 일이 무너졌다가 7년 대환난 끝에서 마지막 대접 재앙인 큰 지진에 의해 완전하게 무너집니다. 예루살렘이 이렇듯 큰 지진으로 세 갈래로 갈라질 때(cf. 슥 14:4), 적그리스도의 우상으로 더럽혀진 제3성전도 함께 무너지게 될 것입니다. 이렇게 무너진 자리에다 새롭게 예루살렘성과 천년왕국의 성전(겔40-48장)을 건설한 뒤 예수님이 이곳에서 세상을 통치하시게 될 것입니다.

여러분! 성경에 이스라엘에 대해 예언된 그대로 성취되었습니다. 신약에 성취된 몇 가지만 살펴 보겠습니다.

① 이스라엘은 그들의 메시야를 배척할 것이다.(사53)
② 그로 인하여 외적들이 그의 땅에 들어와 거할 것이다.(레26:32, 눅21:24)
③ 예루살렘은 파멸될 것이다.(눅19:41-44, 21:20)
④ 그럼에도 불구하고 이스라엘은 영원히 견딜 것이다.(창17:7, 사66:22)
⑤ 이스라엘은 예수 그리스도께서 재림하시기 직전에 다시 팔레스타인으로 돌아올 것이다.(신30:3, 겔36:24, 37:1-14, 38:1-39:29)

성경 곳곳에 기록된 이스라엘에 대한 예언은 이스라엘과 유대의 고대사와, 나라가 망하고 2,000여년 동안 전 세계를 돌며 유랑생활을 하다가 1948년 극적으로 독립하여 국가를 수립한 현재의 이스라엘의 상황에서 그대로 성취되었습니다. 그러므로 성경을 성경 그대로 믿으십시오. 사람이 이스라엘만 쳐다봐도 하나님이 살아 계심을 볼 수 있는 것입니다.

여러분!
성경에는 사람이 잠자는 것을 비유하여 말씀한 두 가지 큰 의미가 있습니다.
첫째는 사람이 잠이 깊이 들면 세상이 어떻게 돌아가는지 모르는 상태를 비유합니다.
영생의 길을 모르는 자, 어떻게 죄인이 죄 사함 받고 구원받는지 모르는 상태를 잠자는 자라고 말씀하였습니다.
"이는 드러나는 것마다 모두 빛이기 때문입니다. 그러므로 이렇게 말씀하셨습니다. 잠자는 사람이여, 깨어나라. 죽은 사람 가운데서 일어나라. 그리스도께서 네게 비추시리라."(엡5:14)
예수님을 영접하여 구원받으면 깨어난 사람이 된 것입니다. 데살로니가전서 5장 8절부터 10절을 보면 예수님을 영접하여 우리의 몸이 깨어 있든, 밤에 잠을 자야 하니 자고 있든 그분과 함께 산다고 말씀합니다.
"8그러나 우리는 낮에 속한 사람들이니 정신을 차리고 믿음과 사랑의 가슴받이 갑옷을 입고 구원의 소망의 투구를 씁시다. 9하나님께서 우리를 세우신 것은 진노를 당하게 하시려는 것이 아니요, 우리 주 예수 그리스도로 인해 구원을 얻게 하시려는 것입니다. 10그리스도께서 우리를 위해 죽으셨으니 이는 우리가 깨어 있든 자고 있든 그분과 함께 살게 하시려는 것입니다."(살전5:8-10)

두 번째는 예수님을 영접하여 그리스도의 생명이 있으나 즉 자기 마음대로 사는 상태를 잠잔다고 비유합니다. 시체와 잠자는 자의 차이를 생각하면 이해하기 쉽습니다. 시체는 오장육부(五臟六腑)가 멈춘 상태여서 시체에 발길질을 한다해도 반응이 없습니다. 그러나 잠자는 것은 살아 있으나 오장육부가 자기를 위해서만 작동하고 있습니다. 즉 하나님을 주인으로 모시지 않고 하나님 나라를 생각지 않고 오직 자신의 만족을 위해 육체의 정욕과 안목의 정욕과 이생의 자랑을 탐닉하면서 교회를 다니고 교회 생활을 제아무리 열심히 해도 잠자는 상태입니다. 이것이 구원받은 하나님 백성이 바벨론에 머무르고 있는 상태를 말합니다.

"정신을 차리고 깨어 있으십시오. 여러분의 원수 마귀는 우는 사자처럼 두루 다니며 삼킬 사람을 찾습니다."(벧전5:8)

"그러므로 너희는 앞으로 일어날 이 모든 일을 피하고 또 인자 앞에 설 수 있도록 기도하면서 항상 깨어 있으라."(눅21:36)

깨어 있는 사람은 하나님의 영광 그리고 그의 나라와 의를 먼저 생각하며 사는 사람입니다. 자기를 부인하고 자기 십자가를 지고 그리스도를 따르는 주의 제자가 깨어 있는 사람입니다.

당신은 깊은 잠에 들었나요? 깨어 있나요? 잠들어 있으면 정신차리고 깨어나야 합니다.

여러분! 우리 주 하나님과 어린 양께서 직접 주시는 음성입니다.

"내 백성아, 거기서 나와 그의 죄에 참여하지 말고 그가 받을 재앙들을 받지 말라"(계18:4)

"또한 너희가 이 시기를 알거니와 자다가 깰 때가 벌써 되었으니 이는 이제 우리의 구원이 처음 믿을 때보다 가까웠음이라 밤이 깊고 낮이 가까웠으니 그러므로 우리가 어둠의 일을 벗고 빛의 갑옷을 입자 낮에와 같이 단정히 행하고 방탕하거나 술 취하지 말며 음란하거나 호색하지 말며 다투거나 시기하지 말고 오직 주 예수 그리스도로 옷 입고 정욕을 위하여 육신의 일을 도모하지 말라"(롬13:11-14)

이 마지막 때에 더욱 주 예수 그리스도와 성경, 그리고 그분의 십자가와 성령의 역사를 붙드시는 하나님의 백성들이 되기를 우리 주 예수 그리스도의 이름으로 축원합니다.

CHAPTER 15

예정된 전쟁들

scheduled wars

계9:14-16

    계시록을 보면 미래의 인류에게 성경이 예언한 세계 전쟁이 세 차례 예정되어 있습니다. 제3차 세계대전(ww3)과 아마겟돈 전쟁, 곡과 마곡 전쟁이 순서대로 일어납니다. 이 전쟁들은 인간의 죄로 인해 전쟁이 초래된 것이지 하나님께서 연고없이 전쟁을 작정하신 것은 아닙니다. 전지전능하신 하나님은 앞으로 인간들의 회개 여부에 대한 미래의 일을 아시기 때문에 예언하신 것입니다. 장차 있을 전쟁들에 대해 예언하신 하나님의 뜻은 진노 중에라도 긍휼을 잊지 않으심에 있습니다.(합3:2) 전쟁의 예언은 인간을 향한 하나님의 경고의 메시지입니다. 인간의 교만과 악함을 버리고 하나님께로 돌아오라는 것입니다. 제3차 세계대전(ww3)과 아마겟돈 전쟁은 7년 대환난 기간에 있을 전쟁이며 계시록 20장의 곡과 마곡의 전쟁은 천년왕국 후에 있을 하나님께서 예정하신 전쟁들입니다. 전쟁들의 년월시와 전쟁의 양상과 결과가 다 정해져 있습니다.(단11:35-36)

계시록에 나타난 세 차례의 예정된 전쟁

	제3차 세계대전(ww3)	아마겟돈 전쟁	곡과 마곡 전쟁
전쟁 개요	거짓 선지자의 준동으로 중동에서 이스라엘과 벌일 제3차 세계 대전	적그리스도의 연합군이 어린 양의 군대와 전쟁을 계획하지만 실현해보지 못한 채 하나님의 심판으로 끝난다	사단이 그의 무리들과 연합하여 천년왕국 후에 온 땅을 미혹하여 벌이는 인류 최후 전쟁
발생 시기	7년 대환난의 전3년반 초기 기간중(여섯째 나팔)	후3년반 기간중 (일곱 번째 대접)	천년왕국 후
발발지	이스라엘 유브라데스	이스라엘 므깃도	이스라엘 예루살렘
대결 구도	예루살렘을 치러오는 세 계국가들	그리스도의 하늘군대와 적 그리스도의 지상 연합군	성도들과 사탄에 미혹당한 연합군
승전	이스라엘	예수 그리스도	성도들
주요 무기	현대전쟁무기, 핵무기	예수 그리스도의 검	하늘에서 불이 내려와 살라버림
사망자	인류의 1/3	적그리스도의 모든 추종 세력	사탄에 미혹된 모든 불신자
관련성경	계9장	계16장, 19장	계20장

도표에 보시는 대로 첫 번째 예정된 전쟁은 요한계시록 9장에 언급된 유브라데스 강을 중심으로 세계 3차대전과 두 번째 아마겟돈 전쟁은 요한계시록 19장에 언급된 종말적 전쟁이 있습니다. 셋째로 인간 역사를 완전히 닫으면서 영원한 세계로 진입하기 직전에 또 한 번 예수 그리스도와 적대 세력에 내려질 불의 전쟁에 관하여 살펴 보겠습니다.

1. 첫 번째 예정된 전쟁-유브라데 전쟁

제3차 세계대전

"¹⁴나팔 가진 여섯째 천사에게 말하기를 큰 강 유브라데에 결박한 네 천사를 놓아 주라 하매 ¹⁵네 천사가 놓였으니 그들은 그 년 월 일 시에 이르러 사람 삼분의 일을 죽이기로 준비된 자들이더라 ¹⁶마병대의 수는 이만 만이니 내가 그

들의 수를 들었노라"(계9:14-16)

이 전쟁에 대해 몇 가지 다른 해석과 견해들이 있습니다. ① 예루살렘을 침공한 로마 디도(Titus) 장군과 그의 거대한 군대를 상징 ② 유브라데 너머에 거주했던 투르크만족에 의한 역사적 침입으로 ③ 대환난 때에 하나님을 대적하는 악의 무리로 보는 견해들이 있으나 이스라엘과 중동 국가가 벌이는 전쟁으로 확전될 3차 세계대전(ww3)입니다.

왜냐하면 첫째 "그 날에 여호와께서 아브람으로 더불어 언약을 세워 가라사대 내가 이 땅을 애굽강에서부터 그 큰 강 유브라데까지 네 자손에게 주노니"(창15:18) 유브라데는 아브라함이 하나님으로부터 언약을 받은 축복의 땅을 구분하는 경계선입니다. 예언적 및 역사적으로도 유브라데는 하나님의 부르심을 입은 이스라엘과 그의 주요 적대국들 사이에 경계선이 되었던 곳입니다.

둘째, 전쟁에 대한 성경의 예언 속의 지명은 거의 대부분 문자적인 해석이 가능하도록 그대로 성취되었습니다. 예컨데 아브라함에게 준 하나님의 언약은 솔로몬 왕 때에 성취되었습니다.(대하9:26) 유브라데 강은 이상적인 약속의 땅 서쪽 한계로서 역사상 적으로부터 침공을 받는 통로가 되었습니다. 그러므로 유브라데 전쟁은 유브라데 강 유역을 점령하고 있는 이스라엘을 이슬람 연합군이 침공하여 제3차 세계대전이 될 것으로 봅니다.

셋째, "마병대의 수는 이만만이니 내가 그들의 수를 들었노라"(계9:16) 유브라데 전쟁이 동원될 2만만(2억)의 군대는 대환난기 전반부에 이스라엘을 침공할 군대에 대한 상징적 표현으로 봅니다.

넷째, 이스라엘과 중동 연합국 간의 냉전 체제는 유브라데 전쟁을 암시하고 있는 것으로 봅니다. 따라서 계시록이 밝히고 있는 유브라데 전쟁은 이스라엘과 연합국이 벌일 제3차 세계대전으로 봅니다.

전쟁 시기와 일시

둘째 화와 여섯째 나팔 재앙은 같은 말입니다. 둘째 화는 대환난의 정점에서 일어난 재앙이라 볼 수 있습니다. 이 전쟁에 대해서는 이미 하늘의 시나리오가 작성되어 있습니다. 그러나 지상에는 그 년 월 일 시는 비밀에 붙여져 있는 하나님 주권 아래 장차 될 일에 속합니다.

"년 월 일 시"에 심판하신다는 말씀을 통해 우리는 모든 일에는 하나님이 정해놓으신 시간이 있다는 사실을 알게 됩니다. 전쟁발발 시기는 교회가 휴거된 후 대환난 초기로 보입니다. 그 이유는 이 전쟁은 단 하루 만(계9:15)에 전 인류의 1/3이 죽는 전쟁으로 속전속결로 끝이 날 것입니다. 그 직후 적그리스도가 승리한 진영의 주축인 이스라엘 중심으로 많은 사람들과 평화조약을 맺는 예언이 성취될 것으로 보이기 때문입니다.(단9:27)

유브라데 전쟁이 일어 날 일을 하나님께서 정해놓으신 시간이 있는 것처럼, 우리가 정확한 "년 월 일 시"는 알지 못해도 하나님께서 휴거의 사건을 위해 정해놓으신 시간도 있다는 것입니다. 빠르지도, 늦지도 않은 정하신 시간에 하나님이 예수님의 신부들을 데려가실 것입니다.

전쟁 발발 장소

유브라데스 강변을 중심 한 지역입니다. "그 날은 주 만군의 여호와께서 그 대적에게 원수 갚는 보수일이라 칼이 배부르게 삼키며 그들의 피를 가득히 마시리니 주 만군의 여호와께서 북편 유브라데 하숫가에서 희생을 내실 것임이로다"(렘 46:10) 하는 말씀이 이를 증명하고 있습니다. 그러므로 유브라데 유역의 특성으로 볼 때, 유브라데 전쟁은 전반부에 하나님을 대적하는 악의 무리로 상징되는 중동의 아랍 국가들이 이스라엘을 향해 벌이게 될 세계 3차 세계대전이 일어날 장소로 보여집니다.

"보라 내가 예루살렘으로 그 사면 국민에게 혼취케 하는 잔(a cup that causes reeling to all the peoples around)이 되게 할 것이라 예루살렘이 에워싸일 때에 유다에까지 미치리라. 그 날에는 내가 예루살렘으로 모든 국민에게 무거운 돌(a heavy stone for all the peoples)이 되게 하리니 무릇 그것을 드는 자는 크게 상할 것이라 천하 만국이 그것을 치려고 모이리라."(슥12:2-3)

배후세력

성경에 예언된 ww3는 여섯째 나팔 재앙이자 두 번째 화(禍)로 기록 되었습니다. 전쟁의 배후세력은 범죄한 네 천사입니다.(계9:14) 네 천사가 이 전쟁을 일으키도록 예정되어 있습니다. 이 천사들은 타락한 천사들입니다.(유1:6, 벧후2:4) 타락한 천사 곧 마귀들 중에 악질 마귀들이라 할 수 있습니다. 이들이 사람들을 죽이니 얼마나 참혹하게 죽이겠습니까?

동원될 군대의 숫자

마병대의 수는 이만만이니 하였습니다. 군대의 총 숫자까지 나왔습니다.

$2 \times 10,000 \times 10,000 = 200,000,000$ 곧 2억명이란 계산이 나옵니다. 군대의 동원될 숫자가 엄청난 것을 볼 때 미증유의 군대가 되는 셈입니다. 하나님의 뜻은 뜻대로 있겠지만 사람들이 일으킬 그 전쟁의 동기 그리고 이유와 목적이 분명이 있을 것입니다. 유브라데스 강은 페르시아만으로 흘러 들어갑니다. 그 해협을 '호르무즈만 해협(Hormuz Strait)'이라 부릅니다. 이 지역은 중동지역으로 이란과 이라크가 서로 붙어 있는 지역입니다. 이 지역의 특성은 석유자원의 보고라는 점입니다. 인류는 앞으로 에너지 자원과 식량 문제로 초긴장 상태에 이를 것입니다. 이 지역을 차지함으로 특히 석유자원 에너지를 확보하려 들 것입니다. 또한 이스라엘에 적대 세력인 이란을 주축으로 하는 아랍세력 그리고 이를 지원하는 세력과 그 반대 세력간에 이 지역을 중심으로 두 세력이 각축을 벌일 것입니다. 즉 아랍연맹과 서유럽과 미국 등 세력이 충돌하게 될 것입니다. 이 때 중국과 러시아는 아랍진영의 편에 가담하게 될 것으로 예측됩니다. 이사야 31장 3절을 보면

"그러나 이집트 사람은 사람일 뿐 하나님이 아니다. 그들의 군마는 고깃덩어리일 뿐 영이 아니다. 여호와께서 그분의 손을 펴시면 돕던 사람도 걸려 넘어지고 도움을 받던 사람도 쓰러질 것이다. 둘 다 함께 멸망할 것이다."

하나님 외에 강대국과 사람을 의지하지 말라는 말씀입니다. 한편 이 구절에 나오는 이집트는 이집트이지 미국이나 중국이 아니며 군마(軍馬)는 군용 말입니다. 이것을 영적으로나 상징적으로만 해석하면 결과적으로 역사성(historicity)과 실재성(reality)을 없애버려 성경의 원저자이신 하나님의 뜻을 왜곡하는 것입니다. 마치 이런 것을 예방하기 위한 것처럼 친절하게도 '영이 아니다(not spirit)'고 하셨습니다.

전쟁에 사용될 무기

전쟁에 동원될 무기는 (계9:17)에 언급되어 있습니다. "이같이 이상한 가운데 그 말들과 그 탄 자들을 보니 불빛과 자주빛과 유황빛 흉갑이 있고 또 말들의

머리는 사자 머리 같고 그 입에서는 불과 연기와 유황이 나오더라" 하고 있습니다. 요한은 활과 창과 검으로 싸우던 무려 2천년 전에 대환난기에 일어날 유브라데 전쟁 곧 3차 세계대전의 양상에 대한 환상을 보고 있습니다. 그가 본 것은 소위 현대전쟁에서 말하는 화력전(火力戰)의 모습입니다. 오늘날의 총기류로 발사하면 그것은 다 불입니다. 특히 밤에 보면 총알이 벌겋게 달아서 불이 나갑니다. 특히 화약이 폭발하면 그것은 유황불로 묘사할 수 있는데 특히 원자폭탄은 유황불로 묘사할 수 있습니다. 적어도 사람 1/3이 죽을 정도의 화력이라면 원자탄을 쉽게 떠 올릴 수가 있을 것입니다. 하나님이 죄악세상과 인류에 대한 심판을 하는 과정에서 사람 1/3을 죽이기로 작정하셨기 때문입니다. 그러므로 제3차 세계대전은 인류가 피할 수 없는 예정된 전쟁입니다.

전쟁의 양상

다니엘서와 스가랴서의 내용을 보면 당대와 구약시대에 대한 예언이 기술되다가 갑자기 예수님의 초림 상황으로 갔다가 또 점프하여 마지막 때 적그리스도가 출현하는 시점으로 나아가는 것을 볼 수 있습니다. 이것을 이른바 이중적 예언이 아니라 삼중 예언으로 볼 수 있습니다.

엔드타임 메시지와 관련 된 부분은 '마지막 때'(계11:40)라고 표현되어 있고 역사상 성취되지 않은 예언의 내용인가를 분별하면 됩니다. 단 11:40, 41에는 북쪽 왕과 남쪽 연합세력이 전쟁에 참가하는 것이 예언되어 있습니다. 이스라엘 지정학적 위치를 기준으로 합니다.

"40마지막 때가 되면 남쪽 왕이 북쪽 왕을 칠 것이다. 그러면 북쪽 왕은 전차와 기마병과 많은 배를 거느리고 회오리바람처럼 빠르고 강하게 그를 치러 올 것이다. 북쪽 왕은 여러 나라에 쳐들어가 물이 휩쓸듯이 나라들을 지나갈 것이다. 41북쪽 왕은 또 영광스러운 땅에 들어갈 것이다. 그리고 많은 나라들을 쓰러뜨리겠지만 에돔과 모압과 암몬의 높고 귀한 사람들은 그의 손아귀에서 벗어날 것이다."(단11:40-41)

여기서 남쪽왕은 중동의 세력을 말합니다. 북쪽왕은 러시아를 지칭합니다. 이스라엘 주변의 아랍 국가들 시편 83편 아삽의 시에는 요르단, 북아라비아, 팔레스타인, 레바논, 시리아도 포함되어 있습니다.

"3그들이 주의 백성들에 대해 교활한 음모를 꾸미고 주께서 숨겨 두신 사람들을 치려고 계략을 짭니다. ⁴적들이 '그들을 잘라 내 나라가 되지 못하게 하자. 그래서 이스라엘의 이름이 다시는 기억되지 못하게 하자'라고 했습니다. ⁵그들이 한마음으로 계략을 짜고 주를 반대하며 연합하고 있습니다. ⁶이들은 에돔의 장막이고 이스마엘 사람들이며 모압의 장막이고 하갈 사람들이며 ⁷그발, 암몬, 아말렉, 블레셋, 두로 사람들입니다. ⁸앗시리아도 합세해 롯의 자손들에게 힘을 더해 주었습니다.(셀라)"(시83:3-7)

"³⁵만군의 여호와께서 이렇게 말씀하셨다. 보라. 엘람의 힘의 근원인 활을 내가 꺾을 것이다. ³⁶내가 하늘 사방에서 나온 사방의 바람을 엘람에 보내 그들을 사방으로 흩어 버릴 것이다. 엘람에서 쫓겨난 사람이 가지 않을 나라가 없을 것이다. ³⁷여호와의 말이다. 그들의 적들 앞에서, 그들의 목숨을 찾는 사람들 앞에서 내가 엘람을 놀라게 할 것이다. 내가 그들 위에 재앙을, 내 맹렬한 진노를 내릴 것이다. 내가 그들에게 칼을 보내 그들을 삼킬 것이다. ³⁸내가 엘람에 내 보좌를 두고 그곳에서 왕과 그의 관료들을 멸망시킬 것이다. 여호와의 말이다."(렘49:35-38)

엘람은 작은 나라가 아니었습니다. 메대-바사(페르시아) 연합을 거쳐 고대 페르시아와 파르티아를 거친 오늘날의 이란입니다. 엘람은 고대로부터 세상 역사와 성경에 늘 등장한 민족이었습니다. 오늘날 이란은 종교적으로는 이슬람 시아파의 맹장으로 수니파 사우디아라비아와 맞서고, 핵 문제 등으로 미국과 이스라엘과도 늘 대립각을 세우는 나라입니다. 시편 83편에 반이스라엘 이슬람 세력들이 연합하여 이스라엘을 공격할 것을 예언하고 있습니다. 이란은 반 이스라엘의 이슬람 세력의 선봉자로 역할하여 이스라엘을 침공할 것입니다. 그리하여 반이스라엘 세력과 친 이스라엘 세력 간에 확전될 것입니다.

또한 에스겔서 38장을 보면 곡과 마곡 땅과 메섹과 두발의 최고 통치자가 이스라엘을 침공함으로 시작됩니다.

"네가 내 백성 이스라엘을 공격하니 구름같이 땅을 덮을 것이다. 곡아, 훗날에 나는 너로 하여금 내 땅을 침략하게 할 것이다. 내가 그들 눈앞에서 너를 통해 내 거룩함을 드러낼 때 저 민족들로 하여금 나를 알게 하려는 것이다."(겔38:16)

곡은 사람의 이름입니다. 메섹과 두발의 통치자, 그러므로 침입국은 마곡, 메섹, 두발입니다.

마곡은 야벳의 아들(창10:2)로 요세푸스(Josephus)는 스키티아(Scythia) 사람들, BC 11세기부터 AD 2세기, 유럽의 북동쪽, 흑해 북쪽, 카스피해 부근, 지금의 러시아, 우크라이나, 크리미아, 그루지야 등을 지칭한다고 봅니다. 메섹은 야벳의 아들(창10:2), 터키 동쪽의 아르메니아입니다. 그리고 두발은 요세푸스의 증언에 따르면, 갑바도기아, 터키 북부이고 또한 이들과 함께하는 나라들은: 페르시아, 에티오피아, 리비아, 고멜, 도갈마 등 총 8개국입니다.

"예루살렘을 치러 오는 여러 나라들을 내가 멸망시키고 말 것이다."(슥12:9) 이스라엘을 침공하는 나라는 여러 나라입니다.

"깃딤의 배들이 와서 그를 치므로 그가 두려워하며 철수할 것이다. 그는 돌아가는 길에 거룩한 약속을 한 사람들에게 분풀이를 할 것이다. 돌아가서는 거꾸로 거룩한 약속을 저버린 사람들을 높일 것이다."(단11:30)

30절에 보면 깃딤은 구브로(키프로스) 섬을 가리키는 말인데 서방에서 페니키아로 오는 모든 배의 중요한 기항지였습니다. 따라서 '깃딤의 배들' 온다는 말은 서방에서 온다는 뜻입니다. 즉 서방이 전쟁에 참가합니다. 서방쪽은 유럽과 미국 세력입니다. 그리고 단11장 44절의 동쪽은 중국, 일본, 한국 등의 세력입니다. 다시 말하면 전 세계가 이 전쟁에 참가하게 되는 것입니다.

"그러나 동쪽과 북쪽에서 들어온 소식을 듣고 그는 걱정하고 크게 화가 나 나가서 많은 사람을 무찌르고 죽이려고 할 것이다."(단11:44)

네 천사는 땅의 사방 즉 전 지구를 상징하고 있으며 이 특정한 순간을 위해 준비된 상태로 있었습니다. 하나님을 반역한 인류를 심판하기 위해 하나님과 어린 양의 진노가 축적되어 온 것입니다.

전쟁의 결과

제2차 세계전쟁이었는데 사망자는 약 6,200만명(4,000만명-8,500만명)으로 알려집니다. 제3차 세계전쟁은 세계인구의 현재인구(2024년)가 80억 정도 되는데 1/3인 약 26.5억 명이 하루아침에 죽게 되는 엄청난 전쟁이 예정되어 있습니다. 이는 ww2보다 약 44배나 많은 사망자입니다.

	전쟁기간	사망자	참전국	전쟁원인
ww1	1914년 −1917년 (4년)	1,000만명− 6,000만명 (중위수 3,500만명)	23개국 동맹국 (오스트리아/헝가 리제국, 독일, 오스만, 불가리아)	오스트리아 프란츠 페르디 난트 황태자 부부가 사라예 보에서 세르비아 청년에게 암살당한 것이 계기가 되었 지만 열강의 갈등과 복합적 인 원인이 있었다.
ww2	1939년 −1945년 (7년)	4,000만명− 8,500만명 (중위수 6,200만명)	63개국(연합군 49 개국, 독일동맹국 8 개국, 중립국 6개국)	독일의 폴란드 침공에 따른 영국과 프랑스의 대독 선전 포고로 확전 되었다
ww3	하루 (년월일시)	전 인류의 1/3 (계시록 9:13−21)	범 이슬람국가 연 합군이 이스라엘 침 공하고 그후 세계 대전으로 확전	어린 양의 진노

하나님께서 인간들이 탐욕으로 준비한 핵무기, 중성자탄, 생물학, 전자전 등 으로 3분의 1을 죽이십니다. 성경은 년 월 일 시에 현재(2024년) 인구로 계산하 면 약 26억 이상이 사망할 것을 예언하였는데 이런 가공할 무기는 핵무기 밖에 없습니다. 그리고 하나님께서 지정하신 년 월 일 시가 전쟁이 시작되는 시간을 의미할 수도 있지만 몇 년 걸리는 전쟁이 아니라 '하루'에 25억 명이 죽는다는 의미가 더 강합니다.

아직 남아 있는 세 개의 미래 전쟁(ww3, 아마겟돈, 곡과 마곡)에서 핵 사용 개연성이 가장 큰 전쟁은 ww3뿐입니다. 아마겟돈과 곡과 마곡은 하나님을 대 적하는 인류와 예수 그리스도와의 전쟁으로 현대의 무기가 사용되지 않을 것으 로 보입니다. 2023년 현재 핵탄두를 보유한 국가는 9개국으로 전체 핵탄두는 약 13,900개 정도 예상됩니다. 미국 연합군이 6,920개, 러시아 동맹국은 6,970 개로 비슷한 수준입니다.

러시아	미국	프랑스	중국	영국	파키스탄	인도	이스라엘	북한
6,500	6,185	300	290	215	150	130	80	30

통상적인 전쟁뿐 아니라 특히 핵 전쟁이 일어날 것으로 예상되는 ww3는 민간인의 사망자가 훨씬 많을 것입니다. 전쟁의 시나리오는 다음처럼 예상할 수 있습니다. 핵전쟁 시나리오를 보면 성경의 예언대로 하루에 상황이 종료될 것으로 예상합니다. 선제공격을 한 국가도 핵탄두가 도착하기 전에 상대국가에서 핵을 발사하기 때문에 결국 양쪽 국가는 모두 피해를 입게 됩니다. 오늘날 ICBM(대륙간 탄도 미사일)은 8,000km 이상의 초음속 속도로 날아가 1시간 안에 가상의 적국에 도달합니다. 잠수함에서 핵탄두 미사일을 발사하면 요격시간은 더 단축됩니다. 방공망이나 핵탄두가 있다 하더라도 적국에 요격하는 기술이 있어야 하기 때문에 핵탄두 숫자만큼 모두 사용할 수는 없을 것입니다. 7년 대환난이 시작된 이후로 이미 수많은 사람들이 하나님이 내리신 재앙들과, 핍박으로 이미 죽어갔는데(계6:8), 이 재앙에서 살아남은 사람들 가운데 또 3분의 1을 죽이신다는 것입니다.

여러분!
하나님의 눈동자를 치는 것은 결국 하나님을 대적하는 것입니다.
"나 주 여호와가 말하노라 그날에 곡이 이스라엘 땅을 치러 오면 내 노가 내 얼굴에 나타나리라"(겔38:18)
"이르기를 주 여호와의 말씀에 로스와 메섹과 두발 왕 곡아 내가 너를 대적하여(I am against you)"(겔38:3) "그러므로 인자야 너는 곡을 쳐서 예언하여 이르기를 주 여호와의 말씀에 로스와 메섹과 두발 왕 곡아 내가 너를 대적하여"(겔39:1)
"예루살렘을 치러 오는 이방 나라들을 그 날에 내가 멸하기를 힘쓰리라"(슥12:9)
"12이것이 여호와께서 예루살렘을 치는 모든 민족들에게 내릴 재앙이다. 그들이 아직 두 발로 서서 살아 있는 동안 살이 썩고 눈이 눈구멍 안에서 썩을 것이며 혀가 입안에서 썩을 것이다. 13그날이 오면 여호와께서 나라들 가운데 큰 혼란을 보내실 것인데 그들은 서로 손을 붙들고 자기들끼리 싸울 것이다. 14유다도 예루살렘을 지키려고 싸울 것이며 예루살렘에 모든 이웃 나라들의 재물, 곧 금과 은과 옷이 엄청나게 많이 쌓일 것이다. 15이런 재난이 적의 진영에 있는 모든 동물들, 곧 말과 노새와 낙타와 나귀에게 일어날 것이다."(슥14:12-15)

결과는 어떻게 되는가? 하나님의 대적(겔38:3-4) 곧 이스라엘을 치는 모든 자들은 지진 등과 함께 멸절됩니다.(18-20) 자기들끼리 쳐서도 멸하고(21), 역병과 자연 재해(22)로도 멸합니다.

최종적으로 하나님은 이스라엘의 회복이 확실함을 다시 말씀하십니다.(25-28) 이때에 이스라엘에 하나님의 영이 쏟아 부어집니다.(겔39:29, 욜2:28-32; 슥12:10) 이스라엘을 회복하십니다.(롬11:25-26)

이 예언 앞에 우리가 하여야 할 일은 이스라엘을 위해 기도할 뿐만 아니라 우리나라가 하나님을 대적하지 않고 친 이스라엘이 되도록 기도해야 합니다.(창12:3).

"6예루살렘의 평화를 위해 기도하라. '주를 사랑하는 사람들이 잘되게 하소서. 7주의 성벽 안에 평화가 있게 하시고 주의 성안에 번영이 있게 하소서.' 8내 형제들과 친구들을 위해 내가 '네 안에 평강이 있기를 바란다'라고 말하리라. 9우리 하나님 여호와의 집으로 인해 내가 네 복을 구하리라."(시122:6-9)

하나님은 주권적으로 역사를 이끄시는 분이십니다. 우리는 예루살렘을 돕고 사랑해야 합니다. 인류 3분의 1이 죽는 3차 세계 핵전쟁이 터지고 나서 온 지구는 방사능에 오염되서 살아 남은 인류는 심각한 식량난과 식수난 그리고 극한의 기근과 전염병에 직면할 것입니다. 먹을게 없어서 부모가 자식을 잡아먹고 자식이 부모를 잡아 먹는 비참한 시기가 올 것입니다. 이때 낳은 크리스천들도 굶주림과 각종 질병에 못이겨 에서가 떡과 팥죽을 먹을려고 장자의 권한을 버린 것처럼 적그리스도를 메시야로 경배하는 대 배도의 시대가 올 것입니다. 그러나 온갖 핍박과 유혹에도 끝까지 적그리스도를 거부하는 참 성도들에게는 엄청난 박해와 핍박이 옵니다. 그러나 그런 핍박에도 끝까지 예수님을 배반 안하고(계14:12) 끝까지는 견디는 자는 구원 받습니다.(마24:12-13) 광명의 천사로 가장한 적그리스도가 나타나 이스라엘과 평화협정을 맺음으로 전쟁은 끝날 것입니다.

3차 대전 후 이스라엘의 대대적인 회개의 시작

"10내가 다윗의 백성과 예루살렘에 사는 사람들 위에 은혜와 용서를 구하는 마음을 부어 줄 것이다. 그들은 그들이 찔러서 상처를 입은 나를 보고 슬피 울 것이다. 마치 외아들을 마음에 두고 슬피 울듯이 슬피 울 것이며 맏아들을 마음에 두고 슬피 울듯이 슬피 울 것이다. [11]그날에 예루살렘에서 크게 슬피 우는 소리가 마치 므깃도 골짜기에 있는 하다드림몬에서 크게 슬피 울던 소리 같을 것이다. 12온 땅의 각 집안이 따로따로 슬피 울 것이다. 다윗 집안이 따로 울고 그들의 아내들이 따로 울며 나단 집안이 따로 울고 그들의 아내들이 따로 울며"(슥12:10-12)

이스라엘 백성의 민족적 회심의 발판은 두 증인 선지자를 통해서 본격적으로 시작되고 그들과 연합하여 14만 4천의 대환난 사역자가 일어날 것입니다. 한편 계시록 9장 20절, 21절의 말씀에 보면 앞선 황충의 재앙과 마병대의 재앙을 경험하고도, 이 재앙에서 죽지 않고 살아남은 사람들이 저들의 죄를 끝까지 회개치 않았다고 하십니다. 그 많은 재앙을 겪으면서도 그 옛날 바로 왕처럼 그 마음이 완악해져서 회개를 거부했다는 것입니다. 하나님의 매를 맞기 전에 깨닫는 자는 지혜로운 자요, 맞고라도 깨달으면 복이 있는 자입니다. 하지만, 맞으면서도 깨닫지 못하는 자들은 결국 멸망받기로 작정된 어리석은 자들인 것입니다. 한 두 번 경고하시고 징계하실 때 깨달아야 한다는 것입니다. 지옥은 지옥 갈 사람이 원래부터 정해진 것이 아니고 스스로 하나님을 거절하는 자들이 가는 것입니다. 저들은 회개를 거부할 뿐 아니라 하나님이 미워하시는 죄를 계속함으로 하나님을 진노케 하였다 하십니다.(20, 21) 20절 21절에는 6번째 나팔의 재앙을 겪고도 회개를 거부한 자들이 버리지 못하는 6가지 죄들이 등장합니다. 죄의 중독성을 보여주는 말씀인데, "이 재앙에 죽지 않고 남은 사람들은 그 손으로 행하는 일을 회개치 아니하고 오히려 여러 귀신과 또는 보거나 듣거나 다니거나 하지 못하는 금, 은, 동과 목석의 우상에 절하고, 또 그 살인과 복술과 음행과 도적질을 회개치 아니하더라."(20, 21)하십니다.

사랑하는 여러분!

왜 하나님께서는 유브라데 큰 강의 악령들을 풀어 불신자들에게 화가 임하게 하십니까? 그것은 그들의 죄 때문입니다. 무슨 죄 때문입니까? 하나님께서 보내신 참 메시아이신 주 예수 그리스도를 영접하지 않고 감사하지 않는 죄입니다. 그들이 죄사함을 받고 의를 얻을 수 있는 길은 오직 십자가의 예수님밖에 없는데 불신자들은 이러한 하나님의 호의를 거절하고 끝까지 교만 가운데 있으니 하나님은 그들을 쓸어버릴 수밖에 없는 것입니다. 지금도 보십시오. 사람들이 재앙을 당한다고 주 예수 그리스도께 돌아옵니까? 그렇지 않습니다. 도리어 더 강퍅해지고 악해지는 일이 허다합니다. 지금도 부분적으로 악령이 이끄는 지도자들이나 여러 인간들 때문에 사회와 역사 가운데 대형 참사 사건이 터질 때가 많습니다. 그러나 그러한 참사로부터 살아남은 자들은 회개는 커녕 더욱 물질에 대한 욕심과 권력을 키울 때가 많은 것입니다.

이로 보건대, 사람들은 재앙이 온다고 회개하는 것이 아닙니다. 오직 참된 회개는 복음을 듣고 성령께서 역사하실 때 가능합니다. 불신자 중에 그때까지 독자가 살아 있으시다면, 전체 인류 인구의 1/3이 사망하는 3차 세계대전이 끝났을 때에라도 회개하고 복음을 믿으십시오. 이 죽음의 재앙을 보고도 깨닫지 못하는 자들은 결국 마지막 일곱 대접의 재앙으로 모두 멸망의 길을 가게 될 것입니다.

사랑하는 여러분!
지금 하나님께서는 이 시대 사람들에게 복음의 은혜를 주고 계십니다. 그러므로 회개를 내일로 미루지 말고 오늘 즉시 회개하고 주 하나님께서 보내신 주 예수 그리스도를 영접해야 합니다. 종종 "나는 죽기 전에 회개하고 죽을 거야. 그러나 지금은 회개하지 않을 거야"라고 말하는 자들이 있는데 이들은 크게 착각한 것입니다. 지금 회개하지 않는 자는 본문의 불신자들처럼 죽음이 코 앞에 다가와도 회개하지 않을 것이기 때문입니다. 그러므로 성경은 크게 외칩니다. "너희는 여호와를 만날 만한 때에 찾으라. 가까이 계실 때에 그를 부르라." (사55:6)
성경은 또한 이미 그리스도를 믿는 자들에 대해서도 말합니다. 에베소서 2장을 보면 신자인 우리들도 원래 불신자들과 마찬가지로 진노의 대상들이었고 말합니다.(엡 2:2-9) 원래 우리는 회개조차 할 수 없는 악독하고 고집스러운 존재였습니다. 그러나 주의 은혜가 우리를 살리셨습니다. 그래서 믿는 자들이 되었습니다.

사랑하는 여러분!
우리가 구원을 얻게 된 것은 오직 하나님의 긍휼이며 사랑 때문입니다. 심지어 태초부터 하나님께서 우리를 영원한 자녀로 삼으셨기에 이렇게 예수 그리스도를 믿어 구원을 받은 것입니다. 즉, 우리를 향한 하나님의 사랑은 영원 전부터 있었습니다. 이 얼마나 큰 사랑이며 은혜입니까?

"찬송하리로다 하나님 곧 우리 주 예수 그리스도의 아버지께서 그리스도 안에서 하늘에 속한 모든 신령한 복을 우리에게 주시되 곧 창세 전에 그리스도 안에서 우리를 택하사 우리로 사랑 안에서 그 앞에 거룩하고 흠이 없게 하시려고 그 기쁘신 뜻대로 우리를 예정하사 예수 그리스도로 말미암아 자기의 아들들이 되게 하셨으니 이는 그가 사랑하시는 자 안에서 우리에게 거저 주시는 바 그의 은혜의 영광을 찬송하게 하려는 것이라"(엡1:3-6)

우리는 그리스도 예수를 믿는 믿음으로 인하여 하나님의 아들들이 되어 주의 공의로운 심판을 피한 자들입니다. 따라서 그분의 은혜를 영원히 찬송해야 하는 것입니다.

여러분! 둘째 화 재앙은 첫째 화 재앙에도 불구하고 회개하지 않는 자들을 향해 마지막으로 주어진 회개의 기회를 제공합니다. 왜 마지막인가는 다시 말하지만 이젠 회개할 기회가 더 없기 때문입니다. 둘째 화 재앙 이후 마지막 나팔이 울릴 때 주님은 오십니다. 그리고 둘째 화 재앙과 마지막 나팔이 울리는 시간적 간격은 매우 짧습니다.

"둘째 화는 지나갔으나 보라 셋째 화가 '속히(quickly)' 이르는도다"(11:14)

2. 두 번째 예정된 전쟁-아마겟돈 전쟁

'아마겟돈 전쟁'이라고 불리는 이 전쟁은 계시록 16장부터 19장까지 전개되어 있습니다. 일곱째 나팔 사건이 16장에 계시되었는데 이 '일곱 째 나팔사건'을 '일곱 대접심판' 또는 '셋째 화'로도 불리는 것입니다. 3차 세계대전이라고 불리는 '유브라데 전쟁'은 여섯째 나팔에 속한 사건입니다. 이에 반해 '아마겟돈 전쟁'은 일곱째 나팔에 속한 사건입니다. 일곱째 나팔은 일곱 대접을 의미하며 '아마겟돈 전쟁'은 이 일곱 대접 가운데 여섯 번째 대접으로 전개되는 사건입니다. 아마겟돈 전쟁은 셋째 화의 크라이막스(climax)이며 일곱 대접 재앙의 마지막 재앙입니다.

우리는 '유브라데 전쟁'과 '아마겟돈 전쟁'을 동일한 사건으로 착각하기 쉽습니다. 왜냐하면 이 전쟁의 발생지가 같은 유브라데 지역으로 계시되었기 때문입니다.(계9:14,16:12) 그러나 이 두 전쟁은 전혀 별개의 전쟁입니다. 전쟁의 발발 시기가 다릅니다. 유브라데 전쟁은 전3년 반 기간에 혹은 후3년 반에 들어선 시점에서 일어나지만 아마겟돈 전쟁은 후3년 반 마지막 시점에서 예수님의 재림 시기에 일어납니다. 그리고 둘째 화인 유브라데 전쟁은 유브라데 주변의 광범위한 지역에서 일어나서 3차 대전으로 확전되는 전쟁의 모습으로 보여 주지만 셋째 화에 속한 여섯째 대접에 나오는 유브라데는 유브라데강을 가리키며 그 강이 말라 동방에서 오는 왕의 길이 열려 아마겟돈 지역으로 올 수 있게 된 것을 의미하고 있습니다.

전쟁의 성격

'아마겟돈'이란 말은 히브리어입니다. 계시록 16:16에 나옵니다. "세 영은 히브리 말로 아마겟돈이라는 곳으로 왕들을 집결시켰습니다." 종말에 적그리스도는 최종적으로 예루살렘에 대한 공격을 시도하게 됩니다. 이때의 전쟁은 마치 주후 70년대의 로마의 디도가 예루살렘을 공격한 그때의 상황과 너무나도 흡사하기 때문에 사람들이 이 사건을 과거의 사건으로 해석하여 문맥과 시제상 혼선을 가져 옵니다.(슥14:1-5, 마24:16-22, 눅21:20-24) 그리고 무천년주의자들은 요한계시록 16장의 아마겟돈 전쟁은 믿음을 지키기 위해 치열하게 믿음의 선한 싸움에 나선 성도들과 신앙을 무너뜨리려는 악의 세력과 영적 전쟁을 의미한다고 봅니다. 그러나 이 전쟁은 종말에 성취될 적그리스도에 의한 예루살렘 공격과 연루된 사건들입니다. 이같은 일이 한참 무르익을 무렵 주님은 예루살렘 동편 감람산에 하늘의 군대들과 함께 임하십니다.(슥14:4, 5)

아마겟돈 전쟁은 주님이 재림하시면서 치를 영적 전쟁임과 동시에 실제적인 전쟁입니다. 이 전쟁은 하늘에서 내려오는 예수님과 그의 군대들과 악의 삼위일체에 미혹되어 사방에서 모여든 적그리스도의 군사들과의 전쟁입니다.

"13또 나는 용의 입과 짐승의 입과 거짓 예언자의 입에서 개구리 같은 세 더러운 영이 나오는 것을 보았습니다. 14그들은 이적을 행하는 귀신들의 영입니다. 그들은 전능하신 하나님의 큰 날의 전쟁을 위해 온 세상의 왕들을 소집하려고 갑니다."(계16:13-14)

사탄과 적그리스도, 거짓 선지자가 천하 왕들을 미혹하여 꾀했던 의도가 드러납니다. 이 세상에서 모든 그리스도인들을 제거하여 인간이 꿈꾸는 세상을 만들려는 목적입니다. 하나님이 없는 세상, 즉 사탄이 다스리는 세상을 만들고 싶어 했습니다. 이 전쟁은 사탄이 이스라엘을 공격함으로 일어나는데 예수 그리스도께서도 이스라엘을 지키시고 보호하기 위해 지상에 강림하시면서 천사들을 대동하고 내려 오신다고 되어 있습니다. 이 전쟁을 '아마겟돈 전쟁'이라고 부릅니다. 이 전쟁에 관한 내용은 이미 구약의 예언서 여러 곳에 언급이 되어 있습니다.

전쟁의 본거지

아마겟돈(Armageddon)은 라틴어로 아마게돈(Armagedōn), 헬라어로 하르마게돈(Ἀρμαγεδών), 히브리어로 하르 므깃도(הר מגידו; Har Megiddo)입니다. 히브리어 하르 므깃도에 주목해야 합니다. 언덕, 산이라는 뜻의 하르(harar)와 인파가 많은 곳이라는 뜻의 므깃도(Megiddo)를 합쳐서 '므깃도 산'이란 뜻입니다. 므깃도라는 지명은 엘리야와 바알선지자의 전투가 벌어졌던 갈멜산이 있는, 현재 이스라엘의 하이파에서 남동쪽으로 약 30 km 떨어진 갈릴리의 평야에 위치한 곳입니다. 갈릴리 나사렛 동네 북쪽 지방의 평평한 평원입니다. 시스라가 가나안 군을 격파한 후 드보라의 노래에 나타나는 것을 위시하여(삿5:19) 수없는 전쟁들이 벌어진 곳이었습니다.(왕하9:27, 23:29, 대하35:22 등) 또한 느부갓네살왕에서 나폴레옹에 이르기까지 온갖 이방의 정복자들이 침입한 곳이었습니다. 적그리스도의 세력은 이곳에 집결하여 예루살렘을 멸망시키고 그 곳에 완전한 적그리스도의 정부를 세우고자 할 것입니다. 가나안 땅은 하나님께서 정하신 세계의 중앙입니다. 에스겔서 38장 12절에 그렇게 나와 있습니다.

"물건을 겁탈하며 노략하리라 하고 네 손을 들어서 황폐하였다가 지금 사람이 거주하는 땅과 여러 나라에서 모여서 짐승과 재물을 얻고 세상 중앙에 거주하는 백성을 치고자 할 때에"(겔38:12)

아마겟돈의 전쟁의 본거지는 이스라엘 땅입니다.(슥14:1-6)
"1여호와의 날이 이르리라 그 날에 네 재물이 약탈되어 너희 중에서 나누이리라 2내가 열국을 모아 예루살렘과 싸우게 하리니 성읍이 함락되며 가옥이 약탈되며 부녀가 욕을 보며 성읍 백성이 절반이나 사로잡혀 가려니와 남은 백성은 성읍에서 끊쳐지지 아니하리라 ³그 때에 여호와께서 나가사 그 열국을 치시되 이왕 전쟁 날에 싸운 것같이 하시리라 ⁴그 날에 그의 발이 예루살렘 앞 곧 동편 감람 산에 서실 것이요 감람 산은 그 한가운데가 동서로 갈라져 매우 큰 골짜기가 되어서 산 절반은 북으로, 절반은 남으로 옮기고 ⁵그 산 골짜기는 아셀까지 미칠지라 너희가 그의 산 골짜기로 도망하되 유다 왕 웃시야 때에 지진을 피하여 도망하던 것같이 하리라 나의 하나님 여호와께서 임하실 것이요 모든 거룩한 자가 주와 함께 하리라 ⁶그 날에는 빛이 없겠고 광명한 자들이 떠날 것이라"(슥14:1-6)

유럽과 아시아와 아프리카의 통로가 되는 지역이 바로 가나안 땅입니다. 이곳에 정부를 세워 세계를 다스리려고 각축전이 벌어지는 데 예수 그리스도와 적그리스도 사이에 이 전쟁이 일어나게 되어 있습니다. 이 전쟁은 결코 피할 수 없는 예정된 전쟁입니다. 곡을 수장으로 하는 사탄의 세력들이 상호 연합하여, 회복된 이스라엘을 대적합니다. 그들은 총역량을 동원하여 최후의 일전을 시도합니다. 그들이 이 최후의 일전을 시도하는 이유는 사탄의 때가 다한 줄 알고 있기 때문입니다.

"그러므로 하늘과, 그 가운데 거하는 자들은 즐거워하라! 그러나 땅과 바다는 화 있을진저, 이는 마귀가, 자기의 때가 얼마 못된 줄 알므로, 크게 분 내어 너희에게 내려 갔음이라!"(계12:12)

전쟁의 배경과 결과

예루살렘을 점거한 적그리스도와 그의 무리들은 예루살렘에서 퇴각하면서 최후로 아마겟돈에서 하늘의 군대들과 일전을 시도하게 됩니다. 아마겟돈에는 거짓 선지자의 선동에 의해 이미 동방으로부터 열 뿔에 속한 왕들의 군사들을 총집결시켜 놓았습니다.(계16:12-16) 재림하신 예수님과 백마 탄 그의 군대들은 이 전쟁에서 대승리를 거둡니다. 이 전쟁에서 적그리스도와 거짓 선지자는 다 함께 산채로 사로 잡혀 이 둘을 산채로 유황불 붙는 못에 던지우게 됩니다. 그리고 그 나머지는 말탄 자의 입으로 나오는 검에 죽게 됩니다.(21절)

예수 그리스도께서도 자기 백성을 이들 세력으로부터 보호하고 또 이 땅에 그의 정부 곧 메시야 왕국건설을 이루시려고 하십니다. 따라서 이 전쟁은 사람만의 전쟁이 아닙니다. 영적 전쟁의 양상을 띄게 됩니다. 천사들도 동원되고 마귀들도 참전합니다. 즉 우주적 전쟁이 된다고 말할 수 있습니다.

"그러므로 인자야, 너는 곡을 쳐서, 예언하여 이르기를, 주 여호와의 말씀에, 로스와, 메섹과, 두발 왕 곡아, 내가 너를 대적하여, 너를 돌이켜서 이끌고, 먼 북방에서부터 나와서, 이스라엘 산에 이르러, 네 활을 쳐서, 네 왼손에서 떨어뜨리고, 네 살을 네 오른손에서 떨어뜨리리니, 너와, 네 모든 떼와, 너와 함께한 백성이, 다 이스라엘 산 위에 엎드러지리라! 내가 너를 각종 움키는 새와, 들짐승에게 붙여 먹게 하리니, 네가 빈들에 엎드러지리라! 이는 내가 말하였음이니라! 나 주 여호와의 말이니라!(겔39:1-5)"

이 전쟁에는 곡과 로스, 도갈마 등 주로 북쪽지방 사람들이 주축이 되는 데 이 지방 사람들은 적그리스도를 추종하는 세력들의 중심세력입니다. 곡은 하나님을 대적하는 세력의 수장, 곧 적그리스도입니다. 러시아 연방이 아마겟돈 전쟁 때는 사탄과 연합하여, 이스라엘을 공격하게 될 것입니다. 이 침략전쟁의 목적은 재물을 약탈하기 위한 것이지만, 이 전쟁은 이스라엘에 국한되지 않고, 전 세계로 확산되는 인류 최후의 전쟁이 됩니다. 사탄의 세력들은 순전히 자발적으로 이 전쟁을 일으키지만, 실제로는 하나님을 대적하는 악의 세력들을 심판하시고자 하는, 예정된 하나님의 계획의 성취입니다. 그리고 동원된 이 적대세력들은 전투가 아닌, 하나님의 진노의 심판으로 궤멸 당합니다. 그리고 이 전쟁의 결과 노획물이 쌓이는 데 그 중에는 전쟁에 동원된 몽둥이를 거두어 일곱 해 동안 불을 피우게 될 것이라(겔39:9-10)고 말씀하고 있을 정도로 적그리스도와 거짓선지자 그리고 적그리스도를 따른 모든 자들이 심판당하는 전쟁입니다.

"보라 내가 도적 같이 오리니 누구든지 깨어 자기 옷을 지켜 벌거벗고 다니지 아니하며 자기의 부끄러움을 보이지 아니하는 자가 복이 있도다"(계16:15)

아마겟돈이 언제 어디서 어떻게 벌어질지 알 수 없습니다. 하지만 이 전쟁의 목적은 분명합니다.

이 말씀을 쉽게 표현하면 '조심하라! 나는 예고 없이, 도둑처럼 온다. 깨어 옷을 갖춰 입고 나를 맞을 준비가 된 사람은 복되다. 그러나 그렇지 못한 사람은, 벌거벗은 채로 거리를 이리저리 뛰어다니며 큰 수치를 당할 것이다' 벌거벗었다는 말은 무방비 상태를 의미합니다. 구약성경은 '하나님의 큰 날에 벌어질 최후의 전쟁'에 대해서 예언자들을 통해 끊임없이 경고했습니다.

"산에서 무리의 소리가 남이여 많은 백성의 소리 같으니 곧 열국 민족이 함께 모여 떠드는 소리라 만군의 여호와께서 싸움을 위하여 군대를 검열하심이로다"(사13:4)

"진동시키시는 소리로 인하여 민족들이 도망하며 주께서 일어나심으로 인하여 열방이 흩어졌나이다"(사33:3)

"보라 여호와께서 불에 옹위되어 강림하시리니 그 수레들은 회리바람 같으리로다 그가 혁혁한 위세로 노를 베푸시며 맹렬한 화염으로 견책하실 것이라"(사66:15)

"내가 또 불을 마곡과 및 섬에 평안히 거하는 자에게 내리리니 그들이 나를 여호와인 줄 알리라"(겔39:6)

이 전쟁을 통하여 하나님께서 살아계시며 심판하시는 하나님이심을 나타내실 것입니다.

"9이스라엘 성읍들에 거한 자가 나가서 그 병기를 불 피워 사르되 큰 방패와 작은 방패와 활과 살과 몽둥이와 창을 취하여 칠 년 동안 불 피우리라 10이와 같이 그 병기로 불을 피울 것이므로 그들이 들에서 나무를 취하지 아니하며 삼림에서 벌목하지 아니하겠고 전에 자기에게서 약탈하던 자의 것을 약탈하며 전에 자기에게서 늑탈하던 자의 것을 늑탈하리라 나 주 여호와의 말이니라"(겔39:9-10)

"1그 날 곧 내가 유다와 예루살렘의 사로잡힌 자를 돌아오게 할 그 때에 2내가 만국을 모아 데리고 여호사밧 골짜기에 내려가서 내 백성 곧 내 기업 된 이스라엘을 위하여 거기서 그들을 국문하리니 이는 그들이 이스라엘을 열국 중에 흩고 나의 땅을 나누었음이며"(욜3:1-2)

"여호와께서 그 처소에서 나오시고 강림하사 땅의 높은 곳을 밟으실 것이라"(미1:3)

"그의 용사들의 방패는 붉고 그의 무사들의 옷도 붉으며 그 항오를 벌이는 날에 병거의 철이 번쩍이고 노송나무 창이 요동하는도다"(나2:3)

"2휙휙하는 채찍 소리, 굉굉하는 병거 바퀴 소리, 뛰는 말, 달리는 병거 3충돌하는 기병, 번쩍이는 칼, 번개 같은 창, 살륙당한 떼, 큰 무더기 주검, 무수한 시체여 사람이 그 시체에 걸려 넘어지니"(나3:2-3)

"⁸여호와여 주께서 말을 타시며 구원의 병거를 모시오니 하수를 분히 여기심
이니이까 강을 노여워하심이니이까 바다를 대하여 성내심이니이까 ⁹주께서 활
을 꺼내시고 살을 바로 발하셨나이다 (셀라) 주께서 하수들로 땅을 쪼개셨나이
다 ¹⁰산들이 주를 보고 흔들리며 창수가 넘치고 바다가 소리를 지르며 손을 높
이 들었나이다 ¹¹주의 날으는 살의 빛과 주의 번쩍이는 창의 광채로 인하여 해
와 달이 그 처소에 멈추었나이다"(합3:8-11)

"주께서 말을 타시고 바다 곧 큰 물의 파도를 밟으셨나이다"(합3:15)

"내가 사람과 짐승을 진멸하고 공중의 새와 바다의 고기와 거치게 하는 것과
악인들을 아울러 진멸할 것이라 내가 사람을 지면에서 멸절하리라 나 여호와의
말이니라"(습1:3)

"나 만군의 여호와가 말하노라 조금 있으면 내가 하늘과 땅과 바다와 육지를
진동시킬 것이요"(학2:6)

"열국의 보좌를 엎을 것이요 열방의 세력을 멸할 것이요 그 병거들과 그 탄
자를 엎드러뜨리리니 말과 그 탄 자가 각각 그 동무의 칼에 엎드러지리라"(학
2:22)

"여호와께서 그 위에 나타나서 그 살을 번개같이 쏘아 내실 것이며 주 여호
와께서 나팔을 불게 하며 남방 회리바람을 타고 행하실 것이라"(슥9:14)

하늘에 있는 군대(계19:14)

"하늘에 있는 군대들이 희고 깨끗한 세마포 옷을 입고 백마를 타고 그를 따
르더라"(계19:14)

"하늘에 있는 군대"를 성도로 볼 수 없는 이유는 "성도는 어린 양의 혼인 잔
치에 초청을 받은 자"(계19:9)로 묘사되고 있어 "성도는 전사(戰士)"가 아니라
어린 양의 신부이기 때문입니다. 어린 양으로서의 예수 그리스도께서는 성도들
을 동행케 하십니다.(계17:14)

"그들이 어린 양과 더불어 싸우려니와 어린 양은 만주의 주시요 만왕의 왕이
시므로 그들을 이기실 터이요 또 그와 함께 있는 자들 곧 부르심을 받고 택하
심을 받은 진실한 자들도 이기리로다"(계17:14)

그러나 전사로서의 예수 그리스도는 하늘에 있는 군대인 천사들로 수행케 하
십니다.

"하늘에 있는 군대들이 희고 깨끗한 세마포 옷을 입고 백마를 타고 그를 따르더라"(계19:14)

그러므로 하늘에 있는 군대는 천사장과 천사들의 무리로 봅니다.(마13:41-43, 24:31)

진노의 포도주 틀을 밟겠고

적그리스도가 통치하는 7년 환난기의 끝에는 아마겟돈 전쟁이 일어나 천년 왕국 이전의 모든 심판이 마무리됩니다. 사실 아마겟돈 전쟁은 말이 전쟁이지 이스라엘을 침략하러 온 민족들이 집결한 상태에서 예수님이 재림 하시면서 이루어질 하나님의 무서운 심판입니다. 이때 불신자들이 엄청난 피를 흘리며 죽게 됩니다. 하나님과 성도들의 원수들을 밟아 피로 흥건하게 될 계시록 19장에 나오는 '포도주 틀의 심판'입니다.

"¹⁴하늘에 있는 군대들이 희고 깨끗한 세마포 옷을 입고 백마를 타고 그를 따르더라 ¹⁵그의 입에서 예리한 검이 나오니 그것으로 만국을 치겠고 친히 그들을 철장으로 다스리며 또 친히 하나님 곧 전능하신 이의 맹렬한 진노의 포도주 틀을 밟겠고 ¹⁶그 옷과 그 다리에 이름을 쓴 것이 있으니 만왕의 왕이요 만주의 주라 하였더라"(계19:14-15)

진노의 포도즙 틀은 계시록 14장 14절에서 20절에 등장하는 무서운 심판 장소입니다. 이스라엘의 포도즙 틀은 땅을 파서 흙이나 돌로 그릇처럼 틀을 만듭니다. 포도 수확이 끝나면 여기에 포도를 집어넣고 발로 짓밟아 포도즙을 만듭니다. 틀의 한쪽 끝에는 즙이 모이는 곳이 있고 거기서 즙이 밖으로 흘러 나가 또 다른 작은 틀에 모이면 떠서 부대에 남는 것입니다. 하나님은 이런 식으로 이스라엘의 한 골짜기에 불신자들을 모아놓고 몰아넣고 거기서 포도를 짜듯이 그들의 피를 짜내십니다. 이 심판은 이미 이사야서 63장에 예언이 되어 있습니다.

포도즙 틀을 밟는 자의 옷처럼

주 하나님의 의복이 붉게 된다고 했습니다.

"1에돔에서 오는 이 누구며 붉은 옷을 입고 보스라에서 오는 이 누구냐 그의 화려한 의복 큰 능력으로 걷는 이가 누구냐 그는 나이니 공의를 말하는 이요 구원하는 능력을 가진 이니라 2어찌하여 네 의복이 붉으며 네 옷이 포도즙틀을 밟는 자 같으냐 3만민 가운데 나와 함께 한 자가 없이 내가 홀로 포도즙틀을 밟았는데 내가 노함으로 말미암아 무리를 밟았고 분함으로 말미암아 짓밟았으므로 그들의 선혈이 내 옷에 튀어 내 의복을 다 더럽혔음이니 4이는 내 원수 갚는 날이 내 마음에 있고 내가 구속할 해가 왔으나 5내가 본즉 도와 주는 자도 없고 붙들어 주는 자도 없으므로 이상하게 여겨 내 팔이 나를 구원하며 내 분이 나를 붙들었음이라 6내가 노함으로 말미암아 만민을 밟았으며 내가 분함으로 말미암아 그들을 취하게 하고 그들의 선혈이 땅에 쏟아지게 하였느니라"(사63:1-6)

붉은 색이라는 의미의 에돔은 에서의 다른 이름이 지금은 요르단 지역입니다. 에돔의 수도였던 보스라가 언급되고 있음을 기억해야 합니다. 근본주의 성경학자들은 요르단을 이스라엘 백성이 마지막에 피신할 땅인 페트라가 있는 곳으로 봅니다.

"19천사가 낫을 땅에 휘둘러 땅의 포도를 거두어 하나님의 진노의 큰 포도주틀에 던지매 20성 밖에서 그 틀이 밟히니 틀에서 피가 나서 말 굴레에까지 닿았고 천육백 스타디온에 퍼졌더라"(계14:19-20)

이 때에는 14장의 이 대목에서 살펴 보았듯이 말 굴레인 약 1미터 높이의 약 292킬로미터(1,600 스타디온)까지 퍼져 나갈 정도로 많은 피가 흐를 것입니다. 1스타디온은 600피트로 182.88미터입니다. 1,600스타디온을 환산하면 292.6키로미터가 됩니다.

판결 골짜기에 쌓일 악인들의 사체

정말 이런 일이 가능할까 싶지만, 성경은 심판 받을 모든 자가 예루살렘 근교에서 포도즙을 짜듯이 짓이겨질 것임을 명백히 말씀합니다. 성경은 환난기를 통과하면서 살아남은 모든 불신 민족들 즉 이교도들을 하나님께서 그곳에 모으실 것을 보여줍니다. 그들은 회오리바람에 의해 던져져 짓밟히게 됩니다.

"30그러므로 너는 그들에게 이 모든 말로 예언하여 이르기를 여호와께서 높은 데서 포효하시고 그의 거룩한 처소에서 소리를 내시며 그의 초장을 향하여 크게 부르시고 세상 모든 주민에 대하여 포도 밟는 자 같이 흥겹게 노래하시리라 ³¹요란한 소리가 땅 끝까지 이름은 여호와께서 뭇 민족과 다투시며 모든 육체를 심판하시며 악인을 칼에 내어 주셨음이라 여호와의 말씀이니라 ³²만군의 여호와께서 이와 같이 말씀하시니라 보라 재앙이 나서 나라에서 나라에 미칠 것이며 큰 바람이 땅 끝에서 일어날 것이라"(렘25:30-32)

이 예언이 그동안 인류 역사상 성취된 적이 없습니다. 장차 주님 재림 하실 때 이루어질 하나님의 심판입니다. 스가랴서는 14장이나 되는 비교적 긴 예언서입니다. 특히 환상이 많이 나타나 있어서 신약에서도 71번이나 인용되었고 그 환상부분은 요한계시록에도 28회나 인용되었습니다. 스가랴의 예언은 성전이 재건될 것이라는 예언입니다만 동시에 메시야가 오신다는 이중성취적 예언이기도 합니다. 또한 유브라데 전쟁과 아마겟돈 전쟁이 이중적인 예언으로 혼재되어 있습니다.

우리 주님이 지상강림하실 올리브 산(감람 산)이 동서로 갈라져 큰 골짜기가 생기는데 바로 이곳이 포도주틀이 될 것입니다.

"⁴그 날에 그의 발이 예루살렘 앞 곧 동쪽 감람 산에 서실 것이요 감람 산은 그 한 가운데가 동서로 갈라져 매우 큰 골짜기가 되어서 산 절반은 북으로, 절반은 남으로 옮기고 ⁵그 산 골짜기는 아셀까지 이를지라 너희가 그 산 골짜기로 도망하되 유다 왕 웃시야 때에 지진을 피하여 도망하던 것 같이 하리라 나의 하나님 여호와께서 임하실 것이요 모든 거룩한 자들이 주와 함께 하리라"(슥14:4-5)

이것을 상징으로 보기는 어려울 정도로 구약성경은 여러 곳에 예언을 하고 있습니다. 위에 등장하는 골짜기 외에도 다른 골짜기가 등장합니다. 포도주 틀은 밟는 곳과 즙을 모으는 곳이 따로 있는 것처럼 한 곳에서 밟으면 피를 모으는 지점이 있을 것입니다.

"내가 만국을 모아 데리고 여호사밧 골짜기에 내려가서 내 백성 곧 내 기업인 이스라엘을 위하여 거기에서 그들을 심문하리니 이는 그들이 이스라엘을 나라들 가운데에 흩어 버리고 나의 땅을 나누었음이며"(욜3:2)

'여호사밧'이란 '여호와께서 심판하심'을 뜻합니다. 이곳은 정확한 위치는 알려지지 않았지만 이곳은 또한 판결 골짜기로도 불립니다. 이곳에서 모든 불신자, 즉 환난기를 거치면서도 끝까지 하나님을 거부한 자들이 마지막 심판을 받아 피를 흘리며 죽게 될 것입니다.

"¹²민족들은 일어나서 여호사밧 골짜기로 올라올지어다 내가 거기에 앉아서 사면의 민족들을 다 심판하리로다 ¹³너희는 낫을 쓰라 곡식이 익었도다 와서 밟을지어다 포도주 틀이 가득히 차고 포도주 독이 넘치니 그들의 악이 큼이로다 ¹⁴사람이 많음이여, 심판의 골짜기에 사람이 많음이여, 심판의 골짜기에 여호와의 날이 가까움이로다"(욜3:12-14)

이렇게 모아진 피는 292킬로미터나 이어질텐데, 이 거리는 성경 지도에서 보면 올리브 산에서 직선거리로 아카바만(Gulf of Aqaba)이 시작되는 에일라트(Eilat)까지 다다릅니다.

"¹에돔에서 오는 이 누구며 붉은 옷을 입고 보스라에서 오는 이 누구냐 그의 화려한 의복 큰 능력으로 걷는 이가 누구냐 그는 나이니 공의를 말하는 이요 구원하는 능력을 가진 이니라 ²어찌하여 네 의복이 붉으며 네 옷이 포도즙틀을 밟는 자 같으냐 ³만민 가운데 나와 함께 한 자가 없이 내가 홀로 포도즙틀을 밟았는데 내가 노함으로 말미암아 무리를 밟았고 분함으로 말미암아 짓밟았으므로 그들의 선혈이 내 옷에 튀어 내 의복을 다 더럽혔음이니 ⁴이는 내 원수 갚는 날이 내 마음에 있고 내가 구속할 해가 왔으나 ⁵내가 본즉 도와 주는 자도 없고 붙들어 주는 자도 없으므로 이상하게 여겨 내 팔이 나를 구원하며 내 분이 나를 붙들었음이라 ⁶내가 노함으로 말미암아 만민을 밟았으며 내가 분함으로 말미암아 그들을 취하게 하고 그들의 선혈이 땅에 쏟아지게 하였느니라"(사63:1-6)

이사야 63장 1-6절에서 보았듯이 우리 주님은 에돔과 그곳의 도시 보스라에서 승리하십니다. 예레미야 49장에는 에돔의 멸망과 보스라의 고난 그리고 홍해도 등장합니다. 에돔은 붉은색, 홍해는 말 그대로 붉은 바다입니다. 이 바다는 홍해라는 이름으로 불린 지 오래인데 아직까지 그 바다가 정말 붉게 변한 적은 없지만 이때는 그런 일을 목격하게 될 것입니다.

"그들이 넘어지는 소리에 땅이 진동하며 그가 부르짖는 소리는 홍해에 들리리라"(렘49:21)

'포도주 틀 심판'을 종합하면 이렇습니다. 예수님은 올리브 산에 재림하셔서 아마겟돈에 모인 침략자들을 심판하십니다. 이때 주님은 이교도들과 모든 불신자까지 예루살렘 근처의 골짜기에 회오리바람으로 모아 포도를 밟아 즙을 내듯 그 골짜기 포도주즙 틀에서 밟으시며 그때 나오는 엄청난 피가 홍해까지 물들이게 됩니다. 이 포도즙틀 즉 심판의 골짜기는 이후의 성전에서 나오는 물로 깨

끗하게 정화될 것입니다.(슥14:8, 겔47:1-5) 또한 그 지역도 천년왕국때 정돈이
될 것입니다.

"¹⁰온 땅이 아라바 같이 되되 게바에서 예루살렘 남쪽 림몬까지 이를 것이며
예루살렘이 높이 들려 그 본처에 있으리니 베냐민 문에서부터 첫 문 자리와 성
모퉁이 문까지 또 하나넬 망대에서부터 왕의 포도주 짜는 곳까지라 ¹¹사람이
그 가운데에 살며 다시는 저주가 있지 아니하리니 예루살렘이 평안히 서리로
다"(슥14:10-11)

불신자들에 대한 주님의 심판은 원수갚는 일이며 성도들의 피의 대가를 갚아
주시는 일입니다. 포도즙 틀의 심판은 이 땅에서 가장 혹독한 심판이 될 것입니
다. 이를 통해 우리는 주님의 심판이 대단히 무서운 것임을 기억해야 합니다.
예수님 안에 구하는 것이 가장 행복이자 평안입니다.

성경을 보면 주님의 날이 임할 때 하나님께서는 사악한 자들을 회오리바람으
로 데리고 가십니다. 성경에서 '회오리바람'은 하나님의 임재와 능력과 권능을
상징합니다.(행2:2) 또한 회오리바람은 하나님의 진노와 심판을 나타내기도 합
니다.(왕하22:11) 이사야서 40장 22-24절, 시편 58편 9-11절도 동일하게 회오리
바람이 사악한 자들을 심판 자리로 데려감을 보여 줍니다. 예레미야서 25장에
는 이것이 잘 기록되어 있습니다.

"그러므로 너는 그들을 대적하여 이 모든 말들을 대언하며 그들에게 이르기
를, 주가 높은 곳에서 울부짖고 자신의 거룩한 거처에서 친히 목소리를 내며 자
신의 거처 위에서 힘차게 울부짖고 포도를 밟는 자들같이 땅의 모든 거주민들
을 대적하여 고함을 지르리라. 요란한 소리가 심지어 땅끝까지 다다르리니 이
는 주가 민족들과 다투고 모든 육체와 변론하며 사악한 자들을 칼에 내줄 것이
기 때문이라. 주가 말하노라, 하라. 군대들의 주께서 이같이 말씀하시느니라. 보
라, 해악이 민족에서 민족에게로 나가며 큰 회오리바람이 땅의 경계에서 일어
나리라. 그 날에 주에게 죽임 당한 자들이 땅 이 끝에서부터 심지어 땅 저 끝까
지 있으리니 그들이 애도받지도 못하고 거두어지거나 묻히지도 못하며 땅바닥
위의 배설물이 되리라"(렘25:30-33)

'아마겟돈 전쟁' 결과

"그러나 짐승과 그 앞에서 이적들을 행하던 거짓 예언자가 그와 함께 사로잡

혔습니다. 거짓 예언자는 짐승의 표를 받은 사람들과 그의 우상들에게 경배하는 사람들을 이런 이적들로 현혹했던 자입니다. 그 둘은 모두 산 채로 유황이 타오르는 불 못에 던져졌습니다."(계19:20)

남은 군사들은 모두 죽임을 받아 '하나님의 큰 잔치'(계19:17)에 참여하는 새들의 밥이 되어 버립니다.

"그 나머지는 말 탄 사람의 입에서 나오는 칼로 죽임을 당했고 모든 새들이 그들의 살로 배를 채웠습니다."(계19:21)

이스라엘을 대신해서 주님이 개입하십니다. 예수님 재림으로 그 천사들을 통해서 싸우십니다.

아마겟돈 전쟁은 단순하게 끝이 납니다. '아마겟돈 전쟁'은 곧 이어 일곱째 대접이 공기 가운데 쏟아지게 되며 이 대접 심판으로 인류의 역사가 끝나는 것입니다.

여러분!

미국, 중국, 러시아, 영국, 한국, 일본 등 전 세계 여러 지역에 살고 있는 예수를 그리스도를 믿지 않은 불신자들은 다 죽임을 당합니다. 그리하여 오직 의인들만 천년왕국에 들어가지 않겠습니까?

휴거는 성도들이 채여 올라가 주님을 만나는 것, 유대인들이 붙잡혀 가는 것은 시체들이 즐비한 아마겟돈 그들이 남겨지는 것은 피난처, 이것이 정답입니다.

3. 세 번째 예정된 전쟁 – 곡과 마곡 전쟁

천년왕국의 마지막에 곡과 마곡은 하나님을 반역하고 마귀의 뜻에 따르려는 자들을 모아 전쟁을 일으킵니다. 이것은 계시록에 20장에 나타난 세 번째로 일어날 예정된 전쟁입니다.

"그 천 년이 다 차매 사탄이 자기 감옥에서 풀려나고 나가서 땅의 사방에 있는 민족들 곧 곡과 마곡을 속이며 그들을 함께 모아 전쟁을 하게 할 터인데 그들의 수는 바다의 모래 같으리라. 그들이 땅의 넓은 곳으로 올라가 성도들의 진영과 그 사랑받는 도시를 에워싸매 불이 하늘에서 하나님으로부터 내려와 그들을 삼켰고 또 그들을 속인 마귀가 불과 유황 호수에 곧 그 짐승과 거짓 대언자

가 있는 곳에 던져져서 영원무궁토록 밤낮으로 고통을 받으리라."(계20:7-10)

여기 나오는 곡과 마곡은 7년 환난기 끝의 곡과 마곡과는 달리 북방에 있지 않고 온 땅에 흩어져 있습니다. 인류 역사의 마지막 전쟁은 하나님을 배도(7-10)한 사건으로 초래될 것입니다.

에스겔 38-39장에 곡과 마곡 전쟁도 천년왕국 종료 시점에 있을 전쟁과 유브라데 전쟁에 대한 이중 예언으로 되어 있습니다. 천년왕국 후반의 전쟁을 흔히 '곡'과 '마곡'을 합쳐서 부르는데 곡은 '사람의 이름'입니다. 앞에서도 언급했지만 에스겔 38장 1-2절에 주님이 직접 곡과 마곡에 대해서 설명하고 있습니다.

"¹여호와의 말씀이 내게 임해 말씀하셨다. ²사람아, 너는 얼굴을 마곡 땅에 있는 곡, 곧 로스와 메섹과 두발의 왕에게로 향하고 그에 대해 예언해"(겔38:1-2)

곡은 '메섹과 두발의 최고 통치자'입니다. 마곡은 곡의 땅이란 뜻입니다. '곡'은 하나님을 대적하는 지도자(rulers)로 '마곡'은 곡을 추종하는 백성들(people)들을 뜻하는 의미로 확대되었습니다. 성경에서 바로가 애굽의 왕을 묘사하는 상징적인 용어인 것처럼, 곡과 마곡도 하나님을 대적하는 세력을 의미하는 상징적인 용어입니다. 그런 의미에서 본다면 예수님이 재림하실 때 일어나는 아마겟돈 전쟁도 '곡과 마곡의 전쟁'으로 비유할 수 있는데, 이렇듯 사람들이 악한 지도자를 따라 하나님을 대적하는 전쟁이 천년왕국의 끝에도 다시 한번 일어난다는 것입니다.

계시록 20장 4절부터 6절까지의 말씀이 예수님과 첫째 부활에 참여한 성도들이 다스리게 될 천년왕국에 관한 말씀이라면, 7절부터 10절까지는 에덴동산과 같은 낙원에서 예수님의 직접적인 통치를 받는 공의로운 세상에서 살면서도, 예수님의 왕되심을 거부하고 천년왕국의 끝에 무저갱에서 풀려난 용과 함께 마지막 반역(Apostasy)을 꾀한 자들이 받게 될 심판에 관한 말씀이 기록되어 있습니다. 구체적으로 살펴봅니다.

7, 8절을 다시 보시면 "천년이 차매 사단이 그 옥에서 놓여, 나와서 땅의 사방 백성 곧 곡과 마곡을 미혹하고 모아 싸움을 붙이리니 그 수가 바다 모래 같으리라."하십니다.

예수님께서 지상 재림하시면서 사탄을 결박하여 곧바로 유황 불못에 던져 넣지 않고 한시적 지옥인 무저갱에 감금을 시키셨는가(계20:3)를 생각해 보면 그 해답은 곧바로 본문을 통해서 알 수 있습니다. 그것은 사탄이 받을 최후 형벌장소인 유황 불못(영원한 지옥)에 집어넣기 전에 마지막으로 사탄을 사용해야 될 일이 남아 있기 때문입니다. 그 일은 예수님의 통치 아래 평화롭게 살면서 예수를 믿었던 사람들을 시험하여 알곡과 쭉정이를 가리는 일입니다. 그래서 천년 후 다시 한번 이용해야하기 때문에 영원한 지옥에 던져 넣지 않고 한시적(temporary) 지옥인 무저갱에 잠시 가두어 놓으신 것입니다. 이런 의미에서 본다면 사단 마귀도 하나님의 섭리(攝理, Providence)를 이루는데 사용하시는 도구에 불과하다는 것을 알 수 있습니다. 또 한 가지는 천년왕국 때에도 하나님은 아담과 하와에게 주셨던 하나님의 형상 중에 곧 사람들에게 자유의지를 주신 축복은 그대로 유지되고 있다는 점입니다.

본문에 보면 천년왕국 끝에 배도하는 무리들이 있을 것이라 하시는데 이들이 누구일까요? 천년왕국에 참여하는 1세대는 이미 7년 대환난을 통해 '믿음의 시험'을 통과한 사람들이지만, 그 후로 태어난 세대들은 진정으로 예수님을 믿고 따르는지 아직 그들의 믿음이 검증받지 못한 사람들입니다. 천년왕국을 묘사한 이사야 65장 22절에서 "거기는 날 수가 많지 못하여 죽는 유아와 수한이 차지 못한 노인이 다시는 없을 것이라 곧 백세에 죽는 자가 아이겠고 백세 못되어 죽는 자는 저주받은 것이리라."하신 것을 보면, 비록 에덴동산과 같은 천년왕국 기간이지만 이때도 예수님의 통치를 거부하고 죄를 짓다가 저주를 받아 죽는 자들이 있을 개연성(蓋然性)이 있음을 엿볼 수 있습니다. 이렇듯 마음속으로 반역하는 생각을 품고 있던 자들이 1,000년 만에 풀려난 사단 마귀와 함께 예수님을 대적하다가 심판을 받고 영원한 불못에 던져지게 되는 것입니다. 에덴동산과 같은 천년왕국의 기간이지만, 이 기간에도 사단의 미혹을 물리치고 진심으로 예수님을 믿고 따르는 자들만이 궁극적인 영원한 하나님의 나라인 신천신지 새 예루살렘에 들어갈 수 있다는 것입니다.

'곡과 마곡'- 8절에서는 이처럼 천년왕국의 끝에 사탄의 미혹 받고 예루살렘을 치기 위해 모인 무리들을 '곡과 마곡'이라고 표현하고 있습니다. 여기서 사용된 '곡과 마곡'이란 용어 때문에 이 사건이 에스겔 38장과 39장에 기록된 '곡과 마곡' 전쟁을 묘사한 것이라고 주장하는 사람들이 있는데, 에스겔에서 예언하고 있는 곡과 마곡의 전쟁과 본문의 말씀을 비교해 보면, 이 두 전쟁이 곡과 마곡이라는 용어만 같을 뿐 완전히 다른 사건을 묘사한 것임을 알 수 있습니다.

1) 에스겔에서 예언하고 있는 곡과 마곡의 전쟁은 이스라엘 북방, 구체적으

로는 이란을 중심으로 한 아랍세력과 러시아가 연합하여 이스라엘을 치는 전쟁입니다. 하지만, 본문에서 설명하는 곡과 마곡의 전쟁은 땅의 사방에서 모인 자들, 즉 전 세계의 사람들이 몰려와서 예루살렘을 치는 전쟁입니다. 2) 에스겔에 묘사된 곡과 마곡의 전쟁이 국지전(局地戰)의 양상을 띄고 있다면, 본문에 소개된 곡과 마곡의 전쟁은 그리스도를 대적하는 온 세상 사람들이 예루살렘을 치기 위해 일으킨 전면전(全面戰)입니다. 3) 에스겔 38, 39장에서 소개된 곡과 마곡의 전쟁이 7년 대환난 기간내에 일어날 전쟁이라면, 본문에 소개된 전쟁은 7년 대환난과 천년왕국이 끝나고 백보좌 심판이 있기 직전에 일어날 전쟁입니다. 4) 에스겔에서 소개한 곡과 마곡의 전쟁에는 전쟁에 동원된 자들의 시체가 각종 새와 들의 각종 짐승에게 먹히고(겔39:14), 그 무기를 태우는데 7년이 걸릴 것이라 하시지만(겔39:9), 본문에서 소개하는 곡과 마곡 전쟁에는 전쟁에 동원된 자들이 한 순간에 소멸되고(9) 곧바로 백보좌 심판이 펼쳐질 것이라 하십니다(11).

　"－그 수가 바다 모래 같으리라."(8하)는 말씀은 천년왕국 기간이 끝나가는 시점에 배도하는 무리가 많을 것임을 짐작할 수 있는 말씀입니다. 천년기 동안 많은 사람들이 사탄과 거짓 선지자가 없는 환경에서 신앙생활을 하고 살았습니다. 그래서 박해나 사탄의 방해없이 평안한 가운데 신앙생활을 하였기 때문에 구원의 가치를 깨닫지 못하고 스스로 지옥의 고통을 자청한 사람들이나 다름없습니다. "청함을 받은 자는 많되 택함을 입은 자는 적으니라."(마22:14)하신 말씀처럼, 하나님의 은혜를 경험하는 사람들이 모두 다 구원을 받는 것은 아닙니다. 하늘에서 내리는 비를 받아 채소를 내는 땅도 있지만, 가시와 엉겅퀴를 내는 땅도 있다(히6:7, 8)는 것입니다. 가룟유다가 대표적인 경우라 할 수 있는데, 가룟유다는 12제자 가운데 하나로 선택되어 3년 동안 예수님과 함께 먹고 마시는 은혜를 누렸지만, 이 은혜를 배반의 기회로 삼았습니다. 마찬가지로 천년왕국에서 에덴동산과 같은 은혜를 누리면서도 이 은혜를 구원의 기회가 아니라 반역의 기회로 삼는 자들이 있다는 것입니다.

　9절, "저희가 지면에 널리 퍼져 성도들의 진과 사랑하시는 성을 두르매 하늘에서 불이 내려와 저희를 소멸하고"하십니다.

　마귀는 영원한 유황불에 들어갈 날이 눈앞에 다가와 있음을 알기 때문에 최후까지 힘을 다하여 하나님을 대항합니다. 한 영혼이라도 더 지옥의 동반자로 만들기 위해서 최후 발악을 하게 될 것입니다. 그래서 많은 사람들을 미혹하여 지구촌의 수도인 예루살렘을 포위하고 공격하려고 할 것입니다. 계시록을 통해 볼 수 있는 예정된 세 차례 전쟁 모두 이스라엘을 공격하는 것이 공통점임을 알 수 있습니다. 그래서 이스라엘은 현재도 앞으로도 세계 뉴스의 초점입니다. 천년왕국 끝에 있는 곡과 마곡 전쟁도 천년왕국 직전에 있었던 아마겟돈 전쟁과 마찬가지로, 쌍방이 일전일퇴를 하는 전쟁이라기보다는 일방적인 하나님의 심판(학살)이라 할 수 있습니다.

7년 대환난의 끝에 예수님의 재림을 막겠다고 아마겟돈에 모인 세상의 군대들에게 포도주틀의 심판이 임한 것처럼, 천년왕국의 끝에 용의 미혹을 받고 예루살렘 성을 치기 위해 모인 배도한 무리들을 하나님께서는 하늘에서 불을 내려 마귀의 추종자들을 불로 태워 죽이십니다.

사탄이 주도하는 군대가 섬멸되자 수장인 사탄을 적그리스도와 거짓 선지자가 밤낮으로 고통을 당하고 있는 유황 못에 던져집니다. 그리하여 악의 삼위일체인 사탄과 적그리스도와 거짓 선지자는 불타는 유황 못에서 영원토록 밤낮 고통을 당하는 것입니다.(계20:10)

그러므로 환경이 나빠서 사람이 죄를 짓는 것이 아닙니다. 하나님께서 최종적으로 보여 주시고자 하는 요점은 어느 시대이든 믿음으로 구원받는다는 것입니다.(엡2:8-9) 마귀가 없는 완전한 환경인 천년왕국에서 태어났을지라도 예수를 그리스도로 믿지 않아 구원받지 않는 한 여전히 마귀의 자식이라는 것입니다. 그러므로 하나님의 공의의 심판이 천년왕국의 마지막에도 나타난 것입니다. 그리고 백보좌 심판에서는 죽은 자들의 부활이 있게 됩니다. 이는 둘째 부활입니다. 사망과 음부가 죽은 자들을 내어주면서 심판을 받기 위한 몸으로 부활하게 됩니다.(계21:8) 그들은 백보좌 심판 후 사람들을 미혹했던 마귀와 함께 불과 유황으로 타는 '본(本) 지옥'에 던져 넣으실 것입니다.

그러면 장차 있을 7년 대환난이나 세 차례의 예정된 미래의 전쟁은 휴거될 오늘의 그리스도의 신부들에게 어떤 의미들이 있을까요?

첫째는 잃어버린 영혼들에게 영원한 복음으로 전도하라고 하신 것입니다. 둘째는 기도하라고 하시는 것입니다.

하나님은 에스겔 18장 23절 말씀에서 안타까운 심정으로 우리에게 말씀하십니다.

"내가 악한 사람이 죽는 것을 조금이라도 기뻐하겠느냐? 주 여호와의 말이다. 오히려 그가 자기 길에서 돌이켜 사는 것을 내가 기뻐하지 않겠느냐?"(겔18:23)

앞에서 성경으로 살펴본 예정된 3차례의 전쟁보다 더 무서운 것이 영원한 지옥입니다. 누가복음 19장 28절 이하에는 예수님께서는 예루살렘 성으로 입성하시면서 예루살렘 도성을 보시며 눈물을 흘리십니다. 왜 그랬습니까? 예루살렘성이 돌 위에 돌 하나도 남음이 없이 철저하게 파괴되어 이스라엘이 멸망할 것을 미리 아셨기 때문이며 아브라함의 자손이라고 하나님의 선민이라고 자처하는 저들이 인간의 주인이신 예수님 자신을 십자가에 못박을 것을 미리 아셨기 때문입니다. 그리고 무엇보다도 처절하게 절규하며 지옥으로 떨어지는 그들의 모습을 미리 보시고 아셨기에 눈물을 흘렸습니다. 예수님의 눈물은 곧 하나님의 눈물이었습니다. 하늘과 땅과 그 가운데 모든 만물을 창조하시고 피조물을 다스리시는 예수 그리스도, 그분의 눈물은 곧 죄가운데서 신음하는 우리를 향한 그리고 장차 지옥에서 영원히 고통받을 자들을 향한 하나님의 한없는 연민의 눈물, 자비의 눈물이었습니다. 창조자께서 친히 눈물을 흘리기까지 그분의 형상대로 지음받은 우리가 구원의 길로 나오기를 간절히 원하고 계십니다. 그래서 예수 그리스도께서 친히 천국복음을 전하는 전도의 모범이 되셨고 십자가에 못박혀 붉은 보혈을 흘리심으로 구원의 길을 여시고 믿는 모든 자들에게 전도의 사명을 부여하셨습니다. 우리도 눈물을 흘리며 잃어버린 영혼들을 사랑하며 전도합시다.

그리고 오늘 우리가 기도하라고 하신 것입니다. 전지전능하신 하나님께서는 우리의 사정을 다 아시고 계시고 하나님의 뜻을 이루어지게 하시겠다는 약속하신 말씀이 있음에도 불구하고 굳이 우리가 애써 기도해야 할 이유가 무엇일까요?

첫 번째는 하나님께 영광을 돌리기 위해서입니다.

에스겔서 36장 37절 "주 여호와께서 이같이 말씀하셨느니라 그래도 이스라엘 족속이 이같이 자기들에게 이루어 주기를 내게 구하여야 할지라 내가 그들의 수효를 양 떼 같이 많아지게 하되" 이렇게 말씀합니다. 하나님의 시간이 차면 바벨론에 사로잡힌 이스라엘 백성들을 돌아오게 하겠다고 약속하신 대로 이루어지게 할 것이다. 그럼에도 불구하고 선지자 에스겔에게 기도하라고 하신 말씀입니다. 그렇습니다. 모든 일은 반드시 하나님의 계획대로, 하나님의 방법대로 이루어 질 것이 분명합니다. 그래도 이 일을 위해 하나님께 기도해야 합니다. 우주 만물의 절대 주권은 하나님의 손에 달려 있습니다. 인생의 생사화복과 흥망도 하나님의 손에 있습니다(삼상 2:1-10).

"여호와는 죽이기도 하시고 살리기도 하시며 스올에 내리게도 하시고 거기에서 올리기도 하시는도다 여호와는 가난하게도 하시고 부하게도 하시며 낮추기도 하시고 높이기도 하시는도다"(삼상2:6-7)

만약 우리가 기도하지 않고 성공한다면, 자신의 운이 좋다고 생각하거나, 혹은 내가 능력이 있고 실력이 있기 때문에 일을 잘해서 성공했다고 영광을 자신에게 돌리게 될 것입니다. 그러나 우리가 기도 중에 하나님의 축복을 받으면 하나님께 감사하며 모든 영광을 하나님께 돌리게 됩니다. 그러므로 우리는 무슨 일을 하든지 하나님의 영광을 위하여 행해야 하는, 즉 우리의 궁극적인 생존 목적을 실천하는 것입니다.

"그런즉 너희가 먹든지 마시든지 무엇을 하든지 다 하나님의 영광을 위하여 하라"(고전10:31) 그래서 하나님의 축복 속에서 하나님과 동행하며 살면서 하나님의 계획을 아는 하나님의 자녀라도 기도해야 합니다.

두 번째는 하나님과 교제하기 위해서 기도해야 합니다.

우리는 기도해야 할 일들이 너무 많습니다. 하나님께서 속히 응답해 주셔야 하는 절박한 기도들도 있습니다. 이렇게 기도응답에 기도하는 목적이 집중되면 기도의 본질을 잃기 쉽습니다. 예를 들면 한 아빠가 외국에 출장 가기 전에 하나밖에 없는 외동딸에게 귀국할 때 선물 꼭 사올게 약속하고 떠났다가 드디어 집에 들어 올 때 외동딸이 아빠에게는 눈길도 안 주면서 오로지 선물을 사가지고 왔는지 그리고 어떤 선물인지에만 신경 쓴다면 그 아빠는 서운할 것이 자명합니다. 하나님과의 기도를 통한 교제도 마찬가지입니다.

예레미야서 5장 25절을 보면, "너희 허물이 이러한 일들을 물리쳤고 너희 죄가 너희로부터 좋은 것을 막았느니라"(렘5:25)

하나님은 자신의 자녀들이 온갖 좋은 복을 받기를 바라지만 우리가 범한 죄악은 하나님의 축복을 막을 때가 있습니다.(사1:15) 그것도 모르고 우리는 하나님께 문제해결만 요구할 때가 많습니다. 마치 밖에서 뛰놀다가 손과 온 몸이 먼지투성이인 아이가 배고프다고 밥부터 달라고 하면 어머니는 손과 몸부터 씻으라고 하신 것과 같습니다. 우리가 기도할 때 성령님은 우리가 회개할 것들을 깨닫게 하십니다, 회개할 마음도 하나님으로부터 받아야만 진정한 회개를 할 수

있습니다.(딤후2:25)

우리는 하나님의 은혜를 입고 하나님의 인자함을 깨닫게 되면 매사에 항상 하나님의 사랑과 은혜에 감사하는 생활을 하게 됩니다. 우리는 본래 어떤 기도 제목을 위하여 기도하며 기도 중에 하나님과 교제하다가 회개하는 은혜를 받고 하나님께 쓰임 받는 깨끗한 그릇으로 예비되는 축복을 받게 됩니다.(딤후2:20-21) 하나님은 정말로 우리가 구하는 것이나 생각하는 모든 것에 더 넘치도록 축복하시는 좋으신 주님이십니다.

"우리 가운데서 역사하시는 능력대로 우리가 구하거나 생각하는 모든 것에 더 넘치도록 능히 하실 이에게"(엡3:20)

그러므로 우리가 기도응답 받는 데에 기도의 초점을 맞추면 기도하다가 응답이 빨리 오지 않으면 포기하기 쉽습니다. 기도응답보다 더 중요한 것은 항상 하나님과 교제하기 위해서 기도하는 것입니다.

셋째, 우리가 예수의 이름으로 기도하면 하나님은 우리의 기도를 들으실 것이며, 예수 그리스도의 이름을 위해 일하실 것입니다. 하나님께서 우리에게 예수 그리스도를 언제 어디서나 사용할 특권을 주신 이유가 무엇일까요? 즉 예수 그리스도 이름으로 기도를 허락하신 이유가 무엇입니까?

요한복음 14장 13절에서 14절 말씀을 보면, "너희가 내 이름으로 무엇을 구하든지 내가 행하리니 이는 아버지로 하여금 아들로 말미암아 영광을 받으시게 하려 함이라 내 이름으로 무엇이든지 내게 구하면 내가 행하리라"(요14:13-14)

이름은 이름을 가진 자의 존재를 대표할 뿐 아니라 그 존재의 성품과 특성 그리고 권리와 권세 그리고 명예를 대표합니다. 예수 그리스도의 이름으로 기도한다는 것은 예수 그리스도의 권세와 자격으로 그리고 예수 그리스도의 마음으로 예수 그리스도의 영광을 위해서 기도한다는 뜻입니다.

하나님은 예수 그리스도를 통해 영광을 얻으셔야 하므로 우리가 예수 그리스도의 이름을 받들어 기도하면 하나님은 우리의 기도를 반드시 들으실 것입니다. 하나님은 우리를 통해 예수 그리스도를 나타내고 그의 이름을 알리고, 그의 이름을 높이 세우시기를 원하시며, 우리가 예수그리스도의 이름을 통해 수많은 영혼을 구하시는 큰일을 이루기를 원하십니다.(요15:8)

그리고 성령 하나님께서 우리 안에 계시고 동행하시는 궁극적인 목적은 우리를 통해 그리스도를 증거하여 뭇 영혼들을 구원하시며(행1:8) 하나님의 뜻을 이루시는 것입니다. 그래서 하나님은 우리로 하여금 예수의 이름으로 기도하게 하셨습니다. 우리의 기도가 응답될 때마다 그리스도의 이름이 높임을 받고 영광을 돌리게 됩니다. 예수님의 신부인 우리에게 성령 안에서 기도하는 특권을 사용할 수 있습니다.

창세기 19장 29절을 보면

"하나님께서는 들판의 성들을 멸망시키실 때 아브라함을 기억하셨습니다. 그래서 롯이 살던 성들을 뒤엎으실 때 그 뒤엎으심 가운데서 롯을 구해 주셨습니다."

중보기도가 결코 헛되지 않다는 것입니다.(29절) 29절에 보니 하나님께서 소돔을 멸망시키실 때 아브라함을 생각하셔서 롯을 그 엎으시던 소돔성에서 내보내셨습니다.

롯은 몰랐지만 창18장에 보면 아브라함이 롯이 거하는 소돔성의 멸망에 관한 말씀을 들은 후에 하나님에게 기도로 나아갔습니다. 창18:22-32까지 보면 아브라함이 하나님 앞에 섭니다. 그리고 기도합니다. "하나님, 하나님께서는 의인을 악인과 함께 멸하지는 않으시죠? 소돔에 의인 50인이 있으면 어떻게 하시겠습니까?", 하나님이 대답하십니다. "내가 만일 소돔 성에서 의인 오십 명을 찾으면 그들을 위하여 그 지역을 용서하리라"

아브라함이 의인 오십을 놓고 기도했지만 소돔성을 생각하니 안심이 안 됩니다. 그래서 5명을 깎아서 의인 45인을 놓고 기도합니다. 그래도 불안하니 의인 40명을 놓고 하나님 앞에 기도합니다. 40인도 불안했던지 30명, 20명, 10명까지 낮춥니다. 아브라함은 소돔 성에 의인 10명 정도는 있을 것이라고 생각하고 기도를 멈춥니다. 그런데 소돔성에는 의인 10명이 없어서 결국 멸망을 당하게 됩니다. 아브라함의 기도는 소돔의 멸망을 막지는 못했습니다. 하지만 하나님이 아브라함을 생각하셔서 아브라함의 조카 롯을 구원해 주셨습니다. 이것이 하나님의 자비하심입니다. 우리의 기도가 부족해도 기도하는 우리를 생각하셔서 응답해주시는 좋으신 하나님이십니다. 우리의 기도로 7년 대환난 때 우리의 롯이 구원받을 수 있는 것입니다.

우리는 매일 하나님의 말씀을 붙잡고 열심히 기도할 때 하나님의 축복을 받고, 스데반처럼 성령의 은혜와 권능(행 6:8)을 얻고, 그리스도를 능력있게 증거하는 삶을 살게 됩니다.

사람들이 얻지 못하는 것은 기도하지 않기 때문이라고 합니다. 많은 사람들이 기도의 중요성을 지식적으로는 알고 동의하지만 실제로는 잘하지 않는 것은 기도에 대한 믿음이 없기 때문 입니다.

"너희는 욕심을 내어도 얻지 못하여 살인하며 시기하여도 능히 취하지 못하므로 다투고 싸우는도다 너희가 얻지 못함은 구하지 아니하기 때문이요"(약4:2)

기도하지 않는 것은 결과적으로 내가 하나님보다 더 능력있고 더 지혜롭기 때문이라는 하나님을 무시하는 큰 죄입니다.

"나는 너희를 위하여 기도하기를 쉬는 죄를 여호와 앞에 결단코 범하지 아니하고 선하고 의로운 길을 너희에게 가르칠 것인즉"(삼상12:23)

또 다른 이유는 잘못된 기도로 응답을 받지 못했고, 실패한 기도가 많아지면 기도를 하고 싶지 않기 때문입니다.

"구하여도 받지 못함은 정욕으로 쓰려고 잘못 구하기 때문이라"(약4:3)

믿음없이 행하는 것은 모두 죄이고(롬14:23) 믿음이 없이는 하나님을 기쁘시게 못한다(히11:6)고 하셨으니 결국 기도 없이 믿음 없이 아무리 애쓰고 하는 모든 일들도 다 열매 없는 헛수고입니다. 우리가 신앙 생활하는데 가장 힘든 일은 기도입니다. 왜냐하면 기도를 통해 우리가 직접 하나님과 교제하고 하늘의 능력과 믿음을 공급받고 의인의 간구는 역사하는 힘이 크기 때문에(약5:16) 즉 사단의 왕국에 가장 큰 타격을 주기에 사단이 기를 쓰고 방해하기 때문입니다. 특히 전 시간을 성막에서 봉사하던 구약의 레위인처럼 오늘날 교회를 섬기는 주의 종들은(엡4:11-12) "우리는 오로지 기도하는 일과 말씀 사역에 힘쓰리라"(행6:4) 함과 같이 기도하는 사역이 하나님의 일 준비하는 사역이 아니라 하나님의 일 자체임을 알고 소중한 기도 사역에 전념해야 할 것입니다. 사실 저희가 이 땅에 궁극적으로 하나님의 일하는 것 외에 숨 쉬고 살아야 할 이유가 없습니다.

우리는 "성령 안에서 쉬지 말고 기도해야 합니다." 또 우리는 "예수님을 기다리는 소망 중에 깨어서 기도해야 합니다." 기도 생활은 다시 우리를 삼위일체 하나님께로 인도합니다. 기도는 아버지 하나님의 이름을 간절히 부르는 것입니다. 기도는 성령 하나님을 매 순간 호흡하는 것입니다. 기도는 깨어서 성자 하나님을 기다리고 준비하는 삶입니다. 이렇게 기도할 때, 우리는 이 말세의 혼란 가운데서도 두려움 없이 예수님을 증거하며 어두운 세상에 사랑과 진리의 빛을 비추는 아름다운 삶을 살 수 있습니다. 핍박과 환난 가운데 교회를 세우며 하나님의 나라를 확장할 수 있습니다. 성령 안에서 기도는 우리를 "항상 깨어 주님과 교제하는 삶"으로 인도합니다.

사랑하는 성도 여러분!

우리는 돈 없이도 예수님의 동역자가 되어(고전3:9) 위대한 일을 할 수 있습니다. 하나님 일의 주인이 하나님이십니다.(렘33:2) 예수 그리스도 이름으로 우리가 기도하는데 돈이 필요치 않습니다. 기도는 우리가 하고 일은 하나님께서 하십니다. 우리가 하나님 말씀 믿는데 돈이 필요치 않습니다. 우리가 소망하고 기대하는데 돈이 들지 않습니다.(히11:1) 우리가 영의 생각을 하는데(롬8:6) 돈이 필요치 않습니다. 믿음으로 말하고 선포하는데 돈이 들지 않습니다.

"이르시되 너희 믿음이 작은 까닭이니라 진실로 너희에게 이르노니 만일 너희에게 믿음이 겨자씨 한 알 만큼만 있어도 이 산을 명하여 여기서 저기로 옮겨지라 하면 옮겨질 것이요 또 너희가 못할 것이 없으리라"(마17:20)

우리가 그리스도 안에서 생각하고 믿고 기도하고 바라고 말하고 선포할 때 일은 하나님께서 하시고 완성도 하나님께서 하십니다.

우리 예수 그리스도의 이름이 하나님께 기도할 때 하늘에 무슨 일이 생깁니까? 하늘의 천사들이 우리의 기도를 하나님께 전달합니다.(계8:1-13) 얼마나 영광스러운 일인가요! 전지전능한 하나님과 천사들도 우리의 기도로 인해 움직이기 시작했으니 얼마나 신나는 특권인가요! 사실 하나님께서 저희 기도의 도움이 꼭 필요해서 기도하라고 하신 것이 아니라 하나님께서 저희에게 거룩한 하나님의 사업에 함께 일할(골4:3) 그리고 영광의 면류관을 얻을 기회를 주시니 얼마나 감사한지요.

사랑하는 형제자매 여러분!

모든 사람(만민)들이 천국의 복음을 들을 때까지(마24:4) 우리 하나님을 쉬지 못하시게 기도하십시다.

"또 여호와께서 예루살렘을 세워 세상에서 찬송을 받게 하시기까지 그로 쉬지 못하시게 하라"(사62:7)

아무것도 염려하지 말고(빌4:6) 날마다 감사함으로 주께 나아가십시다.

"우리가 감사함으로 그 앞에 나아가며 시를 지어 즐거이 그를 노래하자"(시95:2)

CHAPTER 16

왕의 재림과 천년왕국

The Second Coming of the King and the Millennial Kingdom

본문   계19:7-10

예수님이 재림하여 세우실 천년왕국은 아담과 하와가 범죄함으로 실패한 에덴동산과 같은 하나님의 나라를 이 땅에 실현하는 기간이기에 둘째 아담이신 예수님과 함께 둘째 하와인 교회도 재림하시는 예수님과 함께하는 것입니다.(슥 14:5, 유1:14) 이런 지상 재림 직전에 천상에서 벌어지는 어린 양의 혼인잔치가 바로 그리스도의 신부인 교회가 신랑되신 예수님과 치루는 혼인예식의 마지막 순서인 것입니다. 그래서 복된 소망이라고 했습니다.

여러분!

디도서 2장 13절 말씀과 같이 예수 그리스도의 영광이 나타나는 재림을 왜 '복된 소망(the blessed hope)'이라고 묘사할까요?

"복된 소망과 위대하신 하나님과 우리 구주 예수 그리스도의 영광이 나타날 것을 기다리며 살도록 하셨다."(딛2:13)

예수님이 공중강림하실 때 휴거의 사건이 그리스도의 신부들에게 복 있는 소망이 될 수 있는 가장 큰 이유는 이것이 부활의 영광에 참여하는 사건이기 때문입니다. 우리가 얻은 구원은 죄의 형벌로부터 구원입니다. 죄의 존재로부터 구원에 대한 약속을 받았고 성령의 인치심으로 보증을 얻은 것입니다. 그리고 이 약속이 완전히 성취되고 구원의 완성이 바로 장차 이루어질 부활의 사건인 것입니다.

"보라 내가 너희에게 비밀을 말하노니 우리가 다 잠잘 것이 아니요 마지막 나팔에 순식간에 홀연히 다 변화하리니 나팔소리가 나매 죽은 자들이 썩지 아니할 것으로 다시 살고 우리도 변화하리라. 이 썩을 것이 불가불 썩지 아니할 것을 입겠고 이 죽을 것이 죽지 아니함을 입으리로다."(고전15:51-53)

이처럼 휴거의 사건은 구원의 완성이자 예수의 부활의 몸과 동일한 부활의 영광에 참여하는 순간인 것입니다.

"그분은 만물을 그분에게 복종시킬 수 있는 능력으로 우리의 천한 몸을 그분의 영광스러운 몸과 같은 형상으로 변화시켜 주실 것입니다. 그러기에 휴거의 사건을 기다리는 소망이 참으로 '복스러운 소망'인 것입니다."(빌3:21)

두 번째는 빌라델비아 교회처럼 인내의 말씀을 지켰을 때 7년 대환난이 임하기 전에 구원받기 때문입니다.

빌라델비아 교회에 주신 가장 중요한 약속이 바로 요한계시록 3장 10절에 소개되고 있습니다.

"네가 나의 인내의 말씀을 지켰은즉 내가 또한 너를 지키어 시험의 때를 면하게 하리니 이는 장차 온 세상에 임하여 땅에 거하는 자들을 시험할 때라"

여기서 "장차 온 세상에 임하여 땅에 거하는 자들을 시험할 때"란 6장부터 19장까지 소개되고 있는 7년 대환난으로 보아야 합니다. 인내의 말씀을 지킨 성도들에게 바로 이 "시험의 때"를 면하게 되는 축복을 주신다는 것입니다.

여기에서 '시험(πειρασμός)'은 마태복음 6장 13절에도 있는 "우리를 시험에 들게 하지 마시옵고" 시험(πειρασμός-emptation)과 동일한 단어입니다. 예수님께서 가르쳐 주신 기도대로 기도가 응답되어 유혹을 피하는 은혜입니다.

물론 라오디게아 교회처럼 차지도 더웁지도 않은 믿음을 가진 자들은(계 3:15) 7년 대환난 기간의 시험을 통해 자신의 믿음을 증명해보여야 할 것입니다. 이처럼 휴거의 사건은 어려움 속에서도 "인내의 말씀을 지킨 자들"을 데려가시는 사건입니다. 빌라델비아 교회는 이미 말씀에 순종하는 믿음을 통해 믿음의 시험을 통과한 자들이기에 "시험의 때"를 면하게 해주시는 것입니다. 7년 대환난은 교회의 휴거 사건 이후 "땅에 거하는 자들을 시험하는 때"입니다. 땅에 거하는 모든 자들이 그리스도를 따를 것인지 짐승의 표를 받고 적그리스도를 따를 것인지 결정해야 하는 때입니다. 그러기에 이미 그리스도를 따르기로 마음에 결단하고 인내로 그 말씀에 순종하는 자들은 휴거의 사건을 통해 "시험의 때"를 면제시켜 주시는 것입니다.

세 번째는 휴거의 사건이 '복된 소망'인 것은 이것이 혼인 예식에 참여하는 사건이기 때문입니다.(요14:1-3)

유월절 고별설교를 담고 있는 요한복음 14장에 보면 예수님은 제자들에게 예수님이 저들의 곁을 떠나는 일로 인해 근심하지 말라 하십니다. 그러면서 예수님이 저들을 떠나시는 것은 저들과 함께 거할 처소를 예비하러 가는 것이고, 처소가 예비 되면 다시 와서 너희를 내게로 영접하여 나 있는 곳에 너희도 있게 하리라(요14:1-3)는 약속을 주십니다. 이는 예수님의 다시 오심을 이스라엘의 혼인예식으로 비유하신 것입니다. 이스라엘에서는 남녀가 만나 서로 사랑을 나누다가 '케투바(Ketubah)'라고 하는 언약식을 치루게 되면, 법적인 부부로 인정을 받게 됩니다. 법적인 부부가 되었지만, 공적인 부부가 되기 위해선 혼인예식을 치러야 하는데, 이 일을 위해 신랑은 잠시 신부와 헤어져서 자신의 본가, 즉 아버지 집으로 가서 신부와 머물 처소를 예비합니다. 처소가 예비 되면 신부를 찾아와 예비한 처소로 데려감으로 혼인예식이 시작됩니다. 이 혼인의 예식은 7일 간 이어지는데 먼저, 신부는 신랑과 함께 신랑이 예비한 처소인 후파(Huppah)에서 일주일간의 달콤한 허니문의 시간을 갖게 됩니다. 이 기간 동안 신랑은 신부를 자신이 예비한 처소에 감추어 둡니다. 7일 간의 허니문이 끝나는 마지막 날, 신랑은 신부를 단장시켜 초대한 사람들과 함께 공식적인 만찬을 열게 됩니다. 이것이 바로 '혼인 잔치'입니다. 7년 대환난이 끝난 뒤 벌어지는 '어린 양의 혼인잔치'(계19:7-9)가 바로 혼인예식의 마지막 순서인 공식적인 만찬인 것입니다. 7년 대환난의 기간 동안 이 땅에 남아 있는 자들은 '시험의 때'를 지나야 하지만, 휴거된 성도들은 주님이 예비하신 처소에서 혼인예식에 참여하게 될 것입니다.

사모하던 주님과 밀월의 시간을 갖게 될 것입니다. 밀월의 시간을 가지다가 마지막에 '어린 양의 혼인 잔치'를 치루고 주님과 함께 재림하여 천년왕국의 기간 동안 왕후의 권세를 가지고 주님과 함께 다스리게 될 것입니다. 이처럼 우리가 기다리는 것은 7년 대환난이 아니라, 7년 간 주님이 예비하신 처소에서 주님과 함께 밀월의 시간을 가지게 될 혼인예식이기에 종말을 기다리는 성도의 소망을 "복된 소망"이라 하는 것입니다. 그리스도의 다시 오심을 사모했던 초대 교회 성도들은 만날 때마다 "마라나타"(주 예수여 오시옵소서, 계22:20)로 인사를 나누었습니다.

만일 저들이 기다리는 종말이 혼인 예식에 참여하는 휴거의 사건이 아니라, 하나님의 진노가 쏟아지는 7년 대 환난이었다면 이런 인사를 나눌 수 없었을 것입니다. 시험의 때를 면케 하시고, 부활하여 주님이 예비하신 혼인예식에 참여하는 환난 전 휴거의 사건이기에 마라나타로 인사를 나눌 수 있었던 것이고, 이 소망을 '복된 소망'이라 한 것입니다. 우리도 초대교회 성도들처럼 본서에서 말하는 '전통적 전천년설'의 성경해석을 통한 믿음과 복된 소망으로 주님을 기다리는 저와 여러분이 되시길 축원합니다.

1. 어린 양의 혼인잔치

요한계시록에 '어린 양'이란 칭호가 29번이나 많이 나오는 것은 구약의 제사 때 피흘리며 죽어간 양처럼 우리의 죄를 짊어지시고 피 흘리신 예수님 보혈 때문에 우리가 죄사함 받고 구원받기 때문입니다. 우리를 살리시기 위해 모든 것을 다 희생하신 신랑이십니다.

7, 8절에는 깨끗한 세마포 옷을 입고 혼인잔치를 준비하는 신부의 모습을 소개하고 있는데, 8절에서는 "이 세마포는 성도들의 옳은 행실이로다."하십니다. KJV에서는 이 말씀이 "the fine linen is the righteousness of saints."라고 되어 있는데, 직역하면 "세마포는 성도들의 의다."라는 뜻입니다. 이 말씀에 비추어보면 여기서의 세마포는 자신의 의로운 행위나 공로로 얻은 행위의 열매가 아니라, 구속받은 성도들 모두에게 값없이 주시는 의의(흰) 옷이라(롬13:14, 계7:13)는 의미입니다. 구원은 하나님의 선물입니다.

"나는 복음을 부끄러워하지 않습니다. 이 복음은 모든 믿는 사람들에게 구원을 주시는 하나님의 능력이기 때문입니다. 먼저는 유대 사람에게요, 다음으로는 그리스 사람에게입니다."(롬1:16)

구원이란 나의 힘과 공로나 내가 노력해서 얻어지는 것이 아니라는 뜻이 있습니다. 구원은 전적으로 하나님의 선물입니다. 누가 내게 주는 선물은 감사함으로 받으면 내 것이 되는 것입니다.

"8여러분은 믿음으로 인해 은혜로 구원받았습니다. 이것은 여러분에게서 나온 것이 아니요, 하나님의 선물입니다. 9행위에서 난 것이 아니니 아무도 자랑하지 못하게 하려는 것입니다."(엡2:8-9)

예수님이 우리의 죄를 짊어지시고 대신 죽으셨습니다. 죄 값을 다 치루셨습니다.

여러분! 도버 해협(Strait of Dover)을 헤엄쳐 건너는 사람이 있고 헤엄을 잘 치느냐 못 치느냐가 문제 될 수 있지만 태평양을 건너 가는데는 헤엄을 잘 치냐 못 치냐는 아무 의미가 없습니다. 어느 누구도 헤엄쳐서 태평양을 건널 수는 없기 때문입니다. 마찬가지입니다. 우리가 구원받고 천국 가는 데는 착하냐 덜 착하냐가 의미가 없습니다. 어떤 사람이 좀 더 착 하다든지 난 좀 더 죄를 안지었다든지 하는 문제가 아닙니다. 헤엄을 아무리 잘 치는 사람도 태평양은 헤엄쳐서 미국을 갈 수 없듯이 사람의 선행으로는 천국을 갈 수 없습니다. 한국에서 미국을 가려면 비행기 타든지 배를 타든지 해야 합니다 다른 길은 없습니다. 천국 가는 길은 오직 한 길입니다. 예수 그리스도뿐인 것입니다.

여러분 비행기 타보셨습니까? 그렇다면 혹시 비행기에 타서 뛰는 사람을 보신 적이 있습니까? 비행기는 그냥 타고 있으면 됩니다. 내가 움직여서 가는 것이 아닙니다. 비행기가 나를 목적지까지 실어가는 것입니다 마찬가지로 예수님이 나를 천국으로 실어가십니다. 구원은 예수 그리스도로만 가능합니다. 그래서 예수님이 이 땅에 사람 몸으로 오셔서 우리 대신 피흘려 죽으신 것입니다.

"8그러나 우리가 아직 죄인이었을 때 그리스도께서 우리를 위해 죽으심으로 하나님께서는 우리에 대한 그분의 사랑을 나타내셨습니다. 9그러므로 이제 우리가 그리스도의 피로써 의롭다는 인정을 받았으니 그리스도로 인해 하나님의 진노에서 확실히 구원받을 것입니다."(롬5:9-10)

여러분! 수도꼭지까지 물이 꽉 차 있지만 내가 물을 만들 수는 없습니다. 내가 물을 거기까지 가져오게 할 수도 없습니다. 물이 와 있는 것입니다 .그 물을 내가 먹으려면 어떻게 해야 합니까? 수도꼭지를 먼저 틀어야 합니다. 구원은 예수의 사랑을 감사함으로 받아들이면 되는 것입니다. 구원은 예수님을 나의 그리스도(구세주)로 믿고 영접하면 되는 것입니다. 그분이 나를 위하여 십자가에 못 박혀 죽으셨고 부활하였고 다시 살아나셨다는 사실을 성경에 기록된 예수님에 관한 그 사실을 받아들이고 즉 믿고 입으로 시인하면 구원이 즉각 내게 임하게 되어있습니다. 이 구원은 제한이 없습니다. 모든 민족에게 모든 열방에게 대상의 구분없이 하나님은 이 구원을 우리에게 주십니다,

"그러나 그분을 영접한 사람들, 곧 그분의 이름을 믿는 사람들에게는 하나님의 자녀가 될 권세를 주셨습니다."(요1:12)

여러분!

예수 그리스도를 지금 영접하십시오. 지금 그 이름을 믿어 하나님의 자녀가 되는 권세를 받으십시오. 여러분! 예수를 당신의 그리스도로 믿고 그를 당신 마음속에 영접하는 것은 당신이 할 일이요, 당신이 하나님의 자녀가 되는 권세를 주시는 것은 하나님이 하시는 일입니다. 그러므로 당신이 만약 예수님을 정말 이 시간에 영접하고 믿었다면 당신은 하나님의 자녀가 되는 권세는 이미 받은 것입니다. 당신은 이미 하나님의 자녀가 된 것입니다.

"내가 진실로 진실로 너희에게 말한다. 누구든지 내 말을 듣고 나를 보내신 분을 믿는 사람은 영생이 있고 심판을 받지 않는다. 그는 죽음에서 생명으로 옮겨졌다."(요5:24)

이렇게 복음을 믿는 사람은 누구든지 그리스도의 신부로서 세마포 옷을 입고 어린 양의 혼인잔치에 참석할 수 있다는 것입니다.

혹자는 예수님의 지상 재림 직전에 어린 양의 혼인잔치(marriage supper)가 벌어진다는 본문의 말씀(7, 8) 때문에 7년 대환난의 마지막 순간에 휴거의 사건이 일어난다고 주장하는 분들이 있는데, 이는 고대 이스라엘의 혼인예식을 이해하지 못해서 생긴 오해입니다. 신랑이 신부를 데려감으로 시작되는 고대 이스라엘의 혼인예식 가운데 혼인잔치는 그 마지막 순서라 할 수 있는데, 이런 혼인잔치가 벌어지기까지 다음과 같은 12가지 단계를 거치게 됩니다. 물론 모세가 하늘에 있는 모형과 그림자인 지상의 성막을 지시를 받은대로 지은 것처럼(히8:5) 하늘의 혼인예식을 땅의 이스라엘이 따르게 된 것입니다.

첫 번째, 신랑이 신부될 사람을 선택합니다.

에베소서 1장 4절에서는 "창세 전에 그리스도 안에서 우리를 택하사 우리로 사랑 안에서 그 앞에 거룩하고 흠이 없게 하셨다."는 말씀이 있습니다. 내가 하나님을 알기 전, 하나님이 나를 먼저 아시고 택하사 그리스도의 신부가 되게 하

셨습니다. 결혼하기 원하는 남자가 여자 부모에게 찾아갑니다.

신부를 얻기 위해 예수 그리스도께서 아버지 집을 떠나 세상에 오셨습니다. "하나님께서 자신의 독생자를 세상에 보내사"(요일4:8)

두 번째, 신랑은 신부될 남자가 결혼할 여자의 아버지에게 지불하는 지참금이 있습니다.

이것을 '모하르(mohar)'라고 합니다.

베드로전서 1장 18절, 19절에서는 "너희가 알거니와 너희 조상의 유전한 망령된 행실에서 구속된 것은 은이나 금같이 없어질 것으로 한 것이 아니요, 오직 흠 없고 점 없는 어린 양 같은 그리스도의 피로 한 것이라"하십니다. 우리를 주님의 보혈로 값주고 사서 그리스도의 신부가 되게 하신 것입니다. 이렇게 신부의 아버지에게 돈을 지불한 후에는 두 사람이 아내와 남편으로 간주되고(즉, 결혼 계약이 확립됨) 신랑 외에는 그 누구도 신부에 대하여 소유권을 주장할 수 없습니다. 신부를 위해 값을 지불했으므로 그녀는 영원히 신랑의 것이 됩니다. 교회는 법적으로 예수 그리스도의 신부가 되었으므로 아무도 교회(성도들)를 자기 것으로 주장할 수 없고 영원히 그리스도의 것이 되었습니다.

세 번째, 신랑과 신부가 언약식(약혼식)을 맺게 됩니다.

언약식을 맺으면 실질적인 부부의 관계로 인정을 받게 됩니다. 유대인의 약혼은 오늘날의 약혼과는 달리 훨씬 더 구속력을 갖습니다. 고대 이스라엘에서는 약혼한 남자의 경우, 비록 결혼은 하지 않았지만, 군 징집에서 면제가 됩니다.(신20:7) 이것은 당시 히브리인들에게 있어서 약혼이란 반드시 결혼으로 맺어져야 할 맹약이었기 때문에 비록 그들이 여호와의 전쟁에 나간다고 하더라도 몸과 마음을 다해 전쟁에 임하지 않을 수 있으므로 아예 전쟁에 참여하는 것을 금지시킨 것입니다. 이로써 여호와는 그를 향해 온전한 헌신을 이룰 수 있는 자만을 필요로 하심을 배울 수 있으며, 또한 성경의 기록은 당시의 사회적 풍습과 상황을 충분히 반영하고 있음을 알 수 있습니다.

네 번째, 유대 전통에 의하면 결혼 1년 전에 약혼증서에 서명하고 이를 교환함으로써 이루어졌습니다.

그리고 혼인식 때 결혼을 증명하는 결혼 증명서인 크투바(Ketubah)를 오랫

동안 사용해 왔습니다. 크투바는 '문서에 기록한다'는 뜻입니다. 크투바는 구약
성경에는 나타나지 않지만 반면 이혼증서(신24:1, 사50:1, 렘3:8, 마5:31)는 기
록되었습니다. 이 결혼계약서는 여성을 위한 제도로 고대사회에서 존중받지 못
하는 여성들을 위한 것으로 만일 남편이 아내와 이혼을 하거나 아내를 내쫓으
려면 결혼계약서에 명시되어 있던 금액을 남편이 아내에게 지불해야만 했습니
다. 예수를 그리스도로 믿는 순간 우리의 이름이 하늘의 공식적인 문서 '생명
책'에 기록되는 것입니다.(계21:27)

다섯 번째, 이 약혼식에는 반드시 신부의 동의가 있어야 합니다.

예수 그리스도를 신랑으로 맞이하겠다는 신부로서의 고백이 있어야 그리스
도의 신부가 되는 것입니다.

창세기 24장을 보면 아브라함의 종의 말을 들은 리브가의 가족들은 리브가를
불러 "네가 이 사람과 함께 가려느냐" 하고 묻자, 리브가는 담대하게 "가겠나이
다"라고 대답하였습니다.(창24:58 참조) 리브가의 이와 같은 결정은 하나님의
뜻에 전적으로 순종하려는 신앙에서 나온 것이었습니다. 복음을 듣고 마음으로
예수님을 그리스도로 믿고 입으로 시인해야 구원받습니다. "사람이 마음으로
믿어 의에 이르고 입으로 시인하여 구원에 이르느니라"(롬10:10)하십니다.

여섯 번째, 신부에게 선물이 주어지고, 신랑과 신부는 언약의 잔을 나누어
마시게 됩니다.

결혼 계약이 성립되면 남자가 여자에게 포도주를 한 잔 따라줍니다. "나는
당신을 나의 아내로 맞고 싶습니다. 이 포도주를 당신에게 따라줌으로 나는 당
신을 위해 나의 생명을 바칠 것을 다짐합니다. 당신도 이 잔을 받아 마심으로
나의 아내가 되어주기를 바랍니다." 여자가 그것을 받아 마시면 결혼을 승낙하
는 것이 됩니다. 십자가를 지시기 전날 밤 예수님은 제자들과 포도주를 나누어
마시면서 "이 잔은 내 피로 세운 새 언약이니 이것을 행하여 마실 때마다 나를
기념하라."(고전11:25)하셨습니다. 언약의 잔을 나눈 것입니다.

일곱 번째, 유대 결혼 전통에서는 결혼식 전에, 신부는 목욕의식을 치릅니다.

미크바(Mikvah)는 목욕의식을 말하는 것으로 생수, 즉 고여 있는 물이 아니
라 흐르는 물에 푹 잠기는 의식입니다. 신부가 결혼할 때, 이전 생활을 뒤로하

고 이제 한 남자의 아내로서 새로운 삶으로 다시 태어난다는 것을 상기시키는 역할을 합니다.

"그리스도께서 교회를 사랑하시고 그 교회를 위하여 자신을 주심같이 하라 이는 곧 물로 씻어 깨끗하게 하사 거룩하게 하시고"(엡5:25-26)

그리스도의 신부의 경우에, 세례라는 아름다운 행위는 이전의 죄악된 생활을 모두 씻어버린다는 의미를 가지고 있을 뿐만 아니라, 신랑을 위해서 구별된 새로운 삶으로 깊이 들어간다는 것을 상징합니다.

여덟 번째, 신랑이 모든 것이 다 준비되면 신부를 데리러 오겠다는 약속을 하고 아버지집으로 향해서 떠나갑니다.("내가 가서 당신을 위해 처소를 준비하고 당시에게로 다시 와서 당신을 나 있는 곳에 데리고 가 거기서 함께 살겠소.")

예수님께서 교회에게 다시 돌아오겠다고 약속하고 떠나셨습니다.

"내가 너희를 위해 처소를 예비하러 가노니 가서 너희를 위해 처소를 예비하면 내가 다시 와서 너희를 내게로 받아들여 내가 있는 곳에 거기에 너희도 있게 하리라."(요14:2-3)

아홉 번째, 여자 집을 떠나기 직전에 남자는 여자에게 선물을 주게 됩니다.

이것은 청혼을 받아준 데 대한 감사의 표시이기도 하며, 떨어져 있는 동안에도 기억해달라고 하는 의미였습니다. 예수님께서 마지막 제자들을 떠나시면서 그들에게 선물을 주셨으며 이 선물은 제자들에게 신랑 되시는 예수에 관한 모든 것을 기억나게 했습니다.

"내가 떠나가는 것이 너희에게 유익하니라. 내가 떠나가지 아니하면 위로자 (Comforter)께서 너희에게 오지 아니하시리라. 그러나 내가 떠나면 내가 그분을 너희에게 보내리니"(요16:7)

"위로자 곧 아버지께서 내 이름으로 보내실 성령님 그분께서 너희에게 모든 것을 가르치시고 내가 너희에게 무엇을 말하였든지 너희가 그 모든 것을 기억나게 하시리라."(요14:26)

그리스도의 신부된 우리에게 성령님보다 더 큰 선물은 없다.

열 번째, 아버지의 집으로 돌아가 처소를 예비하는 일을 마친 신랑은 한밤 중에 나팔 소리와 함께 찾아와 신부를 데려갑니다.

혼인 날짜 즉, 남자가 여자를 데리러 가는 날짜는 남자의 아버지의 권한에 속해 있습니다. 아버지는 모든 것이 다 준비된 것을 확인한 다음에야 아들을 신부에게로 보내게 되며, 그 때가 언제인지는 신랑도 모르고 신부도 모릅니다.(마 24:36) 그럼에도 혼인예식의 시작을 알리는 휴거의 사건이 언제 일어날지 안다고 주장하는 자는 100% 이단인 것입니다. 신부는 언제든지 신랑이 데리러 오기만 하면 즉시로 떠날 수 있는 준비를 갖추고 있어야 했습니다.

"그러므로 깨어 있으라. 너희가 사람의 아들이 오는 그 날도 그 시각도 알지 못하느니라."(마25:13)

신랑이 신부의 집에 도착하게 되면 신랑의 들러리들이 쇼파르(뿔나팔)을 불어대며 신랑이 왔다는 사실을 알리기 위해 큰 소리로 외칩니다.("보라, 신랑이 오는도다(Behold, the bridegroom cometh), 너희는 맞으러 나오라")(마25:6)

데살로니가전서 4장에서는 마지막 날에 예수님이 나팔 소리와 함께 강림하여 성도들을 데려가신다고 하셨습니다.(살전4:16,17) 구체적으로는 나팔소리와 함께 찾아온 신랑이 신부를 가마에 태우고 이 가마를 공중으로 "끌어 올려"(살전 4:17) 아버지의 처소로 데려가는데 이것이 바로 휴거의 사건을 의미하는 것입니다.

열한 번째, 신랑과 함께 아버지의 집으로 간 신부는 이곳에서 본격적인 결혼의 예식을 치루게 됩니다.

혼인잔치(만찬)는 7일간 계속됩니다. 잔치를 7일 동안 하는 것은 야곱이 레아를 맞이하고 7일 동안 초례 기간을 가진데서 비롯되었다고 하며(창29:27), 기간이 길기 때문에 요2장에서 포도즙이 떨어지는 일이 가능했습니다. 신부는 신랑과 함께 신랑이 예비한 처소에서 일주일간의 달콤한 허니문의 시간을 가지게 됩니다.

이 기간 동안 신부는 신부방에서 나오지 않고 7일 후 신부가 나오면 신랑이 신부의 얼굴의 베일을 벗겨 줍니다. 이 땅에 교회가 사라진 뒤(휴거사건), 지상에서는 7년 대환난이라는 고난의 시간이 주어질 것입니다. 하지만, 이 기간 동안 그리스도의 신부 된 교회는 주님이 예비한 처소에서 주님과 함께 깊은 영적 교제를 나누는 기쁨의 시간을 가지게 되는 것입니다. 7년 환난 후 세상에 신부와 함께 오셔서 온 우주와 천사들 앞에서 신부를 공개합니다.

열두 번째, 7일 간의 허니문이 끝나는 마지막 날, 신랑은 신부를 이끌고 초

대된 사람들과 함께 공식적인 만찬을 열게 됩니다.

혼인식은 신랑의 집에서 저녁에 치루어지게 되는데, 이 때 사람들은 횃불을 들고 행렬을 이루어 결혼식장으로 가게 됩니다. 오래 횃불을 사용하려면 많은 기름이 필요하게 되는데 열 처녀의 비유에서 다섯 처녀들이 횃불을 밝히기 위한 충분한 기름을 준비하지 못해 낭패를 당한 것입니다.

본문 7, 8절에서 말씀하는 '어린 양의 혼인잔치'가 바로 혼인예식의 마지막인 순서인 공식적인 만찬인 것입니다.

혼인예식의 마지막 순서인 어린 양의 혼인 잔치가 끝나면 그리스도의 신부인 교회도 둘째 아담이신 예수님과 함께 이 땅으로 재림하여 둘째 하와로서 세상을 다스리게 될 것이니 기뻐하라 하신 것입니다. 그럼 우리의 왕이신 예수님이 어떻게 재림하실까요?

2. 왕의 재림

◇ 요한계시록 19:11-21

미래에 성취될 일 중에 가장 중요한 일은 예수님의 재림입니다. 그의 신부들에게는 가장 기쁜 소식입니다.

"가로되 갈릴리 사람들아 어찌하여 서서 하늘을 쳐다보느냐 너희 가운데서 하늘로 올리우신 이 예수는 하늘로 가심을 본 그대로 오시리라 하였느니라"(행1:11)

예수님은 제자들이 하늘로 가심을 본 그대로 다시 오신다(will come back)고 하였습니다. 그러므로 예수님은 부활하신 그 모습으로 오시는 것이지 이단들이 선전하는 것처럼 어떤 관념이나 이단 교주 속에, 곧 다른 사람의 몸을 입고 오시는 것이 아닙니다. 그리고 요한계시록 1장 7절의 '오시리라' 헬라어 '엘코마이(ἔρχομαι)'는 있었던 곳으로 다시 온다는, 즉 지구(地球)로 다시 오신다는 뜻입니다. 우리의 죄를 짊어지시고 십자가에서 처참하게 죽으신(사53:7, 계5:6) 어린 양이신 예수님이 재림하실 때에는 승리자로 개선장군처럼 오십니다. 모든 것을 꿰뚫어 보는 완전한 눈인 일곱 눈(슥4:10)과 완전한 권능인 일곱 뿔을 가진 즉 전지전능하신 심판자로 오십니다.

전체 성경에서 예수 그리스도의 재림에는 7가지의 특징이 있음을 밝히고 있습니다.

첫째는, 육체적인 재림입니다. 예수 그리스도의 재림은 육체를 입고 오시는 인격적인 것입니다.(요14:3, 행1:10, 11, 살전4:16, 계1:7, 22:7) 어떤 이단들은 예수님의 재림을 영적인 재림일 것이라고 주장합니다. 그러나 성경 어디에도 영적인 재림을 말씀한 적이 없습니다. 그러므로 영적인 재림을 말하는 주장은 거짓이고 유혹입니다. 예수님은 분명히 부활하신 몸 그대로 재림하십니다.

둘째는, 가시적인 재림입니다. 모든 사람들의 눈으로 재림하시는 예수님을 확실하게 보게 됩니다. 요한계시록 1장 7절은 이렇게 증거하고 있습니다. "볼지어다 구름을 타고 오시리라 각인의 눈이 그를 보겠고 그를 찌른 자들도 볼터이요" 여기에서 각인의 눈은 모든 사람의 눈을 의미합니다. 따라서 이 세상에 속한 모든 사람들은 자신의 눈으로 재림하시는 예수 그리스도를 분명히 보게 됩니다.

셋째는 지상의 재림입니다. 예수님은 반드시 지상에 재림하십니다. "그날이 오면 주께서 예루살렘의 동쪽에 있는 올리브 산에 서 계실 것이다."(슥14:4) 그리고 만유를 회복하시고 천년왕국을 다스리실 것입니다.

넷째는, 갑작스런 재림입니다. 그 누구도 사전에 모르는 년, 월, 시에 예수님은 갑자기 재림하십니다.

"그러므로 너희는 항상 깨어 있으라. 집주인이 언제 돌아올지, 곧 저녁이 될지, 한밤이 될지, 새벽이 될지, 아침이 될지 모르기 때문이다."(막13:35)

그러므로 우리 믿음의 성도는 언제나 영적으로 깨어 있는 삶을 살아야만 합니다.(눅21:36)

다섯째는, 영광스러운 재림입니다. 예수님의 초림은 우리 죄를 위해 대신 죽으러 오셨기에 마굿간의 구유에서 초라하게 태어 나셨고 자라실 때도 흠모할 만한 아름다운 것이 없었습니다.(사53:2) 그러나 예수님의 재림은 빛난 태양보다도 더욱더 빛나고 영광스럽습니다. "그의 눈은 불꽃같고 그의 머리에는 많은 면류관이 있으며 그 자신 외에는 아무도 알 수 없는 이름이 쓰여 있습니다."(계19:12)

여섯째는, 단 한 번의 재림입니다. 부활하고 휴거한 성도들과 함께 지상에 오시는 예수님의 재림은 오직 한번뿐입니다. 예수님의 공중 강림은 예수님께서 예수님의 신부들을 끌어올리기 위해서 구름을 타고 오십니다.(살전4:15-17) 예수님의 지상 재림은 백마를 타고(계1:7) 신부된 성도들과 함께 오십니다.(살전3:13)

일곱째는 심판의 재림입니다. 예수님은 세상을 심판하러 오십니다.(계1:7) 예수님이 재림하실 때는 적그리스도와 그의 군대들을 상대로 아마겟돈에서 전멸케 하시는 것으로 심판하시는 것입니다.(계19:17-21) 적그리스도와 거짓 선지자는 산 채로 유황불 붙는 못에 던지우게 됩니다. 그리고 일곱 대접의 심판으로(계14:8; 계17-18장) 이 세상에 속한 모든 사람들은 불의 심판을 받게 될 것입니다.(벧후3:10-12)

오늘날 한국에 가짜 재림주에 미혹되어 이단에 빠진 신자들이 100만 명이 넘습니다. 엔드타임 메시지 중 재림주에 관련한 성경이라도 바로 알고 믿었다면 그 많은 사람들이 속을 수 있었을까요? 성경에는 분명히 죽지도 썩지도 않는 부활의 몸으로 예수님이 하늘에서 모든 사람들이 볼 수 있게 백마 타고 오신다고 하셨는데 그런 재림주가 있었나요? 없었습니다. 다 가짜 재림주입니다. 그리고 예수님 재림 때 예수의 부활의 몸과 동일한 영화로운 몸을 입은 성도들은 이미 휴거나 부활되었기에 예수님과 같이 지상에 강림하는데 변화되지 않은 썩어질 육체를 가지고 이단교주를 따르는 자체가 모두 다 가짜인 것을 방증하는 것입니다.

한편 예수님 재림하신 후 심판에 관한 내용은 chapter16 '예정된 전쟁들'에 자세히 다루었기에 재림하신 후 어떻게 멋있는 천년왕국을 창설하시고 다스리시는지 그 내용을 살펴보겠습니다.

천년왕국

"이 첫째 부활에 참예하는 자들은 복이 있고 거룩하도다 둘째 사망이 그들을 다스리는 권세가 없고 도리어 그들이 하나님과 그리스도의 제사장이 되어 천년동안 그리스도로 더불어 왕노릇 하리라"(계20:6)

▶첫째 부활은 무엇인가요? 그리고 둘째 부활은 무엇인가요?

다니엘 12:2은 인류가 마주하게 될 두 가지의 전혀 다른 운명을 요약하고 있습니다.

"땅의 티끌 가운데에서 자는 자 중에서 많은 사람이 깨어나 영생을 받는 자도 있겠고 수치를 당하여서 영원히 부끄러움을 당할 자도 있을 것이며"(단12:2)

모든 사람들은 죽음으로부터 부활하겠지만, 모두 동일한 운명을 마주하게 되지는 않을 것입니다. 신약성경에서는 의인과 악인에게 있을 서로 다른 부활에 대해 상세히 설명하고 있습니다.

요한계시록 20:4-6은

"4또 내가 보좌들을 보니 거기에 앉은 자들이 있어 심판하는 권세를 받았더라 또 내가 보니 예수를 증언함과 하나님의 말씀 때문에 목 베임을 당한 자들의 영혼들과 또 짐승과 그의 우상에게 경배하지 아니하고 그들의 이마와 손에 그의 표를 받지 아니한 자들이 살아서 그리스도와 더불어 천 년 동안 왕 노릇 하니 5(그 나머지 죽은 자들은 그 천 년이 차기까지 살지 못하더라) 이는 첫째 부활이라 6이 첫째 부활에 참여하는 자들은 복이 있고 거룩하도다 둘째 사망이 그들을 다스리는 권세가 없고 도리어 그들이 하나님과 그리스도의 제사장이 되어 천 년 동안 그리스도와 더불어 왕 노릇 하리라"(계20:4-6)

"첫째 부활"을 얘기하고 있으며, 첫째 부활에 참여하는 자들은 "복이 있고 거룩하도다"고 밝히고 있습니다. 또한, 둘째 사망(불못, 요한계시록 20:14)은 이들을 다스릴 권세가 없다고 합니다. 따라서, 첫째 부활은 모든 믿는 자들의 부활로써, 예수님께서 가르치신 "의인들이 부활"(누가복음14:14)과 "생명의 부활"(요한복음5:29)과 일치합니다.

첫째 부활은 여러 단계로 이뤄집니다. 예수 그리스도께서는 스스로 ("첫 열매", 고린도전서15:20),

"그러나 이제 그리스도께서 죽은 자 가운데서 다시 살아나사 잠자는 자들의 첫 열매가 되셨도다"(고전15:20)

그 분을 믿는 모든 자들의 부활을 위한 길을 닦으셨습니다. 첫째 부활로, 예루살렘 성도들의 부활이 있었습니다.(마27:52-53)

"51이에 성소 휘장이 위로부터 아래까지 찢어져 둘이 되고 땅이 진동하며 바위가 터지고 52무덤들이 열리며 자던 성도의 몸이 많이 일어나되 53예수의 부활 후에 그들이 무덤에서 나와서 거룩한 성에 들어가 많은 사람에게 보이니라"

(마27:51-53)

또한, 앞으로 주님께서 재림하실 때, "그리스도 안에서 죽은 자들"의 부활 (데살로니가전서 4:16),

"주께서 호령과 천사장의 소리와 하나님의 나팔 소리로 친히 하늘로부터 강림하시리니 그리스도 안에서 죽은 자들이 먼저 일어나고"(살전4:16)

그리고 대환난 말기에 있을 순교자들의 부활(요한계시록 20:4)이 첫째 부활에 포함됩니다.

"또 내가 보좌들을 보니 거기에 앉은 자들이 있어 심판하는 권세를 받았더라 또 내가 보니 예수를 증언함과 하나님의 말씀 때문에 목 베임을 당한 자들의 영혼들과 또 짐승과 그의 우상에게 경배하지 아니하고 그들의 이마와 손에 그의 표를 받지 아니한 자들이 살아서 그리스도와 더불어 천 년 동안 왕 노릇 하니"(계20:4)

요한계시록 20:12-13에 의하면 둘째 부활은 불못에 던져지기 전 크고 흰 보좌 앞에서 하나님으로부터 심판을 받을 악인들이 그 대상입니다.

"12또 내가 보니 죽은 자들이 큰 자나 작은 자나 그 보좌 앞에 서 있는데 책들이 펴 있고 또 다른 책이 펴졌으니 곧 생명책이라 죽은 자들이 자기 행위를 따라 책들에 기록된 대로 심판을 받으니 13바다가 그 가운데에서 죽은 자들을 내주고 또 사망과 음부도 그 가운데에서 죽은 자들을 내주매 각 사람이 자기의 행위대로 심판을 받고 14사망과 음부도 불못에 던져지니 이것은 둘째 사망 곧 불못이라 15누구든지 생명책에 기록되지 못한 자는 불못에 던져지더라"(계20:12-15)

따라서, 둘째 부활은 모든 믿지 않는 자들의 부활이며 둘째 사망과 연결됩니다. 또한, 예수님께서 가르치셨던 "심판의 부활"(요한복음 5:29)과 일치합니다.

"선한 일을 행한 자는 생명의 부활로, 악한 일을 행한 자는 심판의 부활로 나오리라"(요5:29)

그럼 불신자가 둘째 부활을 하기 전에 죽은 후 그들은 어디로 가는가?

지옥입니다. 엄밀히 말하면 시간적으로는 한시적인 음부입니다(계 20:14)

음부에서 잠자는 상태로 있는 것이 아니라, 영원한 지옥과 버금가는 고통속에 심판받고 있습니다.

"사망의 줄이 나를 두르고 스올의 고통이 내게 이르므로 내가 환난과 슬픔을 만났을 때에"(시116:3)

그러므로 한시적인 낙원과 음부가 있는 것입니다. 따라서 음부는 죄인들이 최종 심판을 받기 전까지 영으로 갇혀 있는 구치소라고 한다면, 지옥은 마지막 흰보좌 심판이 끝난 다음 부활체로 몸과 영혼이 함께 형벌을 받는 영원한 감옥소라고 할 수 있습니다.

첫째 부활과 둘째 부활 사이에 천년 왕국이 있을 것으로 보입니다. 의로운 자들의 마지막은 살아서 "그리스도와 더불어 천 년 동안"(요한계시록20:4) 왕 노릇 하는 것이지만,

"또 내가 보좌들을 보니 거기에 앉은 자들이 있어 심판하는 권세를 받았더라 또 내가 보니 예수를 증언함과 하나님의 말씀 때문에 목 베임을 당한 자들의 영혼들과 또 짐승과 그의 우상에게 경배하지 아니하고 그들의 이마와 손에 그의 표를 받지 아니한 자들이 살아서 그리스도와 더불어 천 년 동안 왕 노릇 하니"(계20:4)

"그 나머지 죽은 자들은 즉, 사악한 자들은 그 천 년이 차기까지 살지 못 할 것입니다"(계20:5).

첫째 부활 때에 얼마나 큰 기쁨이 있을까요! 둘째 부활에는 또 얼마나 큰 괴로움이 있을까요! 그러므로, 오늘 우리에게는 모든 족속을 향해 복음을 전해야 하는 큰 책임이 있습니다!

"또 어떤 자를 불에서 끌어내어 구원하라 또 어떤 자를 그 육체로 더럽힌 옷까지도 미워하되 두려움으로 긍휼히 여기라"(유1:23)

3. 천년왕국

그럼 천년왕국은 구체적으로 어떤 왕국인가?

천년왕국은 주님의 재림을 기다리는 모든 성도에게 소망과 위로를 줍니다. 예수님께서 제자들에게 가르쳐 주신 기도 가운데 "나라이 임하옵시며, 뜻이 하늘에서 이루어진 것처럼 땅에서도 이루어지게 해달라"고 기도할 것을 요구하셨습니다. 천년왕국이 바로 "나라이 임하옵시며"라는 성도들의 기도가 오늘 영적으로 이루어질 뿐만 아니라 장차 예수님이 재림하신 후 가시적으로 지상 위에 이루어지는 사건입니다. 결론적으로 천년왕국은 이스라엘에게 언약하셨던 '메시야 왕국'이 실현되는 사건인 동시에, 교회 시대를 사는 성도들이 드린 "나라

이 임하옵시며, 뜻이 하늘에서 이룬 것 같이 땅에서도 이루어지이다"라는 기도가 응답된 사건이라는 것입니다.

첫째, 천년왕국은 지구에 사탄이 없어지는 나라입니다

제20장 1절과 3절에 "¹또 내가 보매 천사가 무저갱 열쇠와 큰 쇠사슬을 그 손에 가지고 하늘로서 내려와서 용을 잡으니 곧 옛 뱀이요 마귀요 사단이라 잡아 일천 년 동안 결박하여 ³무저갱에 던져 잠그고..."라고 하였습니다.

창세 이후로 옛 뱀인 마귀, 사탄이 저지르는 악행은 무엇입니까?

① 인류 최초의 사람 아담과 그의 아내를 미혹하여 선악과를 따 먹게 하고, 그 결과로 죄값으로 인해 에덴 동산의 복락을 잃어버리게 하였습니다.(창 3:17-19, 23, 24)

하지만 이제 때가 되어 그 사탄, 마귀가 잡혀 천년 동안 무저갱에 갇히게 되고 만국을 미혹하지 못하게 됨으로, 이 땅에는 장차 사탄과 마귀가 천년동안 없으므로 에덴 동산 때보다 더 좋은 천년왕국의 평화와 안식 세계가 이루어지게 되는 것입니다.

② 마귀는 가룟 유다의 마음속에 예수님을 팔려는 악한 생각을 넣어(요13:2), 예수 그리스도를 십자가에 못 박혀 죽게 함으로 하나님의 구속(救贖) 사역을 훼방하였습니다. 그러나 그리스도는 삼일 만에 부활하심으로, 사망 권세를 깨뜨리시고 우리 성도들의 부활의 첫 열매가 되셨습니다.(고전 15:20)

③ 마귀는 복음 전도를 훼방하는데(살전2:18), 특히 세상 마지막 때는 사탄과 그의 사자들은 자기들의 때가 얼마 남지 않았음을 알고 분을 내어 최후의 발악을 하게 됩니다.

"그러므로 나 바울은 한번 두번 너희에게 가고자 하였으나 사단이 우리를 막았도다"(살전2:8)

"내가 또 들으니 하늘에 큰 음성이 있어 가로되 이제 우리 하나님의 구원과 능력과 나라와 또 그의 그리스도의 권세가 이루었으니 우리 형제들을 참소하던 자 곧 우리 하나님 앞에서 밤낮 참소하던 자가 쫓겨났고 또 여러 형제가 어린 양의 피와 자기의 증거하는 말을 인하여 저를 이기었으니 그들은 죽기까지 자기 생명을 아끼지 아니하였도다 그러므로 하늘과 그 가운데 거하는 자들은 즐거워하라 그러나 땅과 바다는 화 있을진저 이는 마귀가 자기의 때가 얼마 못된 줄을 알므로 크게 분내어 너희에게 내려 갔음이라 하더라.(계12:10-12)

마귀가 하는 일은 한마디로 온 천하를 두루 다니며 사람들을 꾀어 하나님을 대적하도록 만드는 것인데(욥1:6-7, 마24:24 등), 이러한 사탄, 마귀가 땅으로 내어 쫓기는 것은 종말의 시작을 의미합니다(눅10:18, 계12:7-9). 그렇지만 여러 형제가 어린 양의 피와 자기의 증거하는 말을 인하여 마귀를 이기었으니, 이는 자신들을 죄에서 벗어나게 하고 또한 나라와 제사장과 왕의 권세를 부여해 주신(계5:9,10) '어린 양'(그리스도)의 피를 의지하며 자기의 증거하는 말 즉 '하나님의 말씀'을 끝까지 지키며 증거함으로 사탄의 세력을 이겼다는 것입니다. '그들은 죽기까지 자기 생명을 아끼지 아니하며 어린 양되신 그리스도에게 충성'을 다 한 성도들입니다.

둘째, 에덴동산과 만물이 회복된 아름다운 세계입니다.

"이제 하늘과 땅은 그 동일한 말씀으로 불사르기 위하여 간수하신 바 되어 경건치 아니한 사람들의 심판과 멸망의 날까지 보존하여 두신 것이니라"(벧후 3:7)

지구가 불살라 사라져 버리는 게 아니라 지구가 불로 태워져 지상의 물체나 생물들이 불에 소멸된다는 뜻입니다. 지구 자체는 존재합니다. 천년왕국은 그 소멸된 공허한 상태에서 하나님의 재창조의 역사를 통해서 새롭게 만들어집니다. 선지자 이사야는 이사야 24장 1절에서 이렇게 말씀하십니다.

"여호와께서 땅을 공허하게 하시며 황무하게 하시며 뒤집어엎으시고 그 거민을 흩으시리니"(사24:1)

또 19절에서 말씀하셨습니다,

"땅이 깨어지고 깨어지며 땅이 갈라지고 땅이 흔들리고 흔들리며 땅이 취한 자같이 비틀비틀하며 침망같이 흔들리며 그 위에 죄악이 중하므로 떨어지고 다시 일지 못하리라"(사24:19-20)

이런 대지진과 화산 폭발로 인한 지각의 대변동으로 인하여 바다에서는 새로운 대륙이 솟아나고 죄악으로 더러워진 땅덩어리들은 바다 속으로 가라 앉습니다. 이 과정에서 대기는 다시 정화되고 새로운 지구가 탄생합니다. 그리고 이 새로운 지구 위에 천년왕국이 세워지는 것입니다. 낡은 지구가 파괴되고 새로운 지구가 탄생되는 과정에서 죄와 탐욕으로 지구를 마구 파괴하며 지구 위를 죄악으로 가득하게 만들었던 자들이 하나님의 진노의 형벌을 받습니다. 이것이 대환난인 것입니다. 그래서 사65장에서 하나님께서 "내가 새 하늘과 새 땅을 창조하나니"라고 말씀하신 것입니다. 사65:16-23절 말씀은 대환난 이후에 천년왕국이 시작될 것을 말씀하셨고 천년왕국은 심령이나 이 세상을 떠난 후의 영원한 천국에서가 아니라 지구상에 이루어질 것을 말씀하셨습니다.

"이러므로 땅에서 자기를 위하여 복을 구하는 자는 진리의 하나님을 향하여 복을 구할 것이요 땅에서 맹세하는 자는 진리의 하나님으로 맹세하리니 이는 이전 (환난이) 잊어졌고 내 눈앞에 숨겨졌음이니라 보라 내가 새 하늘과 새 땅을 (창조하나니) 이전 것은 기억되거나 마음에 생각나지 아니할 것이라 너희는 나의 창조하는 것을 인하여 영원히 기뻐하며 즐거워할지니라 보라 내가 예루살렘으로 즐거움을 창조하며 그 백성으로 기쁨을 삼고 내가 예루살렘을 즐거워하며 나의 백성을 기뻐하리니 우는 소리와 부르짖는 소리가 그 가운데서 다시는 들리지 아니할 것이며"(사65:16-19)

거룩한 나라가 건설되고(사11장) 온 지구표면이 새롭게 단장됩니다. 높은 산은 낮아지고 골짜기는 메워지고 사막이나 토박한 땅이 없는 복된 지면이 됩니다.(사40:4) 그리고 인간의 죄 때문에 도매급으로 저주받은 피조물들이 회복됩니다.

"피조물의 고대하는 바는 하나님의 아들들의 나타나는 것이니 피조물이 허무한데 굴복하는 것은 자기 뜻이 아니요 오직 굴복케 하시는 이로 말미암음이라 그 바라는 것은 피조물도 썩어짐의 종노릇 한데서 해방되어 하나님의 자녀들의 영광의 자유에 이르는 것이니라"(롬8:19-21)

에스겔 선지자도 그 나라의 회복을, 다음과 같이 증거하였습니다.

"그가 내게 이르시되 인자야 네가 이것을 보았느냐 하시고 나를 인도하여 강가로 돌아가게 하시기로 내가 돌아간즉 강 좌우편에 나무가 심히 많더라 그가 내게 이르시되 이 물이 동방으로 향하여 흘러 아라바로 내려가서 바다에 이르리니 이 흘러 내리는 물로 그 바다의 물이 소성함을 얻을지라 이 강물이 이르는 곳마다 번성하는 모든 (생물이) 살고 또 고기가 심히 많으리니 이 물이 흘러 들어 감으로 바닷물이 소성함을 얻겠고 이 강이 이르는 각처에 모든 것이 살

것이며 또 이 강 가에 어부가 설 것이니 엔게디에서부터 에네글라임까지 그물 치는 곳이 될 것이라 그 고기가 각기 종류를 따라 큰 바다의 고기 같이 심히 많으려니와 그 진펄과 개펄은 소성되지 못하고 소금 땅이 될 것이며 강 좌우 가에는 각종 먹을 실과나무가 자라서 그 잎이 시들지 아니하며 실과가 끊치지 아니하고 달마다 새 (실과를) 맺으리니 그 물이 성소로 말미암아 나옴이라 그 실과는 먹을 만하고 그 잎사귀는 약재료가 되리라"(겔47:6-12)

모든 바닷물의 오염이 정화되고 고기가 심히 번성하게 되고, 지금 일년에 한 번 맺는 과일이 매 달마다 새 열매를 맺게 되니 그 얼마나 풍성한 나라이겠습니까?

그리고 천년왕국은 장애자가 없는 나라입니다.

"미구(未久)에 레바논이 기름진 밭으로 변하지 않겠으며, 기름진 밭이 삼림으로 여김이 되지 않겠느냐, 그 날에 귀머거리가 책의 말을 들을 것이며 어둡고 캄캄한 데서 소경의 (눈이) 볼 것이며"(사29:17, 18)

"그 때에 소경의 눈이 밝을 것이며 귀머거리의 귀가 열릴 것이며, 그때에 저는 자는 사슴 같이 (뛸) 것이며 벙어리의 혀는 노래하리니 이는 광야에서 물이 솟겠고, 사막에서 시내가 흐를 것임이라"(사35:5, 6)

천년왕국에서는 소경의 눈이 밝아지고, 귀머거리의 귀가 열리며, 저는 자가 사슴 같이 뛰게 되며, 벙어리의 혀가 마음껏 노래하게 됩니다. 모든 장애가 회복을 받는 그 나라는, 머리 위에 영영한 회락을 띠고 기쁨과 즐거움을 얻게 되니 슬픔과 탄식이 달아나는 나라입니다.

"여호와의 속량함을 얻은 자들이 돌아오되 노래하며 시온에 이르러 그 머리 위에 영영한 (희락을) 띠고 기쁨과 즐거움을 얻으리니 슬픔과 탄식이 달아나리로다"(사35:10)

에덴동산 때부터 노아의 홍수 이전까지는 모든 짐승이 풀을 먹었고 짐승을 죽이는 일이 없었습니다. 마찬가지로 천년왕국 때에도 짐승들이 다시 풀을 먹게 됩니다.(사11:6-9, 65:25)

예수님 재림 후 지상의 천년 왕국이 없이 곧바로 천국으로 이어진다면 결과적으로 위와 맥락을 같이하는 성경 말씀(행3:20-21, 롬11:25-27, 마24:9-22, 행1:6-8, 롬8:18-23, 눅21:24, 롬11:15-27, 히1:13, 10:12-13, 2:8, 사11:6-9, 살후2:1-4, 계11:3-12)을 다 제하는 큰 죄를 범하는 것입니다.(계22:18)

셋째, 천년왕국은 전쟁이 없는 나라입니다.

"그가 열방 사이에 판단하시며 많은 백성을 판결하시리니 무리가 그 칼을 쳐서 보습을 만들고 그 창을 쳐서 낫을 만들 것이며 이 나라와 저 나라가 다시는 칼을 들고 서로 치지 아니하며 다시는 전쟁을 연습지 아니하리라"(사2:4)

"그가 많은 민족 중에 심판하시며 먼 곳 강한 이방을 판결하시리니 무리가 그 칼을 쳐서 보습을 만들고 창을 쳐서 낫을 만들 것이며 이 나라와 저 나라가 다시는 칼을 들고 서로 치지 아니하며 다시는 전쟁을 연습하지 아니하고"(미4:3)

다니엘 9장 26절 말씀처럼 인간 세계에는 끊임없이 전쟁이 있습니다.

"육십 이 이레 후에 기름부음을 받은 자가 끊어져 없어질 것이며 장차 한 왕의 백성이 와서 그 성읍과 성소를 훼파하려니와 그의 종말은 홍수에 엄몰됨 같을 것이며 또 끝까지 전쟁이 있으리니 황폐할 것이 작정되었느니라"

동서고금의 역사를 통해서 볼 때 인간 세상에는 끊임없이 영토전쟁, 사상전쟁, 경제전쟁, 인종 분쟁 등 갖가지 전쟁을 치르며 패권을 노립니다. 성경적으로 볼 때 영적 전쟁으로는, 심령의 싸움이 있고(갈5:16, 17, 롬7:22, 23), 나라가 나라를 대적하는 전쟁이 있고(마24:7) 하늘의 전쟁이 있습니다.(계12:7-9) 그리고 육적 전쟁으로는 민족이 민족을 대적하는 전쟁이 있고(마24:7, 미5:5-9) 유브라데(중동) 전쟁이 있으며(계9:13-16) 끝으로 아마겟돈(므깃도)전쟁이 있습니다.(계16:12-16) 그러나 천년왕국이 시작되면 이러한 모든 전쟁이 다 끝이 나고, 평화의 그리스도의 나라가 이뤄집니다.

"지극히 높으신 자의 성도들이 (나라를) 얻으리니 그 누림이 영원하고 영원하고 영원하리라"(단 7:18-22)

넷째, 천년왕국은 거짓 선지자와 거짓 종교가 없어지는 나라입니다

하나님을 아는 지식이 온 세상에 충만하게 되므로 어떤 사람이 하나님의 말씀을 대언한다고 하면 그는 죽임을 당합니다.(슥13:3)

"그들은 내 거룩한 산 모든 곳에서 해치거나 다치게 하지도 않을 것이다. 물이 바다를 덮고 있듯이 세상이 여호와를 아는 지식으로 가득할 것이기 때문이다."(사11:9)

① 스가랴서 13장 2절에

"만군의 여호와가 말하노라 그 날에 내가 (우상의) 이름을 이 땅에서 끊어서 기억도 되지 못하게 할 것이며 거짓 선지자와 더러운 마귀를 이 땅에서 떠나게 할 것이라"라고 하였습니다. 천년왕국에는 마귀가 없어지는 동시에 거짓 선지자와 거짓 종교가 모조리 없어지니 얼마나 감사한지 모릅니다. 인간 세상에 마귀 다음으로 나쁜 일을 하는 거짓 선지자, 거짓 목자, 거짓 종교, 이단, 사이비, 우상 종교들이 말끔히 사라지니 그야말로 지상낙원입니다.

② 에스겔 14장 9절에서부터 11절에는

"만일 선지자가 유혹을 받고 말을 하면 나 여호와가 그 선지자로 유혹을 받게 하였음이어니와 내가 손을 펴서 내 백성 이스라엘 가운데서 그를 멸할 것이라 선지자의 죄악과 그에게 묻는 자의 죄악이 같은즉 각각 자기의 죄악을 담당하리니 이는 이스라엘 족속으로 다시는 (미혹하여) 나를 떠나지 않게 하며 다시는 모든 범죄함으로 스스로 더럽히지 않게 하여 그들로 내 백성을 삼고 나는 그들의 하나님이 되려 함이니라 나 주 여호와의 말이니라 하셨다 하라"(겔14:9-11)라고 하였습니다.

③ 이사야 8장 20절부터 22절에는

"마땅히 율법과 증거의 말씀을 (좇을지니) 그들의 말하는 바가 이 말씀에 맞지 아니하면 그들이 정녕히 아침 빛을 보지 못하고 이 땅으로 헤매며 곤고하며 주릴 것이라 그 주릴 때에 번조하여 자기의 왕 자기의 하나님을 저주할 것이며 위를 쳐다보거나 땅을 굽어보아도 환난과 흑암과 고통의 흑암 뿐이리니 그들이 심한 흑암 중으로 쫓겨 들어가리라"(사8:20-22)라고 하였습니다. 천년왕국에는 다른 성경과 다른 복음을 전해 온 거짓 선지자는 절대 들어가지 못하고, 캄캄한 흑암 중으로 쫓겨 들어가서 곤고하며 주리며 자기의 하나님을 저주하게 된다고 하였으니 얼마나 그 징벌이 큰지 모릅니다. 하지만 반면에 천년왕국은 이러한 거짓된 인도자들이 없으니, 평화로운 세계가 될 것입니다. 아멘, 주 예수여! 어서 오시옵소서!

다섯째, 천년왕국은 부활체 성도들과 몸의 체질이 회복된 성도들이 함께 살아가기 가능한 나라입니다.

"그 날에 그의 발이 예루살렘 앞 곧 동편 감람산에 (서실 것이요) 감람산은 그 한가운데가 동서로 갈라져 매우 큰 골짜기가 되어서 산 절반은 북으로, 절반

은 남으로 옮기고"(슥14:4)

재림하실 예수님은 "동편 감람산에 서실 것이요"라고 하였습니다. 천국을 말씀한 것이 아니라 지구에 발을 밟으실 것입니다. 그리고 천년 동안 예수님께서 직접 다스리시게 됩니다. 그리고 천년왕국에서 주님과 왕 노릇하는 성도들은 첫째 부활 성도들로서 부활체입니다.

욥도 이때에 대해 증언하면서 자신의 부활에 대해 언급하였습니다.

"25내 구속자가 살아 계시고 그분이 결국에는 이 땅 위에 서실 것을 나는 알고 있다네. 26내 살갗이 다 썩은 뒤에라도 내가 육신을 입고서 하나님을 뵐 걸세."(욥19:25-26)

혹자는 천년왕국 때 죽음을 겪지 않은 육신을 그대로 가지고 있는 사람들과 부활체를 가진 성도들과 어떻게 함께 지낼 수 있겠는가? 하고 의아해 하겠지만, 그 의심은 성경을 보면 곧 사라지게 될 것입니다. 예컨대 성경에 보면 부활하신 예수님께서는 부활체의 육신 그대로를 가지시고 제자들에게 나타나셨습니다.

*누가복음 24:36-43을 보십시오.

"이 말을 할 때에 예수께서 친히 그 가운데 서서 가라사대 너희에게 평강이 있을지어다 하시니 저희가 놀라고 무서워하여 그 보는 것을 영으로 생각하는지라 예수께서 가라사대 어찌하여 두려워하며 어찌하여 마음에 의심이 일어나느냐 내 손과 발을 (보고) 나인 줄 알라 또 나를 만져보라 영은 살과 뼈가 없으되 너희 보는 바와 같이 나는 있느니라 이 말씀을 하시고 손과 발을 보이시나 저희가 너무 기쁘므로 오히려 믿지 못하고 기이히 여길 때에 이르시되 여기 무슨 먹을 것이 있느냐 하시니 이에 구운 생선 한 토막을 드리매 받으사 그 앞에서 (잡수시더라)"

이와 같이 부활체와 육신은 서로 보고, 말하고, 만지고, 함께 먹을 뿐 아니라, 부활하신 예수님께서는 숨을 내쉬기도 하시고,(요20:22) 대화하며 길을 걸으시고(눅24:13-17) 꾸짖기도 하시고(막16:14), 축복도 하시고,(눅24:50) 문이 닫힌 상태의 방 안으로 그대로 들어 가기도 하시고,(요20:19) 사라지기도 하는 몸인 것을 발견할 수 있습니다,(눅24:31) 그러므로 이런 신령한 몸으로 왕 노릇하니, 얼마나 기쁘고 신기한 왕 노릇이겠습니까?

"그들로 우리 하나님께 나라와 제사장들이 되게 하셨으므로 그들이 땅 위에서 왕 노릇 하게 될 것입니다."(계5:10)

And hast made us unto our God kings and priests: and we shall reign on the earth.

사도 요한 때 즉 지금처럼 신약시대 때 말씀이라면 미래시제로 쓰지 않았을 것입니다.

"땅에서 왕 노릇 하리라"는 미래 시제를 근거로 볼 때 그 왕 노릇은 지금 이루어지고 있는 것이 아니라 예수 그리스도 재림 때에 부활(휴거)한 성도들이 누리게 될 천년왕국의 사건입니다.

문맥상 미래적인 시제이기 때문인데 물론 영적으로는 승리하는 삶을 살지만 환경적으로는 의의 고난을 받고 살 때가 많습니다.(벧전2:19-21) 성도들이 예수님의 피 공로 인하여 믿음으로 나라와 제사장은 이미 완료된 직분을 받았으나 그래서 왕 노릇은 장차 될 미래의 시제로 말씀하고 있습니다. 정말 상상만 해도, 가슴 설레이는 일입니다.

여섯째, 천년왕국에는 사랑하시는 성(城)과, 성도들의 진(陣)이 있습니다.

"천년이 차매 사단이 그 옥에서 놓여 나와서 땅의 사방 백성 곧 곡과 마곡을 미혹하고 모아 싸움을 붙이리니 그 수가 바다 모래 같으리라 저희가 지면에 널리 퍼져 성도들의 진과 사랑하시는 성을 두르매 하늘에서 불이 내려와 저희를 소멸하고"(계20:7-9)

① 사랑하시는 성(城)은 천년왕국의 도성으로써, 이곳에는 만왕의 왕 예수님과 그리고 땅에서 주(主)를 위해 살며 순교한 성도들과, 이마에 하나님의 인 맞은 종 십사만 사천 인이 함께 거하는 곳입니다. 성경은 장차 그리스도께서 재림하셔서 이루실 천년왕국에서 주님과 함께 부활의 몸으로 천 년 동안 왕노릇하게 될 성도들을 복되고 거룩한 자들이라고 하셨는데(계시록20:6),이는 첫째 부활에 참예하는 자들이기 때문입니다. 이들은 누가복음 19장 12절에서 19절까지 계시된 말씀대로 장차 천년왕국에서 '열 고을' 또는 '다섯 고을'을 다스리는 왕권자가 될 성도들입니다.

"가라사대 어떤 귀인이 왕위를 받아 가지고 오려고 먼 나라로 갈 때에 그 종 열을 불러 은 열 므나를 주며 이르되 내가 돌아오기까지 장사하라 하니라 그런데 그 백성이 저를 미워하여 사자를 뒤로 보내어 가로되 우리는 이 사람이 우

리의 왕 됨을 원치 아니하노이다 하였더라 귀인이 왕위를 받아 가지고 돌아와
서 은 준 종들의 각각 어떻게 장사한 것을 알고자 하여 저희를 부르니 그 첫째
가 나아와 가로되 주여 주의 한 므나로 열 므나를 남겼나이다 주인이 이르되
잘하였다 착한 종이여 네가 지극히 작은 것에 충성하였으니 열 고을 (권세를)
차지하라 하고 그 둘째가 와서 가로되 주여 주의 한 므나로 다섯 므나를 만들었
나이다 주인이 그에게도 이르되 너도 다섯 고을을 차지하라 하고"(눅19:12-19)

계20:4 후반 절에서 명확히 왕 노릇할 자의 자격이 명시되어 있습니다. 그렇
다면 실제하는 왕국입니다. "하나님의 말씀 때문에 목 베임을 당한 자들의 영혼
들과 또 짐승과 그의 우상에게 경배하지 아니하고 그들의 이마와 손에 그의 표
를 받지 아니한 자들이 살아서 그리스도와 더불어 천 년 동안 왕 노릇 하니"(계
20:4)라고 정확히 정의되어 있습니다. 나라를 구성하는 왕에 대한 자격조건이 확
정되었고, 그리스도와 함께 왕 노릇함으로 동역함을 분명히 말씀하고 계십니다.

"저희로 우리 하나님 앞에서 나라와 제사장을 삼으셨으니 저희가 땅에서 왕
노릇 하리로다 하더라"(계5:10)

땅에서 왕 노릇 한다고 하였습니다. 그리고 계21:24에 보면

"만국이 그 빛 가운데로 다니고 땅의 왕들이 자기 영광을 가지고 그리로 들
어오리라"

'땅의 왕들'이 새 예루살렘 성으로 들어가는 모습이 언급된 것으로 보아 새
하늘 새 땅 전에 땅의 왕들이 있어야 합니다. 여기서 '땅의 왕들'은 세상의 왕들
이 아닙니다. 그렇다면 천년왕국의 왕 노릇 할 왕들이 분명합니다. 그리고 만국
이라고 표현된 KJV 표현은 더욱 확연합니다. "And the nations of them
which are saved," 즉 구원받은 나라들(만국)이며 이 나라들의 왕이라는 뜻입
니다. 더 명확해졌습니다. 계21:24 "만국이 그 빛 가운데로 다니고 땅의 왕들이
자기 영광을 가지고 그리로(새 예루살렘 성) 들어가리라".

② 성도들의 진(陣)은 살아서 천년왕국에 들어간 구원받은 백성들이 거하는
곳으로써 인 맞은 종들이 다시 예언하는 날, 큰 환난에서 나온 성도들이 들어가
살게 되는 처소입니다. 천년왕국에서 살아가는 백성들 중에는, 결코 구원 받지
못한 이방인이 섞여 살지 못합니다. 그러므로 구원받은 성도들 뿐이라고 말할
수 있는 근거는 이사야 35장 8절에서 10절 말씀입니다.

"거기 대로가 있어 그 길을 거룩한 길이라 일컫는바 되리니 깨끗지 못한 자

는 지나지 못하겠고 오직 구속함을 입은 자들을 위하여 있게 된 것이라 우매한 행인은 그 길을 범치 못할 것이며 거기는 사자가 없고 사나운 짐승이 그리로 올라가지 아니하므로 그것을 만나지 못하겠고 오직 구속함을 얻은 자만 그리로 행할 것이며 여호와의 속량함을 얻은 자들이 돌아오되 노래하며 시온에 이르러 그 머리 위에 영영한 희락을 띠고 기쁨과 즐거움을 얻으리니 슬픔과 탄식이 달아나리로다"(사35:8-10)

'여호와의 속량함을 얻은 자들이 돌아오되'라고 하였습니다. 이러한 말씀을 보아 천년왕국에는 구원받지 못한 자는 결코 들어가 살 수 없는 나라임을 알 수 있습니다.

③ 이 백성들은 '두 증인'이 전(全)세계적으로 다시 예언할 때(계11:3-6/14:6)

"내가 나의 두 증인에게 권세를 주리니 저희가 굵은 베옷을 입고 일천이백육십일을 예언하리라 이는 이 땅의 주 앞에 섰는 두 감람나무와 두 촛대니 만일 누구든지 저희를 해하고자 한 즉 저희 입에서 불이 나서 그 원수를 소멸할지니 누구든지 해하려 하면 반드시 이와 같이 죽임을 당하리라 저희가 권세를 가지고 하늘을 닫아 그 예언을 하는 날 동안 비 오지 못하게 하고 또 권세를 가지고 물을 변하여 피 되게 하고 아무 때든지 원하는 대로 여러가지 재앙으로 땅을 치리로다"(계11:3-6)

"또 보니 다른 천사가 공중에 날아가는데 땅에 거하는 자들 곧 여러 나라와 족속과 방언과 백성에게 전할 (영원한 복음을) 가졌더라"(계14:6)

큰 환난에서 나와 각국 각 나라 광야 예비처에 들어간 다음 거기서 1,260일 동안 하나님의 양육을 받은 성도들입니다.(참고 계12:6)

"그 여자가 광야로 도망하매 거기서 일천이백육십일 동안 저를 양육하기 위하여 (하나님의) 예비하신 곳이 있더라"(계12:6)

이 백성들은 마지막 진노의 일곱 대접 재앙이 쏟아지기 전(계16장) 하나님의 보호를 받다가 살아서 천년왕국에 들어간 성도들입니다. 이들은 부활체가 아닌 이 땅에서의 살아 있는 육체를 가지고 천년왕국에 들어갑니다.

일곱째, 천년왕국은 인간의 수명이 나무의 수한과 같은 나라입니다.

"거기는 날 수가 많지 못하여 죽는 유아와 수한이 차지 못한 노인이 다시는 없을 것이라 곧 백세에 죽는 자가 아이겠고 백세 못되어 죽는 자는 저주 받은 것이리라 그들이 가옥을 건축하고 그것에 거하겠고 포도원을 재배하고 열매를 먹을 것이며 그들의 건축한 데 타인이 거하지 아니할 것이며 그들의 재배한 것을 타인이 먹지 아니하리니 이는 내 백성의 수한이 (나무의) 수한과 같겠고 나의 택한 자가 그 손으로 일한 것을 길이 누릴 것임이며 그들의 수고가 헛되지 않겠고 그들의 생산한 것이 재난에 걸리지 아니하리니 그들은 여호와의 복된 자의 자손이요 그 소생도 그들과 함께 될 것임이라"(사65:20-23)라고 하였습니다.

천년왕국에는 수고가 헛되지 않고 생산한 것이 재난에 걸리지 않음으로 풍요가 넘쳐 도적이 없을 뿐 아니라 죄와 질병이 없으니(사33:24) 인간의 수명이 나무의 수한(壽限)과 같고 그들의 소생이 있어 천년 동안 번성하게 됩니다. 천상의 천국의 내용이라면 영생한다고 표현하지 나무의 수한(壽限)같다고 하지 않을 것입니다. 이들은 안식의 땅에서 자기 무화과나무 아래서 쉬며, 두렵게 할 자가 없기 때문에(미4:2-4), 슬픔과 탄식이 달아나며, 영영한 희락과 즐거움만이 있게 됩니다(사35:10/51:11). 창조 후 인간이 타락했음에도 불구하고 아담이 930세를 살았고, 셋은 912세, 에노스는 905세, 야렛은 962세, 므두셀라는 969세까지 살았으니 인간의 수명 1,000세는 가상이 아닌 실지로 이뤄지는 세계인 것입니다. 죄도 악도 병도 없이 평화롭고 풍요로운 삶을 1,000년 동안 산다는 것을 한번 상상해 보십시오. 온 세상에 하나님을 아는 진리와 지식으로 충만하여(사11:9, 슥11:20) 예수님이 통치하시는 평화로운 나라가 속히 올 것입니다. 천년왕국은 태초에 잃어버린 에덴동산이 회복되는 것처럼, 땅이 회복되고 자연이 회복되고 인간의 체질이 범죄하기 전 아담의 체질같이 회복되는 나라입니다. 그러므로 베드로 사도는 그리스도의 재림의 목적 중에는 만유(萬有)의 회복에 있음을 증거하였습니다.(행3:20, 21)[55]

"또 주께서 너희를 위하여 예정하신 그리스도 곧 예수를 보내시리니 하나님이 영원 전부터 거룩한 선지자의 입을 의탁하여 말씀하신 바 (만유를) 회복하실 때까지는 하늘이 마땅히 그를 받아 두리라"(행3:20-21)

전통적 전천년설이 주장하는 예수님 재림 후의 이 땅위에 실현될 천년왕국과 셋째 하늘에서 누릴 새 하늘과 새 땅의 차이를 다음 도표를 통해서 비교하여 분명하게 이해할 수 있습니다.

---

55) 김다니엘, 『요한계시록 연구와 강해』 중에서

	주제	현 교회시대	천년왕국	영원한 천국
1	기간	계시되지 않음	1,000년	영원함
2	이전과 이후 사건	예수 그리스도께서 죽으시고 부활하셔서 하늘로 올라가시고 성령님이 오셔서 믿는 자들 속에 내주하시는 시점(행2장)	7년 대환난과 예수님의 지상 재림 후 (마24:21,29-31)	백보좌 심판 후 (계20:11-15)
3	종료시점	예수 그리스도의 지상재림으로 완전 종료(마24:3)	사탄에 대한 최종적인 심판인 영원한 불못에 던지기 위해 끝없는 구덩이(무저갱)에서 일시적으로 풀어 주는 시점(계20:7)	종료 시점 없음(계22:5)
4	부활	다가올 미래에 부활 (요5:28)	첫 번째 부활 이후 (계20:4-6)	두 번째 부활이후 (계20:5,13-15)
5	사망	사람들은 여전히 육신적인 사망의 저주아래(히9:27), 그리스도 안에 죽은 자는 영생(요6:54)	사람들은 엄청난 장수를 즐기지만 때로는 예외적인 사망 있음(사65:20,22)	어떤 사망도 존재하지 않음(계21:4) 어떤 사망도 존재하지 않음(계21:4)
6	동물 (희생제물)	인간의 타락으로 희생제물(동물들)이 저주와 속박아래 (8:20-21) 있으며 많은 동물들이 사나우며 위험한 상태	인간의 타락으로 인한 동물들의 저주와 속박이 사라지며 사납고 위험함이 제거된 동물 (호2:18, 겔34:25, 사11:6-8)	동물들(희생제물)에 대한 언급 없음
7	바다(대양)	바다 존재	바다존재(계20:13,시72:8, 겔47:8,15,17)	더 이상 바다 존재하지 않음(계21:1)
8	해와 비	선한 자, 악한 자 모두 해와 비를 누림(마5:45)	해와 비 여전히 존재 (사30:26,슥14:17)	해와 비 없음(계21:23)
9	질병	수 많은 질병 존재(마24:7)	일반적으로 질병없지만 (사33:24) 예외 존재 (슥14:18, 사65:20)	어떠한 질병과 고통 없음 (계21:4)
10	전도	전도는 예수님의 명령이고 우리의 대사명 (막16:15,마28:18-20)	전도는 필수적인 것이 아니지만(렘31:34) 그들이 알고 있는 하나님을 선택할지 거부할지를 선택	전도는 필요 없음
11	구원받은 자들과 구원받지 못한 자들	구원받은 자들과 구원받지 못한 자들이 뒤섞여 있는 상태(마13:30)	천년 왕국 초기에는 모두가 구원받은 상태이지만(마25:34, 13:41,49) 천년왕국 끝에는 많은 구원받지 않은 자들이 있게 됨(계20:7-9)	구원받은 자들만이 영원한 새하늘과 새땅의 거주민, 구원받지 못한 자들은 영원히 배제됨(계21:8, 22:15)

	주제	현 교회시대	천년왕국	영원한 천국
12	몸의 종류	부활이전이기에 모두 태어날 때의 자연적인 육체를 입고 있음	부활한 성도들은 영화로운 몸으로 변화되지만 7년 대환난에서 살아 남은 자들과 그 후손들은 자연적인 몸을 입게 됨(살전4:16-17,사65:22)	모든 구원받은 새 하늘과 새 땅의 거주민들은 영원히 사망과 고통으로부터 자유한 영화로운 몸을 입게 됨(빌3:21,계21:4)
13	하나님의 심판과 형벌	하나님의 심판과 형벌이 있다.(롬2:3, 요일4:18)	천년왕국 끝에 마귀를 따르는 자들에게는 심판이 있다.(계20:8-9)	백보좌 심판후 천국에서는 더 이상 하나님의 심판과 형벌은 없다.(계20:11-12
14	마귀	마귀가 활발하게 활동하며 두루 다니며 삼킬 자를 찾음(벧전5:8)	사탄, 마귀가 결박되어 천년동안 한시적으로 무저갱에 갇힘(계20:1-7)	사탄과 마귀들은 영원한 불못에 던져 짐(계20:10), 천국에 마귀는 영원히 존재하지 못함
15	종교	기독교 안과 밖으로 많은 거짓 종교들 존재	기독교를 포함한 거짓 종교 사라지고 오직 영과 진리로 드리는 바른 경배만 시행(슥14:16-19)	영원히 드리는 진정한 경배(계22:3)
16	전쟁과 평화	평화의 왕이신 예수 그리스도가 다시 오실 때까지 전쟁이 계속 있게 됨(마24:6-7)	전쟁은 없지만(호2:18, 미4:3-4, 사2:4) 천년왕국은 마지막 반란으로 종료(계20:7,9)	어떠한 전쟁이나 반란, 반역 없음(계21:4) 눈물과 저주가 없고(계22:3) 닫혀진 문이 없는 영원한 평화(계21:25)
17	희생 제사	교회를 위하여 어떠한 동물들을 죽여 피흘리는 희생 제사는 더 이상 없고 예수님의 죽으심과 부활을 기념하는 주의 성찬식 시행(고전11:23-24)	초막절을 지키며 하나님 사랑과 그리스도의 은혜를 기념하며 감사(슥14:16-19)	죄가없고(계21:27) 어떠한 희생 제사 없음
18	성전	오늘날 교회 곧 예수님을 믿고 영접하여 성령님이 내주하는 그리스도인들이 성전 (고전3:16-17)	솔로몬 성전보다 훨씬 더 뛰어난 영광스러운 천년왕국 성전(합2:6-9, 겔40-48장)	전능하신 주 하나님과 어린 양이 천국의 성전이시다. 오직 위대하신 영광의 하나님을 직접 보고 경배(계21:22)
19	만유	다른 피조물들도 인간의 죄 때문에 탄식하며 회복을 기다림(롬8:18-25)	재창조된 에덴 동산의 회복(사65:16-23,겔47:6-12)	영원한 새 하늘과 새 땅(계21-22장)
20	우리 주 예수 그리스도	모든 것 중에 뛰어나시고 으뜸이신 예수 그리스도(빌2:9-11)	위대하신 천년왕국의 왕이신 예수 그리스도(사39:22)	영원한 어린 양이신 예수 그리스도(계21-22장)

후천년설이나 무천년설은 예컨데 아이들이 맹수들과 뛰어놀 정도로 짐승들이 온순해지는(사11:6-9) 만유가 회복 되는 모든 말씀들을 상징이나 영적으로 해석하여 판타지 문학(fantasy literature) 장르나 기법으로 생각합니다. 계시록 20장에 '천년(the thousand years)'이라는 단어가 6번이나 나오는 천년 왕국은 예수님께서 천하의 왕이 되시는 나라입니다.(슥14:9) 이러한 말씀들이 단순한 비유나 상징일리가 없습니다. 사도 요한의 제자들과 초대교회가 시작해 온 전통적 전천년설을 부정하고 무천년설을 주장한 사람들은 예수님이 재림하실 때 성도들과 함께 오셔서 세상을 심판한 후 곧 바로 영원한 천국으로 간다고 말합니다. 그러나 사도행전 3장 21절을 보면 만물을 회복하실 때까지 예수님은 하늘에 계시다가 재림하셔서 만물을 회복하신다고 성경에 예언되었습니다.(롬8:20-22)

"그러나 하나님께서 영원 전부터 그분의 거룩한 예언자들의 입을 통해 말씀하신 대로 만물을 회복하실 때까지 예수는 마땅히 하늘에 계셔야 할 것입니다."(행3:21)

그들의 주장대로 예수님이 재림하셔서 세상을 심판하신 후 성도들도 곧바로 천국으로 간다면 왜 만물을 회복하실까요? 필요도 없는 일을 미련하게 하시는 예수님 아닌가요? 결국 예수님을 바보로 만드는 꼴이 아니겠습니까?

무천년설을 따르는 자들은 구약의 예언대로 지상에 실현될 천년왕국을 그들은 유토피아(Utopia)라고 비웃습니다. 그날이 가까이 올수록 사람들은 기사와 이적을 믿지 않습니다. 즉 하나님의 전지전능하심을 믿지 않는 것입니다. "… 그러나 인자가 올 때 이 세상에서 믿음을 찾아볼 수 있겠느냐?"(눅18:8)

여러분! 믿음이 없이는, 즉 성경을 성경 그대로 믿지 않은 것은 하나님을 기쁘시게 할 수 없습니다.(히11:6)

또한 하나님을 사랑하는 것은 주의 계명을 지키는 것입니다.(요일5:3) 예수님께서 주신 큰 계명을 지키고 살고 있나요? 즉 하나님을 진짜로 사랑하고 있나요?

예수님의 대 계명과 대 사명

창세기 17장 1절에 하나님은 구원받은 아브라함에게 '그리스도인의 완전'(골1:28)을 요구하십니다.

"아브람의 구십구 세 때에 여호와께서 아브람에게 나타나서 그에게 이르시되 나는 전능한 하나님이라 너는 내 앞에서 행하여 (완전하라)."

"행하여 완전하라" 명하신 것은 "내가 거룩하니 너희도 거룩하라"(레11:45)는 명령과도 같은 계명을 지키는 삶입니다. 행하여 완전한 삶을 살라고 하심은 결국 선교하는 삶을 살라는 것과 같습니다. 신명기 4장 6절의 "너희는 지켜 행하라 그리함은 열국 앞에 너희의 지혜요 너희의 지식이라 그들이 이 모든 규례를 듣고 이르기를 이 큰 나라 사람은 과연 지혜와 지식이 있는 백성이로다 하리라." 다시 말하면 '과연 하나님의 백성은 다르구나.' 할 것이라는 뜻입니다. 즉 세계를 선교하는 삶을 사는 제사장 나라의 생활양식(生活樣式)입니다. 누룩을 없애는 무교절의 생활, 곧 성결한 영혼과 마음 그리고 성결한 생활로 복음을 증거하는 선교사의 삶입니다. 오늘 우리가 하나님의 말씀을 지켜 행하는, 즉 '성결의 길'을 걷는 궁극적인 목적은 세계의 영혼을 하나님께 돌아오게 하는 곧 세계 복음화에 있습니다. 구약 때에도 대 계명과 대 사명은 분리할 수 없는 것입니다. 대제사장이신 예수님께서 우리 죄를 짊어지시고 죽으시고 부활하셔서 대 계명과 대사명을 명하셨습니다.

"예수께서 나아와 일러 가라사대 하늘과 땅의 모든 권세를 내게 주셨으니 그러므로 너희는 가서 모든 족속으로 제자를 삼아 아버지와 아들과 성령의 이름으로 세례를 주고 내가 너희에게 분부한 모든 것을 가르쳐 (지키게 하라) 볼지어다 내가 세상 끝날까지 너희와 항상 함께 있으리라 하시니라"(마28:18-20)

그런데 우리는 이 말씀을 전도하고 제자 삼는 사역에만 국한되어 이해하기 쉽습니다. "모든 것을 가르쳐 지키게 하라"고 하셨습니다. '말씀을 지키게 하는 것'을 간과해서는 안 됩니다.

예수님은 모든 하나님의 자녀들에게 그가 의사든, 전업주부든, 사업가든, 군인이든, 농부든, 교사든, 무슨 직업을 가졌든지 자신을 따르는 제자가 되라고 하셨습니다. 요한복음 12장 26절을 보면 "누구든지 나를 섬기고자 하면 나를 따라야 한다. 내가 있는 곳에 내 종도 있을 것이다. 누구든지 나를 섬기면 내 아버지께서 그를 귀하게 여기실 것이다."(요12:26)

그러므로 예수님을 따르지 않은 비즈니스맨(businessman)은 그가 돈을 많이 벌고 살든 망하든 실패한 그리스도인입니다. 예수님의 방법으로 비즈니스 하지 않은 자는 예수님을 섬기는 자가 아니며 주님의 양도 아니라고 하셨습니다. 우리가 지켜야 할 율법을 압축한 것이 십계명인데 하나님을 사랑하고 이웃을 네 몸과 같이 사랑하라 두 가지로 나뉘는데 다시 압축하면 사랑입니다. 많은 계명이 있지만 결국은 사랑입니다.

"온 율법은 네 이웃 사랑하기를 네 몸 같이 하라 하신 한 말씀에 이루었나니"(갈5;14)

순종을 한다면 사랑의 순종이고 사랑이 빠지면 아무것도 아닌 것입니다. 하나님을 사랑하고 이웃을 사랑하는 것에 모든 계명이 압축되어 있습니다. 그리고 우리는 무슨 일하는 것보다 예수님이 우리를 사랑하신 것처럼 이웃을, 그리고 원수까지 사랑하는 삶(요15:12), 곧 성결한 삶을 먼저 살아야 합니다. 이것이 가장 크고 첫째 되는 계명이고(마22:37-38) 율법의 강령의 모든 것이 달려있는 대계명입니다. 신앙에는 두 가지 큰 기둥이 있습니다. 하나는 대 계명(The Great commandment), 하나는 대 사명(The Great commission)입니다. 이 양축이 균형을 잡고 가야 되고, 예수님께서 우리에게 주셨던 최고의 사명, 명령이 결국은 교회 존재의 목적이고 본질입니다. 누군가 "위대한 계명(The Great commandment)과 위대한 명령(The Great commission)에 대한 위대한 헌신((A Great commitment)은 위대한 교회(A Great Church)를 만든다."라고 했습니다. 이 두 기둥 대 계명과 대 사명을 준행하지 않은 삶은 허랑 방탕한 삶입니다. 그런데 이 두 기둥은 따로따로가 아니고 한 몸과 같은 유기체입니다. 왜냐하면 마음과 성품을 다하여 주님을 사랑한 사람이 대사명을 무시하겠는가?

그런데 간혹 어떤 사람들은 열심히 교회 봉사하고 전도하고 다른 사람을 양육하는데 하나님과 이웃과의 관계가 안 좋을 수 있는데 이는 일하는 것으론 쓰임받고, 천국에서는 상을 못 받는 어리석은 사람인 것입니다. 바울은 이 사실을 알고 대 계명과 대 사명을 동시에 준행하는 지혜로운 삶을 살았습니다.

"그러므로 내가 달음질하기를 향방 없는 것같이 아니하고 싸우기를 허공을 치는 것같이 아니하여 내가 내 몸을 쳐 복종하게 함은 내가 남에게 전파한 후에 자기가 도리어 버림이 될까 두려워함이로라"(고전9:26-27)

부모가 자식에게 존경을 잃으면 아무리 밖에서 일을 잘해도 실패한 부모요, 선생이 학생들에게 존경을 잃으면 아무리 잘 가르쳐도 실패한 선생입니다. 목회자가 교인들에게 존경을 잃으면 아무리 큰 교회를 목회해도 실패한 목회자인 것입니다. 사도 바울은 그래서 하나님뿐 아니라 사람에 대해서도 양심에 거리낌이 없기를 힘썼습니다.

"이것을 인하여 나도 하나님과 사람을 대하여 항상 양심에 거리낌이 없기를

힘쓰노라"(행24:16)

　사람에게도 인정받지 못한 자가 불꽃같은 눈동자로 모든 것을 아시는 하나님께 인정받을 수 있겠는가?

　그러므로 우리는 성결한 삶을 살면서 대사명에 충성하는 그리스도의 제자로 살아야 합니다.

　하나님은 우리를 하나님 왕국을 건설하는 동역자로 부르셨습니다.

　"우리는 하나님의 동역자들이요 너희는 하나님의 밭이요 하나님의 집이니라"(고전3:9)

　예수님의 대명령에 순종하며 왕국 건설에 쓰임 받는 성도는 장차 천년왕국에서 예수님과 다스리는 권세를 누리는 삶입니다. 그리고 영원한 하늘의 천국에서 면류관을 받을 최고의 축복을 받는 하나님의 사람입니다.

　하나님의 말씀을 그대로 믿고 순종하여 하나님께서 보실 때 착하고 충성된 종으로 사시는 저와 여러분 다 되시길 주의 이름으로 축원합니다.

영원한 새 하늘과 새 땅

eternal new heaven and new earth

본문 계21:1-7

세계적인 부흥사 찰스 피니(Charls Finny)가 변호사 개업을 준비하는 중 뉴욕의 한 치안판사의 사무실에 앉아 있을 때 주님의 음성이 들려왔습니다.

"피니야, 너 변호사가 되면 무엇 할래?", "부자가 되겠지요", "그 다음에는?", "은퇴하겠지요", "그 다음에는?", "죽겠지요", "그 다음에는…", "심판이 있겠지요" 이 대답을 한 다음에 피니는 떨기 시작했습니다. 그리고 약 반 마일 되는 숲 속으로 들어가 "하나님과 화목하기 전에는 떠나지 않겠다"라고 결심하고 기도하기 시작했습니다. 하나님의 심판대 앞에 설 것을 생각하며 이기적인 생활, 공허한 삶, 세상 쾌락을 즐기는 생활을 그만두고 이제부터 하나님의 영광을 위해서 살기로 결심하고 간절히 기도한 끝에 성령을 충만히 받고 나왔습니다. 그 후로 50년 동안 복음을 전했는데 축복이 그의 삶에 충만했고 수천, 수만 명의 영혼을 구원했습니다. 히브리서 9장 27절에 "한번 죽는 것은 사람에게 정하신 것이요 그 후에는 심판이 있으리니"라고 한 말씀대로 찰스 피니는 죽음과 심판을 깨닫고 생의 목적을 바꾸어 영광스럽고 보람 있는 생활을 했던 것입니다. 예수님이 세상에 오신 최종 목적은 우리를 하나님의 심판에서 구원하려는 데 있습니다. 사도행전 17장 31절에 "이는 정하신 사람으로 하여금 천하를 공의로 심판할 날을 작정하시고…"라고 했습니다. 하나님의 달력에는 온 천하 만민을 공의로 심판할 날이 작정되어 있습니다.

1. 백보좌 심판

하나님은 인간을 영원히 사는 존재로 창조하셨습니다. 인간이 죽는 순간 그 몸을 지배하던 영혼이 몸과 분리 됩니다. 몸은 썩어 흙으로 돌아가지만 영혼은 없어지지 않고 음부(陰府)에 존재하게 됩니다. 음부는 히브리어로 스올(שְׁאוֹל) 이고 헬라어로는 하데스(ᾅδης)입니다. 예수 그리스도를 통해 하나님께 회개하지 않은, 즉 죄사함 받지 못한 불신자들의 영혼은 육체적으로 죽는 순간 음부로 갑니다. 그리고 흰 보좌 앞에서 심판을 받기 위해 다시 살아날 때까지 대기합니다. 즉 지옥의 대기소라고 할 수 있습니다. 그렇다고 편안하게 대기하는 것이 아니라 지옥에 버금가는 음부의 고통 속에 대기합니다. 그곳은 항상 불이 타오르며(신32:22, 아8:6), 불로 소금 치듯하여 극도로 괴로움이 가득합니다.(막9:49) 그곳에서는 한 방울의 물도 구할 수 없습니다.(눅16:24) 이에 반해 죄용서함 받은 하나님의 자녀들이 죽은 후에 가는 곳은 낙원입니다. 낙원(樂園, Paradise) 이란 성도들의 영혼이 육체를 떠나가는 영적인 하나님의 나라를 말합니다. 물질계가 아니라 영계(the spiritual world)입니다. 지상낙원인 에덴이나 천년왕국과 다른 것은 영적인 세계라는 점입니다. 예수님의 공중재림으로 들림을 받는 자는 낙원에 들어감이 없이 그대로 신령한 몸으로 부활을 받아 공중으로 끌어 올리움을 받습니다.

낙원은 일시적으로 존재합니다. 인간으로서 처음으로 구원을 받은 아벨의 영혼부터 가기 시작하여 예수님의 공중 재림으로 낙원은 끝이 난다는 점에서 인간을 구원하기 위한 과정에만 존재하는 것입니다. 낙원에 있던 영혼들은 그리스도가 죽음에서 부활하시고 승천하실 때, 하나님이 계신 곳으로 옮겨졌습니다.(시68:18; 엡4:8-9; 고후5:1) 그러다가 주님이 공중에 재림하실 때, 그들은 영화로운 부활의 몸을 입고서 주님을 만나고 그리고 혼인잔치에 참여하게 됩니다. 그러다가 7년 대환난이 끝날 때, 주님과 함께 지상으로 재림하여 '제사장과 왕'의 역할을 감당하게 됩니다.(계20:6) 결국 성도와 불신자는 시기적으로 천 년의 차이는 있지만 모두 영원한 몸으로 다시 살아 납니다. 천년왕국 후에 불신자들은 백보좌 심판을 받게 됩니다.

백보좌 심판은 요한계시록 20:11-15에 묘사되고 있으며 믿지 않는 자들이 불못에 던져지기 전의 마지막 심판입니다. 백(白)보좌, 즉 흰보좌란 뜻은 보좌에 앉으신 이와 그 심판의 거룩성, 공의의 심판, 오류 없는 완전한 심판대를 의미합니다.(계 20:11-15) 그리고 크고 흰보좌는 심판자이신 하나님의 권위를 의미합니다.

계20:12上 "또 내가 보니 죽은 자들이 큰 자나 작은 자나 그 보좌 앞에 서 있는데…"

사는 날 동안 사람들은 세상의 지위가 높은 사람, 낮은 사람, 주인과 종으로 구별됩니다. 하지만 백보좌 심판 때에는 죽은 자들이 심판을 위해 다 일어나 보좌 앞에 서 있어야 합니다.

죽으면 그만이 아닙니다. 하나님 자녀외에는 누구도 예외 없이, 어떤 사람이든지 심판을 받아야 합니다.

"바다가 그 가운데에서 죽은 자들을 내주고 또 사망과 음부도 그 가운데에서 죽은 자들을 내주매 각 사람이 자기의 행위대로 심판을 받고…"(계20:13)

여기서 '죽은 자들'은 영적으로 죽어 하나님과 분리된 자들로 그 속에 그리스도의 영이 없는 자들입니다(롬8:9) 그리고 육체적으로 죽은 자들을 가리킵니다. 그들로 영원히 죽지 않은 몸으로 변화되는데 불행한 것은 영원히 심판받는 몸이기에 절대 절망입니다. 세상을 살면서 상류층으로 살았던, 하류층으로 살았던, 유명인으로 살았던, 무명인으로 살았던 오직 보좌 앞에 서야 합니다. 땅과 하늘이 간데 없는 무서운 심판대 앞에 서는 것입니다. 그 사람이 누구인가 하는 것도 심판대에선 아무 소용없다면 그 사람이 어디서 죽었느냐, 어디에 묻혔느냐도 심판대 앞에 서는 데는 아무 차별이 없습니다. 죽은 자가 명당(明堂)에 묻혔다고 심판이 달라지고 죽은 자가 화장(火葬)하여 바다에 던져졌다고 심판이 달라지는 것이 아닙니다. 어디에서 죽어 어디에서 묻히든지 심판이 가벼워지는 등 심판에 도움이 되지 않습니다. 비단으로 싸서 묻히든, 황금으로 싸서 묻히든 심판에 가감이 되지 않습니다. 사람이 한 번 죽는 것으로 끝나는 것이 아닙니다. 몸의 죽음으로 끝나지 않고 백보좌 심판 앞에 서야 합니다.

천년왕국이 끝난 후 사탄과 귀신들을 영원한 불못으로 던지시고 예수님을 안 믿고 죽은 자들도 영원체로 부활하여 크고 흰 보좌앞에서(계20:11) 심판을 받게 됩니다.

천상의 재판에도 판결문이 있는데 두 권의 책들이 있습니다.

"그리고 나는 큰 사람이든 작은 사람이든 죽은 사람들이 그 보좌 앞에 서 있는 것을 보았습니다. 책들이 펼쳐져 있는데 또 다른 책, 곧 생명의 책도 있었습니다. 죽은 사람들이 책들 안에 기록된 대로 심판을 받았는데 그 안에는 그들의 행위가 기록돼 있었습니다."(계20:12)

불신자들의 행위가 모두 기록되어 있는 책과 예수 그리스도의 보배로운 피로 모든 죄가 씻음받고 행위 기록 대신 구원받은 자의 이름이 기록된 생명책입니다. 하나님의 자녀들은 무죄로 선언된 상태이므로 백보좌 심판을 받지 않는 것입니다. 그러나 불신자들은 이 땅에서 행한 모든 죄(계20:12)의 기록대로 심판을 받고 영원한 형벌의 장소 불못, 곧 지옥에 던져집니다.(계20:11-15)

2. 영원한 지옥과 천국

1) 지옥

지옥은 원래 사탄과 그를 수종한 저주받은 귀신들을 위해 생겼고(마25:41) 예수 그리스도를 거부한 모든 자는 교만한 사탄의 뒤를 영원히 따라야 합니다. 인간의 영혼은 영원하도록 지음받아서 믿지 않는 자도 대심판 전에 부활합니다. 그러나 자신의 죄를 하나님의 속죄 방법인 예수 그리스도를 통해 해결받지 못했으므로 하나님의 공의대로 하나님의 사랑을 거부한 자는 영원토록 형벌과 고통을 받습니다. 지옥은 사탄과 타락한 천사들 그리고 죄 용서받지 못한 죄인들이 영원히 형벌받을 하나님이 설치하신 공간적인 장소입니다.(참고: 사14:9, 겔 32:27, 민16:30-33)

"사망과 음부도 불못에 던지우니 이것은 둘째 사망 곧 불못이라"(계20:4)

(1) 지옥은 하나님이 계시지 않는 곳입니다.

하나님은 무소부재하신 분이요 지상에서 살 때는 사람들은 하나님을 싫어하든 좋아하든 하나님의 은혜 속에서 살고 있습니다. 그러나 지옥은 악인과 선인에게 공히 주시는 하나님의 은혜가 있을 수 없습니다. 주 예수 그리스도께서는 그분의 지상 사역 중에 하늘에 관하여 가르치셨던 것보다 더 많이 지옥에 관하여 사람들에게 경고하셨습니다. 예수님은 잃어버린 자들에게 더 관심이 많다는 것과(눅15장) 한 영혼을 온 천하보다 더 귀히 여겼음을 알 수가 있습니다. 그러나 천년왕국 이후에 마지막 심판의 때가 있습니다. 하나님의 사랑을 끝까지 거절한 자들은 저주받은 사람들입니다.

"이 저주받은 사람들아! 내게서 떠나 마귀와 그의 부하들을 위해 마련된 영원한 불 속으로 들어가라."(마25:41)

사랑이 많으신 하나님으로부터 영원히 단절되고 말 것입니다. 성경은 말씀합니다. "이런 자들은 주의 얼굴과 그의 힘의 영광을 떠나 영원한 멸망의 형벌을 받으리로다"(살후1:9)

주님의 존전(尊前)으로부터 영원히 추방을 당하는 것은 아주 비극적인 것입니다. 그 추방은 영원히 계속 되기 때문입니다. 그것은 "영원한 멸망"입니다. 우리가 절대로 들어서는 안 될 무서운 저주가 있습니다. 그것은 주님이 "나를 떠나라! 저주를 받은 자들아!"라고 선언하시는 것입니다.(마25:41)

여러분! 만약에 다른 구원의 소망이 전혀 없다면, 얼마나 무서운 저주인가오!

중세에 악명 높았던 가톨릭의 종교재판소의 고문은 고문 받는 사람이 기절하면 고문을 멈추었다고 합니다. 그러나 지옥에서 고통당하는 사람들은 종교재판소의 심문보다 더 악독한 것입니다. 사람들이 기절해도 거기서는 고문을 멈추지 않을 것입니다. 왜냐하면 거기는 법적으로 제지하는 자들이 없기 때문입니다. 지옥은 하나님이 계시지지 않으시기에 영원히 소망이 없는 곳입니다. 무엇보다 큰 고통은 영생복락을 누릴 천국과 선하신 주님을 잃어버리는 고통입니다. 지옥에서 또 하나 잃는 것이 있습니다. 하나님을 아버지로 경배하고 섬길 기회가 영원히 다시 주어지지 않습니다.

(2) 영원한 형벌과 고통이 있습니다.

"또 내가 보니 죽은 자들이 무론대소하고 그 보좌 앞에 섰는데 책들이 펴 있고 또 다른 책이 펴졌으니 곧 생명책이라 죽은 자들이 자기 행위를 따라 책들에 기록된 대로 심판을 받으니"(계20:12-13)

지옥은 벌을 주시려고 예비된 곳이기에 영원한 벌과 고통이 있습니다. 사람들은 "무슨 지옥이 있느냐"고 말하고 "죽음으로 모든 것이 끝난다"고 하지만 이 것은 그들의 막연한 바램이나 불신이지 하나님은 "사람이 한번 죽는 것은 정한 이치요 그후에는 심판이 있다"(히9:27) 하십니다. 지옥에서 죽을 수만 있다면 다행이겠는데 형벌과 고통은 영원합니다.(마25:46, 눅16:23) "거기에는 구더기 도 죽지않고 불도 꺼지지 아니하느니라" 이 땅에서는 살충제로 벌레를 죽일 수 있는데 지옥의 구덩이에는 구더기가 많은데 죽여도 죽지 아니하는 구더기가 많 아서 버림받은 영혼들의 더러운 몸을 파고 들며 괴롭게 합니다. 지옥은 영원히 꺼지지 않는 불이 있으며(마13:42, 50, 계20:15, 사33:14), 벌레 한 마리도 죽지 않는 곳(마5:22, 계20:10, 14, 15:21, 막9:48, 사66:24)이 지옥입니다.

누가복음 16장의 기록된 부자와 나사로의 이야기에서 음부에 떨어진 부자는 너무너무 목이 타고 고통스러워서 자기 집에서 얻어먹던 나사로를 보내어 손가 락 끝에 물 한 방울만 찍어 자기 혀를 서늘하게 해 달라고 아브라함에게 사정 했으나 그나마도 허락되지 않은 것을 볼 수 있습니다. 지옥은 육체적 교통과 정 신적인 고통을 당하는 형벌장소입니다. 왜냐하면 지옥에서도 사람은 의식이 있 기에 처절하게 고통을 느낍니다. 우리가 사우나에 들어가 잠깐 있는 것도 참기 힘든데 사우나와 비교할 수도 없는 뜨거운 불속에서 고통을 받습니다. 물을 구 하려 하여도 물 한방울 구할 수 없는 지옥은 혀가 타는 목마름의 영원한 연속 입니다. 요한계시록 20장 15절에 "누구든지 생명책에 기록되지 못한 자는 불못 에 던지우더라"고 했습니다. 심판이 끝나면 그 죄의 정도에 따라 지옥에서 고통 이 가해집니다. 그 고통은 가히 상상도 못합니다.

요한 웨슬리(John Wesley) 목사님은 지옥 설교를 하시다가, "여러분의 손가 락을 불에다 대고 있어 보라. 잠시 동안도 견디기 어려울 것이다. 이보다 더 큰 고통은 없을 것이다. 하물며 온 몸이 불에 들어가 죽지도 않고 영원히 있을 것 을 생각해 보라"고 했습니다.

엠.알 리치(M.R. Rich)라는 사람은 "지옥불에 들어가는 것보다 차라리 불 붙 는 난로위에 백만년 동안 누워있는 편이 훨씬 낫다"고 표현했습니다. 그리고 자 기 죄 행위를 따라 각종 무서운 형벌을 영원히 받습니다.

(3) 자기 생각과 의지로 할 수 있는 일이 아무것도 없습니다.

"불러 이르되 아버지 아브라함이여 나를 긍휼히 여기사 나사로를 보내어 그 손가락 끝에 물을 찍어 내 혀를 서늘하게 하소서 내가 이 불꽃 가운데서 괴로 워하나이다 아브라함이 이르되 얘 너는 살았을 때에 좋은 것을 받았고 나사로 는 고난을 받았으니 이것을 기억하라 이제 그는 여기서 위로를 받고 너는 괴로 움을 받느니라"(눅16:24-25)

이 땅에서는 사람들이 돈과 시간이 있으면 계획을 세워서 자기 의지와 노력 으로 할 수 있는 일이 참 많습니다. 그러나 지옥에는 뜨거운 유황불에 고통을 받으며 혀에 물을 조금 적시는 것도 자기 뜻대로 하지 못합니다. 심지어는 선한 뜻과 의지도 허락되지 않습니다. 누가복음 16장 27-31절에 지옥에서 형벌받는 부자가 지상에 살아있는 자기 가족을 위해 전도 요청을 하지만 허락되지 않습 니다. 이 땅에서도 감옥에 갇힌 죄수들이 자기 마음대로 행동하지 못한 것은 지 옥을 모형으로 보여주고 있습니다. 지상의 감옥은 자기 의지로 조금이라도 쉴 수 있지만 지옥에서는 육체적인, 정신적인, 그리고 영적으로 어떤 중단됨이나 중간 휴식 없이 끝없이 지속될 모든 고통을 생각해 보시기 바랍니다.

"그들에게 고통을 주는 불과 유황의 연기가, 그 구덩이에서 영원토록 올라올 것이며 그 짐승과 그 우상에게 절을 하고 그 이름의 낙인을 받는 자는 밤에도 낮에도 쉼을 얻지 못할 것이다"(계14:11)

밤과 낮으로! 그것도 24시간 계속, 지옥에서는 계속되는 고통만 있을 뿐입니 다. 거기에는, 지옥에서는 잠자는 것이 없습니다. 그리고 그의 고통이 아무리 크거나, 그 고통이 얼마나 강렬한지 상관을 하지 않고, 그가 기절하는 것도 없 고, 잠시도 쉼의 가능성도 없는 것입니다. 지옥에 떨어진 사람들은 절대 잠을 잘 수 없고, 또는 무의식이 되지도 않고. 계속적으로 그 고통이, 밤낮으로 계속 되는 것입니다.[56] 지옥은 자신의 몸을 죽일 수 있는 자살하는 자유도 없습니다.

(4) 피할 수 없는 더럽고 어두운 곳입니다.

"그뿐 아니라 너희와 우리 사이에 큰 구렁텅이가 놓여 있어 여기서 너희에게 건너가고자 하되 갈 수 없고 거기서 우리에게 건너올 수도 없게 하였느니라"(눅 16:26)

사람들이 고통스러우면 자살로 모든 끝을 내고 싶어합니다. 그것으로 끝이

---

56) 「지옥에 대하여」, 설교 73, Wesley's Works Vol. 2, Grand Rapids, Baker Books, 1979, 381-391면.

나는 것인양 착각하기 때문입니다. 그렇지만 지옥이 기다리고 있습니다. 이 세상으로의 도피는 죽음으로 가능하지만 지옥에서는 더이상 출구(出口)가 없습니다. 지옥으로부터 도망갈 수 없습니다. 이것은 마치 온돌방에 엉덩이가 뜨겁다고 영원한 불에 뛰어드는 것과 같습니다. 지옥에는 피할 길이 없습니다. 지옥은 더러운 영들과 더러운 몸으로 둘째 부활한 자들만이 있는 곳이므로 더러운 곳입니다. 더러운 영들이 가는 곳이기에 더러운 곳이며 도덕적으로 더러운 곳이기에 더러운 행위를 한 자들이 더러운 성품을 가지고 서로를 괴롭게 할 것입니다. 지옥은 꽃의 향기나 웃음이 없고 어떤 모양의 즐거움이나 기쁨이 존재하지 아니합니다. 지옥의 환경은 그 자체가 어둠입니다. 지옥에는 이 세상에 있는 물질적인 불과는 다른 성질의 불이 강하게 타고 있어도 암흑입니다. 왜냐하면 지옥의 불에서 빛이 나오지 않기에 어둠 속에서 지옥에 있는 사람들은 뜨거운 불의 고통을 당합니다.

노아는 방주를 몇십 간이나 걸려 짓고 하나님의 심판으로 온 지구가 홍수를 이루기 시작할 때 노아의 방주문을 하나님께서 친히 닫으셨습니다. 하나님의 심판인 홍수에서 피할 길이 노아의 방주의 문이였는데 닫으시니 아무도 들어갈 수 없습니다. 노아의 여덟 식구 외에는 아무도 살아남지 못했습니다. 이 땅에서 영원한 지옥의 심판을 면할 길은 "나는 길이요 진리요, 생명이신 예수 그리스도의 문밖에 없다". 인류의 피난처되시는 예수께로 피하지 못한 영혼은 지옥에서 피할 길이 영원히 없습니다.

5.악한 마귀와 흉악한 인간들과 영원히 함께 살아야 합니다.

"그러나 두려워하는 자들과 믿지 아니하는 자들과 흉악한 자들과 살인자들과 행음자들과 술객들과 우상숭배들과 모든 거짓말하는 자들은 불과 유황으로 타는 못에 참여하리니 이것이 둘째 사망이라"(계21:8)

지옥에 가는 사람중에 '믿지 않는 자'가 있는데 이 세상에서는 그가 인격, 성격이 좋다고 인정받고 존경받은 사람도 들어 있을 것입니다. 그러나 하나님을 거역하고 경외하지 않는 자들과 예수의 사랑을 거부한 자들은 하나님 앞에서 가장 교만한 자요, 하나님의 그 크신 은혜를 우습게 여기는 배은망덕한 자들이므로 가장 큰 죄인들입니다. 가롯 유다야말로 지옥에서도 가장 무서운 처벌을 받는다고 생각합니다. 왜냐하면 그는 예수님의 설교와 가르침을 날마다 받고서도 선생을 배반하고 자살한 강팍한 놈이기에 그렇습니다. 저자는 사랑하는 착한 아내와 무슨 문제로 서로 모순이 생길 때나 부부싸움을 할 때는 사랑하는 부인하고 잠깐 동안이라도, 하루가 십년같이 오래 느껴지고 답답하고 괴로워서 이것이 지옥이지 따로 지옥이 없다고 생각되는데 진짜 지옥에는 마귀들과 흉악한 깡패, 살인자들과 영원히 함께 살아야 합니다. 회개가 없는 곳이기에 더욱 악한 곳이며 고통 속에서 더욱 악을 쌓아 악의 극치를 이루는 곳이 지옥입니다. 지옥은 원어로 쓰레기 불로 태우는 소각장(燒却場)을 의미하는 '게엔나'57)라고 하였습니다. 하나님은 인간을 지으실 때 하나님의 영광을 위해 지으셨습니다. 그러므로 인간의 존재목적과 본분은 만드신 창조주 하나님께 있는 것입니다. 하나님을 경외하고 그 명령을 지키는 것이 인간의 본분입니다.(전12:13) 이 펜의 존재목적은 이 펜의 주인에게 있습니다. 이 펜이 본분을 다하지 않을 때는 우리는 이 펜을 쓰레기통에 버립니다. 하나님도 마찬가지로 인간의 본분을 지키지 않은, 즉 하나님을 믿지않고 범죄한 인생을 인간 쓰레기통인 지옥에 영원히 형벌받도록 던지십니다.

6. 끝이 없는 영원한 형벌입니다.

"저희는 영벌에, 의인들은 영생에 들어가리라 하시니라"(마25:46)

고등학교 3학년생들 시험공부 끝이 있기에 입시지옥을 이겨내면 희망이 있다고 삽니다. 감옥에 갇힌 자도 만기가 되면 석방될 날을 기다리며 소망을 갖습니다. 열 달 동안 아이를 밴 산모도 출산의 고통이 끝이 있음을 소망하며 이겨 나갑니다. 지상에서는 아무리 죽고 싶을 만큼 큰 고통에 있는 사람이라도, 이 세상에서는 '그 고통이 언젠가 끝날 것이라'는 희망이 있습니다. 그러나 지옥에서는, 죽음의 희망조차도 없는 곳입니다. 그는 거기서 절대 죽지도 않고, 고통의 탈출이라는 희망도 없는 곳입니다. 그래서 더욱 절망적인 곳입니다. 지옥은 영원히 다시 하나님을 만나 구원 얻을 희망이 없는 것이 이들에게 있어서 최대의 고통입니다.

어떤 사람은 "이 짧은 생애 동안에 지은 죄로 영원한 형벌을 주는 것이 옳지

---

57) 게엔나(γέεννα) '힌놈(의 아들)의 골짜기', 원래 이곳은 예루살렘 남쪽의 힌놈 골짜기로 쓰레기 소각장이였다. (상징적으로)영원한 형벌의 장소에 대한 이름으로서 사용(마5:29; 약3:6). hell(By:디럭스 바이블, 사전)

않다"고 말하지만 그러나 형벌은 죄의 성질에 따라서 부과(付過)하는 것이지 그 죄를 범한 시간에 비례하지 않습니다. 어떤 강도는 삼 초 동안에 살인하고 어떤 강도는 세 시간 걸려서 사람을 죽일 수도 있습니다. 그러나 범죄한 시간에 따라 죄와 형벌이 작거나 커지지 않습니다. 모든 죄 중에 가장 큰 죄는 하나님을 믿지 않고 우리를 구원하려고 십자가에서 피 흘려 죽어 주시고 부활하신 예수 그리스도를 믿지 않는 죄입니다. 예수님께서 피흘려 희생하신 하나님의 사랑은 영원하십니다. 예수님의 보혈은 우리의 죄를 영원히 그리고 완전히 씻기셨기에 우리 죄를 위해 다시 값을 치를 필요가 없는 영원한 사랑입니다. 그러므로 주님의 사랑을 거역한 죄는 영원한 지옥 형벌입니다. 그의 죗값이 영원하기 때문입니다. 지옥에서도 "하나님께 살려달라"고 대대적인 통성기도가 합심기도가 있습니다. 그러나 영원히 응답없는 간절한 통곡과 절규의 기도입니다.(눅16:27) 이미 때가 늦은 그들의 기도, 영원히 응답없는 기도를 되풀이 할 뿐입니다.

여러분!

지옥에 떨어진 사람들 중에 가장 후회할 사람들이 첫째는 자기들만 반드시 천국갈 줄 알았던 유대인들이고 둘째는 평생 교회 다녔던 사람들일 것입니다. 예수님을 그리스도로 믿지 않은 자들은 유대인이든 평생 교회 다녔든지 지옥에 가게 됩니다. 지옥은 기쁨과 자유와 평안이 영원히 없는 영원한 괴로움과 후회 밖에 없습니다.

당신은 지옥이 있는 것을 진정 믿으십니까? 진정 믿으신다면 우리가 뒷짐지고 구경만 할 수 있겠습니까? 우리는 이 시간 지옥으로 굴러 떨어지면서, "나를 살려 주시오! 나를 살려 주시오! 소리지르며 절규하는 사랑하는 나의 부모님, 나의 형제와 친척, 나의 친구와 이웃들의 고함소리를 들어야 합니다. 물에 빠져 죽어가는 사람 곁을, 배를 타고 지나가면서 그를 살려내지 않는다면 그건 살인입니다. 만일 내가 그 누군가에게 영원한 복음을 전하지 않았기 때문에 그가 지옥가게 됐다면, 나는 그 영혼에 대한 피값을 책임져야 할 것입니다. 그러기에 고린도전서 9장 16절 말씀에

"그러나 내가 복음을 전하는 것은 내게는 자랑할 것이 아닙니다. 그것은 내가 꼭 해야 할 일이기 때문입니다. 내가 복음을 전하지 않는다면 내게 화가 미칠 것입니다."(고전9:16)

라고 말씀하십니다.

기억하십시오. 전도에도 때가 있습니다. 내가 죽기 전에 전도해야 합니다. 그 사람 죽기 전에 전도해야 합니다. 주님 오시기 전에 전도해야 합니다. 지금 전도해야 합니다. 그리고 내가 전도해야 합니다. 그리스도인의 첫 번째 의무이자 사명인 전도를 위해 눈물로 씨를 뿌리는 우리 모두가 되기를 소원합니다. 다니엘 12장 3절 말씀에 하나님은 말씀하십니다.

"지혜로운 사람은 하늘이 밝게 빛나는 것처럼 빛날 것이고 많은 사람들을 의로 이끄는 사람은 별처럼 영원히 빛날 것이다."(단12:3)

여러분!

어떤 사역이 성령님의 가장 중요한 사역일까요? 성령은 그리스도 예수의 영광을 드러내는 것이라고 말합니다. 주님은 이렇게 말씀하셨습니다.

"그분은 내 것을 받아서 너희에게 알려 주실 것이므로 나를 영광되게 하실 것이다."(요16:14)

성령님이 불신자들에게 그리스도의 영광을 나타내는 방법은 그리스도의 죽음과 부활을 증언하는 것입니다. 왜냐하면 주의 대속(代贖)만이 불신자들을 죄와 형벌에서 구원할 수 있기 때문입니다. 그리스도의 신부 곧 교회의 가장 중요한 사역 또한 머리이신 그리스도의 영광을 드러내는 것입니다.(엡1:12) 성령과 신부의 가장 중요한 사역은 예수 그리스도의 영광을 드러내는 것인데 특히 불신자들이 구원을 받을 때, 그분의 영광이 드러납니다. 왜냐하면 그들의 구원을 위해 예수님은 이 세상에 오셨고 죽으셨기 때문입니다.

"인자가 온 것은 잃어버린 자를 찾아 구원하려 함이니라"(눅19:10) 한 영혼이 회개하고 주님께로 돌아와서 구원을 받는 것만큼, 그분을 기쁘시게 하는 것은 없습니다.(눅15:7)

성령과 신부는 그리스도의 영광을 위하여 한 목소리로 외칩니다.

성령과 신부가 "오라"고 말씀하십니다. 이 말을 듣는 사람도 "오라"고 외치십시오. 목마른 사람은 오십시오. 원하는 사람은 생명수를 값없이 받으십시오.(계22:17)

복음을 듣는 사람, 목마른 사람, 원하는 사람만이 생명수를 공짜로 받아 마시며 영생을 누리게 됩니다. 반대로 복음을 들으려고 하지 않은 사람, 목마르지 않는 사람. 원하지 않은 사람은 불과 유황으로 타는 못에 던져져서 영원히 지옥의 고통을 당할 것입니다.

여러분!
하나님 자녀들은 그리스도 안에서 용서를 받았고 그들의 이름들은 세상의 창조 때부터 "생명책"에 기록되어 있었습니다.(계17:8) 생명책에 이름이 기록된 하나님의 자녀들은 천국에 가게 됩니다.

천국

그럼 죄의 결국은 지옥이고 믿음의 결국은 천국인데 천국은 어떤 세계입니까?

천국의 아름답고 화려함은 인간의 말로는 백만분의 일도 표현할 수가 없습니다. 사도 요한이 성령에 이끌리어 계시를 받고 요한 계시록에 천국을 기록하였으나 우리가 아름다운 경치를 사진찍으면 사진 안에 새소리나 꽃의 향기를 담을 수 없는 것같이 천국을 다 형용할 수 없다고 볼 때 요한계시록에서 말하는 천국보다 실제 천국은 더 아름답고 좋은 곳이라 생각됩니다. 바울처럼 "내가 그리스도 안에 있는 한 사람을 아노니 그는 십사 년 전에 셋째 하늘에 이끌려 간 자라 그가 몸 안에 있었는지 몸 밖에 있었는지 나는 모르거니와 하나님은 아시느니라"(고후12:2)

영혼이 잠시 육체에서 빠져 나가 천국을 다녀온 사람들이 다 이구동성으로 지구에, 자기 육체로 자기 영혼이 돌아오는 것을 아쉬워하며 동시에 너무나 좋은 천국을 한마디로 형용할 수 없다는 것입니다.

1) 천국에 없는 것들은 우리에게 최상의 환경입니다.

(1) 밤이 없습니다.

"다시 밤이 없겠고 등불과 햇빛이 쓸 데 없으니 이는 주 하나님이 그들에게 비치심이라 그들이 세세토록 왕 노릇 하리로다"(계22:5)

천국에는 해와 달이 없습니다. 밤은 어두운 것으로 흑암은 공포의 상징입니다. 어느 나라든지 낮보다 밤에 범죄율이 높습니다. 그런데 천국에는 밤이 없습니다. 하나님의 영화로운 빛이 구석 구석마다 비취기 때문에 전깃불이나 등불이 필요 없습니다. 이 세상에서 하나님의 영광을 한 순간만 경험해도 놀라운데, 그 영광을 영원히 누리게 된다니 얼마나 큰 특권이며 감사할 일인가!

(2) 닫힌 문이 없습니다.

"도성의 문들은 낮에는 전혀 닫히지 않을 것입니다. 그곳에는 밤이 없기 때문입니다."(계21:25)

천국은 영광과 빛의 하나님이 계시기 때문에 밤이 없습니다. 사탄도 어떤 죄인도 없는 곳입니다. 안전을 위해 문을 닫을 필요가 없습니다.

(3) 질병과 고통, 죽음, 저주, 슬픔, 염려, 근심이 없습니다.

"모든 눈물을 그 눈에서 닦아 주시니 다시는 사망이 없고 애통하는 것이나 곡하는 것이나 아픈 것이 다시 있지 아니하리니 처음 것들이 다 지나갔음이러라"(계21:4)

① 질병과 고통

세상에는 무서운 질병과 고통이 많습니다. 현대 의학과 의술로도 해결 못하는 질병과 고통이 너무나 많습니다. 각종 암, AIDS 등등, 온갖 질병과 고통이 많습니다. 그러나 천국에는 암도 문둥병도 고혈압도 신경통도 없습니다. 이 땅에서는 성령충만해도 감기 걸릴 수 있는데 천국에는 의사나 병원이 필요 없습니다.

천국에서는 모든 성도들이 영화로운 몸을 입기에 장애자 성도들도 완전한 몸을 입게 됩니다. 물론 예수님의 부활체와 같은 썩지않은 영화의 몸인 성질에서는 같은 몸이지만 그렇다고 공장에서 똑같이 찍어 낸 이 펜처럼 같이 생긴 몸이 아니라 아브라함은 아브라함, 모세는 모세의 얼굴을 한 영원하지만 독특한 하나뿐인 나의 몸인 것입니다.

② 죽음과 저주나 슬픔이 없습니다.

세상에는 죽음과 슬픔이 가득합니다. 가족과 친구 중에 병으로 죽고 교통사고로 죽고 화재로 죽고 죽음이 많고 따라서 슬픔도 많습니다. 거리에서 만나면 반갑게 웃어주며 인사하지만 웃음 뒤에는 상처받은 마음의 슬픔이 있습니다. 사업에 실패하여, 실연당하여, 시험에 실패하여, 건강을 잃어, 인간관계에 상처받아 억울한 일을 당한 슬픔이 우리 가운데 늘 있습니다.

아담이 타락한 후 이 땅에는 전쟁과 무서운 각종 질병과 가난과 무서운 살인 강도, 도적 그리고 자연 재난 등의 저주가 쉴 사이 없이 계속됩니다. 그러나 천국에는 죽음도 저주도 슬픔도 없습니다. 장의사(葬儀社)도 없고 공동 묘지(墓地)도 없습니다.

③ 염려와 근심이 없습니다.

세상에는 근심과 걱정이 끊일 날이 없습니다. 한 달만 근심거리가 없어도 이상하게 생각할 만큼 근심과 걱정이 많습니다. 틀어지는 인간관계로 돈 걱정과 일 스트레스가 참으로 크고 많습니다. 어떤 가정은 집도 크고 돈도 많고 온 가족이 건강하여 걱정이 없을 것 같은데 탁 털어놓고 말하는 것을 들어 보면 역시 걱정거리가 없는 집이 없습니다.

이 땅에 걱정거리가 있는 것은 곧 우리의 기도제목인데 이는 우리로 천국을 사모케하려는 하나님의 선한 뜻도 있습니다. 이 땅은 정말 "걱정과 근심이 어데는 없으리 돌아갈 내 고향 하늘나라" 하는 찬송가의 가사와 같습니다. 그러나 영원한 천국에는 우리를 괴롭히는 근심과 염려가 없습니다.

(3) 사탄과 유혹과 죄가 없습니다.

"무엇이든지 속된 것이나 가증한 일 또는 거짓말하는 자는 결코 그리로 들어가지 못하되 오직 어린 양의 생명책에 기록된 자들만 들어가리라"(계21:27)

사탄이 우리의 조상인 아담과 하와를 유혹하고 범죄케하여 죄가 세상에 들어왔습니다. 아무리 문명하고 잘사는 나라도 죄가 없고 유혹이 없는 나라는 없습니다. 세계에서 제일 잘 사는 선진국일수록 이상하게 자살율, 이혼율이 높습니다. 이는 세상 문명이 아무리 발달해도 인간의 죄를 없이하지 못하며 진정한 행복을 가져다 줄 수 없음을 보여주고 있습니다. 성경은 우리가 날때부터 죄악가운데 태어나서(시51:5) 죄악 중에 방황한다고 했습니다. 죄악의 씨는 갓난 아기 속에도 있어서 독있는 꽃처럼 점점 죄악이 함께 자랍니다.

모든 사람은 죄의 유혹을 순간순간 받습니다. 하나님의 아들 예수님도 유혹을 받았으나 유혹에 넘어간 일은 없습니다. 세상과 육신과 마귀는 항상 우리를 대적하고 유혹합니다. 죄의 쾌락을 즐기도록 유혹하지만 그후에는 엄청난 죄의 댓가를 지불하게 만듭니다. 그러나 천국에는 더 이상 죄의 유혹이나 범죄함이 없는 완전 무죄상태입니다. 마귀도, 유혹도 죄도 악한 죄인도 없기에 천국에는 경찰서도 군대도 소방대도 없습니다. 모든 마귀는 불못에 던져지고 하나님의 자녀는 완전히 자유롭게 됩니다.

(4) 천국에는 변함이 없습니다.

"또 내게 말씀하시되 이루었도다 나는 알파와 오메가요 처음과 나중이라 내가 생명수 샘물로 목 마른 자에게 값없이 주리니 이기는 자는 이것들을 유업으로 얻으리라 나는 저의 하나님이 되고 그는 내 아들이 되리라"(계21:6-7)

아름답기로 소문난 나이아가라(NIAGARA)폭포도 해마다 조금씩 침식해 들어가며 변하고 있다고 합니다. 대 애굽도 바벨론 제국도 로마제국의 대도시들도 폐허만 남고 다 없어졌습니다. 이 세상은 새것이 영원히 새것으로 존재하지 않습니다. 즉, 세상에서 변하지 않은 물건과 장소가 없습니다. 아무리 멋있게 지은 집도 시간이 지나면 낡아지고 언젠가는 뉴욕도 모스크바도 동경도 북경도 다 변하여 없어질 때가 옵니다.

그러나 천국은 영원히 변하지도 않고 파괴되지도 않습니다. 왜냐하면 알파와 오메가되신 주님께서 천국을 완성하셨고 그분이 영원히 변함없음같이 변함없도록 통치하시기 때문입니다. 우리는 천국을 유업으로 받은 영원한 왕의 상속자입니다.

2) 천국에 있는 것들은 우리에게 최상의 축복입니다.

천국에 있는 것들을 다 열거할 수도 없고 인간의 말로 다 표현할 수 없습니다. 그러나 몇가지 열거한다면,

(1) 천국에는 예수님이 계십니다.

우리를 위해 피흘려 우리를 구원해 주신 사랑의 예수님과 영원히 함께 살게 됩니다. "내가 다시 와서 너희를 나 있는 곳에 영접하여 나 있는 곳에 너희로 함께 있게 하리라"고 하셨습니다.

"내가 들으니 보좌에서 큰 음성이 나서 이르되 보라 하나님의 장막이 사람들과 함께 있으매 하나님이 그들과 함께 계시리니 그들은 하나님의 백성이 되고 하나님은 친히 그들과 함께 계셔서"(계21:3)

천국에는 순금의 거리가 있고 열두 진주문이 있고 아름다운 집이 있고 찬란한 면류관이 있는 등 별별것이 다 있습니다. 그러나 예수님이 안계시면 아무것

도 아닙니다. 천국에는 가장 귀하신 예수님이 계십니다. 예수님과 완전 친교를 하게 됩니다.(계22:4) 이 땅에서는 예수님을 청동으로 만든 거울을 보는 것처럼 희미하나 천국에서는 얼굴을 마주보는 특권을 누리면서 확실히 주님을 알게 됩니다.

(2) 하나님께 예배드리는 아름다운 도성(都城)이 있습니다.

"하나님의 영광이 있어 그 성의 빛이 지극히 귀한 보석 같고 벽옥과 수정 같이 맑더라"(계21:11)

이 세상의 도시는 아무리 아름답고 멋져도 밤거리는 무서워서 다닐 수 없을 정도로 악함과 해함과 위험이 있지만 천국 거리는 마치 맑은 유리같은 순금으로 포장되어 있으며 열두 진주문이 있고 아름다운 고급저택(mansion)이 있어서 모두 최고의 설비와 완전무결한 환경입니다. 신부가 사랑하는 신랑을 위해 곱게 단장한 것같이 아름다운 도성입니다. 이 땅에서는 아무리 좋은 집이라도 시간이 지나면 낡아지고 먼지가 쌓이는데 천국에는 먼지도, 매연이나 공기 오염도, 무서운 태풍도, 황사현상도, 지진도, 눈보라도 없는 시설면에서 환경면에서 완전한 도성입니다. '새 예루살렘'은 하나님이 상주하시는 지성소입니다. 성전이 따로 필요없습니다.

"나는 도성 안에 성전이 없는 것을 보았습니다. 이는 전능하신 주 하나님과 어린 양께서 도성의 성전이시기 때문입니다."(계21:22). 천국은 무엇보다 거룩한 예배의 장소입니다. 천국 전체가 성전이기 때문에 성전의 어느 건물에 들어가 예배하지 않습니다. 온 천국이 하나님의 영광과 임재로 가득찼고 우리는 그곳에서 거룩함으로 예배할 것입니다. 하나님과 어린 양은 당신의 모든 예배를 받으시기에 합당하실 뿐만 아니라 그는 또한 섬김을 받기에 합당하십니다.

"죽임을 당하신 어린 양은 능력과 부귀와 지혜와 힘과 존귀와 영광과 찬양을 받으시기에 합당하십니다."(계5:12).

(3) 기쁨과 행복이 있습니다.

"그 주인이 이르되 잘 하였도다 착하고 충성된 종아 네가 작은 일에 충성하였으매 내가 많은 것으로 네게 맡기리니 네 주인의 즐거움에 참여할지어다"(마25:21)

천국에는 슬픔과 근심이 없이 기쁨과 행복만이 있는 곳입니다. 천사들의 아름다운 노래가 들려오고 생명수 강이 흐르고 만가지 아름다운 꽃과 열매가 시절을 좇아 피고 맺습니다. 오늘의 지구촌처럼 양육강식의 냉혹한 생존경쟁이나 굶주림과 헐벗음이 없고 질투와 증오와 악독이 없습니다. 오직 기쁨과 행복만이 있습니다. 다윗은 성령의 영감을 받아 천국의 기쁨을 시로 노래했습니다. "주께서 생명의 길을 내게 보이시리니 주의 앞에는 충만한 기쁨이 있고 주의 오른쪽에는 영원한 즐거움이 있나이다"(시16:11) 천국에서 우리는 영원한 즐거움을 경험하게 될 것입니다. 이 세상에 제일 즐거웠던 일에 천 배를 더한다해도 천국의 기쁨을 다 표현할 길이 없습니다. 천국에서 주인의 즐거움에 참여한다고 하였습니다. 천국은 죄악의 낙이 아니라 성결한 기쁨과 즐거움이 있습니다.

(4) 안식할 아름다운 집이 있습니다.(요14:2;히4:9)

"내 아버지 집에 거할 곳이 많도다 그렇지 않으면 너희에게 일렀으리라 내가 너희를 위하여 거처를 예비하러 가노니"(요14:2)

이 세상에서는 일에 치어서 마땅히 쉬어야 함에도 쉬지 못할 때가 많았습니다. 그러나 천국에서 우리는 완전한 안식을 누리게 될 것입니다. 천국은 이 세상에 있는 모든 시련과 수고로부터 안식하는 곳입니다.(계14:13) 천국은 누구와 다투거나 싸울 일도, 돈 때문에 생활의 염려나 걱정 그리고 아무런 스트레스도 없습니다. 천국에는 완전히 안식할 수 있는 집이 있습니다. "너희는 마음에 근심하지 말라. 내 아버지 집에 거할 곳이 많도다"고 예수님이 말씀하셨습니다. 여기 "거할 처소"는 맨숀(mansion)인데 이 세상의 100평 맨션 아파트보다 천배 만배 아름다운 곳입니다. 빛나는 황금보석으로 아름답게 꾸민 집입니다. 천국을 누릴 우리는 영원한 무한대의 부자입니다.

(5) 천사들과 예수님의 성품과 형상으로 변화된 성도들이 있습니다.

"사람들이 만국의 영광과 존귀를 가지고 그리로 들어가겠고"(계21:26)

이 땅에서 눈치 빠르고 일 잘하는 종들의 섬김을 받는다면 얼마나 편하고 좋을까요? 그런데 천국에는 이 세상의 어떤 종보다 눈치가 더 빠르고 일 잘하는 천군 천사들이 우리를 시중하게 될 것입니다. 천국의 나의 몸은 썩지않고 일하면 피곤해지는 몸이 아니라 잠자지 않아도 그래서 잠잘 필요도 없고 썩어질 양식을 먹지 않아도 됩니다. 천국에는 화장실이 필요없고, 대소변보고 방귀도 나지 않은 영화(榮化)로운 몸을 입게 됩니다.

영화의 몸은 예수님의 부활의 몸과 똑같고 예수님의 마음으로 연약성도 사라진 완전 성화된 형상입니다. 이 땅에서도 혼자 있는 것보다 마음 맞는 사람들끼리 교제하면 얼마나 즐겁습니까? 저 천국에는 예수님의 형상으로 변화된 에녹, 노아, 아브라함과 모세와 에스더, 마리아, 바울같은 그리고 수많은 성경의 인물들과 같은 천국언어로 소통하며 재미있게 교제하며 살게 될 것입니다. 천국은 그리스도의 완전한 몸이며 완성된 교회입니다.(히12:22-24)

(6) 천국에서 주님을 완전하게 섬기게 됩니다.

"또 다시는 저주가 없을 것입니다. 하나님과 어린 양의 보좌가 도성에 있고 그의 종들이 하나님을 섬길 것입니다."(계22:3)

이 땅에서는 우리가 변화무쌍하게 섬겼지만 천국에서는 주님을 완전하게 섬기게 됩니다.(계22:3) 신명기 10장 12-13절 말씀처럼

"12이스라엘아 네 하나님 여호와께서 네게 요구하시는 것이 무엇이냐 곧 네 하나님 여호와를 경외하여 그의 모든 도를 행하고 그를 사랑하며 마음을 다하고 뜻을 다하여 네 하나님 여호와를 섬기고 13내가 오늘 네 행복을 위하여 네게 명하는 여호와의 명령과 규례를 지킬 것이 아니냐"(신10:12-13)

우리가 하나님을 진심으로 사랑하고 섬길수록 행복이 강화된다는 말입니다. 천국에서는 완전한 행복을 누립니다.

(7) 천국에서 세세토록 왕 노릇 합니다.

창세가 1:28에서 첫 사람 아담과 하와에게 하나님의 일부의 권세를 위임하여 주셨습니다. "하나님이 그들에게 복을 주시며 하나님이 그들에게 이르시되 생육하고 번성하여 땅에 충만하라, 땅을 정복하라, 바다의 물고기와 하늘의 새와 땅에 움직이는 모든 생물을 다스리라 하시니라" 천국에서도 우리는 새 하늘과 새 땅을 다스리게 될 것입니다. "이기는 그에게는 내가 내 보좌에 함께 앉게 하여 주기를 내가 이기고 아버지 보좌에 함께 앉은 것과 같이 하리라"(계3:21) 왜 그리스도와 함께 보좌에 앉게 될까요? 다스린다는 말씀입니다.

"다시 밤이 없겠고 등불과 햇빛이 쓸 데 없으니 이는 주 하나님이 그들에게 비치심이라 그들이 세세토록 왕 노릇 하리로다"(계22:5) 천국에서 우리가 세세토록 천사들을 다스리며 왕 노릇 할 것을 약속하셨습니다.

여러분

우리를 위해 피흘려 우리를 구원해 주신 사랑의 예수님과 영원히 함께 살게 됩니다. "내가 다시 와서 너희를 나 있는 곳에 영접하여 나 있는 곳에 너희로 함께 있게 하리라"고 하셨습니다. 천국은 하나님을 믿는 사람들이 가는 곳입니다. 믿는 자들이란 그리스도를 영접하여(요12:2) 영생을 얻은 자(요3:16), 생명책에 기록된 자(빌4:3), 어린 양의 피에 씻음 받은 자(계7:14)로 불리는 사람들입니다. 이들이야말로 천국의 진정한 백성이 되는 것입니다.

"예수께서 대답하시되 진실로 진실로 네게 이르노니 사람이 물과 성령으로 나지 아니하면 하나님 나라에 들어갈 수 없느니라"(요3:5)

지금 예수님께 나아오면 누구나 받아 주십니다. "…내게 오는 자는 내가 결코 내어 쫓지 아니하리라"(요6:37)고 약속하셨습니다. 지금은 크고 흰 보좌가 비어 있습니다. 아직은 예수님이 은혜와 사랑과 용서의 주님으로, 우리를 기다리고 계십니다. 늦기 전에 예수님을 영접해야 합니다.

3. 그의 일한 대로 갚아 주리라

"보라 내가 속히 오리니 내가 줄 상이 내게 있어 각 사람에게 그의 일한 대로 갚아 주리라"(계22:12)

천국은 하나님의 공의와 사랑이 완성된 나라입니다. 그러므로 천국의 상(히11:35-40) 또한 하나님의 공의대로 공평하게 집행될 것입니다. 그런데 이 '상'을 모든 성도들이 동등하게 받는 '구원'이나 '영생'의 의미로 볼 수는 없는 것은 왜냐하면 마태복음 5장 12절을 보면 "하늘에서 너희 상이 크다"고 말씀하셨기 때문입니다.

"기뻐하고 즐거워하라 하늘에서 너희의 상이 큼이라 너희 전에 있던 선지자들도 이같이 박해하였느니라"(마5:12)

여기서 '크다'(πολύς, 폴뤼스)는 말은 원래 단수일 때는 '양이 많은', 이고 복수일 때는 '수가 많은'이라는 뜻입니다. 그러므로 상이 '많다'는 것은 '적다'에 대비되는 개념입니다. 즉, 상을 많이 받는 사람도 있고 적게 받는 사람도 있다는 말입니다. 어떤 사람의 주장처럼 '천국 자체'를 '상'(賞)이라고 본다면 '많다'고 말할 수 없었을 것입니다. 뿐만 아니라 여기에 약속된 '많은 상'은 예수님 때문에 욕을 얻어먹고 핍박을 당할 때에 주어지는 보상입니다. 이것을 '천국 자체'로 본다면 우리의 '행위'로 천국에 들어간다는 즉 성경에서 벗어난 행위구원이 되고 맙니다. 천국에서는 모든 것이 다 똑같으며 상급의 차이가 없다고 주장하는 것은 인간의 생각을 따른 것이며 하나님의 기쁘신 뜻에 도전하는 것이 됩니다. 한편 우리가 선한 일을 했으니 마치 마땅히 상을 받을 권리가 있는 것처럼 생각하는 것은 옳지 않습니다. 우리는 하나님이 명하신 일을 다 한 후에 "우리는 무익한 종입니다. 우리의 하여야 할 일을 한 것뿐입니다."(눅17:10)
라고 고백하여야 합니다.(눅17:10) 왜냐하면 우리는 하나님께서 주신 모든 것을 받아서(벧전4:10-11) 하나님 말씀을 믿고 순종하였기 때문입니다. 결국 '상'은 어디까지 하나님의 은혜이며 선물입니다. 우리가 장차 새 하늘과 새 땅에서도 하나님을 가장 큰 상급으로 여길 수밖에 없습니다. 그때 모든 천국백성들은 다윗처럼 "내 잔이 넘치나이다"라고 큰 기쁨과 감사 속에서 고백할 것입니다.(시23:5) 비록 성도들이 들고 있는 잔의 크기와 모양은 다를지 모르나, 모든 사람의 잔이 끝없이 흘러넘치기 때문입니다. 그리고 천국에서의 우리의 마음은 예수님처럼 연약성도 없는 거룩한 성품과 영화의 몸을 입었기에 우월감이나 열등감 자체를 느끼지 않는 그리스도의 영광으로 충만합니다.(고전15:49) 그렇다면 우리가 천국에서 받게 될 상은 구체적으로 무엇인지에 대해서는 구체적으로 기록되어 있지 않습니다. 그래서 이 상에 대해서는 우리가 구체적으로 알지 못하며 또 굳이 알려고 할 필요도 없습니다. 왜냐하면 주께서 그의 의로 세계를 판단하시며 공평으로 그의 백성을 심판하실 것(시98:9)을 믿기 때문입니다.

상급과 행위

성경에서는 우리의 상급과 우리의 행위가 밀접히 연계되어 있다고 명백히 알려주고 있습니다.
"인자가 아버지의 영광으로 그 천사들과 함께 오리니 그 때에 각 사람의 행한대로 갚으리라."(요16:27)
우리가 이 말씀에서 알 수 있는 것은 우리가 받는 상급은 우리 행위의 결과입니다. 상급은 구원이 아니고 구원되는 것을 은혜라 하며 우리는 아무런 대가도 필요 없습니다. 구원은 우리의 믿음으로 하나님이 거저 주는 선물입니다.(엡

2:8) 때문에 우리가 받고자 하는 상급과 구원은 아무런 관련이 없습니다. 모든 그리스도인들이 뜨거운 마음으로 선을 행하라는 것이 하나님의 뜻(엡2:10)임을 우리는 알고 있습니다. 우리는 계속 노력하여 선을 행하며 이는 반드시 우리에게 유익함을 주는 것을 알아야 합니다.

"그러므로 내 사랑하는 형제들아 견고하며 흔들리지 말며 항상 주의 일에 더욱 힘쓰는 자들이 되라 이는 너희 수고가 주 안에서 헛되지 않은 줄을 앎이니라"(고전15:58)

다섯 가지 영원한 면류관

하나님은 우리에게 상급이 있음을 알려주었습니다. 뿐만 아니라 우리가 이런 상급에 대해 지상의 생활을 통하여 천국에서 누릴 영광을 지혜롭게 선택하기를 원하십니다.

면류관	얻은 길	삶의 영역	참고
자랑의 면류관	구령 사역	전도, 세계 선교	살전2:19, 단12:3
생명의 면류관	시험을 견디다	성결한 삶	약1:12
썩지 않을 면류관	자기(옛사람)를 이기다	성결한 삶	고전9:25
영광의 면류관	주의 양을 기르다	목양	벧전5:2-4
공의의 면류관	오늘 주님 다시 오셔도 부끄럽지 않은 삶	성결한 삶	딤후4:8, 살전5:23

기도와 말씀으로 거룩해져 갑니다. 갈수록 성숙해 갑니다. 점점 성장해 갑니다. "그것은 하나님의 말씀과 기도로 거룩해진다."(딤전4:5)

성결한 삶을 사는 것 자체가 천국의 면류관을 가장 많이 저축하는 하나님의 일을 하고 있는 것입니다. 예수를 구세주로 받아들이기만 하면 우리는 어디에서 영원을 누릴 것인가를 얻습니다. 말씀을 지키고 사는 것이 성결한 삶입니다. 그리스도 안에서 즉 그리스도를 의지하여 사탄과 죄와 세상과 자기와의 싸움에서 항상 이기고 사는 삶이 성결한 삶입니다.

"그러나 우리로 그리스도 안에서 항상 승리하게 하시며 우리를 통해서 모든

장소에서 그리스도를 아는 냄새를 나타낼 수 있게 하시는 하나님께 감사를 드립니다."(고후2:14)

이기는 자

요한계시록만큼 영적 전쟁의 실상을 적나라하게 보여준 성경은 없습니다. 모든 전쟁에서는 승자와 패자가 나옵니다. 사도 요한은 일곱 교회를 향하여 그리스도 안에서 영적 싸움에서 '이기라'고 말합니다.

* 에베소교회 – "귀 있는 사람은 성령이 교회들에게 하시는 말씀을 들어라. 이기는 사람에게는 내가 하나님의 낙원에 있는 생명나무 열매를 먹게 할 것이다."(계2:7)
* 서머나교회 – "귀 있는 사람은 성령이 교회들에게 하시는 말씀을 들어라. 이기는 사람은 둘째 사망에서 해를 받지 않을 것이다.(계2:11)
* 버가모교회 – "귀 있는 사람은 성령이 교회들에게 하시는 말씀을 들어라. 내가 이기는 사람에게는 감추인 만나를 주고 그에게 흰 돌과 그 돌 위에 쓰인 새 이름을 주리니 받는 사람 외에는 아무도 그것을 알지 못할 것이다." (계2:17)
* 두아디라교회 – "26이기는 사람과 내 일을 끝까지 지키는 사람에게는 내가 나라들을 다스릴 권세를 줄 것이다. 27그분이 질그릇들을 부수는 것같이 쇠지팡이로 그들을 다스릴 것이니 28그와 같이 나도 아버지에게서 그러한 권세를 받았다. 내가 또한 그에게 샛별을 줄 것이다."(계2:26-28)
* 사데교회 – "이기는 사람은 그들처럼 흰 옷을 입을 것이다. 나는 결코 그의 이름을 생명책에서 지워 버리지 않을 것이며 내 아버지 앞과 그의 천사들 앞에서 그의 이름을 시인할 것이다."(계3;5)
* 빌라델비아교회 – "이기는 사람을 내가 내 하나님의 성전에서 기둥으로 삼을 것이니 그가 결코 다시는 성전을 떠나지 않을 것이며 내가 내 하나님의 이름과 내 하나님의 도성, 곧 하늘에서 내 하나님께로부터 내려오는 새 예루살렘의 이름과 내 새 이름을 그 사람 위에 기록할 것이다."(계3:12)
* 라오디게아 교회 – "이기는 사람에게는 내가 이긴 후에 내 아버지와 함께 그분의 보좌에 앉은 것같이 내가 내 보좌에 나와 함께 앉게 할 것이다."(계3:21)

종합해 보면 교회가 이기기 위해서는 그리스도 안에 있어야 합니다. 왜냐하면 승리의 발판은 예수의 죽음과 부활이기 때문입니다. 날마다 그리스도와 죽고 그리스도 생명으로 살며 주님과 동행할 때 가능합니다. 이기는 자에게 주신 약속들이 있습니다. 사망에 의해 해를 받지 않는 생명을 주시고(계2:10,21:4) 천국의 생명나무의 열매를 먹을 것입니다.(계22:2) 하나님의 소유가 되며 주님의 영광에 참여합니다.(계22:16) 천년 왕국 때에도 예수님과 함께 천 년동안 왕 노릇하고(계20:4) 천국에서도 성부성자와 더불어 보좌에 앉아서 통치할 것입니다.(계22:5)

여러분!

예수님이 십자가에 달려 죽으실 때 예수님을 보고 믿어 예수님과 함께 낙원에 간 강도가 있었습니다.(눅23:43) 많은 사람들이 그를 부러워합니다. 그래서 죽기 전에 믿고 천국가겠다고 합니다. 참으로 어리석은 것입니다. 그는 아슬아슬하게 구원받아 천국갔지만 상급이 전혀 없는 구원입니다.

"이제 나를 위해 의의 면류관이 준비되었으니 주, 곧 의로우신 재판장이 그 날에 내게 주실 것이다. 그리고 나뿐 아니라 주의 나타나심을 사모하는 모든 사람에게도 주실 것이다."(딤후4:8)

우리가 영적으로 잠자지 않고 예수님의 재림을 사모하며 기다리는 믿음만 있어도 의의 면류관을 얻을 수 있다는 것입니다. 해와 달의 영광이 다르고 별과 별의 영광이 다릅니다. 천국의 영원한 영광입니다.(단12:3) 다시는 기회가 없습니다. 한번밖에 없는 인생이기 때문에 천국의 상을 바라보며 달음박질하는 것입니다.

"그리스도 예수 안에서 하나님께서 위에서 부르신 그 부르심의 상을 위해 푯대를 향해서 좇아갑니다."(빌3:14)

하나님께서 계산(計算; count)해 주시는 상급들

하나님께서 우리가 한 일에 대해 상급으로 계산해 주실 일들은 하나님의 말씀에 순종한 일들입니다. 우리의 평범한 삶 속에서도 돈이 안들거나 적게 들면서도 하나님께서 상급으로 계산해 줄 수 있는 하나님의 일들이 적지 않습니다. 예를 들면 예수 그리스도 이름으로 기도하기(골4:3), 가족을 위해 음식하고 빨래하고 방 청소하기(고전10:31), 안부 전화나 문자 보내기(벧전5:14), 칭찬하기

(고후8:18), 권면하기(히3:13), 용서하기(골3:13), 혼자 있을 때도 마음과 생각을 성결하게 지키기(벧전1:15), 때를 얻든지 못 얻든지 복음을 전하기(딤후4:2), 성령의 열매로 오래참기(살후3:5), 모든 염려들과 무거운 짐들을 하나님께 믿음으로 맡기기(벧전5:7), 박해하는 원수를 축복하기(롬12:14), 친히 노동하기(고전4:12), 손님을 정성껏 대접하기(딛1:8), 육체의 정욕을 제어하기(벧전2:11), 마귀를 대적하여 마귀가 하는 일을 멸하기(약4:7), 성령의 전인 육체를 잘 관리하기 위해 규칙적인 식사와 수면 그리고 운동하기(고전6:19), 검소하게 일용품 사며 절약하고 살기(딤전6:8), 항상 기뻐하고 쉬지 않고 기도하고 범사에 감사하기(살전5:16-18), 하나님께 항상 찬송의 제사를 드리기(히13;15) 등등

영원한 왕국에서 왕과 함께 영원한 행복

바울은 감옥에서 빌립보 교회를 향해 이런 글을 써 보냈습니다. "어떤 때는 살고 싶다가도 어떤 때는 그렇지 않습니다. 이 세상을 떠나 그리스도 곁으로 가는 것이 내 소원이기 때문입니다. 그편이 여기 있는 것보다 얼마나 더 행복한지 모릅니다. 그러나 내가 이 세상에 머물러 있는 것이 여러분에게는 훨씬 더 도움이 되는 것도 사실입니다. 그렇습니다. 나는 아직 세상에 머물러 있을 필요가 있습니다. 그래서 여러분의 믿음이 자라고 또 그 믿음 안에서 여러분이 더욱 큰 기쁨을 누리도록 도와야 합니다"(빌1:23-26) 이 땅에서 많은 사람을 구원하여 섬기며 십자가의 짐을 많이 진 사람일수록 저 천국에서 다스리는 왕의 영역이 정비례해서 넓습니다.(단12:3)

누가복음 19장 12-19절을 함께 읽겠습니다.

12그래서 예수께서 말씀하셨다. 귀족 출신의 어떤 사람이 왕위를 받아 가지고 돌아오려고, 먼 나라로 길을 떠날 때에, 13자기 종 열 사람을 불러다가 열 므나를 주고서는 '내가 올 때까지 이것으로 장사를 하여라'하고 말하였다. 14그런데 그의 시민들은 그를 미워하므로, 그 나라로 사절을 뒤따라 보내서 '우리는 이 사람이 우리의 왕이 되는 것을 원하지 않습니다'하고 말하게 하였다. 15그러나 그 귀족은 왕위를 받아 가지고 돌아와서, 은화를 맡긴 종들을 불러오게 하여, 각각 얼마나 벌었는지를 알아보고자 하였다. 16첫째 종이 와서 말하였다. '주인님, 나는 주인의 한 므나로 열 므나를 벌었습니다.' 17주인이 그에게 말하였다. '착한 종아, 잘했다. 네가 아주 작은 일에 신실하였으니, 열 고을을 다스

리는 권세를 차지하여라.' ¹⁸둘째 종이 와서 말하였다. '주인님, 나는 주인의 한 므나로 다섯 므나를 벌었습니다.' ¹⁹주인이 이 종에게도 말하였다. '너도 다섯 고을을 다스리는 권세를 차지하여라.'

작은 것에 충성하였는데 상상도 하지 못할 큰 보상으로 돌아온다면 그보다 더 큰 기쁨은 없을 것입니다. 하나님은 우리의 수고와 헌신을 이 땅의 것과 비교할 수 없는 축복으로 바꾸어 주시는 하나님이십니다. 본문에는 열 므나의 비유가 나옵니다. 겉으로 보기는 마태복음 25장에 나오는 달란트 비유와 조금 비슷한 것 같은데 내용을 보면 상당한 차이가 있는 것을 볼 수 있습니다. 므나의 비유에서 돌아오는 상급의 액수는 달란트 비유에 비하여 상상할 수 없을 만큼 큽니다. 한 므나를 가지고 열 므나를 남긴 사람에게는 열개의 고을을 다스릴 권세를 주었기 때문입니다. 주인은 종에게 이렇게 칭찬을 합니다. "착한 종아, 잘 했다. 네가 아주 작은 일에 신실하였으니, 열 고을을 다스리는 권세를 차지하여라."(17) 그리고 다섯 므나를 남긴 종에게도 같은 칭찬을 하며 다섯 고을을 다스릴 권세를 줍니다. 므나의 가치에 비하여 참으로 엄청난 상급이 아닐 수 없습니다. 이 므나의 비유가 우리에게 주는 교훈이 있습니다. 우리에게 주어진 작은 섬김의 기회들이 하나님의 나라에서는 결코 작지 않을 것이라는 점입니다. 내가 이루어 놓은 결과에 맞추는 것이 아니며 므나의 가치와 전혀 비교할 수 없는 것으로 칭찬하십니다. 하나님은 우리의 충성을 보상하시는 하나님이십니다. 하나님은 우리의 수고와 헌신에는 놀라운 상급이 있을 것이라고 이 므나의 비유를 통해 약속하십니다. 또한 우리가 수고한 분량의 크기에 따라 축복의 크기가 달라질 것입니다.

다스리는 상(償, reward)은 어디에서 누구를 다스릴까요? 첫째는 예수님과 함께 천년왕국에서 다스립니다. 둘째는 천국에서 천사들을 다스리는 것입니다. (계3:21, 22:5)

결론적으로 열 므나를 남긴 사람은 열 개의 고을을, 다섯 므나를 남긴 사람에게는 다섯 고을을 다스릴 권한을 주신 것처럼, 구원은 동일하나 상급은 엄청난 차이가 있을 것입니다. 바울은 말합니다. "이것이 곧 적게 심는 자는 적게 거두고 많이 심는 자는 많이 거둔다 하는 말이로다."(고후9:6)

여러분!

천국의 영광은 한번 결정되면 영원히 계속됩니다. 이 땅에서의 대계명과 대

사명을 준행하기 위한 헌신으로 상급의 크기는 영원히 결정됩니다. 다시는 기회가 없습니다. 천국의 영광은 매일의 선택이며 천국에서 영원합니다.

"다시 밤이 없겠고 등불과 햇빛이 쓸데 없으니 이는 주 하나님이 저희에게 비취심이라 저희가 세세토록 왕 노릇하리로다"(계22:5)

구원받은 후 가장 큰 복은 말씀을 지키는 하나님께 전심으로 순종하는 자입니다.

"보라 내가 속히 오리니 이 책의 예언의 말씀을 지키는 자가 복이 있으리라 하더라"(계22:7)

인생은 마라톤과 같습니다. 이 세상을 떠나게 될 골인지점에서 사도 바울처럼 이렇게 고백할 수 있는 성결한 예수님의 신부가 진짜 성공한 인생입니다.

"내가 선한 싸움을 싸우고 나의 달려갈 길을 마치고 믿음을 지켰으니 이제 후로는 나를 위하여 의의 면류관이 예비되었으므로 주 곧 의로우신 재판장이 그 날에 내게 주실 것이니 내게만 아니라 주의 나타나심을 사모하는 모든 자에게니라"(딤후4:7-8)

예수님은 이 세상을 떠나실 때 제자들을 남겨 주의 일을 계속하도록 하셨고 바울도 교회와 제자들을 남겼습니다. 바울은 그 제자들이 주께서 강림하실 때 '자랑의 면류관'이라 했습니다.(살전2:19)

친애하는 형제, 자매여! 우리는 이 세상에 무엇을 남겨 주의 일이 계속되도록 하겠는가?

우리의 자랑의 면류관은 어디 있는가?

"이것들을 증거하신 이가 가라사대 내가 진실로 속히 오리라 하시거늘 아멘 주 예수여 오시옵소서 주 예수의 은혜가 모든 자들에게 있을지어다 아멘"(계22:20-21)

하나님과 동행하여 성결의 길을 걸으며 지상명령을 순종하는 열매는 이 땅에서 함께하시는 축복을 경험할 뿐 아니라 내세에도 면류관과 영원한 영광이 예비되었습니다.

"여호와께서 땅 끝까지 반포하시되 너희는 딸 시온에게 이르라 보라 네 구원이 임하느니라 보라 상급이 그에게 있고 보응이 그 앞에 있느니라 하셨느니라"(사62:11)

자기의 면류관을 보좌 앞에 드리며

내가 사랑하는 사람에게는 주는 게 아깝지 않습니다. 사랑하면 할수록 더 좋은 것으로 주고 싶어집니다. 그리고 가장 아끼는 것을 아낌없이 주고 싶어집니다. 그래서 성부 하나님께서도 가장 소중한 성자 예수님을 우리에게 주셨던 것이고, 베다니의 마리아도 순전하고 값진 나드를 예수님께 온전히 드렸던 것입니다. 이것이 계4:10에서 볼 수 있는 하나님께 드림의 기쁨입니다.

"이십사 장로들이 보좌에 앉으신 이 앞에 엎드려 세세토록 살아 계시는 이에게 경배하고 자기의 관을 보좌 앞에 드리며 이르되 우리 주 하나님이여 영광과 존귀와 권능을 받으시는 것이 합당하오니 주께서 만물을 지으신지라 만물이 주의 뜻대로 있었고 또 지으심을 받았나이다 하더라"(계4:10-11)

성도를 대표하는 이십사 장로들은 그들이 하나님을 위해 피 땀흘려 충성했기 때문에 받은 귀한 상급을 하나님께 드리고 있습니다. 이는 하나님께만 영광과 존귀를 드려야 한다는 고백의 행위입니다. 성도를 대표하는 24장로들의 믿음의 고백입니다. 장로들의 행위처럼, 오직 하나님의 은혜로 가능한 일로 우리가 받을 영광이 어디 있겠는가? 성도 여러분도 우리가 받을 영광이 있다면 하나님께 돌려드리는 겸허한 그리스도인이 되어야할 것입니다. 생각해 봅시다. 십자가 위에서 물과 피를 다 쏟으시며 자신의 모든 것을 내어주신 사랑하는 하나님께 우리가 천국에서 드릴 것이 있다는 것은 참으로 가슴 벅찬 일 일것입니다.

고전9:24-25를 봅시다.

"운동장에서 달음질하는 자들이 다 달릴지라도 오직 상을 받는 사람은 한 사람인 줄을 너희가 알지 못하느냐 너희도 상을 받도록 이와 같이 달음질하라 이기기를 다투는 자마다 모든 일에 절제하나니 그들은 썩을 승리자의 관을 얻고자 하되 우리는 썩지 아니할 것을 얻고자 하노라"(고전9:24-25)

바울은 가장 좋은 상을 받도록 뛰라고 명합니다. 뛰고, 또 뛰고, 또 뛰라고 합니다. 그가 상급에 눈이 멀었기 때문일까요? 아닙니다. 가장 좋은 상급을 얻어, 생명의 은인이신 예수님께 드리기 위함입니다. 지옥 가야 마땅한 나같은 더런 죄인을 구원하신 하나님은 가장 귀한 상급을 받기에 합당하신 분이시기 때문입니다. 예전에는 다른 사람들보다 더 나은 면류관을 받고 싶었습니다. 하늘의 큰 영광을 영원히 천국에서 누리기 위해서 더 많은 면류관을 얻고 싶었습니다. 그러나 이제는 전혀 다른 이유로 면류관을 받고 싶습니다. 다른 사람들과 비교하기 위함이 아니요, 나의 업적을 영원히 기리기 위함도 아닙니다. 그 누구보다, 그 무엇보다 사랑하는 하나님께 더 많이 드리고 싶기 때문입니다. 그러므로 더 멀리 뛸 것입니다. 더 빨리 달릴 것입니다. 더 높이 비상(飛翔)할 것입니다. 그렇게 받은 면류관들 하나도 남김없이 고이 모아 보좌에 앉아계신 하나님께 고스란히 드리며 이렇게 고백할 것입니다.

"존귀하신 하나님, 모든 면류관들을 받으시기에 합당하신 하나님, 제 눈물과 땀으로 모은 이 모든 면류관들은 사실 주님께서 일하신 결과입니다. 받아 주시옵소서!"

천국은 그렇게 드리는 자의 기쁨과 받으시는 분의 기쁨으로 인해 영원히 행복할 것입니다.

오늘이 마치 마지막 날이라고 생각하며 삽시다. 마치 오늘 밤 예수님이 다시 오실 날이라고 믿으며 낮에 깨어서 충성을 다하며 삽시다. 우리의 수고를 기억하시고 복주시는 하나님을 찬양하며 오늘도 맡겨 주신 사명에 충성을 다하며 살아가는 성도가 다 되시기를 축원합니다.

마라나타! 주님 어서 오시옵소서!

참고문헌

서적

김다니엘, 〈신구약 베이직〉, 쿰란출판사

박윤선, 〈요한계시록 강해〉, 영음사

목창균, 〈종말론 논쟁〉, 두란노

임진남, 〈개혁주의 신학에 근거한 요한계시록 해설〉, 우리시대

리처드 보쿰, 〈요한계시록 신학〉, 한들출판사

이형의, 〈요한계시록의 신학적 이해〉, 대한기독교서회, 2004.

이광복. 〈계시록 주제강해〉, 서울: 도서출판 흰돌

마이클 윌코크, 〈BST 요한계시록 강해〉, IVP

헨리 모리스, 〈성경은 해답을 가지고 있다〉, 전도 출판사

이필찬, 〈내가 속히 오리라〉, 이레서원

권성수, 〈요한계시록〉, 선교횃불

방월석, 〈요한계시록강해〉, 도서출판 와서

옥성호, 〈마케팅에 물든 부족한 기독교〉, 부흥과 개혁사

매투 에머슨, 〈십자가와 보좌 사이:요한계시록〉, 이레서원

송영목, 〈요한계시록〉, SFC.

존 맥아더, 〈하나님이 계획하신 교회〉 존 맥아더, 생명의 말씀사

홍성철, 「어린 양과 신부」, 키메이커

Augustine, The City of God, 정정숙 역, 〈하나님의 도성〉,(서울: 정음출판사

William Hendriksen, 〈요한계시록〉 김영익 · 문영탁 역, 아가페

Mounce, Rober H.,『요한계시록』, 홍성철 역, 서울: 생명의 말씀사

Hughes, Philip E., 〈요한계시록〉, 오광만역, 서울: 여수룬출판사

Osborne, Grant R. 〈요한계시록 - Baker Exegetical Commentary on the New Testament〉. 김귀탁 역. 서울: 부흥과개혁사

Beale, Gregory K. 〈요한계시록 상권 - The New International Greek Testament Commentary〉. 오광만 역. 서울: 새물결플러스

Boring, M. Eugene., Revelation, Kentucky: John Knox Press

Ken Johnson, 〈The Rapture〉, Printed in the USA Columbia(SC, 2019)

Mounce, 〈The Book of Revelation〉, NICNT

B. B. Warfield. Calvin and Bible. Presbyterian and Reformed Publishing Company

Beale, G. K., The Book of Revelation : A Commentary on the Greek Text, Grand Rapids, Michigan/Cambridge, U.K. : Eerdmans

Kenndy, George A., The Art of Rhetoric in the Roman World, Princeton: Princeton University Press

Fiorenza, E. S., Apocalyptic and Gnosis in the Book of Revelation and Paul, JBL

Shepherd, Norman . R esurrection of R evelation 20, WTJ 37(1974-75)

Wilcock, Michael. The M essag e of R evelation(Leicester: IVP)

논문

권성수, 계시록 20:1-6에 대한 세대주의적 전천년설과 역사적 전천년설 및 무천년설 해석 고찰, 『신학지남』 통권245호(1995)

박두환. "요한계시록의 선교신학"「신학사상」 제128집(2005)

박수암. "요한계시록의 구조론"「장신논단」 제21권(2004)

박종만 존 칼빈과 존 웨슬리의 신학사상에 나타난 종말론 비교 연구 박사학위논문 한영신학대학교

목창균, "그리스도의 재림과 천년왕국"『신학과. 선교』

주석류

매튜 헨리/서기산 역. 〈성서주석 계시록〉. 서울: 기독교문사

NEW 호크마 주석 기독지혜사

옥스퍼드 원어성경대전 제자원(성서교재)